SOCIÉTÉ ARCHÉOLOGIQUE DU LIMOUSIN

REGISTRES
CONSULAIRES
DE
LA VILLE DE LIMOGES

TOME VI

QUATRIÈME ET DERNIER REGISTRE

(DEUXIÈME PARTIE : 1774-1790)

Avec les Tables alphabétiques des six volumes

LIMOGES
IMPRIMERIE ET LIBRAIRIE LIMOUSINES
Vᵉ H. DUCOURTIEUX
Libraire de la Société archéologique et historique du Limousin
7, RUE DES ARÈNES, 7

1898

REGISTRES CONSULAIRES
DE
LA VILLE DE LIMOGES

REGISTRES CONSULAIRES

DE

LA VILLE DE LIMOGES

PUBLIÉS

Par M. Louis GUIBERT

SECRÉTAIRE GÉNÉRAL
DE LA SOCIÉTÉ ARCHÉOLOGIQUE ET HISTORIQUE DU LIMOUSIN

Avec le concours de MM.
JEAN DE BRUCHARD, PAUL DUCOURTIEUX,
GASTON FOUGERAS-LAVERGNOLLE,
CAMILLE MARBOUTY ET LÉONARD MOUFLE
Membres de la même Société

TOME VI

QUATRIÈME ET DERNIER REGISTRE

(DEUXIÈME PARTIE : 1774-1790)

Avec les Tables alphabétiques dressées par M. Émile Hervy

LIMOGES
IMPRIMERIE ET LIBRAIRIE LIMOUSINES
Vᵉ H. DUCOURTIEUX
Libraire de la Société archéologique et historique du Limousin
7, RUE DES ARÈNES, 7

1897

AVERTISSEMENT

Ce volume est le sixième et dernier de la série dite proprement : *Registres consulaires de la ville de Limoges* (Archives de l'Hôtel de Ville, BB^1 à BB^4), dont la publication, décidée par la Société archéologique et historique du Limousin dans ses séances des 25 juillet et 29 août 1865, commencée par notre ami Emile Ruben, alors secrétaire général de la Société, interrompue par sa maladie après l'apparition du second volume, nous fut remise ou pour mieux dire imposée par nos confrères, il y a bientôt quatorze ans.

La Société a eu, dans cette œuvre entreprise par le citoyen dévoué, par le savant consciencieux, le littérateur émérite, l'écrivain délicat à qui nous avons rendu hommage en prenant la suite de sa tâche (1), — le concours sympathique et constant de l'Hôtel de Ville. Du premier jour au dernier, ce concours ne nous a pas fait un instant défaut. Poursuivie au cours de trente années fécondes en changements politiques, en événements de toute sorte, à travers des luttes incessantes et de violentes crises, sous bien des Administrations successives et sous des Conseils municipaux d'idées et de programmes fort divers, notre publication a rencontré auprès de toutes ces Municipalités, de la part de toutes ces assemblées, les mêmes dispositions bienveillantes et les mêmes encouragements. Aussitôt l'apparition d'un volume, la subvention demandée pour l'impression du tome suivant a toujours été proposée avec empressement par le Maire, votée avec ensemble par le Conseil. Certaines critiques malveillantes, certaines allégations perfides, confessées fausses par leurs auteurs eux-mêmes, nous ont au surplus valu, de la part d'adversaires politiques, des témoi-

(1) Avant-propos du tome III (second *Registre*).

gnages d'estime et de confiance dont nous avons été fort touché et demeurons reconnaissant. En montrant cette intelligente persévérance dans un dessein formé sous les auspices de leurs prédécesseurs d'un autre régime, en manifestant cet intérêt pour l'histoire de notre chère ville, cette sollicitude pour la conservation de documents précieux à plus d'un titre, les élus de la population limousine qui se sont succédé à l'Hôtel de Ville, ont fait preuve d'une largeur d'esprit devenue aujourd'hui bien rare et ont donné le meilleur et le plus honorable exemple. Nous les en félicitons sincèrement ; nous les en remercions au nom de la Société archéologique, de leurs concitoyens et de tous les hommes, de plus en plus nombreux, qui apprécient l'importance d'une aussi longue série de textes de cette nature et qui se montrent jaloux de la conservation de telles archives. Et, au terme de notre tâche, c'est un agréable devoir pour nous de rappeler et de renouveler, au nom de tous nos confrères, la dédicace placée en tête du premier volume : « *A Messieurs les Maire, Adjoints et Membres du Conseil municipal de la ville de Limoges, la Société archéologique et historique du Limousin dédie ce recueil des actes des Consuls, leurs prédécesseurs.* »

C'est ici le lieu d'expliquer, encore une fois, que la publication des *Registres consulaires* se rattache aux publications officielles de l'Hôtel de Ville. M. Adrien Tarrade décida, au cours de sa première administration, que les tables analytiques des registres faisant suite aux quatre recueils consulaires publiés par la Société archéologique, seraient dressées et imprimées, du 28 juin 1790, date de la dernière délibération contenue au présent volume, à l'année 1879 (1), époque à laquelle a commencé,

(1) Le tome I de ces tables, comprenant l'unique registre de l'hôtel de ville de la Cité (3 mai 1760 au 1er décembre 1792) qui ait été conservé, et les délibérations du Conseil municipal de la ville proprement dite du 10 juillet 1790 au 20 mai 1800, a paru en 1889 (un vol. de 400 p. in-8°). Le tome II, comprenant les délibérations du Conseil municipal du 4 février 1802 au 8 mars 1850 (251 pages), a été imprimé en 1896 et récemment distribué. La préparation de ces tables a été confié à M. Camille Benoit, alors chef du bureau du secrétariat, aujourd'hui receveur municipal. On ne pouvait charger de ce travail un homme ayant à un plus haut degré toutes les qualités nécessaires à sa bonne exécution.

sous l'administration de M. Pénicaud, l'impression des volumes annuels de Délibérations du Conseil : en sorte que, pour l'étude de notre histoire municipale, de nos institutions et des affaires locales de tout ordre, dont plus d'une a ses origines dans la période dite de l'ancien régime, le public aura bientôt à sa disposition une série d'ouvrages fournissant pour ainsi dire sans lacune l'analyse ou le texte même des délibérations du Corps municipal, durant une période de près de quatre cents ans.

La publication, par M. Camille Chabaneau, du précieux manuscrit de nos archives municipales désigné à l'inventaire de M. Antoine Thomas sous le nom de *Cartulaire du Consulat* (AA¹), est venue donner à nos *Registres-consulaires* leur introduction toute naturelle et leur indispensable complément. Les textes édités par l'éminent professeur à la Faculté des Lettres de Montpellier seront étudiés avec fruit en France et à l'étranger, et plus d'une fois nous les trouverons utilisés dans les travaux d'histoire, de législation, de philologie et de linguistique, dans les enquêtes rétrospectives sur l'état social, les institutions, les usages et les mœurs de notre pays.

Pour compléter cet ensemble de matériaux destinés à éclairer l'histoire municipale de Limoges, qui sera quelque jour, nous en avons le ferme espoir, écrite avec l'ampleur et le talent nécessaires (et c'est un assez beau sujet pour tenter un écrivain de réelle valeur), nous avons formé un recueil de documents et de notes ayant trait aux institutions des deux villes de Limoges : la Cité et le Château. La Société des *Archives historiques du Limousin et de la Marche* veut bien donner l'hospitalité à cette collection dans ses volumes annuels, et le tome VII qui va paraître incessamment contiendra une bonne partie de nos documents (1). Les autres ne tarderont pas à être publiés sous

(1) Ce volume contient tous les textes, analyses et notes que nous avons pu recueillir concernant le Consulat et les institutions de la Cité (122 articles compris entres les dates extrêmes du 5 décembre 1188 et du 11 octobre 1792), et la première partie des pièces relatives au Château : 295 articles (de l'an 833 au 21 janvier 1372).

les auspices de la même Société : parmi ces derniers se trouve le petit registre du notaire du Consulat (4 mars 1489 au 10 août 1499), découvert il y a longtemps déjà par nous aux Archives des Basses-Pyrénées.

Il ne nous paraît pas utile de nous étendre ici sur le contenu du présent volume et de soumettre à nos lecteurs les observations particulières que son étude peut suggérer. Les notes que nous avons, comme aux tomes précédents, multipliées au bas des pages, paraîtront, sans nul doute, suffisantes pour souligner et caractériser les objets, les épisodes, les détails les plus dignes d'attention. Les affaires et les événements auxquels se rapportent les textes que nous publions aujourd'hui, sont compris entre les dates extrêmes du 29 janvier 1774 et du 28 juin 1790. C'est dire que les délibérations ont trait aux dernières années de l'ancien régime et aux débuts de la période moderne. Incontestablement, ce volume offre plus d'intérêt que le précédent. Le lecteur le constatera sans peine en feuilletant ses pages, et peut-être estimera-t-il qu'il eût été fâcheux que la publication des *Registres consulaires* n'eût pas été poussée jusqu'au bout, comme il en avait été un moment question.

Nous n'avons pas seuls, Emile Ruben et nous, travaillé à préparer et à surveiller l'impression des *Registres consulaires*. Un certain nombre de membres de la Société archéologique ont tenu à honneur de nous donner un cordial concours : ce sont MM. Emile Hervy, vice-président, qui, après avoir, il y a plus de trente ans, aidé Ruben à copier le premier registre, a bien voulu décharger son continuateur du travail long et minutieux des tables alphabétiques ; Joseph Garrigou-Lagrange, Alfred Chapoulaud, Gabriel Debort, Félix Achard, E. Launay, Gaston Fougeras-Lavergnolle, Camille Marbouty, Léonard Moufle, Paul Ducourtieux, Paul Mariaux, Jean de Bruchard. Qu'en rencontrant ici la mention de leurs noms, ces excellents confrères y trouvent l'expression de la vive gratitude des deux éditeurs pour leurs utiles conseils et leur fidèle collaboration.

REGISTRES CONSULAIRES

DE LA VILLE DE LIMOGES

4ᵉ REGISTRE

(suite et fin)

Aujourdhuy (2), vingt neuf janvier mil sept cent soixante quatorze, dans la salle de l'Hôtel de Ville de Limoges, où étoient assemblés Messieurs les Maire et Echevins, a été exposé par Monsieur Romanet du Caillaud, maire, que la nommée Suzanne Joliet, épouse de Jean Borderie, tailleur d'habits de cette ville, auroit présenté sa requette à M. l'Intendant, dans laquelle elle auroit dit qu'il lui appartient un capital de quatre cent six livres pour sa portion de l'indemnité accordée aux incendiés du faubourg Montmalier de l'année 1705 (3), suivant l'arrest du Conseil du 21 décembre 1756, lequel capital luy produit de revenu, au denier vingt, vingt livres six sols, payables par l'Hôtel de Ville; que, se trouvant dans un état d'indigence occasionnée en majeure partie par la mauvaise santé de son mary, elle désireroit réclamer et être rem-

Remboursement à Suzanne Joliet femme Borderie d'une rente de 20 livres 6 sols au capital de 406 livres (1).

---

(1) Nous reproduisons en *manchettes* l'énoncé sommaire des actes et délibérations inscrit en marge de notre registre. On a vu déjà que ces notes marginales sont d'une date un peu postérieure au texte lui-même, à celui tout au moins des premières années dont les délibérations figurent au recueil que nous publions.

(2) L'orthographe et la ponctuation du quatrième registre (BB⁴) étant à peu près régulières, nous les rétablissons partout d'une façon complète et corrigeons les quelques écarts qu'on rencontre au manuscrit.

(3) Il a été souvent question des victimes de cet incendie, occasionné par une émeute d'un caractère assez grave. Appliquant les principes qui ont été presque toujours suivis en pareil cas, le Conseil avait rendu la commune responsable des dommages causés aux particuliers par ces désordres, en lui accordant toutefois une allocation de 15,000 livres sur le produit de la loterie. La ville n'avait pu payer les 18,000 livres demeurées à sa charge et avait dû abandonner aux incendiés le produit du courtage des vins et eaux-de-vie. (Voyez t. IV, p. 172; t. V, p. 435., etc.)

boursée du susdit capital de quatre cent six livres, s'il plaisoit à M. l'Intendant ordonner et autoriser, en temps que de besoin, auxdits sieurs Maire et Echevins, à faire le susdit remboursement, laquelle requette auroit été suivie de l'ordonnance par laquelle M. l'Intendant approuve qu'il soit remboursé à ladite Suzanne Joliet ladite somme de quatre cent six livres, à la charge par elle de justifier qu'elle est propriétaire de la susdite rente, et qu'elle forme en ses mains un paraphernal. A quoy ladite Joliet auroit satisfait par acte reçu par Fournier ainé, notaire, du 17 janvier dernier, portant qu'il n'a été passé aucun contrat de mariage entre ladite Joliet et ledit Borderie, son mary, et qu'elle a la libre disposition de ses biens suivant l'attestation donnée par les signataires audit contrat. La chose mise en délibération, lesdits sieurs Maire et Echevins ont estimé, en conformité de la susdite ordonnance, de rembourser à la susdite Suzanne Joliet le capital de quatre cent six livres pour les causes mentionnées ci dessus, à la charge par elle d'en donner bonne et valable quittance par devant notaire, laquelle sera étendue par copie à la suite de la présente délibération, ensemble la requette par elle présentée à ces fins à M. l'Intendant, la réponse fournie par mesdits sieurs Maire et Echevins, et l'ordonnance dont elle est suivie.

ROMANET, maire, MURET, J^h PÉTINIAUD (1).

A Monseigneur l'Intendant de la Généralité de Limoges,

Requête de Suzanne Joliet aux fins de l'article précédent [et ordonnance de l'Intendant].

Supplie humblement Suzanne Joliet, épouse de Jean Borderie, tailleur d'habits de cette ville, disant qu'il luy appartient un capital de quatre cent six livres pour sa portion de l'indemnité accordée aux incendiés du faubourg Montmalier de l'année 1705, suivant l'arrest du Conseil du 21 décembre 1756, lequel capital produit de revenu, au denier vingt, vingt livres six sols payables par l'Hôtel de Ville. Son état d'indigence, occasionnée en majeure partie par la mauvaise santé de son mary, atteint depuis longtemps d'une épilepsie ou mal caduc, la met dans le cas, pour pouvoir faire soigner et médicamenter sondit mary, et fournir [à] l'un et à l'autre la sub-

---

(1) Le 27 janvier, les nouveaux officiers municipaux avaient, suivant la tradition, fait célébrer à Saint-Martial une messe à laquelle ils avaient assisté. A l'issue de cette messe, ils étaient descendus dans la basse église, où avaient vénéré la relique du bras de l'apôtre d'Aquitaine. Après quoi, ils étaient montés dans le carrosse de l'évêque pour aller présenter, comme l'usage s'en était établi depuis longtemps, leurs devoirs au prélat, qui les avait retenus à dîner (Legros : *Contin. des Annales*, p. 176).

sistance, de réclamer ledit capital ; et s'étant adressée à MM. les Maire et Echevins, ils ont verbalement répondu qu'ils ne pouvoient faire le remboursement d'iceluy que de votre autorité, Monseigneur. Ce considéré, il vous plaise, de vos grâces, vu le triste état du mary de la suppliante, réduite ainsy que luy à la dernière misère, ordonner que lesdits sieurs Maire et Echevins luy rembourseront ladite somme capitale de quatre cent six livres, avec les arrérages qui peuvent être restés. La suppliante ne cessera d'offrir ses vœux au Ciel pour la conservation de votre personne. — Et ferés justice.

Les Maire et Echevins consentent à faire le remboursement énoncé en la requette cy dessus aux conditions suivantes : 1° Que Monsieur l'Intendant estimera que ce remboursement peut être valablement fait ; 2° que la suppliante justifiera de sa qualité de propriétaire et qu'il n'y a point eu de contrat de mariage passé entre elle et son mary. A Limoges, le 13 janvier 1774. *Signé :* ROMANET, maire ; TANCHON, échevin ; J. PÉTINIAUD, échevin, et MURET, échevin.

Vu la requette ci dessus, la réponse des Maire et Echevins étant ensuite, tout considéré et attendu que la libération est toujours avantageuse et qu'un des principaux devoirs des officiers municipaux d'une ville est, lorsqu'ils ont des fonds libres, de les employer au remboursement des rentes assignées sur les revenus dont ils ont l'administration,
Nous avons, en tant que de besoin, autorisé les officiers municipaux de cette ville à rembourser à Suzanne Joliet, femme de Borderie, le capital de la rente de vingt livres six sols énoncée en la susdite requette, duquel capital et arrérages qui peuvent en être dûs il leur sera donné quittance par ladite Joliet et son mary conjointement : ordonnons néanmoins que le susdit remboursement ne pourra être fait qu'après que ladite Joliet aura justifié qu'elle est propriétaire de la susdite rente et que cette somme est en ses mains un paraphernal et non pas un bien dotal. Fait à Limoges le 14 janvier 1774. *Signé :* TURGOT, intendant.

J'ay l'honneur de certifier à Monsieur le Maire et à Messieurs les Echevins et autres officiers municipaux de cette ville, que la nommée Catherine Hébrard, comme représentant et héritière de défunt Michel Hébrard son père, a six cent soixante quinze livres de capital produisant l'intérêt au denier vingt, sous les retenues de droit, pour sa portion de l'indemnité qu'il a plu au Roy d'accorder aux incendiés du faubourg Montmalier, et que la nommée Suzanne Joliet a, pour les mêmes causes que dessus, de capital celle de quatre cent six livres dix sols, aux mêmes revenu et condictions. A Limoges, le huit octobre mil sept cent soixante treize. *Signé* : DURANT.

Acte de notoriété.   Par devant Joseph Fournier, conseiller du Roy, commissaire général aux saisies réelles du Limousin, doyen des notaires de Limoges, présents les témoins soussignés : sont comparus sieurs Aubin Deschamps, maître tailleur d'habits ; Antoine Manant, huissier aux tailles ; Jean Rebeyrol, aussi maître tailleur d'habits, et Estienne Aymard, maître cordonnier, tous habitants de cette ville, majeurs et dignes de foy,

Lesquels ont volontairement certifié et attesté à tous ceux qu'il appartiendra et sous la foy de leur serment, avoir eut (*sic*) (1) faire le mariage de Jean Borderie, tailleur d'habits, et de Suzanne Joliet, il y a environ seize ans ; qu'il fut célébré dans l'église de Saint-Michel-des-Lions : que, lors dudit mariage, avant ny après, il ne fut passé entre eux de contrat dudit mariage, ni d'autres conventions matrimoniales, ce qui rend ladite Joliet libre et maîtresse de ses biens et droits ; ce que les comparants attestent sincère et véritable. En témoignage de quoy ont requis le présent acte de notoriété pour servir et valoir que de raison. Fait, octroyé et passé en l'étude du notaire soussigné, l'an mil sept cent soixante quatorze et le dix septième janvier, après midi, présents sieurs Jean-Baptiste Freyssinet et Jean-Baptiste Fournier, clercs dudit Limoges, témoins. *Signé à la minute* : Aubin DESCHAMPS, EYMARD, REBEYROL, MANENT, FREYSSINET, FOURNIER, et nous notaire. Contrôlé audit Limoges par Reynaud, qui a reçu quatorze sols. *Signé* : FOURNIER aîné, notaire royal.

Quittance donnée à la ville par Suzanne Joliet.   Par devant Joseph Fournier, conseiller du Roy, commissaire général des saisies réelles du Limousin, doyen des notaires de Limoges, présents les témoins soussignés, est comparue Suzanne Joliet, épouse de Jean Borderie, tailleur d'habits pour hommes de cette ville, de luy présent dûment autorisée pour le fait cy après, icelle usante maîtresse de tous ses biens et droits, pour en avoir la libre disposition nonobstant l'autorité maritale, attendu qu'il n'a pas été passé entre eux de contrat de mariage, ny d'autres conventions matrimoniales : ce qu'ils affirment par serment être véritable ;

(1) On voulait sans doute écrire : vu.

d'ailleurs justifient la sincérité de leur affirmation par le rapport qu'ils font sur ces présentes de l'acte de notoriété de quatre personnes connues et domiciliées, qui ont attesté le fait, en date du dix sept janvier dernier, passé devant le notaire soussigné, et contrôlé, demeurant audit Limoges, rue Croix-Neuve, paroisse de Saint-Michel ; laquelle, en exécution de l'ordonnance de M. Turgot, intendant de cette généralité, rendue le quatorze dudit mois sur la requette qu'elle avoit eu l'honneur de luy présenter pour les fins y contenues, d'après la réponse de MM. les Maire et Echevins dudit Limoges, donnée sur la même requette le treize dudit mois, reconnoit et confesse avoir présentement reçu aux espèces du cours de l'ordonnance, de messire Mathieu Romanet, écuyer, seigneur du Caillaud et de Meyrignac ; de M. Joseph Pétiniaud, seigneur du Gareau et de Jourgnac, conseiller du Roy, contrôleur contre garde de la Monnoye de cette ville ; de M. Mre Jean Tanchon, seigneur de Lage, avocat en parlement, directeur des économats du diocèse, juge des jurisdictions de la Cité, des Combes et Couzeix, et de M. Mre Léonard Muret, seigneur de Pagnac, aussy avocat en parlement : le premier maire de la présente ville, et les trois derniers échevins, tous habitants de ladite ville, présents et payant des deniers provenant des Patrimoniaux et Octroys d'icelle, la somme capitale de quatre cent six livres, qui produisoit à ladite Joliet vingt livres six sols de revenu annuel, à cause de sa portion de l'indemnité accordée aux incendiés du faubourg Montmalier de l'année mil sept cent cinq, suivant l'arrest du Conseil du vingt un décembre mil sept cent cinquante six : le payement de laquelle somme est autorisé être fait par mesdits sieurs Maire et Echevins par la susdite ordonnance, ensemble celuy des arrérages qui peuvent en être dûs, en par la dite Joliet donnant quittance et son mary conjointement, sa qualité de propriétaire de ce capital préalablement établie, et qu'il forme en ses mains un paraphernal et non un bien dotal : de tout quoy elle a justifié à mesdits sieurs Maire et Echevins ; et ayant nombré, vérifié et retiré ladite somme capitale de quatre cent six livres, ne luy étant dû d'arrérages, tant elle que sondit mary en ont conjointement concédé quittance, au désir de ladite ordonnance ; néanmoins ladite Joliet a reçu en seule, comme bien libre, la susdite somme pour en user à son gré, indépendamment de l'autorité maritale. Dont acte fait et passé en l'Hôtel de Ville l'an mil sept cent soixante quatorze et le premier février, avant midy. Présents sieurs Jean-Baptiste Freyssinet et Léonard Landry du Masgardeau, clercs dudit Limoges, témoins. Ledit sieur Borderie a déclaré ne savoir signer, de ce enquis. *Signé à la minute :* Suzanne JOLIET ; ROMANET, maire ; MURET, J. PÉTINIAUD, TANchon, Freyssinet, Landry du Mascardeau, et nous, notaire. Contrôlé audit Limoges, le 15 dudit mois, par Reynaud, qui a reçu 3 ll. 10 s. *Signé à l'expédition* : Fournier, notaire royal (1).

De par le Roy,

<small>Nomination et installation de MM. Juge de la Borie, maire ; Romanet du Caillaud, lieutenant de maire; Estienne, Jacques Petiniaud Pierre Grelet et Joseph Fournier, échevins.</small>

Sa Majesté ayant, entr'autres dispositions, déclaré par l'article six de son édit du mois de novembre mil sept cent soixante onze, que, six mois après la publication dudit édit, il seroit par elle nommé des sujets pour remplir les offices municipaux des villes de son royaume dont la finance n'auroit pas encore été payée en ses revenus casuels, et étant informée qu'il n'a point jusqu'à présent été pourvu aux offices de Maire, Lieutenant de maire et d'Echevins de Limoges créés et établis par l'article deux dudit édit, Elle a jugé à propos d'y commettre des personnes dont le zèle et l'expérience pussent assurer à la dite ville de Limoges une administration aussy sage qu'Elle l'a eu en vue en révoquant ses édits du mois d'août mil sept cent soixante quatre et may mil sept cent soixante cinq. En conséquence, sur les témoignages qui Luy ont été rendus de la capacité, bonne conduite et intelligence des sieurs Juge de la Borie, avocat de Sa Majesté au présidial de la dite ville ; Romanet du Caillaud, l'un des secrétaires de Sa Majesté ; Estienne, président de l'élection de la dite ville; Jacques Petiniaud, négociant; Pierre Grelet, négociant, et Joseph Fournier le jeune, notaire, Elle les a choisis et nommés pour exercer les places municipales de la dite ville, savoir : le sieur Juge de la Borie pour remplir celle de Maire ; le sieur Romanet du Caillaud pour celle de Lieutenant de maire, et les sieurs Estienne, Petiniaud, Grelet et Fournier pour celles d'Echevins, et ce pendant le temps qu'il plaira à Sa Majesté ou jusqu'à ce que l'office dont chacun d'eux remplira les fonctions ait été acquis en Ses revenus casuels. Veut Sa Majesté que tous les sujets cy dessus nommés dont Elle a fait choix pour composer le corps municipal de la dite ville de Limoges, jouissent des honneurs, rangs, droits, séances, privilèges, exemptions, autorité et prérogatives attribués aux dits offices municipaux par les édits de création, et qu'ils soient reconnus et obéis par tous ceux qu'il appartiendra, chacun en la qualité susdite, après toutefois qu'ils auront prêté

<small>(1) Les créances des incendiés de 1705 ne furent complètement éteintes que trois ans plus tard, en 1777. Voir plus loin sous cette date. On trouve des pièces relatives à cette affaire dans la liasse DD⁶ des Archives de l'Hôtel de Ville.</small>

serment en la manière accoutumée. Ordonne Sa Majesté à toutes personnes qui, en vertu de leur élection à quelque place municipale de ladite ville avant l'édit du mois de novembre mil sept cent soixante onze, seroient encore en fonctions, de les cesser au moment de la publication de la présente ordonnance, laquelle sera lue et transcrite sur les registres de l'hotel de ville de Limoges, afin que personne n'en ignore. Fait à Versailles, le vingt un janvier mil sept cent soixante quatorze. *Signé :* Louis, *et plus bas* : Phelippeaux.

Enregistré à l'hôtel de ville, le vingt six février mil sept cent soixante quatorze.

En exécution du brevet ci dessus, il a été cejourd'huy procédé à l'installation de Messieurs les officiers y dénommés en la manière accoutumée et en conformité de l'édit. A Limoges le vingt six février mil sept cent soixante quatorze.

Romanet du Caillaud, Jh Petiniaud, Tanchon, Muret, Juge, Estienne, J. Petiniaud, P.-G. Grellet, Fournier.

Aujourd'huy, vingt septième février mil sept cent soixante quatorze, dans la salle de l'hôtel de ville de Limoges, où étoient assemblés Messieurs les Maire, Lieutenant de maire et Echevins, Monsieur Juge de la Borie, maire, a exposé qu'il étoit nécessaire de remplacer Messieurs Tanchon de Lage et Joseph Petiniaud, anciens échevins, au bureau du collège de cette ville. La chose mise en délibération, mesdits sieurs Maire, Lieutenant de maire et Echevins ont, d'une commune voix, nommé Messieurs Juge de la Borie, avocat du Roy et maire, et Estienne de la Rivière, président à l'Election et premier échevin, pour remplacer lesdits sieurs Tanchon et Petiniaud, en conformité de la déclaration du Roy du vingt un may mil sept cent soixante trois (1). Fait lesdits jour, mois et an que dessus.

Nomination de MM. Juge de la Borie et Estienne de la Rivière au bureau du collège en remplacement de MM. Tanchon et Joseph Petiniaud.

Juge, Estienne, Fournier jeune, J. Petiniaud, P.-G. Grellet.

(1) Il existe un édit de février 1762 sur le même objet.

Réddition du compte du 1ᵉʳ septembre 1773 au 28 février 1774.

Aujourd'huy, premier mars mil sept cent soixante quatorze, dans la salle de l'hôtel de ville de Limoges, où étoient assemblés Messieurs les Maire, Lieutenant de maire et Echevins.

Sur le compte qui a été rendu par le sieur Nadaud, sindic receveur dudit hôtel de ville, tant du produit des Octroys que Patrimoniaux et du Don gratuit, et de l'employ qui en a été fait, le tout ayant été duement vérifié, vu les registres et autres pièces justificatives, il s'est trouvé que la recette du Don gratuit, puis le premier septembre mil sept cent soixante treize (1) jusqu'au premier mars mil sept cent soixante quatorze, s'élève à la somme de seize mille sept cent huit livres treize sols sept deniers, y compris ce qui avoit demeuré en caisse le premier septembre 1773 (2), et la dépense pour le même temps, six mille quatre cent soixante quatorze livres quatorze sols ; en sorte qu'il reste en caisse, pour le Don gratuit, dix mille deux cent trente trois livres dix neuf sols sept deniers, ci.......................... 10.233 ll. 19 s. 7 d.

Pareillement il s'est trouvé que la recette des Octroys, Deniers patrimoniaux, y compris l'eau des étangs et le courtage, monte à la somme de dix huit mille quatre cent trente sept livres deux sols, y compris ce qui avoit demeuré en caisse au premier septembre 1773 ; et la dépense pour le même temps à dix mille cinq cent quatre vingt une livres dix neuf sols neuf deniers, en sorte qu'il reste en caisse pour les Octroys, Deniers patrimoniaux, la somme de sept mille huit cent cinquante cinq livres deux sols trois deniers, ci....... 7.855 ll. 2 s. 3 d.

TOTAL de ce qui reste en caisse...... 18.089 ll. 1 s. 10 d.

JUGE, ROMANET, J. PETINIAUD, P.-G. GRELLET, FOURNIER jeune.

Résiliation de la vente faite à M. Romanet du Caillaud de l'emplacement de l'ancien marché au bled pour être remis aux enchères.

Aujourd'huy, (3) deux avril mil sept cent soixante quatorze, dans la salle de l'hôtel de ville de Limoges, où étoient assemblés MM. les Maire, Lieutenant de maire et Echevins de ladite ville, M. Romanet a exposé à l'assemblée que, par délibération du huit décembre dernier, faite par MM. les Echevins, Conseillers et Notables lors en

(1) Voir le compte arrêté à cette date tome V, pages 421 et 422.
(2) Le secrétaire-greffier a écrit par erreur 1774.
(3) Voir tome V, pages 423, 426. etc.

charge, homologuée par M. l'Intendant de cette généralité le trente du dit mois de décembre, relative à autre délibération du deux octobre précédent, il fut arrêté et convenu que, attendu le nouveau plan des changements à faire en la présente ville, qui a déjà eu son exécution dans quelques parties d'icelle, le Marché au bled, ou Cloistre, doit être transféré à la place des Bancs, où il doit être construit une halle ; à cet effet la dépense qu'on feroit dans ce moment pour réparer l'ancien deviendroit inutile ; qu'il est bien plus avantageux pour la commune d'abandonner cet ancien marché au bled et de le céder à titre de vente, pour le prix être employé à la construction de ladite nouvelle halle ; qu'après avoir fait examiner et apprécier ledit ancien marché par le sieur Broussaud, architecte, et iceluy exposé en vente, personne ne s'étant présenté qui ait fait la condition meilleure que le sieur Romanet qui en a offert la somme de six cents livres ; considérant aussy que sa maison joint ledit Marché au bled, que partie de ses bâtiments porte sur iceluy, qu'il pourroit par là survenir des contestations vis à vis d'un autre acquéreur ; que d'ailleurs sa maison doit être reculée du côté de la rue des Taules pour se conformer audit nouveau plan, ce qui pourroit lui donner lieu de demander une indemnité ; toutes ces considérations déterminèrent lors MM. les Echevins, Conseillers et Notables, après avoir conféré avec M. Trézeaguet, ingénieur de la province, de céder et transporter audit sieur Romanet le susdit emplacement du Marché au bled comme il se comporte, moyennant ladite somme de six cents livres qu'il sera tenu de payer lors de la construction de la halle à la place des Bancs, en ce qu'il ne pourra interdire l'usage dudit Marché au bled jusqu'à ce que le nouveau soit établi et qu'il ne pourra prétendre aucune indemnité contre la ville à raison de la retraite et reculement à faire à sadite maison pour se conformer audit nouveau plan ; enfin il fut aussy arrêté que MM. les Echevins demeuroient autorisés par l'assemblée à consentir audit sieur Romanet tous actes nécessaires... (1).

En conséquence des susdites deux délibérations, ledit sieur Romanet requiert M^{rs} les Maire et Echevins présents de luy faire la vente dudit Marché au bled moyennant le prix et sous les charges et conditions énoncées auxdites deux délibérations dont il a remis copie en forme sur le bureau, s'est retiré et a signé : ROMANET.

M^{rs} les Maire et Echevins ayant pris communication desdites délibérations et de l'ordonnance de M. l'Intendant qui homologue la dernière, ont été unanimement d'avis que, quoique les motifs qui

---

(1) Les points sont au registre.

ont déterminé MM. les Maire, Echevins, Conseillers et Notables à faire la vente dudit Marché au bled soient puissants et très solides, néanmoins comme il s'agit de l'aliénation d'un fonds appartenant à la ville, ils ne peuvent y consentir et le faire sans observer les formalités en pareil cas prescrites et usitées ; en conséquence ils ont délibéré et arrêté [que], pour parvenir à faire ladite aliénation, il sera, à leur requette, publié, par affiches aux endroits accoutumés de cette ville, et pendant trois dimanches consécutifs, que le vingt-trois du courant, à deux heures de relevée, il sera procédé dans l'hôtel de ville, par mesdits sieurs Maire et Echevins, à la vente dudit Marché au bled, qui sera consentie au plus offrant et dernier enchérisseur : pendant lequel temps toutes personnes seront reçues à faire des enchères audit hôtel de ville entre les mains du secrétaire, sous la condition que l'acquéreur ne pourra interdire au public l'usage dudit Marché jusqu'à ce que la nouvelle halle sera établie ; que, lors de la construction, il sera tenu de payer le prix de ladite vente et que encore il sera obligé de payer à mondit sieur Romanet l'indemnité, si aucune il est en droit de prétendre contre la ville, à raison de la retraite et reculement de sa maison pour se conformer audit nouveau plan : de tout quoy ledit acquéreur sera tenu de garantir et faire tenir quitte la ville envers ledit sieur Romanet, et que enfin ledit acquéreur ne pourra avoir contre la ville aucun recours ny garantie à raison des servitudes, si aucunes ledit sieur Romanet ou autres ont sur ledit Marché au bled.

JUGE, P.-G. GRELLET, ESTIENNE, J. PETINIAUD, FOURNIER jeune.

Nomination du Père Labonne pour prêcher l'Avent de 1774. Aujourd'huy, seizième avril mil sept cent soixante-quatorze, dans la salle de l'hôtel de ville de Limoges, où étoient assemblés messieurs les Maire et Echevins pour procéder à la nomination d'un prédicateur pour prêcher l'Avent de mil sept cent soixante-quatorze dans l'église de Saint-Martial dudit Limoges ; la chose mise en délibération, lesdits sieurs Maire et Echevins ont, d'une commune voix, nommé le Révérend Père Labonne, religieux cordelier à Périgueux, auquel il sera incessamment donné avis, sans qu'il puisse en nommer d'autre à sa place sans l'exprès consentement et permission desdits Maire et Echevins. Fait lesdits jour, mois et an que dessus.

JUGE, J. PETINIAUD, P.-G. GRELLET, FOURNIER jeune.

Aujourd'huy, seizième avril mil sept cent soixante-quatorze, dans la salle de l'hôtel de ville de Limoges, où étoient assemblés messieurs les Maire et Echevins pour procéder à la nomination d'un prédicateur pour prêcher le Carême de mil sept cent soixante-quinze dans l'église de Saint-Martial dudit Limoges ; la chose mise en délibération, lesdits sieurs Maire et Echevins ont, d'une commune voix, nommé le Révérend Père Chastillon, gardien des Pères Cordeliers de Montignac-le-Comte, auquel il sera incessamment donné avis, sans qu'il puisse en nommer d'autre à sa place sans l'exprès consentement et permission des dits sieurs Maire et Echevins. Fait lesdits jour, mois et an que dessus.

Nomination du P. Chastillon pour prêcher le carême de 1775.

JUGE, FOURNIER jeune, J. PETINIAUD, P.-G. GRELLET.

Aujourd'huy, vingt-troisième avril mil sept cent soixante-quatorze, dans la salle de l'hôtel de ville de Limoges, où étoient assemblés messieurs les Maire et Echevins de ladite ville, M. Jean Marbouty, présent (?), a exposé à l'assemblée qu'en exécution de la délibération prise le deux du courant (1), relative à celles des deux et huit octobre précédents, il a été procédé, à la requête et diligence de mesdits sieurs Maire et Echevins, à la publication faite par affiches aux endroits accoutumés de cette ville les trois, dix et dix-sept du courant par Jouhaud huissier, que lesdits sieurs Maire et Echevins, pour les raisons contenues auxdites délibérations, faisoient cejourd'huy la vente et adjudication au plus offrant et dernier enchérisseur de la Cloître (2) ou Marché au blé de cette ville, désigné par lesdites affiches et sous les conditions portées en ladite délibération du deux du courant et telles autres qu'il plairoit à mesdits sieurs les Maire et Echevins d'imposer à l'acquéreur ; et comme l'heure et le jour indiqués par lesdites affiches sont échus, il est de l'intérêt de la commune de procéder à la réception des enchères qui pourront être faites, et dans le cas où elles soient insuffisantes, de renvoyer ladite adjudication à la première assemblée qui sera pour ce indiquée ; que monsieur Romanet fils, chargé de la procuration de Monsieur son père, se trouvant indisposé, n'a pu se rendre en personne pour faire sa réquisition, mais qu'il a chargé ledit sieur

Adjudication définitive à M. Romanet du Caillaud de l'emplacement de l'ancien marché au bled.

---

(1) Voir ci-dessus page 12.
(2) On disait autrefois « La Claustre, la place de La Claustre ». On verra plus loin qu'en 1789, durant la disette, le marché au blé fut rétabli place du Cloître, au moins pour quelque temps.

Marbouty de la faire pour luy, dont il a bien voulu se charger, avec promesse de la luy faire ratifier; et attendu que, sur la publication des affiches, il se présente des acquéreurs, ledit sieur Marbouty, au nom qu'il procède, demande à mesdits sieurs Officiers municipaux de procéder à la réception des enchères, même à l'adjudication s'il y a lieu. — MARBOUTY.

Nous avons donné acte de l'exposé et requis dudit sieur Marbouty, et attendu que plusieurs particuliers se sont rendus pour faire des enchères, disons qu'il sera procédé à la réception d'icelles, sauf à renvoyer pour l'adjudication, jusqu'à ce que ledit sieur Romanet se présente en personne ou quelqu'un en vertu de son pouvoir spécial. — JUGE, J. PETINIAUD, P.-G. GRELLET, FOURNIER jeune, ESTIENNE.

A l'instant s'est présenté sieur Antoine Bertaud, marchand de cette ville, y demeurant rue Boucherie, paroisse de St-Pierre, lequel a dit qu'ayant été averti par les affiches qui ont été faites en cette ville, que lesdits sieurs Maire et Echevins se proposent de faire aujourd'huy la vente de ladite Cloître et Marché au blé au plus offrant et dernier enchérisseur, il requiert qu'il luy soit donné communication des conditions qui doivent être imposées dans ladite vente pour faire, d'après (1), les enchères qu'il avisera; en conséquence lesdits sieurs Maire et Echevins lui ayant fait faire lecture par le secrétaire tant de la délibération du deux du courant que des susdites affiches, ledit sieur Bertaud a offert la somme de quatre cents livres outre et par dessus les charges et conditions portées en ladite délibération et affiches, et a signé : BERTEAUD.

S'est aussy présenté Pierre Longuequeue, aussy marchand de cette ville, qui a offert la somme de quatre cent cinquante livres outre et par dessus les susdites charges et conditions, et a signé : LONGEQUE.

Le dit sieur Bertaud a de sa part surenchéri et offert la somme de cinq cents livres, toujours aux susdites charges et conditions, et a signé : BERTEAUD.

Et attendu que ledit Longequeue n'a voulu surenchérir et que l'enchère dudit sieur Bertaud paroit trop modique, lesdits sieurs Maire et Echevins ont renvoyé, pour l'adjudication dudit Marché au blé, au trente de ce mois, à deux heures de relevée, audit hôtel de ville, et qu'en attendant, il sera fait, aux lieux accoutumés de cette ville, une nouvelle affiche. Fait les susdits jour, mois et an que dessus.

JUGE, J. PETINIAUD, P.-G. GRELLET, ESTIENNE, FOURNIER jeune.

(1) D'après ces conditions.

Et advenant ledit jour, trente avril mil sept cent soixante quatorze, à deux heures de relevée, dans l'hôtel commun de cette ville, où MM. les Maire et Echevins étoient assemblés, s'est présenté messire Mathieu Romanet du Caillaud fils, agissant pour et au nom de messire Pierre Romanet, écuyer, seigneur du Caillaud, son père, suivant sa procuration du onze du courant, reçue par Fournier l'aîné, notaire en cette ville, et contrôlée, lequel a dit que le vingt trois de ce mois, jour de la dernière assemblée, n'ayant pu se porter au dit hôtel de ville à cause de son indisposition, il chargea M⁹ Marbouty, son procureur, de requérir auxdits sieurs Officiers municipaux de procéder à la réception des enchères et même à l'adjudication s'il y avoit lieu, de la Cloître ou Marché au bled, qui avoit été publiée par les affiches qui en avoient été faites en cette ville; et comme il demeure averti que, ne s'étant présenté nombre suffisant d'enchérisseurs, mesdits sieurs Officiers municipaux ont renvoyé pour faire l'adjudication dudit cloître à cejourd'huy et que du depuis il a été fait une nouvelle affiche, il requiert qu'il plaise à mesdits sieurs Maire et Echevins de procéder à la réception des enchères qui pourront être faites et ensuite à l'adjudication dudit Marché au bled, et s'étant fait faire lecture par le secrétaire des conditions portées aux susdites délibérations et affiches, il a offert six cents livres dudit Marché au bled et requis que l'adjudication luy en soit faite sous les susdites conditions, et a signé : Romanet du Caillaud fils.

Et à l'instant s'est présenté sieur Léonard Tabaraud l'aîné, marchand de cette ville, y demeurant près ledit Cloître, lequel, après avoir entendu lecture des charges et conditions portées aux susdites délibérations et affiches, a surenchéri sur ledit seigneur du Caillaud et offert six cent trois livres dudit Marché au bled, et a signé : Tabaraud.

S'est aussy présenté ledit sieur Bertaud, qui, après avoir entendu lecture de ladite dernière affiche, a offert dudit Marché au bled la somme de six cent six livres, et a signé : Berteaud.

S'est aussy présenté ledit Pierre de Longuequeue, qui, après avoir entendu lecture de la dernière affiche, a offert dudit Marché au bled la somme de six cent dix livres, et a signé : Longeque.

Et de la part dudit seigneur du Caillaud fils, en vertu de sadite procuration, il a offert dudit Marché au bled la somme de six cent trente livres, et a signé : Romanet du Caillaud fils.

Et attendu que lesdits sieurs Tabaraud, Bertaud et Longuequeue n'ont voulu surenchérir et qu'il ne s'est présenté d'autres enchérisseurs, mesdits sieurs Maire et Echevins ont par ces présentes, en acceptant la dernière offre dudit seigneur du Caillaud, fait sous le bon plaisir de M. l'Intendant, vente et adjudication pure et simple audit sieur Mathieu Romanet son père, ce accepté par ledit sieur du Caillaud son fils, en vertu de sadite procuration qu'il a contresignée pour ne varier, et remise en minute au secrétaire pour être expédiée conjointement avec ladite, adjudication du susdit Cloître et Marché au bled, situé en cette ville, désigné et limité par les susdites délibérations et affiches, pour par luy s'en mettre en possession et en jouir sous les charges et conditions suivantes : 1° que ledit sieur Romanet ne pourra interdire au public l'usage dudit Cloître ou Marché au bled jusqu'à ce que la nouvelle halle qui doit en servir soit bâtie à la place des Bancs de cette ville, ou ailleurs ; 2° que, lors de ladite nouvelle construction, ledit sieur Romanet sera tenu de payer entre les mains du receveur dudit hôtel de ville ladite somme de six cent trente livres moyennant laquelle la présente adjudication lui demeure consentie (et ce sans intérêt jusques à ce, à condition qu'en attendant la ville continuera de jouir du susdit Cloître ou Marché au bled) ; 3° qu'en attendant, ledit sieur Romanet demeure tenu de l'entretien dudit Cloître ou Marché au bled, sans pouvoir pour ce prétendre aucune indemnité envers la ville ; 4° que ledit sieur Romanet ne pourra prétendre également contre la ville aucun dédommagement à raison de la retraite et reculement, s'il est obligé d'en faire à sa maison pour se conformer au nouveau plan ; 5° que pareillement il ne pourra demander aucune indemnité ni recours envers la ville, s'il venoit à essuyer quelques contestations à raison des servitudes que les voisins peuvent avoir sur ledit Cloître, lesdits sieurs Maire et Echevins ne luy en faisant l'adjudication pour en jouir que de la même manière dont la ville en a joui ou dû jouir, et qu'enfin ledit sieur Romanet sera tenu de payer tous les frais tant des susdites affiches et tous autres faits pour parvenir à la présente adjudication ou à faire pour l'entière exécution d'icelle. A tout quoy ledit sieur Romanet fils, stipulant pour ledit sieur son père, s'est expressément soumis, et [a] accepté le tout pour l'exécuter sous l'obligation de tous les biens présents et à venir dudit sieur Romanet père.

Fait ledit jour, trente avril mil sept cent soixante quatorze (1). — ROMANET DU CAILLAUD en vertu de ma procuration ; JUGE, J. PETINIAUD, P.-G. GRELLET, FOURNIER, ESTIENNE.

---

(1) Plusieurs projets furent successivement étudiés pour la construction d'une halle au blé. On avait eu en vue, en premier lieu, comme emplacement, un terrain dépendant des Jacobins ; on pensa ensuite à la place Manigne (Arch. municipales DD³), puis à la place des Arènes. Nous verrons, en 1780, le marché rétabli à titre provisoire à *la Clautre*.

Anne-Robert-Jacques Turgot, chevalier, baron de Laune, seigneur de Lastelle, Gerville, Vesli, Le Plessis et autres lieux, conseiller du Roy en ses conseils, maître des requettes ordinaires de son hôtel, intendant de justice, police et finances en la généralité de Limoges;

Vu la délibération des Maire, Lieutenant de maire et Echevins de la ville de Limoges en date du 8 décembre 1773 ; notre ordonnance du 30 dudit mois, portant homologation de ladite délibération, autre délibération des Maire, Lieutenant de maire et Echevins de ladite ville en date du 2 avril 1774 ; l'adjudication faîte en conséquence desdites délibérations le 30 dudit mois d'avril au sieur Romanet du Caillaud fils, agissant pour et au nom du sieur Romanet du Caillaud son père et fondé de sa procuration à cet effet, de l'emplacement servant cy devant de Marché au bled et dit vulgairement la *Cloître*, ladite adjudication faite moyennant le prix et somme de six cent trente livres et en outre sous les clauses et conditions y énoncés,

Nous, Intendant en la généralité de Limoges, avons homologué et homologuons par notre présente ordonnance la délibération prise par le corps municipal le deux avril dernier, ensemble l'adjudication cy dessus énoncée en date du trente avril aussy dernier : ordonnons que ladite adjudication sera exécutée selon sa forme et teneur. Fait à Paris, le quatorze may mil sept cent soixante quatorze. *Signé* : TURGOT (1).

Aujourd'huy, vingt huitième may mil sept cent soixante quatorze, dans la salle d'assemblée de l'hôtel commun de cette ville, où étoient assemblés MM. les Maire, Lieutenant de maire et Echevins de ladite ville,

S'est présenté sieur Pierre Talandier l'aîné, marchand dudit Limoges, y demeurant, faubourg des Arresnes, paroisse de Saint-Michel-des-Lions, lequel a exposé à mesdits sieurs Officiers municipaux qu'il se propose de rebâtir une maison qu'il vient d'acquérir du sieur d'Arfeuille, et d'étendre son nouveau bâtiment sur un petit

Autorisation accordée au sieur Talandier de rebâtir la maison qu'il a acquise du sieur Darfeuille.

---

(1) Turgot avait déjà quitté Limoges; il ne devait pas y revenir. Le roi Louis XV était mort le 10 mai 1774, dans sa soixante-cinquième année, après un règne de plus de soixante ans. La lettre écrite à ce sujet aux magistrats municipaux se trouve aux archives de l'hôtel de ville, liasse AA[3]. Nous en avons déjà donné le texte, t. V, page 342, d'après la copie insérée parmi les pièces reproduites à la fin du registre BB[3]. Legros note, dans sa *Continuation des Annales*, que tous les habitants de Limoges « nobles ou ayant rang de nobles et possesseurs de charges et offices de la Cour, prirent le deuil le 22 mai ». Le 14 juin fut célébré un service funèbre solennel dont notre précieux annaliste donne (p. 182 et 183) un compte rendu minutieux.

emplacement qui dépend de ladite maison du côté du jardin du sieur Arnaud : tout quoy est situé audit faubourg des Arresnes et joint le jardin qui dépend de la maison du portier de la place d'Orsay appartenant à ladite ville ; que, dans le pan de ladite maison, il y a déjà deux croisées ayant aspect sur ledit jardin ; mais comme elles ne sont suffisantes pour l'éclairer, il a besoin de la permission de la ville pour en pratiquer d'autres. Pareillement, comme sadite maison et le susdit emplacement font biais au susdit jardin, il demande aussy à mesdits sieurs officiers municipaux la permission d'avancer son nouveau bâtiment sur ledit jardin sur la longueur de dix huit pouces du côté du mur de M. Jayac, offrant de se retirer sur sondit emplacement, du côté du jardin dudit sieur Arnaud, de quatorze pouces, ce qui donnera une figure plus régulière tant à sa maison qu'au susdit jardin, et par lequel alignement il se trouvera avoir quarante un pieds onze pouces de long du côté de la maison dudit portier, et trente neuf pieds du côté du jardin dudit sieur Arnaud, le tout pris dans œuvre ; qu'à raison des susdites permissions il s'étoit pourvu devers M. l'Intendant, qui rendit son ordonnance le quatorze juillet mil sept cent soixante douze, portant qu'il n'empêchoit que MM. les Officiers municipaux lors en charge accordassent audit sieur Talandier la permission par luy demandée.

En conséquence, le dit sieur Talandier requiert auxdits sieurs Officiers municipaux de luy accorder la susdite permission, se soumettant de payer à la ville telle indemnité qu'il leur plaira de fixer à raison de ladite concession, et a signé : THALANDIER.

Sur quoy, la chose mise en délibération et les suffrages recueillis, auxdits sieurs Officiers municipaux ont, sous le bon plaisir de M. l'Intendant, par ces présentes permis audit sieur Talandier de pratiquer et ouvrir, dans le rez de chaussée de la maison qu'il se propose de construire, deux bas jours grillés ayant aspect sur le jardin dépendant de la maison servant à loger le portier de la place d'Orsay ; pareillement d'ouvrir et pratiquer trois grandes croisées qui, avec celle qu'il y a déjà, feront le nombre de quatre, dans le pan qui servira de façade au susdit jardin, sans que luy ni les siens puissent rien jeter par lesdites anciennes et nouvelles croisées dans le susdit jardin, pas même d'eau claire, la ville ne lui permettant de les ouvrir que pour éclairer seulement sa maison, sans pouvoir en faire d'autre usage, et sans qu'aussy il puisse faire tomber dans ledit jardin les eaux de la couverture de sadite maison.

Comme son ancienne maison et l'emplacement y contigu sur lequel il se propose de faire bâtir, font biais en susdit jardin, la ville lui permet, sans néanmoins aucune garantie de sa part envers les voisins, d'avancer son nouveau bâtiment sur ledit jardin, sur la longueur de dix huit pouces sur ledit jardin du côté du mur de M. Jayac, en ce qu'il se retirera sur son emplacement, du côté du jardin du sieur Arnaud, de quatorze pouces : ce qui donnera une figure plus régulière tant à sa nouvelle maison qu'au susdit jardin de la ville ; par lequel alignement il se trouvera avoir quarante un pieds onze pouces de long du côté de ladite maison du portier, et trente neuf pieds du côté du jardin dudit sieur Arnaud, le tout pris dans œuvre.

Demeure loisible et réservé à la ville de faire dans ledit jardin une salle verte (1) et d'y faire planter les arbres qu'elle avisera à six pieds de distance dudit bâtiment, tout comme d'y bâtir quand elle jugera à propos, en ce qu'il sera laissé une distance de dix pieds entre la maison dudit sieur Talandier et le bâtiment que la ville y pourra faire construire ; au cas qu'elle voulût bâtir plus près du bâtiment dudit sieur Talandier que de dix pieds, elle seroit tenue de le dédommager au prorata de la somme par luy cy après payée pour prix de la présente concession. Au surplus, la ville n'entend accorder aucun droit ny servitude ny portion sur son dit jardin, sous telle dénomination que ce puisse être, ny encore moins garantir les fonds sur lesquels il entend bâtir, mais au contraire ledit sieur Talandier demeurera tenu d'entretenir à ses frais la partie du mur servant de clôture au susdit jardin qui formera l'alignement de sa maison.

La présente concession ainsy faite et moyennant la rente annuelle foncière et perpétuelle de dix sols, payables au même jour des présentes, et encore moyennant la somme de trois cents livres que ledit sieur Talandier a présentement payée entre les mains du sieur Nadaud, receveur dudit Hôtel de Ville, dont quittance. Fait audit Hôtel de Ville, lesdits jour, mois et an que de l'autre part. THALANDIER, ROMANET, P.-G. GRELLET, J. PÉTINIAUD, ESTIENNE, FOURNIER jeune.

Nous, Intendant en la généralité de Limoges, avons approuvé et approuvons la délibération cy dessus et des autres parts pour être exécutée selon sa forme et teneur. Fait à Paris, le dix-neuf juin mil sept cent soixante quatorze. *Signé* : TURGOT.

(1) Une charmille.

Acte de remboursement au sieur Pierre Guybert (sic) substitué a Catherine Hébrard, femme Gérard, d'une somme de 675 livres pour part de l'indemnité accordée aux incendiés du faubourg Montmalier.

Par devant nous, Jean-Baptiste Garat, notaire, tabellion, garde notes du Roy et apostolique, héréditaire, aux ville et sénéchaussée et diocèse de Limoges, soussigné, est comparue Catherine Hébrard, épouse assistée et autorisée en tant que de besoin de Pierre Gérard, cuisinier, habitant de cette ville rue Vielle-Monnoye, paroisse de Saint-Pierre, attestant tous deux sous leurs serments n'avoir passé ensemble de contrat de mariage, ny d'autres conventions matrimoniales, par conséquent ladite Hébrard étant absolue maîtresse en seule de ses biens, faits et droits, les jouissant comme paraphernaux et extradotaux, — laquelle a volontairement cédé, quitté, perpétuellement et irrévocablement transporté sous la garantie requise à M. Pierre Guibert, bourgeois, négociant de cette ville, y demeurant rue Consulat, susdite paroisse, présent et acceptant, la somme de six cent soixante quinze livres en capital, d'indemnité accordée à feu Michel Hébrard, père de ladite Catherine, qui se trouve son unique fille et héritière, lors de la taxe et imposition pour les incendiés du faubourg Montmalier dudit Limoges, ladite somme produisant le sol pour livre sous la déduction des vingtièmes et leurs accessoires ; pour ledit sieur Guibert se faire payer du susdit produit qui a couru depuis le dix du courant et aura lieu dans la suite, même toucher ledit capital si le cas y échoit, et du tout bailler (1) toutes quittance et décharge valables, à défaut d'acquit faire toutes poursuites et diligences nécessaires et actes qu'il conviendra ainsy et de la même manière que ladite Hébrard auroit pu et dû cy devant faire ; — laquelle en conséquence constitue ledit sieur Guibert son procureur général et spécial, le met et subroge, ce concernant, en l'universalité de ses hypothèques, droits, place, nature, priorité et privilèges, créances, demandes, voix, noms, raisons et actions, desquels elle se démet et dessaisit purement et simplement en sa faveur pour doresnavant en jouir, user, faire et disposer à sa volonté, déclarant ladite Hébrard n'avoir rien plus à prétendre directement ni indirectement et en façon quelconque à la susdite somme principale de six cent soixante quinze livres et au produit d'icelle qui en sera exigible et courra dans la suite, non compris aux présentes le dernier semestre dudit produit de l'année courante qui appartiendra à ladite Hébrard. La présente cession ainsy faite moyennant pareille somme de six cent soixante quinze livres que ladite Hébrard a déclaré avoir déjà reçue comptant en espèces du cours dudit sieur Guibert, dont elle l'a quitté et promis faire tenir quitte, ainsy que ledit Gérard, et tous deux conjointement et solidairement l'un pour l'autre, un d'eux seul le meilleur pour le tout,

(1) *Baillew* au texte.

sous toutes renonciations de droit ; dont acte, que les parties promettent exécuter sous l'obligation de leurs biens. Fait et passé audit Limoges par nous, notaire susnommé, et en compagnie de notre confrère Baju, le vingt un décembre mil sept cent soixante treize, après midy. *Signé à la minute* : Catherine HÉBRARD, Pierre GÉRARD, Pierre GUIBERT, BAJU et le notaire soussigné. Contrôlé audit Limoges, le trente un dudit, par Reynaud qui a reçu 3 l. 10 s. pour 8ˢ p. l. vingt huit sols. *Signé à l'expédition* : GARAT, notaire royal.

Pardevant Joseph Fournier, conseiller du Roy, commissaire général des saisies réelles du Limousin, doyen des notaires de Limoges, présents les témoins soussignés, ont comparu Louis Senèque, menuisier, habitant du faubourg Montmalier, paroisse de Sᵗ-Michel ; Martial Roche, maître cordonnier, demeurant rue des Combes, susdite paroisse, et Martial Senèque, aussi menuisier, demeurant au susdit faubourg, lesquels, majeurs et dignes de foi, ont volontairement et conjointement certifié et attesté à tous qu'il appartiendra et sous la foy de leur serment, avoir vu faire le mariage de Catherine Hébrard, fille de feu Michel Hébrard, avec Pierre Gérard, cuisinier, dans l'église Saint-Michel-des-Lions le sept janvier mil sept cent soixante-six ; qu'ils ont connaissance qu'il ne fut passé entre eux de contrat de mariage ny d'autres conventions matrimoniales, ce qui rend ladite Hébrard libre et maîtresse de ses biens et droits, ainsy qu'elle et son mary l'ont eux-mêmes certifié et attesté par l'acte de cession et transport qu'ils ont consenti, ou quoi que soit ladite Hébrard autorisée de son mary de l'effet cy-après, à M. Pierre Guibert, négociant de cette ville, devant Garat notaire, le vingt un décembre dernier, dûment contrôlé, et ont lesdits comparants signé le présent certificat. — *Signé à la minute* : ROCHE, Louis SENÈQUE, SENÈQUE.

<small>Actes relatifs à la même affaire.</small>

Pareillement est comparu au même instant ledit sieur Pierre Guybert, demeurant audit Limoges, rue du Consulat, paroisse de Sᵗ-Pierre, au nom et comme ayant-droit de ladite Catherine Hébrard suivant l'acte cy-dessus daté, signé à l'expédition : Garat, notaire, lequel reconnaît et confesse avoir présentement reçu en espèces du cours de M. Mᵉ Jacques Juge, seigneur de la Borie et du Treuil, conseiller, avocat du roy et garde scel du présidial sénéchal de cette ville, Maire de la présente ville ; de messire Mathieu Romanet, écuyer, seigneur du Caillaud et de Meyrignac, lieutenant de maire ; de M. Mᵉ Louis-Joseph Estienne, seigneur de la Rivière, conseiller du Roy, président en l'élection de ladite ville ; de M. Jacques Petiniaud, seigneur de Juriol et de Beaupeyrat, négociant ; de M. Pierre Grelet, aussy négociant, et de M° Joseph Fournier, notaire, ces quatre derniers échevins de ladite ville, présents et payant des deniers provenant des Patrimoniaux et Octroys d'icelle, la somme de six cent soixante-quinze livres qui produisoit trente-trois livres quinze sols par an, à cause de la portion afférente à ladite Catherine Hébrard dans l'indemnité accordée aux incendiés du faubourg Montmalier de l'année mil sept cent cinq suivant l'arrêt du Conseil du vingt-un décembre mil sept cent cinquante-six, lequel effet appartient audit sieur Guybert comme subrogé aux droits de ladite Hébrard, suivant le susdit contrat passé devant Garat, notaire ; de laquelle somme de six cent soixante-quinze livres ledit sieur Guybert tient quittes mesdits sieurs Maire, Lieutenant de maire et Echevins. Dont acte, fait et passé dans la salle de l'hôtel de ville, l'an mil sept cent soixante-quatorze et le six juin après midy, présents sieurs Jean-Baptiste Freyssinet et André Valéry Jupille, clercs dudit Limoges, témoins. — *Signé à la minute* : Pierre GUYBERT, JUGE, ROMANET, J. PETINIAUD, P.-G. GRELLET, échevins ; ESTIENNE, FOURNIER jeune, FREYSSINET, JUPILLE, et nous notaire.

Et par ces mêmes présentes, à l'instant que dessus, lesdits Pierre Gérard et Catherine Hébrard, conjoints, sont également comparus, l'épouse autorisée de son mary pour le fait cy-après, lesquels ont volontairement déclaré et confessé que ledit sieur Pierre Guibert, des mêmes deniers qu'il vient de recevoir suivant l'acte cy-dessus de messieurs les Maire et Echevins dudit Limoges, leur a compté et réalisé la somme de deux cent soixante-cinq livres, qui, avec celle de trois cent trente-cinq livres qu'ils avoient seulement et réellement touchée par le contrat de cession, au lieu de six cents livres que ledit sieur Guibert leur fit donner quittance par iceluy, font ensemble la somme de six cents livres, véritable prix de la cession, de laquelle somme de deux cent soixante cinq livres ils quittent et déchargent ledit sieur Guibert (la présente quittance et celle portée audit contrat de cession ne feront ensemble qu'une seule et même de six cents livres) : faisant la présente déclaration pour rendre justice à la vérité. Dont acte fait et passé les susdits jour, mois et an que dessus ; en présence desdits sieurs Jean-Baptiste Freyssinet et André Valory Jupille, clercs dudit Limoges, témoins. — *Signé à la minute* : Pierre GÉRARD, Catherine HÉBRARD, FREYSSINET, JUPILLE, et nous notaire. Reçu pour trois droits cinq livres dix sols ; pour 8ᵉ p. l. quarante-quatre sols par Reynaud. *Signé à l'expédition* : FOURNIER (1).

(1) Une feuille volante insérée au registre CC 22 des Archives de la ville renferme quelques indications sur le voyage et le séjour à Limoges de M. de Cheveru, intendant des finances du

Aujourd'huy, troisième septembre mil sept cent soixante-quatorze, dans la salle de l'hôtel commun de la ville de Limoges, où étoient assemblés messieurs les Maire et Echevins, monsieur Juge, maire, a exposé que le Révérend Père Chastillon, gardien des Pères Cordeliers de Montignac-le-Comte, étant indisposé et ne pouvant prêcher le Carême de l'année mil sept cent soixante-quinze dans l'église de S¹-Martial de Limoges, il étoit nécessaire de nommer un autre prédicateur à sa place; la chose mise en délibération, lesdits sieurs Maire et Echevins ont d'une commune voix nommé le Révérend Père Descubes, prieur des Jacobins de la ville de S¹-Junien, pour prêcher le Carême de l'année mil sept cent soixante-quinze dans l'église de S¹-Martial dudit Limoges, auquel, etc. (Comme ci-dessus, p. 14.)

Nomination du P. Descubes en remplacement du Père Chastillon pour prêcher le Carême de 1775.

JUGE, ROMANET, P.-G. GRELLET, FOURNIER jeune, J. PETINIAUD.

Aujourd'huy, troisième septembre mil sept cent soixante-quatorze, dans la salle de l'hôtel commun de la ville de Limoges, où étoient assemblés messieurs les Maire, Lieutenant de maire et Echevins soussignés,

Reddition de compte du 1ᵉʳ mars au 3 septembre 1775

Sur le compte qui a été rendu par le sieur Nadaud, syndic-receveur dudit hôtel de ville, tant du produit des Octrois que Patrimoniaux et du Don gratuit, et de l'employ qui en a été fait, le tout ayant été dûment vérifié, vu les registres et autres pièces justificatives, il s'est trouvé que la recette du Don gratuit puis le premier mars mil sept cent soixante-quatorze jusqu'au trois septembre mil sept cent soixante-quatorze [monte] à la somme de dix-neuf mille quatre cent quatre-vingts livres dix-sept sols six deniers, y compris ce qui

---

comte d'Artois, au cours de l'année 1774. Les « violons de ville » lui donnèrent un concert pour son arrivée, le 18 juillet, et on lui offrit un « vin d'honneur » pour lequel furent achetées six bouteilles de Bourgogne à 45 s., six bouteilles de Côte Rôtie à 42 s., six de Saint-Emilion à 30 s. et six de vieux Malaga à 3 ll. 5 s. La ville paya son loyer pendant cinq mois à raison de 30 ll. par mois.

On sait qu'un édit du mois d'octobre 1773, avait créé en faveur de Charles-Philippe de France, comte d'Artois, un apanage comprenant les duchés et comtés d'Auvergne, d'Angoulême, de Mercœur, le marquisat de Pompadour, les « comté et vicomté » de Limoges et la vicomté de Turenne.

Il faut noter ici un fait d'ordre scientifique offrant un certain intérêt. C'est du reste le premier de ce genre que signalent nos Annales limousines : le 11 août, M. Montaigne, directeur des postes à Limoges, qui s'occupait d'observations astronomiques à ses moments perdus, découvrit, entre l'étoile polaire et la constellation de Cassiopée, une comète non encore signalée. — A la distribution des prix du Collège, l'abbé Vitrac prononça son *Eloge de Marc-Antoine Muret*.

avoit demeuré en caisse au premier mars mil sept cent soixante-quatorze, et la dépense pour le même temps, six mille trois cent quatre-vingt-trois livres quatre deniers, en sorte qu'il reste en caisse, pour le Don gratuit, treize mille quatre-vingt-dix-sept livres dix-sept sols deux deniers, ci.................... 13.097 ll. 17 s. 2 d.

Pareillement, il s'est trouvé que la recette des Octroys, Deniers patrimoniaux, y compris l'eau des étangs et le courtage, montent à la somme de dix-neuf mille neuf cent soixante-seize livres treize sols quatre deniers, y compris ce qui avoit demeuré en caisse au premier mars 1774, et la dépense pour le même temps à dix mille cinq cent trente-trois livres dix-huit sols deux deniers, en sorte qu'il reste en caisse pour les Octroys, Deniers patrimoniaux, la somme de neuf mille quatre cent quarante-deux livres quinze sols deux deniers, ci.... 9.442 ll. 15 s. 2 d.

TOTAL................ 22.540 ll. 12 s. 4 d.

JUGE, ROMANET, J. PETINIAUD, P.-G. GRELLET, FOURNIER jeune (1).

(1) Nous avons essayé, à l'aide du registre des mandats délivrés par l'administration municipale sur la caisse du receveur de l'hôtel de ville Archives communales CC ²²), de reconstituer l'état des dépenses de la commune à cette époque. Voici le relevé que nous en avons fait pour l'année 1775 (se reporter aux indications données à la note du t. V, p. 190 et 191) :

1° Part revenant au Trésor sur le produit des octrois, fixée à forfait en 1761 et 65 et acquittée par pactes trimestriels de 1,326 ll. 17 s... 5.307 ll. 8 s. »

2° Part revenant au Trésor sur l'octroi spécial du Don gratuit, acquittée par pactes trimestriels de 913 ll. 18 s.............................. 3.655 ll. 12 s. »

3° Prix de l'office de conseiller secrétaire greffier de l'hôtel de ville remboursé par l'hôtel de ville qui en était devenu acquéreur, avec les frais et loyaux coûts, au sieur Manent............................ 1.726 ll. 12 s. »

4° Payé par la ville, impôt des vingtièmes afférent à ses revenus patrimoniaux.. 158 ll. 8 s. »

5° Payé, aussi au rôle des vingtièmes, pour le produit des octrois.. 314 ll. 15 s. »

6° Payé, au rôle des vingtièmes, pour les droits de courtage........ 67 ll. 12 s. »

7° Frais de logement des troupes de passage....................... 650 ll. » »

8° Chauffage et éclairage des corps de garde, pour les corps en quartier ou les troupes de passage..................................... 965 ll. 3 s. »

9° Aux ayants-droit des incendiés du faubourg Montmailler.......... 1.079 ll. 12 s. »

10° Traitement du syndic receveur de l'hôtel de ville................ 300 ll. » »

11° Traitement du secrétaire de l'hôtel de ville..................... 200 ll. » »

12° Gages et habits des deux valets de ville........................ 720 ll. » »

13° Allocations supplémentaires et gratifications pour l'établissement des rôles, travail de bureau pour le logement des troupes, etc........ 322 ll. » »

14° Gages du tambour major de la ville............................ 24 ll. » »

15° Prédicateur de l'hôtel de ville (Avent, 120 ll.; Carême, 240)...... 360 ll. » »

16° Gratification à la personne chargée de sonner les cloches et de « garnir la chaire » lors des prédications............................ 10 ll. » »

A reporter................. 15.891 ll. 2 s. » d.

— 27 —

Vote de réjouissance au sujet de la nomination de M. Turgot au contrôle général. Envoi d'une députation à M. Turgot.

Aujourd huy, troisième septembre mil sept cent soixante-quatorze, dans la salle de l'hôtel commun de la ville de Limoges, où étoient, assemblés messieurs les officiers municipaux, monsieur Juge, maire a exposé que le public est si vivement pénétré, comme nous le sommes nous-mêmes, de respect pour la personne de Monseigneur Turgot, cy-devant intendant de cette généralité, nouvellement nommé à la place de ministre d'Etat et Contrôleur général, de reconnaissance pour les bontés qu'il a témoignées à cette généralité et surtout à la ville de Limoges, pendant tout le cours de sa sage administration, et du plaisir de le voir honoré de la confiance de l'auguste prince qui veut établir sa gloire sur la félicité de ses peuples, que tous les différents états paroissent souhaiter avec ardeur qu'on donne à un magistrat aussy estimable par son mérite et par sa bienfaisance des témoignages distingués de leurs sentiments, et semblent faire un reproche à ceux qui ont l'honneur de les représenter de n'avoir pas déjà marqué ces sentiments par des réjouissances publiques et par une députation dont l'unique objet se borne à exprimer la vénération et la gratitude des peuples de cette province, de la ville de Limoges en particulier, envers ce digne bienfaiteur et le désir de mériter sa protection en laquelle ils mettent leurs espérances.

Report......................	15.891 ll.	2 s.	» d.
17· Au grand chantre de la Cathédrale, aux termes de la transaction des 29 mai et 2 juin 1525 relative aux écoles......................	10 ll.	,»	»
18° Cirier de l'hôtel de ville (entretien du luminaire devant la relique de saint Martial)......................	225 ll.'	»·	»
19° Construction de la fontaine de la Pyramide......................	2.008 ll.	8 s.	»
20° Maison de la place d'Orsay, piles et entrée de la place........	4 277 ll.	15 s.	7 d.
21° Réfection à neuf de l'aqueduc près la porte Tourny et le presbytère de Saint-Pierre......................	403 ll.	3 s.	»
22° Mémoire de l'imprimeur et fournitures de bureau..............	73 ll.	15 s.	»
23° Fournitures diverses pour l'hôtel de ville......................	170 ll.	»	»
2.° Mémoire du traiteur de l'hôtel de ville (repas du 1ᵉʳ janvier, 90 ll.; des 5 et 24 juin et 29 juillet. 150 ll.; des 16 et 23 août, 252 ll. 2 s.)... (Nous devons faire remarquer que ce chiffre est beaucoup plus élevé que celui figurant au compte des autres années : Outre l'intendant des finances du comte d'Artois et un autre agent de l'administration de l'apanage, qui passèrent à Limoges en 1775, la municipalité dut, cette année-là, offrir un banquet à d'autres personnages importants.)	492 ll.	2 s.	»
25° Remboursement au receveur de ses avances, qui comprennent non seulement les menues dépenses de l'hôtel de ville, le service, les réparations courantes, les fournitures pour l'artillerie de la ville, les troupes de passage, le costume des magistrats municipaux, les dépenses des cérémonies publiques, des réjouissances, des messes, des aumônes, — mais l'entretien et les réparations des fontaines, aqueducs, pavés..	1.975 ll.	8 s.	3 d.
TOTAL......	25.526 ll.	13 s.	10 d.

Il faut ajouter à cette somme le montant du traitement des agents de la perception des octrois. Nous ne voyons pas non plus figurer dans les dépenses de l'année les 1,000 ll. d'indemnité de logement au gouverneur et les dépenses d'entretien de l'hôtel de l'intendance.

La chose mise en délibération, il a été unanimement arrêté que jeudi prochain, huit du présent mois, il y aura aux fins cy-dessus un feu de joie dans la place de Tourny, auquel assistera la milice bourgeoise, et qui sera suivy d'un feu d'artifice à neuf heures du soir; qu'aux mêmes fins, monsieur Romanet. écuyer, sous-maire, monsieur Petiniaud, échevin, demeurent députés pour se rendre incessamment auprès de mondit seigneur Turgot, contrôleur général (1).

JUGE, ROMANET, J. PETINIAUD, P.-G. GRELLET, FOURNIER jeune.

Vu par nous, subdélégué général de la généralité de Limoges, la délibération cy-dessus prise par MM. les Officiers municipaux de la ville de Limoges le trois septembre présent mois,

Nous avons homologué et autorisé ladite délibération, ordonnons en conséquence qu'elle sera exécutée suivant sa forme et teneur.

Fait à Limoges, ledit trois septembre mil sept cent soixante-quatorze.

DE BEAULIEU.

Acte de remboursement à Jeanne et Catherine Gabaud héritières de leur père et mère d'une somme de 335 livres pour leur part de l'indemnité accordée aux incendiés du faubourg Montmalier.

Par devant Joseph Fournier, conseiller du Roy, commissaire général des saisies réelles du Limousin, doyen des notaires de Limoges, présents les témoins soussignés, ont comparu messire Antoine Lombardie, prêtre, vicaire de la paroisse de St-Pierre-du-Queyroix; sieur Léonard Lombardie, bourgeois, marchand; Philippe Chaussade, maître-tailleur d'habits pour femmes (2), et Jean-Baptiste Raymond, marchand, tous habitants de cette ville, rue Manigne, susdite paroisse, majeurs et dignes de foi, lesquels ont unanimement certifié à tous qu'il appartiendra avoir parfaitement connu feue Isabeau Foucaud, épouse du sieur Martial Gabaud, marchand ceinturier: qu'elle est décédée *ab intestat*, et n'a laissé d'autres héritières la représentant que Catherine et Jeanne Gabaud, ses filles et uniques héritières présomptives, ce que lesdits comparants attestent, sous la foy de leur serment, être sincère et véritable; en foy de quoy ont requis le présent acte de notoriété que le notaire soussigné leur a octroyé pour servir et valoir que de raison. Fait et passé en l'étude,

---

(1) Les registres de la comptabilité communale (CC ^{22}) nous fournissent le relevé des dépenses qui furent la suite de ce double vote. Les réjouissances coûtèrent 312 ll. 19 s. 6 d., dont 250 ll. pour les frais du feu de joie. Quant au voyage des Députés, qui partirent de Limoges le quinze septembre et revinrent le deux octobre, ils présentèrent à la ville une note de 785 ll., dont 254 ll. 13 s. 6 d. pour frais du voyage de Limoges à Paris, 245 ll. pour le retour et 2°5 ll. 6 s. 6 d. pour dépenses de séjour.

(2) On voit que les *couturiers* existaient déjà au dix-huitième siècle.

l'an mil sept cent soixante-quatorze et le vingt-quatre août après
midi, présents sieurs Jean-Bap'iste Freyssinet et Jean-Baptiste Lin-
gaud (1), clercs dudit Limoges, témoins. — *Signé à la minute :*
A. LOMBARDIE, prêtre, vicaire de St-Pierre ; LOMBARDIE l'aîné, CHAUS-
SADE, REYMOND, FREYSSINET, LINGAUD et le notaire. Contrôlé audit
Limoges par Reynaud, qui a reçu 14 s. *Signé à l'expédition :* FOUR-
NIER, notaire.

Par devant Joseph Fournier, conseiller du Roy, commissaire
général aux saisies réelles du Limousin, doyen des notaires de
Limoges, présents les témoins soussignés, ont comparu Jeanne et
Catherine Gabaud, sœurs, filles majeures de feus Martial Gabaud,
marchand ceinturier, et d'Elisabeth, dite Isabeau Foucaud, uniques
héritières présomptives de cette dernière leur mère, décédée *ab
intestat* comme appert de l'acte de notoriété sur ce fait le vingt-quatre
août dernier par le notaire soussigné, dûment contrôlé, — demeurant
en cette ville, rue des Pousses, paroisse de St-Pierre, lesquels reconnaissent conjointement avoir reçu aux espèces du cours, présentement et à la vue du notaire et témoins, de messire Jacques Juge,
seigneur de la Borie et du Treuil, conseiller, avocat du Roy et garde
scel du présidial et sénéchal de ladite ville, Maire d'icelle ; de messire Mathieu Romanet, écuyer, seigneur du Caillaud et de Meyrignac,
Lieutenant de maire de la même ville ; de M. Me Louis-Joseph
Estienne, seigneur de la Rivière, conseiller du Roy, président en
l'élection dudit Limoges ; de M. Jacques Pétiniaud, seigneur de Juriol
et de Beaupeyrat, négociant ; de M. Pierre Grelet, aussi négociant,
et de Me Joseph Fournier jeune, notaire de cette ville, ces quatre
derniers échevins de ladite ville, tous présents et payant des deniers
provenant des Octroys et Patrimoniaux d'icelle ville, la somme de
trois cent trente-cinq livres produisant annuellement, auxdites
Gabaud sœurs, seize livres quinze sols de revenu, à cause de leur
portion dans l'indemnité accordée aux incendiés du faubourg Montmalier de l'année mil sept cent cinq, suivant l'arrêt du Conseil du
vingt-un décembre mil sept cent cinquante-six, laquelle portion leur
compète en leur susdite qualité d'héritières de ladite Elisabeth Foucaud leur mère, et étoit ainsi fixée en capital et intérêts par le rôle
de répartition fait entre lesdits incendiés, comme en ont justifié lesdites Gabaud ; de laquelle somme de trois cent trente-cinq livres,
nombrée, vérifiée et reçue par elles, en ont conjointement concédé
quittance à mesdits sieurs Maire et Echevins, sans aucune réserve.
Dont acte fait et passé dans l'hôtel commun de ladite ville, l'an mil

---

(1) Le futur secrétaire de l'hôtel de ville.

sept cent soixante-quatorze et le troisième septembre avant midi, présents sieurs Jean-Baptiste Freyssinet et Jean-Baptiste Lingaud, clercs dudit Limoges, témoins. Lesdites Gabaud ont déclaré ne sçavoir signer de ce enquises. *Signé à la minute :* Juge, Romanet, Estienne, J. Petiniaud, P.-G. Grellet, Fournier jeune, Freyssinet, Lingaud et le notaire. Contrôlé audit Limoges par Reynaud, qui a reçu 2 ll. 16 s. y compris les 8 s. pour livre. *Signé à l'expédition :* Fournier aîné, notaire.

Rapport de la députation envoyée à M. Turgot.

Aujourd'huy, quinzième octobre mil sept cent soixante-quatorze, dans la salle de l'hôtel de ville de Limoges où étoient assemblés MM. les Officiers municipaux soussignés,

MM. Romanet du Caillaud, lieutenant de maire, et Petiniaud, échevin, qui avoient été députés devers Monseigneur le Contrôleur général suivant et pour les causes de la délibération du trois septembre dernier (1), ont rendu compte et rapporté à l'assemblée la manière gracieuse et honnête avec laquelle ils ont été reçus par ce ministre, et des témoignages qu'il leur a donnés de sa protection pour cette ville. Les frais de cette députation ont monté à sept cent quatre-vingt-cinq livres, dont il leur a été fourni un mandement par le sieur Nadaud, receveur, qui leur a compté cette somme.

Romanet, Estienne, J. Petiniaud, Fournier jeune (2).

(1) Voir plus haut, page 27.

(2) M. Lenoir avait été nommé, dans les derniers jours de juillet ou les premiers jours d'août, à l'intendance de Limoges en remplacement de Turgot. Il ne quitta pas Paris où il fut, au commencement de septembre, nommé lieutenant de police. Les officiers municipaux lui avaient écrit dès sa nomination à Limoges connue, et nos Archives communales possèdent (AA¹ n° 38) la réponse fort aimable qu'il leur adressa le 23 août. L'héritage de Turgot fut dévolu à M. d'Aine, intendant de Bayonne. Celui-ci a eu de nombreux détracteurs : il n'en fut pas moins, après le grand intendant, l'administrateur le plus actif et un des plus intelligents qu'a't possédés notre province. Peut-être même, en ce qui a trait à la ville de Limoges en particulier, le passage de M. d'Aine fut-il marqué par un ensemble de travaux et d'améliorations plus considérables encore que ceux effectués durant le séjour de son illustre prédécesseur. On lui doit notamment la démolition de ce qui subsistait des anciens remparts, la création de la place qui porte son nom, celle de la place Dauphine et la construction de la fontaine qui décorait cette dernière, l'achèvement du plan d'alignement, le numérotage des maisons, l'installation d'écriteaux portant le nom des voies publiques, l'éclairage de la ville, l'établissement du guet, la réédification presque totale du présidial et des prisons. M. d'Aine arriva à Limoges le 4 juin 1775.

Aujourd'huy, quinze octobre mil sept cent soixante-quatorze, dans la salle de l'hôtel de ville de Limoges, où étoient assemblés messieurs les Officiers municipaux, il a été fait lecture par monsieur Juge, maire, de la requette à luy présentée par le sieur Jean-Baptiste Manent, tendant à ce qu'il luy plût le recevoir dans l'office de conseiller du Roy, secrétaire greffier de ladite ville, dont il a obtenu des provisions de Sa Majesté le dix-sept août dernier, ensemble de la lettre qui a été écrite à mesdits sieurs Officiers municipaux par monsieur Bastard, chancelier de Monseigneur le comte d'Artois (1), en date du vingt-sept septembre dernier, qui sera transcrite à la suite des présentes.

<small>Révocation des provisions d'office de secrétaire-greffier de l'hôtel-de-ville surprises par le sieur Manent. Remerciment adressé à Mgr le comte d'Artois de la protection qu'il a accordée à la province. Mêmes remerciments à MM. Bastard et Turgot.</small>

La chose mise en délibération, lesdits sieurs Officiers municipaux ont été d'avis et ont arrêté qu'attendu la défense contenue en ladite lettre de recevoir le sieur Manent dans ledit office, il luy sera répondu par mondit sieur Juge qu'il ne peut être procédé à sa réception, faute par luy d'avoir rapporté l'agrément de Monseigneur le comte d'Artois sur les susdites provisions, et qu'il sera incessamment rendu compte à Monseigneur Bastard de la présente délibération.

Au surplus, il a été aussy arrêté qu'il sera aussy incessamment témoigné à Monseigneur le comte d'Artois, de la part du corps de ville, la reconnoissance dont il est pénétré pour la protection qu'il a plu à Son Altesse Royale d'accorder à cette province, aux fins de la révocation des arrêts du Conseil concernant les scels, des trois octobre et dix-huit avril derniers.

On écrira pareillement à Monseigneur Bastard et à Monseigneur le Contrôleur général pour les remercier de l'intérêt et de soins qu'ils ont bien voulu prendre au même sujet.

JUGE, ROMANET, P.-G. GRELLET, FOURNIER jeune.

Suit la teneur de la lettre ci-dessus énoncée :

MESSIEURS,

J'ay été informé que le sieur Manent a surpris en la chancellerie de France des provisions de l'office de secrétaire greffier de l'hôtel de ville de Limoges pour lesquelles je luy ai refusé mon agrément. Vous aurez attention de ne point procéder à sa réception attendu qu'elles n'ont point été accordées sur la nomination de Monseigneur

---

(1) L'édit qui avait constitué l'apanage du duc d'Artois, les lettres patentes et déclarations rendues pour l'exécution de cet édit, avaient investi l'apanagiste de la nomination à tous les offices et charges, à l'exception des offices principaux de judicature et de finance.

le comte d'Artois, et vous voudrez bien m'instruire des démarches que le sieur Manent pourra faire à cet égard.

Je suis, avec un très parfait attachement,

Messieurs,

Votre très affectionné serviteur.

Signé : BASTARD.

Paris, le 27 septembre 1774.

Nomination du R. P. Arbonnaud en remplacement du R. P. Labonne pour prêcher l'Avent de 1774.

Aujourd'huy, seizième novembre mil sept cent soixante-quatorze, dans la salle de l'hôtel de ville de Limoges, où étoient assemblés messieurs les Maire, Lieutenant de maire et Echevins, monsieur Juge, maire, a exposé que le Révérend Père Labonne, religieux cordelier à Périgueux, étant indisposé et ne pouvant prêcher l'Avent de mil sept cent soixante-quatorze dans l'église de St-Martial de Limoges, il étoit nécessaire de nommer un autre prédicateur à sa place. La chose mise en délibération, lesdits sieurs Maire et Echevins ont, d'une commune voix, nommé le Révérend Père Arbonnaud, religieux cordelier conventuel à Limoges, pour prêcher l'Avent de mil sept cent soixante-quatorze dans ladite église de St-Martial, auquel il sera, etc. (Comme ci-dessus, p. 14.)

JUGE, J. PETINIAUD, ESTIENNE, FOURNIER jeune.

Adjudication du bail des droits de mesurage des vins eaux-de-vie et autres liqueurs pour six ans à dater du 14 décembre 1774

Aujourd'huy, vingt-sixième novembre mil sept cent soixante-quatorze, à deux heures de relevée, dans la salle de l'hôtel de ville de Limoges, où étoient assemblés pour les affaires d'icelle M. Me Jacques Juge, seigneur de la Borie et du Treuil, conseiller, avocat du Roy et garde scel du présidial et sénéchal, maire de ladite ville ; messire Mathieu Romanet, écuyer, seigneur du Caillaud et de Meyrignac, lieutenant de maire; M. Me Louis-Joseph Estienne, seigneur de la Rivière, conseiller du Roy, président en l'élection de Limoges ; M. Jacques Petiniaud, seigneur de Juriol et de Beaupeyrat; M. Pierre Grellet, bourgeois, négociant, et Me Joseph Fournier, notaire, ces quatre derniers échevins de ladite ville ;

Pardevant nous, Joseph Fournier, conseiller du Roy, commissaire général des saisies réelles du Limousin et doyen des notaires de cette ville, présents les témoins soussignés,

Ont comparu mesdits sieurs Maire, Lieutenant de maire et Echevins, lesquels ont dit avoir fait publier et afficher aux places, cantons, carrefours et autres lieux accoutumés de cette ville, le renouvellement du bail pour six années consécutives des droits de mesurage des vins, eaux-de-vie et autres liqueurs, pour être délivré au plus offrant et dernier enchérisseur, lesdits droits pour être perçus par l'adjudicataire à raison de six deniers par chaque charge de vin, conformément à l'ordonnance de M. d'Aguesseau du six may mil six cent soixante-neuf, ledit bail à commencer au quatorze décembre prochain, et le prix payé de six en six mois et d'avance, ès mains du sieur syndic-receveur de l'hôtel de ville, tout comme les huit sols pour livre en sus, en celles du receveur du domaine du Roy, lesquelles affiches et publications auroient été faites les six, treize et vingt du courant; et comme l'heure indiquée pour l'adjudication est échue, même plus d'une au-delà, et qu'il s'est rendu dans la présente salle plusieurs personnes pour surenchérir, mesdits sieurs Maire et Echevins ont fait faire lecture par le secrétaire greffier dudit hôtel de ville du contenu ès dites affiches, charges et conditions dudit bail.

Sur quoy s'est présenté le sieur Pierre Guithard, huissier, qui a offert de prendre ledit bail pour cinq cents livres aux susdites charges et conditions, cy.................................... 500 ll.

De même s'est présenté sieur Joseph Dutreix, qui l'a porté à cinq cent vingt-cinq livres, cy............................ 525 ll.

Le sieur Diot qui, de sa part, l'a porté à cinq cent trente livres, cy.. 530 ll.

Le sieur Grégoire Gareaud à six cents livres, cy....... 600 ll.
Ledit sieur Diot à six cent cinquante livres, cy......... 650 ll.
Ledit sieur Guithard à six cent soixante livres, cy..... 660 ll.
Ledit sieur Gareaud à sept cents livres, cy............ 700 ll.
Le sieur Léonard Noualher à sept cent soixante livres, cy 760 ll.
Le sieur Joseph Vacquand à huit cents livres, cy....... 800 ll.
Ledit sieur Gareaud à huit cent vingt-cinq livres, cy... 825 ll.
Ledit sieur Dutreix à huit cent quarante livres, cy..... 840 ll.

Sur quoy, lesdits sieurs Maire et Echevins, ayant fait de nouveau publier la délivrance dudit bail à son de tambour au devant ledit hôtel de ville, et fait allumer une première bougie, pendant le feu de laquelle s'est de nouveau présenté ledit Gareaud, qui a offert de prendre ledit bail aux susdites charges et conditions, moyennant la somme de neuf cents livres, cy........................ 900 ll.

Ladite bougie étant éteinte, en auroit été allumé une seconde ; pendant le feu d'icelle s'est présenté ledit Noualher, qui a offert de prendre ledit bail pour neuf cent quinze livres, cy........ 915 ll.

Ce second feu étant éteint, il auroit été allumé une troisième bougie; pendant la durée du feu d'icelle, ledit Dutreix a offert neuf cent trente livres aux mêmes charges et conditions, cy .... 930 ll.

Pareillement ledit Gareaud s'est encore présenté et a offert de prendre et accepter le bail moyennant neuf cent quarante-cinq livres pour chacune desdites six années, aux susdites charges et conditions, cy.. 945 ll.

Sur laquelle dernière enchère, la susdite troisième bougie se seroit éteinte sans que personne se soit présenté pour faire la condition meilleure ; quoy vu par mesdits sieurs Maire et Echevins, ils auroient délaissé ledit bail pour lesdites six années à commencer comme dit est au quatorze décembre prochain, audit Grégoire Gareaud et à Martial Faure, présent et intervenant, qu'il a associé audit bail, pour en jouir ainsy qu'ils aviseront, pour par eux stipulant et acceptant conjointement et solidairement l'un pour l'autre, le meilleur d'eux seul pour le tout, sous les renonciations aux bénéfices de division, discussion et ordre, lever et percevoir suivant l'usage et en conformité des anciens baux, vus et lus sur ces présentes, lesdits droits de mesurage des vins, eau de vie et autres liqueurs, sur le pied de six deniers pour chaque charge, et ce sous les susdites charges et conditions, et encore de (*sic*) celles qui suivent :

1° Que le prix dudit bail demeure fixé et réglé moyennant ladite somme de neuf cent quarante cinq livres pour chacune desdites six années, payable par lesdits preneurs solidairement comme dessus, en deux pactes et termes égaux de six en six mois et d'avance, ès mains du sieur receveur de l'hôtel de ville ;

2° Qu'indépendamment du susdit prix, les preneurs paieront ès mains du sieur receveur du domaine, ou autres préposés, les huit sols pour livre en sus pendant tout le temps que cette imposition aura lieu, durant leur bail, et ce aux termes accoutumés, et rapporteront quittance des dits huit sols pour livre pour chaque année à mes dits sieurs Maire et Echevins, lesquels huit sols pour livre lesdits preneurs demeurent néanmoins autorisés de lever et percevoir en sus desdits six deniers par charge, à raison et au prorata d'iceux ;

3° Que, pour sûreté de toutes les charges, clauses et conditions cy-dessus, les preneurs fourniront bonne et suffisante caution et certificateur pour être l'un et l'autre solidairement contraints, avec eux preneurs, au payement dudit prix du bail, et soumis à toutes les clauses, charges et conditions d'iceluy ;

4° Que lesdits preneurs retireront des mains de Léonard Noualher, ancien adjudicataire, les six setiers ou mesures appartenant à la ville, pour s'en servir durant leur bail, et les remettre en fin d'iceluy audit hôtel de ville.

En exécution de ce que dessus, lesdits preneurs ont présenté à mesdits sieurs Maire et Echevins, sçavoir, pour caution le sieur Jean Bordas, maître boulanger de cette ville, y demeurant rue des Pousses, paroisse de Saint-Pierre, et pour certificateur de sa solvabilité le sieur Junien Chabaud, marchand de ladite ville, y demeurant rue Rafilhoux, susdite paroisse, lesquels acceptés et agréés par mesdits sieurs Maire et Echevins, se sont à l'instant rendus, et après leur avoir fait lecture du contenu audit bail, ils ont conjointement et solidairement, les uns pour les autres, promis de l'exécuter dans tout son contenu, clauses, charges et conditions d'iceluy, avec lesdits preneurs, le meilleur d'eux seul pour le tout, sous les renonciations aux bénéfices de division, même et par exprès les dits caution et certificateur à la discussion préalable des biens desdits preneurs, faisant leur propre fait et depte du tout comme principaux obligés, et ont fait par ces présentes toutes soumissions en pareil cas requises, élisant les dits preneurs pour domicile, sçavoir, le dit Gareaud sa maison rue des Petites-Maisons, paroisse de Saint-Maurice, et ledit Faure la sienne rue des Petites-Pousses, paroisse de Saint-Pierre, et lesdits caution et certificateur élisent pour domiciles leurs maisons d'habitation sus déclarées où tous actes pour l'exécution des présentes pourront être faits.

Et finalement lesdits preneurs, caution et certificateur seront tenus, comme ils s'obligent, de payer tous les frais d'affiches et proclamats, et autres pour parvenir audit bail, ensemble tous ceux de la faction d'iceluy, et d'en fournir grosse à mesdits sieurs Maire et Echevins, qui, au moyen de ce que dessus, promettent de garantir auxdits preneurs la jouissance paisible desdits droits affermés ; pour l'effet de quoy obligent le revenu de ladite ville, et les preneurs, caution et certificateur obligent solidairement comme dessus tous leurs biens, même soumettent leurs personnes aux rigueurs de l'ordonnance, aux fins d'être contraints par corps attendu le privilège des fermes, une voie ne cessant pour l'autre. Dont acte fait et passé dans ladite salle, en présence des sieurs Jean-Baptiste Lingaud et Louis Garat, clercs dudit Limoges, témoins. Ledit Faure, preneur, a déclaré ne sçavoir signer, de ce enquis. — *Signé à la minute* : Garraud, Bordas, Chabaud, Juge, maire; Romanet, lieutenant de maire ; Estienne, J. Petiniaud, P.-G. Grellet, Fournier jeune, échevins ; Lingaud, Garat, et nous notaire.

Et advenant le vingt sept novembre mil sept cent soixante quatorze, à deux heures de relevée, dans ledit hôtel de ville, par devant nous, notaire susdit et témoins soussignés, ont comparu mesdits sieurs Maire et Echevins, qui ont dit s'être assemblés sur ce que différents particuliers se sont rendus audit hôtel de ville pour tiercer le prix du susdit bail, et y faire de nouvelles enchères, à tout quoy ils désirent faire procéder.

En conséquence, ayant fait faire lecture par le secrétaire greffier dudit hôtel de ville aux susdits particuliers assemblés du bail ci dessus, adjugé auxdits Gareaud et Faure; du prix, charges, clauses et conditions d'iceluy, sieur Jean-Baptiste Icehe (1), marchand de cette ville, y demeurant place Manigne, paroisse de Saint-Maurice, s'est présenté et a requis d'être reçu au tiercement du prix dudit bail, ce qui luy ayant été accordé, il a offert de le prendre pour la somme de neuf cent quatre vingt dix livres, et a signé à la minute : ICEHE; cy... 990 ll.

Ledit sieur Gareaud s'est aussy présenté et a dit qu'au moyen du susdit tiercement, les enchères étant ouvertes, il offre de prendre edit bail moyennant la somme de mille livres, outre et pardessus les susdites conditions et charges, et a signé. *Signé à la minute* : GAREAUD ; cy... 1,000 ll.

Ledit sieur Diot s'est aussy présenté et a offert dudit bail la somme de mille dix livres, outre et pardessus les susdites charges et conditions, et a signé. *Signé à la minute* : DIOT; cy......... 1,010 ll.

Et de la part dudit sieur Icehe qu'il (*sic*) a surenchéry et offert la somme de mille vingt livres et a signé. *Signé à la minute* : ICEHE; cy... 1,020 ll.

Et de la part dudit sieur Gareaud, il a encore surenchéry et à offert la somme de onze cents livres, a signé. *Signé à la minute* : GAREAUD ; cy... 1,100 ll.

Et de la part dudit sieur Diot, il a offert la somme de onze cent vingt cinq livres, et a signé. *Signé à la minute* : DIOT; cy. 1,125 ll.

Et de la part dudit sieur Icehe, il a offert la somme de onze cent cinquante livres et a signé. *Signé à la minute* : ICEHE; cy. 1,150 ll.

Et de la part dudit sieur Gareaud, il a offert la somme de douze cents livres et a signé. *Signé à la minute* : GAREAUD ; cy.. 1,200 ll.

Et de la part dudit sieur Diot, il a offert la somme de douze cent vingt livres et a signé. *Signé à la minute* : DIOT ; cy.... 1,220 ll.

Et de la part dudit sieur Icehe, il a offert la somme de douze cent trente livres et a signé. *Signé à la minute* : ICEHE ; cy... 1,230 ll.

Et de la part dudit sieur Gareaud, il à offert la somme de douze cent cinquante livres et a signé. *Signé à la minute* : GAREAUD ; cy... 1,250 ll.

Et de la part dudit sieur Diot, il a offert la somme de douze cent soixante dix livres et a signé. *Signé à la minute* : DIOT ; cy. 1,270 ll.

(1) On trouve d'habitude ce nom écrit Iseeq ou Iseq, parfois Lizec ou Lizée.

Et de la part dudit sieur Gareaud, il a offert la somme de treize cents livres et a signé. *Signé à la minute :* Gareaud ; cy.. 1,300 ll.

Et de la part du sieur Diot, il a offert la somme de treize cent dix livres et a signé. *Signé à la minute :* Diot ; cy....... 1,310 ll.

Et attendu que nul autre n'a voulu surenchérir ni autrement faire la condition meilleure, après avoir fait publier, même fait annoncer la susdite enchère de treize cent dix livres au devant la porte du présent hôtel, à son de tambour, mesdits sieurs Maire et Echevins ont, par ces présentes, délivré et adjugé audit sieur Diot, comme dernier enchérisseur, le susdit bail, et ce moyennant la somme de treize cent dix livres pour chacune desdites six années, payable aux termes ci dessus, et en outre sous les mêmes charges, clauses et conditions auxquelles ledit Gareaud s'était assujetty par l'adjudication du jour d'hier, de laquelle luy a été de nouveau fait lecture, et a promis de l'exécuter dans tout son contenu, et a signé. *Signé à la minute :* Diot.

En exécution de tout quoy, ledit Diot a présenté, sçavoir, pour cautions le sieur Léonard Noualher, marchand dudit Limoges, demeurant faubourg Manigne, paroisse de Saint-Maurice ; ledit Grégoire Gareaud, aussy marchand, demeurant rue des Petites-Maisons, susdite paroisse, et pour certificateur de la solvabilité desdits Noualher et Gareaud, le sieur Jean-Baptiste Icehe, également marchand, demeurant place Manigne, susdite paroisse, lesquels présents, agréés et acceptés par mesdits sieurs Maire et Echevins, après leur avoir fait lecture du présent bail, charges, clauses et conditions d'iceluy, se sont conjointement et solidairement avec ledit sieur Diot obligés à la pleine et entière exécution d'iceluy bail, charges, clauses et conditions d'iceluy, envers mesdits sieurs Maire et Echevins, les uns pour les autres et le meilleur d'eux seul pour le tout, sous les renonciations aux bénéfices de division, discussion et ordre, ce faisant [se sont obligés] de payer le prix du susdit bail en deux termes et pactes égaux, de six en six mois et d'avance, au sieur receveur de l'hôtel de ville, indépendamment des huit sols pour livre en sus, au sieur receveur du Domaine, ou autres préposés, et d'en rapporter les quittances audit sieur receveur de l'hôtel de ville, à chaque semestre, à la charge néanmoins par lesdits preneur, cautions et certificateur de se conformer, pour la levée desdits droits affermés, à l'ancien usage, sans rien pouvoir innover sur le public, obligeant pour tout ce que dessus tous leurs biens solidairement, même soumettant leurs personnes aux rigueurs de l'ordonnance, aux fins d'être contraints par corps attendu le privilège des baux, une voie ne cessant pour l'autre ; et de la part desdits sieurs Maire et Echevins, ils promettent, sous les susdites clauses et conditions, de

garantir auxdits adjudicataire, cautions et certificateur la jouissance paisible desdits droits affermés. Dont acte fait et passé dans ledit hôtel de ville les susdits jour, mois et an, en présence des sieurs Jean-Baptiste Lingaud et Louis Garat, clercs dudit Limoges, témoins.
— *Signé à la minute :* Diot, adjudicataire; Gareaud, Noualher, Icehe, certificateur; Juge, maire; Romanet, lieutenant de maire; Estienne, échevin; J. Petiniaud, échevin; J. Grellet, échevin; Fournier jeune, échevin; Lingaud, Garat, et nous notaire soussigné. Contrôlé à Limoges, le 20° novembre 1774, par Reynaud, qui a reçu quatorze livres; huit sols pour livre, cinq livres douze sols. Total : 19 ll. 12 s.
Signé à l'expédition : Fournier aîné, notaire royal.

<small>Demande en diminution sur la somme de 15,000 livres réclamée pour les offices municipaux.</small>

Aujourd'huy, troisième décembre mil sept cent soixante quatorze, dans la salle de l'hôtel commun de cette ville, où étoient assemblés MM. les Maire, Lieutenant de maire et Echevins de ladite ville,
Monsieur Juge, maire, a communiqué à l'assemblée une lettre qui luy a été remise par M. de Beaulieu, subdélégué général de cette généralité, écrite par Monseigneur le Contrôleur général à M. Daine, intendant de cette province, dont la teneur suit :

A Paris, le 22 novembre 1774.

Le sieur Nadaud se présente, Monsieur, pour être pourvu de l'office de trésorier receveur de la ville de Limoges, aux offres de payer une somme de douze cents livres. Comme il est muny de l'agrément de M. Bastard, il ne peut, à cet égard, y avoir de difficulté de luy accorder sa demande. Néanmoins, je ne m'y porterai qu'autant que la ville ne voudroit pas elle même acquérir et réunir cet office ainsy que les autres de la création de novembre 1771, ce que je croirois plus avantageux pour elle et pour son administration que d'y laisser pourvoir des particuliers. Je vous prie d'en prévenir les officiers municipaux afin que, s'ils s'y déterminent, ils prennent en conséquence une délibération que vous m'envoierez. Pour leur faciliter cette réunion et par la persuasion dans laquelle je suis que c'est l'avantage de la ville, je consens de faire un sacrifice sur la finance et de la réduire à quinze mille livres, et je crois que cette somme n'est pas au dessus de ses forces. Je vous serai obligé de me mettre en état, par une prompte réponse, de prendre un party sur cet objet.

Je suis très parfaitement, Monsieur, votre très humble et très obéissant serviteur. *Signé :* Turgot.

A Monsieur Daine, intendant de Limoges.

Mesdits sieurs Officiers municipaux ayant délibéré sur le contenu en ladite lettre, il a été unanimement arrêté que, pour remplir le serment qu'ils ont fait de procurer de tout leur pouvoir le bien de leurs citoyens, ils n'avoient rien de mieux à suivre que d'en remettre les intérêts à la bienfaisance de Monseigneur le Contrôleur général; qu'il connoît par lui-même le triste état de l'hôtel de ville dudit Limoges, et le poids accablant dont les habitants sont surchargés; qu'il y a toujours paru sensible et dans l'intention sincère d'y remédier; qu'il en a tout le pouvoir; qu'ils le prient de considérer que, dans les circonstances de leur situation, quinze mille livres paroissent une somme très forte; qu'ils ont l'honneur d'implorer sa protection pour obtenir, dans le cas où le fonds de la chose ne puisse pas être éludé, la plus grande modération possible, et le moyen de concilier le paiement de la somme qu'il lui plaira de fixer, avec le soulagement du peuple, qui depuis longtemps gémit dans l'indigence.

  Juge, Romanet, Estienne, J. Petiniaud, P.-G. Grellet, Fournier.

Nous, subdélégué général de l'intendance de Limoges, avons homologué et homologuons la délibération cy dessus pour être exécutée suivant sa forme et teneur. Fait à Limoges, le 6 décembre 1774. — De Beaulieu.

Du 29 mars 1773, extrait des registres du Conseil d'Etat. *Arrêt du Conseil qui met à la charge des villes l'entretien des bâtiments servant à l'administration de la justice.*

 Le Roy s'étant fait rendre compte en son Conseil de la forme dans laquelle il est pourvu aux constructions, entretien et réparations des bâtiments dans lesquels ses cours de parlement, chambres des comptes, cours des aides, conseils supérieurs, bureaux des finances, bailliages, seneschaussées, élections et autres juridictions royales tiennent leurs séances, et à l'entretien, réparations et renouvellement des meubles nécessaires aux dites cours et juridictions, ainsi qu'aux constructions, entretien et réparations des prisons destinées à renfermer les criminels détenus en vertu des arrêts et jugements des dites cours et juridictions (1), Sa Majesté

---

(1) Nous pouvons constater que dès l'époque des guerres de religion, les geôles royales étaient placées à Limoges dans les dépendances de l'auditoire du Présidial ; ces prisons avaient été autrefois établies dans une des tours de la ville. Sous la domination anglaise, Edouard III, lorsqu'il avait rendu aux consuls la justice et la seigneurie du Château de Limoges, s'était réservé la tour de Pissevache pour y renfermer ses prisonniers.

auroit reconnu que la nécessité de ne permettre aucune dépense dont le payement soit à sa charge, qu'elle ne soit elle même autorisée après les informations nécessaires et que le montant n'en ait été régulièrement constaté, a obligé d'introduire une multitude de formalités qui doivent précéder la confection des dites constructions et réparations : [que] l'on doit d'abord informer le Conseil de Sa Majesté des objets auxquels il est nécessaire de pourvoir; qu'ils doivent être vérifiés sur les ordres qui en sont donnés ; qu'il en doit être dressé des devis et états estimatifs, soit par les ingénieurs des ponts et chaussées, soit par des (1) commis ; que ces devis et états doivent être adressés au Conseil pour être approuvés et donner en conséquence les ordres nécessaires pour la confection des ouvrages à laquelle il est procédé, soit par économie (2) lorsque les objets sont peu importants, soit par adjudication lorsqu'ils sont plus considérables, et que, dans ce dernier cas, les adjudications doivent encore être confirmées par des arrêts de son Conseil avant qu'elles puissent être exécutées ; que ces formalités, toutes nécessaires cependant, et dont aucune ne pourroit être supprimée sans inconvénient tant que les dépenses des dites constructions, entretien et réparations seront à la charge de Sa Majesté, entraînent des délais infinis avant que les ouvrages nécessaires puissent être exécutés ; que ces délais n'excitent que trop souvent les plaintes les plus justes de la part des officiers qui éprouvent les inconvénients du retard de ces ouvrages ; que ces délais sont d'ailleurs préjudiciables aux intérêts mêmes de Sa Majesté par les augmentations qui surviennent presque toujours aux réparations avant qu'il puisse y être pourvu et qui accélèrent le dépérissement et la destruction des bâtiments ; qu'enfin ces augmentations multiplient les dépenses, qui le sont encore par les frais mêmes auxquels les formalités donnent lieu. Sa Majesté auroit aussi reconnu qu'il n'y auroit d'autre moyen de diminuer ces dépenses et d'assurer cependant le meilleur entretien et la réparation la plus prompte des dits bâtiments que de charger les villes mêmes où les dites cours et juridictions sont établies, des constructions, entretien et réparations des dits bâtiments et de l'entretien et renouvellement des meubles nécessaires. La présence et la vigilance de leurs officiers municipaux les mettent en état de pourvoir sur le champ aux moindres dégradations, d'en prévenir de plus considérables, et de veiller à ce que les réparations et constructions soient aussi promptement que solidement exécutées. Que s'il en doit résulter une charge pour

(1) Un mot que nous n'avons pu lire.
(2) On dit aujourd'hui : *en régie*.

les villes, elles en sont indemnisées par les avantages que leur procure l'établissement des dites juridictions, soit par la plus grande proximité des tribunaux et une police plus exacte qui en est la suite nécessaire, soit par le loyer plus avantageux des maisons, la plus grande consommation et le plus haut prix des denrées occasionnés par l'affluence des étrangers : d'où résulte l'augmentation du produit des Octroys dont jouissent la plupart des villes où les dites cours et juridictions sont établies ; qu'enfin si malgré ces avantages quelques unes des villes étoient hors d'état de subvenir aux dépenses que cette nouvelle charge pourroit leur occasionner, il seroit encore plus avantageux et économique que Sa Majesté vînt à leur secours par les voies qu'elle estimera convenables que de rester chargée des dites dépenses ; — Sa Majesté se seroit en conséquence déterminée à faire connaître ses intentions à cet égard, et voulant y pourvoir, ouï le rapport du sieur abbé Terray, conseiller ordinaire au Conseil royal, contrôleur général des finances, le Roy, étant en son Conseil, a ordonné et ordonne que l'entretien, réparations, constructions et reconstructions des bâtiments où ses cours de parlements et conseils supérieurs, chambres des comptes, cours des aides, bureaux des finances, bailliages, sénéchaussées, élections et autres juridictions royales tiennent leurs séances, ainsy que des bâtiments destinés au logement des premiers présidents d'aucunes des dites cours, dans les lieux où il y en a d'affectés à cet effet, les réparations, entretien et renouvellement des meubles nécessaires aux dites cours et juridictions, ensemble les réparations, entretien, constructions et reconstructions des prisons où sont renfermés les criminels détenus en vertu des arrêts et jugements des dites cours et juridictions, seront à l'avenir, et à compter du jour de la publication du présent arrêt, à la charge des villes où les dites cours et juridictions sont établies, ce qui aura lieu même à l'égard des villes de Paris et Lyon. Veut Sa Majesté qu'il soit pourvu, par les officiers municipaux des dites villes, aux dits entretien, réparations et constructions, et que les dépenses qu'elles occasionneront soient, sur leurs ordonnances, acquittées sur les revenus patrimoniaux ou d'octroy des dites villes, par les receveurs d'icelles et passées sans difficulté dans leurs comptes, en rapportant par eux les dites ordonnances et les quittances de ceux auxquels elles auront été délivrées, se réservant Sa Majesté de faire au surplus, sur les mémoires qui lui seront adressés par les dites villes, tels règlements qu'Elle jugera nécessaires pour qu'il en (*sic*) soit pourvu aux dits objets avec la plus grande économie, même de procurer par telles voies qu'elle jugera convenables, à celles des dites villes que leur situation ne mettroient point en état de faire face aux dites dépenses, les moyens d'y pourvoir. Enjoint Sa Majesté aux sieurs intendants et commissaires départis pour l'exécution de ses ordres, de tenir la main, chacun en droit soy, à l'exécution du présent arrêt, lequel sera imprimé et affiché partout où besoin sera et envoyé de l'ordre de Sa Majesté, par les dits sieurs intendants, aux officiers municipaux de chacune desdites villes, à l'effet par eux de s'y conformer. Fait au Conseil d'état du Roy, Sa Majesté y étant, tenu à Versailles le 29e mars 1773. *Signé* : PHILIPPEAUX (1).

Marius-Jean-Baptiste-Nicolas d'Aine, chevalier, conseiller du Roy en ses conseils, maître des requêtes ordinaires de son hôtel, intendant de justice, police et finance de la généralité de Limoges,
Vu l'arret du Conseil d'Etat du Roi cy-dessus du 29 mars 1773, nous ordonnons qu'il sera exécuté selon sa forme et teneur, et pour cet effet imprimé, lu, publié et affiché partout où besoin sera. Fait à Limoges, le vingt un septembre 1774. *Signé* : DE BEAULIEU, subdélégué général.

Limoges 20 septembre 1774.

<small>Lettre d'envoi de l'arrêt ci-dessus.</small> Je vous envoie, Messieurs, quelques exemplaires d'un arrêt du Conseil qui ordonne qu'à l'avenir l'entretien des bâtiments servant à l'administration de la justice, sera à la charge des villes dans lesquelles les cours ou juridictions sont établies. Je vous prie d'en faire faire l'enregistrement sur le registre de vos délibérations et de vous y conformer. Vous voudrez bien à cet effet m'envoyer le plus promptement possible et au plus tard dans un mois de la réception de cette lettre, les mémoires que Sa Majesté vous ordonne de luy adresser sur le règlement que vous jugerez nécessaire pour qu'il soit pourvu à l'entretien, réparation, construction et autres objets dont votre ville devra être chargée, avec une vigilance capable d'en diminuer les dépenses, et d'assurer la confection la meilleure, la plus solide et la plus économique des ouvrages. Je crois aussy vous devoir prévenir d'avoir soin, dans le cas où les revenus de votre ville vous paraîtroient insuffisants pour pouvoir faire face aux dépenses dont l'intention de Sa Majesté est qu'elle demeure chargée, d'indiquer les moyens qui vous paraîtroient les plus convenables et les moins onéreux aux habitants pour suppléer à leur insuffisance, et vous joindrez en ce cas à votre mémoire un état certifié des objets qui composent vos revenus actuels, de leur produit et de

---

<small>(1) On sait qu'aujourd'hui la construction et l'entretien des bâtiments des cours et tribunaux et des maisons d'arrêt, de justice et de correction incombent aux départements.</small>

leurs charges et dépenses, ainsy que des dettes que vous pouvez avoir tant constituées qu'exigibles.

J'ay l'honneur d'être très parfaitement, Messieurs, votre très humble et très obéissant serviteur. *Signé* : DE BEAULIEU.

Enregistré le tout le 24 septembre 1774.

Aujourd'huy, vingt quatre décembre mil sept cent soixante quatorze, après midy, dans la salle de l'hôtel commun de la ville de Limoges, par devant nous, Joseph Fournier, conseiller du Roy, commissaire général aux saisies réelles du Limousin, doyen des notaires du dit Limoges, présents les témoins soussignés, ont comparu M. Jacques Juge, seigneur de la Borie, de Narmond et du Treuil, conseiller, avocat du Roy et garde scel du présidial et sénéchal de la dite ville, et maire d'icelle ; M. Mathieu Romanet, écuyer, seigneur du Caillaud et de Meyrignac, lieutenant de maire ; M. Louis-Joseph Estienne, seigneur de la Rivière, conseiller du Roy, président de l'élection du dit Limoges, et M. Joseph Fournier jeune, l'un des notaires de la dite ville, ces deux derniers échevins ; lesquels ont dit que, pour parvenir à faire le bail de la maison nouvellement construite à l'entrée et en dedans de la place d'Orsay, pour servir de logement au portier, aux conditions les plus avantageuses, ils auroient fait proclamer par affiches tant le dit bail que les charges et conditions, aux différentes places, portes, cantons, carrefours et faubourgs de cette ville, et indiqué au public qu'il y seroit vaqué cejourd'huy, à deux heures de relevée, dans le présent hôtel, par enchères et surenchères, et que le dit bail seroit consenti pour six années à commencer le premier janvier prochain, en faveur de celuy qui feroit la condition meilleure ; et la dite heure de deux heures de relevée étant échue, mes dits sieurs Maire et Echevins auroient, pour rendre encore la chose plus notoire, fait battre la caisse par un des tambours de ville, aux dites places, cantons, portes, carrefours et faubourgs. Sur toutes lesquelles indications et avertissements se seroient rendus au dit hôtel de ville plusieurs personnes pour enchérir et surenchérir, auxquelles le greffier secrétaire a fait lecture à haute et intelligible voix des charges et conditions du bail, qui sont :

1° Que le preneur se comportera avec la décence et la régularité qui convient (*sic*) à un honnête citoyen, sans donner en façon quelconque aucun sujet de reproche ni de scandale parmy sa famille et ceux qu'il recevra dans la dite maison. 2° Que ledit preneur entre-

Bail de la maison servant de logement au portier de la place d'Orsay.

tiendra la dite maison de menues et locatives réparations, sans pouvoir y commettre ni souffrir être commis aucune dégradation. 3° Que le dit preneur aura soin de veiller à la garde de la dite place d'Orsay, des arbres et murs de clôture, pour qu'il n'y soit commis aucune dégradation, d'ouvrir et fermer les portes régulièrement chaque jour et aux heures accoutumées, savoir : pour l'ouverture le matin à la pointe du jour, et pour la clôture en été à dix heures et en hiver à six heures du soir (1) ; et ne pourra ouvrir le portail que sur les ordres qui lui seront donnés par la ville ; et au cas qu'il soit fait ou survienne quelque brèche aux murs de la dite place, en donnera avis sur le champ à l'hôtel de ville, et en attendant mettra les matériaux en sûreté. 4° Dans le cas où le preneur tienne un café dans le bas de la dite maison, il ne pourra garder personne chez luy au-delà des heures sus-indiquées, ne pourra y donner aucun jeu prohibé, ny faire dans la dite maison aucune espèce de cabaret, luy demeurant permis de vendre du vin au dehors. 5° Que le preneur sera tenu de payer le prix du bail en deux pactes égaux de six en six mois par avance, et de donner bonne et suffisante caution en cette ville pour sûreté de l'exécution de toutes les clauses et conditions du dit bail. 6° Que, dans le cas où le dit preneur contreviendroit aux susdites conditions ou à une d'icelles, il sera permis à la ville de l'expulser sans autorité ni formalité de justice. Auquel preneur il sera permis de faucher l'herbe de la place sans pouvoir y faire pacager aucuns bestiaux ; ne pourra rien prétendre au branchage, et pour sa commodité il pourra pratiquer à ses frais et dépens dans le jardin dépendant de la dite maison un appentif à l'endroit qui luy sera indiqué par la ville pour y placer du bois.

Et la lecture des dites charges et conditions entendue, auroit été fait plusieurs enchères et surenchères dont la plus forte a été portée par le sieur Jean Charpentier, maître menuisier de la dite ville, y résidant rue Froment, paroisse de St-Michel, à la somme de cent cinquante livres, avec soumission de sa part d'en faire le paiement par chaque année dans les termes sus-expliqués, et encore de se conformer exactement aux dites clauses, charges et conditions. Et attendu que personne n'a voulu surenchérir ny autrement faire la condition meilleure, mes dits sieurs Maire et Echevins ont, par ces

---

(1) Ces heures n'ont pas changé après cent vingt années. Les portes de la place d'Orsay, aux termes des derniers règlements, sont ouvertes de sept heures du matin à dix heures du soir du 1er mai au 31 octobre, et de huit heures du matin à six heures du soir, du 1er novembre au 30 avril (arrêté du 1er mars 1885).

Ajoutons que la ville, dont les mécomptes de propriétaire ont été si nombreux de nos jours, ne paraît pas avoir été plus heureuse dans le passé avec ses fermiers. Un des locataires de la petite maison de la place d'Orsay se pendit et il fallut vendre son mobilier pour que la caisse municipale récupérât une partie du loyer resté dû.

— 45 —

présentes, délaissé à titre de bail à loyer, pour six années consécutives à commencer le premier janvier prochain, au dit Charpentier, présent et acceptant, la dite maison et dépendances, pour en jouir et l'habiter pendant le cours du dit bail, avec les clauses, charges, conditions et prix de cent cinquante livres par an sus-expliqués. Laquelle somme de cent cinquante livres le dit Charpentier sera tenu de payer, comme il s'oblige envers mes dits sieurs Maire et Echevins, entre les mains et quittances du sieur receveur de l'hôtel de ville en deux semestres et d'avance annuellement ; à quoy faire il affecte et hypothèque tous ses biens, tout comme pour l'entretien et exécution de toutes les clauses, charges et conditions cy-dessus imposées, auxquelles il se soumet ; et, pour se conformer au bail de caution, a fait présenter au dit hôtel de ville, sieur Mathurin Broussaud, maître entrepreneur, demeurant au dit Limoges, faubourg Montmailler, sus-dite paroisse de St-Michel, lequel, agréé et accepté par mesdits sieurs Maire et Echevins et après qu'il a eu pris lecture et communication du dit bail et de toutes ses clauses et charges, s'est volontairement rendu pleige caution et répondant du dit Charpentier envers mes dits sieurs bailleurs ; en conséquence promet et s'oblige conjointement et solidairement avec le preneur, sous toutes renonciations aux bénéfices de division, discution et ordre d'exécuter le dit bail dans tous ses points, comme principal obligé, ce faisant d'en payer le prix dans les termes cy-dessus fixés pour chaque année ; à quoy faire il oblige, affecte et hypothèque tous ses biens. Dont acte fait et passé dans la dite salle, en présence des sieurs Jean-François Dubreuil et Jean-Baptiste Lingaud, clercs du dit Limoges, témoins. Le dit Charpentier a déclaré ne savoir signer de ce enquis. *Signé à la minute* : JUGE, maire ; ROMANET, Etienne FOURNIER, BROUSSAUD aîné, DUBREUIL, LINGAUD, et le notaire soussigné. Contrôlé au dit Limoges par Reynaud, le 5 janvier 1775. Reçu quarante-deux sols. *Signé à l'expédition* : FOURNIER aîné, notaire royal (1).

(1) Nous avons signalé plus haut en note, à leur date, quelques faits notables de 1774. Il convient de mentionner de plus, parmi les événements intéressants de l'année, plusieurs violents orages, notamment celui du 18 mars et celui de la nuit du 26 au 27 avril ; — l'achèvement, durant l'été, de la démolition de la tour Branlant, — enfin l'arrivée à Limoges, le 24 octobre, du régiment de Commissaire général-cavalerie, remplaçant Condé-cavalerie.

Le 6 janvier 1775, M. Brigueil fut installé dans les fonctions de maire de la Cité, en remplacement de M. Cramaille qui les avait occupées depuis le mois de janvier 1772 (V. tome V, p. 403, note).

Sous la date de 1774, nous trouvons dans les pièces de comptabilité de l'hôtel de ville un assez curieux document, qui nous paraît réclamer quelques explications.

Chaque année, les magistrats municipaux se réunissaient plusieurs fois dans des banquets traditionnels, notamment lors des travaux de répartition de l'impôt et à certaines fêtes. La ville faisait les frais de ces repas qu'il ne faut pas confondre avec ceux que les citoyens élus pour la première fois aux fonctions consulaires étaient dans l'usage, au commencement du seizième siècle, d'offrir à leurs collègues. (Cette coutume fut abolie en 1535 — t. I, p. 256 — et il

— 46 —

Lettre de M. le subdélégué prescrivant la formation des listes de la milice pour 1775.

Limoges, 9 février 1775.

MESSIEURS,

M. l'Intendant m'ayant fait l'honneur de me marquer qu'il désiroit que les listes des garçons et veufs sans enfants depuis deux ans sujets à tirer au sort pour les régiments provinciaux (1) existant dans la ville et oranoes de Limoges, fussent faites par les Officiers municipaux, je vous prie de vouloir bien y faire travailler au plus tôt, afin qu'au vu du nombre de ceux qui seront capables

---

fut décidé que la somme dépensée par les nouveaux consuls à ces « excès inutiles et superflueux », serait employée désormais à l'achat de pièces d'artillerie pour la défense de la ville). Nous remarquons toutefois qu'à l'arrêt du Conseil du 5 décembre 1693, fixant les dépenses ordinaires du corps municipal, ne figure pas de crédit spécial pour ces agapes. La dépense était d'abord payée sur le crédit de 686 livres alloué pour l'entretien des ponts, portes, murailles, fontaines et pour les « feux de joye, vin d'honneur, voyages des consuls et autres », ou sur celui de 170 livres destiné à pourvoir aux « menues nécessités de l'hôtel de ville ». Mais il semble qu'au XVIII° siècle un crédit spécial de cent vingt livres fût admis « pour le repas de la nomination des consuls » (t. V, p. 362). En 1768, lors de la suppression de plusieurs articles des dépenses ordinaires et de quelques autres (délibération du 1er septembre, t. V, p. 362), le coût de ce repas fut définitivement compris dans la catégorie des dépenses auxquelles devait être affecté le crédit de 686 livres dont nous parlions tout à l'heure. Il est juste d'ajouter que les dépenses d'entretien et réparations des fontaines, aqueducs et égouts furent reportées au chapitre des dépenses extraordinaires et que les murs, fossés et ponts de l'enceinte ayant alors à peu près complètement disparu, la part de ce crédit qui avait été affectée jusqu'alors aux travaux nécessités par leur fâcheux état se trouvait sans emploi.

Les lecteurs curieux des robustes menus de nos pères nous sauront gré d'insérer ici la pièce que nous signalions plus haut. C'est le mémoire produit à la municipalité par le sieur Périer, traiteur en vogue et fournisseur de l'hôtel de ville, pour l'année 1774. Nous reproduisons textuellement la pièce, qui porte la cote CC ^{25} n° 33 des Archives communales, en nous permettant toutefois de modifier les écarts par trop fantaisistes de son orthographe; Périer, moins familier avec elle qu'avec les ressources de la chimie culinaire, l'accommodait en effet assez mal, nous devons le reconnaître :

« 12 juin 1774 : 10 écots à 12 ll.; 6 domestiques à 12 sols.

» Du premier août : un bouilli et 2 soupes, 8 ll.; la moitié d'un saumon piqué, 12 ll.; 2 perdrix aux olives, 3 ll.; 1 tourte d'anguilles, 5 ll.; 3 pigeons au jambon, 3 ll.; 1 gigot aux concombres, 3 ll.; 1 plat de fricandeaux à l'oseille, 3 ll.; 4 ombres à la sauce blanche, 4 ll.; 2 poules aux petits pois, 2 ll.; 2 brochets au coulis, 4 ll.; 1 truite à l'huile, 5 ll.; 5 perdreaux aux olives, 4 ll.; 1 dindon rôti, 3 ll.; 5 perdreaux rôtis, 4 ll.; 1 jambon, 10 ll.; 2 truites au bleu, 10 ll.; 1 friture d'artichauts, 1 l. 10 s.; 1 plat de petits pois, 1 l. 10 s.; 2 plats de crème, 3 ll.; 1 plat de beignets, 1 l. 10 s.; 1 plat d'écrevisses, 1 l. 10 s.; 1 plat de petits choux, 1 l. 10 s.; 1 tourte de confitures, 2 ll.; 1 plat de haricots, 1 l. 10 s.; 1 plat d'épinards, 1 l. 10 s.; 30 assiettes de dessert, 24 ll.; 16 bouteilles de vin à 16 sols, 12 ll. 16 s; 24 pains, 5 ll. 4 s.; 1 langue de veau, 4 ll.; 20 bouteilles de vin à 6 s., 6 ll.

» Du 2 août, à dîner : Une soupe, une pièce de bœuf à la braise (?). 5 ll.; 1 plat de côtelettes, 1 l. 10 s.; 1 plat de fricandeaux, 3 ll.; 1 canet (?) au jus de citron, 2 ll.; 5 cailles, 3 ll.; 6 plats entremets à 1 l. 10 s. pièce, 9 ll.; 15 assiettes de dessert, 6 ll.; 6 bouteilles de vin, 3 ll. 10 s.; 12 pains, 2 ll. 8 s.; 4 bouteilles de vin pour les domestiques, 1 ll. 4 s. »

Le compte s'élève à 230 ll. 14 s. Il est réglé à 200 livres et acquitté par Périer.

Sous la date de 1789, nous reproduirons d'autres menus non moins copieux, mais d'une composition plus relevée que ceux de 1774.

(1) Les hommes mariés n'étaient appelé à tirer au sort que dans des cas tout à fait exceptionnels. Les conditions requises pour le service militaire dans les régiments provinciaux étaient d'être âgé de 16 à 40 ans, d'avoir la taille de cinq pieds au moins et d'être « en estat de bien servir le Roy ».

de tirer, je puisse faire une répartition (1) exacte des six soldats que Sa Majesté demande pour la présente année.

J'ay l'honneur d'être, avec des sentiments distingués, Messieurs, votre très humble et très obéissant serviteur.

Signé : De Lépine, subdélégué.

A Messieurs les Maire et Echevins de Limoges.

Nomination des syndics pour la formation des listes de la milice pour 1775.

Aujourd'huy, onzième février mil sept cent soixante-quinze, les Officiers municipaux, assemblés dans l'hôtel de ville de Limoges, ayant pris communication de la lettre qui leur a été écrite le neuf de ce mois par M. de Lépine, subdélégué, en vertu des ordres à luy adressés par M. l'Intendant de cette généralité, pour faire faire les listes des garçons et veufs sans enfants, depuis deux ans sujets à tirer au sort pour les régiments provinciaux, — les dits sieurs officiers municipaux ont, en conséquence de la dite lettre, nommé d'office des syndics dans la dite ville de Limoges et orances d'icelle, pour faire les dites listes, ainsy qu'il suit :

Canton du Consulat.

Le sieur Faulte, marchand.

Manigne.

Le sieur Pradeaud, gendre à la veuve Chaussade, marchand.

Les Bancs.

Le sieur Martial Baralier, marchand cirier.

Le Clocher.

Le sieur Teulier, marchand cirier.

Boucherie.

Le sieur Begogne, marchand, gendre à Poncet.

Ferrerie.

Le sieur Farne jeune, gendre à la veuve Guibert, marchand.

Les Combes.

Le sieur Gaumy, marchand.

Lansequot.

Le sieur Guithon fils, marchand.

---

(1) Le greffier a écrit : réparation.

— 48 —

La Boucherie.

Le sieur Jean Malinvaud, dit le Jalat, marchand boucher.

Pour les orances.

Le sieur Martial Marsicat, aubergiste.
Le sieur Bouriaux, demeurant aux Tuillères.
Le sieur Granger fils, demeurant à Chinchauvaux.
Le sieur Auconsul, demeurant à St-Lazare.

Auxquels syndics est enjoint de faire de suite les listes demandées par la dite lettre ; à l'effet de quoy ils se retireront devers M. de Lépine pour prendre les instructions sur ce nécessaires ; et pour former lesquelles listes, il est ordonné, de la part des dits sieurs Officiers municipaux, à chaque sergent de la ville d'accompagner le syndic dans son canton, qui *(sic)* sera tenu de remettre de suite les dites listes à M. le Subdélégué conformément aux dites instructions. Fait les dits jours, mois et an que dessus.

JUGE, ROMANET, FOURNIER, ESTIENNE, J. PETINIAUD.

Nous, Subdélégué général de l'intendance de Limoges, avons homologué la délibération cy-dessus pour être exécutée suivant sa forme et teneur. A Limoges, le 15 février 1775.

DE BEAULIEU.

Reddition du compte du 1er septempre 1774 au 1er mars 1775.

Aujourd'huy, premier mars mil sept cent soixante-quinze, dans la salle de l'hôtel commun de la ville de Limoges, où étoient assemblés messieurs les Maire, Lieutenant de maire et Echevins,

Sur le compte qui a été rendu par le sieur Nadaud, syndic-receveur du dit hôtel de ville, tant du produit des Octroys que Patrimoniaux et du Don gratuit, et de l'emploi qui en a été fait, le tout ayant été dûment vérifié, vu les registres et autres pièces justificatives, il s'est trouvé que la recette du Don gratuit, puis le trois septembre mil sept cent soixante-quatorze, jusqu'au premier mars mil sept cent soixante-quinze, monte à la somme de vingt mille livres sept sols huit deniers, y compris ce qui avoit demeuré en caisse au troisième septembre 1774 ; et la dépense, pour le même temps, six mille trois cent onze livres dix-neuf sols trois deniers : en sorte qu'il reste en caisse pour le Don gratuit la somme de treize mille six cent quatre-vingt-huit livres huit sols cinq deniers. ... 13.688 . 8 s. 5 d.

Pareillement, il s'est trouvé que la recette des Octroys, Deniers patrimoniaux, y compris l'eau des étangs et le courtage, montant à la somme de dix-neuf mille six cent une livre huit sols dix deniers, y compris ce qui avoit demeuré en caisse au troisième septembre 1774, et la dépense pour le même temps à neuf mille deux cent trente deux livres douze sols neuf deniers ; en sorte qu'il reste en caisse pour les Octroys et Deniers patrimoniaux la somme de dix mille trois cent soixante-huit livres seize sols un denier, cy.................................... 10 368 ll. 16 s. 1 d.

Total............. 24.057 ll. 4 s. 6 d.

Juge, Romanet, Estienne, Fournier, J. Petiniaud.

Aujourd'huy, vingt-neuf avril mil sept cent soixante-quinze, dans la salle de l'hôtel de ville de Limoges, où étoient assemblés messieurs les Maire et Echevins pour procéder à la nomination d'un prédicateur pour prêcher l'Avent de mil sept cent soixante-quinze dans l'église de S¹-Martial du dit Limoges, la chose mise en délibération, les dits sieurs Maire et Echevins ont, d'une commune voix, nommé le Révérend Père Ratouret (*sic*) (1), religieux grand-carme (2) du dit Limoges, auquel, etc. (V. ci-dessus page 14.)

Nomination du révérend Père Ratouret pour prêcher l'Avent de 1775.

Juge, Romanet, Estienne, Fournier, J. Petiniaud.

Aujourd'huy, vingt-neuf avril mil sept cent soixante-quinze, dans la salle de l'hôtel de ville de Limoges, où étoient assemblés messieurs les Maire et Echevins pour procéder à la nomination d'un prédicateur pour prêcher le Carême de l'année mil sept cent soixante-seize dans l'église de S¹-Martial du dit Limoges, la chose mise en délibé-

Nomination de M. Lambert pour prêcher le Carême de 1776.

---

(1) Retouret, probablement.
(2) On sait qu'il y avait à Limoges deux couvents de Carmes, celui des Arènes ou des Grands-Carmes, établi en 1260, et celui de la Cité (Petits-Carmes), fondé en 1625 seulement.

ration, les dits sieurs Maire et Echevins ont, d'une commune voix, nommé monsieur Lambert, chanoine régulier, prieur de Chancelade, auquel, etc. (V. page 14.)

JUGE, ROMANET, ESTIENNE, FOURNIER, J. PETINIAUD (1).

(1) Le premier numéro de la *Feuille hebdomadaire de la généralité de Limoges*, qui est le premier journal publié dans la province, parut le 30 mai 1775. Son fondateur était un sieur Chambon, dont la biographie n'a pas été encore écrite et qui, semble-t-il, était fixé à Limoges depuis quelque temps s'il n'en était originaire. La publication de cette feuille fut annoncée par un prospectus débutant en termes pompeux :

« Lorsqu'au flambeau de la philosophie, l'on considère tous ces siècles barbares, où nos pères, étrangers de ville en ville (sic), ne savoient que croupir dans une léthargique indolence, rançonner leurs vassaux, végéter dans la petite sphère de leur domaine, et ignorer jusqu'à la route de la capitale, l'on s'applaudit d'exister dans un siècle lumineux, où la nation entière ne forme plus qu'un même peuple, où la correspondance généralement établie ne fait de tous les hommes qu'une même famille.

» Tel est, en abrégé, celui que nous parcourons. Cet avantage est si solidement avoué que, ne pouvant plus en avancer les progrès sur la surface du globe, tous les gens de goût s'efforcent du côté des arts, des sciences, du commerce, de l'agriculture, en un mot de tous les sujets, utiles et agréables, qui peuvent illustrer l'humanité, et contribuer au bonheur de l'espèce et de l'individu.

« Cette ardeur de s'instruire et de se communiquer... embrassa dans la suite des objets plus intéressans, et fit naître ce que nous appellons des *Gazettes*, dont l'utilité n'est plus contestée que par ces hommes à préjugés qui tiennent encore à leurs ancêtres par leur mauvais goût.

« ... Cette précieuse ressource avoit manqué jusqu'ici à la ville de Limoges. Pour peu qu'on soit versé dans l'histoire, l'on verra que cette ville ne le cède en rien, par son ancienneté, aux autres villes du monde connu, et qu'elle peut, à plus d'un titre, aspirer à la renommée. Son étendue, son commerce, sa position, qui la rendent comme l'entrepôt de plusieurs autres villes commerçantes ; le génie particulier de ses habitants, qui semble lui donner des droits sur l'empire des sciences et des arts, toutes ces raisons nous ont fait croire qu'une *Feuille hebdomadaire* serait au moins utile en Limosin. Nous osons même assurer que, plus cette province en fera d'usage, plus elle comprendra qu'il est de sa gloire et de son avantage de la maintenir et d'en multiplier les objets.

» Pour donner une faible idée de ceux que nous avons cru les plus nécessaires et les plus pressans, nous prions le public de lire attentivement le détail que nous indiquons, persuadés que, dans la suite, les savans, les gens de lettres, les âmes bienfaisantes et les curieux nous aideront de leurs lumières et enrichiront nos feuilles du fruit de leurs découvertes et de leurs précieux travaux.

» Nous nous proposons d'y rendre compte de tout ce qui peut avoir rapport à l'administration et à la jurisprudence. Tous les nouveaux règlemens, c'est-à-dire ceux émanés du Conseil, du Parlement ou autres tribunaux, seront toujours insérés dans notre *Feuille hebdomadaire*. Nous y rendrons compte des ouvrages nouveaux. Le progrès des sciences et des arts, celui de la physique et de l'astronomie, les phénomènes de la nature, ses singularités feront souvent la base de nos réflexions. Cérémonies, solennités, usages remarquables, spectacles, naissances, mariages et morts, tout y sera traité dans l'ordre et de la manière la plus convenable. Nous y annoncerons aussi le prix des principales denrées et marchandises, les époques des foires considérables, les terres, biens-fonds, maisons à aliéner ou à affermer, les rentes, charges, offices, meubles précieux et autres mobiliers à vendre ou à louer. Nous y consignerons les nouvelles de littérature et de commerce, les secrets et avis utiles, et généralement tout ce qui pourra nous concilier l'estime des honnêtes gens, et contribuer au bien-être d'un chacun. »

Le programme est vaste, et une publication de quatre pages, puis huit, petit in-4°, paraissant une fois la semaine, ne pouvait le remplir complètement. Constatons toutefois que si on ne trouve pas d'une manière suivie dans la *Feuille hebdomadaire* toutes les matières annoncées, on constate l'effort fait par les rédacteurs successifs pour remplir le cadre tracé par Chambon.

Le prix de l'abonnement était de six livres par année, payables d'avance : Dans ce prix était comprise la distribution à domicile dans Limoges. L'abonnement pour l'extérieur était de sept livres dix sous. La feuille s'imprimait chez Pierre Chapoulaud, place des Bancs. L'admi-

Aujourd'huy, huitieme de juillet mil sept cent soixante-quinze, dans la salle de l'hôtel commun de la ville de Limoges, où étoient assemblés Messieurs les Officiers municipaux, il leur a paru très important d'entrer en considération des plaintes également justes

Création d'une compagnie du guet pour la police de la ville

nistrateur était M. Thoumas de Bosmie, notaire, rue Haute-Pousse. Le bureau de Chambon était « à côté de la Comédie (la nouvelle salle du Jeu de Paume), vis-à-vis les Ursulines ».

Le premier numéro de la *Gazette*, où nous puiserons désormais une bonne partie de nos notes, contient un article sur la manufacture royale d'étoffes établie à Limoges par M. Laforest. Sa première nouvelle locale est relative au vol d'un calice dans l'église de Saint-Michel. Elle annonce également l'élection consulaire du 21 mai : M. Navières du Treuil avait remplacé comme juge M. Henry Michel, MM. Laurent et Muret fils aîné avaient succédé comme premier et second consuls à MM. Cramaille et Petiniaud fils. Le même numéro contient une lettre du roi aux membres de l'épiscopat, en date du 10 mai 1775, au sujet des désordres qui avaient éclaté dans plusieurs provinces à l'occasion du transport des blés. Cette circulaire était accompagnée d'une instruction pour les curés. La *Feuille* annonce le spectacle du 31 : le *Bourru bienfaisant* et les *Deux Avares*.

L'esprit actif du fondateur de la *Feuille* était sans cesse en quête de nouvelles créations. Il établit chez lui un *cabinet littéraire* : L'abonnement était de 40 sous par mois pour les personnes qui se contentaient de prendre des livres ; celles qui voulaient de plus lire les *Gazettes* payaient 3 livres.

Chambon, par malheur pour lui, ne s'en tint pas là. L'abbé Legros, qui, dans sa *Continuation des Annales*, fournit des renseignements peu favorables sur la moralité et l'orthodoxie des ouvrages composant son cabinet de lecture, nous apprend que le fondateur de la *Feuille* fut obligé de quitter Limoges au mois de décembre 1775 : il avait fait imprimer clandestinement une édition de la *Théologie portative*, ouvrage qui fut, peu de temps après, en vertu d'un arrêt du Parlement de Paris du 17 février 1776, brûlé par la main du bourreau. La police avait mis la main sur les exemplaires clandestins : de là la fuite de Chambon. Après lui, l'abbé Vitrac donna pendant plusieurs années ses soins à la rédaction de la *Feuille*. L'avocat Guineau-Dupré lui succéda dans les derniers mois de l'année 1780. Après une courte interruption à la fin de 1784, notre gazette reparut. L'abbé Rivet, professeur au Collège, s'était chargé de sa rédaction. L'abbé Lambertie, qui devait mourir sur l'échafaud révolutionnaire, remplaça l'abbé Rivet à dater du 10 janvier 1787.

L'intendant d'Aine fit son entrée à Limoges le dimanche 4 juin 1775, au bruit des canons et de la mousqueterie. La milice était allée le recevoir sur la route de Paris. Il fut harangué par M. Estienne de La Rivière. M. d'Aine arriva en berline, avec sa femme et sa fille. On l'attendait la veille : le corps de ville, en chaperons, était allé à son avance, avec cent bourgeois à cheval. La *Feuille hebdomadaire* donne à cette occasion une pièce de vers assez médiocre :

Un nouvel intendant vous est enfin venu !
Peuples, depuis longtemps vous l'aviez attendu.
Votre félicité va devenir certaine :
Turgot est remplacé par l'équitable d'Aine …

Le rédacteur de la *Feuille* veut bien reconnaître que cette poésie n'est pas écrite « avec force »; mais, ajoute-t-il, « du moins le sentiment en fait le prix. »

Le lendemain même de l'arrivée de M. d'Aine, le 5 juin, l'évêque consacrait l'église de la Visitation. A la même époque on découvrit des restes importants d'antiquités en divers lieux de la ville, entre autres les restes d'une sorte de demi-lune place des Jacobins. L'écroulement de la célèbre auberge du *Cheval Blanc*, survenu au cours de l'été et qui justifiait si bien les inquiétudes émises plus d'une fois par l'administration municipale, causa à Limoges un grand émoi.

Mentionnons, pour remplir une lacune de notre registre, la désignation, par les Officiers municipaux, de MM. Juge du Treuil, avocat du roi; Petiniaud de Beaupeyrat fils aîné et Ardant du Picq pour remplir les fonctions d'administrateurs de l'hospice, — et le *Te Deum* solennel chanté à la cathédrale à cette occasion du sacre du nouveau roi. Il y eut des réjouissances populaires. Le Collège donna une séance solennelle à laquelle assistèrent M. d'Aine et Mgr d'Argentré ; l'abbé Desthèves, professeur de rhétorique, y prononça l'éloge de Louis XVI.

La *Feuille* nous apprend qu'à cette époque un ecclésiastique de la ville possédait la matrice

Etablissement de lanternes pour l'éclairage des rues.

et réitérées que fait le public de voir son bien et sa vie exposés dans l'intérieur de la ville (1), comme il pourroit l'être dans les endroits les plus dangereux (2), par le nombre des malfaiteurs qui courent impunément les nuits, et par défaut de fonds pour exercer une police régulière ; [que le public] seroit encore considérablement lésé dans

Commissaires préposés à la surveillance de la qualité et du poids du pain.

la qualité et le poids du pain de toute espèce, ce qui n'arriveroit point s'il y avoit de quoi établir des commissaires surveillants et attentifs à une partie aussi essentielle. En conséquence les dits sieurs Officiers municipaux ont délibéré : Attendu que les motifs cy-dessus deviennent chaque jour plus pressants, qu'afin de pourvoir à la sûreté publique, empêcher les vols, les dégradations des ouvrages publics,

Octroi additionnel pour subvenir à ces diverses dépenses

les insultes faites aux passants, les désordres contre les mœurs, les fraudes qui se multiplient avec facilité dans une ville capitale, ouverte de tous côtés, contre la perception des droits du Roy et de la ville, et celles qu'éprouvent les citoyens sur l'objet principal de leur subsistance, il n'y a pas d'autre moyen d'y remédier que l'établissement d'un guet à pied (3), des lanternes (4) dans les rues et des commissaires de police ; mais en même temps ils ont considéré l'impossibilité de fournir aux frais d'exécution d'un pareil projet par la modicité des revenus de la ville, qui suffisent à peine pour les réparations et l'entretien des fontaines et des pavés, les dépenses

en bronze de l'ancien sceau du Consulat du Château dont notre ami M. Bourdery a donné un beau dessin d'après des fragments d'empreintes du treizième siècle. Ce sceau, antérieur à l'addition, à l'antique blason de la commune, du chef fleurdelysé, et dont on a des empreintes dès le temps de Philippe-Auguste, représente le buste de saint Martial avec les mots *S. Marcialis* sur une bande passant derrière les épaules. Légende : Sigillvm Consvlatvs castri Lemovicensis. Nous ignorons ce qu'est devenu le sceau dont il est parlé à la *Feuille de Chambon*.

(1) La liasse DD⁸ des Archives de l'hôtel de ville renferme une supplique des Officiers municipaux à l'Intendant, exposant qu'ils ont été autorisés par Turgot, son prédécesseur, à aliéner la vieille halle au blé et demandant à M. d'Aine de leur désigner l'emplacement sur lequel pourrait être bâti le nouveau marché. Cette requête fut communiquée le 30 juin 1775 par M. d'Aine à M. Trésaguet, inspecteur général des ponts et chaussées, et sur le compte que ce dernier lui rendit, l'Intendant mit, par décision du 7 juillet, la place Manigne à la disposition de la ville, invitant les Maire et Echevins à lui soumettre les projets, devis et plans de la halle à édifier. C'est le lendemain de cette ordonnance qu'est prise la délibération dont nous reproduisons ici le texte.

(2) Il y a probablement ici un peu d'exagération. Plusieurs faits signalés par des documents du temps établissent toutefois que les rues étaient peu sûres la nuit.

(3) Le guet avait existé autrefois, mais en vue surtout de la défense vis-à-vis de l'extérieur. La régularité de son fonctionnement était assurée au moyen-âge par un roulement établi entre les trente-trois corps de métiers constitués dès le treizième siècle dans le Château de Limoges. Plus tard, on organisa un service spécial de garde soldée pendant les périodes de troubles, les épidémies, etc. (Voir t. II, p. 205, 359, 449) ; mais ce service avait un caractère tout accidentel et temporaire.

(4) Voilà enfin le problème de l'éclairage abordé par la municipalité. Jusqu'alors, les rares passants se munissaient d'une lanterne s'ils voulaient éviter les accidents : les lampes qui brûlaient devant les statues de la Vierge de quelques carrefours constituaient un éclairage bien insuffisant. Au XVIe siècle, les remparts, tout au moins les corps de garde des tours, les portes, furent quelquefois éclairés.

ordonnées par arrêts du Conseil et autres extraordinaires; que d'autre part la voie de l'imposition est absolument impraticable par les difficultés qui se multiplient et retardent le recouvrement des charges sous le poids desquelles l'habitant gémit depuis longtemps. Il ne reste que l'expédient d'un octroy additionnel à celuy déjà établi sur les vins pour le Don gratuit et égal à iceluy, lequel ne tomberoit point sur une denrée de première nécessité pour la subsistance du peuple. Et dans le cas où il plairoit à Sa Majesté de l'ordonner, les dits sieurs Officiers municipaux observent que : 1° Il convient que la recette du dit octroy soit faite par le receveur de l'hôtel de ville, lequel ne pourra en vider ses mains que sur les mandements des dits sieurs Officiers municipaux visés par Monsieur l'Intendant, et le dit receveur rendra compte tous les trois mois aux dits sieurs Officiers municipaux; 2° Que les officiers et soldats du guet seront obligés de veiller à empêcher les fraudes contre le recouvrement des droits du Roy et de la ville, et d'exécuter tous les ordres qui leur seront donnés par les dits sieurs Officiers municipaux : à l'effet de quoy, le lundi de chaque semaine, il sera nommé par l'officier commandant le guet, une brigade, laquelle sera uniquement destinée, pendant le cours de la dite semaine, au service de l'hôtel de ville; 3° Sa Majesté sera suppliée d'affranchir le dit nouvel octroy des huit sols pour livre et de toutes autres impositions faites ou à faire ; 4° Que dans le cas où le produit de cet octroi excèdât la dépense du dit établissement, le surplus demeurera au profit de la ville pour être employé par les Officiers municipaux, sur l'avis de Monsieur l'Intendant, aux réparations d'icelle ou s'il y échoit à des embellissements ou acquit de ses dettes. Et sera la présente délibération présentée à Monsieur l'Intendant pour le prier de vouloir l'autoriser dans tout son contenu. Fait les jour, mois et an susdits.

JUGE, ROMANET, ESTIENNE, FOURNIER, J. PETINIAUD (1).

(1) L'importante délibération dont notre registre donne ici le texte, provoqua l'arrêt du Conseil du 19 septembre 1775, ordonnant, en conformité de cette délibération, l'établissement à Limoges d'une compagnie du guet et d'un service d'éclairage public; Turgot avait sans nul doute préparé la réalisation de ces deux *desiderata* réclamés depuis longtemps par le public. En cette occasion, comme en plusieurs autres, M. d'Aine recueillit le bénéfice d'une succession qui fut assurément très profitable à son renom d'habile administrateur. On trouvera plus loin une autre délibération de la municipalité en date du 13 avril 1776, indiquant les lignes principales du règlement qui fut édicté par un second arrêt du Conseil. Il faut se souvenir que l'hôtel de ville n'a plus, à cette époque, en matière de police, que des attributions très secondaires et de fort peu d'importance. L'autorité et la juridiction, en cette matière, ont été enlevés aux consuls en 1699 et remises à des lieutenants généraux et à des procureurs du roi spéciaux, dits « de Police. » L'arrêt du Conseil du 12 novembre 1765 réunit ces offices aux charges de lieutenant général et de procureur du roi en la sénéchaussée et siège présidial. Quatre-vingt-cinq années seulement après la distraction de la police des charges municipales, au mois de septembre 1784, le pouvoir rendit enfin aux magistrats municipaux ces fonctions si essentielles;

— 54 —

Application des fonds provenant de la vente de l'ancien marché au bled aux frais de construction d'une halle.

Les susdits jour et an, les dits sieurs Officiers municipaux, délibérant sur l'ordonnance de Monsieur l'Intendant du jour d'hier sur la requête par eux présentée à l'effet de la construction d'une halle, mais la ville dut rembourser la finance des deux offices, et verser 20,000 livres pour la charge de lieutenant de police et 10,000 pour celle de procureur du roi.

A partir du jour de la réunion de ces offices au corps municipal, celui-ci se qualifia ainsi dans les jugements, ordonnances et autres actes de police :

« Nous, Maire, Lieutenant de maire et Echevins, officiers municipaux de la ville de Limoges, conseillers du roi, lieutenants généraux de police de cette ville..... »

Nous avons trouvé dans une liasse du fonds de l'intendance, aux archives du département, le *factum* suivant relatif à la situation du service de la police avant 1775 et aux améliorations et aux réformes qu'elle appelait. Les documents de ce genre subsistent en assez grand nombre. Dans nos archives néanmoins ils sont assez rares. C'est pourquoi nous croyons utile de reproduire celui-ci :

Mémoire sur la police de Limoges.

« Il n'est pas étonnant qu'il y ait une police mal montée dans la ville de Limoges. Telle bonne volonté qu'on suppose à ceux qui en seront chargés, il leur sera toujours impossible de rien faire d'utile, tant qu'ils n'auront pas de fonds qu'ils puissent employer à cette branche d'administration.

» Avant l'édit de 1699, les officiers municipaux étaient chargés de cette branche d'administration. L'hôtel de ville a des revenus : ils étaient employés pour la police ; mais depuis la création des lieutenants de police, ces nouveaux administrateurs se sont trouvés sans aucune ressource pécuniaire.

» M. de Tourny, frappé des inconvénients de cette entière privation, voulut y suppléer en permettant qu'il fut levé deux deniers par livre de beurre qui se porte dans la ville pour la consommation des habitants. Cet objet est si modique, qu'il ne peut pas suffire à payer ceux qu'on auroit employés pour le percevoir ; en sorte qu'on se borna à lever le droit uniquement sur les balles de beurre qui se portent au Poids du roi. Aussi produit-il à peine chaque année deux ou trois cent livres (*). Il n'est pas nécessaire de prouver que cette somme est insuffisante. Un incendie ou quelque autre événement imprévu absorbe la recette de deux ou trois ans, et il ne reste plus rien pour l'administration journalière.

» Il faut cependant des fonds pour l'enlèvement des boues, pour éclairer les rues et pour maintenir l'ordre et la sûreté.

» L'enlèvement des boues coûte peu actuellement, parceque deux riches propriétaires de fonds, voisins de la ville, en ont fait l'entreprise, mais les derniers baux sont montés jusqu'à 800 ll., encore le service se faisoit-il mal ; on y employoit tous les fonds du droit du beurre, et les Officiers municipaux suppléoient au reste, pourvu que le supplément n'excédât pas 500 ll.

» L'établissement des lanternes est d'autant plus à désirer que les rues de la ville sont étroites, pleines de sinuosités, et qu'il s'y trouve déjà plusieurs maisons rentrantes à cause des nouveaux alignemens que nécessite le plan formé pour élargir les rues ; ce qui donne retraite et facilité pour s'embusquer. D'ailleurs la jeunesse y est mal moriginée (*sic*) ; une foule de commis, d'écoliers, de clercs de notaires et de procureurs, de jeunes garçons ouvriers et artisans, court les nuits, insulte les passans, et fait toutes sortes de dégâts aux fontaines, aux parapets des ponts et des places, aux jeunes arbres plantés dans les fossés, sans compter les vols qui sont très fréquens et souvent avec effraction.

» Un guet subsistant est seul capable d'en imposer à de pareilles gens; il faudroit le former au moins de 30 ou 40 hommes, non compris les officiers ; en sorte qu'il pût y en avoir dix au moins chaque nuit sur pied. Si cet établissement ne pouvoit pas avoir lieu, il faudroit renoncer aux lanternes, les tapageurs et les coureurs de nuit les briseroient, dès qu'ils seroient assurés de l'impunité.

» Le bon ordre exige encore l'établissement de cinq ou six inspecteurs de police, qui veillent chacun sur le quartier qui leur sera assigné, et qui rendent compte au lieutenant de police de ce qui s'y passe. Tous ces établissemens ne peuvent se faire sans des dépenses assez considérables. Entrons dans le détail :

(*) On verra, par les indications que fournissent, à partir de la réunion de la police à l'hôtel de ville, les comptes semestriels du receveur syndic, que le produit de ce droit était beaucoup plus important que le prétend l'auteur de ce mémoire.

ont arrêté que le seul moyen qu'ils aient pour fournir aux frais de la dite construction, est d'y employer la somme de six cent trente livres que doit compter l'acquéreur de l'ancien marché et de prendre

» L'enlèvement des boües pourra se faire sans de nouveaux secours : le produit du droit sur le beurre suffira, pourvu qu'il n'arrive pas d'incendie ; parcequ'il y a lieu d'espérer que les propriétaires des fonds voisins de la ville, instruits par l'exemple de ceux qui ont actuellement le bail, s'empresseront de se procurer le même avantage, et qu'il y aura de la concurrence pour cet objet, qu'on achète cher dans beaucoup d'autres villes. Si cependant cela n'arrivoit pas, et qu'on fût obligé de payer comme ci-devant, cet article doit être mis en ligne de compte pour deux cent livres, non compris le droit sur le beurre.

» Les lanternes exigent pour le premier établissement une mise considérable, il en faut au moins trois cents à dix ou douze francs pièce, y compris les cordages, poulies, boëtes et supports, ce sera 3,000 ll. A supposer qu'on ne les allume que pendant les mois de novembre, décembre, janvier, février et mars, et qu'on mette dans chacune une chandelle de six à la livre, ce sera 150 jours, pour lesquels il faudra 50 ll de chandelles par jour ; ce qui donne 75 quintaux pour les cinq mois ; la chandelle vaut douze sols, c'est donc 4,500 ll. Il faut aussi joindre à cela les gages de huit à dix personnes qui doivent être chargées de les allumer et de les nettoyer ; ce ne sera pas trop de leur donner vingt écus à chacune ; ce qui fait encore 600 ll.

» Le guet sera bien plus couteux : il ne peut être moindre de trente hommes ; il faut les habiller en uniforme et les armer : cet équipement sera bien mince, s'il ne revient pas à 100 ll. par homme, partant 3,000 ll. ; on ne peut guère donner moins de 20 sols à des gens destinés à marcher la nuit, ce sera donc 10,950 ll. par an.

» Il faut au moins trois officiers supérieurs : un capitaine, un lieutenant et un sous-lieutenant, et quatre bas officiers. Les appointemens du capitaine ne peuvent guère être moindres de 500 ll. si l'on veut un homme comme il faut ; ceux du lieutenant de 300 ll. et ceux du sous-lieutenant de 200 ll. Les bas officiers doivent avoir deux sols de haute-paye, ce qui va à 150 ll. pour tous.

» J'ai ajouté qu'il falloit six inspecteurs de police à 150 ll. pour chacun, ce qui fait 900 ll. Voici donc le tableau des dépenses nécessaires en deux chapitres : dépenses de premier établissement, dépenses annuelles.

CHAPITRE PREMIER

Première dépense pour l'établissement des lanternes	3,000 ll.
Equipement du guet	3,000 ll.
Total	6,000 ll.

CHAPITRE SECOND

Pour l'enlèvement des boues	200 ll.
Pour l'entretien des lanternes	4,500 ll.
Pour les gages des employés	600 ll.
Paye des soldats du guet	10,950 ll.
Appointements des officiers supérieurs	1,000 ll.
Haute paye des bas officiers	150 ll.
Appointements des six inspecteurs de police	900 ll.
Total	18,300 ll.

» On ne comprend pas dans les sommes ci-dessus l'entretien annuel des lanternes et le renouvellement de l'équipement du guet ; ce qui exige un fonds annuel de réserve, qui forme une masse suffisante pour y fournir après une certaine révolution d'années.

» Reste à trouver des fonds pour fournir à toutes ces dépenses. L'hôtel de ville a des revenus assez modiques et beaucoup de charges. Cependant si la même administration et la même économie s'y continuent, on pense qu'on pourroit encore y trouver 2,000 ll. ou cent Louis chaque année.

» On ne voit d'autres moyens pour le surplus, que les fonds que Monsieur l'Intendant pourroit procurer sur l'excédent des capitations, ou une imposition sur les propriétaires des maisons

e surplus sur le peu de fonds qui restent en caisse de la recette des deniers patrimoniaux et octroy appartenant à la ville : Ce qui exige indispensablement un plan simple et peu dispendieux.

JUGE, ESTIENNE, J. PETINIAUD (1).

de la ville. Le premier moyen est incertain, dépendant de la volonté de MM. les Intendants, et des besoins de leur généralité. Le second est dur pour des habitants pauvres, chargés d'impositions accablantes.

» Cependant, comme c'est leur avantage, ils doivent s'y préter avec moins de répugnance puisqu'ils verront que tout le produit tournera à leur profit, et que l'emploi s'en fera sous leurs yeux.

» Si on craint de trop grandes clameurs en prenant la voie de l'imposition, on pourroit charger encore quelques objets sujets à l'octroi, comme les vins, par exemple, et obtenir un arrêt du Conseil qui autoriseroit la ville à augmenter de ce surcroit ses deniers patrimoniaux, à la charge de demeurer tenue de l'entretien des lanternes, des boues et du guet.

» Par ce moyen, les ecclésiastiques et les autres exempts se trouveroient payer leur cotte part et se récrieroient moins que s'ils se voyoient portés sur un rôle ; il est cependant juste qu'ils concourent à un bien dont ils profiteront, et même plus que les habitants pauvres. Si cette augmentation d'octroi n'étoit pas suffisante, ce qui est à craindre dans un objet casuel et sujet à variation, il faudroit bien que M. l'Intendant vint au secours de la ville, et fit trouver les suppléments nécessaires.

» L'administration et la recette de ces fonds se trouveroit tout naturellement placée entre les mains du corps municipal, qui en rendroit compte à M. l'Intendant.

» On sent que tout ce qu'on vient de lire n'est qu'un simple aperçu du projet, qu'il manque à celui qui le propose bien des connoissances qui seroient nécessaires pour régler définitivement chaque partie, qu'il peut y avoir bien des modifications à mettre dans le plan, des moyens économiques de diminuer les dépenses, des combinaisons plus favorables pour chaque détail. Aussi n'a-t-on eu d'autre vue que de présenter le gros de la chose, de montrer la nécessité de l'établissement et les moyens de les procurer. »

(1) Les officiers municipaux n'eussent pas manqué jadis de mentionner à leurs registres les fêtes par lesquelles on célébra, à Limoges et dans toute la province, la naissance du duc d'Angoulême, fils du comte d'Artois, apanagiste du Limousin. Cet événement avait été annoncé en ces termes à l'hôtel de ville :

« Messieurs, la naissance de Monseigneur le duc d'Angoulême, dont Madame la comtesse d'Artois vient d'accoucher très heureusement le dimanche 6 de ce mois, à quatre heures moins dix minutes après midi, est un événement si intéressant pour tout le royaume, que Sa Majesté l'a fait notifier à la ville de Paris et qu'elle a fait chanter un *Te Deum* dans la chapelle de Versailles. Il l'est plus particulièrement pour les villes de l'appanage, et Monseigneur le comte d'Artois m'a ordonné de vous en faire part. Vos cœurs vous dicteront le reste. Le secrétaire des commandements de Monseigneur en a écrit à M. l'Evêque de Limoges. Vous voudrez bien vous concerter avec luy pour les actions de grâces que nous avons à rendre à Dieu d'un don aussy précieux. Je suis parfaitement,

» Messieurs,

» Votre affectionné serviteur,

» Paris, ce 8 aoust 1775. »   » BASTARD. »

Les officiers municipaux répondirent :

« Monseigneur,

» L'extrême bonté qu'a eu le grand prince de l'apanage duquel nous avons l'honneur d'être, de nous faire part de l'heureuse naissance de Monseigneur le duc d'Angoulême, son fils, rend nos cœurs encore plus sensibles à la joye d'un événement qui met le comble aux désirs de la France et en particulier à ceux de cette province.

» Nous n'avons pas manqué, Monseigneur, à l'instant de la réception de votre lettre, de concerter (sic) avec M. l'Evêque pour les actions de grâces que nous avions à rendre à Dieu d'un don aussy précieux. Nous l'avons fait annoncer au public par le canon. Le *Te Deum* a été chanté avec le concours de tous les ordres de la ville, mardy dernier, dans l'église cathédralle, à la suite de la procession qui se fait tous les ans pour un sujet aussy analogue à celuy

Extrait des registres du Conseil d'Etat du Roi

Vu par le Roy étant en son conseil, la délibération prise le trois décembre 1774 par les Officiers municipaux de la ville de Limoges, au sujet de l'édit du mois de novembre 1771 qui a créé et rétabli dans toutes les villes et communautés du royaume les offices municipaux supprimés par les édits de 1764 et 1765, contenant que l'état d'épuisement dans lequel se trouvent les revenus de la dite ville, qui suffisent à peine pour acquitter ses charges, et l'impossibilité où ils sont d'imposer aucune nouvelle taxe sur les habitants, ne leur permet de solliciter la réunion des dits offices créés qu'autant que Sa Majesté voudroit bien accepter les offres qu'ils font de la somme

<small>Réunion à la ville des offices municipaux moyennant une finance de dix mille cinq cents livres payables en cinq ans (1).</small>

qui nous appelloit dans ce moment au pied des autels (la procession dite du Vœu de Louis XIII). A la fin du *Te Deum*, ayant à notre tête M. l'Intendant, accompagné des officiers du Présidial et d'une nombreuse bourgeoisie qui, par les ordres que nous avions cru devoir luy donner dans une occasion aussy intéressante, s'étoit mise sous les armes, nous avons été (sic) allumer un feu de joye au bruit du canon et des salves de cette bourgeoisie.

» Au sortir de cette cérémonie, il y a eu des illuminations dans toute la ville. Chacun s'est empressé de donner les témoignages de la plus grande et sincèra allégresse.

» Dieu veuille la rendre durable par la conservation du jeune prince qui excite dans nos cœurs ces deux transports, celle des augustes auteurs de ses jours, du Roy et de toute la famille royale. Nous ne cesserons jamais d'adresser nos vœux au Ciel pour obtenir cette grace.

» Nous sommes, avec un profond respect, etc. » (Arch. Hôtel-de-Ville, AA⁴, n° 30.)

L'illumination fut, parait-il, particulièrement remarquable. La *Feuille hebdomadaire* décrit avec admiration celle qui avait été préparée au Palais épiscopal. Le 16, les officiers des finances, voulant témoigner au comte d'Artois leur reconnaissance de ce que le prince les avait confirmés dans leurs fonctions et investis de sa confiance, firent à leur tour célébrer dans l'église des Augustins une messe solennelle suivie d'un *Te Deum* en musique.

Le régiment « Commissaire général » quitta Limoges le 4 septembre. Il avait été employé à former un cordon sanitaire entre le Périgord et le Limousin, pour arreter les progrès de l'épizootie dont nous avons parlé.

Nous avons emprunté aux manuscrits de l'abbé Nadaud et de son continuateur Legros, pour l'annotation de nos registres, une assez grande quantité de renseignements, pour qu'il ne soit pas hors de propos de mentionner ici la mort du laborieux et érudit curé de Teyjac, arrivée à Limoges le 5 octobre 1775.

Dans les derniers mois de la même année, M. Ardant de La Grénerie qui, en des temps difficiles, au cours des disettes de 1768 à 1772, avait rendu à la population de la province d'immenses services en faisant des avances considérables pour aider à acheter des grains à l'étranger, reçut le cordon de l'ordre de Saint-Michel. M. Ardant de La Grénerie était le beau-père de M. Pétiniaud Beaupeyrat qui, peu d'années plus tard, devait suivre si noblement un si bel exemple.

Il fut procédé, le 8 novembre de cette année, à la vente aux enchères de l'ancienne poudrerie royale, dite le Moulin à poudre ou le Poudrier, située sur le bord de la Vienne. Deux jours avant, l'intendant avait procédé à l'adjudication des ouvrages nécessaires pour rendre la Charente navigable entre Angoulême et Civrai et pour améliorer les conditions de la navigation entre Angoulême et Cognac. Les plans avaient été dressés par l'ingénieur en chef Trésaguet.

(1) C'est la cinquième ou sixième fois en un siècle que nous voyons se reproduire cette extorsion du fisc revendant aux villes des charges municipales déjà plusieurs fois rachetées par elles et réunies à l'hôtel de ville.

de douze mille livres pour la finance de tous les dits officiers, y compris celle de quinze cents livres à rembourser au sieur Jean-Baptiste Manent pour le montant de la finance par luy payée pour l'office de conseiller secrétaire greffier, garde des archives de la dite ville, avec les intérêts au denier vingt, frais et loyaux [couts], et leur accorder six années pour payer la dite somme à raison de deux mille livres pour chaque année, comme aussy sous la condition que Sa Majesté voudroit bien, en rendant à la dite communauté la liberté de procéder à l'élection de ses officiers, laisser subsister le corps municipal tel qu'il est composé aujourd'huy et conserver dans les places de maire et échevins ceux qui les remplissent actuellement et sont pourvus de commissions de Sa Majesté, jusqu'à ce qu'il ait été pourvu, sur l'avis du sieur intendant commissaire départy en la dite généralité, à un règlement pour la meilleure administration de la dite ville ; vu pareillement l'avis du sieur intendant, commissaire départy en la dite généralité ; ouï le rapport du sieur Turgot, conseiller ordinaire et au conseil royal, controlleur général des finances, le Roy, étant en son conseil, voulant donner à la dite ville de Limoges des marques particulières de sa bienveillance, luy a permis et permet d'acquérir les offices de maire, lieutenant de maire, échevins, assesseurs, procureur du Roy, secrétaire greffier, trésoriers recevreurs et leurs controleurs, ordonnés y être établis par l'édit de novembre mil sept cent soixante-onze, pour les dits offices demeurer réunis et incorporés à la dite communauté, à la charge par les dits Officiers municipaux de rembourser, dans trois mois de la date du présent arrêt, au sieur Jean-Baptiste Manent, titulaire actuel de l'office de conseiller, secrétaire greffier, garde des archives de la dite ville, la somme de quinze cents livres, montant de la finance moyennant laquelle il a acquis les dits offices, ensemble les intérêts, frais et loyaux coûts, suivant la liquidation qui en sera faite à l'amiable, sinon par devant le sieur intendant, commissaire départy en la dite généralité de Limoges, que Sa Majesté a pour ce commis et commet, — enjoint Sa Majesté au dit sieur Manent de recevoir son remboursement dans le délay cy-dessus fixé, d'en donner décharge et encore de remettre aux archives de la dite ville de Limoges les quittances de finance, provisions et autres titres de propriété du dit office, comme aussy à la charge par les dits sieurs Officiers municipaux de payer entre les mains du trésorier des revenus casuels, la somme de 10,500 livres à laquelle Sa Majesté a réduit et modéré en leur faveur seulement la finance du surplus des dits offices municipaux, et ce en cinq payements dont le premier sera de la somme de deux mille cinq cents livres et se fera le premier janvier mil sept cent soixante dix-sept, et les quatre autres de deux mille livres chacun d'année en année. Veut Sa Majesté qu'au moyen de la dite réunion, la dite ville et communauté de Limoges puisse élire et nommer aux dits offices dans la forme qui sera jugée la plus convenable pour le bien de son administration et jusqu'à ce que la dite somme ait été réglée sur l'avis du sieur intendant et commissaire départy en la dite généralité, entre les mains duquel les règlements concernant l'ancienne administration municipale de la ville de Limoges avant les édits de 1764 et 1765 et autres éclaircissements et renseignements nécessaires seront remis ; veut pareillement Sa Majesté que les Officiers municipaux actuellement en place continuent d'exercer suivant et conformément à l'administration présentement observée et qu'ils jouissent, ainsy que ceux qui seront nommés par la suite, pendant le temps qu'ils seront en exercice, de tous les honneurs, rangs, séances, privilèges et exemptions attribués aux dits Officiers par l'édit de novembre 1771 et autres y relatés. Et seront sur le présent arrêt toutes lettres nécessaires expédiées. Fait au Conseil d'Etat du Roy, Sa Majesté y étant, le vingt-quatre juin mil sept cent soixante-quinze.

Signé : Phelippeaux (1).

(1) Nous donnons ici le texte d'un mémoire qui fut adressé à ce sujet, quelques mois plus tard, à l'Intendant par le Corps municipal :

« Les Officiers municipaux de la ville de Limoges ont l'honneur d'observer à Monseigneur l'Intendant que, par arrest du Conseil du vingt-quatre juin mil sept cent soixante-quinze, les offices de Maire, Lieutenant de Maire, Echevins, Assesseurs, Procureur du Roy, Secrétaire-Greffier, Trésorier-Receveur et deux Controlleurs établis dans la dite ville, ont été reunis et incorporés à la dite communauté moyennant la finance qui a été fixée payable en plusieurs pactes, dont le premier écheu a été acquité. Veut Sa Majesté qu'au moyen de la dite réunion, la ville et communauté de Limoges puisse élire et nommer aux dits offices dans la forme qui sera jugée la plus convenable pour le bien de son administration, et jusques à ce que la dite forme aye été réglée sur votre avis, Monseigneur, entre les mains duquel les règlements concernant l'ancienne administration avant les édits de 1764 et 1765 ou plustot 1767 et autres éclaircissements nécessaires soient remis; en attendant, les Officiers municipaux actuellement en place continueront d'exercer suivant et conformement à l'administration presentement observée.

» Il est donc, Monseigneur, du devoir de ceux cy de mettre sous vos yeux l'usage observé dans cette ville pour la nomination des Officiers municipaux avant l'édit de 1764, sur quoy il etoit fondé, et de mettre en marge quelques observations, affin que, par vos lumières supérieures, vous puissiez présenter au Conseil une nouvelle forme qui vous paroitra la plus convenable pour une nouvelle administration, la faire authoriser, et décharger les exposants, ou du moins partie d'iceux, de l'administration provisoire qui leur a été confiée :

FAITS	OBSERVATIONS
» Les Registres de la Maison de ville font foy qu'anciennement le nombre des Officiers municipaux, sous la dénomination de Consuls, étoit sujet à variations ; il y en a eut jusqu'à vingt-quatre ; au commencement du dix-septième siecle il en existoit encore douze.	*Il est à presumer que l'exemption des franc-fiefs, l'exercice de la police et autres privilèges dont jouissoient autrefois les Consuls, dont ils ont demeuré décheus dans la suite, occasionnoient la variation dans le nombre d'iceux avant les lettres patentes de 1602. La réduction qui en a été faitte à six, paroit devoir être continuée. Ce nombre est suffisant pour une bonne administration. Elle pourroit souffrir d'un retranchement à un moindre nombre,*

Reddition des comptes du 1er mars au 1er septembre 1775

Aujourd'huy, deuxième septembre mil sept cent soixante-quinze, dans la salle de l'hôtel commun de la ville de Limoges, où étoient assemblés Messieurs les Maire, Lieutenant de Maire et Echevins soussignés, sur le compte qui a été rendu par le sieur Nadaud, syndic-receveur du dit hôtel de ville, tant du produit des Octrois que Patrimoniaux et du Don gratuit et de l'employ qui en a été fait,

FAITS	OBSERVATIONS
Henry quatre, par des lettres patentes du mois d'aoust 1602 registrées au Parlement de et au Présidial de Limoges le 15 octobre suivant, réduisit ce nombre à six, lesquels seroient élus par cent prud'hommes dont il sera fait choix de dix dans chacun des dix cantons de la ville, le six decembre de chaque année, pour entrer en exercice par ceux qui seroient elus le lendemain, sept (*).	à cause des empechemens qui peuvent survenir à quelques-uns dans les occasions urgentes, et un plus grand nombre ne tendroit qu'à y causer des embarras et de la confusion. Mais le temps de la nomination paroit trop reculé ; il avoit eté reglé en dernier lieu, par un arrest du Conseil, que cette nomination seroit faitte le trente septembre, et la raison en est bien naturelle, parceque les tailles sont censées acquises au Roy du premier octobre. Il implique par conséquent que ceux qui sont préposés pour les égaller et en faire le recouvrement, ne soient nommés que deux mois et demy après.
» Ces lettres patentes ont toujours eut leur execution, sauf que par l'usage observé depuis longtemps, l'élection n'etoit faitte que par soixante prud'hommes au lieu de cent.	L'on ne peut avoir restraint le nombre des prud'hommes de cent à soixante que par les abus resultant de la caballe qui se pratiquoit dans une multitude qui ne pouvoit être composée en partie que (sic) par des sujets capables de suggestion.
» Et affin qu'il restat toujours dans le corps municipal des Officiers instruicts de l'affaire de la commune, chaque année il estoit elu seulement trois consuls, qui, avec les trois de l'année precedente, completoient le nombre de six, portés par les lettres patentes, et leur exercice etoit borné à deux ans.	Il semble même que, pour eviter toutes caballes, il seroit plus à propos que l'election se fît par les officiers en charge, assistés des anciens et d'un certain nombre d'autres notables choisis parmy les habitants les plus distingués, et que le tout n'excedat pas une vingtaine de personnes l'election demeurant valable par un nombre de quinze, si les autres convoqués ne se rendoient pas. Il est aussy de bien public de n'élire que trois officiers municipaux chaque année, affin que les trois qui resteront mettent successivement les nouveaux au fait de l'objet de leur administration.
» Il faloit que les elus fussent taillables, non sujets a la police : ordinairement c'estoit un officier au Présidial ou de l'élection, un bourgeois et un négociant.	Il seroit a souhaiter que ceux qui se pretendent exempts des offices municipaux ne pussent pas les refuser, lorsqu'il y seroit (sic) nommé, conformément à l'edit de 1767, le patriotisme etant le principal devoir d'un citoyen.
» La coutume deffendoit de les continuer ; mais on pouvoit les nommer une seconde fois, deux ans apres qu'ils etoient sortis de leur exercice.	La deffense de continuer l'exercice de celuy qui a rempli son temps, est fondée sur la justice et po rvoit à des abus qui pourroient s'y (sic) introduire.
» L'élection ne pouvoit jamais tomber sur les fils de famille.	La prohibition au contraire de faire choix d'un fils de famille resiste a tous les principes suivant lesquels les fils de famille sont declarés capables de touttes charges publiques, et leur exclusion ne peut etre que prejudiciable à la communauté.

(*) La phrase est amphibologique : il semble qu'elle signifie que les consuls sont élus le six et entrent en fonctions le sept. Mais on sait que l'élection consulaire était fixée au sept et a presque toujours eu lieu ce jour-là. Le six, les consuls en charge nommaient les prud'hommes.

le tout ayant été dûment vérifié, vu les registres et autres pièces justificatives, — il s'est trouvé que la recette du Don gratuit, puis le premier mars 1775 jusqu'au deux septembre 1775, monte à la somme de vingt mille deux cent quarante-huit livres neuf sols sept deniers, y compris ce qui avoit demeuré en caisse à ce premier mars 1775, et la dépense pour le même temps sept cent quatre-vingt-quatorze livres trois sols sept deniers, en sorte qu'il reste en caisse, pour le Don gratuit, la somme de dix-neuf mille quatre cent cinquante-quatre

FAITS	OBSERVATIONS
» Dans les différentes époques où les Officiers municipaux ont été créés en titre et la communauté obligée de les racheter, les consuls prenoient cumulativement la qualité de Maire et Sous-Maire, etc., sans qu'elle fut affectée à aucun d'eux en particulier. » Chacun des six consuls avoient sa preseance dans les ceremonies publiques et presidoit dans les assemblées concernant l'administration pendant un mois, sous le nom de Prevot-consul.	*L'avantage de l'administration seroit qu'il y eut toujours un Maire, Sous-Maire et quatre Echevins ; que le Maire, en son absence le Sous-Maire et a leur deffaut l'ancien des Echevins eusse* (sic) *la preeminance, tant dans les ceremonies publiques que dans les assemblées particulières ; qu'il n'y eut plus de Prevot-Consul ; que le dit S*^r *Maire en reunit sur sa teste toutes les fonctions pour proposer et faire deliberer sur les affaires de la commune, recueillir les voix, et, en cas de partage, avoir la ponderante ; qu'a cet effet, lors des élections, il seroit nommé par la ville trois sujets pour la mairie, pour etre presentés a Sa Majesté, et faire par elle le choix de l'un des trois que bon luy sembleroit.* *Quant au temps de l'exercice du Maire, l'edit de 1767 l'avoit prolongé jusques a trois années. Cette* (sic) *espace de temps paroit necessaire au bien de l'administration.* *Au surplus, pour se conformer a l'esprit de l'arrest de reunion du mois de juin dernier, il ne doit pas etre differé jusques au trente septembre prochain a nommer un Maire et deux autres Officiers municipaux qui doivent entrer en exercice le premier octobre. Il est plus a propos d'y proceder des a present, et le plus tot possible, en mettant la condition qui fut inserée dans le brevet du 19*^e *mars 1768, scavoir que le temps intermediaire depuis la nomination jusques au premier octobre ne seroit point compté dans les trois ans de l'exercice du Maire, et dans les deux des autres deux officiers. Par ce moyen, il se trouveroit des gens instruits et mieux en etat pour faire leur exercice au jour qu'il devra commencer.* *Quant aux fonds de l'administration des revenus, depenses et affaires de la ville, il y a des registres très exactement tenus et arrêtés chaque semaine après la plus scrupuleuse verification ; des mandements, pour les dépenses ordinaires arrêtées par arrest du Conseil du six décembre 1693, et pour les autres depenses extraordinaires : entretient des pavés, fontaines, payements des employés, valets de ville, syndic-receveur, greffier et autres d'usage de toute ancienneté, y sont tirés par les Officiers municipaux et de suitte rapportés sur les registres. Depuis la revocation des edits de 1764 et 1767, les comptes doivent en etre rendus par devant Monseigneur l'Intendant, en la Chambre des Comptes.*

Fait et présenté à Limoges, dans l'hôtel de ville, le vingt-sept janvier mil sept cent soixante-seize. »

JUGE; ROMANET; J. PETINIAUD; FOURNIER; ESTIENNE; NAURISSART.

(Archives du département, C, 53.)

livres six sols, cy........................ 19.454 ll. 6 s. »

 Pareillement, il s'est trouvé que la recette des Octrois, Deniers patrimoniaux, y compris l'eau des étangs et le courtage, monte à la somme de vingt mille six cent cinquante sept livres un sol deux deniers, y compris ce qui avoit demeuré en caisse au premier mars 1775, et la dépense pour le même temps à 18,946 livres 9 sols 6 deniers, en sorte qu'il reste en caisse pour les Octrois et Deniers patrimoniaux la somme de 1,710 livres 11 sols 8 deniers, cy.   1.710 ll. 11 s. 8 d.

TOTAL............... 21.164 ll. 17 s. 8 d.

JUGE, ROMANET, FOURNIER, J. PETINIAUD.

Etablissement de la fontaine de la porte Boucherie.

Cession de trois lignes d'eau aux RR. PP. Feuillants.

 Aujourdhuy, vingt-cinq novembre 1775, dans la salle de l'hôtel commun de cette ville, où étoient assemblés messieurs les maire et échevins, il a été représenté par le dit sieur maire que, pour exécuter le projet qu'avoit formé Monsieur Turgot, lors intendant de cette généralité, pour conduire une fontaine à la porte Boucherie, les magistrats municipaux se seroient occupés du soin de découvrir une source ; qu'il s'en étoit trouvé une prenant sa naissance dans le jardin des pères Augustins (1), qui étoit conduite par des aqueducs dans les fossés de la ville près la mait de la fontaine de St Pierre pour servir vraisemblablement à former les étangs qui étoient autrefois au dessous (2), et qu'ayant été obligé de faire une dépense considérable pour le nettoiement et rétablissement des dits aqueducs, même d'en construire de nouveaux et d'élever des regards, ils seroient parvenus à conduire la source jusque vis à vis la porte de la Pyramide; que le défaut de fonds ne leur avoit pas permis de continuer l'ouvrage et qu'aujourdhuy les révérends pères Feuillans s'offroient d'y suppléer moyennant la cession que

---

(1) Il s'agit d'une ancienne fontaine dont l'aqueduc avait été comblé. Les PP. Feuillants avaient signalé la source, fort abondante encore, parait-il, à l'intendant et aux magistrats municipaux, mais moyennant la promesse qu'il leur serait cédé une partie de l'eau. Ce fut M. Caron, inspecteur des Ponts et Chaussées, que Turgot chargea du projet. Cette fontaine s'était appelée autrefois, paraît-il, « le boutel de Saint-Pierre ». (Arch. Hôtel de Ville et du département, C 59).

(2) Veut-on parler ici des petits étangs de Palvézy, utilisés aux douzième et treizième siècles par nos tanneurs ? S'agirait-il de l'étang que nous supposons avoir très anciennement existé à *Mayrabou?*

la ville leur fairoit de trois ligues d'eau de la dite source à prendre auprès de la porte de Tourny pour la conduire chez eux à leurs frais ; sur quoy les dits magistrats municipaux ayant fait examiner si, distraction faite des dites trois ligues, il resteroit encore un volume d'eau assez considérable pour fournir à la fontaine cy-dessus, il leur avoit été assuré qu'il en resteroit suffisamment ; qu'ainsy il convenoit de délibérer s'il étoit de l'avantage de la ville de consentir la susdite cession et d'en régler les conditions : sur quoy la chose mise en délibération, il a été unanimement convenu et arrêté :

1° Que la ville céderoit aux dits révérends pères Feuillans, sous la garantie de droit, trois ligues d'eau de la fontaine sus mentionnée, à prendre par les dits révérends pères à l'endroit, près de la porte de Tourny, qui sera désigné par Mʳ l'Intendant ;

2° Qu'il sera construit au sus dit endroit et dans la forme prescrite par mon dit sieur l'intendant, un château d'eau aux seuls frais et dépens, tant pour la construction que pour l'entretien, des révérends pères Feuillans ; lesquels prendront l'eau au dit château d'eau, telle qu'elle leur est accordée cy-dessus, et la feront conduire chez eux par des tuyaux de plomb, de laquelle conduite ensemble de la permission de Mʳ l'intendant pour la faire et l'entretenir ils demeurent également chargés en seuls ;

3° Pour prix de cette concession, les dits révérends pères Feuillans paieront à la ville, lors du passement du contrat, la somme de quinze cents livres, dont l'emploi sera indiqué pour parfournir aux frais de la conduite de la dite fontaine au lieu de sa destination ; que les dits révérends fourniront à tous les frais du dit contrat, et qu'outre et par dessus la dite somme et conditions, ils paieront la façon et main d'œuvre des tuyaux de plomb dont la ville fournira la matière, et qui sont nécessaires pour traverser le chemin, seulement pour aboutir au dit château d'eau : tous ceux nécessaires au dit château demeurant pour le compte des dits révérends pères.

4° La présente délibération n'aura son effet qu'après avoir été autorisée par Mʳ l'intendant. Fait les jours, mois et an que dessus.

JUGE, ESTIENNE, J. PÉTINIAUD, ROMANET, FOURNIER (1).

---

(1) L'établissement de la chaussée entre la porte des Arènes et la porte Montmailler avait profondément modifié l'aspect de cette partie de la ville et à demi enterré ce qui subsistait de ce côté des anciennes fortifications. Le Domaine se décida à faire démolir ces fortifications et à en concéder les matériaux à l'Hôtel de Ville. qui les avait demandés pour les employer à diverses réparations, entr'autres à celles qu'on se proposait alors d'effectuer aux fontaines. (Archives de l'Hôtel de Ville, DD 2.)

Notons les mesures que dut prendre l'intendant, au cours de l'année 1775, pour chercher à arrêter le développement d'une maladie contagieuse qui atteignait les bêtes à cornes et qui, de 1768 ou 69 à 1778, paraît avoir fait des ravages énormes dans les étables de la région.

Nomination de M. Naurissard aux fonctions d'échevin.

Copie de la lettre écrite par M. de Beaulieu à Monsieur Juge, maire de la ville de Limoges.

Limoges, le 7 janvier 1776.

J'ay l'honneur de vous envoyer l'ordonnance que Sa Majesté vient de rendre, portant nomination de la personne de Mr Naurissard pour remplir la troisième place d'échevin de la ville de Limoges, vacante par le décès de M. Grellet. J'en ay prévenu Mr Naurissard, qui se présentera à l'hôtel de ville pour prêter entre vos mains le serment d'usage, aussitôt que sa santé le lui permettra ; vous voudrez bien l'installer et le faire reconnaître en cette qualité, et faire inscrire sur les registres de l'hôtel de ville la commission qui me paroît devoir luy être remise.

J'ai l'honneur d'être avec un sincère attachement, Monsieur, votre très humble et très obéissant serviteur. Signé : DE BEAULIEU.

De par le Roy,

Sa Majesté jugeant à propos de nommer à la place de troisième échevin de la ville de Limoges, vacante par le décès du sieur Grellet, et étant bien informée du zèle et de la capacité du sieur Naurissard, Elle a fait choix de sa personne pour remplir la dite place : veut enconséquence Sa Majesté qu'il jouisse des honneurs, autorité, rang, séance, privilèges, prérogatives et prééminence attribués à ladite place, et qu'il soit reconnu et obéi par tous ceux et ainsy qu'il appartiendra, après toutefois qu'il aura été installé avec les formalités prescrites. Et sera la présente ordonnance lue, publiée et transcrite sur les registres de l'hôtel de ville de Limoges, afin que personne n'en ignore. Fait à Versailles, le treize janvier 1776. Signé : LOUIS et DE LAMOIGNON. Enregistré le 20 janvier 1776.

En exécution du brevet cy-dessus, s'est présenté Monsieur Louis Naurissard, directeur de la Monnoye de Limoges, qui a prêté le

---

M d'Aine interdit les foires dans un certain nombre de localités limitrophes du Périgord. L'épizootie n'en atteignit pas moins plusieurs paroisses du Bas-Limousin. (Arch. de la Haute-Vienne, C 25.)

Il n'est pas sans intérêt de faire remarquer que dès cette époque les cafés et lieux publics ne pouvaient être ouverts sans autorisation. Une ordonnance du lieutenant général de police de 1775 prescrit à « toute personne tenant café, billard, cabaret ou bouchon », d'en faire la déclaration à son greffe, et défend l'ouverture de tout nouvel établissement de ce genre sans une autorisation écrite du magistrat de police, sous peine de 20 livres d'amende. Il était interdit, sous la même peine, de donner à jouer aux cartes et à tout autre jeu de hasard. (Arch. de la Haute-Vienne, C 54.) Des peines bien autrement sévères avaient été quelquefois prononcées : un cabaretier, chez lequel on jouait des jeux de hasard, s'était vu condamner, en 1778, à une amende de cent cinquante livres.

Une nouvelle ordonnance rappela, en 1781, les prescriptions de celle de 1775.

serment au cas requis, entre les mains de M. Romanet du Caillaud, écuyer et lieutenant de maire. Fait à Limoges, dans la salle de l'hôtel de ville de Limoges, le vingt janvier mil sept cent soixante seize; et a le dit sieur Naurissard signé et présentement retiré le susdit brevet.

Romanet, Estienne, Naurissard fils, Fournier, J. Pétiniaud.

Extrait des registres du Conseil d'Etat du Roi.

Le Roy étant informé que les rues de la ville de Limoges étant fort étroites et sinueuses, le commerce et la circulation des voitures en reçoivent de grands inconvénients; que la salubrité de l'air en est altérée, au point que les maladies populaires et épidémiques qui y faisoient annuellement des ravages n'ont commencé à diminuer et devenir plus rares que depuis que les anciennes tours et portes de la ville ont été démolies et que leur suppression a laissé un passage plus libre à l'air et aux rayons du soleil ; qu'il y a lieu de présumer que l'habitation de la dite ville, dont la population et l'industrie font des progrès, deviendroit de plus en plus salubre, en même temps que plus commode, si l'on parvenoit à donner à ses rues les largeurs et direction convenables; que le sieur Turgot, précédemment intendant et commissaire départy dans la généralité de Limoges, en ayant concerté les moyens avec les officiers du Bureau des finances, il auroit été reconnu que les soins que les dits officiers ont pris en différents temps pour parvenir à cet objet ne l'ont point rempli, et qu'il étoit impossible qu'il le fut jamais par la variété des idées de ceux qui sont préposés pour donner les alignements des maisons à mesure de leur reconstruction (1); que, d'un autre côté, y en ayant un grand nombre en vétusté, il étoit indispensable de ne pas perdre ce moment pour s'occuper des moyens de procurer à la ville la salubrité, la commodité et la décoration dont elle est susceptible : à quoy on ne pourroit parvenir que par la confection d'un plan général auquel on conformeroit tous les alignements qui se donneront par la suite; que le sieur Turgot en auroit

<small>Adoption d'un plan général pour la ville de Limoges et règles à suivre pour les constructions et reconstructions.</small>

---

(1) C'était aux officiers du Bureau des finances qu'il appartenait de donner des alignements. Les autorisations relatives à la voirie urbaine avaient été jadis, comme on sait, du ressort exclusif des communes. Nous avons reproduit, dans notre étude sur *la Commune de Saint-Léonard de Noblat au treizième siècle*, diverses déclarations faites à une enquête ordonnée par le Parlement et attestant le droit dont les consuls étaient en possession, à cet égard.

en conséquence fait lever un par le sieur Trésaguet, ingénieur en chef de la province, sur lequel ont été désignées les directions le plus convenables à donner aux rues de la ville et cité de Limoges ; que ces directions ont été examinées avec soin par le dit sieur intendant et les officiers du Bureau des finances, qu'il en a été donné connaissance aux maire et échevins, qu'il est résulté des conférences et examen un vœu unanime pour l'exécution du dit plan, sur lequel les changements à faire sur les directions actuelles des rues et places de la dite ville sont marqués par un trait fort de couleur rouge, les parties à supprimer par un lavis de couleur jaune et celles à avancer par un de couleur rouge. Que le dit sieur Turgot auroit fait remettre une copie du dit plan aux officiers du Bureau des finances en les invitant à s'y conformer dans les alignements qu'ils seroient dans le cas de donner ; mais que l'exécution parfaite du dit plan ne peut être assurée pour toujours qu'autant qu'elle sera ordonnée par Sa Majesté et qu'il luy aura plu statuer sur tout ce qui y a rapport. A quoy voulant pourvoir, vu le dit plan et l'avis du sieur Daine, intendant et commissaire départy en la généralité de Limoges ; ouï le rapport du sieur Turgot, conseiller ordinaire et au conseil royal, controlleur général des finances, le Roy, étant en son conseil, a ordonné et ordonne que le plan des directions et alignement des rues et places de la ville, faubourgs, et cité de Limoges levé par le sieur Trésaguet, ingénieur en chef de la dite généralité, par ordre du sieur intendant, et remis aux officiers du Bureau des finances, sera exécuté selon sa forme et teneur ; en conséquence, les alignements de toutes les maisons être (1) donnés, lors de leurs reconstructions ou réparations totales, par les dits officiers du Bureau des finances, conformément aux lignes et lavis tracés sur le dit plan, à l'effet de quoy le dit plan déposé au Bureau des finances sera incessamment vérifié par l'ingénieur en chef, et confronté à la minute pour en être bien reconnus les tracés et lavis et y être rétablies les couleurs qui pourront y être effacées, et après la dite opération être, tant la minute qui demeurera déposée à l'intendance que la copie remise aux officiers du Bureau des finances et celle qui demeurera déposée à la ville, certifiées par le dit ingénieur et paraphées par le sieur intendant, le président et le procureur du Roy du Bureau des finances et le maire de la ville. Défend Sa Majesté aux officiers du Bureau des finances de donner aucun alignement dans la ville, faubourgs et cité de Limoges que conformément au dit plan, et à tous particuliers de construire et reconstruire les faces de leurs maisons sans alignement et permis-

(1) Ordonne (sous entendu) les alignements être donnés, etc.

sion des dits officiers du Bureau, à peine de démolition et de cent livres d'amende, tant contre les propriétaires que contre les entrepreneurs ou autres ouvriers qui auront contrevenu aux dits alignements et permissions. Veut Sa Majesté, pour ôter tout prétexte à erreur par la suite sur les dits alignements, qu'il soit fait incessamment par l'ingénieur en chef un procès-verbal contenant énumération des maisons de la dite ville, cité et faubourgs, quartier par quartier, où sera mentionné avec précision la mesure du retranchement ou de l'avancement à laquelle chacune sera sujette conformément au dit plan, et sera déposée une expédition du dit procès-verbal au greffe du Bureau des finances. Ordonne au surplus que les réglements concernant la voierie et le présent arrêt du conseil seront exécutés à l'égard des réparations qui, ne se bornant pas à de simples recrépissages, doivent être regardées comme des reconstructions; et pour concilier autant qu'il est possible l'intérêt particulier avec l'intérêt public, entend Sa Majesté que les propriétaires qui par l'effet des retranchements perdroient plus que le cinquieme de leur maison, en seront indemnisés, après estimation préalable faite devant le sieur intendant ou à la vue des baux si leurs maisons sont tenues à loyer, par les officiers municipaux, conformément aux ordonnances qui seront rendues à cet effet par le dit sieur intendant commissaire départy. Et quant aux propriétaires qui par les directions des alignements se trouveront gagner une toise de terrain et au dela, ils seront tenus d'en acquitter le prix, sur estimation pareillement faite devant le sieur intendant, à la caisse de ville, pour les dites sommes servir d'autant à acquitter les indemnités dues aux perdants. Veut aussi Sa Majesté qu'en cas que quelques circonstances imprévues rendissent indispensable par la suite de s'écarter du plan et des dispositions du présent arrêt pour quelques alignements, les trésoriers de France, avant de passer outre, en rendront compte au Conseil, pour, sur leurs représentations et l'avis du sieur intendant, y être statué. Enjoint Sa Majesté au sieur intendant et commissaire départy, et aux sieurs officiers du Bureau des finances, de tenir la main, chacun en droit soy, à l'exécution du présent arrêt, qui sera imprimé, lu, publié et affiché partout où besoin sera, notamment dans la ville, cité et faubourgs de Limoges, transcrit sur les registres du bureau des finances et sur ceux de l'hôtel de ville, et exécuté nonobstant toutes oppositions ou empêchements quelconques, pour lesquels ne sera différé, et dont si aucuns interviennent, Sa Majesté s'en réserve à soy et à son conseil la connaissance, icelle interdisant à toutes ses cours et juges. Fait au conseil d'état du Roy, Sa Majesté y étant, tenu à Versailles le vingt-deux décembre mil sept cent soixante-quinze.
Signé : DE LAMOIGNON.

— 68 —

[Ordonnance conforme de l'Intendant et lettre d'envoi].

Marius-Jean-Baptiste-Nicolas d'Aine, chevalier, conseiller du Roy en ses conseils, maître de requêtes ordinaires de son hotel, intendant de justice, police et finance et commissaire départy pour l'exécution des ordres de Sa Majesté en la généralité de Limoges,

Vu le présent arrêt du Conseil et les ordres à nous adressés, ordonnons que le dit arrêt sera exécuté selon sa forme et teneur : à l'effet de quoy l'expédition originale en sera remise au Bureau des finances de la généralité de Limoges, pour être transcrite sur les registres du dit bureau; ensemble copie signée de nous sera remise aux sieurs maire et échevins de la ville de Limoges et transcrite sur les registres de l'hôtel de ville. Et par le sieur Trésaguet, ingénieur en chef de la dite généralité, il sera procédé incessamment tant à la vérification du plan levé par ordre de notre prédécesseur et déposé au greffe du Bureau des finances, et de celuy qui doit demeurer à l'hôtel de ville, pour être les dits plans et la minute qui demeurera au secrétariat de l'intendance, paraphés au désir du dit arrêt, qu'au procès-verbal du retranchement et de l'avance à laquelle toutes les maisons des ville, cité et faubourgs de Limoges sont sujettes en conséquence du dit plan. Ordonnons en outre que le dit arrêt sera lu, publié, imprimé et affiché dans la ville, cité et faubourgs de Limoges, à ce que nul n'en ignore. Fait à Paris le 12 janvier 1776. Signé : DAINE, et plus bas : par Monseigneur, de Beaulieu, et pour copie : DAINE.

Paris, le 13 janvier 1776.

Je vous envoie, Messieurs, une copie signée de moy de l'arrêt qui a été rendu au Conseil le 22 décembre, pour autoriser le plan que mon prédécesseur a fait lever et dont vous avez eu connaissance pour l'alignement et redressement des rues de la ville de Limoges. Je vous prie de transcrire cet arrêt sur vos registres et de m'en certifier. M. Trésaguet exécutera aussitôt son retour les opérations qui le concernent relativement à cet arrêt. Il a paru au Roy conforme à sa justice que les particuliers qui perdroient par ces alignements une portion considérable de leurs maisons en fussent dédommagés. C'est une charge de plus pour la ville; mais comme beaucoup de particuliers gagneront beaucoup de terrain et seront tenus d'en payer la valeur, et que le cas où vous devrez des indemnités ne se présentera point très fréquemment, il y a lieu de croire que, sur l'économie de vos revenus ordinaires, vous pourrez y suffire. En tout cas je concourrai bien volontiers à vous faire obtenir les facilités que vous pourrez demander pour vous alléger cette dépense.

J'ai l'honneur d'être très parfaitement, Messieurs, votre très humble et très obéissant serviteur. Signé : DAINE (1).

Aujourdhuy, troisième février 1776, dans la salle de l'hotel de ville de Limoges, où étoient assemblés messieurs les officiers municipaux, il a été représenté par le sieur Fournier, échevin, en conséquence de la délibération en date du 25 novembre dernier, à raison des trois ligues d'eau que les révérends pères Feuillans avoient demandé de leur céder à prendre à la porte de Tourny, de la fontaine destinée pour la porte Boucherie, laquelle délibération a été autorisée par monseigneur l'intendant (2), qu'il a été présenté un projet de contrat de la part des dits révérends pères Feuillans, qui ne parut pas acceptable ny conforme au projet de la cession, et qu'il leur en fut fourni un de la part des officiers municipaux, dans lequel les intérêts respectifs étoient ménagés ; que cependant les dits révérends pères Feuillans y ayant fait des observations qui tendoient à stipuler en leur faveur des clauses trop onéreuses pour la ville, Messieurs Estienne et Fournier furent priés de conférer avec eux pour leur faire connoître l'impossibilité d'avoir égard à ces observations ; en effet, les dits révérends pères se rendirent à l'évidence de la chose, et toute leur communauté assemblée agréa le projet qui fut rédigé sous leurs yeux et de leur consentement. Ils promirent de venir le prendre le lendemain chez mon dit sieur Fournier, pour le faire mettre au net par M⁰ Thoumas, leur notaire, sans aucuns changements. En effet, le lendemain, trente du mois dernier, les dits révérends pères dom Mauransanne et dom Monpelier, syndic et célérier de la dite communauté, vinrent à dix heures du matin, portant avec eux la somme de quinze cents livres en or qu'ils exhibèrent, demandèrent et prirent le susdit projet de contrat de leur part et de celle de leur communauté pour le faire mettre en forme par le dit sieur Thoumas tel qu'il avoit été convenu la veille, le signer et déposer entre ses mains les dites quinze cents

Révocation de la cession de trois lignes d'eau faite aux RR. PP. Feuillans

---

(1) On sait que le plan d'alignement de 1776 est encore le point de départ des autorisations de voirie : il va sans dire qu'il a subi de nombreuses et importantes modifications ; mais il n'a pas été fait, depuis plus d'un siècle, de travail d'ensemble, et on doit le regretter, au double point de vue de la facilité des communications et de la beauté de la ville.

Les dispositions de l'arrêt du Conseil furent complétées par une ordonnance en dix-huit articles rendue par les trésoriers de France, à la date du 20 décembre [ou novembre] 1776.

(2) Voir ci-dessus, page 62.

livres, à la charge par luy de les remettre au syndic receveur de l'hotel de ville, au moment de la signature de messieurs les officiers municipaux. Mais environ deux heures après, dom Mauransanne se présenta de nouveau chez le dit sieur Fournier, lui remit le projet du susdit contrat en lui disant qu'on ne leur conseilloit pas de le passer tel qu'il étoit ; que d'ailleurs le sieur Maurin les avoit assurés qu'ils retrouveroient la source de leur ancienne fontaine (1) et qu'il leur seroit moins dispendieux de la faire revenir que d'acheter l'eau de la ville ; qu'en conséquence sa communauté l'avoit chargé de déclarer qu'elle révoquoit toutes ses propositions concernant l'achat de la dite eau ; qu'elle n'en vouloit plus et que la ville étoit maîtresse d'en disposer comme elle aviseroit. Ce qui fut accepté par le dit sieur Fournier au nom du corps municipal, en conséquence du pouvoir qui lui avoit été donné verbalement, en le priant de ne rien changer au projet arrêté unanimement et par toutes parties le 29 du dit mois de janvier. La chose mise en délibération, il a été arrêté et convenu qu'en approuvant la réponse faite par monsieur Fournier au dit révérend père Mauransanne, le corps de ville acceptoit la rétractation des dits révérends pères Feuillants : il ne leur seroit plus fait aucune concession de l'eau dont s'agit, quand même ils voudroient actuellement se soumettre aux clauses qu'ils avoient d'abord agréées et qu'ils ont ensuite révoquées : d'autant plus que la ville ne peut pas suspendre la continuation de la conduite de l'eau à sa première destination à la porte Boucherie sans s'exposer à des inconvénients et à de nouveaux frais. A ces fins, il a été présentement enjoint au sieur Lingaud, secrétaire greffier de la maison de ville, de faire donner par les ouvriers qui travaillent à la conduite de la dite fontaine, sa direction directe pour la porte Boucherie au lieu du recoude qu'il auroit fallu pratiquer pour la conduire d'abord à l'endroit près de la porte de Tourny destiné pour l'emplacement du château d'eau, si la concession projetée en faveur des dits révérends pères Feuillants n'avoit pas cessé d'avoir lieu par leur faute.

Romanet, J. Pétiniaud, Naurissart fils, Juge, Estienne, Fournier.

---

(1) La fontaine de Saint-Martin était une des plus anciennes des faubourgs. Il résulte d'un passage de la chronique de l'abbaye de Saint-Martin qu'elle fut conduite en 1223.

Aujourdhuy, dixième février 1776, les officiers municipaux assemblés dans l'hôtel de ville de Limoges, ayant pris communication de la lettre qui leur a été écrite par monseigneur l'intendant de cette généralité pour faire faire les listes des garçons et veufs sans enfants sujets à tirer au sort pour les régiments provinciaux, les dits sieurs officiers municipaux ont, en conséquence de la dite lettre, nommé d'office des sindics dans la dite ville de Limoges et orances d'icelle pour faire les dites listes, ainsy qu'il suit :

<small>Nomination des syndics chargés de la confection des listes de la milice pour 1776.</small>

Canton du Consulat.

Le sieur Chastaignac, marchand ; le sieur Sénemaud fils, cirier.

Manigne.

Le sieur Benoist Barbou, marchand ; le sieur Judet, marchand confisseur *(sic)*.

Les Bancs.

Le sieur Jabet, marchand ; le sieur Louis Laforest, marchand.

Le Clocher.

Le sieur Ruaud du Bournazeaud, bourgeois ; le sieur Baralier aîné.

Boucherie.

Le sieur Reix l'aîné, marchand pelletier ; le sieur Blanchard, orfèvre.

Ferrerie.

Le sieur Louis Boudet, marchand ; le sieur Talandier aîné, hote des *Trois Anges*.

Les Combes.

Le sieur Meyze jeune ; le sieur Brissaud, marchand de fer.

Lansequot.

Le sieur Champalimaud, bourgeois ; le sieur François David, marchand.

La Boucherie.

Le sieur Audoin Parot, boucher, dit Maureix ; le sieur Malinvaud, gendre au sieur Guiot.

Pour les orances.

Leonard Baubiat dit Joseptou *(sic)*, aubergiste ; Jean Teulier, demeurant aux Tuilières ; Jean Reix, aubergiste près le Crucifix ; Martial Faure, gendre à Eyraud, près Saint-Lazare. Auxquels sindics est enjoint de faire de suite les listes demandées, etc. (comme à la p. 48).

Naurissart fils, Estienne, J. Pétiniaud, Juge, Romanet.

Nomination du révérend Père Alexis Prestier pour prêcher le Carême de 1777.

Aujourd'huy, quatorzième février 1776, dans la salle de l'hôtel de ville de Limoges, où étoient assemblés Messieurs les Maire et Echevins pour procéder à la nomination d'un prédicateur pour prêcher le Carême de l'année 1777 dans l'église de Saint-Martial du dit Limoges, la chose mise en délibération, les dits sieurs Maire et Echevins ont d'une commune voix nommé le Révérend Père Alexis Prestier, gardien du couvent des Révérends Pères Capucins de Monlusson, auquel il sera, etc. (Page 14).

NAURISSART, FOURNIER, ESTIENNE, JUGE, ROMANET, J. PETINIAUD.

Nomination du révérend Père Souffrant pour prêcher l'Avent de 1776.

Aujourd'huy, dix-septième février 1776, dans la salle de l'hôtel de ville de Limoges, où étoient assemblés Messieurs les Maire et Echevins pour procéder à la nomination d'un prédicateur pour prêcher l'Avent de l'année 1776 dans l'église de Saint-Martial du dit Limoges, la chose mise en délibération, les dits sieurs Maire et Echevins ont d'une commune voix nommé le Révérend Père Souffrant, sous-prieur des Augustins du dit Limoges, auquel il sera, etc. (Page 14).

NAURISSART fils, JUGE, ESTIENNE, FOURNIER, J. PETINIAUD, ROMANET.

Reddition des comptes 1ᵉʳ septembre 1775 au 1ᵉʳ mars 1776.

Aujourd'huy, deuxième mars 1776, dans la salle de l'hôtel commun de la ville de Limoges, où étoient assemblés Messieurs les Maire, Lieutenant de Maire et Echevins soussignés,

Sur le compte qui a été rendu par le sieur Nadaud, syndic-receveur du dit hôtel de ville, tant du produit des Octroys que Patrimoniaux et du Don gratuit et de l'employ qui en a été fait, le tout ayant été dument vérifié, vu les registres et autres pièces justificatives, il s'est trouvé que la recette du Don gratuit, puis le deux septembre 1775 jusqu'au deux mars 1776, monte à la somme de 29,153 livres 19 sols 4 deniers, y compris ce qui avoit demeuré en caisse au deux septembre 1775, et la dépense pour le même temps 11,829 livres 8 sols un denier, en sorte qu'il reste en caisse pour le Don gratuit la somme de 17,324 livres 11 sols 3 deniers, cy...   17.324 ll. 11 s. 3 d.

Pareillement, il s'est trouvé que la recette des Octroys, Deniers patrimoniaux, y compris

A reporter........   17.324 ll. 11 s. 3 d.

Report............	17.324 ll. 11 s.	3 d.

l'eau des étangs et le couretage, monte à la somme de 13,811 livres 10 sols 2 deniers, y compris ce qui avoit demeuré au deux septembre 1775, et la dépense pour le même temps à 11,109 livres 19 sols 4 deniers, en sorte qu'il reste en caisse, pour les Octroys et Deniers patrimoniaux, la somme de 2,701 livres 10 sols 10 deniers, cy................ 2.701 ll. 10 s. 10 d.

Total........... 20,026 ll. 2 s. 1 d.

Juge, Romanet, J. Petiniaud, Estienne.

Aujourd'huy, treizième avril 1776, dans la salle de l'hôtel de ville de Limoges, où étoient assemblés les Maire et Echevins pour délibérer sur l'exécution de l'arrêt du Conseil du 19 septembre 1775 portant établissement d'un guet et des lanternes dans la dite ville de Limoges, ils ont sur le tout arrêté ce qui suit pour être présenté à Monseigneur de Malesherbes, ministre et secrétaire d'Etat, et obtenir du Conseil l'arrêt de règlement annoncé par le susdit arrêt du 19 septembre dernier, — savoir :

Organisation de la compagnie du guet. Placement des lanternes.

1° Que l'établissement du guet pourra commencer au 15 octobre prochain et celui des lanternes au premier novembre suivant ;

2° Que le guet paroit devoir être composé d'un capitaine, d'un lieutenant, de trois sergents, trois caporaux, trente fusiliers et un tambour ;

3° Qu'il nesoit agréé parmi les sujets du guet aucuns officiers, bas officiers et soldats qu'ils n'aient justifié d'un service continuel pendant huit ans dans les troupes de Sa Majesté, et que le droit de nommer aux dites places soit attribué aux Officiers municipaux, sous l'approbation de M. l'Intendant ;

4° Que la compagnie du guet soit tenue dans la même subordination que les troupes réglées, et à cet effet les dits Officiers municipaux paieront le loyer d'une caserne où les soldats réunis se trouveront plus à portée, en cas d'incendie (1), d'émeute et de trouble, de donner les secours nécessaires ;

---

(1) Rappelons qu'il n'existait encore aucune organisation de secours en cas d'incendie. On avait autrefois, sur la proposition de l'intendant de Tourny et à la suite d'une assemblée de ville (15 décembre 1730) dont nos *Registres* ont donné le procès-verbal (tome IV, p. 368), fait

5° Que le capitaine soit obligé de prendre tous les matins les ordres du Maire ou en son absence de son représentant, ainsy que dans tous les autres cas pour tout ce qui concerne le service et le bien de la chose publique, — et ceux du Lieutenant général pour ce qui est du fait de la police ; auxquels ordres toute la compagnie sera subordonnée et exécutera ce qu'ils luy commanderont chacun en droit soy ;

6° Que le corps de garde du guet soit établi dans l'hôtel de ville pour être journellement aux ordres des Officiers municipaux, qui pourront employer les soldats à la conservation des droits de la ville, ainsy qu'ils aviseront ;

7° Dans le cas où il seroit commis des fautes assez graves par les officiers, bas officiers et soldats du guet pour mériter leur destitution, le Maire en seroit informé pour le fait être examiné et y être pourvu dans une assemblée de ville ;

8° Que les amendes décernées contre les malfaiteurs surpris et arrêtés par le guet, seront applicables à l'entretien du dit guet et lanternes et payées au receveur de l'hôtel de ville, qui en tiendra registre ;

9° Que l'uniforme du dit guet soit : habit, veste et culotte bleu, doublure et collet rouge, boutons blancs et plats, guêtres noires, chapeau bordé de blanc avec une capote brune, lequel uniforme sera renouvelé tous les trois ans aux bas officiers et soldats, et que, pour en tenir lieu au capitaine, on luy donnera une somme de trente-cinq livres par an, et au lieutenant celle de trente livres aussy par an ;

10° Que la paye soit taxée par jour, scavoir au capitaine vingt sols, au lieutenant quinze sols, à chaque sergent douze sols, à chaque caporal dix sols, à chaque fusilier et au tambour neuf sols, sur lesquelles payes on fera une retenue d'un sol par jour aux bas officiers, soldats et tambours pour leur habillement ;

11° Que la dite compagnie du guet passera en revue tous les premiers dimanches de chaque mois devant le Maire ou en son absence devant le premier Officier municipal, et que, d'après cette revue, il sera pourvu au paiement de la solde sur un mandement d'iceluy qui aura inspecté, par le receveur de l'hôtel de ville ;

l'acquisition de deux pompes ; mais, comme on le verra plus loin (délibération du 3 avril 1786), celles-ci n'avaient jamais fonctionné et Limoges ne disposait, pour défendre du feu ses constructions en bois, que des secours mal coordonnés des citoyens appelés sur le lieu du sinistre par le tocsin ou le son du tambur. Nous verrons l'étude de cette importante question des secours en cas d'incendie reprise en 1785. — Le seul matériel que la ville pût mettre à la disposition des hommes de bonne volonté lorsqu'éclatait un sinistre, consistait en seaux de cuir. La liasse C 53 des archives du département renferme le reçu d'un à-compte de 48 livres reçu par un sieur Gautier le 6 juin 1766, de M. Texandier, consul, pour fourniture d'un certain nombre de ces seaux à l'hôtel de ville.

12° Que la compagnie du guet sera tenue de fournir un détachement, sur les ordres du Maire, pour escorter les Officiers municipaux dans les cérémonies publiques et dans toutes les marches en corps ;

13° Que la garde des spectacles soit confiée à la compagnie du guet, pour la soulager par ce petit bénéfice ;

14° Que le corps municipal ait le droit de placer les lanternes dans les endroits et au nombre qui luy paraîtront le plus convenables. Et qu'ils (*sic*) seront chargés de leur entretien et illumination.

Juge, Romanet, Estienne, J. Petiniaud, Fournier, Naurissart fils.

Extrait des registres du Conseil d'Etat du Roy

Vu par le Roy étant en son Conseil l'arrêt rendu en iceluy le dix-neuf septembre dernier, par lequel Sa Majesté auroit bien voulu accorder au vœu des Maire et Echevins de la ville de Limoges exprimé dans leur délibération du huit juillet précédent, un octroy en sus de celuy qui se perçoit pour le paiement du Don Gratuit, duquel octroi nouveau le produit seroit employé à établir des lanternes, à former un guet et à payer les autres employés nécessaires au maintien de la bonne police dans la ville, cité et faubourgs de Limoges, en la manière qui seroit incessamment réglée par Sa Majesté ; vu aussy la délibération des Officiers municipaux du trois du mois d'avril dernier, ensemble l'avis du sieur Daine, intendant et commissaire départi pour l'exécution des ordres de Sa Majesté en la généralité de Limoges ; ouï le rapport, le Roy, étant en Conseil, a créé et établi, crée et établit une compagnie du guet pour la garde et le maintien de la police de la ville, cité et faubourgs de Limoges, voulant qu'à la diligence des Maire et Echevins de la dite ville, la dite compagnie soit levée pour être sur pied et en exercice le quinze septembre prochain et qu'elle soit composée, constituée et fasse le service conformément à l'ordonnance de Sa Majesté de ce jour. Ordonne en outre Sa Majesté qu'à commencer du premier novembre prochain, il sera établi des lanternes à distance convenable dans toutes les rues et places de la ville, cité et faubourgs de Limoges, lesquelles seront allumées tous les jours, sauf ceux où il y aura clair de lune, et à proportion de la durée du jour ; qu'à cet effet seront faites toutes les dispositions nécessaires par les dits Maire et Echevins de

Arrêt du Conseil approuvant l'octroi additionnel établi par la délibération du 8 juillet 1775

la ville de Limoges en conséquence des délibérations qu'ils prendront à cet effet, et lesquelles seront autorisées par le dit sieur Intendant et commissaire départi en la généralité de Limoges, auquel Sa Majesté enjoint de tenir la main à l'exécution du présent arrêt, qui sera transcrit sur les registres de l'hôtel de ville. Fait au Conseil d'Etat du Roy, Sa Majesté y étant, tenu à Versailles le 24 mai 1776. *Signé* : Amelot.

Marius-Jean-Baptiste-Nicolas d'Aine, chevalier, conseiller du Roi en ses conseils, maître des requêtes ordinaires de son hôtel, intendant de justice, police et finances en la généralité de Limoges,

Vu l'arrêt du Conseil cy-dessus du vingt-quatre may dernier, nous ordonnons que le dit arrêt du Conseil sera exécuté suivant sa forme et teneur, et à cet effet transcrit sur les registres de l'hôtel de ville de Limoges. Fait à Paris le 15 juin 1776. — *Signé* : Daine, *et plus bas* : par Monseigneur, de Beaulieu.

Pour copie :

Signé : d'Aine (1).

---

(1) L'apposition de plaques indicatives du nom des voies publiques et le numérotage des maisons étaient le complément nécessaire de ces mesures. Nous trouvons, dans les archives de l'hôtel de ville (FF[1]), la lettre suivante de l'intendant sur cet objet :

Limoges, 1er septembre 1776.

Il me paroit nécessaire, Messieurs, pour faciliter l'exercice de la police et le service du guet dont nous sommes au moment de réaliser l'établissement, que vous fassiés au plus tôt inscrire le nom de toutes les rües et des places de la ville de Limoges aux deux bouts de chaque rüe et aux extrémités des places. On sent depuis longtemps la nécessité de cette opération, que l'on m'a dit n'avoir été différée que pour mettre plus d'exactitude dans la nomenclature en la rapportant à l'étimologie; mais les recherches plus curieuses qu'utiles qui ont été faites à ce sujet, n'ont procuré que des notions incertaines et peu satisfaisantes : elles ne doivent pas suspendre plus longtemps une chose de bon ordre, qui exige d'ailleurs peu de frais, puisqu'il n'est question que d'écrire sur des plaques de fer blanc peintes à l'huile les noms usuels des rües et des places, et de faire appliquer ces plaques aux extrémités de chaque rüe et place. Vous trouverés ces noms sur les rolles de la taille et sur celuy qui sert pour le logement des gens de guerre.

Je vous prie de ne pas différer un moment l'exécution de cet objet, qui n'est susceptible d'aucune difficulté et qui en applanira qui pourroient sans cela se rencontrer pour plusieurs opérations importantes. S'il y a quelque rüe nouvellement ouverte, ou quelque place nouvellement formée qui n'ait pas eu auparavant de nom, et qui par là ne soit encore désignée par aucune nomination, il vous sera fort aisé de luy en donner une qui restera ; et cela ne peut retarder de faire, en attendant, écrire toutes les autres.

J'ai l'honneur d'estre très parfaitement, Messieurs, votre très humble et très obéissant serviteur.

D'Aine.

Le 21 mai 1776, à l'issue de la messe du Saint-Esprit, célébrée, suivant l'usage, dans l'église de Saint-Martial, les juges et officiers du commerce en charge avaient, avec les soixante prud'hommes commerçants, renouvelé le corps consulaire. M. Cramaille aîné avait été élu juge ; MM. Pétiniaud de Beaupeyrat et Navières du Puy-Vincent consuls.

De par le Roy,

Sa Majesté, par arrêt de ce jour, ayant établi une compagnie de guet pour la garde et sûreté de la ville, cité et fauxbourgs de Limoges, et voulant expliquer ses intentions sur la formation et la discipline de ladite compagnie, elle a ordonné et ordonne ce qui suit : *Ordonnance du roi sur l'organisation d'une compagnie du guet.*

Article Premier. — La compagnie du guet de la ville, cité et fauxbourgs de Limoges sera commandée par un capitaine et un lieutenant, et composée de trois sergents, trois caporaux, trente fusiliers et un tambour.

Art. 2. — Ne pourront être admis dans ladite compagnie aucuns officiers, bas officiers et fusiliers qu'ils n'aient servi dans des troupes de Sa Majesté. La liste en sera formée par les officiers municipaux, lesquels seront tenus de la présenter au sieur intentant et commissaire départi en la generalité de Limoges pour être par lui approuvée s'il y a lieu.

Art. 3. — Ceux des bas officiers et soldats qui viendront à manquer ou dont les engagements seront finis ne pourront être remplacés que par d'autres sujets qui aient servi dans les troupes de Sa Majesté au moins huit ans, qui soient munis de bons certificats, et leur engagement ne pourra être moindre de six ans.

Art. 4. — Ladite compagnie du guet sera tenue dans la même subordination et la même discipline que les troupes réglées. Le capitaine commandera toute la compagnie, le lieutenant exécutera les ordres qu'il en recevra, et en donnera lui même aux bas officiers et soldats, lesquels bas officiers seront obéïs des soldats dans tout ce qu'ils leur commanderont pour la discipline de la troupe, et concernant le service de la ville et celui de la police.

Art. 5. — Le capitaine ira prendre tous les matins, à l'heure indiquée, l'ordre du maire et du lieutenant general de police et fera en conséquence dans la compagnie les dispositions nécessaires pour le service de la ville et celui de la police.

Art. 6. — Le bas officier de garde pendant la nuit rendra compte le matin, en sortant de son poste, de ce qui se sera passé au capitaine, lequel en fera sur le champ son rapport au lieutenant général de police ; et dans le cas où il se seroit passé pendant la nuit des faits qui interessent l'administration municipale, ou la perception des revenùs de la ville, il en sera rendu compte par le capitaine de la compagnie du guet au maire de la ville, et en cas d'absence ou de maladie au premier officier municipal.

Art. 7. — Il sera fourni, aux frais de la ville, une caserne située près de l'hotel de ville pour le logement des bas officiers, soldats et tambour composant ladite compagnie, laquelle caserne sera pourvue des lits, draps et ustenciles necessaires, et ce suivant les ordonnances portant règlement pour le casernement.

Il sera établi un corps de garde dans ladite caserne, pour lequel le bois et la lumière seront fournis par la ville.

Art. 8. — Il sera donné une paye sur les fonds de l'octroi à ce destiné à la dite compagnie; en conséquence veut Sa Majesté que les apppointemens et solde soient payés sur le pied, savoir :

Au capitaine, une livre par jour....................	365 »
Au lieutenant, quinze sols par jour.................	273 15
A trois sergents, douze sols par jour..............	657 »
A trois caporaux, à dix sols par jour..............	547 10
A trente soldats, à neuf sols par jour.............	4.927 05
Au tambour, à neuf sols par jour...................	164 05
Total....................	6.934 15

Art. 9. — Veut et entend Sa Majesté que, sur la solde de chaque bas officier, soldat et tambour, il soit fait une retenue d'un sol par jour pour l'entretien de linge et de chaussure.

Art. 10. — Outre la retenue ci-dessus reglée, qui composera le fonds de la masse, laquelle restera déposée entre les mains du capitaine de la compagnie, les petits profits qui pourront provenir de la garde des spectacles et autres services extraordinaires entreront aussy dans ladite masse, dont le décompte sera fait tous les trois mois aux bas officiers, soldats et tambour de la compagnie.

Art. 11. — Tous les premiers dimanches de chaque mois, le Maire ou en son absence le premier officier municipal fera la revue de la compagnie, qui s'assemblera dans le lieu et à l'heure qu'il indiquera, d'après laquelle revue il fera pourvoir au paiement des appointemens et de la solde réglés par l'article dix, en vertu d'une délibération du corps municipal duement autorisée du sieur intendant et commissaire départi, lequel, toutes les fois qu'il le jugera convenable, donnera des ordres pour faire assembler la dite compagnie en sa présence, en faire lui-même l'inspection et s'y faire assister des officiers municipaux.

Art. 12. — Les appointemens et la solde de la compagnie du guet seront payés tous les mois et d'avance au capitaine en ladite compagnie, qui fera faire le prêt tous les cinq jours de chaque mois en sa présence.

Art. 13. — Ladite compagnie du guet sera subordonnée au lieutenant général de police de la ville de Limoges et tenue en consequence d'exécuter ses ordres en tout ce qui concerne la sûreté et le bon ordre dans ladite ville : il infligera aux officiers, bas officiers et soldats les punitions auxquelles il est autorisé par son ministère, en cas de négligence, désobéissance ou prévarication ; mais si les fautes commises par lesdits officiers étoient assez graves pour qu'ils dussent être destitués de leur emploi, le lieutenant général de police en informeroit le maire, ladite destitution ne devant être prononcée que sur une déliberation des officiers municipaux visée par l'intendant.

Art. 14. — L'uniforme sera composé d'un habit, veste et culotte de drap bleu, collet et parement de drap rouge, doublure de serge rouge, boutons blancs et plats, chapeau bordé en argent pour lesdits officiers, en laine blanche pour les bas officiers et soldats, une cocarde blanche, une paire de guêtres noires, le tambour avec la petite livrée de la ville (1) ; il sera aussi fourni douze capotes brunes qui resteront déposées au corps de garde.

Art. 15. — Ledit uniforme complet sera fourni aux frais de la ville et renouvelé tous les trois ans aux bas officiers, soldats et tambour ; et pour tenir lieu au capitaine et au lieutenant, il leur sera donné un supplément d'appointements, savoir : au capitaine, trente cinq livres par an et au lieutenant, trente livres aussy par an : au moyen duquel supplément d'appointements ils seront tenus de se fournir d'uniforme.

Art. 16. — L'armement de ladite compagnie du guet sera composé d'un fusil avec sa baïonnette, une giberne et une épée avec leurs ceinturons.

Art. 17. — Il y aura, par chaque jour, trois hommes du guet de service ordinaire pour l'hôtel de ville et cinq hommes pour la police de jour, lesquels resteront toute la journée au corps de garde, d'où ils ne pourront s'absenter sous aucun pretexte que pour remplir leur service ; douze hommes feront le guet la nuit, dont trois resteront au corps de garde, et trois escouades de trois hommes chacune faisant les rondes.

Art. 18. — Dans le cas où un ou deux soldats du guet au tour de faire le service de nuit seroient malades et par conséquent hors d'état de remplir ledit service, ils seroient remplacés par ceux destinés à la police du jour et au service de la ville ; alors le nombre d'hommes fixé à huit pour lesdits services de jour se trouveroit réduit à sept ou à six.

Art. 19. — Les malfaiteurs, perturbateurs du repos public, gens suspects et sans aveu qui seront arrêtés la nuit seront conduits au corps de garde où ils seront gardés jusqu'au jour ; alors le bas officier commandant la garde de nuit en rendra compte au capitaine,

---

(1) Les couleurs de la ville, qui ne sont autres que les *émaux* de son écusson, sont *rouge* et *bleu* (de gueules et d'azur) : le costume des valets de ville était autrefois mi-partie rouge et bleu.

qui se transportera sur le champ au corps de garde, et après s'être informé plus particulièrement des délits ou des circonstances qui auront pû occasionner la capture des dits particuliers, il ira de suite en faire son rapport au Lieutenant général de police, qui pourra seul statuer et donner des ordres pour rendre la liberté aux personnes arrêtées ou leur infliger les peines requises suivant l'exigeance des dits cas.

Art. 20. — En cas d'incendie, d'émeute populaire ou d'attroupement, le capitaine fera sur le champ assembler la compagnie dans le lieu qui sera indiqué, pour se transporter à la tête de la dite compagnie, et assisté du lieutenant, dans l'endroit où sera le feu ou dans le lieu de l'émeute ou de l'attroupement, où il exécutera et fera exécuter à sa compagnie les ordres qui luy seront donnés par les magistrats.

Art. 21. — Aux processions, dans les cérémonies publiques et dans toutes les marches tant du présidial que des officiers municipaux, l'une et l'autre compagnies seront précédées d'un détachement du guet qui ne pourra être moindre de dix huit soldats commandés par deux officiers, et si le présidial marchoit seul, il seroit précédé d'un détachement de dix soldats et un bas officier, commandés par un officier.

Art. 22. — Lorsqu'il n'y aura pas de troupes reglées en quartier à Limoges, la compagnie du guet sera chargée seule de la garde des spectacles ; mais quand il y aura des troupes, s'il est jugé convenable au bon ordre, ou à d'autres circonstances, d'en composer la garde du spectacle, l'intérieur de la salle seroit alors exclusivement confié à la garde militaire et la porte d'entrée et les avenues seroient gardées par le guet.

Art. 23. — Enjoint Sa Majesté au sieur intendant et commissaire départi pour l'exécution de ses ordres en la généralité de Limoges, de tenir la main à l'exécution de la présente ordonnance, dont il sera remis des copies certifiées par ledit s^r intendant aux maire, échevins et au lieutenant général de police de la dite ville de Limoges, à ce qu'ils s'y conforment chacun en ce qui les concerne. Donné à Versailles, le vingt quatre may mil sept cent soixante seize. *Signé* : Louis, *et plus bas* : Amelot.

Marius-Jean-Baptiste-Nicolas d'Aine, chevalier, conseiller du roy en ses conseils, maître des requêtes ordinaire de son hôtel, intendant de justice, police et finances en la généralité de Limoges,

Nous ordonnons que la dite ordonnance sera exécutée suivant sa forme et teneur, et qu'à cet effet deux copies d'icelles certifiées par nous seront remises aux officiers municipaux et au lieutenant général de police de la ville de Limoges, pour s'y conformer chacun en ce qui les concerne ; en conséquence enjoignons aux officiers municipaux de former et de nous présenter incessamment la liste des sujets qu'ils croiront les plus propres à remplir les places d'officiers, bas officiers et soldats créées par l'ordonnance cy dessus, à l'effet d'être par nous approuvée s'il y a lieu. Fait à Paris, le quinze juin mil sept cent soixante seize. *Signé* : D'AINE, *et plus bas* : par Monseigneur, DE BEAULIEU. Pour copie, *signé* : D'AINE.

Marius-Jean-Baptiste-Nicolas d'Aine, chevalier, conseiller du roy en ses conseils, maître des requêtes ordinaires de son hôtel, intendant de justice, police et finances en la généralité de Limoges. *[marginal: Ordonnance de M. l'Intendant pour l'armement l'équipement de la compagnie du guet.]*

Vu la lettre à nous écrite par M. le prince de Montbarey, directeur général de la guerre, en date du cinq du présent mois ;

Nous ordonnons au sieur Pétiniaud, garde magasin des effets du roy à Limoges, de remettre aux officiers municipaux de la dite ville trente-six fusils armés de leurs bayonnettes, trente-six ceinturons, trente-six gibernes et une caisse de tambour ; lesquels armes et effets seront pris parmi ceux qui servoient aux régiments provinciaux de notre généralité, et seront employés à armer et équiper la compagnie du guet créée par l'ordonnance du Roy du (1) du mois dernier, et au moyen de notre présente ordonnance et au receu des officiers municipaux de la dite ville de Limoges portant qu'ils s'obligent de faire entretenir les dites armes et effets dans le meilleur état et à les remplacer dans le cas où ils deviendroient nécessaires pour l'armement des régiments provinciaux, ledit sieur Pétiniaud en sera et demeurera valablement déchargé. Fait à Paris le dix-sept juin mil sept cent soixante seize. Pour copie, *signé* : D'AINE.

Copie de la lettre écrite par M. d'Aine, intendant de Limoges, à Messieurs les officiers municipaux du dit Limoges. *[marginal: Lettre de M. d'Aine intendant de Limoges relative aux vagabonds marchands forains etc. et aux passeports pour l'étranger.]*

A Paris, le 22 juin 1776.

Je vous ai fait prévenir, Messieurs, au mois d'avril de l'année dernière, de vous tenir en garde contre les surprises qui pourroient vous être faites par des vagabonds tant françois qu'étrangers, des prêtres et religieux italiens et polonois ou soy disant tels, des

---

(1) La date est restée en blanc.

marchands forains des différentes nations qui se repandoient alors dans les provinces et villes du royaume, quêtant et mendiant à la faveur de faux certificats et établissant des loteries publiques de marchandises sur des ordres ou passeports dont ils avoient eu le secret d'enlever la première écriture pour y substituer de fausses permissions. Quelqu'uns de ces faussaires furent découverts et arrêtés et leurs marchandises saisies; d'autres échappèrent aux poursuites et sortirent du royaume ; on espéroit que les recherches qui en furent ordonnées dans le temps, les punitions infligées à plusieurs, la fuite des autres, et la vigilance des maréchaussées auroient délivré le public de ce genre d'escroquerie; mais les ministres viennent de m'informer que des nouveaux imposteurs du même ordre circulent actuellement dans les provinces ; qu'ils y renouvellent sourdement leurs manœuvres ténébreuses et trompent la religion des magistrats et la foi publique, par des certificats ou passeports frauduleux. Pour vous mettre dans le cas de découvrir et d'empêcher l'effet de leurs filouteries, je crois devoir vous informer des règles invariablement établies dans la police des passeports qui émanent du ministère des Affaires étrangères.

Ces passeports n'ont d'autre fin ou motif, que de permettre la libre sortie du royaume à ceux qui les obtiennent, et jamais celuy de favoriser la mendicité ny d'autoriser des quêtes ou des établissements de loteries de marchandises : tous ces objets ne sont point du ressort du département politique. D'après ce principe, on peut avec certitude regarder comme faux tous passeports, certificats ou autres pièces signés du ministre des Affaires étrangères, qui annonceroient des permissions de mendier et de quêter ou de vendre et débiter des marchandises par voie de loterie sous quelque forme que l'on puisse les présenter ; il est au surplus établi que les passeports pour sortir du royaume ne doivent être expédiés pour les sujets étrangers que sur les demandes ou certificats des ambassadeurs ou ministres des puissances auxquelles ils appartiennent, et pour les sujets françois, qu'aux citoyens et habitants de la ville de Paris et de Versailles et aux personnes de la suite et du service de la cour, ou à celles qui, ayant leur residence en province ont fait quelque séjour dans ces deux villes et y ont justifié de leur état ; dans tous les cas, les passeports ne sont expédiés que sur les demandes de la police de Paris et de Versailles et sur les certificats délivrés après information préalable.

A l'égard des habitants des provinces du royaume qui veulent aller en pays étranger, ils ne sont tenûs, à leur sortie, de justifier de leurs qualités et état que par attestations, certificats ou passeports de Messieurs les gouverneurs, commandants et intendants des

— 83 —

provinces ou même des magistrats des villes, et officiers de police des lieux de leur résidence ordinaire, suivant l'usage observé dans tous les temps.

J'ay cru, Messieurs, devoir vous donner connoissances de ces principes, afin de vous prémunir contre les surprises de l'espèce cy dessus que des faussaires pourroient tenter auprès de vous.

En cas de capture et d'emprisonnement des coupables, vous auriez agréable de m'en prévenir; mais les informations auxquelles ils pourroient donner lieu étant du ressort des tribunaux, l'administration ne peut que s'en rapporter d'avance aux jugements qu'ils rendront selon les circonstances des délits.

J'ay l'honneur d'être très parfaitement, Messieurs, votre très humble et très obéissant serviteur. *Signé :* D'AINE.

Aujourd'huy, vingt quatrième aoust mil sept cent soixante seize, dans la salle de l'hôtel commun de cette ville, où étoient assemblés messieurs les officiers municipaux soussignés, M. Fournier, l'un d'eux, a représenté qu'ayant plu au Roy de faire démolir la tour et porte des Arresnes, de cette ville, cette démolition auroit occasionné celle de la petite maison appartenant à la ville, qui servoit de logement au portier et receveur des droits du Roy et de la ville, qui y étoit adossée; que le sʳ Tharaud, armurier, s'étant pourvu au Bureau des finances de cette généralité, pour se faire adjuger le terrain qu'occupoit la dite maison, les dits sieurs officiers municipaux auroient donné leur requette en opposition à la demande de ce particulier, et en revendication du susdit terrain ; mais attendu que la partie des fossés joignant au susdit terrain avoit été comblée et mise au niveau du sol de la place des Arresnes, ils demandèrent la concession de cette dernière partie, pour y bâtir une halle pour le marché au blé (1) comme étant le lieu le plus propre et le plus commode pour cette destination et pour servir à recevoir les équipages des troupes de Sa Majesté passant par cette ville; qu'en conséquence le Bureau auroit dressé procès-verbal dudit terrain, le dix neuf aoust présent mois, lors duquel plusieurs particuliers qui avoient obtenu l'adjudication de l'espace qu'occupoient les anciens murs et d'une ruelle placée entre iceux et leurs maisons, auroient déja basty dans cet emplacement et pratiqué des jours et

Demande en concession de la partie des fossés attenant au terrain occupé par une petite maison servant de logement au portier de la porte des Arènes, pour y construire une halle.

---

(1) On a vu plus haut que la halle au blé, dont l'ancienne construction avait été adjugée à M. Romanet du Caillaud, devait être reconstruite sur la place des Bancs et remplacer la halle des bouchers qui avait été démolie en 1741-42.

portes sur le susdit terrain, demandèrent qu'il leur en fût délaissé une largeur de six pieds, pour ne pas offusquer leurs jours et sorties : ce qui paroissant juste de leur être accordé, les officiers municipaux demandèrent, de leur part, qu'en considération de ce retranchement il leur fût adjugé, avec ce qui restoit du dit terrain, tout l'emplacement des fossés adjacents, et jusques à la terrasse du s^r Fournier ainé ; sur quoy est intervenu ordonnance du Bureau le vingt un du présent mois, qui adjuge à la ville le terrain demandé tant par la requette du dix sept juin que par le procès verbal du dix neuf août, sous les conditions y référées et entre autres que les officiers municipaux feront élever au moins de trente pieds toute la partie de la façade qui sera fermée de toutes parts par des portails ; qu'ils feront contrelatter et enduire de mortier à chaux toute la partie qui sera construite en bois, dans un an du jour de la concession, à peine de déchéance d'icelle, et qu'indépendamment de la rente annuelle et directe de cinq sols au profit de Sa Majesté et la réserve de tous droits féodaux et seigneuriaux pour les exercer si le cas y échéoit, la concession tiendra lieu de remplacement aux dits sieurs officiers municipaux, nommément du terrain près de la porte de Tourny qui, dans le plan approuvé au Conseil, étoit designé pour un marché (1); au moyen de quoy ils n'auront plus sur iceluy aucune espèce de prétention directe ny indirecte ; à défaut de quoy et en cas de recherche de la part des dits sieurs officiers municipaux, tout le terrain à eux concédé, et qui ne sera pas occupé par le bâtiment de la halle, rentrera de plein droit au domaine du Roy, pour être réassencé par adjudication, sans qu'il soit besoin d'autre jugement que la moindre revendication judiciaire de leur part de tout ou partie dudit emplacement.

Ledit s^r Fournier ayant mis sur le bureau l'expédition de la susdite adjudication, à luy remise par le greffier de messieurs les trésoriers de France, et la chose mise en délibération, il a été arrêté de se pourvoir par devers Monseigneur l'Intendant pour le prier d'authoriser lesdits sieurs officiers municipaux à accepter ladite adjudication, et en procurer la confirmation par arrest du Conseil, en ce que néanmoins ladite concession ne pourra nuire ni préjudicier aux autres droits quelconques de la ville et que la renonciation à ceux qu'elle a sur l'emplacement près la porte de Tourny, leur tiendra lieu et l'affranchira (sic) d'amortissement et indemnité, pour raison du terrain à elle nouvellement concédé et des bâtiments qui pourront y être construits.

Et qu'attendu que le fond sur lequel l'ordonnance du Bureau

---

(1) Il n'est resté aucun document relatif à ce projet.

porte que sera bâtie la halle et l'édifice de trente pieds, consiste en des terres mouvantes nouvellement transportées, incapables de supporter un fardeau de cette espèce, il ne sera construit qu'une halle de hauteur convenable, fermée de tous côtés, avec un seul portail de grandeur suffisante pour tous les usages auxquels elle est destinée et dont la façade sera décorée autant qu'un ouvrage de cette espèce en est susceptible, sauf de (sic) bâtir dans les années avenir, au dessus de ladite halle, lorsque la ville se trouvera en état de faire cette dépense, et que le terrain sera suffisament consolidé par son propre poids et par le comblement d'une plus grande partie dudit fossé, au moyen des transports des décombres ou autres terres qui y seront transportées.

Au surplus, lesdits sieurs officiers municipaux ont l'honneur de représenter à Monseigneur l'Intendant que, vu le besoin pressant de construire ladite halle, il luy plaise les autoriser à y faire travailler dès à présent, ainsy qu'à la reconstruction de la maison du portier qui y sera adossée, d'après l'adjudication qui en sera faite pardevant luy.

Romanet, J. Petiniaud, Estienne, Juge, Fournier.

Aujourd'huy, deuxième septembre mil sept cent soixante seize, dans la salle de l'hôtel commun de la ville de Limoges, où étoient assemblés messieurs les Maire, Lieutenant de maire et Echevins soussignés,

Reddition des comptes du 1er mars au 1er septembre 1776

Sur le compte qui a été rendu par le sieur Nadaud, sindic receveur de l'hôtel de ville, tant du produit des Octroys, patrimoniaux et du Don gratuit et de l'employ qui en a été fait, le tout ayant été duement verifftié, vu les registres et autres pièces justifficatives, il s'est trouvé que la recette du Don gratuit, puis le deux mars mil sept cent soixante seize jusques au deux septembre mil sept cent soixante seize, montant a la somme de vingt cinq mille sept cent trente huit livres deux sols deux deniers, y compris dix sept mille trois cent vingt quatre livres onze sols trois deniers qui avoit demeuré en caisse au deux mars mil sept cent soixante seize, et la dépense pour le même temps six mille deux cent une livres cinq sols sept deniers, en sorte qu'il reste en caisse pour le Don gratuit la somme de dix neuf mille cinq cent trente six livres seize sols sept deniers, cy........................ 19.536 ll. 16 s. 7 d.

Pareillement, il s'est trouvé que la recette des octroys, deniers patrimoniaux, y compris l'eau des étangs et le couretage, montant à la somme de quinze mille trois cent soixante onze livres neuf sols trois deniers, y compris deux mil sept cent une livres dix sols dix deniers qui auroit demeuré en caisse au deux mars mille sept cent soixante seize, et la dépense, pour le même temps, à neuf mille neuf cent quatre vingt neuf livres neuf sols deux deniers, en sorte qu'il reste en caisse, pour les octroys et deniers patrimoniaux, la somme de cinq mille trois cent quatre vingt deux livres un denier, cy. 5.382 ll. ». s. 1 d.

TOTAL.............. 24.918 ll. 16 s. 8 d.

JUGE, ROMANET, ESTIENNE, J. PETINIAUD, FOURNIER, NAURISSART fils.

Établissement provisoire de la halle au blé dans le manège des Jacobins.

Aujourd'huy, vingt quatre octobre mil sept cent soixante seize, dans la salle de l'hôtel de ville de Limoges, où étoient assemblés les officiers municipaux pour délibérer sur le contenu en la lettre à eux écrite par Monseigneur l'intendant le dix sept de ce mois, contenant entr'autres choses la nécessité de construire un marché au blé dans ladite ville, et attendu l'impossibilité de le faire tout de suite, Monseigneur l'intendant propose à la ville de se servir provisoirement d'un local convenable qu'il avoit fait louer pour servir de manège aux régiments en quartier au dit Limoges, situé dans la communauté des Jacobins (1).

La chose mise en delibération et ledit local ayant été examiné conformément à laditte lettre par deux échevins, il a été unanimement arrêté que ledit local étant propre à cet établissement, la

(1) On voit que le manège de la cavalerie était déjà au dernier siècle dans le quartier où il est aujourd'hui. Le choix de cet emplacement s'explique par la proximité des auberges louées pour servir de casernes en attendant qu'il en fût construit. Nous avons vu cette construction, décidée en principe dès 1719, constamment retardée, et le premier emplacement acquis près la place Tourny en 1720, revendu dans la suite. Depuis, on en avait acheté un autre route de Paris. Nous verrons un peu plus loin que le même sort était réservé à celui-ci, bien qu'on eût fait des dépenses assez considérables en vue de son appropriation.

ville s'en servira provisoirement jusques à ce qu'elle soit en état de faire construire un marché à bled ; qu'à cet effet il sera fait au premier jour procès verbal de l'état dudit local, par le sieur Fournier, échevin, en présence du prieur de ladite communauté, pour être ouvert de suite, et qu'en outre il sera placé sur la porte d'entrée dudit local, une suscription en gros caractères, portant : *Halle au bled.*

ROMANET L¹-maire, NAURISSART fils, FOURNIER, J. PETINIAUD.

Vû et approuvé par Nous, Intendant en la généralité de Limoges, le 28 octobre 1776.   D'AINE.

Aujourd'huy, trente novembre mil sept cent soixante seize, dans la salle de l'hôtel de ville de Limoges, où étoient assemblés messieurs les Maire et Echevins, pour procéder à la nomination d'un prédicateur pour prêcher l'Avent de l'année mil sept cent soixante dix sept dans l'église de S¹ Martial dudit Limoges, la chose mise en délibération, lesdits sieurs Maire et Echevins ont d'une commune voix nommé le reverend père Germain, religieux de la communauté des Carmes de cette ville, auquel etc. (V. p. 14)).

Nomination du R. P. Germain pour prêcher l'Avent de 1777.

FOURNIER, J. PETINIAUD, JUGE, ESTIENNE, ROMANET (1).

(1) L'année 1776 est surtout marquée par le fameux édit portant suppression des jurandes et communautés d'arts et métiers. Cet édit, rendu sous l'inspiration de Turgot, porte la date du mois de février 1776. Il fut enregistré au Parlement de Paris le 12 mars de la même année. On sait que plusieurs parlements refusèrent de procéder à son enregistrement. Et de fait les considérations qui en forment le préambule paraissent si singulières dans la bouche du Roi et accusent une rupture si complète avec les idées du passé qu'on ne saurait s'étonner de l'opposition que souleva cet acte, si inopiné il faut le dire, de la puissance royale. L'édit de 1776 n'eut du reste, comme on sait, qu'un effet éphémère. Dès le mois d'août suivant, il était rapporté pour la ville de Paris.

Le Parlement de Bordeaux n'ayant pas enregistré l'édit, il ne reçut pas son exécution à Limoges.

Les gazettes et la *Continuation des Annales* signalent, dans les premiers mois de 1776, l'apparition à Limoges d'une maladie « plus incommode que dangereuse » appelée *grippe*, qui « emporta quelques vieillards » et « incommoda beaucoup les personnes qui en furent atteintes ».

Au mois de mars, on célébra, avec beaucoup de solennité, le jubilé universel. Le 5 mai furent ouvertes les prédications d'une mission qui dura un mois entier et qui se termina par la plantation traditionnelle de la croix faite par la confrérie des Pénitents noirs.

Grand orage, sur la fin d'août, qui s'étendit d'Availles jusqu'à Bellac et à Grandmont. On ramassa des grelons du poids de deux ou trois livres.

Les exercices publics du Collège eurent lieu les 20, 21 et 22 août. D'Aine assista, avec sa femme et sa fille, à la distribution des prix ; l'abbé Péricaud, professeur de troisième, y prononça un discours sur « les avantages de l'éducation publique ».

Signalons encore deux ordonnances du Lieutenant de police, l'une relative aux meuniers, l'autre à la police de la ville, qui fut divisée en six quartiers : un notable fut nommé inspecteur de police de chaque quartier.

Construction d'un aqueduc pour l'écoulement du trop plein de la fontaine de la place Saint-Michel.

Aujourd'huy, onzième janvier mil sept cent soixante dix sept, dans la salle de l'hôtel de ville de Limoges, messieurs les Maire et Echevins assemblés, s'étant aperçu que le reflux de la fontaine qui a été depuis peu construite sur la place de St Michel pour le service des habitants et surtout de l'hôtel de l'intendance (1), lequel reflux, quoique bien mince, rend la rue du Bureau des Finances (2) impraticable tous les hivers par la glace qui s'y forme : ce qui expose les passants à des dangers soit de nuit ou de jour ; que cette rue, qui est une de celles de traverse de Limoges les plus fréquentées, aboutissant à l'hôtel de l'Intendance, au Palais, au Bureau des Finances et à l'église paroissiale, est absolument nécessaire au public et qu'il se trouveroit privé de son usage et de celuy de ladite fontaine, si ce reflux continuoit de couler sur le pavé d'icelle ;

Ayant aussi considéré que ladite fontaine se trouvant placée à la hauteur d'une petite rue ou venelle qui se trouve entre la maison ci devant de M. de Thouron et celle de M. Barny, et qui va aboutir à la rue du Clocher, il seroit plus à propos d'y faire passer le reflux de ladite fontaine, dans un aqueduc de six pouces de profondeur qui seroit pavé en dessous avec un conroi et couvert en tablette et un pavé encore par dessus, et que cet aqueduc seroit d'autant mieux placé dans cette venelle qu'elle est très peu fréquentée par les gens à pied et encore moins par les voitures : se trouvant très étroite d'ailleurs, elle est fort droite, plus courte que celle qui reçoit déja ce reflux et a beaucoup de pente, au lieu que celle du Bureau des Finances forme un angle aigu dans le milieu et à partir duquel, jusques à la rue du Clocher, il n'y a pas assez de pente (3) pour donner cours au dit reflux, ce qui fait séjourner l'eau dans cette partie, et dans le temps des froids, la fait couvrir de glaces ; qu'en outre les maisons de ladite rue du Bureau des Finances ont presque toutes les portes principales d'entrée de ce côté, au lieu que celles de ladite venelle n'y ont que des portes de derrière ;

La chose mise en deliberation, il a été unanimement arrêté, sous le bon plaisir de Monseigneur l'intendant, que l'hôtel de ville fera au premier jour pratiquer dans la susdite venelle un aqueduc dans les dimensions susdites pour recevoir le reflux de ladite fontaine, et le conduire dans le ruisseau de la rue du Clocher, et que la présente

---

(1) La fontaine placée au haut de la rue de Gorre. Elle a été transportée depuis quelques années contre le chevet de l'église Saint-Michel.

(2) La rue de Gorre. Il s'agit, comme on voit, de substituer à l'écoulement du reflux à ciel ouvert par cette rue, la conduite par aqueduc en suivant la ruelle Barny.

(3) L'état de choses qu'accuse cette délibération s'est modifié et la rue de Gorre offre au contraire aujourd'hui une pente très sensible.

délibération sera présentée a Monseigneur l'Intendant pour être par luy homologuée.

Estienne, J. Petiniaud, Juge, Fournier, Romanet, Naurissart fils.

Nous, subdélégué général, avons, en l'absence de M. l'Intendant, et attendu l'instance de la réparation dont il s'agit, homologué et homologuons la délibération cy dessus pour être exécutée selon sa forme et teneur. Fait à Limoges le 13 janvier 1777.

De Beaulieu.

Aujourd'huy (1), dix sept janvier mil sept cent soixante dix sept, dans la salle de l'hôtel de ville de Limoges, où étoient assemblés Messieurs les officiers municipaux, M. Fournier, échevin, a exposé qu'en exécution de la délibération prise le onze du courant, il avoit donné les ordres necessaires pour faire pratiquer le petit aqueduc qui doit recevoir les eaux du reflux de la fontaine de Saint-Michel pour les conduire dans celle du Clocher; que lundi dernier, treize de ce mois, s'étant rendu au bureau des finances, il auroit rencontré sur la porte Messieurs les officiers qui en sortoient ; que s'étant adressé à M. Devoyon, procureur du Roy au dit Bureau, il luy auroit fait part de la délibération prise à l'hôtel de ville pour pratiquer ledit aqueduc, faire lever le pavé de la venelle où il devoit être construit ; M. Devoyon luy répondit qu'il y consentoit très fort, et qu'au premier bureau il en parleroit à sa compagnie, et qu'il étoit assuré que cela ne feroit aucune difficulté ; il tint le même discours à M. Estienne, aussy échevin, qui eut occasion de le voir le quinze du courant, et approuva qu'on mît des ouvriers pour commencer de travailler au dit aqueduc ; qu'en conséquence de ce, il fut placé le même jour, dans l'après midy, quatre maçons qui y travaillèrent le reste de la journnée, et pendant toute celle d'hier jusqu'à environ les trois heures de relevée, que M. Barny, trésorier de France audit bureau et dont la maison d'habitation a une porte de derrière sur la dite venelle, fut trouver les dits maçons et leur dit de cesser leur travail ou qu'il les feroit mettre en prison. Les dits maçons, intimidés de cette menace, se rendirent

Rapport de MM. Fournier, Estienne et Naurissart échevins sur l'emprisonnement par ordre du Bureau des Finances des ouvriers travaillant à la confection de l'aqueduc destiné au trop plein de la fontaine de la place Saint-Michel.

(1) Voir, au sujet de ce conflit, la liasse DD 4 des Archives municipales.

chez le dit sieur Fournier pour luy en faire part : à quoy celui-cy
repondit qu'ils pouvoient continuer de travailler. M. Devoyon, en
ayant été instruit, tant par luy que par M. Estienne, les dits maçons
reprirent leur travail jusqu'à la fin de la journée, à laquelle
époque ledit sieur Fournier se rendit, de la part dudit hôtel de
ville, chez M. Devoyon et lui témoigna sa surprise de la menace
faite par M. Barny : à quoy il luy répondit qu'il avoit fait part au
bureau ledit jour, quinze du courant, de la délibération de l'hôtel
de ville, mais qu'elle avoit souffert des difficultés et que M. Barny
prétendoit que ledit aqueduc devoit être fait dans la dite rue des
Finances et non dans la susdite venelle ; M. Fournier ayant observé
à M. Devoyon que M. Barny n'avoit aucun intérêt et n'étoit partie
capable pour s'y opposer, il ne devoit point, par ses menaces,
arrêter le travail de la ville ; que le bureau n'avoit d'autre jurisdiction que sur les pavés, et que luy-même, comme procureur du Roy,
ayant donné son consentement pour la levée dudit pavé, l'hôtel de
ville s'étoit mis en règle et ne devoit plus souffrir de retardement
dans son ouvrage ; qu'après cette conversation, ledit sieur Fournier
se retira et Messieurs les officiers municipaux s'étant assemblés le
jour d'hier à six heures demy du soir, il fut entr'eux arrêté que
cejourd'huy Messieurs Estienne, Naurrissart et Fournier verroient
de nouveau M. Devoyon et ensuite se rendroient au Bureau pour y
faire les observations nécessaires sur le trouble formé par M. Barny ;
qu'en effet cejourd'huy, à neuf heures du matin, mesdits sieurs
Estienne, Naurissart et Fournier s'étant rendus chez mon dit sieur
Devoyon et luy ayant témoigné de la part de la ville le peu d'égard
que M. Barny avoit pour son bien et son utilité, il leur a répondu
qu'il n'avoit participé en rien dans les démarches de son confrère ;
qu'il leur avoit déjà dit, et leur répétoit encore consentir à ce que
la ville avoit demandé pour ledit aqueduc; mais qu'il avoit ouï dire
que les riverains vouloient s'y opposer, et qu'il alloit monter au
Bureau pour y réitérer le même consentement; et de fait Messieurs
Estienne, Naurissart et Fournier s'étant rendus au dit bureau, ils
ont trouvé à la porte d'iceluy, mon dit sieur Devoyon qui y entroit
et ayant ouvert luy même la porte de la salle d'audience, il l'a de
suite refermée en disant que madame de Viallebos y étoit ; mes
dits sieurs Estienne, Naurissart et Fournier ayant passé dans la
chambre à côté, le sieur Lingaud, secrétaire greffier dudit hôtel de
ville, est venu leur dire que le nommé Jean Pillet, maître maçon,
et ses trois ouvriers qui travailloient audit aqueduc, venoient d'être
mis à l'instant en prison, sur un simple ordre verbal de M. Regnaudin, président audit bureau, et sans observer d'autres formalités de
justice ; qu'à cette nouvelle, mesdits sieurs Estienne, Naurissart et

Fournier, ayant fait appeler mon dit sieur Devoyon, et s'étant plaints à lui du mauvais traitement et de l'injustice qui venoit d'être commis contre les dits ouvriers, il leur a répondu que le tout avoit été fait sans sa participation, consentement ny présence ; mais que tout à l'heure plusieurs riverains de la dite venelle entroient successivement dans leur salle d'audience pour y signer une requête en opposition à la faction dudit aqueduc. Quoy vu, mes dits sieurs Estienne, Naurissart et Fournier se sont retirés en disant à mon dit sieur Devoyon qu'ils alloient se pourvoir devers les supérieurs à raison des mauvais procédés tenus par le Bureau envers la ville.

De là, et attendu que Monseigneur l'Intendant de cette généralité est actuellement à Paris, mesdits sieurs Estienne, Naurissart et Fournier se sont transportés chez Monsieur de Beaulieu, subdélégué général de la même généralité et luy ont fait leurs plaintes au nom de la ville de ce qui venoit d'être fait contre elle par le Bureau des finances, et l'ont prié de vouloir mander le concierge des prisons pour sçavoir s'il avoit un ordre, ou autre acte de justice, pour y détenir les susdits ouvriers. Le dit concierge, mandé et rendu, a répondu à M. de Beaulieu que ces ouvriers avoient été conduits dans les dites prisons par le nommé Meyjas, valet dudit bureau, sur un ordre verbal de M. Regnaudin, trésorier de France. Sur quoy Monsieur de Beaulieu luy a dit d'aller de suite luy en demander un par écrit, ou tout autre acte de justice, qu'il transcriroit sur son registre de geôle, ou autrement de mettre en liberté les dits ouvriers. Le dit concierge, s'étant porté au Bureau des finances, où messieurs les officiers étoient encore assemblés et ayant fait part à M. Regnaudin de l'ordre qu'il venoit de recevoir de M. de Beaulieu, mon dit sieur Regnaudin luy a de suite remis celuy dont la teneur suit :

« Il est ordonné au geôlier des prisons de cette ville de recevoir prisonnier jusqu'à nouvel ordre le nommé Jean du Crucifix, maçon, et ses trois ouvriers, qui ont été envoyés en prison de cette ville par ordre du Bureau des finances, et ce sous peine de désobéisrance à justice et d'être pris à partie. Fait au Bureau des finances, audience tenant, à Limoges, le dix sept janvier 1777. *Signé* : REGNAUDIN. » Lequel ordre a été de suite remis au dit concierge.

Quoy vu par Messieurs Estienne, Naurissart et Fournier, sans se divertir à autres affaires, ils se sont rendus audit hôtel de ville, où l'assemblée a été convoquée pour y dresser procès verbal de tout ce que dessus, et ayant délibéré sur le party qu'il y avoit à prendre, il a été unanimement arrêté, sous le bon plaisir de Monseigneur l'Intendant, de s'en pourvoir par devers Sa Majesté et à nos seigneurs de son conseil ainsy, qu'ils aviseront (1).

ROMANET, JUGE, ESTIENNE, NAURISSART fils, J. PÉTINIAUD, FOURNIER.

Nomination des syndics chargés de la confection des listes de la milice pour 1777.

Aujourd'huy, quinze février mil sept cent soixante dix sept, les officiers municipaux, assemblés dans l'hôtel de ville de Limoges, ayant pris communication de la lettre qui leur a été écrite par Monseigneur l'intendant de cette generalité pour faire faire les listes des garçons et veufs sans enfans sujets à tirer au sort pour les régiments provinciaux,

Les dits officiers municipaux ont, en consequence de la dite lettre, nommé d'office les syndics dans la dite ville de Limoges et orances d'icelle pour faire lesdites listes, ainsy qu'il suit :

Canton du Consulat.

Le sieur Antoine Peyrusson, marchand.
Le sieur Ratouret, marchand.

Manigne.

Le sieur Besse, marchand.
Le sieur Lachapelle, gendre à Gibus.

Les Bancs.

Le sieur Dupré du Teilhaud, marchand.
Le sieur Chastaing, marchand.

Le Clocher.

Le sieur Vergniaud, marchand.
Le sieur Brisset, gendre à Boudet, marchand.

Boucherie.

Le sieur Dalesme, imprimeur.
Le sieur Michel, gendre à Vauzelle.

---

(1) Les conflits de ce genre n'étaient pas rares dans les villes où la délimitation entre les attributions de voirie des magistrats municipaux et celles du Bureau des trésoriers généraux n'était pas très précise. Nos registres nous en ont fourni plusieurs exemples, en 1708 et en 1739 notamment (voir tome IV, p, 188 et 425). On a vu également que le Bureau avait eu des démêlés avec l'intendant lui-même au sujet de la fontaine de la rue des Fossés. La liasse DD^1 des Archives municipales renferme des pièces relatives à d'autres difficultés entre l'Hôtel de Ville et le Bureau des trésoriers au sujet de terrains de la place Manigne.

Ferrerie.

Le sieur Trezière, marchand.
Le sieur Mourier, marchand.

Les Combes.

Le sieur Lambertie, marchand de vin.
Le sieur Dumay, marchand.

Lansequot.

Le sieur Nadaud, gendre à Manent, marchand.
Le sieur Guy, marchand.

La Boucherie.

Le sieur Guillaume Cibot, dit Charen (?)
Le sieur François Plainemaison, dit Jambon.

Pour les orances.

Pierre Roche, dit Samuel, aubergiste.
Le nommé Jouhanaud, dit Sabaud.
Jean Peny, gendre au papetier.
Le nommé Pierre Boyssou, cabaretier à la Fon Pessiade.
Auxquels sindics est enjoint, etc. (comme à la p. 48).

ROMANET, ESTIENNE, J. PÉTINIAUD, JUGE, FOURNIER.

A Paris, le 1er décembre 1776.

J'entrerai, Messieurs, bien volontiers dans les vues que vous vous proposez pour l'embellissement et pour la salubrité de la ville de Limoges : le véritable intérêt que je prends à votre ville et que j'y dois prendre me fait regarder ce concours comme un devoir. Je vous fais donc avec plaisir, pour les objets d'utilité exprimés dans la lettre que vous avez pris la peine de m'écrire, le don des sept ou huit années qui me sont dues pour mon logement ; mais cependant je voudrois qu'il en fût prelevé deux mille livres pour être distribuées aux pauvres, en prenant pour le choix à faire dans la distribution l'avis de M. l'évêque de Limoges, et du bureau de la charité si vous en avez un à Limoges. Ce fut à feue Madame Descars, ma sœur, à qui j'adressai le dernier blanc seing que j'ay donné pour mon logement. Cette adresse est du mois de juin 1769 : ce

Copie de la lettre écrite par Mgr le duc de Fitz-James pair et maréchal de France gouverneur du Haut et Bas-Limousin à MM. les officiers municipaux de la ville de Limoges portant abandon de sept à huit années qui lui sont dues pour son logement.

qui indique qu'il m'est dû sept ou huit années. Je vous prie, Messieurs, de le vérifier et de m'envoyer en conséquence une quittance que je vous renverrai après l'avoir signée, étant bien véritablement, Messieurs, votre très affectionné serviteur.

Signé : Le M^{al} de Fitz-James.

A Paris, le 5 janvier 1777.

Je vous envoie, Messieurs, la quittance dont vous m'avez fait passer le projet, contenant, pour le receveur sindic de l'hôtel de ville des deniers d'octroys et patrimoniaux de la ville de Limoges, la décharge des arrérages de la somme de mille livres qui m'est attribuée pour mon logement, dus et échus depuis l'année mil sept cent soixante neuf jusques et compris l'année mil sept cent soixante seize inclusivement, et vous réitère toute ma satisfaction de contribuer au soulagement des pauvres et à la sûreté et salubrité de la ville de Limoges qui intéressera toujours ma bienveillance.

Je suis bien veritablement, Messieurs, votre très affectionné serviteur.

Signé : Le M^{al} de Fitz-James.

Nous, Charles, duc de Fitz-James, pair et maréchal de France, gouverneur pour le Roy de la province du Haut et Bas Limousin,

Voulant donner des marques de notre attachement particulier à la ville de Limoges et ayant égard aux représentations qui nous ont été faites par les magistrats municipaux de la dite ville, avons disposé des arrérages de la somme de mille livres ordonnée chaque année pour notre logement par arrest du Conseil du cinq décembre 1693 (1), qui ont couru depuis mil sept cent soixante neuf, jusques et compris mil sept cent soixante seize inclusivement, ainsy qu'il suit, savoir : des arrérages de mil sept cent soixante neuf et mil sept cent soixante dix pour être distribués, si fait n'a été, comme nous l'avions ordonné cy-devant, aux pauvres les plus nécessiteux, de l'avis de M. l'évêque de Limoges, — et de ceux des six dernières années pour être employés par les officiers municipaux aux réparations urgentes et nécessaires qu'ils sont obligés de faire incessamment pour l'embellissement, la sûreté et la salubrité de la dite ville, réparation ou reconstruction de l'hôtel commun (2).

(1) Voir tome IV, p. 86, note.
(2) Il était donc dès à présent question de la reconstruction de l'hôtel de ville. Nous allons voir un peu plus loin la question posée. On sait qu'elle devait attendre près d'un siècle une solution définitive.

— 95 —

Donnons pouvoir en conséquence au sieur Nadaud, syndic receveur des patrimoniaux et deniers d'octrois, de délivrer le montant des dites six années d'arrérages aux adjudicataires des dits ouvrages, lors du premier bail qu'en feront les dits officiers municipaux, sous l'autorité de M. l'intendant; moyennant ce, le tenons quitte et décharge[ons], tant luy que tous autres qu'il appartiendra, du montant des susdites huit années d'arrérages, sans nul préjudice à tous nos droits de toucher et percevoir la dite somme de mille livres, dont nous réservons de disposer par la suite de la maniere et ainsy qu'il nous avisera bon être.

Fait à Paris, ce trois janvier mil sept cent soixante dix sept.

Signé : Le M^{al} duc de Fitz James (1).

Aujourd'huy, deux mars mil sept cent soixante dix sept, dans la salle de l'hôtel commun de la ville de Limoges, où étoient assemblés messieurs les maire et échevins soussignés, sur le compte qui a été rendu par le sieur Nadaud, sindic receveur de l'hôtel de ville, tant du produit des octroys patrimoniaux et du Don gratuit et de l'employ qui en a été fait, le tout ayant été duement veriffié ; vu les registres et autres pièces justifficatives, il s'est trouvé que la recette du Don gratuit, puis le deux septembre mil sept cent soixante seize jusques au deux mars mil sept cent soixante dix sept, monte à la somme de vingt huit mille neuf cent soixante une livres huit sols sept deniers, y compris dix neuf mille cinq cent trente six livres seize sols sept deniers qui avoient demeuré en caisse le deux septembre mil sept cent soixante seize, et la dépense pour le même temps six mille cent cinquante sept livres huit sols un denier, en sorte qu'il reste en caisse pour le Don gratuit la somme de vingt

Reddition des comptes du 1er septembre 1776 au 1er mars 1777.

---

(1) C'est en souvenir de cet acte de libéralité que le nom du maréchal de Fitz-James fut donné à la promenade projetée dès 1783 et ouverte en 1786 sur une portion de l'ancienne « terrasse » qui avait été construite sous M. d'Orsay, en 1712, lors de la démolition de la Tour Branlant. Les Allées de Fitz James furent modifiées lors du nivellement définitif du boulevard de la Pyramide et la partie ouest seule conserva le nom de l'ancien gouverneur du Limousin.

Les témoignages de reconnaissance des habitants de Limoges touchèrent fort le maréchal, qui consentit, sur la demande des officiers municipaux, à faire don à la ville de son portrait. Une lettre de l'intendant d'Aine, conservée aux Archives communales, annonce au maire que M. de Fitz James « va faire venir de sa terre son portrait, fait par un bon peintre, et qu'il en fera tirer copie pour l'Hôtel de Ville » (AA4).

deux mille huit cent quatre livres six deniers, ci   22.804 ll. » 6 d.

Pareillement, il s'est trouvé que la recette des octroys, deniers patrimoniaux, y compris l'eau des étangs et le couretage, montant à la somme de dix sept mille neuf cent dix huit livres six sols quatre deniers, y compris cinq mille trois cent quatre vingt deux livres un denier qui avoit demeuré en caisse le deux septembre mil sept cent soixante seize, et la dépense pour le même temps à onze mille cent trente trois livres dix neuf sols huit deniers, en sorte qu'il reste en caisse pour les octrois et deniers patrimoniaux la somme de six mille sept cent quatre vingt quatre livres six sols huit deniers, cy..................   6.784 ll. 6 s. 8 d.

Et la recette du second octroy pour le guet et lanternes, depuis le cinq février mil sept cent soixante seize jusques au premier mars mil sept cent soixante dix sept, monte à la somme de dix sept mille dix huit livres six sols onze deniers, et la dépense jusqu'au dit jour, premier mars 1777, à la somme de quinze mille neuf cent quarante sept livres trois sols six deniers, en sorte qu'il reste en caisse la somme de mille soixante onze livres trois sols cinq deniers, cy................   1.071 ll. 3 s. 5 d.

Total.............   30.659 ll. 10 s. 7 d.

Juge, Romanet, Estienne, J. Pétiniaud, Fournier.

Nomination du R. P. Léon Dissoire pour prêcher le Carême de 1778.

Aujourd'huy, cinq avril mil sept cent soixante dix sept, dans la salle de l'hôtel de ville de Limoges, où étoient assemblés messieurs les maire et échevins pour procéder à la nomination d'un prédicateur pour prêcher le carême de l'année mil sept cent soixante dix huit dans l'église de Saint-Martial du dit Limoges, la chose mise en délibération, les dits sieurs maire et échevins ont, d'une commune voix, nommé le révérend père Léon Dissoire (*sic*), ancien provincial de l'ordre des Capucins, auquel, etc. (comme ci-dessus p. 14).

Juge, Romanet, Estienne, J. Pétiniaud.

Aujourd'huy, premier mai mil sept cent soixante dix sept, dans la salle de l'hôtel de ville de Limoges, où messieurs les officiers municipaux se sont assemblés pour nommer un secrétaire greffier audit hôtel de ville, dont la place vient de vaquer par la nomination qu'ils ont aujourd'huy faite du sieur Jean-Baptiste Lingaud à celle de sindic receveur de la même ville, la chose mise en délibération et les suffrages recueillis, et étant bien instruits de la capacité et fidélité du sieur Jean-Baptiste Lingaud fils, ils ont unanimement nommé à la ditte place de secrétaire greffier du dit hôtel de ville, à la charge par luy d'obtenir de Sa Majesté la dispense d'âge nécessaire, et après avoir prêté le serment au cas requis, remplir les fonctions de la ditte place ainsy et de même qu'a fait ou dû faire le dit sieur son père, et ce pendant tout le temps qu'il plaira à messieurs les officiers municipaux.

Nomination du sieur Lingaud fils aux fonctions de secrétaire-greffier en remplacement de son père nommé syndic-receveur. Fixation du traitement de ces deux employés.

Et comme, par la nomination du dit sieur Lingaud père à la place de receveur sindic, il a été réservé de fixer ses appointements et autres conditions, il a été unanimement arrêté par messieurs les officiers municipaux que tant les appointements du receveur sindic que ceux de secrétaire greffier demeureront fixés annuellement à la somme de douze cents livres pour le tout, dont deux cent soixante douze livres seulement pour la place de secrétaire greffier et le surplus pour celle de receveur sindic, et en ce compris les remises provenant de la levée des impositions royales, que le dit receveur sindic se retiendra par ses mains ; et le surplus, pour parfaire les susdites douze cents livres, luy seront (*sic*) comptés par l'hôtel de ville aux termes accoutumés : au moyen de quoy les dits receveur sindic et secrétaire greffier ne pourront prétendre aucunes gratifications, soit de la part de messieurs les officiers municipaux ou autrement, à prendre sur les deniers de la ville à raison de la recette des dites impositions que ledit sieur Lingaud père sera tenu de faire annuellement et d'en compter à M. le receveur des tailles aux termes accoutumés ; de celle des deniers d'octrois patrimoniaux, don gratuit, guet et lanternes et autres revenus de la ville, et soit pour la faction des rôles ou pour tout autre travail qui leur sera donné par les officiers municipaux ; et comme le recouvrement des impositions de la présente année et autres antérieures doit être parachevé par sieur Pierre Nadaud, fils aîné du feu sieur Philippe Nadaud, cy devant receveur sindic, et que les remises doivent lui en appartenir, le dit sieur Lingaud père ne pourra y rien prétendre ni demander aucune indemnité à l'hôtel de ville, et sera tenu de se contenter tant pour ses appointements que pour ceux de son fils, jusqu'au premier octobre prochain, de la somme qui se trouvera excéder les susdites remises pour parfaire la susdite de douze cents livres ; et, à compter du dit jour, premier octobre, il luy sera payé à l'avenir la susdite somme en par luy imputant toujours le montant des susdites remises ; et à l'égard des différentes fournitures dont la ville est tenue lors du passage des troupes et aux soldats du guet ou lors des assemblées des officiers municipaux, soit en bois, papier, plumes, encre, chandelle, paille et autres objets indéfiniment qui sont à la charge de la ville, ledit sieur Lingaud père fera les dites fournitures par économie et pour le compte de la dite ville, sans pouvoir pour ce également prétendre aucune gratiffication ; et lorsqu'il s'agira de rendre ses comptes soit au Bureau des finances, à la Chambre des comptes ou en tel autre tribunal que ce soit, il ne sera tenu d'aucun frais pour raison de ce, qui seront supportés par l'hôtel de ville.

Et à l'instant, les dits sieurs Lingaud père et fils s'étant présentés et lecture leur ayant été faite des susdites conditions et appointements, ils les ont acceptés et promis de les exécuter solidairement l'un pour l'autre, faisant pour ce leurs soumissions en pareil cas requises : en conséquence, ils ont été de suite mis et installés en leur dite place par MM. les officiers municipaux, après avoir prêté en les mains de M. Juge, maire de la dite ville, le serment dû et accoutumé.

Se sont également présentés au dit hôtel de ville sieur Jean Dupuy l'aîné, entrepreneur des ouvrages du Roy, et sieur Jacques Petit, marchand, qui se sont rendus, savoir : le premier caution du dit sieur Lingaud père pour sûreté de sa recette, jusqu'à concurrence de dix mille livres, et le dernier certificateur de la dite caution (sic) par l'acte de nomination de ce jour ; lesquels, après avoir entendu lecture des conditions cy-dessus imposées aux dits sieurs Lingaud, ont pour sûreté de l'exécution d'icelles fait et reitéré les mêmes obligations et soumissions par eux contractées dans la susditte nomination, et ont signé avec les dits sieurs Lingaud.

PETIT, DUPUY, LINGAUD fils, LINGAUD, JUGE, ESTIENNE, ROMANET, NAURISSART fils, J. PÉTINIAUD, FOURNIER.

Nomination du sieur Lingaud secrétaire-greffier aux fonctions de syndic-receveur en remplacement du sieur Nadaud décédé.

Aujourd'huy, premier may mil sept cens soixante-dix-sept, avant midi, dans la salle de l'Hôtel commun de la ville de Limoges, par devant nous Joseph Fournier, conseiller du Roy, commissaire général des saisies reelles du Limousin, doyen des notaires dudit Limoges, présents les témoins soussignés, ont comparu MM. Jacques Juge, seigneur de la Borie, du Treuil et de Narmond, ancien conseiller du Roy et son avocat au présidial et sénéchal de cette ville, maire ; Mathieu Romanet, écuyer, seigneur du Caillaud et de Meyrignac, lieutenant de maire ; Louis-Joseph Estienne, seigneur de la Rivière, conseiller du Roy, président en l'élection dudit Limoges ; Jacques Pétiniaud, seigneur de Juriol et de Puinesge ; Louis Naurissart, conseiller du Roy, directeur et trésorier de la Monnoye de cette ville, et Joseph Fournier, notaire, échevins de la dite ville, lesquels, désirant pour le bien et intérêt de la ville, nommer à la place de syndic-receveur dudit hôtel de ville dont étoit pourvu le sieur Philippe Nadaud sur la nomination de MM. les officiers municipaux, et qui vient de vaquer par son décès arrivé le vingt-huit avril dernier, vû qu'un plus long retard à la pourvoyance (*sic*) de cette place seroit préjudiciable à cette cause, mes dits sieurs officiers municipaux, bien instruits de la capacité du sieur Jean-Baptiste Lingaud, actuellement greffier secrétaire, qu'il s'est acquise par son long travail, à la satisfaction du corps municipal, à ces fins l'ont nommé à la dite place de syndic receveur dont étoit pourvu ledit sieur Nadaud, pour l'exercer et en faire les fonctions pendant tout le temps qu'il plaira à mesdits sieurs officiers municipaux et ce aux appointements et aux conditions qui seront fixées et imposées séparément des présentes, auxquelles ledit sieur Lingaud sera tenu souscrire, à la charge par luy de fournir caution et certifficateur solvable pour sûreté de sa gestion et maniement de tous les fonds et revenus dudit hôtel de ville, qu'il demeure autorisé de toucher et recevoir par chaque année même par exprès les différentes parties d'intérêts et rentes employés annuellement dans l'état du Roy pour l'Election de Limoges, dont il pourra donner quittances qui seront autant valables que celles que donneroient mes dits sieurs officiers municipaux.

Et à l'instant se sont présentés audit hôtel de ville sieur Jean Dupuy l'aîné, entrepreneur dans les ponts et chaussées, le sieur Jacques Petit, marchand, demeurant près cette ville, le premier au dessus du fauxbourg Montmailler, paroisse de St-Michel, et le dernier au lieu du Bas-Carier, paroisse de St-Christophe, lesquels se sont rendus savoir ledit sieur Dupuy pour cautionner led. sieur Lingaud jusques à concurrence de dix mille livres, et ledit sieur Petit pour certiffier la solvabilité dudit sieur Dupuy, et promettant en conséquence, agréés qu'ils soient, les soumissions en tels cas requises, et ont signé. Signé : Dupuy et Petit.

Et mes dits sieurs officiers municipaux, informés de la solvabilité des dits sieurs Dupuy et Petit, les ont agréés et acceptés, le premier pour caution et le dernier pour certifficateur ; en exécution

— 100 —

de quoy les dits sieurs Dupuy et Petit déclarent faire par ces présentes toutes leurs soumissions en pareil cas requises à raison dudit cautionnement et certiffication, et de les réitérer sur tous les registres de l'hôtel de ville, qui contiendront les conditions à imposer audit sieur Lingaud dans l'exercice de ses fonctions et maniement de deniers ; à quoy faire affectent et hypothèquent conjointement et solidairement avec ledit sieur Lingaud tous leurs biens sous les renonciations aux bénéfices de division, discution et d'ordre à eux expliqués et qu'ils ont dit bien connoître.

Dont acte fait et passé en présence de sieur André Valery Jupile et Antoine Martin Cousin, clercs dudit Limoges, témoins. *Signé a la minute* : JUGE, ROMANET, ESTIENNE, J. PETINIAUD, NAURISSART fils, FOURNIER, LINGAUD, DUPUY, PETIT, JUPILE, COUSIN, et le notaire soussigné. Contrôllé à Limoges le 5 mai 1777. Reçu cinq livres, huit sols pour livre, deux livres. Total 7 l. *Signé* : REUNIER, et à l'expédition FOURNIER, notaire.

Confirmation et approbation de la vente faite à M. Romanet du Caillaud de l'ancienne halle au blé.

A Monseigneur l'intendant en la généralité de Limoges.

Supplie humblement Mathieu Romanet, écuyer, seigneur du Caillaud, demeurant à Limoges, disant que l'ancienne halle servant de marché au bled de ladite ville, se trouvant réduite par vétusté dans un état de ruine iminente dont la chute auroit entrainé celle de la maison du suppliant, les Maire et Echevins dudit Limoges firent la vente de ladite halle au suppliant, de l'authorité de M. Turgot, lors intendant de cette généralité, à condition qu'il en laisseroit la moitié pour servir à l'usage du dit marché au bled jusques à ce que la ville en eût fait construire un autre ; qu'en attendant cette construction, ledit marché a été transféré dans une salle de la communauté des Jacobins de cette ville où on le tient journellement, et le public, sans cette précaution, auroit été exposé à de grands dangers s'il eût continué de se servir de l'ancien marché, dont le sol vient de s'engloutir dans une cave qui étoit pratiquée au-dessous, ce qui a causé une excavation si considérable que la maison du suppliant est dans le plus grand danger (1). Pour à quoy remédier il a l'honneur de vous donner la présente requette, afin qu'il vous plaise, Monseigneur, faire constater le fait cy-dessus par tel ingénieur qu'il vous plaira commettre et ensuite ordonner de

(1) Nous avons déjà mentionné d'autres exemples des accidents causés par le mauvais état des souterrains qui s'étendaient et s'étendent encore sous beaucoup de maisons.

deux choses l'une : ou que la ville sera tenue de faire pourvoir de suite à la réparation nécessaire à ladite excavation, et en même temps à la seureté de la maison du suppliant, ou, attendu que ledit marché se trouve transféré ailleurs, authoriser ledit s^r Romanet à fermer en entier ladite ancienne halle, pour par luy en jouir à l'avenir en toute propriété, au désir de l'aliénation, auquel dernier cas il se soumet de faire à ses frais et dépens toutes les réparations nécessaires au susdit enfoncement, de payer le prix de ladite vente, et décharger la ville de toute garantie des événements fâcheux qui pourroient arriver à sa dite maison ; et ferés justice. *Signé* : ROMANET DU CAILLAUD.

Soit la présente requette communiquée à M^{rs} les Officiers municipaux de la ville de Limoges, pour prendre communication de l'exposé du suppliant, et pour, leur réponse et le procès-verbal qui sera dressé de l'état des lieux par M. Caron, inspecteur des ponts et chaussées, rapporté à M. l'Intendant, être par luy ordonné ce qu'il appartiendra. Fait à Limoges, le 11 mars 1777. *Signé :* DE BEAULIEU.

Les officiers municipaux de la ville de Limoges, qui ont pris communication de la susditte requette, de l'ordonnance y intervenue le onze du courant, signée de Beaulieu, et du procès verbal fait par le sieur Caron, le douze du même mois,
Ont l'honneur d'observer à Monseigneur l'intendant que la partie de l'ancienne halle réservée pour le marché au bled, par l'aliénation qui en a été faite audit sieur Romanet, ne pouvant plus servir à cet usage par son affaissement, il est de l'intérêt de la ville d'éviter les frais de cette réparation qui seroient considérables, et dont elle n'en retireroit aucun avantage, y ayant déjà un autre marché à bled, établv dans une salle de la communauté des Jacobins, qui est journellement ouvert pour le service du public ; au moyen de quoy les officiers municipaux consentent à ce qu'il soit permis audit sieur Romanet de faire fermer définitivement ladite ancienne halle pour en jouir en son particulier en vray propriétaire, à la charge par luy, en faisant combler l'excavation qui s'y est faite, de laisser le cours libre en vuidange des acqueducs qui se trouvent pratiqués dans cette partie, et encore de payer à la caisse de l'hôtel de ville le prix de ladite aliénation, dont les payements étoient suspendus jusques à ladite clôture. Fait et répondu à Limoges le vingt et un mars mil sept cent soixante dix sept. *Signé* : JUGE, maire, ESTIENNE, J. PÉTINIAUD et FOURNIER.

Vu par nous, Intendant de la généralité de Limoges, la présente requête, les délibérations du corps de ville de Limoges des deux et huit octobre 1773 et vingt-trois avril 1774 (1); l'arrêt du Conseil du trente et un janvier 1777 et les lettres patentes sur ledit arrêt du même jour : l'ordonnance du onze mars présent mois ; le procès verbal du sieur Caron, inspecteur des ponts et chaussées, du douze dudit mois, et la réponse des officiers municipaux du vingt-un du même mois;

Nous, Intendant susdit, avons permis au sieur Romanet du Caillaud, suppliant, de faire fermer définitivement la partie de l'ancienne halle réservée pour le marché au bled qui luy a été vendue, pour en jouir en toute propriété, à la charge par luy de faire combler à ses frais l'excavation qui s'y est faite, de laisser subsister les aqueducs qui ont été construits sous la partie dudit marché adjugé audit sieur Romanet, et de payer à la caisse de l'hôtel de ville la somme de six cent trente livres, prix de ladite vente. Fait à Paris, le vingt quatre mars mil sept cent soixante dix sept. *Signé* : D'AINE.

Extrait des registres du Conseil d'Etat du Roy.

Sur la requête présentée au Roy étant en son Conseil, par le sieur Romanet du Caillaud, écuyer, contenant qu'il possède une maison à Limoges qui se trouve contigue au Cloître ou marché au bled qui appartient à ladite ville ; qu'étant à craindre que ce cloître ou marché qui menace ruine, n'entraîne avec luy une partie de ladite maison, il avoit à ce sujet fait des représentations aux officiers municipaux qui, par une première délibération du deux octobre mil sept cent soixante treize, ont nommé un expert pour constater le mauvais état dudit cloître ; que, le huit du même mois, les officiers municipaux ont pris une seconde délibération par laquelle, en conséquence du plan des changements à faire à ladite ville de Limoges, ils ont arrêté que le marché seroit transporté dans une autre place appelée la place des Bancs (2), et que l'ancien marché seroit vendu pour le prix être employé à la construction dudit nou-

(1) V. tome V, p. 423, 426, etc. et présent volume, p. 12 et 15. C'est par erreur qu'il est parlé ici d'une délibération du 8 octobre 1773. Les délibérations du corps de ville relatives au Marché au blé sont des 2 octobris et 18 décembre 1773.

(2) On se rappelle que la halle à la viande existait dès les premières années du XIII° siècle et abritait les bancs desquels la place avait tiré sa dénomination.

veau marché ; qu'il fut encore arrêté, par ladite délibération, que ledit cloître seroit vendu audit sieur exposant moyennant la somme de six cents livres ; mais que lesdits officiers municipaux ayant ensuite préféré que ladite vente fût faite à la chaleur des enchères, ils avoient pris à ce sujet une troisième délibération le deux avril mil sept cent soixante quatorze, suivant laquelle et après toutes les formalités requises en pareil cas, ledit cloître luy fut adjugé pour la somme de six cent trente livres ; mais que, pour que ladite acquisition, homologuée par ordonnance du s^r intendant de Limoges du quatre may mil sept cent soixante quatorze, soit revêtue de toutes les formalités qui peuvent la rendre solide, il avoit cru devoir recourir à Sa Majesté, et la supplier de vouloir bien l'authoriser : Requéroit, à ces causes, le suppliant, qu'il plût à Sa Majesté sur ce luy pourvoir, vu ladite requête, les délibérations desdits officiers municipaux de Limoges des deux octobre et dix huit décembre mil sept cent soixante treize, deux et vingt trois avril mil sept cent soixante quatorze, l'ordonnance dudit sieur intendant de Limoges, du quatorze may suivant, et l'avis dudit s^r intendant ; ouï le rapport, — le Roy étant en son conseil, a confirmé et confirme l'adjudication faite audit sieur Romanet du Caillaud, le trente avril mil sept cent soixante quatorze, du cloître ou marché appartenant à ladite ville de Limoges. Veut Sa Majesté qu'elle sorte son plein et entier effet, en toutes ses charges, clauses et conditions, et seront, sur le présent arrêt, toutes lettres nécessaires expédiées. Fait au Conseil d'état du Roy, Sa Majesté y étant, tenu à Versailles le trente un janvier mil sept cent soixante dix sept. *Signé :* AMELOT.

Louis, par la grâce de Dieu, roy de France et de Navarre, à nos amés et féaux conseillers les gens tenant notre cour de parlement à Bordeaux, salut. Par arrêt rendu aujourd'huy en notre conseil, nous y étant, sur la requette du sieur Romanet du Caillaud et pour les causes y contenues, nous avons confirmé l'adjudication faite audit s^r Romanet du Caillaud le trente avril mil sept cent soixante quatorze, d'un cloître ou marché appartenant à la ville de Limoges, et nous avons en outre ordonné que sur ledit arrêt toutes lettres nécessaires seroient expédiées. A ces causes, de l'avis de notre conseil, qui a vu ledit arrêt cy-attaché sous le contre-scel de notre chancellerie, et conformément à icelui, nous avons confirmé, et par ces présentes signées de notre main, confirmons l'adjudication faite audit sieur Romanet du Caillaud le trente avril mil sept cent soixante quatorze, du cloître et marché appartenant à ladite ville de Limoges, voulons qu'elle sorte son plein et entier effet en toutes ses charges, clauses et conditions. Si vous mandons que ces présentes, ensemble ledit arrêt, vous ayez à registrer et faire exécuter selon leur forme et teneur, car tel est notre plaisir. Donné à Versailles le trente unième jour de janvier l'an de grâce mil sept cent soixante dix sept et de notre règne le troisième. *Signé :* Louis. Par le Roi : AMELOT.

Paiement par M. Romanet du Caillaud du prix de la vente à lui faite de l'ancien marché au blé.

Aujourd'huy, vingt quatre may mil sept cent soixante dix sept, après midy, dans l'hôtel commun de la ville de Limoges, par devant nous, Joseph Fournier, conseiller du Roy, commissaire général des saisies réelles du Limousin, doyen des notaires dudit Limoges, présents les témoins soussignés, est comparu messire Mathieu Romanet, écuyer, seigneur du Caillaud et de Meyrignac, demeurant en cette ville rue des Taules, paroisse de Saint-Pierre, — lequel, en exécution de l'adjudication faite en sa faveur par MM. les Maire et Echevins de ladite ville le trente avril mil sept cent soixante quatorze, du cloître ou marché appartenant à la ville, situé susdite rue des Taules, entre sa maison et celle de M. Nicot, marchand, moyennant six cent trente livres et aux conditions expliquées en ladite adjudication confirmée par arrêt du Conseil d'état du Roy du trente un janvier dernier, sur lequel lettres patentes auroient été expédiées le même jour, signées Louis, et plus bas : par le Roy, Amelot, le tout dument scellé; et encore en vertu de l'ordonnance de M. l'Intendant du vingt quatre mars aussy dernier, rendue sur la requête dud. s^r Romanet, et d'après la réponse fournie par mes dits sieurs Maire et Echevins, en conséquence d'une précédente ordonnance du onze dudit mois, le tout mis sur la même requête, iceluy sieur Romanet en se conformant à ladite ordonnance du vingt quatre dudit mois de mars dernier, qui luy permet de faire fermer définitivement la partie de l'ancienne halle réservée pour le marché au bled par la susdite adjudication, à la charge par luy de faire combler à ses frais l'excavation qui s'y est faite, de laisser subsister les aqueducs qui ont été construits dans la partie dudit marché et de payer à la caisse de l'hôtel de ville la susdite somme de six cent trente livres, a tout présentement payé, compté et réalisé aux espèces du cours ladite somme à M. Jean-Baptiste Lingaud, syndic receveur dudit hôtel de ville, en présence de Mrs Me Jacques Juge de la Borie, seigneur du Treuil et de Narmond. ancien conseiller avocat du Roy du présidial, maire ; de M. Joseph-Louis Estienne, seigneur de la Rivière, président en l'élection ; de M. Jacques Pétiniaud, seigneur de Beaupeyrat, négociant, et de M. Joseph Fournier jeune, notaire, échevins de ladite ville, dont, reçue par ledit sʳ Lingaud, après due veriffication, en a concédé quittance aud. sʳ Romanet et est demeuré chargé pour, en sa qualité de syndic-receveur, en faire compte à mes dits sieurs Maire et Echevins au premier requis. Dont acte fait et passé en présence des sieurs André-Valéry Jupille et Martial Faugeras, clercs dudit Limoges, témoins. *Signé à la minute :* Romanet, Lingaud, Juge, maire ; Estienne, J. Pétiniaud, Fournier, Jupille, Faugeras et le notaire soussigné. Contrôlé aud. Limoges par Reunier, qui a receu, y compris les huit sols pour livre, 4 l. 18 s. *Signé* : Fournier, notaire royal.

<small>Demande en concession du bâtiment occupé ci-devant par le Bureau des finances pour en faire un hôtel de ville et en même temps de la permission d'aliéner l'ancien.</small>

Aujourd'huy, quatrième juin mil sept cent soixante dix sept, dans la salle de l'hôtel de ville de Limoges, les officiers municipaux assemblés, demeurant avertis que, dans le plan de construction du palais qui doit servir à l'administration de la justice audit Limoges, on se propose d'y pratiquer les appartemens necessaires à Messieurs les Trésoriers de France pour la jurisdiction du Bureau des finances, au moyen de quoy l'hôtel qui leur servoit de palais (1), et depuis quelque temps par provision à Messieurs les officiers du présidial, devenant libre et vacquant, Sa Majesté pourra en disposer ainsy qu'elle avisera ; qu'il seroit très avantageux pour la ville que le Roy voulût luy en faire la concession, ce bâtiment étant très propre à faire un hôtel de ville, soit par son étendue et par sa situation sur la place de l'Intendance, où il seroit à la portée du public et des troupes qui passent à Limoges ; au lieu que l'ancien bâtiment qui sert à présent d'hôtel de ville n'a aucune de ces commodités, étant très mal placé, d'ailleurs se trouve réduit par vétusté dans un état de ruine totale (2), et point susceptible d'autres réparations que d'une reconstruction entière, que la ville est dans l'impossibilité de faire à cause de la modicité de ses revenus qui sont absorbés par les charges annuelles ;

La chose mise en délibération, il a été arrêté de supplier Monseigneur l'intendant de vouloir procurer à la ville la concession et propriété du palais servant au Bureau des finances, en tout son

---

(1) L'hôtel des Trésoriers de France était situé en face de l'Intendance et du Palais. Il a appartenu pendant la plus grande partie de ce siècle à la famille Estienne de La Rivière.

(2) Cet état de ruine n'était que trop complet. Le procès-verbal de constat du 9 mai 1710 (tome IV, p. 198) nous a suffisamment édifiés à cet égard.

La maison du Consulat de la rue Fontgrouleu était occupée par l'administration municipale depuis la fin du quinzième siècle. Elle avait remplacé l'ancien hôtel de ville de la rue Saint-Nicolas qui avait vu quelques-unes des grandes journées de l'histoire communale de Limoges.

entier et comme il se comporte, sous l'offre de payer, pour prix et valeur d'iceluy, la somme à laquelle il sera estimé par les experts qui seront commis par Monseigneur l'Intendant, en par Sa Majesté voulant bien permettre aux officiers municipaux d'aliéner l'ancien hôtel de ville, toujours sous l'authorité de Monseigneur l'Intendant.

JUGE, ROMANET, ESTIENNE, NAURISSART fils, J. PÉTINIAUD, FOURNIER.

Remboursement des créances de plusieurs particuliers auxquels s'applique l'arrêt du Conseil d'Etat du 21 décembre 1756 relatif aux incendiés du faubourg Montmailler.

Aujourd'huy, vingt août mil sept cent soixante dix sept, dans la salle de l'hôtel de ville de Limoges, MM. les Maire et Echevins assemblés, ayant considéré que ladite ville se trouve débitrice, depuis l'année mil sept cent six (1), de la somme de vingt trois mille neuf livres quatre sols, envers différents particuliers, pour les causes portées en l'arrêt du Conseil d'Etat, du vingt un décembre mil sept cent cinquante six, depuis lequel temps il n'a pu être remboursé que celle de mille quatre cent seize livres quatorze sols, ce qui réduit la première à celle de vingt un mille cinq cent quatre vingt douze livres dix sols, et se trouvant aujourd'huy en caisse, par l'économie des receveurs, un capital suffisant pour en liquider la ville, qui provient de la recette des Droits patrimoniaux, d'Octrois et autres, destinés pour acquitter les charges et dettes de ladite ville, et qui sont totalement distincts de ceux destinés à l'entretien du guet et des lanternes, il seroit de son avantage (2) de profiter de l'offre faite par lesdits créanciers de réduire le susdit capital, de vingt un mille cinq cent quatre vingt douze livres dix sols, à la somme de dix huit mille livres. d'autant plus que, par la cessation des intérêts d'une somme aussy considérable, on rend la condition de la commune meilleure et l'on prévient les événements fâcheux qui pourroient arriver sur la caisse, déposée dans un endroit qui n'est pas trop assuré; l'on rend même fructueux des fonds qui y sont contenus et demeureroient stériles jusques à un employ qui ne sauroit jamais être aussy utile, indépendamment du bénéfice de la réduction offerte ;

La chose mise en délibération, il a été unanimement arrêté que, sous le bon plaisir de Monseigneur l'intendant, il sera au premier jour passé contrat du susdit remboursement.

JUGE, ROMANET, J. PÉTINIAUD, ESTIENNE, FOURNIER, NAURISSART fils.

---

(1) Il s'agit de l'indemnité accordée aux victimes de l'incendie du faubourg Montmailler, du 8 mai 1705, causé par une émeute (voir tome IV, note des p. 172 et 173 et p. 285 ; t. V, p. 435 et *passim*, et présent volume p. 1 et suivantes ; voir aussi la liasse DD⁶ des archives de l'Hôtel de Ville).

(2) De l' avantage de la ville.

Nous, intendant en la généralité de Limoges, avons homologué la délibération cy-contre du vingt août présent mois, et ordonnons qu'elle sera exécutée suivant sa forme et teneur. A Limoges, le 21 août 1777. D'AINE.

Par devant Joseph Fournier, conseiller du Roy, commissaire général des saisies réelles du Limousin, doyen des notaires de Limoges, présents les témoins soussignés,

Contrat passé en exécution de la délibération précédente.

Ont comparu, à l'hôtel commun de cette ville, Messire Léonard Muret, écuyer, conseiller secrétaire du Roy, maison, couronne de France, et Messire Martial Baillot, seigneur d'Estivaux, écuyer, conseiller du Roy, président trésorier de France au bureau des finances de cette généralité, demeurant audit Limoges, faubourg Montmalier, paroisse Saint-Michel : ledit sieur Muret agissant tant en son nom que comme fondé de la procuration spéciale de messire Joseph Durand, écuyer, conseiller du Roy, président trésorier de France audit Limoges, seigneur de la Couture-Renon, Richemont, Le Châtenet, Sallesse et autres lieux, de présent en son château de La Couture, paroisse de Blond, en date du dix-sept du courant, passée devant Senemaud, notaire à Bellac, y controlée par Mignot, exhibée et remise en expédition sur velin, par ledit sieur Muret, devers le notaire soussigné, après l'avoir contre-signée *ne varietur*, pour demeurer annexée aux présentes et être expédiée à [la] suite, — lesdits sieurs Muret, Baillot et Durand, stipulant non seulement en leur nom propre et privé, comme principaux intéressés à l'indemnité accordée aux incendiés du faubourg Montmalier et dont s'agit en l'arrêt du Conseil, du vingt un décembre mil sept cent cinquante six, mais encore se portant fort pour les autres intéressés à l'émolument de la même indemnité, et sous promesse, en leur propre et privé nom, de les rendre taizans, au cas qu'ils entreprendroient de venir contre la teneur des présentes, le tout aux peines de droit, même s'obligent de leur faire ratifier icelles au premier requis, par l'effet desquelles promesses et obligations ils affectent et solidairement hypothèquent, sous toutes renonciations de droit, tous leurs biens envers MM. les cy-après nommés ;

Lesquels sieurs Muret et Baillot, agissant comme dessus, reconnaissent et confessent avoir présentement reçu aux espèces du cours de l'ordonnance, de MM. les officiers municipaux de cette ville, savoir M. Me Jacques Juge, seigneur de la Borie, du Treuil et de Narmont, ancien conseiller avocat du Roy au présidial de ladite ville, maire ; Messire Mathieu Romanet, écuyer, seigneur du Caillaud et de Meyrignac, lieutenant de maire ; M. Me Louis-Joseph Estienne, seigneur de La Rivière, président en l'Election ; Mr Jacques Pétiniaud, seigneur de Beaupeyrat et de La Bourgade, négociant ; M. Louis Naurissart, conseiller du Roy, directeur et trésorier de la Monnoye, et Me Joseph Fournier jeune, notaire, échevins, tous présens et payans, en exécution de la délibération par eux prise audit hôtel de ville, le vingt du courant, homologuée par M. l'Intendant de la province, en son ordonnance du lendemain,—la somme de dix-huit mille cent soixante livres, dont dix-huit mille livres en principal, faisant le final payement de celle de vingt trois mille neuf livres quatre sols, due audits incendiés du faubourg Montmalier, suivant le susdit arrêt du Conseil, et cent soixante livres pour l'intérêt de la totale somme qui a couru depuis le dix juin dernier jusqu'à ce jour, déduction faite sur iceux de la retenue des vingtièmes et accessoires. Sur le surplus, il en a été payé par mesdits sieurs officiers municipaux, à différents intéressés, la somme de quatorze cent dix-sept livres, suivant les quittances reçues par ledit notaire soussigné, contrôlées sous leurs dates (1); et à l'égard des trois mille cinq cent quatre-vingt-douze livres dix sols parfaisant la totale somme de vingt-trois mille neuf livres quatre sols, lesdits sieurs Muret, Baillot et Durand, stipulans et agissans solidairement comme dessus, tant pour eux que pour les autres intéressés, déclarent par ces présentes en faire remise gratuitement audit hôtel de ville, en considération de ce que le remboursement du susdit capital n'étoit exigible qu'à la volonté de mesdits sieurs officiers municipaux, de la retenue des vingtièmes qu'ils faisoient annuellement sur le revenu, et des événements qui pouvoient arriver et qui seroient préjudiciables aux dits incendiés, sans laquelle remise mesdits sieurs officiers municipaux n'auroient fait ledit remboursement ; de laquelle susdite somme de dix huit mille cent soixante livres, lesdits sieurs Muret et Baillot, stipulant comme dessus, après l'avoir nombrée et retirée, en ont conjointement et solidairememt comme dit est, sous toutes renonciations de droit, quitté et quittent mesdits sieurs officiers municipaux, même s'obligent sous la même solidarité de faire valoir et subsister, envers et contre tous, la présente quittance, payement et remise y faits, tout comme de faire ratifier aux autres intéressés ladite quittance, aux peines de droit, et sous l'obligation solidaire de leurs biens ; s'obligent en outre de remettre dans le mois, à mesdits sieurs officiers municipaux, l'arrêt du conseil susdaté, et la procédure sur laquelle il est intervenu, sous décharge. Dont acté, fait et passé audit hôtel de ville, l'an mil sept cent soixante dix sept, et le vingt-trois août après midi, présens sieurs André Valery Jupile et Léonard

(1) Voir ci-dessus pages 1 à 8 et 22 à 21.

Tugeac, tous deux clercs dudit Limoges, témoins. *Signé à la minute.*
Muret, Baillot d'Estivaux, Juge, Romanet, Estienne, J. Pétiniaud,
Naurissart fils, Fournier, Jupile, Tugeac, et le notaire soussigné.
Contrôlé à Limoges par Dorat, qui a reçu quatre vingt six livres seize
sols, compris les huit sols pour livre.

S'en suit la procuration sus énoncée.

L'an mil sept cent soixante dix sept, et le dix septième jour du
mois d'août, avant midy, au château noble de La Couture-Renon,
paroisse de Blond, par devant le notaire royal héréditaire soussigné,
résidant en la ville de Bellac, présens les témoins cy-après nommés,
— fut présent Messire Joseph Durand, chevalier, seigneur de La
Couture-Renon, Richemond, Le Châtenet, Sallesse et autres lieux,
président trésorier de France au bureau des finances de la généralité de Limoges, demeurant en ladite ville de Limoges, de présent
étant audit château de La Couture-Renon, lequel a fait et constitué
pour son procureur général et spécial, Messire Léonard Muret,
écuyer, conseiller secrétaire du Roy, maison, couronne de France,
demeurant en ladite ville de Limoges, auquel il donne pouvoir de
pour luy et en son nom, conjointement et solidairement avec Messire
Martial Baillot, seigneur d'Estivaux, chevalier, conseiller du Roy,
président trésorier de France au bureau des finances de ladite
généralité de Limoges, et ledit Messire Léonard Muret, écuyer,
conseiller secrétaire du Roy, procureur constitué, les uns pour les
autres, et le meilleur d'eux seul pour le tout, sous les renonciations
de droit, et tous ensemble ez dites qualités, faisant tant pour eux
que pour les divers particuliers incendiés de ladite ville de Limoges,
dont s'agit en l'arrêt du Conseil d'Etat, du vingt un décembre mil
sept cent cinquante six, leurs héritiers, représentans, ayant droit et
cause, pour lesquels lesdits sieurs Durand, Baillot et Muret, se faisant
fort avec promesse de les rendre taizans, et leur faire ratifier le contenu en l'acte qui sera passé en exécution des présentes, — toucher
et recevoir de MM. les officiers municipaux de la ville de Limoges,
tant la somme de dix huit mille livres en capital, faisant le final
payement de celle de vingt trois mille neuf livres quatre sols, reve-
nans audits incendiés, et à eux due par l'hôtel de ville dudit Limoges, suivant et pour les causes dont s'agit en l'arrêt susdaté, que les
revenus qui se trouveront échus de la somme de vingt un mille cinq
cent quatre vingt douze livres dix sols, jusqu'au jour dudit remboursement; stipuler, par ledit sieur procureur constitué, que le surplus
desdits vingt trois mille neuf livres quatre sols ont été cy-devant
payés et que ledit seigneur constituant, conjointement et solidairement avec lesdits sieurs Baillot et Muret, font remise gratuite de

la somme de trois mille cinq cent quatre vingt douze livres dix sols audit hôtel de ville, en considération de ce que le susdit capital n'étoit exigible qu'à la volonté desdits sieurs officiers municipaux, des vingtièmes qu'ils retenoient annuellement sur le revenu, et des événements qui pourroient arriver et qui seroient préjudiciables auxdits incendiés ; donner quittance et décharges solidairement par ledit sieur procureur constitué, avec lesdits sieurs Baillot et Muret, tant du susdit capital de dix huit mille livres que des revenus échus, avec promesse de faire tenir quittes du tout mesdits sieurs officiers municipaux par les autres incendiés, qui ne pourront jamais avoir aucun recours sur ledit hôtel de ville, et en cas de recherche de leur part à raison de ce, promettre par ledit sieur procureur constitué, solidairement avec lesdits sieurs Baillot et Muret, d'en garantir et relever indempne ledit hôtel de ville envers et contre tous, tant pour sûreté du payement dudit capital et revenu, que de la susdite remise, obliger à cet effet tous les biens présens et avenir dudit seigneur constituant, qui promet d'avoir pour agréable tout ce qui sera fait en exécution des présentes, le ratifier au premier requis et indempniser du tout ledit sieur procureur constitué, obligeant pour ce tous ses biens présens et avenir. Fait et passé en présence de Me Pierre Mallebay, s^r de Chabané, avocat en parlement, et de Messire Jean-Baptiste Teytaud, prêtre communaliste dudit Bellac, demeurant audit Bellac, témoins commis, requis et appelés, qui se sont, ainsy que ledit seigneur constituant, soussignés avec nous, dit notaire. Ainsy signé à l'original des présentes : Durand, Teytaud, prêtre ; Mallebay, avocat, et de nous, notaire royal soussigné. Contrôlé à Bellac, le dix huit août 1777. Reçu quatorze sols, signé Mignot, et à la grosse Senemaud, notaire royal : en marge, contre-signé *ne varietur* par ledit sieur Muret. *Signé à l'expédition* : Fournier aîné, not^{re} (1).

(1) Relevons dans la *Feuille Hebdomadaire* la mention du renouvellement des magistrats de la juridiction consulaire à la date du 21 mai. Furent élus : juge, M. Texandier ; premier consul, M. Grellet ; second consul, M. Colomb. Un des syndics du commerce, M. Guineau-Dupré, prononça à cette occasion un discours dont la *Feuille* donne l'analyse.
Le 22 août eut lieu, après les exercices d'usage, la distribution des prix aux élèves du Collège. L'abbé Vitrac fit le discours et prononça l'éloge de Baluze. L'Intendant, qui présidait, fut complimenté en vers par le jeune de Verneilh, de Nexon. Deux jours plus tard, les Pénitents Bleus de Limoges célébrèrent avec une solennité tout à fait inusitée et des réjouissances extraordinaires la réception de *Monsieur* dans la Confrérie des Pénitents Bleus de Toulouse. La petite église de Saint-Paul, où ils avaient leur tribune, était parée avec une véritable magnificence. L'abbé Legros, vicaire de Saint-Martial, fit le sermon. Le soir on tira un feu d'artifice « le plus beau qu'on ait vu jusqu'ici dans Limoges », déclare le rédacteur de la *Feuille*.
Comme un progrès n'est pas plus tôt réalisé que de malhonnêtes gens cherchent à en tirer profit au détriment du public, on découvrit, dès 1777, diverses fraudes commises par les préposés aux lanternes. Le lieutenant de police les condamna à restituer ce qu'ils avaient ainsi détourné et à payer une amende. (Arch. Hôtel de Ville, GG. 230).

Aujourd'huy, premier septembre mil sept cent soixante dix sept, dans la salle de l'hôtel de ville de Limoges, où étoient assemblés Messieurs les Maire et Echevins soussignés,

Reddition des comptes du 1er mars au 1er septembre 1777

Sur le compte qui a été rendu par le sieur Lingaud, syndic receveur de l'hôtel de ville, tant du produit des Octrois Patrimoniaux et du Don gratuit, et de l'emploi qui en a été fait, le tout ayant été duement vérifié, vu les registres et autres pièces justificatives, il s'est trouvé que la recette du Don gratuit depuis le deux mars mil sept cent soixante dix sept jusqu'au premier septembre mil sept cent soixante dix sept, monte à la somme de trente un mille huit cent cinquante cinq livres sept sols six deniers y compris vingt deux mille huit cent quatre livres six deniers qui avoit demeuré en caisse au deux mars mil sept cent soixante dix sept, et la dépense pour le même temps vingt quatre mille trois cent treize livres cinq sols onze deniers, en sorte qu'il reste en caisse pour le Don Gratuit la somme de sept mille cinq cent quarante deux livres un sol sept deniers, cy.......................... 7.542 ll. 1 s. 7 d.

Pareillement, il s'est trouvé que la recette des Octrois et deniers Patrimoniaux, y compris l'eau des étangs et le courtage, montant à la somme de vingt mille quatre cent soixante quatre livres dix neuf sols, y compris six mille sept cent quatre vingt quatre livres six sols huit deniers, qui avoit demeuré en caisse le deux mars 1777, et la dépense pour le même temps à dix mille cinq cent trente trois livres douze sols sept deniers, en sorte qu'il reste en caisse pour les Octrois, deniers Patrimoniaux, la somme de neuf mille neuf cent trente une livres six sols cinq deniers, cy............. 9.931 ll. 6 s. 5 d.

Et la recette du second octroy pour le Guet et Lanternes, depuis le deux mars mil sept cent soixante dix sept, jusqu'au premier septembre mil sept cent soixante dix sept, monte à la somme de neuf mille deux cent quatre vingt dix neuf livres dix sols, y compris mille soixante onze livres trois sols cinq deniers, qui avoit demeuré en caisse au deux mars 1777, et la dépense jusques audit jour premier septembre 1777, à la somme de cinq mille cinq cent

A reporter............ 17.473 ll. 8 s. »

Report...............	17.473 ll. 8 s. »
six livres onze sols, en sorte qu'il reste en caisse la somme de trois mille sept cent quatre vingt douze livres dix neuf sols, cy..........	3.792 ll. 19 s. »
Total de ce qui reste en caisse.	21.266 ll. 7 s. »

Juge, Estienne, J. Pétiniaud, Fournier (1).

Délibération relative au mauvais état des fontaines et aux difficultés suscitées par le Bureau des Finances. Le corps municipal demande à faire réparer les pavés à sa charge sans recourir au Bureau.

Aujourd'huy, dix huitième octobre mil sept cent soixante dix sept, dans la salle de l'hôtel de ville de Limoges, MM. les officiers municipaux assemblés ont considéré que toutes les fontaines de la ville qui luy sont de la plus grande utilité, sont tombées dans le plus mauvais état et ne fournissent plus d'eau faute d'avoir pu les entretenir : il y en a même une qui n'est conduite qu'à la moitié de sa destination ; la chaussée entre les deux étangs d'Eygoulène devient de jour à autre impraticable, étant creusée en plusieurs endroits ; plusieurs aqueducs se trouvant comblés, ont besoin d'être vuidés pour éviter par là le dommage que cause le reflux des eaux qui y coulent et qui s'échappent de tous côtés, ce qui peut faire écrouler la majeure partie des maisons de la ville, qui ont toutes des souterrains immenses, et ensevelir les habitants sous leurs ruines ; que toutes ces dégradations proviennent du défaut d'entretien journalier dont chaque objet auroit eu besoin, mais que la ville n'a pu faire par les difficultés qu'elle éprouve de la part du Bureau des finances à chaque fois qu'il est nécessaire de faire la plus petite réparation ; ce qui réduit la ville dans le plus mauvais état et prive l'habitant de tout l'avantage qu'il devroit retirer des établissements qui sont faits pour luy et pour sa commodité.

En effet, un tuyau de fontaine se trouvera percé : la ville veut-elle, pour le réparer, enlever la moindre pierre qui le couvre ? elle se voit obligée de présenter requette aux officiers du Bureau pour demander cette permission. Sur cette requette et les conclusions du procureur du Roy, on nomme un commissaire qui se transporte sur les lieux, dresse un procès-verbal, et à la première audience en fait le rapport

---

(1) Il n'est pas parlé, à notre registre, du service solennel que le Corps de ville fit célébrer, le 15 septembre 1777, dans l'église cathédrale, pour le repos de l'âme de la maréchale de F.tz James. L'évêque officiait et l'Intendant assistait à la cérémonie, ainsi que Madame d'Aine. Nous trouvons dans les papiers de l'Hôtel de Ville un mémoire du tapissier pour fournitures et décoration de l'église de Saint-Etienne à cette occasion. Cette dépense ne s'éleva pas à moins de 706 livres.

à la chambre, d'après lequel il intervient une ordonnance quelquefois favorable, ou qui contient des restrictions qui grèvent la ville. Cette forme de procéder, indépendamment de ce qu'elle est coûteuse, entraîne des délais très préjudiciables et pendant lesquels la réparation qui, dans le principe, se réduiroit à peu de chose, devient très considérable et dispendieuse.

Le cours d'une fontaine ou d'un acqueduc incommodera et même portera préjudice aux habitants de certains quartiers de la ville : si les officiers municipaux veulent y remédier, changer le cours de ladite fontaine et la faire couler dans un acqueduc avec les précautions requises, (1) les officiers du Bureau des finances se soulèvent à l'instant, et pour peu que quelqu'un d'eux y aye un intérêt particulier, ils s'y opposent avec force et violence, font enprisonner de leur authorité et sans aucune forme légale les ouvriers employés par la ville; c'est ce qui est arrivé dans le courant de cette année, à l'occasion de la fontaine de la place de St Michel, et pour raison de quoy les officiers municipaux se sont pourvus au conseil.

La ville de Limoges est obligée d'entretenir une étendue considérable de pavés qui ne sont point à la charge des riverains; cet ouvrage est susceptible d'un entretien journalier, parce que une voiture fait sortir une pierre et ainsy successivement, sous peu de jours, il se forme un trou, et la majeure partie du pavé se trouve enlevé; le même inconvénient arrive aux pavés des riverains ; mais il ne leur est pas permis ny à la ville de faire remettre cette première pierre enlevée sans l'authorité du Bureau : pour raison de quoy, il faut suivre la même forme de procéder que celle cy-dessus. Il fait mieux : il oblige tant l'hôtel de ville que les particuliers à se servir d'un ouvrier qu'il indique, qui fait payer par chaque toise le double de ce qu'elle coûte ordinairenent, par ce que le prix en est fixé par le Bureau, et qui fait le plus mauvais ouvrage. Tous les cinq à six ans les Trésoriers de France donnent à cet ouvrier l'adjudication de tous les pavés de la ville et c'est alors qu'il règle le prix de chaque toise. Quoique cet ouvrier ne soit point agréable à l'habitant puisqu'il luy fait de mauvais ouvrage et qu'il luy fait payer le double de ce qu'il vaut, il ne luy est cependant pas permis d'en employer d'autre. Telles représentations qu'il fasse à ce sujet, elles sont rejetées.

Toutes ces considérations excitent le zèle des officiers municipaux qui, par état chargés de veiller à l'intérêt de leur communauté, ne peuvent plus s'empêcher de porter leurs plaintes à Sa Majesté de tous les abus qui se commettent au préjudice des habitants et de l'hôtel de ville. Pour remédier à ces inconvénients, les officiers

---

(1) Allusion aux faits rapportés pages 89 et suivantes ci-dessus.

municipaux se proposent de demander au Roy d'être authorisés à entretenir les pavés et les fontaines de leur dépendance, sans être obligés à toutes les longues formalités qu'exige la jurisdiction du Bureau des Finances, formalités coûteuses et nuisibles tant aux intérêts de la ville qu'à la sûreté publique, par le retardement qu'elles portent à des réparations instantes dont les dégradations augmentent d'une heure à l'autre, faute de pouvoir y porter un prompt secours.

La chose mise en délibération et les suffrages recueillis, il a été unanimement arrêté d'implorer la justice et la bonté du Roy et de son conseil pour obtenir que les officiers municipaux soient à l'avenir authorisés à réparer les pavés et fontaines qui sont à la charge et entretien de l'hôtel de ville, sans avoir aucunement besoin de recourir à l'authorité du Bureau des finances.

JUGE, ROMANET, J. PÉTINIAUD, NAURISSART fils, ESTIENNE, FOURNIER (1).

(1) Nous avons vu les officiers municipaux solliciter du maréchal de Fitz James le don de son portrait pour l'hôtel de ville. Ils s'étaient aussi adressés, dès la fin de 1776 ou les premiers jours de 1777, au fils du chancelier d'Aguesseau, à qui ils avaient demandé l'image de son illustre père pour la placer dans leur salle de réunion, auprès de celles des autres hommes remarquables que Limoges s'enorgueillissait de compter parmi ses enfants. Leur démarche reçut le meilleur accueil. Nous avons la réponse de M. d'Aguesseau ; elle est on ne peut plus gracieuse : le fils de l'austère magistrat atteste au Corps municipal « l'amour que M. le Chancelier avoit conservé jusques à ses derniers instants pour une ville où il étoit né » ; il ajoute que « ce sentiment est héréditaire » et que lui-même « le partagera toujours ». Cette lettre annonce l'envoi prochain d'un portrait. — Six mois plus tard, le 13 juin 1777, M. d'Aguesseau écrit aux magistrats municipaux :

« Le portrait que vous aurés, Messieurs, est presque fini ; mais j'ai desiré que le peintre put profiter d'un buste de marbre qui vient d'être fait de feu M. le Chancelier, mon père, et qui est une espèce de chef-d'œuvre. Si vous vouliés même ajouter ce buste au tableau, Stouf, qui l'a fait, en donne des copies en plâtre qu'il délivre à bon marché, et qu'il fait même peindre, quand on le veut, en bronze...

» Ainsi vous n'attendrés pas longtemps le portrait que vous m'avés demandé, dont j'espère que vous serés contents ; et vous pouvés même prendre vos mesures pour vous le faire envoyer surement. Je voudrois cependant scavoir si vous comptés l'encadrer dans une menuiserie dans votre nouvelle salle, comme cela se fait souvent, ou si vous voulés que j'y joigne une bordure ; auquel cas il faudra un peu plus de temps. »

Une autre lettre, du 24 décembre 1777, prouve qu'à cette date le portrait et le buste étaient arrivés en bon état à Limoges. (Arch. de l'Hôtel de Ville, AA⁴). Le n° de la *Feuille Hebdomadaire* du 4 janvier 1778 annonce que le buste et le portrait viennent d'être placés dans la grande salle de l'Hôtel de Ville et que « le portrait de cet illustre Limousin devoit (*sic*) figurer à côté de ceux de M. Turgot, de M. d'Aine et des autres bienfaiteurs de la Généralité. » Nous trouvons, dans un relevé de dépenses de cette époque, un article qui se rapporte sûrement à cet objet. Il est ainsi conçu : « Achat et transport d'un buste pour la salle de l'Hôtel de Ville, 263 ll. 3 s. 3 d. »

Rappelons que la place d'honneur, dans la salle des réunions, était occupée par le portrait du Roi et qu'on voyait aussi les portraits des anciens magistrats municipaux, avec leurs armes.

C'est à l'année 1777 que remonte la fondation définitive de la maison des Filles de la Charité à Limoges. Depuis près d'un siècle, on désirait avoir dans notre ville un établissement de Sœurs de Saint-Vincent de Paul : des citoyens charitables, des personnes pieuses s'étaient occupés de ce projet, qui n'avait pu aboutir jusque là faute de ressources suffisantes. L'exem-

Aujourd'huy, dixième janvier mil sept cent soixante dix huit, dans la salle de l'hôtel de ville de Limoges, où étoient assemblés Messieurs les Maire et Échevins pour procéder à la nomination d'un prédicateur pour prêcher le carême de l'année mil sept cent soixante dix neuf, dans l'église de St-Martial dudit Limoges, la chose mise en délibération, lesdits sieurs Maire et Échevins ont d'une commune voix nommé le Révérend père Nicolas, religieux récollet de Ste-Valérie, dudit Limoges, auquel, etc. (p. 14).

Nomination du R. P. Nicolas pour prêcher le Carême de 1779.

JUGE, ROMANET, ESTIENNE, FOURNIER, NAURISSART fils.

ple donné par Léonard Rogier, chanoine théologal, qui avait fait le 19 mars 1714 un legs de 6,000 ll. en vue de l'installation, sur la paroisse de Saint-Pierre, d'une maison de *Sœurs grises* « pour le soulagement des pauvres de ladite paroisse » et subsidiairement des autres paroisses de Limoges, n'avait pas eu assez d'imitateurs. Il fallut tout le zèle et toute la ténacité de M. Navières, curé de Saint-Pierre, pour faire réussir l'entreprise. Enfin l'établissement fut décidé et Mgr d'Argentré posa, le 22 septembre 1777, la première pierre de la maison des Filles de la Charité, qui était placée derrière l'église de Saint-Pierre, auprès du presbytère, sur les terrains actuellement occupés par le petit Lycée. Cinq ans plus tard seulement, au mois de janvier 1783, trois religieuses de Saint-Vincent de Paul arrivèrent à Limoges pour y fonder la nouvelle colonie.

On utilisa pour cette construction l'emplacement et les matériaux d'une des vieilles tours de l'enceinte dont la démolition avait été commencée au dix-septième siècle, mais dont une grande partie avait néanmoins subsisté, ces travaux ayant provoqué une vive irritation contre les Jésuites, qui n'avaient pu trouver à Limoges un entrepreneur consentant à s'en charger et qui avaient dû recourir à un sculpteur de Tulle (voir tome III, note de la page 404). Le curé Navières avait demandé qu'on lui abandonnât cette tour pour son « bâtiment » ; un procès-verbal fut dressé, le 26 mars 1777, par M. de Jayac, Président-Trésorier de France, assisté du Procureur du Roi et de M. Morancy, agent des ponts et chaussées, pour constater l'état de cette tour. Elle nous est décrite ainsi :

« Etant arrivé, etc...... nous aurions observé que ladite tour étoit construite en mauvais parpains de pierres de taille, qui y avoient été mis bruttes et sans être piqués. Elle avoit été en grande partie ecretée et demolie, de maniere qu'elle offroit encore à son sommet un massif de massonne (*sic*) tout demantelé, sa forme nous ayant paru former une (*sic*) ovalle qui se termine par une arrête dans le millieu. Nous aurions fait mesurer sa circonference exterieure à prendre depuis la vivarete jusqu'au mur de la ville, ou elle nous a paru adaptée sans aucune liaison. Il s'y seroit trouvé quatre toises cinq pieds deux pouces du coté de la maison du sr Limousin et autant du coté de la maison des héritiers de Leonard Deville. Ensuite avons fait mesurer sa hauteur du coté des foscés de la ville ; elle se seroit trouvée vingt pieds. Puis, ayant fait le tour pour aller l'examiner du coté de la contrescarpe, nous serions entré dans son interieur par un arceau d'environ six pieds d'ouverture, pratiqué dans l'epaisseur du mur de la ville, et nous etant introduits dedans, le sieur Morancy auroit fait appercevoir que sa voutte et construction interieure etoit totalement degradée, pleine de lezardes et de breches. Il nous auroit de nouveau fait observer que sa construction n'avoit aucune liaison avec celle des murs de ville ; puis, ayant fait mesurer l'epaisseur de ses murs de formation (*sic*), elle se seroit trouvée d'environ cinq pieds ; celle des murs de ville d'environ six pieds sur environ quinze d'elevation. Nous n'aurions autrement aperçu aucun batiment particulier qui y fut appuyé, mais qu'elle servoit seulement de cloture colaterale aux deux maisons de Limosin et Deville, laquelle se trouvoit un peu rentrer du coté de l'interieur de la ville dans le mur de cloture, du coté ou nous aurions fait mesurer l'étendue du terrain qu'elle contenoit, laquelle se seroit trouvée d'environ vingt quatre pieds et prendre toute la partie du mur a laquelle elle correspondoit... » (Archives départementales, C 444).

La tour fut adjugée à M. Navières en qualité de curé de Saint-Pierre, moyennant un cens annuel de dix sols et à charge par lui de clore les maisons contigues et de n'employer les matériaux qu'au bâtiment projeté.

Nomination des syndics chargés de la confection des listes de la milice pour 1778.

Aujourd'huy, dix septième janvier mil sept cent soixante dix huit, les Officiers municipaux, assemblés dans l'hôtel de ville de Limoges, ayant pris communication de la lettre qui leur a été écrite par Monseigneur l'Intendant de cette généralité pour faire faire les listes des garçons et veufs sans enfants sujets à tirer au sort pour les régiments provinciaux,

Lesdits Officiers municipaux ont, en conséquence de ladite lettre, nommé d'office les syndics dans ladite ville de Limoges et orances d'icelle pour faire lesdites listes, ainsy qu'il suit :

Canton du Consulat.

Le sieur Marc Dubois, marchand.
Le sieur Duvert, bourgeois.

Manigne.

Le sieur Belut ainé, marchand.
Le sieur Baudet, marchand au Pont St Martial.

Les Bancs.

Le sieur Jacques Martin, marchand.
Le sieur Sénemaud, bourgeois.

Le Clocher.

Le sieur Nicot, gendre à Dalesme, marchand.
Le sieur Michellon, marchand.

Boucherie.

Le sieur Tiveaud (1), gendre à Joubert, marchand.
Le sieur Tarnaud, gendre à Cacalte, marchand.

Ferrerie.

Le sieur David, gendre à Samie, marchand.
Le sieur Mcynieux père.

Les Combes.

Le sieur Joubert, gendre à Muret, marchand.
Le sieur Rayé.

Lansequiot.

Le sieur Pétiniaud, gendre à Noualher, marchand.
Le sieur Sénèque, bourgeois.

La Boucherie

Jean Malinvaud, dit le Petit, gendre à Maureix.
Le sieur Parot fils aîné, marchand boucher.

(1) La lecture de ce nom n'est pas très sûre.

Pour les orances.

Le nommé Joyeux, aubergiste, au-dessous des Carmes.
Le nommé Jacques Durieux, du village du Coudert.
Le nommé Martial Baillot, gendre à La Miraude, à la Graule noire.
Le nommé Mathurin Peyrat, fermier, au lieu de Chantelauve.
Auxquels sindics est enjoint de faire de suite les listes demandées par ladite lettre, conformément aux instructions qui leur seront remises, etc. (p. 48).

JUGE, NAURISSART fils, ROMANET, ESTIENNE, FOURNIER.

Aujourd'huy, trente unième janvier mil sept cent soixante dix-huit, dans la salle de l'hôtel de ville de Limoges, où étoient assemblés Messieurs les Officiers municipaux, lesquels ayant pris communication de la lettre que Monseigneur l'Intendant leur a fait l'honneur de leur écrire le cinq de ce mois, à laquelle est joint le nouveau plan projeté pour l'entrée de la promenade de la place d'Orsay, il a été délibéré, d'une voix commune, d'approuver ce projet comme étant très utile, tant pour l'embellissement que pour les foires qui se tiennent à Limoges ; qu'ils doivent se disposer à y porter tous les secours que la médiocrité de leurs revenus leur permet de fournir, après les dépenses forcées et entretien ordinaire auxquels lesdits revenus sont indispensablement assujettis ; à cet effet, ayant conféré avec le sieur Cadié, ingénieur en chef de la province (1), il leur a fait connaître que, pour consommer l'entreprise, il falloit un fonds de quarante mille livres, dont moitié payable par les Ponts et chaussées ou ateliers de charité, en sorte qu'il resteroit pour la ville la somme de vingt mille livres ; qu'il sera fait de très humbles remontrances à Monseigneur l'Intendant, pour luy observer que cette somme est beaucoup au dessus des facultés et des revenus de la ville, qui même ne sera pas en état d'y fournir de plusieurs années, vu la mauvaise recette de la présente qui luy laisse un déficit de plus de la moitié, parce que son revenu consiste principalement sur l'entrée de (*sic*) vin, dont la récolte a totalement manqué, et que les fraudes se multiplient journellement par la grande facilité de faire des entrepôts jusques aux portes de la ville, d'éluder par là le payement des droits par le prétexte des passe-debout, que pour éviter ces incon

<small>Proposition d'adoption du plan projeté pour l'entrée de la place d'Orsay.</small>

---

(1) A qui le projet était dû. Voir la liasse DD¹ des Archives de l'hôtel de ville.

vénients, il est indispensable de fixer l'arrondissement des limites à une distance convenable, dont il sera incessamment arrêté un projet qui sera envoyé à Monseigneur l'Intendant, pour qu'il luy plaise de le faire authoriser par le Conseil (1).

JUGE, ROMANET, ESTIENNE, FOURNIER, NAURISSART fils, J. PÉTINIAUD.

Reddition des comptes du 1er septembre 1777 au 1er mars 1778.

Aujourd'huy, premier mars mil sept cent soixante dix huit, dans la salle de l'hôtel de ville de Limoges, où étoient assemblés Messieurs les Maire et Échevins soussignés,

Sur le compte qui a été rendu par le sieur Lingaud, sindic receveur de l'hôtel de ville, tant du produit des Octroys, Patrimoniaux et du Don gratuit, et de l'employ qui en a été fait, le tout ayant été dûment vérifié, vû les registres et autres pièces justificatives, il s'est trouvé que la recette du Don gratuit, depuis le premier septembre mil sept cent soixante dix sept jusqu'au premier mars mil sept cent soixante dix huit, monte à la somme de treize mille neuf cent quatre vingt quatorze livres neuf sols dix deniers, y compris sept mille cinq cent quarante deux livres un sol sept deniers qui avoit

---

(1) Cette question de l'extension du périmètre de l'octroi était en effet à l'ordre du jour depuis plusieurs années. En 1777, on avait proposé de reculer les limites jusqu'à Aixe, Grossereix, St-Priest-Taurion et Boisseuil (Arch. du département, C. 86). Il fallait sauvegarder l'intégrité des ressources de la ville pour les grands travaux qui se poursuivaient avec activité et pour ceux qu'on avait en vue pour un prochain avenir. Le passage de Tourny, de Turgot et de d'Aîne avait été fécond. Les administrateurs de la ville, si économes et si réservés autrefois, commençaient à se familiariser avec la perspective d'entreprises importantes et de dépenses considérables.

A côté des fraudes des marchands de vins, les pièces administratives du temps signalent les abus qui se commettaient dans les marchés, notamment au Poids du Roi, où, grâce à la connivence du percepteur des droits, sept ou huit revendeurs ou revendeuses de beurre s'étaient arrogé une sorte de monopole. Un arrêt du Conseil du 5 juin 1777 mit fin à ce monopole et à la perception des taxes abusives qui avaient donné lieu aux plaintes du public. La seule taxe de deux deniers par livre établie au profit de la ville sur le beurre porté à Limoges pour être vendu fut maintenue. Le Roi abolit tout autre droit moyennant le paiement annuel, par l'Hôtel de ville au Lieutenant de police, d'une somme de 400 livres pour le « maintien des exercices de la » police, le payement du papier timbré, l'impression et la publication des ordonnances, l'enlè- » vement des boues, les frais à faire en cas d'incendie et enfin le payement des commissions » extraordinaires et recettes ». C'était, avec le produit des amendes, la seule ressource affectée à ce service, qui devait du reste passer bientôt aux mains des officiers municipaux.

Les marchands qui se trouvaient dépouillés d'un monopole assez avantageux, essayèrent d'esquiver l'application des nouvelles mesures afin de demeurer maîtres des cours. Ils allèrent au devant des beurriers de Guéret et autres, et leur achetèrent leurs marchandises avant qu'ils fussent arrivés aux portes. Le Lieutenant de police dut l'année même prendre une ordonnance pour réprimer cet abus. Non seulement il fut interdit aux revendeurs d'aller au devant des beurriers, mais injonction fut faite à ceux-ci de décharger leurs voitures au Poids du Roi, d'exposer en vente leurs denrées, et d'en délivrer à toute personne demandant à en acheter une quantité de cinq livres au moins, et ce jusqu'à sept heures en été et huit heures en hiver. Passé cette heure, seulement, les revendeurs pouvaient acheter en gros par balles de cinquante livres. On peut consulter à ce sujet la liasse cotée C. 55 aux Archives du département.

demeuré en caisse au premier septembre mil sept cent soixante dix sept, et la dépense pour le même temps six mille trois livres neuf sols dix deniers, en sorte qu'il reste en caisse pour le Don gratuit la somme de sept mille neuf cent quatre vingt onze livres, cy............................ 7.991 ll. »   »

Pareillement, il s'est trouvé que la recette des Octroys et deniers patrimoniaux, y compris l'eau des étangs et le couretage monte à la somme de dix neuf mille six cent trente quatre livres dix sols six deniers, y compris neuf mille neuf cent trente une livres six sols cinq deniers qui avoit demeuré en caisse le premier septembre mil sept cent soixante dix sept, et la dépense pour le même temps à onze mille sept cents livres dix sols huit deniers, en sorte qu'il reste en caisse pour les Octroys, deniers patrimoniaux, la somme de sept mille neuf cent trente trois livres dix neuf sols dix deniers, cy.............. 7.933 ll. 19 s. 10 d.

Et la recette du second octroy pour le Guet et Lanternes, depuis le premier septembre mil sept cent soixante dix sept, jusques au premier mars mil sept cent soixante dix huit, monte à la somme de neuf mille six cent cinquante huit livres cinq sols onze deniers, y compris trois mille sept cent quatre vingt douze livres dix neuf sols qui avoit demeuré en caisse au premier septembre mil sept cent soixante dix sept, et la dépense jusques au dit jour premier mars mil sept soixante dix huit, la somme de huit mille neuf cent quarante neuf livres dix huit sols, en sorte qu'il reste en caisse la somme de sept cent huit livres sept sols onze deniers, cy............................... 708 ll. 7 s. 11 d.

Total de ce qui reste en caisse. 16.633 ll. 7 s. 9 d.

Romanet, J. Pétiniaud, Fournier.

— 120 —

Supplément de solde à la compagnie du guet pendant le mois de mars 1778.

Aujourd'huy, huit mars mil sept cent soixante dix huit (1), dans la salle de l'hôtel de ville de Limoges, où étoient assemblés messieurs les Maire et Echevins, s'est présenté le sieur Ambal, capitaine de la compagnie du guet de cette ville, lequel a exposé que, depuis plusieurs mois, le prix du pain a si considérablement augmenté en cette ville, que la solde ordinaire accordée aux soldats de sa compagnie ne peut suffire à leur subsistance, ce qui l'a obligé de ne leur faire aucune retenue pour l'entretien de leur linge et chaussure, et que malgré cela leur paye entière ne peut atteindre au prix du pain; à l'effet de quoy, il prie Messieurs les Officiers municipaux de vouloir accorder à ladite compagnie une plus value, tant pour le présent mois de mars que pendant tout le temps que durera la cherté du bled, comme il est d'usage dans les troupes de Sa Majesté, et a le sieur Ambal signé : AMBAL.

La chose mise en délibération et les suffrages recueillis, il a été unanimement arrêté que, sous le bon plaisir de Monseigneur l'intendant, il seroit accordé et payé à ladite compagnie du guet une plus value de deux sols par jour pour chaque soldat, à compter du premier de ce mois jusques et compris le trente et un dudit ; moyennant quoy, la retenue ordinaire aura lieu à compter du premier de ce mois : se réservant au surplus les dits Officiers municipaux de statuer sur ladite plus value pour le mois à venir, ainsy que les circonstances l'exigeront. Fait lesdits jour, mois et an que de l'autre part.

ROMANET, ESTIENNE, J. PÉTINIAUD, FOURNIER.

Nomination du R. P. Bastier du Temple pour prêcher l'Avent de 1778.

Aujourd'huy, deuxième may mil sept cent soixante dix huit, dans la salle de l'hôtel de ville de Limoges, où étoient assemblés messieurs les Maire et Echevins, pour procéder à la nomination d'un prédicateur pour prêcher l'Avent de l'année mil sept cent soixante dix huit dans l'église de Saint-Martial dudit Limoges, la chose mise en délibération, lesdits sieurs Maire et Echevins ont d'une commune voix nommé le Révérend Père Florent Bastier du Temple, récollet de Sainte Valérie dudit Limoges, auquel etc. (v. p. 14).

JUGE, ROMANET, ESTIENNE, J. PÉTINIAUD.

(1) Le *Calendrier ecclésiastique et civil du Limousin* pour 1777 constate qu'au moment de l'impression, la compagnie du guet était sur pied depuis deux mois, se trouvait au complet, et faisait régulièrement son service. Quant à l'éclairage, il avait été installé dès le mois de novembre 1776; mais le matériel consistait en simples lanternes garnies de chandelles : on se projetait d'y substituer, dès 1777, « des lampes faites avec art et imitant en petit les reverbères ».

(En marge). Led. R. Père Bastier du Temple n'a pu prêcher l'Avent de 1778, attendu qu'il a été nommé gardien à Lauzun, trop éloigné de Limoges, suivant la lettre du R. P. Jacquet (1), provincial, du 14 juillet 1778.

Aujourd'huy, seizième may mil sept cent soixante dix huit, dans la salle de l'hôtel commun de cette ville, où étoient assemblés messieurs les Officiers municipaux soussignés, lesquels ayant considéré que, depuis l'établissement de la compagnie, on pourroit se passer aisément du service d'une partie des valets de ville, qui peut être fait par les soldats du guet, et par là l'on éviteroit le payement de leurs gages qui montent annuellement à cent vingt livres chacun, et le nommé André Saderne, l'un des six valets de ville, venant de décéder ces jours derniers, c'est le moment de s'occuper de cette suppression. {Réduction à trois des six places de valets de ville}

La chose mise en délibération et les suffrages recueillis, il a été unanimement arrêté que, des six places de valets de ville, trois demeureront supprimées à perpétuité lors du décéds des titulaires (2) sans qu'il puisse y être nommé ; qu'on conservera seulement les deux places de capitaines portant la banderolle aux armes de la ville, et une troisième place de valet de ville pour servir de concierge.

Fait lesdits jour, mois et an que dessus.

JUGE, ROMANET, ESTIENNE, J. PÉTINIAUD, NAURISSART fils, FOURNIER.

Aujourd'huy, huitième août mil sept cent soixante dix huit, dans la salle de l'hôtel commun de cette ville, où étoient assemblés messieurs les Officiers municipaux pour procéder à la nomination {Nomination du révérend Père Imbert pour prêcher l'Avent de 1776.}

---

(1) Nous avons déjà trouvé à nos registres le nom du P. Jacquet, désigné par la municipalité pour prêcher l'Avent de 1764 et le carême de 1765, et plus tard l'Avent de 1771 (t. V, p. 184 et 329); on sait que ce religieux jouit d'une grande popularité à Limoges : c'est lui qui, en 1773, avait réorganisé à Sainte-Valérie la congrégation dite « des artisans » jadis établie par les P.P. Jésuites.

(2) Le nombre des valets de ville était fixé à six depuis longtemps, et à l'état des dépenses ordinaires de la municipalité, admises par arrêt du Conseil du 5 décembre 1693, les « gages et habits des six valets de ville » figurent pour 600 livres.

d'un prédicateur pour prêcher l'Avent de mil sept cent soixante dix huit dans l'église de Saint-Martial dudit Limoges. La chose mise en délibération, lesdits sieurs officiers municipaux ont d'une commune voix nommé le Révérend père Imbert, religieux grand carme de cette ville, auquel, etc. (V. p. 14).

ROMANET, ESTIENNE, FOURNIER.

Reddition des comptes du 1ᵉʳ mars au 1ᵉʳ septembre 1778

Aujourd'huy, premier septembre mil sept cent soixante dix huit, dans la salle de l'hôtel de ville de Limoges, où étoient assemblés messieurs les Maire et Échevins,

Sur le compte qui a été rendu par le sieur Lingaud, syndic-receveur de l'hôtel de ville, tant du produit des Octroys, Patrimoniaux et du Don gratuit, et de l'employ qui en a été fait, le tout ayant été duement vérifié sur les registres et autres pièces justificatives, il s'est trouvé que la recette du Don gratuit, depuis le premier mars mil sept cent soixante dix huit, jusqu'au premier septembre mil sept cent soixante dix huit monte à la somme de douze mille sept cent cinquante six livres deux sols deux deniers, y compris sept mille neuf cent quatre vingt onze livres qui avoit demeuré en caisse au premier mars mil sept cent soixante dix huit ; et la dépense pour le même temps à cinq mille neuf cent quatre vingt treize livres dix huit sols six deniers, en sorte qu'il reste en caisse, pour le Don gratuit, la somme de six mille sept cent soixante deux livres trois sols huit deniers, cy....... 6.762 ll. 3 s. 8 d.

Pareillement il s'est trouvé que la recette des Octroys et deniers Patrimoniaux, y compris l'eau des étangs et le couretage, monte à la somme de dix sept mille six cents six livres un denier, y compris sept mille neuf cent trente trois livres dix neuf sols dix deniers qui avoit demeuré en caisse au premier mars mil sept cent soixante dix huit, et la dépense pour le même temps à huit mille cent vingt une livres dix neuf sols six deniers, en sorte qu'il reste en caisse, pour les Octroys et deniers Patrimoniaux, la somme de neuf mille quatre cent quatre vingt quatre livres sept deniers, cy.................... 9.484 ll. » 7 d.

A reporter......... 16.246 ll. 4 s. 3 d.

Report............ ...	16.246 ll. 4 s.	3 d

Et la recette du second octroy pour le Guet et Lanternes, depuis le premier mars mil sept cent soixante dix huit jusqu'au premier septembre mil sept cent soixante dix huit, monte à la somme de cinq mille trente neuf livres dix huit sols deux deniers, y compris la somme de sept cent huit livres sept sols onze deniers qui avoit demeuré en caisse au premier mars mil sept cent soixante dix huit, et la dépense jusqu'au dit jour premier septembre 1778 à la somme de quatre mille neuf cent vingt trois livres trois deniers, en sorte qu'il reste en caisse la somme de cent seize livres dix sept sols onze deniers, cy........ 116 ll. 17 s. 11 d.

Total de ce qui reste en caisse........ 16.363 ll. 2 s. 2 d.

JUGE, J. PÉTINIAUD, FOURNIER, ESTIENNE (1).

(1) Nous avons, à la date de 1778, un nom à inscrire au catalogue des Amis de l'instruction populaire. Au mois de janvier 1778, M. Descombes, officier du génie militaire, fit annoncer qu'il ouvrirait pour les tailleurs de pierres, maçons, charpentiers, menuisiers, serruriers, un cours élémentaire de dessin et de géométrie pratique. Ce cours devait avoir lieu les dimanches et jours de fête, de dix heures du matin à midi. Il faut regretter qu'il ne nous ait été conservé aucun renseignement sur cette tentative et le succès qu'elle obtint.

La ville renouvela son artillerie en 1778. On a vu, au tome IV de cette publication (p. 250), qu'elle possédait en 1716 six canons, dont cinq fondus cette année là même et sur lesquels étaient gravées les armes de Limoges et celles de l'Intendant Boucher d'Orsay. Ces pièces étaient déjà en fort mauvais état en 1768 (t. V, p. 356) ; on ne pouvait plus, à l'époque où nous sommes parvenus, en faire usage sans danger. L'hôtel de ville en commanda de nouvelles, et les registres de comptabilité de Lingaud (Arch. municipales, CC. 22) mentionnent, à la date du 31 octobre 1778, le paiement de 1.381 ll. 7 s. pour « six canons de fert venant de la forge royale de Ruelle, envoyés par M. de Boulaygue, fournisseur d'artillerie, pour servir à la ville de Limoges, à Messieurs les Officiers municipaux d'icelle... » On put donc continuer à tirer les salves accoutumées, non seulement aux jours de grande solennité, mais encore au passage des personnages de marque, au retour de l'Intendant de ses tournées ou de ses voyages.

La même année, le vicomte de Rochechouart-Pontville, brigadier des armées du Roi, fut nommé au commandement des troupes de la province, en remplacement de M. de Sombreuil, appelé à un poste dans l'Est.

Les faits administratifs sont nombreux sous la date de 1778, mais offrent peu d'intérêt. Il faut mentionner la mise en adjudication, à la date du 14 septembre, des terrains du *Chapeau rouge*, route de Paris, qui avaient été achetés par Turgot pour y construire des casernes : on avait signalé certains inconvénients que pouvaient présenter ces terrains. L'Intendant hésitait. La dépense du reste était considérable. Turgot avait attendu, et finalement ne fit rien. Mais la question des casernes fut souvent remise sur le tapis, dans les dix années qui précédèrent la Révolution. On le verra plus loin ; on verra aussi, à l'année 1779, que l'Intendance n'ayant trouvé qu'un prix très inférieur à la valeur réelle des terrains du *Chapeau rouge*, affecta cet emplacement au cimetière général dont la création était réclamée depuis longtemps. (Voy. P. Ducourtieux, *Limoges d'après ses anciens plans*).

Les élections consulaires eurent lieu le 21 mai : M. Georges Pouyat fut nommé juge de la « Bourse » ; MM. Peyroche du Puy Guichard et Pétiniaud jeune fils, consuls.

Nomination des syndics chargés de la confection des listes de la milice pour 1779.

Aujourd'huy, vingt trois janvier mil sept cent soixante dix neuf, les Officiers municipaux assemblés dans l'hôtel de ville de Limoges, ayant pris communication de la lettre qui leur a été écrite par Monseigneur l'Intendant de cette généralité pour faire faire les listes des garçons et veufs sans enfants, sujets à tirer au sort, pour les régiments provinciaux,

Lesdits sieurs Officiers municipaux ont, en conséquence de ladite lettre, nommé d'office les syndics dans ladite ville de Limoges et orances d'icelle, pour faire les dites listes, ainsy qu'il suit :

Consulat.

La sieur Moulinier, gendre à Royer, marchand.
Le sieur Peyrusson jeune, marchand confiseur.

La nouvelle de la naissance du second fils du duc d'Artois, apanagiste du Limousin (celui qui devait être le duc de Berry) fut célébrée par de grandes réjouissances. On célébra en 1778 les Ostensions septennales. La *Feuille hebdomadaire* donne le récit le plus détaillé des diverses cérémonies ainsi que des processions dont elles furent l'occasion. On peut consulter sur ce sujet les numéros des 1er, 8, 23 et 29 avril, 6 et 27 mai, 3 et 17 juin. L'Intendant et le corps municipal avaient repris le projet de l'établissement, à la porte Montmailler, d'une fontaine que le reflux d'Aigoulène ou un branchement établi sur la conduite principale devait alimenter. Il faut consulter à ce sujet une lettre de Turgot du 20 août 1771 (tome V, p. 396).

La liasse AA³ des Archives communales contient une lettre du 19 décembre 1778 adressée au Corps de ville à l'occasion de la naissance d'une princesse. L'heureux événement fut fêté avec une joie des plus vives. Le *Te Deum* et l'illumination eurent lieu le 27. Les magistrats municipaux se firent remarquer par les manifestations de leur attachement à la famille royale : ils ordonnèrent que tous les jours, jusqu'au complet rétablissement de la Reine, deux messes seraient célébrées aux frais de la ville pour demander à Dieu la conservation de cette vie si précieuse. Les officiers de la milice bourgeoise à leur tour firent chanter aux Augustins, le 10 janvier, une messe en musique, dans la même intention. Des jeunes gens se réunirent et se cotisèrent pour doter deux pauvres filles, dont le mariage fut célébré avec une grande magnificence. On pourrait citer d'autres touchants témoignages de l'amour de la population de Limoges pour le Roi et la Reine.

Une ordonnance du Lieutenant-Général de police, du 5 juin 1778, interdit, sur la proposition du procureur du Roi, d'apporter dans les églises des enfants à la mamelle, même d'autres enfants en bas âge dont les courses, les cris et les mouvements peuvent distraire du service divin, et ce à peine de trois livres d'amende et d'être chassé du lieu saint. Défense aussi de faire entrer des chiens dans l'église à peine de trente sols d'amende, et permission est donnée aux employés de l'église de les tuer. Enfin les habitants de la campagne, revendeurs, revendeuses et autres, ne doivent y apporter aucunes denrées et comestibles, notamment de la volaille vivante, des agneaux, chevreaux, cochons de lait, à peine « de confiscation, de dix sols d'amende et d'être chassés de l'église. » (Arch. départementales, C. 54).

Notons encore une curieuse ordonnance relative aux boulangers, rendue la même année, et une déclaration du Roi, en forme d'arrêt du Conseil, datée du 27 août 1778, et rappelant que « les murs, fossés et remparts » des villes de la généralité de Limoges faisaient partie du domaine de la Couronne et annullant les baux par lesquels les officiers municipaux en avaient concédé la jouissance. Les concessionnaires furent toutefois maintenus dans leur jouissance à charge de se présenter dans les trois mois au Bureau des Finances. Les possesseurs ou fermiers des remparts, fossés et dépendances furent imposés, à la suite de cette déclaration, à raison de six deniers par toise carrée.

Manigne.

Le sieur Thomas, gendre à Lombardie, marchand.
Le sieur Recorquilet, marchand, faubourg Manigne.

Les Bancs.

Le sieur Dépéret, gendre d'Ardelier, marchand.
Le sieur Vacquand, du Jeu de paume.

Le Clocher.

Le sieur Thomas, imprimeur.
Le sieur Tardieu, gendre à Boudet, marchand.

Boucherie.

Le sieur Cognasse, marchand.
Le sieur Pénicaud jeune, marchand.

Ferrerie.

Le sieur Arnaud, gendre à Pouyat, marchand.
Le sieur Senèque, hopte de la *Croix-Verte*.

Les Combes.

Le sieur Marillier (1), procureur.
Le sieur Dupuy jeune, marchand, faubourg Montmalier.

Lansequot.

Le sieur Nadaud, neuveu de Mercier, marchand.
Le sieur Gelay, gendre à Bardinet, marchand.

La Boucherie.

Barthélemy Cibot, dit le Puissant, fils aîné.
Jean Plainemaison, gendre à Valancienne.

Pour les Orances.

Etiennne Mouret, demeurant chez M. Montégut.
Martial Loutoire, dit Trepeterre.
Le nommé Valery, dit Gratebout, demeurant au lieu de la Paroterie.
Pierre Chabaud, dit Nardaud, aubergiste du lieu de Saint-Lazare.
Auxquels syndics est enjoint de faire de suite les listes, etc. (voir page 48).

ROMANET, J. PÉTINIAUD, NAURISSART fils, ESTIENNE, FOURNIER (2).

---

(1) Peut être Mazillier.

(2) On constate bien des lacunes dans nos Registres. Ici devrait se trouver une délibération du 4 février 1779 relative à la construction de la nouvelle place des Arènes et par laquelle le corps de ville acceptait de payer l'augmentation de dépense résultant des changements à apporter au plan primitif. Cette délibération est mentionnée dans un arrêt du Conseil du 24 juin 1779 (Arch. Hôtel de Ville, DD⁸).

Reddition des comptes du 1ᵉʳ septembre 1778 au 1ᵉʳ mars 1779.

Aujourd'huy, premier mars mil sept cent soixante dix neuf, dans la salle de l'hôtel de ville de Limoges, où étoient assemblés messieurs les Maire et Échevins soussignés,

Sur le compte qui a été rendu par le sieur Lingaud, syndic-receveur de l'hôtel de ville, tant du produit des Octroys, Patrimoniaux et du Don gratuit, et de l'employ qui en a été fait, le tout ayant été duement vérifié, vu les registres et autres pièces justificatives, il s'est trouvé que la recette du Don gratuit, depuis le premier septembre mil sept cent soixante dix-huit jusqu'au premier mars mil sept cent soixante dix-neuf, monte à la somme de seize mille sept cent deux livres un sol trois deniers, y compris six mille sept cent soixante-deux livres trois sols huit deniers qui avoient demeuré en caisse au premier septembre mil sept cent soixante-dix-huit, et la dépense pour le même temps à six mille treize livres douze sols un denier, en sorte qu'il reste en caisse pour le Don gratuit la somme de dix mille six cent quatre-vingt-huit livres neuf sols deux deniers, cy.................................... 10.688 ll. 9 s. 2 d.

Pareillement, il s'est trouvé que la recette des Octroys et Deniers patrimoniaux, y compris l'eau des étangs et le courtage, monte à la somme de vingt-un mille cent cinquante-six livres treize sols quatre deniers, y compris neuf mille quatre cent quatre-vingt-quatre livres sept deniers qui avoit demeuré en caisse le premier septembre mil sept cent soixante-dix-huit, et la dépense pour le même temps à dix mille deux cent trente-quatre livres un sol cinq deniers, en sorte qu'il reste en caisse, pour les Octroys et Deniers patrimoniaux, la somme de dix mille neuf cent vingt-deux livres onze sols onze deniers, cy.............. 10.922 ll. 11 s. 11 d.

Et la recette du second octroy pour le Guet et Lanternes, depuis le premier septembre mil sept cent soixante-dix-huit jusqu'au premier mars mil sept cent soixante-dix-neuf, monte à la somme de neuf mille cent cinquante-deux livres dix-huit sols neuf deniers, y compris la somme de cent seize livres dix-sept sols onze deniers qui avoit demeuré en caisse au premier septembre mil sept cent soixante-dix-huit, et

A reporter.......... 21.611 ll. 1 s. 1 d.

Report.............	21.611 ll.	1 s.	1 d.
la dépense jusqu'au dit jour premier mars mil sept cent soixante-dix-neuf, la somme de sept mille cinq cent soixante-dix-neuf livres huit sols, en sorte qu'il reste en caisse la somme de quinze cent soixante-treize livres dix sols neuf deniers, cy......	1.573 ll.	10 s.	9 d.
TOTAL de ce qui reste en caisse...	23.184 ll.	11 s.	10 d.

ROMANET, J. PÉTINIAUD, NAURISSART fils, FOURNIER.

Aujourd'huy, vingt-sept mars mil sept cent soixante-dix-neuf, dans la salle de l'hôtel de ville de Limoges, où étoient assemblés messieurs les Maire et Echevins, pour procéder à la nomination d'un prédicateur pour prêcher le Caresme de l'année mil sept cent quatre-vingt dans l'église de Saint-Martial dudit Limoges, la chose mise en délibération, les dits sieurs Maire et Echevins ont d'une commune voix nommé le Révérend Père Bonhomme. religieux dominicain et prieur de la maison de Brive, auquel, etc. (page 14). *Nomination du révérend Père Bonhomme pour prêcher le Carême de 1780.*

JUGE, ROMANET, NAURISSART fils, J. PÉTINIAUD, FOURNIER.

Aujourd'huy, huitième may mil sept cent soixante-dix-neuf, dans la salle de l'hôtel commun de la ville de Limoges, où étoient assemblés Messieurs les Maire et Echevins, pour procéder à la nomination d'un prédicateur pour prêcher l'Avent de mil sept cent soixante-dix-neuf dans l'église de Saint-Martial dudit Limoges, la chose mise en délibération, lesdits sieurs Maire et Echevins ont d'une commune voix nommé le Révérend Père Elie Jacquet, provincial de l'ordre des Récollets, auquel (1), etc. *Nomination du révérend Père Elie Jacquet pour prêcher l'Avent de 1779.*

JUGE, ROMANET, ESTIENNE, NAURISSART fils, FOURNIER (2).

(1) V. tome V, p. 329 et ci-dessus p. 121.
(2) Le corps municipal ne se contentait pas de combler les Intendants et les Gouverneurs de lettres de félicitations, de condoléances, d'actions de grâces ou de bonne année, suivant l'occurrence. Il adressait aussi à Madame l'Intendante ou à Madame la Gouvernante, dans les circonstances d'importance, l'expression de ses sentiments et de ses vœux. C'est ainsi qu'il écrivit à Madame d'Aine au mois de juin 1779, au sujet de la mort de Madame Geoffroy, sa mère. On a conservé la réponse de Madame d'Aine (AA⁴ n° 29). L'administration municipale avait décidé qu'elle ferait célébrer, aux frais de la ville, un service solennel pour Mᵐᵉ Geoffroy. M. d'Aine écrivit au maire et aux échevins que, dans l'état des finances de la ville, il ne voulait qu'il fût fait « aucun employ » des deniers communaux « relatif à des objets qui luy fussent personnels », et les prier de ne pas donner suite à la délibération (AA⁴ n° 11).

Nomination du révérend Père Nicolas Recateau pour prêcher l'Avent de 1780.

Aujourd'huy, dix-neuf juin mil sept cent soixante-dix-neuf, dans la salle de l'hôtel commun de la ville de Limoges, où étoient assemblés Messieurs les Maire et Echevins, pour procéder à la nomination d'un prédicateur pour prêcher l'Avent de mil sept cent quatre-vingt, dans l'église de Saint-Martial dudit Limoges, la chose mise en délibération, les dits sieurs Maire et Echevins ont d'une commune voix nommé le Révérend Père Nicolas Recateau, gardien des pères Cordeliers de la ville de Nontron, auquel, etc. (p. 14).

JUGE, ROMANET, FOURNIER, ESTIENNE, J. PÉTINIAUD.

Nomination du R. P. Gaudron pour prêcher le Carême de 1781.

Aujourd'huy, dix-neuf juin mil sept cent soixante dix-neuf, dans la salle de l'hôtel commun de la ville de Limoges, où étoient assemblés Messieurs les Maire et Echevins, pour procéder à la nomination d'un prédicateur pour prêcher le carême de l'année mil sept cent quatre-vingt-un dans l'église de Saint-Martial dudit Limoges, la chose mise en délibération, lesdits sieurs Maire et Echevins ont d'une commune voix nommé le Révérend Père Gaudron, religieux jacobin de la ville de Limoges, auquel, etc.

JUGE, ROMANET, FOURNIER, ESTIENNE, J. PÉTINIAUD.

Le Révérend Père Gaudron n'a pu prêcher le carême de 1781, attendu qu'il a été nommé prieur des Dominicains à Paris, étant trop éloigné de Limoges, suivant sa lettre datée de Paris du 22 avril 1780.

Reddition des comptes du 1er mars au 1er septembre 1779

Aujourd'huy, premier septembre mil sept cent soixante-dix-neuf, dans la salle de l'hôtel de ville de Limoges, où étoient assemblés Messieurs les Maire et Echevins soussignés,

Sur le compte qui a été rendu par le sieur Lingaud, sindic-receveur de l'hôtel de ville, tant du produit des Octroys, Patrimoniaux, et du Don gratuit, et de l'employ qui en a été fait, le tout ayant été duement vérifié, vu les registres et autres pièces justificatives, il s'est trouvé que la recette du Don gratuit, depuis le premier mars mil sept cent soixante-dix-neuf jusqu'au premier septembre mil sept cent soixante-dix-neuf, monte à la somme de dix-sept mille cent quinze livres deux sols sept deniers, y compris dix mille six cent quatre-vingt-huit livres neuf sols deux deniers qui avoit demeuré en caisse au premier mars mil sept cent soixante-dix-neuf; et la dépense pour le même temps à six mille cent dix livres cinq sols cinq deniers, en sorte qu'il reste en caisse pour le Don gratuit la somme de onze mille quatre livres dix-sept sols deux deniers, cy.................................... 11.004 ll. 17 s. 2 d.

 Pareillement, il s'est trouvé que la recette des Octroys et Deniers patrimoniaux, y compris l'eau des étangs et le couretage, monte à la somme de vingt-un mille deux cent quarante livres onze sols six deniers, y compris dix mille neuf cent vingt-deux livres onze sols onze deniers qui avoit demeuré en caisse le premier mars mil sept cent soixante-dix-neuf, et la dépense pour le même temps à sept mille cinq cent quatre-vingt-six livres sept deniers, en sorte qu'il reste en caisse pour les octroys et deniers patrimoniaux la somme de treize mille six cent cinquante quatre livres dix sols onze deniers, cy................... 13.654 ll. 10 s. 11 d.

 Et la recette du second octroy pour le Guet et Lanternes, depuis le premier mars mil sept cent soixante-dix-neuf jusqu'au premier septembre mil sept cent soixante-dix-neuf, monte à la somme de sept mille quatre cent quinze livres quatorze sols quatre deniers, y compris la somme de quinze cent soixante-treize livres dix sols neuf deniers qui avoit demeuré en caisse au premier mars mil sept cent soixante-dix-neuf, et la dépense jusqu'au dit jour, premier septembre mil sept cent soixante-dix-neuf, à la somme de quatre mille quatre cent trente-neuf livres cinq sols neuf deniers, en sorte qu'il reste en caisse la somme de deux mille neuf cent soixante-seize livres huit sols sept deniers, cy................... 2.976 ll. 8 s. 7 d.

 TOTAL de ce qui reste en caisse.... 27.635 ll. 16 s. 8 d.

J. PÉTINIAUD, FOURNIER.

Copie de la lettre écrite par M. d'Aine intendant de Limoges à MM. les Officiers municipaux annonçant la nomination de M. de Roulhac aux fonctions de Maire en remplacement de M. Juge de La Borie décédé.

Limoges, le 11 novembre 1779.

Vous avés fait, Messieurs, une perte qui vous est justement sensible, dans la personne de M. Juge (1). Tous vos concitoyens y ont pris une part sincère et je l'ai déploré avec eux: Vous avés perdu ce chef aussy recommandable par l'étendue de ses lumières que par son désintéressement et sa probité, à l'approche du moment qui vous auroit mis à portée de n'abdiquer qu'ensemble des fonctions que vous aviés remply conjointement avec distinction. Les habitants de Limoges se rappelleront longtemps avec reconnaissance que par l'effet de votre bonne administration, les revenus de la ville ont été constamment économisés, augmentés, ses dettes

(1) M. Juge de La Borie, maire de Limoges, homme universellement estimé, était mort le 8 octobre 1779. L'abbé Legros nous a laissé, dans la *Continuation des Annales*, le récit détaillé de ses obsèques, « les plus pompeuses qu'on eût vues depuis longtemps dans notre ville ». Nous reproduisons cette page, qui appartient à nos annales municipales :

« Les tambours marchoient les premiers, frappant des coups et faisant de tems en tems des roulemens lugubres sur leurs caisses, couvertes de crêpes noirs. Ils précédoient la bourgeoisie (milice bourgeoise) de la ville, composée des officiers et sergens, en habit d'uniforme, veste, culottes et bas noirs, avec des crêpes noirs liés au bras gauche; les officiers tenans leurs épées nues et élevées ; les sergens portans leurs hallebardes renversées, la pointe en bas; ensuite les fusiliers, tous vêtus de noir, avec les cocardes distinctives de leur canton respectif, l'épée au côté et portans sous le bras droit leurs fusils renversés, le canon en bas ; ceux de chaque canton marchoient deux à deux, à leur rang ordinaire, au nombre de dix ou douze, et même de vingt pour quelques-uns. Il n'y en avoit que deux de celui de Rue Torte, les autres n'ayant pas pu s'y trouver, pour de bonnes raisons. Après cette troupe marchoient sous leur croix les pauvres de l'hôpital, en grand cortège, comme aux processions générales, parce que M. Juge avoit été administrateur de cette maison. Une partie de ces pauvres, vêtus de dalmatiques noires (*), portoient des cierges ornés d'écussons aux armes du défunt. Ils étoient suivis de MM. les administrateurs anciens et nouveaux, au nombre de douze ou quinze, dont cinq ecclésiastiques, en manteau long, selon l'usage. Venoient ensuite les quatre ordres des religieux mendians, chacun sous sa croix respective et dans leur rang ordinaire ; puis le clergé de la paroisse de Saint-Michel-des-Lions, présidé par le sieur Martin, son curé, revêtu de surplis, d'aumusse comme ancien chanoine théologal du chapitre de Saint Martial, et d'etole noire, comme curé, et il étoit célébrant. Après lui, quatre valets de l'église portoient le corps, sur lequel étoit le drap mortuaire, dont les deux cordons étoient tenus, l'un par le sieur Lamy de La Chapelle, procureur du roi aux sièges royaux, et l'autre par le sieur Etienne, président de l'Election, comme échevin de la ville, revêtus de robes de palais noires, et le sieur Etienne ayant au défaut le chaperon de l'échevinage (**). Sur la bière, au dessus du drap mortuaire, étoient la robe rouge de palais du défunt, son chaperon de la mairie, les clefs de la ville du côté de la tête, et celles de l'église de Saint-Michel-des-Lions du côté des pieds, parce qu'il avoit été marguillier-fabricien de cette église. Derrière le corps marchoit seul le domestique du défunt, vêtu de noir, portant une grosse torche renversée. Le corps étoit escorté, d'un côté par quatre soldats du guet, et de l'autre par quatre sergents de la ville, tous en uniformes, portant leurs fusils et hallebardes renversés, la pointe en bas. Après ceux-ci marchoient sur deux files le reste de la compagnie du guet, précédée de ses officiers et du tambour, qui frappoit des coups lugubres, comme on a dit de ceux de la ville. Cette compagnie étoit en grand uniforme. Elle étoit suivie des parens du défunt, accompagnés par les officiers du Présidial à la droite, et par les officiers municipaux à la gauche ; ceux-ci étoient suivis du corps des avocats, et celui des procureurs du Présidial marchoit le dernier. Tous ces officiers et magistrats étoient en robes noires et les avocats avoient en outre leurs chausses, ou chaperons noirs à fourrures blanches. Les autres parens et amis du défunt mar-

(*) Il y a peu d'années encore, les pauvres de l'hôpital assistaient dans le même apparat aux funérailles des bienfaiteurs de l'établissement.

(**) Les nouvelles municipalités avaient conservé l'insigne de l'ancien Consulat, qui était comme on sait le chaperon rouge

payées, des établissements utiles formés, des décorations entreprises.

Il vous reste à consommer votre ouvrage en terminant les opérations commencées, en indiquant des usages utiles aux fonds restants et à ceux dont vous prévoyerés la rentrée successive et prochaine, en préparant les comptes des deniers de la ville depuis les derniers qui ont été rendus, enfin en me fournissant les instructions nécessaires pour le règlement que le Conseil s'est réservé de faire par l'arrêt du 24 juin 1775 sur la municipalité de Limoges (1). Il est à

choient les derniers. Comme la maison où il étoit mort est située dans la rue Gaignolle (*), le convoi descendit par cette rue au bas de la rue du Clocher, qu'elle traversa, ainsi que la rue des Taules, remonta par la rue Consulat, passa devant l'hôtel de ville, où on posa un instant le corps devant la porte. Ensuite on traversa le reste de cette rue, et remontant par la rue Ferrerie, on se rendit à l'église de Saint-Michel-des-Lions, où on entra par la grande porte qui est sous le clocher, et où on fit l'office des funérailles, comme il est marqué dans le *Processionnal* du diocèse, pour les personnes laïques. Arrivée à cette porte, la compagnie du guet y fit une décharge de ses armes à feu et y demeura postée jusqu'à la fin de l'office, après lequel on sortit par la même porte dans l'ordre marqué ci-dessus. Lorsque le corps sortit de l'église, le guet fit une autre décharge, et on porta le corps au cimetière des Aresnes, où la bourgeoisie se rangea en cercle ainsi que le guet, etc. Et après que l'office de l'inhumation fut entièrement fini, la bourgeoisie fit une décharge de ses armes et se retira au son de ses tambours. Quand les parens et autres qui suivoient le convoi eurent fini de jeter l'eau bénite sur la fosse, la compagnie du guet en fit le tour, et chacun des soldats déchargea de nouveau son fusil, la bouche du canon tournée vers ladite fosse... Une grande foule de peuple accourut de tous côtés soit à l'église, soit dans tous les endroits et rues où le convoi devoit passer... (p. 256, 257). »

On lit dans la *Feuille hebdomadaire* du 1ᵉʳ décembre 1779 :

« Le 29 novembre, MM. les officiers municipaux de notre ville ont fait célébrer, dans l'église de Saint-Michel-des-Lions, un service solennel pour M. Juge, seigneur du Treuil, etc., ancien avocat du roi au Présidial, et maire de Limoges. Monseigneur l'Evêque a officié pontificalement. MM. les Officiers du Présidial, le corps de MM. les Avocats, celui de MM. les Procureurs, MM. les Echevins, l'Etat-Major, MM. les Officiers de la milice bourgeoise, la compagnie du guet, une foule d'ecclésiastiques, de religieux et de citoyens de tous les ordres ont assisté à cette lugubre cérémonie.

» M. Londeix, maître de musique de l'église collégiale de Saint-Martial, a fait exécuter la messe de Giles et le superbe motet : *Super flumina Babylonis*, de M. Giraud, maître de musique de la chapelle du roi. MM. les amateurs de Limoges ont aidé à l'exécution de ces différents morceaux....

» M. l'abbé Rouard, docteur en théologie de l'Université d'Angers et vicaire de Saint-Michel-des-Lions, a prononcé l'oraison funèbre du vertueux magistrat et du citoyen patriote, objet de nos regrets. L'orateur a célébré les vertus et les talens de M. Juge, et nous pouvons dire, en nous servant de ses expressions, qu'il n'a « jeté sur le tombeau » de l'homme respectable qu'il louoit, « aucune fleur qu'il n'eût cueillie ».

Dans un cahier écrit de la main de Lingaud fils, secrétaire-greffier de l'hôtel de ville, conservé dans une liasse des Archives du département (C 53), on trouve un éloge en quelques lignes du chef regretté de la municipalité : « Rien n'égaloit la bonté de son cœur, comme personne ne le surpassoit dans la connoissance des lois et des usages. C'étoit l'homme de ressource de Limoges. Il ne s'arrachoit de son cabinet, où il communiquoit ses lumières aux particuliers qui le consultoient, que pour gouverner la communauté (la commune) *dont il étoit le génie tutélaire*. » Lingaud rappelle l'attachement et le respect que Turgot avait témoigné au « bon vieillard ». C'était sous ce nom que l'ancien intendant aimait à désigner M. Juge ; nous avons dit ailleurs que cette intéressante figure a été récemment étudiée par un magistrat de la cour de Limoges et qu'elle a fourni un sujet heureusement choisi de discours de rentrée (3 novembre 1877).

(1) Voir ci-dessus p. 57.

( ) Cette maison est celle qui a appartenu en dernier lieu à M. le conseiller Fournier, un des citoyens qui ont rendu, dans notre siècle, le plus de services à la ville de Limoges.

souhaiter que toutes ces choses concourent avec la dernière époque maintenant très prochaine de payement du prix moyennant lequel la ville a obtenu la réunion de ces offices, en même temps que vous la liberté de vous démettre de l'exercice qui vous en a été confié. Pour cet intervalle, j'ai senti que ces différents objets de travail à remplir dans un délay assés court, sans préjudice de la besogne courante, ajouteroient encore à vos regrets de la privation de M. Juge, et à vos désirs qu'il fut suppléé au secours dont il vous eût été; mais il m'a semblé en même tems que le moment où vous allés provoquer au (*sic*) règlement pour la nomination aux emplois municipaux n'est pas celuy d'en anticiper les dispositions non encore préparées en proposant qu'il fut nommé parmy vous un Maire, et ensuite un Officier municipal à la place de celuy qui y auroit été promu, de renouveler ainsy par partie et momentanément un corps prêt à recevoir une forme et une consistance permanente, ny d'exiger ou de quelqu'un de vous ou d'un autre citoyen d'occuper pendant quelques mois une place dont d'autres circonstances le priveroient peut-être avant le temps que l'on est accoutumé de la voir remplie.

Je vous annonce avec plaisir, Messieurs, que j'ai trouvé le moyen de vous procurer en cette occasion, sans tomber dans aucun de ces inconvénients, le secours le plus utile que vous puissiés désirer, dans un magistrat dont vous honorés les talens, les lumières et les vertus. M. de Roulhac, n'écoutant que son zèle de la chose publique, a consenty à vous donner son temps dans cette époque où ses occupations ordinaires ont une moindre activité, et à concourir à vos travaux. Le Roy a bien voulu, sur la proposition que j'en ai faite, remettre ce magistrat à l'exercice des fonctions de Maire de Limoges, jusqu'à ce que l'arrêt du Conseil du 24 juin 1775 ait reçu sa parfaite exécution. Au surplus, Sa Majesté, en luy conférant cette commission précaire, l'a dispensé des serment, formalité et cérémonial de réception. En conséquence, il se rendra demain à votre assemblée, il y prendra la place du Maire, vous fera part de l'ordre du Roy qui le commet, et que vous inscrirés sur vos registres. Vous procéderés tout de suite avec luy aux affaires ordinaires; après cela il sera nécessaire que vous teniés des assemblées plus rapprochées et assez fréquentes pour accélérer les objets entamés et la parfaite exécution de l'arrêt du Conseil du 24 juin 1775 (1).

J'ay l'honneur d'être avec un parfait attachement, Messieurs, votre très humble et très obéissant serviteur. *Signé* : D'AINE.

---

(1) La commission donnée, même à titre provisoire, au Lieutenant général de police pour remplir les fonctions de Maire n'était elle pas inspirée par d'autres considérations, peut-être par le désir de l'Intendant de voir le corps de ville entrer plus résolument dans ses vues et s'associer avec moins de circonspection à ses projets pour l'amélioration de la voirie et l'embellissement de la ville ?

En conséquence de la lettre cy-dessus, aujourd'huy, douze du mois de novembre mil sept cent soixante dix neuf, environ les quatre heures de relevée, dans la salle de l'hôtel commun de cette ville, s'est présenté Monsieur de Roulhac, écuyer, secrétaire du Roy, lieutenant général civil et de police en la sénéchaussée et siège présidial de Limoges, qui a mis sur le bureau le brevet de Sa Majesté portant nomination de sa personne [aux fonctions] de Maire de ladite ville, dont la teneur suit :

Installation de M. de Roulhac.

Ordonnance du Roy du 3 novembre 1779, portant nomination de M. de Roulhac aux fonctions de Maire.

De par le Roy,

Sa Majesté étant informée du décès du sieur Juge de La Borie, qu'elle avoit nommé Maire de la ville de Limoges par commission du 21 janvier 1774 ; des circonstances particulières où se trouve ladite ville, relativement à la réunion qui luy a été accordée de ses offices par l'arrêt du Conseil du 24 juin 1775, et de la capacité, du zèle et de la bonne conduite du sieur de Roulhac, écuyer, son conseiller, secrétaire et lieutenant général civil et de police en la sénéchaussée et siège présidial de Limoges, elle a nommé et commis, nomme et commet ledit sieur de Roulhac pour remplir toutes les fonctions de ladite place de Maire, aux rang, droits, honneurs, privilèges et autorité y attachés, jusqu'à ce que ledit arrêt du Conseil du 24 juin 1775 ait reçu sa parfaite exécution, — dispensant Sa Majesté ledit sieur de Roulhac, sans tirer à conséquence, de toute formalité et cérémonial de réception et prestation de serment ; enjoignant au sieur intendant et commissaire départy en la généralité de Limoges, de faire reconnoître et installer en ladite place ledit sieur de Roulhac en vertu de la présente ordonnance, qui sera lue, publiée et transcrite sur les registres de l'hôtel de ville de Limoges, afin que personne n'en ignore. Fait à Versailles, le trois novembre mil sept cent soixante dix neuf. *Signé :* Louis, et plus bas : Amelot.

Enregistré le douze novembre mil sept cent soixante dix neuf.

Roulhac, Estienne, J. Pétiniaud (1).

---

(1) On voit qu'en dehors de l'enregistrement des documents officiels, le procès-verbal d'installation est plus que laconique. La nomination de M. de Roulhac, sans aucune présentation par le corps municipal, était un retour au régime que l'arrêt de 1775 devait précisément avoir eu pour résultat de modifier.

Nomination de M. Naurissart au bureau du collège en remplacement de M. Juge de La Borie décédé.

Aujourd'huy, quatre décembre mil sept cent soixante dix neuf, dans la salle de l'hôtel de ville de Limoges, où étoient assemblés Messieurs les Maire et Echevins, Monsieur Roulhac (*sic*), lieutenant-général et maire, a exposé qu'il étoit nécessaire de remplacer Monsieur Juge de La Borie, ancien maire, décédé, au bureau du Collège de cette ville : la chose mise en délibération, mesdits sieurs Maire et Echevins ont d'une commune voix nommé Monsieur Louis Naurissart, conseiller du Roy, directeur et trésorier de la Monnoye de cette ville et échevin actuel, pour remplacer ledit sieur Juge, en conformité de la déclaration du Roy du vingt un may mil sept cent soixante trois. Fait lesdits jour, mois et an que dessus.

ROULHAC, ESTIENNE, J. PÉTINIAUD, FOURNIER (1).

---

(1) Les travaux publics se poursuivaient avec une certaine activité. Au cours de l'année 1779, l'église des religieuses de la Providence, dont M. de Montesquiou, abbé de Saint-Martial, avait posé la première pierre le 14 février, s'élevait sous la surveillance de M. De Voyon. On trouve mention, au mois d'avril, « d'un chemin nouvellement pratiqué « dans les fossés » et communiquant « de la rue des Prisons à la Porte des Arènes ». Ne s'agit-il pas de la rue Monte-à-Regret ? — On avait le projet de créer, à la porte Manigne, sous le nom de *Place Vinatière*, une sorte d'enclos, dans lequel on voulait obliger les voituriers et les muletiers du Bas-Limousin de tenir renfermés leurs chariots et leurs marchandises, qui encombraient à certains moments la voie publique aux abords de cette place. Les Trésoriers de France, d'accord avec l'administration municipale, firent même, le 15 juin 1779, placer des jalons en vue de ce projet, qui n'eut pas de suite.

Le plan de la place des Arènes, la future place d'Aine, fut définitivement fixé par arrêt du Conseil du 24 juin de cette année. Le projet primitif de M. Trésaguet comportait une aire octogonale. Mais les dimensions de cette place, que traversaient les deux routes de Paris à Toulouse et de Lyon à Bordeaux et à La Rochelle, et où se tenaient les foires, parurent insuffisantes. Le plan fut modifié et on donna à la place une forme carrée (Arch. Hôtel de Ville DD⁸). M. P. Ducourtieux (*Limoges d'après ses anciens plans*) signale en 1779 la construction du portail monumental de l'Intendance et l'enlèvement de la croix qui s'élevait au milieu de la place du Palais et rappelait l'assassinat de M. de Bermondet de Cromières.

On célébra, au mois de septembre 1779, par un *Te Deum* en musique, la prise de l'île de Grenade. Plusieurs accidents attristèrent les rejouissances : un chapelier fut tué par un fusil qui éclata entre ses mains. — Le 22 du même mois, lord Mac-Kartney, ancien gouverneur de cette île, prisonnier de guerre, arriva avec son aide de camp à Limoges où il était interné. Il ne resta pas un mois dans notre ville, où il logeait à l'hôtel Sainte-Catherine, et partit le 16 octobre, ayant obtenu du Gouvernement l'autorisation de retourner en Angleterre. — Le 25 octobre, mourut à Paris le vicomte Louis-François-Honorine de Rochechouart-Pontville, brigadier des Armées du Roi, commandant des troupes de la province, à Limoges.

Parmi les faits à noter de l'année 1779, il faut signaler l'élection consulaire du 21 mai 1779 : M. Laurens fut nommé juge ; M. Muret fils aîné et M. Maurensanne aîné, consuls. — A la distribution des prix du Collège, l'abbé Vitrac prononça l'éloge d'un de nos papes limousins, Grégoire XI, qui rétablit le Saint-Siège à Rome. — La fabrique de porcelaines de La Seinie, près Saint-Yrieix, établit un dépôt à Limoges, rue Montant-Manigne. — Le corps des maîtres perruquiers fit célébrer magnifiquement, dans l'église des Récollets, la fête de Saint-Louis, roi de France, patron de la frérie. Le P. Constantin, religieux de Saint-François, fit le panégyrique et on exécuta une messe en musique de la composition d'un amateur de la ville, du nom de Trompillon.

Un arrêt du Conseil du 20 juillet 1779, rappelant la déclaration du Roi du 19 novembre 1776 défendant les inhumations à l'intérieur des villes, ordonna le transfert des cimetières des trois principales paroisses de Limoges : Saint-Pierre, Saint-Maurice et Saint-Michel, situés du

Aujourd'huy, quinze janvier mil sept cent quatre vingt, les officiers municipaux assemblés dans l'hôtel de ville de Limoges, ayant pris communication de la lettre qui leur a été écrite par Monseigneur l'intendant de cette généralité, pour faire les listes des garçons et veufs sans enfants sujets à tirer au sort pour les régiments provinciaux, Nomination. des syndics chargés de la confection des listes de la milice pour 1780.

Lesdits sieurs Officiers municipaux ont, en conséquence de ladite lettre, nommé d'office les sindics, dans ladite ville Limoges et orances d'icelle, pour faire lesdites listes, ainsy qu'il suit :

Consulat.

Le sieur Philippe Thévenin, marchand confiseur.
Le sieur Tuillier, gendre à Deveaud, marchand.

Manigne.

Le sieur Desroches fils, marchand.
Le sieur Lacombe fils, au Pont Saint-Martial.

Les Bancs.

Le sieur Bourdeaux d'Antonny, gendre à Barbou.
Le sieur Reix jeune, pelletier, gendre à Rozier.

Le Clocher.

Le sieur Ruaud, gendre à Tuilier, cirier.
Le sieur Lavallée, orfèvre.

Boucherie.

Le sieur Pigné, marchand.
Le sieur Deville, gendre à Lavie, marchand.

Ferrerie.

Le sieur Salot Tourniol fils.
Le sieur Léger jeune, marchand.

---

reste tous les trois hors des murs (le premier sur les terrains de la place Jourdan, le second à l'extrémité de la rue du Maupas et le troisième sur l'emplacement actuel du Champ de Foire) dans l'emplacement fermé de murs et situé au nord de la ville, qui avait été acquis pour la construction des casernes et qui serait dorénavant affecté aux inhumations. Cet emplacement, qui confrontait à la route de Paris et qui était connu sous le nom de « terrains du *Chapeau rouge* », avait été mis en adjudication par l'Intendant, qui n'avait pas trouvé acquéreur audessus du prix de 4,500 livres. (On se rappelle que Turgot avait acheté ce terrain 8,000 livres, t. V., p 273, note). M. D'Aine prescrivit, le 23 septembre 1779, aux syndics et fabriciens des paroisses de la ville de convoquer sous huitaine des assemblées paroissiales pour prendre les mesures nécessaires à l'exécution de cet arrêt et pourvoir à la création des ressources à réunir en vue de l'acquisition de ces terrains (Arch. du département, C. 59). On sait que l'arrêt en question ne devait pas recevoir sa réalisation ; mais il y avait là une indication qu'on devait plus tard mettre à profit.

Les Combes.

Le sieur Cantillon, bourgeois.
Le sieur Delauze aîné, bourgeois.

Lansequot.

Le sieur Plainemaison, procureur.
Le sieur Reculès jeune, confiseur.

La Boucherie.

Guillaume Plainemaison, dit Tautou.
Jean Pouret, dit l'Abbé.

Pour les orances.

Le sieur Vilatte, gendre à Roche, dit Samuel.
Pierre Durieux, gendre à Damet, demeurant au Coudert.
Le sieur Cugnieu, fermier de M. Puymoulinier.
Martial Faure, gendre à Eyraud, près St-Lazare.

Auxquels sindics est enjoint de faire de suite les listes, etc. (comme à la page 48).

Roulhac, Estienne, J. Pétiniaud, Romanet, Fournier (1).

Extrait des Registres du Conseil d'Etat du Roy.

Ordonnance du Roi sur la reddition des comptes des villes de Limoges et St-Junien, antérieurs à 1779.

Le Roy étant informé qu'il n'a été rendu depuis plusieurs années aucuns comptes des revenus patrimoniaux et d'Octroys des villes de Limoges et Saint-Junien (2), Sa Majesté pour prévenir les insolvabilités que le laps de temps pourroit occasionner de la part des comptables reliquataires et faire jouir le plus tôt possible les habitants de ces deux communautés de l'avantage que leur procurera incessamment un employ convenable des reliquats qui seront constatés par l'examen des comptes, auroit reconnu la nécessité de faire procéder provisoirement à la liquidation des comptes arriérés et au payement des sommes qui peuvent être dues par les comptables,

(1) Depuis l'année précédente, on avait mis à exécution le nouveau règlement du 1ᵉʳ mars 1778 sur les régiments provinciaux. Ce règlement fixait à deux bataillons, de 710 hommes chacun, l'effectif des troupes dites « provinciales » pour la généralité. Chaque bataillon se composait de cinq compagnies : une d'élite, dite de *grenadiers royaux*, forte de 110 hommes, et quatre de fusiliers, à 150 hommes.

(2) Ces comptes avaient été rendus par les receveurs aux officiers municipaux et approuvés par eux ; mais ils n'avaient probablement pas été soumis aux officiers de Finance. Au surplus l'Intendant voulait, avec raison, obtenir la liquidation de tout l'arriéré, à l'hôtel de ville de Limoges, avant la réorganisation du corps de ville.

A quoy voulant pourvoir, ouy le rapport du sieur Moreau de Beaumont, conseiller d'état ordinaire et au Conseil royal des finances, le Roy, étant en son Conseil, a ordonné et ordonne que les officiers municipaux, sindics, receveurs et tous autres qui ont eu le maniement des deniers communs, revenus patrimoniaux et d'octroys des villes de Limoges et de Saint-Junien, seront tenus incessamment de rendre compte par bref état desdits deniers communs, revenus patrimoniaux et d'octroys par devant le sieur Intendant et Commissaire départi en la généralité de Limoges, pour être lesdits comptes examinés et arrêtés provisoirement par ledit sieur Intendant, et ce à commencer des époques des derniers comptes arrêtés jusque et compris l'année mil sept cent soixante dix huit ; ordonne que lesdits officiers municipaux, sindics, receveurs et autres seront pareillement tenus de luy représenter dans les délais qui leur seront par luy prescrits, avec lesdits comptes par bref état, toutes les pièces justificatives d'iceux ; à quoy faire et à la représentation des fonds dont l'employ n'aura pas été déclaré valable par l'arrêté provisoire desdits comptes, seront lesdits sieurs officiers municipaux, receveurs, sindics et autres, leurs veuves, héritiers et ayant cause contraints par les voyes de droit, et ainsy qu'il sera ordonné par ledit sieur Intendant ; veut en outre Sa Majesté qu'après que lesdits comptes auront été rendus et arrêtés provisoirement, il soit adressé par ledit sieur Intendant à l'administration générale de ses finances un état des revenus et charges desdites villes de Limoges et de Saint-Junien, son avis sur la fixation desdites charges et dépenses, sur la supression de celles qui luy paroîtront mal fondées ou trop onéreuses, et enfin sur l'employ des reliquats de comptes qui luy paroîtra le plus utile, pour, sur le tout, être par Sa Majesté ordonné ce qu'il appartiendra ; et seront les ordonnances et jugements rendus par ledit sieur Intendant en vertu du présent arrêt, exécutés nonobstant appellations, oppositions ou empêchements quelconques, pour lesquels ne sera différé et dont, si aucuns interviennent, Sa Majesté s'est réservé, à soy et à son Conseil la connaissance, ycelle interdisant à toutes ses cours et juges ; enjoint Sa Majesté au sieur Intendant et Commissaire départi en la généralité de Limoges de tenir la main à l'exécution du présent arrêt. Fait au Conseil d'état du Roy, Sa Majesté y étant, tenu à Versailles, le vingt un janvier mil sept cent quatre vingt. *Signé :* Amelot.

Marius-Jean-Baptiste-Nicolas D'Aine, chevalier, conseiller du Roy en ses conseils, maître des requettes honoraire de son hôtel, intendant de justice, police et finances en la généralité de Limoges,

Vu l'arrêt du Conseil d'état du Roy cy-dessus et de l'autre part, du vingt un janvier dernier,

Nous ordonnons que ledit arrêt sera exécuté selon sa forme et sa teneur, et transcrit sur les registres des hôtels de ville de Limoges et de Saint-Junien, dont il nous sera certifié en la manière accoutumée ; ce faisant, ordonnons que les receveurs et autres qui ont le maniement des deniers communs, revenus patrimoniaux et d'octroys, savoir à Limoges depuis et compris mil sept cent soixante, et à Saint-Junien depuis mil sept cent cinquante, jusqu'en mil sept cent soixante dix huit inclusivement, nous présenteront avant le quinze mars prochain leurs comptes doubles, rédigés suivant le modèle annexé à la présente ordonnance, appostillés par les officiers municipaux actuellement en exercice et appuyés de pièces justificatives, pour être par nous examinés et arrêtés ; à quoy faire et à la représentation des fonds dont l'employ n'aura pas été valable par l'arrêté desdits comptes, seront lesdits officiers municipaux, receveurs, sindics et autres, leurs veuves, héritiers et ayant cause, contraints par les voyes de droit et ainsy qu'il sera par nous ordonné. Fait le huit février mil sept cent quatre vingt. *Signé* : D'AINE, et pour copie : DE BEAULIEU, subdélégué général.

Reddition des comptes du 1er septembre 1779 au 1er mars 1780.

Aujourd'huy, premier mars mil sept cent quatre vingt, dans la salle de l'hôtel de ville de Limoges, où étoient assemblés Messieurs les Maire et Échevins soussignés, sur le compte qui a été rendu par le sieur Lingaud, sindic receveur de l'hôtel de ville, tant du produit des Octroys, patrimoniaux et du Don Gratuit, et de l'employ qui en a été fait, le tout ayant été duement vérifié, vu les registres et autres pièces justificatives, il s'est trouvé que la recette du Don Gratuit, depuis le premier septembre mil sept cent soixante dix neuf jusqu'au premier mars mil sept cent quatre vingt, monte à la somme de vingt trois mille trois cent quatre vingt dix livres neuf sols trois deniers, y compris onze mille quatre livres dix sept sols deux deniers qui avoient demeuré en caisse au premier septembre mil sept cent soixante dix neuf, et la dépense pour le même temps à six mille quatre vingt quatorze livres neuf sols neuf deniers, en sorte qu'il reste en caisse pour le Don Gratuit la somme de dix sept mille deux cent quatre vingt quinze livres dix neuf sols six deniers, cy........ .... 17.295 ll. 19 s. 6 d.

Pareillement, il s'est trouvé que la recette des Octroys, Deniers patrimoniaux, y com-

A reporter.......... 17.295 ll. 19 s. 6 d.

Report..............	17.295 ll. 19 s. 6 d.

pris l'eau des étangs et le couretage, monte à la somme de vingt six mille six cent quatre vingt livres neuf sols quatre deniers, y compris treize mille six cent cinquante quatre livres dix sols onze deniers qui avoit demeuré en caisse le premier septembre mille sept cent soixante dix neuf, et la dépense pour le même temps, à neuf mille deux livres cinq sols huit deniers, en sorte qu'il reste en caisse, pour les Octroys et Deniers patrimoniaux, la somme de dix sept mille six cent soixante dix huit livres trois sols huit deniers, cy.............. 17.678 ll. 3 s. 8 d.

Et la recette ou second octroy pour le Guet et Lanternes, depuis le premier septembre mil sept cent soixante dix neuf jusqu'au premier mars mil sept cent quatre vingt, monte à la somme de quatorze mille deux cent trente cinq livres dix huit sols un denier, y compris la somme de deux mille neuf cent soixante seize livres huit sols sept deniers, qui avoit demeuré en caisse au premier septembre mil sept cent soixante dix neuf, et la dépense jusqu'au dit jour premier (mars) mil sept cent quatre vingt, à la somme de sept mille deux cent quarante neuf livres neuf deniers, en sorte qu'il reste en caisse la somme de six mille neuf cent quatre vingt six livres dix sept sols quatre deniers, cy................. 6.986 ll. 17 s. 4 d.

Total de ce qui reste en caisse. 41.961 ll. » s. 6 d.

ROULHAC, FOURNIER, ESTIENNE, J. PÉTINIAUD.

Offices municipaux de Limoges. — Edit de novembre 1771.

J'ay reçu des officiers municipaux, notables et principaux habitants de la ville et communauté de Limoges, la somme de dix mille cinq cents livres pour la finance des offices de conseillers du Roy, maire et lieutenant de maire, échevins, assesseurs, procureur du

<small>Enregistrement de la quittance du payement de la finance des officiers municipaux.</small>

roy, secrétaire greffier garde des archives, trésoriers receveurs et leurs controlleurs ordonnés être établis en ladite ville et communauté de Limoges par édit du mois de novembre 1771, vérifié où besoin a été, pour lesdits offices être et demeurer réunis et incorporés à ladite ville et communauté de Limoges, et pour, par ceux qui seront nommés pour exercer les dits offices, jouir pendant le temps qu'ils seront en place de tous les honneurs, rangs, séances, privilèges et exemptions attribués aux dits offices par le dit édit de novembre 1771 et autres y relatés, le tout ainsy qu'il y est plus loin porté et en l'arrêt du Conseil rendu en conséquence le 24 juin mil sept cent soixante-quinze.

Fait à Paris le dix-neufvième jour de janvier mil sept cent quatre-vingt. Signé : BERTIN.

Quittance du receveur général des revenus casuels de la somme de 10,500 ll.

Rolle du 18 janv^{er} 1780, art^e seul.

Enregistré au controlle général des finances, par nous, chevalier, conseiller du Roy en ses conseils, autorisé à remplir les fonctions du controlleur général des finances.

A Paris, le dix-septième jour de mars mil sept cent quatre-vingt. Signé : PERROTIN.

Nomination du révérend Père Castillon pour prêcher le Carême de 1781.

Aujourd'huy, sixième may mil sept cent quatre-vingt, dans la salle de l'hôtel commun de la ville de Limoges, où étoient assemblés Messieurs les Maire et Echevins pour procéder à la nomination d'un prédicateur pour prêcher le carême de l'année mil sept cent quatre-vingt-un dans l'église de Saint-Martial dudit Limoges, la chose mise en délibération, lesdits sieurs maire et échevins ont d'une commune voix nommé le Révérend Père Castillon, religieux jacobin, prédicateur de la communauté de Bordeaux, auquel, etc. (comme à la page 14).

ROULHAC, ESTIENNE, FOURNIER, J. PÉTINIAUD.

Extrait des Registres du Sénéchal de police de Limoges.

Survivance de la place de vérificateur étalonneur des poids, aunes et mesures accordée au sieur Bardonnaud fils.

Sur la requette présentée à Monsieur le Lieutenant général de police de la ville, fauxbourgs et banlieue de Limoges, par Jean Bardonnaud, maître balancier de cette ville, contenant que de temps immémorial ses ancêtres et luy à leur suite ont eu le droit et privilège exclusif pour étalonner les poids, mesures et aunes de

la présente ville ; que les uns et les autres se sont étudiés à remplir
leurs fonctions avec probité, fidélité et à la satisfaction du public
et des magistrats sous les yeux desquels ils ont opéré, — le suppliant,
avancé en âge et ayant François Bardonnaud, son fils, qui depuis
longtemps exerce en sa compagnie le même état que luy et à qui il
auroit montré tous les secrets de son art, se trouvant très en état
de le remplir tant dans la fabrication desdits poids, aunes et mesures, que dans l'étalonnement d'iceux, avoit recours à luy, requérant qu'il luy plut nommer et recevoir en survivance ledit François
Bardonnaud, son fils, à la place d'étalonneur des poids, aunes et
mesures de la dite ville et province, aux privilèges et prérogatives
y attachés, ladite requette signée : Jean Bardonnaud, et Carboyneau,
procureur, ayant à la suite l'ordonnance de soit communiqué au
procureur du Roy de la police, datée du vingt-sept may mil sept
cent quatre-vingt, signée Roulhac ; — les conclusions du procureur du
Roy à ce qu'avant procéder à la réception dudit sieur François Bardonnaud fils, il fut fait attestation de ses bonnes vie et mœurs,
religion catholique, apostolique et romaine, signées : Lamy de La
Chapelle ; — l'ordonnance de soit fait ; l'attestation faitte en conséquence signée Garat et G. Limouzin ; l'ordonnance de soit communiqué au procureur du Roy, et ses conclusions portant qu'il n'empêche la réception dudit sieur François Bardonnaud en survivance
du sieur Jean Bardonnaud, son père, à la place d'étalonneur des
poids, aunes et mesures, aux droits et privilèges y attachés, en par
luy faisant le serment de bien et fidellement y vacquer, signées :
Lamy de Lachapelle, procureur du Roy, — Nous, ayant égard à la
requette ci-dessus et aux conclusions du procureur du Roy de
police, après avoir vu la quittance de la somme de dix sols pour
droit d'hôpital en date de ce jour, signée Ruben Delombre, administrateur et receveur particulier, avons donné acte de la présentation personnelle dudit sieur François Bardonnaud, et après que, de
notre ordonnance verbale, il a eu levé la main, promis et juré
moyennant serment par luy fait de bien et fidellement vacquer, en
survivance du sieur Jean Bardonnaud, son père, à la place de vérificateur et étalonneur de tous les poids, aunes et mesures, servir
le public en Dieu et conscience et se conformer exactement aux
ordonnances et réglements de police qui le concernent, ce que nous
luy avons enjoint de faire, — l'avons reçu à ladite place pour vériffier
et étalonner tous les poids, aunes et mesures, aux droits et privilèges y attachés ; faisons deffense à touttes personnes de l'y troubler aux peines de droit. Et nous sommes taxés six livres huit sols,
quatre livres six sols au procureur du Roy et autant au greffier,
sauf sa grosse. Fait à Limoges, le vingt-sept may mil sept cent

— 142 —

quatre-vingt. Signé : François Bardonnaud, et Roulhac, lieutenant gén[1]. Et plus bas est écrit : Reçu 1 l. 12 s. 3 d. pour les trois sols pour livre de la taxe des officiers, et 13 s. pour les 8 s. pour livre. A Limoges, le vingt-neuf may 1780. Signé : J. Legris, et à l'expédition : Navières, greffier en chef. Scellé à Limoges, ledit jour, par Dorat.

Reddition des comptes du 1er mars au 1er septembre 1780

Aujourd'huy, deux septembre mil sept cent quatre-vingt, dans la salle de l'hôtel de ville de Limoges, où étoient assemblés Messieurs les Maire et Echevins soussignés,

Sur le compte qui a été rendu par le sieur Lingaud, sindic receveur de l'hôtel de ville, tant du produit des Octroys, Patrimoniaux et du Don gratuit et de l'employ qui en a été fait, le tout ayant été duement vériffié, vu les registres et autres pièces justificattives, il s'est trouvé que la recette du Don gratuit, depuis le premier mars mil sept cent quatre-vingt jusqu'au deuxième septembre mil sept cent quatre-vingt, monte à la somme de vingt-sept mille sept cent soixante-cinq livres quatorze sols, y compris dix-sept mille deux cent quatre-vingt-quinze livres dix-neuf sols six deniers, qui avoit demeuré en caisse au premier mars mil sept cent quatre-vingt, et la dépense pour le même temps à six mille deux cent vingt-cinq livres seize sols onze deniers, en sorte qu'il reste en caisse, pour le Don gratuit, la somme de vingt-un mille cinq cent trente-neuf livres dix-sept sols un denier, cy.................... 21.539 ll. 17 s. 1 d.

La dépense des Octroys s'est trouvée monter, depuis le premier mars mil sept cent quatre-vingt jusqu'au 2e septembre 1780, savoir :

Aux employés...... 1.182 ll. 11 s. 10 d.
Et en dix-neuf mandements acquittés par le sieur Lingaud...... 29.570 ll. 10 s. 3 d.
                                    30.753 ll. 2 s. 1 d.

La recette des Octroys, Deniers patrimoniaux, eau des étangs et couretage, s'est trouvée monter, y compris dix-sept mille six cent soixante-dix-huit livres trois sols

A reporter.... 30.753 ll. 2 s. 1 d. 21.539 ll. 17 s. 1 d.

Reports...	30.753 ll. 2 s. 1 d.	21.539 ll. 17 s. 1 d.

huit deniers qui restoit en caisse au premier mars mil sept cent quatre-vingt, la somme de trente mille treize livres cinq sols huit deniers, cy.................. 30.013 ll. 5 s. 8 d.

                              739 ll. 16 s. 5 d.

Partant, la dépense excède la recette de la somme de sept cent trente-neuf livres seize sols cinq deniers, cy..................... 739 ll. 16 s. 5 d.

                              20.800 ll. » s. 8 d.

La dépense du second Octroy pour le Guet et Lanternes, depuis le premier mars mil sept cent quatre-vingt jusqu'au deux septembre mil sept cent quatre-vingt, monte à la somme de seize mille neuf cent vingt-quatre livres treize sols neuf deniers, cy... 16.924 ll. 13 s. 9 d. et la recette depuis le premier mars 1780 jusqu'au deux septembre 1780, monte à la somme de seize mille cinq cent quatre livres quatorze sols sept deniers, y compris six mille neuf cent quatre-vingt-six livres dix-sept sols quatre deniers qui restoit en caisse au premier mars mil sept cent quatre-vingt, cy... 16.504 ll. 14 s. 7 d.

                              419 ll. 19 s. 2 d.

Partant, la dépense excède la recette de la somme de quatre cent dix-neuf livres dix-neuf sols deux deniers, cy..................... 419 ll. 19 s. 2 d.

                Total de ce qui reste en caisse... 20.380 ll. 1 s. 6 d.

Estienne, Fournier, J. Pétiniaud.

Nomination du révérend Père de Portaillier pour prêcher l'Avent de 1781.

Aujourd'huy, vingt-cinq novembre mil sept cent quatre-vingt, dans la salle de l'hôtel commun de la dite ville de Limoges, où étoient assemblés Messieurs les Maire et Echevins pour procéder à la nomination d'un prédicateur pour prêcher l'Avent de mil sept cent quatre-vingt-un dans l'église de Saint-Martial dudit Limoges, la chose mise en délibération, lesdits sieurs Maire et Echevins ont d'une commune voix nommé le Révérend Père de Portaillier, grand Augustin (1) et sacristain de la maison de Limoges, auquel il sera, etc. (comme à la p. 14).

ESTIENNE, J. PÉTINIAUD, NAURISSART fils, FOURNIER, ROULHAC (2).

(1) On avait pris l'habitude de dire : *grands Augustins*, comme on disait : *grands Carmes* ; mais il n'y eut jamais à Limoges qu'un seul couvent de religieux augustins.

(2) Au cours de 1780, un certain nombre d'habitants des rues Boucherie, Roulet (du Canal), de la place des Bancs et de propriétaires de la banlieue, adressèrent au Maire et aux Echevins une pétition destinée à être transmise à l'Intendant, pour obtenir la démolition de la tour de Pissevache et l'ouverture, sur son emplacement, d'une rue conduisant directement des boulevards au Poids du Roi. Cette supplique fut appuyée par les consuls, et, après enquête, l'Intendant rendit une ordonnance favorable ; mais, deux ans plus tard, celle-ci n'était pas encore mise à exécution.

La rue Vigne-de Fer existait depuis longtemps, mais à l'état de cul-de-sac ; la porte qui s'ouvrait sous la tour Pissevache étant depuis plusieurs siècles murée. L'ingénieur Cadié fut chargé de faire le devis des travaux à exécuter. Les particuliers donnèrent des souscriptions. La tour paraît à ce moment avoir fait partie d'un emplacement vendu ou arrenté à M. Faute, qui y avait fait construire un petit pavillon. Cette tour, qui avait au xiv° siècle servi de prison royale, abrita, dit-on, les premières réunions de la Loge maçonnique établie à Limoges dans la seconde moitié du dix-huitième siècle. La plus ancienne liste des membres de cette loge que nous connaissions ne remonte pas au-delà de 1777.

Dans la nuit du 2 au 3 mai 1780, on ressentit à Limoges une légère secousse de tremblement de terre. Le 21 du même mois, à l'issue d'une messe solennelle, chantée à Saint-Martial, eurent lieu les élections consulaires. M. Brisset du Puy du Tour fut nommé juge de la Bourse ; M. Petiniaud de Jourgnac fils, premier consul, et M. Montégut du Haut-Peyrat, second consul. Les exercices littéraires du Collège se terminèrent, selon l'usage, par la distribution des prix qui eut lieu le 18 août. L'abbé Romanet, professeur de troisième, prononça un discours sur l'excellence de la langue française (1780).

« Le 18 octobre, à sept heures du soir, M. Montaigne, contrôleur des postes à Limoges et correspondant de l'Académie des sciences de Paris, découvrit, dans la première de ces villes, avec une lunette Ramsden de 18 pouces, une nouvelle comète, auprès et à l'occident de l'étoile *Tau*, dans la constellation du serpentaire » (*Cont. des Annales*, p. 266).

Nous avons déjà signalé plus haut une première découverte de ce genre due au même savant, dont le nom figura pendant longtemps sur la liste des associés de notre société d'agriculture.

On établit, en 1780, le devis estimatif de la construction d'une maison pour le logement du Guet, au fond du jardin dépendant de la maison de ville, le long de la petite venelle qu'on avait autrefois appelé le charreyron Botin ou Boutin ; cette maison comportait seulement un rez-de-chaussée et un premier étage : au rez-de-chaussée, une cuisine et une chambre ou dortoir de cinq lits, la chambrette d'un sergent et l'escalier au milieu ; au premier, deux chambrées de six lits chacune et un second petit cabinet pour un sous-officier ; un grenier sur le tout ; une seule cheminée, celle de la cuisine. La dépense était évaluée à 4 à 5,000 livres seulement (Hôtel de Ville, CC² v°⁵ 3, 4, 5, 6). En attendant, le guet resta provisoirement installé rue de l'Arbre-Peint.

Extrait des Registres du Conseil d'Etat du Roy

Le Roy ayant, par édit du mois de novembre mil sept cent soixante onze, rétabli des offices municipaux en titre dans les villes et communautés du royaume, auroit bien voulu permettre par arrêt rendu en son Conseil, le vingt-quatre juin mil sept cent soixante-quinze, à celle de Limoges d'acquérir, réunir et incorporer ceux établis pour elle par ledit édit, à la charge, par ladite ville et communauté, de rembourser au titulaire celuy de secrétaire greffier, et de payer au trésorier des parties casuelles la somme de dix mille cinq cents livres (1), en différents termes, dont le dernier est échu au premier janvier de la présente année, et Sa Majesté ayant ordonné, par le même arrêt, qu'au moyen de ladite réunion, ladite ville et communauté de Limoges pourra élire et nommer aux dits offices en la forme qui sera jugée la plus convenable et réglée par Sa Majesté sur les mémoires et renseignements qui auroient été remis au sieur Intendant par les Maire et Echevins actuels, lesquels continueroient jusqu'à ce d'exercer les fonctions desdits offices, et Sa Majesté étant informée que les dispositions prescrites par ledit arrêt du Conseil du 24 juin 1775 seroient exécutées et jugeant à propos de faire connaître ses intentions sur l'administration de la ville de Limoges,

Vu l'édit du mois de novembre 1771, l'arrêt du Conseil du 24 juin 1775 (2); la quittance en forme du sieur Manen, acquéreur de l'office de secrétaire greffier, en date du dix octobre 1775; la quittance finale du sieur Bertin, trésorier des parties casuelles du dix-sept mars 1780, ensemble l'avis du sieur Intendant et commissaire départi en la Généralité de Limoges, ouy le rapport, le Roy, étant en son conseil, a ordonné et ordonne ce qui suit :

ARTICLE PREMIER. — L'administration municipale de la ville de Limoges sera composée du corps municipal et d'un conseil politique permanent que Sa Majestée a établi et établit tant pour tenir lieu des assemblées de notables qu'il étoit cy devant d'usage d'assembler en certains cas et qui demeureront supprimées à l'avenir, que pour les autres fonctions qui seront cy après assignées, et pour former un corps subsistant de sujets éligibles aux places de Maire, de Lieutenant de Maire et d'Echevins.

ART. 2. — Le corps municipal sera composé d'un Maire, d'un Lieutenant de Maire, de quatre Echevins, d'un sindic receveur et

---

(1) Le prix originairement fixé était très supérieur : 63,600 livres (voir le tome V, p. 409, de nos *Registres*.
(2) Voir p. 57 du présent volume.

d'un secrétaire-greffier, lesquels composeront le Conseil ordinaire de la ville, et traiteront des affaires qui la concernent. Le sindic receveur ny le secrétaire greffier n'y auront pas voix délibérative. Le sindic receveur fournira la caution requise et accoutumée.

Art. 3. — Le Conseil politique permanent sera composé du corps municipal et de seize conseillers, pris dans les différents ordres des citoyens.

Art. 4. — Les Maire, Lieutenant de Maire et Echevins, ainsy que les Conseillers de ville, demeureront quatre ans en place ; les sindic receveur et secrétaire pourront être continués autant de temps que l'administration municipale le trouvera convenable et pareillement être remplacés sans égard à leur temps de service par d'autres sujets que ladite administration municipale voudroit choisir, le tout par des délibérations approuvées du sieur Intendant.

Art. 5. — Tous les membres de l'administration municipale seront élus à la pluralité des suffrages par le Conseil politique. Et néanmoins Sa Majesté se réserve, pour cette fois seulement et sans tirer à conséquence, la nomination de tous lesdits membres.

Art. 6. — Le jour de l'élection demeurera fixé au premier juillet, et pour qu'il y ait toujours dans l'hôtel de ville autant de sujets qui auront exercé, que de nouveaux entrants, il sera procédé, à commencer au premier juillet mil sept cent quatre vingt deux, à l'élection du maire, de deux échevins et de huit conseillers de ville, et deux ans après à l'élection d'un lieutenant de maire, de deux échevins et huit autres conseillers de ville, et cet ordre d'élection sera observé successivement de deux en deux ans.

Art. 7. — Veut néanmoins Sa Majesté que, pour la place de maire, il luy soit présenté trois sujets parmy lesquels elle se réserve de faire le choix d'un d'entre eux, qui sera commis aux dites fonctions par un ordre qu'elle fera expédier à ce sujet.

Art. 8. — Le maire, aussitôt après le choix de Sa Majesté, et les autres membres du corps municipal, aussitôt après leurs élections, prêteront le serment requis entre les mains du maire actuel ou autre officier qui se trouvera présider le corps municipal, dont l'exercice ne cessera qu'après ledit serment prêté. A l'égard des conseillers politiques, ils rempliront leurs fonctions en vertu de leur seule élection et sans qu'il soit besoin d'autre formalité.

Art. 9. — Ne pourront ceux qui seront élus par la suite aux dites places être continués au delà de quatre années que doit durer leur exercice, ny être élus de nouveau à aucunes desdites places, qu'après un intervalle de quatre années, sans cependant que ce temps de l'exercice de conseiller de ville puisse être compté pour la durée de l'échevinage ou lieutenance de maire, ny celuy de l'échevinage ou lieutenance de maire pour la durée de l'exercice de maire.

Art. 10. — Les conseillers de ville seront élus dans les classes les plus notables des citoyens âgés de vingt cinq ans accomplis et domiciliés au moins depuis dix ans dans laditte ville de Limoges, soit nobles, soit exerçant des professions libérales, soit parmy les négociants et marchands les plus haut taxés aux impositions, — et les maire, lieutenant de maire et échevins ne pourront être élus que parmy les conseillers de ville, sans que pour aucune desdites places il puisse être choisi aucun membre des communautés d'artisans ou autres exerçant les arts méchaniques (1).

Art. 11. — En cas de décès de quelqu'un des officiers municipaux ou conseillers, s'il arrive dans le courant des deux premières années de son exercice, il sera remplacé par un autre sujet qui demeurera en place seulement pendant le temps qu'auroient duré les fonctions de l'officier décédé ; et si le décès arrive dans les deux dernières années, Sa Majesté laisse à la prudence de l'administration municipale de le remplacer s'il y a lieu ; mais si elle juge à propos de le faire, le temps qui s'écoulera jusques à la prochaine élection ne sera point compté au nouvel élu, qui l'exercera pendant les quatre années suivantes ; et dans tous les cas où il y aura lieu à faire une élection, l'administration municipale y procédera huitaine après ledit décès : à l'effet de quoy, celuy qui présidera le corps municipal convoquera les conseillers par des billets envoyés trois jours avant l'assemblée qui en indiqueront le motif, il en sera usé de même lors des élections générales qui se feront tous les deux ans, en observant dans celles-cy de commencer par l'élection du maire ou du lieutenant de maire, puis des échevins, enfin des conseillers de ville ; et dans chacune desdites élections il sera procédé par voye de scrutin, dont l'ouverture (2) sera faitte immédiatement après ; et en cas qu'il y eût égalité dans les suffrages, le maire ou celuy qui présidera aura la voix prépondérante ainsy que dans les autres délibérations.

Art. 12. — Veut Sa Majesté que lesdits maire et échevins jouissent, pendant le temps de leur exercice, des exemptions et privilèges portés en l'édit du mois de novembre 1771, à l'exception néanmoins des gages, qui demeureront au profit de la ville.

Art. 13. — Les affaires d'administration ordinaire seront réglées par les seuls maire et échevins dans les assemblées du samedy de

---

(1) Il y a à cet égard, on le voit, un recul sur la législation plus démocratique, inaugurée naguères par l'article 30 de l'édit de décembre 1767, qui admettait dans la composition des corps municipaux des villes et bourgs, « deux laboureurs et artisans ». (Voir tome V, p. 293).

(2) Le sens de ce mot a changé. Il faut comprendre ici : « le dépouillement ».

chaque semaine et autres plus fréquentes si le cas y échoit; quant aux affaires extraordinaires, comme les nominations d'officiers et autres affaires majeures, elles seront traitées dans une assemblée à laquelle les conseillers de ville seront convoqués ; ils pourront même sans aucune convocation se rendre aux assemblées ordinaires des premiers samedy de chaque mois pour faire leurs observations, s'il y a lieu, sur ce qui se sera passé dans le mois précédent.

Art. 14. — Dans toutes les assemblées, les affaires seront proposées par le maire ou à son défaut par celuy qui sera en rang de présider, et la délibération sera arrêtée et d'icelle dressé procès-verbal sur un registre qui sera à cet effet cotté et parafé, lequel procès-verbal portera en marge le nom de tous ceux qui auront assisté, et sera signé d'eux, sans qu'en aucun cas les délibérations puissent être couchées sur des feuilles volantes, dont Sa Majesté interdit l'usage ; et comme les délibérations qui seront prises ne doivent avoir d'effet qu'après avoir été autorisées par le sieur Intendant, le secrétaire greffier mettra en marge de chacune desdites délibérations l'extrait de son autorisation ou de son reçu avec sa date.

Art. 15. — Il ne pourra être fait aucune imposition sur la ville et communauté, ny faire (sic) aucune dépense autres que les ordinaires précédemment approuvées, soit à raison d'acquisitions, constructions, procès et députations, gratifications, nouveaux établissements, encore moins être fait aucun emprunt, que le tout n'ait été proposé et arrêté par une délibération prise dans une assemblée du conseil politique et que ladite délibération n'ait été duement approuvée par Sa Majesté, sur l'avis du sieur Intendant et Commissaire départi.

Art. 16. — A chaque élection de Maire, il sera fait un procès-verbal de recollement de tous les papiers en présence de l'ancien Maire et du nouveau ; enjoint Sa Majesté à l'ancien de faire porter aux archives tous les papiers, titres, lettres et mémoires qui se seront rassemblés pendant son exercice; à quoy faire il sera contraint de l'autorité du sieur Intendant, commissaire départi, en cas de refus de sa part.

Art. 17 et dernier. — Seront au surplus les règlements généraux rendus sur le fait de l'administration des villes et communautés, ainsy que ceux qui peuvent avoir été rendus sur le même objet pour la ville de Limoges en particulier, exécutés suivant leur forme et teneur, en ce qui n'est pas contraire aux dispositions du présent arrêt, lequel sera transcrit sur les registres dudit hôtel de ville de Limoges, exécuté selon sa forme et teneur, nonobstant oppositions, ou autres empêchemens généralement quelconques, dont, si aucuns interviennent, Sa Majesté s'est réservé à soy et à son Conseil la connoissance, ycelle interdisant à toutes ses cours et juges. Mande Sa Majesté audit sieur Intendant de tenir la main à l'exécution du présent arrêt. Fait au Conseil d'Etat du Roy, Sa Majesté y étant, tenu à Versailles, le onze décembre mil sept cent quatre-vingt. Signé : AMELOT.

Marius-Jean-Baptiste-Nicolas d'Aine, chevalier, conseiller du Roy en ses conseils, maître des requettes honoraire de son hôtel, Intendant de justice, police et finances en la Généralité de Limoges,
Vu le présent arrêt du Conseil, et les ordres à nous adressés, nous ordonnons que ledit arrêt sera exécuté selon sa forme et teneur et transcrit sur les registres de l'hôtel de ville, dont il nous sera certifié en la manière accoutumée. Fait le trente décembre mil sept cent quatre-vingt. Signé : D'AINE, et plus bas : par Monseigneur, DE BEAULIEU (1).

De par le Roy,

Sa Majesté s'étant réservé pour cette fois, par l'arrêt de réglement rendu en son Conseil le onze du présent mois, la nomination aux places de l'administration municipale de la ville de Limoges, et étant informée de la capacité, du zèle et de la bonne conduite des sujets cy après nommés, elle les a choisis et choisit, pour cette fois seulement et sans tirer à conséquence, pour remplir les dites places, — savoir : pour le corps municipal, le sieur Naurissart, directeur de la Monnoye, pour remplir la place de Maire ; — le s[r] Estienne, président de l'élection, celle de Lieutenant de Maire ; — les sieurs Juge de Laborie, avocat de Sa Majesté au Présidial ; Tanchon, juge de la Cité ; Barbou de La Valette, greffier en chef de l'Election, et Fournier jeune, celles d'Echevins ; — le sieur Lingaud père, celle de receveur sindic, et le sieur Lingaud fils, celle de secrétaire-greffier ; — Et pour le Conseil politique : les sieurs Ruben de Lombre, lieute-

---

(1) On connait quelques exemplaires imprimés de cet arrêt, à la suite duquel se trouve le règlement du 23 décembre 1785, relatif à l'exercice de la police. Il en existe dans quelques collections particulières, aux Archives de l'hôtel de ville et dans la liasse C 53 des Archives du Département. Cette dernière liasse renferme plusieurs documents que nous avons déjà reproduits ou auxquels nous avons eu recours. Notons, pour ordre seulement, un petit mémoire de l'écriture de Lingaud, bien court, bien pauvre, bien incomplet, bien peu intéressant, sur l'organisation de la municipalité à Limoges dans le passé.

nant particulier du sénéchal ; Baillot d'Estivaux, trésorier de France ; Barbou de Monismes, secrétaire de Sa Majesté ; David, avocat ; Fougères, médecin ; Grellet l'aîné, négociant ; Roulhac du Cluzeau, procureur de Sa Majesté au bureau des finances ; Nasvières de Brégefort, conseiller au Présidial ; Cogniasse, médecin ; Grellet, entrepreneur de la manufacture de porcelaine ; Bourdeaux de la Judie père, écuyer ; Roulhac, avocat ; Pétiniaud de Beaupeyrat fils, négociant ; Thoumas de Bosmy, notaire ; Petit, receveur du tabac, et Fray de Fournier, chirurgien-major de l'hôpital.

Veut Sa Majesté que lesdits officiers municipaux et conseillers politiques remplissent leurs fonctions conformément aux dispositions dudit arrêt de règlement du 11 du présent mois, qu'ils soient reconnus et obéis de tous ceux et ainsy qu'il appartiendra, et qu'ils jouissent des honneurs, rangs, séances et prééminences attribués aux dites places. Enjoint Sa Majesté au sieur Intendant et commissaire départi en la Généralité de Limoges, de tenir la main à l'exécution de la présente ordonnance, laquelle sera lue, publiée et transcrite sur les registres de l'hôtel de ville de Limoges, afin que personne n'en ignore. Fait à Versailles, le vingt-sept décembre mil sept cent quatre-vingt. Signé : Louis, et plus bas : Amelot.

Marius-Jean-Baptiste-Nicolas d'Aine, chevalier, conseiller du Roy en ses Conseils, maître des requettes honoraire de son hôtel, intendant de justice, police et finance en la Généralité de Limoges,

Vu la présente ordonnance de Sa Majesté et les ordres à nous adressés, ordonnons que ladite ordonnance sera exécutée selon sa forme et teneur, lue, publiée et transcrite dans les Registres de l'hôtel de ville de Limoges, dont il nous sera duement certifié ; qu'à cet effet, par le sieur Roulhac, maire actuel, il sera convoqué au jour le plus prochain une assemblée du Corps de ville à laquelle seront appelés les Officiers municipaux nommés par la présente ordonnance, pour être installés après avoir prêté le serment requis, et que les conseillers politiques nommés par ladite ordonnance seront pareillement appelés pour être installés conformément à l'article huit de l'arrêt du Conseil du 11 de ce mois. Fait le 30 décembre 1780. Signé : D'Aine, et plus bas : par Monseigneur De Beaulieu.

Enregistré le 10 janvier 1781.

— 151 —

Aujourd'huy, dixième janvier mil sept cent quatre-vingt-un, dans la salle de l'hôtel de ville de Limoges, où Messieurs les Officiers municipaux, sindic-receveur, secrétaire-greffier, et conseillers dénommés à l'ordonnance cy dessus, s'étant assemblés sur les billets d'invitation à eux adressés par Monsieur Roulhac, Lieutenant général et Maire de ladite ville sortant d'exercice, qui s'est également rendu en ladite assemblée,

Installation du nouveau corps municipal.

Le secrétaire-greffier ayant fait lecture tant du susdit arrêt du Conseil, que de l'ordonnance du Roy portant nomination de Messieurs les Officiers susdits, M. Roulhac, après avoir reçu le serment au cas requis de Messieurs les nouveaux Maire, Lieutenant de Maire, Echevins, et tant eux que le sindic receveur, secrétaire greffier et conseillers du Conseil politique ayant pris chacun leur place, y ont été installés par mon dit sieur Roulhac, pour par eux les remplir conformément à la volonté du Roy, et ont signé :

Tanchon, Fournier, Barbou, Naurissart fils, Estienne, Juge, Ruben de l'Ombre, David, Gabriel Grellet, Navières de Brégefort, J. Pétiniaud fils, Roulhac, L. Bourdeau de Lajudie, Petit, Thoumas de Bosmie, Fray de Fournier, Grellet l'aîné, Cugniasse, d. m. M., J. Pétiniaud, Lingaud, Fournier, Lingaud fils, Fougères, d. m. (1).

(1) La séance d'installation eut lieu à trois heures de l'après-midi. Une note du secrétaire Lingaud, que nous trouvons à un cahier auquel nous avons déjà fait quelques emprunts (v. notamment p. 131 ci-dessus), complète ainsi le procès-verbal officiel :

« Après avoir été installés, ils se revêtirent de leurs robes et chaperons, et précédés par la compagnie du guet et par les officiers de la bourgeoisie, ils allèrent, au bruit des tambours, à l'église royale et collégiale de Saint-Martial, rendre leur hommage à ce saint patron de la ville, et y vénérèrent, selon l'usage, au son des cloches, le bras de l'apôtre du Limousin, que leur présenta M. Tanchon, chanoine hebdomadier. » (Arch. départ., C 53.)

L'abbé Legros note, dans la *Continuation des Annales* (p. 271, 272), cette prestation de serment des nouveaux officiers municipaux. Il rapporte aussi que M. Naurissart et les échevins se rendirent à Saint-Martial pour y faire les dévotions accoutumées; mais on remarqua qu'ils n'observaient pas le cérémonial ordinaire. Ils furent seulement escortés par le guet. Ni la milice bourgeoise ni la maréchaussée ne prirent les armes et on ne tira pas le canon. Les membres de la municipalité ne portèrent pas de cierges à la cérémonie; ils en envoyèrent six. Pour la première fois depuis des siècles, les magistrats de la commune ne firent pas célébrer la messe votive qu'on avait coutume de chanter le lendemain de l'installation des nouveaux administrateurs et à laquelle ceux-ci assistaient en grande cérémonie. — Legros rappelle à ce sujet que le marguillier de Saint-Martial était dans l'usage de porter à l'hôtel de ville, pour la prestation de serment des nouveaux magistrats, « le livre des Evangiles couvert d'une lame de vermeil, la petite croix d'argent qu'on porte à l'Evangile, et un carreau, le tout pris de la sacristie » de la collégiale.

L'année 1781 ne vit que peu d'événements intéressants : l'arrivée du régiment Dragons d'Artois, le violent orage du 1er août et les réjouissances par lesquelles fut célébrée la nouvelle de la naissance du Dauphin. L'Intendant reçut l'avis officiel le 26 octobre : le prince était né dans l'après-midi du 22. On trouvera plus loin, sous la date du 5 novembre 1781, une délibération intéressante prise à cette occasion par le Corps municipal.

Nomination des syndics chargés de la confection des listes de la milice pour 1781.

Aujourd'huy, vingt-quatre février mil sept cent quatre-vingt-un, les Officiers municipaux, assemblés dans l'hôtel de ville de Limoges, ayant pris communication de la lettre qui leur a été écrite par Monseigneur l'Intendant de cette Généralité, pour faire faire des listes des garçons et veufs sans enfants, sujets à tirer au sort pour les régiments provinciaux, lesdits sieurs Officiers municipaux ont en conséquence de ladite lettre nommé d'office les sindics dans ladite ville de Limoges et orances d'ycelle, pour faire lesdites listes, ainsy qu'il suit :

Consulat.

Le sieur Bayle, procureur.
Le sieur Lascoux, bourgeois, gendre à Dubois.

Manigne.

Le sieur Baptiste Moulinier, bourgeois.
Le sieur Baud, marchand.

Les Bancs.

Le sieur Paumaud (*sic*), droguiste.
Le sieur Faure de Condat, bourgeois.

Le Clocher.

Le sieur Coulaud, procureur.
Le sieur Duras, marchand.

Boucherie.

Le sieur Pradeaux, marchand.
Le sieur Laurent fils aîné, marchand.

Ferrerie.

Le sieur Nadaud, gendre à Dauriat, bourgeois.
Le sieur Léonard Dupré, marchand.

Les Combes.

Le sieur Mousnier, procureur.
Le sieur Constant de Meyjas, bourgeois.

Lansequot.

Le sieur Limouzin fils aîné, marchand.
Le sieur Dennaud (1) de Lage, marchand.

(1) Peut être *Denvaud*.

La Boucherie

Le sieur Baptiste Reynier, marchand.
Le sieur Audoin Malinvaud, fils de Jean Dupetit, boucher.

Orances.

Le nommé Rougier fils, sabotier, demeurant près Antonny.
Baptiste Romanet, charpentier.
Martial Pradier, cabaretier.
Etienne Sicard fils, demeurant à Saint-Lazare, — auxquels sindics est enjoint de faire de suite les listes demandées par ladite lettre, conformément aux instructions qui leur seront remises; et pour former lesquelles listes, il est ordonné, de la part des dits sieurs officiers municipaux à chaque sergent de ville d'accompagner les dits sindics dans son canton, qui sera tenu de remettre de suite les dites listes à l'hôtel de ville, conformément aux dites instructions. Fait lesdits jour, mois et an que dessus.

ESTIENNE, JUGE, TANCHON, FOURNIER.

Aujourd'huy, troisième mars mil sept cent quatre-vingt-un, dans la salle de l'hôtel de ville de Limoges, où étoient assemblés Messieurs les Maire et Echevins soussignés,

Reddition des comptes du 1ᵉʳ septembre 1780 au 1ᵉʳ mars 1781.

Sur le compte qui a été rendu par le sieur Lingaud, sindic receveur de l'hôtel de ville, tant du produit des Octroys, Patrimoniaux et du Don gratuit et de l'employ qui en a été fait, le tout ayant été duement vériffié, vu les registres et autres pièces justifficatives, il s'est trouvé que la recette du Don gratuit, depuis le deux septembre mil sept cent quatre-vingt jusqu'au trois mars mil sept cent quatre-vingt-un, monte à la somme de trente mille neuf cent quatre-vingt-douze livres dix-neuf sols quatre denier, y compris vingt-un mille cinq cent trente-neuf livres dix-sept sols un denier, qui avoit demeuré en caisse au deux septembre mil sept cent quatre-vingt, et la dépense pour le même temps à six mille soixante-onze livres douze sols onze deniers, en sorte qu'il reste en caisse, pour le Don Gratuit, la somme de vingt-quatre mille neuf cent vingt-une livres six sols cinq deniers, cy.......... 24.921 ll. 6 s. 5 d.

Pareillement, il s'est trouvé que la recette des Octroys, Deniers patrimoniaux, y compris

Report.......... ... 24.921 ll. 6 s. 5 d.

	A reporter........	24.921 ll. 6 s. 5 d.

l'eau des étangs et le courtage, monte à la somme de onze mille sept cent soixante-quinze livres huit sols six deniers, et la dépense pour le même temps à dix mille deux cent douze livres dix-sept sols neuf deniers, y compris sept cent trente-neuf livres seize sols cinq deniers d'excédant de la dépense à la recette au deux septembre mil sept cent quatre-vingt, en sorte qu'il reste en caisse, pour les Octroys et Deniers patrimoniaux, la somme de quinze cent soixante-deux livres dix sols neuf deniers, cy.................................... 1.562 ll. 10 s. 9 d.

Et la recette du second Octroy pour le Guet et Lanternes, depuis le deux septembre mil sept cent quatre-vingt jusqu'au trois mars mil sept cent quatre-vingt-un, monte à la somme de huit mille cinq cent quatre-vingt-treize livres douze sols trois deniers, et la dépense, jusqu'au dit jour trois mars mil sept cent quatre-vingt-un, à la somme de sept mille quatre cent une livres dix-huit sols huit deniers, y compris quatre cent dix-neuf livres dix-neuf sols deux deniers d'excédant de la dépense à la recette au deux septembre mil sept cent quatre-vingt, en sorte qu'il reste en caisse, pour le Guet et Lanternes, la somme de onze cent quatre-vingt-onze livres treize sols sept deniers, cy...................... 1.191 ll. 13 s. 7 d.

TOTAL de ce qui reste en caisse.. 27.675 ll. 10 s. 9 d.

NAURISSART fils, BARBOU, FOURNIER.

Lettre de M. l'Intendant portant qu'il n'y a point d'incapacité aux fonctions de conseiller politique pour MM. Baillot d'Estiveau et Roulhac du Cluzeau.

Copie de la lettre écrite par Monseigneur D'Aine, Intendant de Limoges, à Messieurs les Officiers municipaux de la ville d' Limoges.

Paris, le premier juin 1781. (1).

M. Amelot me mande, Messieurs, qu'ayant rendu compte au Roy des difficultés que les trésoriers de France avoient élevé sur la

(1) L'année 1781 avait apporté un grand deuil aux nombreux amis que Turgot comptait en Limousin. L'ancien Intendant de Limoges était mort le 20 mars à l'âge de cinquante-quatre ans

nomination des sieurs Baillot d'Estiveau et Roulhac Ducluzeau aux places de conseillers politiques de votre ville (1), Sa Majesté a jugé qu'il n'y avoit aucune raison de dispenser les officiers du Bureau des finances des places municipales, et qu'elle a décidé en conséquence que lesdits sieurs Baillot et Roulhac remplissent les fonctions de celles auxquelles ils ont été nommés par l'ordonnance du vingt-sept décembre dernier. M. Amelot m'ajoute qu'il écrit aux trésoriers de France pour leur faire connoître cette décision de Sa Majesté.

J'ai l'honneur d'être très parfaittement, Messieurs, votre très humble et très obéissant serviteur. Signé : D'AINE.

Aujourd'huy, quatorzième juin mil sept cent quatre-vingt-un, dans la salle de l'hôtel de ville de Limoges, où Messieurs les Maire et Echevins et Messieurs les Conseillers politiques étoient assemblés pour délibérer sur les affaires de la commune et installer Messieurs Baillot d'Estiveau et Roulhac Ducluzeau, trésoriers de France, qui y avoient été invités par billets de convocation du jour d'hier, en conséquence de la lettre de Monsieur l'Intendant cy dessus transcrite, lesdits sieurs Baillot d'Estiveau et Roulhac Ducluzeau n'ayant tenu compte de se rendre, il en a été dressé procès-verbal pour servir et valoir ainsy que de raison. *Installation de MM. Baillot et Roulhac (2).*

JUGE, FOURNIER, RUBEN DE L'OMBRE, FOUGÈRES d. m. M., NAVIÈRES DE BRÉGEFORT, ROULHAC, J. GRELLET l'aîné, DAVID, J. PÉTINIAUD fils, FRAY DE FOURNIER, PETIT, COGNIASSE d. m. M., Gabriel GRELLET, BARBOU.

Aujourd'huy, quatorzième juin mil sept cent quatre-vingt-un, dans la salle de l'hôtel de ville de Limoges, où, sur une convocation extraordinaire, se sont assemblés, savoir : Messieurs Juge de la Borie, conseiller, avocat du Roy au Présidial, et Fournier jeune, notaire, échevins, et Messieurs Ruben Delombre, lieutenant particulier au Présidial ; David, avocat ; Fougière (sic), médecin ; Grellet aîné, écuyer ; Nasvières de Brégefort, conseiller audit Présidial ; *Présentation d'une requête au Roy pour obtenir le maintien de l'abonnement consenti pour l'acquittement des droits réservés.*

(1) Aucun de ces officiers ne s'était rendu à la séance du 10 janvier, leur corps ayant jugé qu'il y avait lieu de présenter des remontrances au Roi au sujet de leur désignation pour remplir la modeste charge de membres du Conseil politique.

(2) On voit que l'indication donnée par la manchette est inexacte : les deux Trésoriers ne s'étant pas présentés pour se faire installer.

Cogniasse, médecin; Grellet jeune, négociant; Roulhac, avocat; Pétiniaud de Beaupeyrat, négociant; Petit, receveur du tabac, et Fray de Fournier, chirurgien, conseillers politiques du corps de ville Il a été exposé à l'assemblée, par lesdits sieurs officiers municipaux, que M. D'Aine, intendant de cette Généralité, leur a annoncé, par sa lettre du dix du courant, à laquelle étoit jointe copie de celle de M. Joly de Fleury, que le Roy entendoit faire percevoir à son proffit, à compter du premier juillet prochain, les droits réservés que la ville faisoit lever pour son compte par ses receveurs, et dont le produit étoit destiné à acquitter annuellement à Sa Majesté l'abonnement que la ville avoit fait avec le Roy pour cet objet, en conséquence de la délibération par elle prise le douze juillet 1764 (1), autorisé par arrêt du Conseil le trente août de la même année, et de lettres patentes du même jour enregistrées au Parlement de Bordeaux; que, si cette perception étoit faitte par les commis de la Régie générale, ainsi que le porte la lettre du Ministre, il en résulteroit les plus grands inconvéniens pour les habitants de la ville, qui se verroient journellement exposés à des vexations continuelles de leur part, en leur suscitant des procès, leur faisant des saisies pour des objets minutieux, ce qui doubleroit sans contredit l'imposition : raison qui détermina les Officiers municipaux en 1764 à se faire authoriser par le Conseil d'établir un Octroy sur les vins et autres boissons entrant en ville, dont le produit étoit destiné à acquitter les dits droits réservés, et à faire percevoir par leurs commis et receveurs ledit Octroy, ce qui jusques à présent a été fait, sans aucunes plaintes de la part des redevables ; que, lors de l'imposition du Don gratuit, il en a été départy sur les Elections de Limoges, Tulle et Brives la somme de quarante mille deux cents livres, dans laquelle la ville de Limoges en supporte seule dix mille livres, elle a bien été la maîtresse de payer cette portion soit par voye d'une imposition sur ses habitants, ou par celle qu'elle a prise de l'établissement d'un octroy sur les vins et autres boissons; qu'il doit être indifférent à Sa Majesté que les habitants de Limoges se libèrent de cette imposition par une voye ou par l'autre, et dès le moment qu'il est versé, comme on a fait jusqu'à présent, la somme de quarante mille deux cent livres au Trésor Royal, les habitants des Elections de Limoges, Tulle, et Brives ont rempli leur objet et se trouvent libérés envers le gouvernement; qu'il y a eu des années où le produit de cet octroy n'a pas remply à beaucoup

(1) Nous avons donné cette délibération au t. V, p. 195. Aux pages 204 et 205 du même volume, on trouve l'acceptation, à la date du 1ᵉʳ décembre 1764, par le directeur des domaines de la généralité, du forfait proposé par la ville, sur le conseil de Turgot selon toute vraisemblance.

près la somme de onze mille livres que la ville paye annuellement au Roy, et que, dans d'autres années, il a surpassé, mais bien faiblement, cette somme ; mais cet excédant, s'il y en a eu, a été bientôt consommé par les frais de régie, qui ont doublé dans les années d'abondance, par la nécessité où l'on a été d'augmenter le nombre des commis. Il étoit permis aux habitants de Limoges de payer leur portion des dits droits réservés, et d'en faire la répartition dans un rolle entre eux ; ils ont préféré de s'en acquitter par le moyen d'un Octroy sur les vins et boissons : de vouloir leur enlever ces moyens seroit une injustice qu'on commettroit à leur égard, et ils sont assurés d'avance qu'en exposant les moyens cy-dessus à sa Majesté et à nos seigneurs de son Conseil, ils en seront redimés. — La chose mise en délibération et les suffrages recueillis, il a été unanimement arrêté qu'il seroit présenté un mémoire à sa Majesté et à nos seigneurs de son Conseil qui contiendra les très humbles représentations des habitants de la ville de Limoges, dans lequel on fera usage des moyens cy-dessus et de ceux que présentent les lettres patentes du dix sept avril 1760, celles du trente août 1764 et autres réglements concernant lesdits droits réservés, pour supplier et obtenir de Sa Majesté que l'abonnement qui n'a été accordé à la ville qu'en conséquence et dans l'esprit des loix portant établissement du Don gratuit, luy sera conservé. Et si, par des circonstance malheureuses qu'elle est bien éloignée de prévoir, l'on pouvoit s'écarter de ces principes, demander à Sa Majesté la suppression de l'octroy que la ville n'a consenty que sur la certitude et la confiance où elle étoit que la Régie en seroit faitte par les Officiers municipaux et s'en tenant aux dispositions des lettres patentes du sept avril 1760, et vingt-deux mars 1770, dont la ville réclamera l'exécution ; offrir de contribuer par un rolle particulier de la somme de dix mille livres à celle de quarante mille deux cents livres fixée pour les élections de Limoges, Tulle et Brives, où les droits ne doivent point être perçus en nature.

Fait les jour, mois et ans que dessus.

   Juge, Fournier, Ruben de L'Ombre, Barbou, Navière de Bregefort, Roulhac, Grellet l'aîné, Fougères, d^r David, J. Pétiniaud, Gabriel Grellet, Fray de Fournier, Petit, Cogniasse (d. m. M.).

Présentation d'une requête au Roy pour lui demander un secours nécessaire à différentes réparations urgentes aux étangs, aqueducs, etc.

Aujourd'huy, vingt huit juin mil sept cent quatre vingt un, dans la salle de l'hôtel de ville de Limoges, Messieurs les Officiers municipaux s'étant assemblés, il a été exposé et par eux pris en considération que, sans le secours qu'ils ont reçu à différentes époques du gouvernement, cette ville seroit déserte et sans habitants (1). Elle est située sur le demy penchant d'une colline, au bas de laquelle passe la rivière de Vienne. Cette situation marécageuse rend l'habitation mal saine par les brouillards continuels qui en infectent l'air. On a bien tâché de remédier à partie de cet inconvénient, en faisant des ouvertures à travers les rues de la ville ; mais en cela on n'a qu'ébauché l'ouvrage, et les habitants sont journellement exposés à des maladies épidémiques qui proviennent de l'infection de l'air et du défaut de salubrité : ce qui occasionne une dépopulation sensible. Sur la partie la plus élevée de cette ville, se trouvent deux étangs, où, malgré le zèle et la vigilance des officiers de police, le peuple jette toutes ses immondices ; cette eau ainsy infectée coule à travers les rues et y répand la plus mauvaise exhalaison. Il y subsiste encore un autre inconvénient bien plus dangereux. Cette ville est bâtie sur des souterrains traversés par une infinité d'aqueducs remplis d'eau, qui, dans le principe, avoient un dégorgement connu, mais qui actuellement sont tous interceptés par la disposition secrète que chaque habitant en a faite à son profit, en y établissant des fosses d'aisance et les faisant mener à l'extrémité de sa propriété : ce qui, moyennant ce, arrête le cours des eaux et fait craindre un effrondement total (2). Le bâtiment qui sert à l'hôtel de ville est devenu inhabitable et menace de ruine. La plus part des fontaines qui fournissoient l'eau à différents quartiers de la ville, faute de pouvoir les entretenir, n'en donnent plus : ce qui prive l'habitant du plus nécessaire à son existence. Il y a une infinité de pavés qui sont à la charge de la ville et que, ne pouvant entretenir, sont totalement dégradés. Pour remédier à tous ces abus, il faudroit supprimer un de ces étangs et ne pratiquer qu'un canal dans l'autre pour y garder l'eau suffisante à porter du secours dans le cas d'un incendie, et luy donner toute autre forme que celle qu'il a, pour que le peuple n'y

---

(1) On retrouve ici les exagérations qui ont été relevées plus d'une fois dans les demandes de dégrèvements ou de secours adressées par les magistrats municipaux au gouvernement. On sourira sans doute en lisant la singulière description que ces magistrats donnent ici de la ville.

(2) Il y a ici de l'exagération, mais l'écroulement de plusieurs immeubles durant les dernières années prouvait bien qu'il y avait un danger réel. Nous avons vu du reste l'autorité ordonner, en 1769, la visite de toutes les maisons par des experts (voir tome V, p. 368).

jettât plus ses immondices (1). Il faudroit suivre tous les aqueducs de la ville, et leur donner une issue, réparer les susdites fontaines et pavés, et rebâtir un hôtel de ville. Tous ces objets sont de la plus grande importance, et ne peuvent souffrir de retard dans leur exécution ; mais la ville est sans ressources et pour ainsy dire sans revenus. Il ne reste donc d'autre moyen aux habitants de Limoges, que d'exposer leur triste situation au pied du trône et de supplier Sa Majesté de vouloir bien homologuer la présente délibération et leur accorder le secours dont ils ont besoin pour faire les réparations cy-dessus et prévenir par là les dangers dont cette ville est menacée.

La chose mise en délibération et les suffrages recueillis, il a été unanimement arrêté d'adresser au Roy et à nos seigneurs de son Conseil un mémoire au nom des habitants, expositif des moyens et raisons cy-dessus, et supplier Sa Majesté de leur accorder les secours dont ils ont besoin dans la triste situation où ils se trouvent.

Estienne, Tanchon, Fournier, Barbou (2).

Extrait des Registres du Parlement.

Louis, par la grâce de Dieu, Roy de France et de Navarre, à tous ceux qui ces présentes lettres verront, salut. La charge de notre Lieutenant général de Haut et Bas-Limousin, étant actuelle-

<small>Provisions de la lieutenance générale du Haut et Bas-Limousin pour M. le comte des Cars</small>

---

(1) La question des Etangs devait s'agiter pendant de longues années encore avant d'être résolue. On commença par supprimer le plus petit de ces bassins, sur l'emplacement duquel, comme on le verra un peu plus loin, on transféra la halle au poisson de la place Saint-Pierre, appelée *le Gras*, des degrés (*gradus*) qui la séparaient de l'église, et qui, transportée au débouché de la rue des Fossés, garda ce nom de *Gras*, devenu incompréhensible pour tout le monde. En 1817 seulement, à la suite d'un rapport remarquable du Dr Cruveilhier, on décida que l'étang d'Aigoulène serait complètement recouvert par des voûtes. Ce travail fut exécuté deux ans plus tard.

(2) **La demande des officiers municipaux fut bien accueillie. Une lettre de l'Intendant,** datée de Paris, 4 décembre 1781, les avisa que le Roi avait consenti à accorder à la ville, pendant cinq ans et demi à compter du 1er juillet, un secours de 3,000 livres par an. L'allocation de ce secours fut renouvelée pour six ans à partir du 1er janvier 1787.

— « Nous voilà à peu près, relativement au Don gratuit, écrivait la municipalité à d'Aine, le 21 décembre, en lui adressant ses remerciements, dans le même état que nous étions pendant que la ville le régissoit pour son compte ; mais nous sommes menacés de la part de la Régie generalle d'un nouvel impôt sur l'Octroy destiné pour le Guet et Lanternes. Quoique l'arrêt du Conseil qui l'établit et dont nous avons l'honneur de vous envoyer coppie, porte expressement qu'il sera exempt des sols pour livre, néanmoins la Régie prettend l'y assujetir... C'est une nouvelle occasion pour nous, Monseigneur, d'implorer votre protection pour détourner l'orage qui menace la ville, » etc. (Hôtel de Ville. CC, 16, nos 24 et 25).

ment vacante, etc... (1). Enregistrées ont été les présentes provisions au greffe du Sénéchal de Limoges, en exécution du jugement sénéchal de ce jour, rendu sur les conclusions du procureur du Roy. A Limoges, le vingt trois juillet mil sept cent quatre vingt un. *Signé* : PLAINEMAISON, commis greffier (2).

<small>Reddition des comptes du 1er mars au 1er septembre 1781</small>

Aujourd'huy, deuxième septembre mil sept cent quatre vingt un, dans la salle de l'hôtel de ville de Limoges, où étoient assemblés Messieurs les Maire et Echevins soussignés,

Sur le compte qui a été rendu par le sieur Lingaud, sindic receveur de l'hôtel de ville, tant du produit des Octroys, Patrimoniaux et du Don Gratuit, et de l'employ qui en a été fait, le tout ayant été duement vérifié, vu les registres et autres pièces justificatives, il s'est trouvé que la recette du Don Gratuit, depuis le trois mars mil sept cent quatre vingt un jusqu'au trente juin mil sept cent quatre vingt un, monte à la somme de trente deux mille six cent quatre vingt une livres sept sols quatre deniers, y compris vingt quatre mille neuf cent vingt une livres six sols cinq deniers qui avoit demeuré en caisse au trois mars mil sept cent quatre vingt un, et la dépense pour le même temps à six mille cent quatre vingt seize livres douze sols onze deniers, en sorte qu'il reste en caisse, pour le Don Gratuit, la somme de vingt six mille quatre cent quatre vingt quatre livres quatorze sols cinq deniers, cy... 26.484 ll. 14 s. 5 d.

La dépense des Octroys s'est trouvée monter, depuis le trois mars mil sept cent quatre vingt un jusqu'au deux septembre mil sept cent quatre vingt un, savoir :

Aux employés. 1.161ll 19s 7d ⎫
Et en dix huit mandements acquittés par le sieur Lingaud....... 14.092ll 6s 3d ⎬ 15.254ll 5s 10d
⎭

A reporter........ 15.254ll 5s 10d   26.484 ll. 14 s. 5 d.

---

(1) Ces lettres ne sont que la reproduction littérale des provisions de lieutenant général accordées au titulaire le 12 septembre 1758 et déjà imprimées dans notre tome V, p. 263 et suivantes.

(2) On a trouvé au volume précédent, pages 346, 347, 348, mention de plusieurs commissions ou brevets délivrés, en qualité de lieutenant général de la province, par le comte des Cars.

Reports............... 15.254ˡˡ 5ˢ 10ᵈ   26.484 ll. 14 s. 5 d.

La recette des Octroys, deniers Patrimoniaux, eau des étangs et couretage s'est trouvée monter, y compris quinze cent soixante deux livres dix sols neuf deniers qui restoit en caisse au trois mars mil sept cent quatre vingt un, la somme de treize mille six cent quarante quatre livres treize sols sept deniers, cy........... 13.644ˡˡ 13ˢ 7ᵈ

Partant la dépense excède la recette de la somme de seize cent neuf livres douze sols trois deniers, cy........................ 1.609 ll. 12 s. 3 d.

24.875 ll. 2 s. 2 d.

Et la recette du second Octroy pour le Guet et Lanternes, depuis le trois mars mil sept cent quatre vingt un jusqu'au deux septembre mil sept cent quatre vingt un, monte la somme de neuf mille six cent quatre vingt onze livres trois sols onze deniers, y compris onze cent quatre vingt onze livres treize sols sept deniers qui avoient demeuré en caisse au trois mars mil sept cent quatre vingt un, et la dépense jusqu'au dit jour deux septembre mil sept cent quatre vingt un, à la somme de six mille huit cent trente cinq livres dix sept sols neuf deniers, en sorte qu'il reste en caisse, pour le Guet et Lanternes, la somme de deux mille huit cent cinquante cinq livres six sols deux deniers, cy............ .... 2.855 ll. 6 s. 2 d.

Total de ce qui reste en caisse... 27.730 ll. 8 s. 4 d.

ESTIENNE, FOURNIER, TANCHON.

Aujourd'huy, vingt sept octobre mil sept cent quatre vingt un, dans la salle de l'hôtel commun de la ville de Limoges, où étoient assemblés Messieurs les Maire et Echevins pour procéder à la nomination d'un prédicateur pour prêcher le carême de mil sept cent quatre vingt deux, dans l'église de Saint-Martial dudit Limoges,

Nomination du R. P. Forgemol pour prêcher le Carême de 1782.

la chose mise en délibération, lesdits sieurs Maire et Echevins ont d'une commune voix nommé le Révérend Père Forgemol, religieux Cordelier de la ville de Limoges, auquel il sera incessamment donné avis. sans qu'il puisse en nommer d'autre à sa place, sans l'exprès consentement et permission desdits sieurs Maire et Échevins. Fait lesdits jour, mois et an que dessus.

NAURISSART fils, ESTIENNE, TANCHON, FOURNIER, BARBOU.

Elévation dans la place Montmailler d'une fontaine nommée Fontaine Dauphine. Changement du nom de Place Montmailler en celui de Place Dauphine (1).

Aujourd'huy, cinquième novembre mil sept cent quatre vingt un, en la salle de l'hôtel de ville de Limoges, où étoient assemblés extraordinairement Messieurs les Maire, Lieutenant de Maire, Echevins et Conseillers politiques, — Monsieur Naurissart, maire, a fait lecture à l'assemblée d'une lettre écrite par le Roy aux Maire et Echevins de Limoges, par laquelle Sa Majesté leur annonce la naissance d'un Dauphin, dont la Reine est heureusement délivrée, et leur mande d'assister au *Te Deum* qui sera chanté en cette occasion et au feu de joye qui doit être fait en la manière accoutumée pour marque de réjouissance publique (2), et ensuite d'une autre lettre écrite à l'hôtel de ville aux mêmes fins par Monsieur l'Intendant en cette généralité. Il a ajouté que c'est dans une aussy grande occasion que la ville doit regretter avec luy l'insuffisance de ses moyens, qui manquent aux témoignages multipliés et éclatants qu'elle voudroit donner de son amour pour un monarque adorable et de son allégresse à la naissance du précieux gage de la félicité publique accordé par la Providence à nos vœux ; que le zèle néanmoins luy suggère une ressource tirée des circonstances, pour consacrer un hommage et un monument durable de la joye des citoyens à cet événement, qui servira également à leur utilité et à la décoration de la ville ; que son exécution peut avoir lieu dès ce moment ; qu'il n'est question que de réaliser de préférence et de dédier à l'événement qui cause la joye publique, un des projets déjà conçus pour la salubrité et la décoration de la ville. Ce seroit de construire dès à présent une fontaine dans l'emplacement dit de *Montmailler*, traversé par la route de Paris à Toulouse ; de la

---

(1) Voilà un des rares exemples que nous offre l'histoire de l'ancien régime, de la substitution d'une dénomination nouvelle à l'ancien nom d'une voie publique. Nous avons toutefois à citer, vers la même époque, un autre fait analogue : le nom de place d'Aine donné à l'ancienne place des Arènes. Il faut dire que la place Montmailler, comme la place des Arènes, venait d'être reconstruite sur un plan nouveau.

(2) La lettre est aux Archives de l'Hôtel de Ville, AA².

décorer d'attributs et d'une inscription expressive de la circonstance; de nommer cette fontaine *Dauphine*, et attendu que l'emplacement dit de Montmailler est désigné depuis longtemps par des plans approuvés pour former une place d'embellissement en même temps que de commodité pour la ville, qu'une partie en est déjà construite conformément à ces plans, et qu'il en résulte un effet de décoration, que ledit emplacement sera aussy nommé *place Dauphine;* que les particuliers, propriétaires des vieilles maisons qui y subsistent, seront invités à hâter le plus qu'ils pourront leurs reconstructions, au moins celles des façades, et par là de (*sic*) seconder le désir de la ville pour la plus prompte exécution de ce monument. M. Naurissart a encore observé que, si ce projet est adopté par la ville, il est à propos, pour faire cesser le plus promptement l'ancienne dénomination dudit emplacement et mettre en vigueur celle de « place Dauphine », que des écriteaux à cette dénomination seront (*sic*) apposés à toutes les extrémités de rues aboutissant à ladite place.

Sur quoy, la matière mise en délibération, et les suffrages recueillis, il a été unanimement arrêté qu'après avoir fait des feux de joye, pour manifester l'allégresse et le plaisir des habitans, il sera élevé, sur la place de Montmailler qui aboutit à la route de Paris, une fontaine dont la source sera prise dans celle d'Eygoulène (1), à laquelle sera attachée une inscription qui indiquera aux passants l'objet de l'élévation de ce monument; qu'à l'avenir ladite place portera le nom de place Dauphine: à l'effet de quoy, les armes et autres attributs de Monseigneur le Dauphin seront placés sur ladite fontaine. Ce nouvel établissement aura la double utilité de procurer de l'eau aux habitants de ce quartier qui en étoient privés et d'élever

---

(1) L'exécution de cette fontaine était déjà entreprise depuis quelque temps. Nous avons rappelé (p. 105 ci-dessus) que le projet en avait été étudié par Turgot. M. Cadié, ingénieur en chef, dressa le projet définitif. L'architecte Margrait fit les dessins du monument et s'occupa de son ornementation.

L'Intendant s'empressa d'approuver la délibération et de l'envoyer au ministre. Un arrêt du Conseil du 17 mars 1782 autorisa l'érection de la fontaine Dauphine, et le Bureau des Tresoriers Généraux donna son consentement le 19 septembre 1783. Les prévisions de dépenses ne dépassaient pas 12,000 livres. Nous verrons plus loin que l'exécution du monument coûta plus du double.

A l'occasion du *Te Deum* chanté pour célébrer la naissance du Dauphin, l'intendant d'Aine crut devoir rappeler aux magistrats municipaux que le rôle de la milice bourgeoise n'est pas seulement de rehausser l'éclat des cérémonies, mais aussi de maintenir l'ordre; il constate que, lors des dernières convocations, « il est résulté du tumulte et des accidens de la part de cette multitude armée ». Il invite donc le corps municipal à se borner à la convocation des officiers. « La presence, ajoute-il. d'un régiment indépendamment de la maréchaussée et de la garde de la ville, décorent assés la cérémonie pour ne laisser aucun prétexte à y appeler une troupe dont la confusion, le defaut d'uniforme et l'inégalité de l'armure ne peuvent au contraire que la déparer. »

un monument qui constatera dans tous les siècles la joye des habitans de Limoges à l'occasion de la naissance de Monseigneur le Dauphin ; qu'en conséquence il sera adressé à Mʳ l'Intendant une copie de la présente délibération, avec prière de l'homologuer et d'obtenir s'il est besoin un arrêt du Conseil qui luy attribue (*sic*), exclusivement les contestations qui pourroient naître à raison de l'exécution dudit projet, circonstances et dépendances.

Naurissart fils, Estienne, Tanchon, Fournier, Navières de Bregefort, Barbou, Fougères d. m. M., Grellet des Prades, Thomas de Bosmie, Pétiniaud, Cogniasse d. m. M., Roulhac, Gabriel Grellet.

Acquisition du bâtiment de l'ancien Bureau des Finances. L'ancien Hôtel de Ville converti en caserne du guet. Demande d'exemption des lods et ventes indemnités, etc.

Aujourd'huy, dix huit novembre mil sept cent quatre vingt un, dans la salle de l'hôtel de ville de Limoges, où étoient assemblés MM. les Maire et Échevins, Mʳ Naurissart, maire, a dit qu'il a été adressé à la ville par Monseigneur l'Intendant un arrêt du Conseil d'État du treize août 1777, par lequel Sa Majesté, entre autres choses, l'autorise à vendre et concéder à perpétuité, aux Officiers municipaux de Limoges, le bâtiment servant aux Officiers du Bureau des finances, moyennant la somme à laquelle ledit bâtiment sera estimé par experts nommés par Monseigneur l'Intendant, pour le prix être employé conformément audit arrêt, par lequel Sa Majesté permet auxdits Officiers municipaux de vendre l'emplacement et les matériaux de l'hôtel de ville actuel, dont le prix sera versé dans la caisse du sindic receveur de la ville ; que cet arrêt étoit accompagné d'une lettre de Monseigneur l'Intendant portant qu'il étoit temps de prendre des arrangements pour l'acquisition du susdit bâtiment du Bureau des Finances ; qu'il en avoit fait faire l'estimation par M. Cadié, qui en a fixé le prix à neuf mille livres, suivant le devis estimatif qui étoit joint à la même lettre : Tout quoy a été remis par ledit sieur Naurissart sur le Bureau.

Communication prise du tout, et la chose mise en délibération, il a été unanimement arrêté que, conformément à la délibération prise par la ville le quatre juin 1777 (1), il étoit de son intérêt de faire l'acquisition du susdit bâtiment servant de palais aux Officiers du Bureau des Finances, moyennant le prix de neuf mille livres porté en ladite estimation, attendu que le bâtiment servant actuellement à l'hôtel de ville est hors d'état de service et menace de

---

(1) Voir ci-dessus, p. 94, 95.

ruine; mais comme il sera très difficile d'en trouver la vente et et encore moins le prix de sa juste valeur, il a été délibéré de conserver cet ancien bâtiment pour y former un dépôt des divers ustensiles de la ville et y établir une caserne pour le Guet, qu'on est obligé de loger dans une maison dont le loyer est fort cher. Cette disposition seroit fort utile à la ville; mais elle ne pourra la faire si elle n'obtient du gouvernement le secours qu'elle luy a demandé, dont une partie seroit employée aux réparations qui sont également indispensables dans le susdit bâtiment du Bureau des Finances pour pouvoir s'y établir. A l'effet de quoy, Monseigneur l'Intendant sera supplié, en faisant à l'hôtel de ville la susdite vente, d'obtenir pour elle (*sic*) de Sa Majesté l'exemption des lods et ventes et d'indemnité s'il luy en est dû à raison de ladite acquisition, et de luy procurer le secours par elle déjà demandé, sans quoy il luy seroit impossible de faire face à la dépense de ladite acquisition et aux autres susdites réparations.

Naurissart fils, Estienne, Tanchon, Barbou, Fournier.

Aujourd'huy, quinze décembre mil sept cent quatre vingt un, dans la salle de l'hôtel de ville de Limoges, où étoient assemblés Messieurs les Maire et Échevins, s'est présenté le sieur Ambal, capitaine de la Compagnie du Guet, lequel a exposé que, depuis plusieurs mois, le prix du pain a si considérablement augmenté en cette ville, que la solde ordinaire accordée aux soldats de sa compagnie ne peut suffire à leur subsistance, ce qui l'a obligé de ne leur faire aucune retenue pour l'entretien de leur linge et chaussure, et que malgré cela leur paye entière ne peut atteindre au prix du pain : à l'effet de quoy il prie messieurs les Officiers municipaux de vouloir accorder à ladite compagnie une plus value, tant pour le présent mois de décembre mil sept cent quatre vingt un, que pendant tout le temps que durera la cherté du blé, comme il est d'usage dans les troupes de Sa Majesté, et a ledit sieur Ambal signé : Ambal.

Supplément de solde à la Compagnie du guet pour le mois de décembre 1781.

La chose mise en délibération et les suffrages recueillis, il a été unanimement arrêté que, sous le bon plaisir de Monseigneur l'Intendant, il seroit accordé et payé, à ladite compagnie du guet, une plus value d'un sol par jour pour chaque soldat, à compter du premier décembre mil sept cent quatre vingt un, moyennant quoy la retenue aura lieu à partir du premier décembre, se réservant au

— 166 —

surplus les dits officiers municipaux de statuer sur la dite plus value pour les mois à venir, ainsy que les circonstances l'exigeront. Fait les dits jour, mois et an que dessus.

NAURISSART fils, ESTIENNE, TANCHON, FOURNIER, BARBOU (1).

Requête à M. l'Intendant pour en obtenir l'autorisation de procéder à l'arpentement général et estimation des fonds de la banlieue pour la confection d'un nouveau ôle d'imposition.

Aujourd'huy, dix neuf janvier mil sept cent quatre vingt deux, dans la salle de l'hôtel de ville, où étoient assemblés Messieurs les Officiers municipaux, M. Estienne, président en l'élection et lieutenant de maire, a exposé que le rolle de taille de la banlieue de cette ville, dont le recouvrement est fait par le receveur sindic dudit hôtel de ville, est des plus défectueux

1° En ce que la répartition en est faite par tarif, d'après les déclarations faites depuis plus de quarante ans par les propriétaires des fonds, qui dans ce temps n'ont cherché qu'à retrancher de l'étendue de leurs possessions, afin de diminuer d'autant la charge de l'impôt ;

---

(1) Nous avons donné plus haut (p. 46) le compte du traiteur de l'administration municipale pour l'année 1774. La même liasse de nos archives municipales (CC 25, n° 34) nous fournit le mémoire de 1781 :

« Du 4 novembre 1781.

» Compte pour Messieurs les Maire, Echevins, Doivent à Perier :

» 1 carpe au court-bouillon, 2 ll. 8 s.; 3 pigeons en compote aux riz de veau, 2 ll. 10 s.; 1 fricandeau à l'oseille, 2 ll.; 1 levraud au ....., 2 ll. 10 s.; 1 plat de beignets soufflés, 1 l. 10 s.; 1 salade, 10 s.; 5 assiettes de dessert, 2 ll. 10 s.; 5 bouteilles de vin à 8 sols, 2 ll.; 4 bouteilles de Bordeaux à 24 sols, 4 ll. 6 s.; 3 pains et feu, 1 l. 1 s.; 1 bouteille de liqueur fine, 2 ll. 10 s.

» Du 5 : 1 andouille, 15 s.; 1 poularde rôtie, 1 l.; 1 plat de choux fleurs, 1 l. 10 s.; 1 plat de beignets soufflés, 1 l. 10 s.; 1 plat de moules, 1 l. 10 s.; dessert, 1 l. 10 s.; 6 bouteilles de vin à 8 sols, 2 ll. 8 s.; pain, 12 s.

» Du 16 décembre : 200 huitres à 3 ll., 6 ll.; 1 dinde truffée, 12 ll.; 1 plat d'ailerons de dinde, piqués aux truffes, 3 ll.; 2 bécasses en salmis, 5 ll.; 2 perdrix aux choux, 4 ll.; 1 plat de fricandeau à l'oseille, 3 ll.; 3 pigeons aux olives, 3 ll.; 1 chapon à la rémoulade, 2 ll.; 1 plat d'anguilles roulées, à la rémoulade, 8 ll.; 1 plat de raie au beurre noir, 8 ll.; 1 charlotte, 2 ll. 10 s.; 1 plat de truffes au bleu, 5 ll.; 1 plat de choux fleurs, 1 l. 10 s.: 1 plat d'épinards. 1 l. 10 s.; 1 plat d'artichaux au jus, 2 ll.; 1 plat de crème frite, 2 ll. 10 s.; 1 plat de crème, 1 ll. 10 s.; 1 plat de beignets soufflés, 1 l. 10 s.; 1 tourte au verjus, 1 l. 10 s.; 1 brochet au bleu, 10 ll.; 2 soles frites, 5 ll ; 1 levraud, 2 ll.; 2 perdrix rouges, 4 ll. 10 s.; 2 salades, une d'olives, 1 ll. 10 s.; 2 bouteilles de vin de Saint-Emilion, 3 ll.; 2 bouteilles de vin de Bourgogne, 5 ll.; 15 assiettes de dessert, 9 ll.; 15 pains pour maîtres et domestiques, 3 ll.; 12 bouteilles de vin à 10 sols, 6 ll.; 6 bouteilles de vin pour les domestiques, à 6 sols, 1 l. 10 s.; liqueurs, 1 l. 10 s.; feu, 1 l. 10 s.

» Donné aux soldats du guet : 1 gigot, 2 ll.; 1 fricassée de poulet, 2 ll. 5 s.; 12 bouteilles de vin à 4 sols, 2 ll. 8 s.; 6 pains, 2 ll. 2 s.

» Total : 171 ll. 1 s. »

Le membre de la municipalité qui a arrêté le compte, a écrit au bas : « Réduit à 150 ll. et c'est encore fort cher. » (CC 25, n° 34.)

2° Parce que les mutations qui sont survenues successivement n'ont pas été régulièrement faites par les différents commissaires qui ont opéré ce rolle, ce qui a souvent donné lieu à des plaintes de la part de ceux qui se sont crus surchargés, tandis qu'il y en a quelques uns qui ne payent que très peu de taille, et même plusieurs qui ne se trouvent point imposés ;

Qu'on ne peut remédier à ces abus et parvenir à une juste répartition qu'en suppliant Monseigneur l'Intendant de vouloir faire procéder incessamment à l'arpentement genéral et estimation des biens fonds qui composent la banlieue de cette ville ; d'après laquelle il sera fait un rolle nouveau, qui, sous le bon plaisir de Monseigneur l'Intendant, seroit opéré par les officiers municipaux qui font celuy de la ville, parce que ayant une connaissance plus assurée de l'estimation des fonds de chaque propriétaire, ils seroient à même de faire une plus juste répartition de la taille personnelle sur chaque habitant.

La chose mise en délibération, il a été unanimement arrêté que Monseigneur l'Intendant seroit très humblement supplié de vouloir homologuer la présente délibération, et en exécution d'icelle commettre telles personnes qu'il jugera à propos pour procéder à l'arpentement et estimation de tous les fonds qui composent la banlieue de cette ville ; d'après laquelle il sera fait un nouveau rolle pour la répartition de la taille de l'année prochaine 1783 ; et que le rolle en sera fait gratuitement, si Monseigneur l'Intendant le juge à propos, par les officiers municipaux ; ce qui les faciliteroit d'autant dans la répartition qu'ils font de la taille au rolle de la ville, par une connoissance plus parfaite qu'ils auroient des revenus que chaque habitant possède dans la banlieue. Fait et arrêté les jour, mois et an que dessus et copie de ladite délibération envoyée à Monseigneur l'Intendant pour être par luy ordonné ce qu'il appartiendra.

ESTIENNE, JUGE, TANCHON, BARBOU (1).

Nomination des syndics pour la confection des listes de la Milice pour 1782.

Aujourd'huy, neuf février mil sept cent quatre vingt deux, les Officiers municipaux, assemblés dans l'hôtel de ville de Limoges, ayant pris communication de la lettre qui leur a été écrite par Mon-

(1) Il semble bien que ce fut à la suite de cette réclamation qu'au mois de septembre 1782, Jean Vacherie, arpenteur, procéda à la confection d'un « état général des fonds des *Orances* (banlieue) de la ville de Limoges, en 4820 articles ». (Arch. de l'Hôtel de Ville, CC 6 *bis*, 6 *ter*, 6 *quater*).

seigneur l'Intendant de cette généralité, pour faire faire les listes des garçons et veufs sans enfants, sujets à tirer au sort pour les régiments provinciaux,

Lesdits sieurs Officiers municipaux ont, en conséquence de ladite lettre, nommés d'office les sindics dans ladite ville de Limoges et orances d'icelle pour faire lesdites listes ainsy qu'il suit :

Consulat.

Le sieur Chameaud, marchand.
Le sieur Rambos, horloger.

Manigne.

Le sieur Lapalisse, gendre à Segond, marchand.
Le sieur Hiche, hopte du *Bat d'argent*.

Les Bancs.

Le sieur Jean-Baptiste Goulmy, marchand.
Le sieur Cibot, cartier.

Le Clocher.

Le sieur Raby Larue, procureur.
Le sieur Thabaraud, orfèvre.

Boucherie.

Le sieur Ardant, gendre à Peyroche, marchand (1).
Le sieur Filiatre, marchand.

Ferrerie.

Le sieur Pitet, orfèvre.
Le sieur Teilloux fils, aubergiste.

Les Combes.

Le sieur Meyze jeune, marchand.
Le sieur Senamaud Beaufort, bourgeois.

Lansequot.

Le sieur Martin, gendre à Avril, marchand.
Le sieur Brousse jeune, marchand.

(1) On avait d'abord écrit : *Bresse, gendre à Thevenin*.

La Boucherie.

Léonard Gérald, maître boulanger.
Barthélemy Cibot, dit Goudindaud, boucher.

Orances.

Jean Marendet, dit Cabassou, fils.
Jean Granger et Hiacinte Faure, son gendre, au lieu d'Encombe.
Jean-Baptiste Granger, au lieu de Champchouveau.
Léonard Labrune, buandier, au delà du pont Saint-Martial.

Auxquels sindics est enjoint de faire de suite les listes demandées par ladite lettre, conformément aux instructions qui leur seront remises, etc. (p. 48).

Estienne, Tanchon, Barbou, Juge.

Aujourd'huy, vingt-deux février mil sept cent quatre-vingt-deux, dans la salle de l'hôtel de ville, où étoient assemblés extraordinairement les Officiers municipaux et Conseillers politiques du corps de ville, M. Estienne de La Rivière, lieutenant de maire, en l'absence de M. Naurissart, maire, a exposé qu'anciennement l'exercice de la police à Limoges appartenoit à la ville ; qu'elle se maintint en possession d'en faire faire les fonctions par les Officiers qu'elle choisissoit jusqu'à l'année 1699 ; qu'à cette époque, ayant plu au Roy Louis quatorze, par édits des mois d'octobre et novembre de ladite année 1699, de créer en titres d'office des charges de lieutenants généraux et procureurs du Roy de police, la ville se trouva privée par ce nouvel établissement d'une jurisdiction et d'un honorifique qu'elle avoit toujours regardé avec raison comme le plus précieux de ses droits ; que ces offices, depuis quelques années, ayant été réunis en cette ville à ceux de Lieutenant général et de procureur du Roy en la sénéchaussée et siège présidial, les magistrats qui les exercent, déjà suffisamment occupés par les fonctions ordinaires de leur état, dans une ville assez considérable et très peuplée, et distraits par la discussion des affaires litigieuses que fournit un ressort étendu, se trouvent dans l'impossibilité, malgré le zèle qui les anime et la vigilance dont ils sont capables, de donner aux détails multipliés de la police tout le temps qu'ils désireroient, et toute l'attention qu'exige une administration aussy importante ; qu'il a déjà paru nécessaire, pour le maintien du bon ordre et la sûreté

Demande en désunion des charges de police de celles du civil pour être réunies à l'Hôtel de-Ville moyennant remboursement à MM. les Lieutenant général et Procureur du Roi. Demande en remise des droits d'indemnité, etc., en raison de ce.

publique, d'établir un guet à pied et des réverbères, établissement
que la ville doit au zèle des Officiers municipaux et à la protection
du premier magistrat de cette province, qui, dans toutes les occasions, n'a cessé de donner aux habitans de cette ville les preuves
les moins équivoques de sa bienveillance à leur égard et de son
amour pour le bien public ; que tous les soins relatifs à ces deux
objets ont été confiés aux officiers municipaux, quoiqu'ils fassent
en quelque sorte une partie essentielle et une dépendance naturelle
de la police ; que les avantages qui ont résulté de leur administration ont fait concevoir combien il seroit avantageux pour le bien
public, que les autres fonctions de la police pussent être réunies à
l'hôtel de ville ; que cette réunion seroit d'autant plus convenable
et à désirer, que les Officiers actuels de police sont dénués de
secours et de moyens pour subvenir aux frais qu'entraîne nécessairement l'entretien d'une bonne police, au lieu que les Officiers
municipaux, ayant en mains la disposition des revenus patrimoniaux
et autres de la ville, pourroient fournir, suivant l'exigence des cas,
aux dépenses qui seroient trouvées convenables pour établir un
meilleur ordre dans l'administration de la police et le maintenir
avec plus d'exactitude (1) ; qu'un seul obstacle paraitroit s'opposer à
l'exécution d'un projet aussy avantageux, la difficulté d'obtenir le
consentement des officiers de police artuels ; mais que ces magistrats, animés eux-mêmes de l'amour du bien public, sont déjà
allés au devant du vœu de la ville, en donnant leur consentement
à la désunion des charges de police, de celles du civil, et à ce
qu'elles soient réunies à l'hôtel de ville pour être exercées par les
Officiers municipaux, en ce que toutefois ils seront remboursés aux
pactes et termes convenus des sommes auxquelles ils entendent les
évaluer, qui sont vingt mille livres pour celle de Lieutenant général
et dix mille livres pour celle de procureur du Roy : moyennant quoy
ils offrent de renoncer à toutes fonctions, prérogatives, gages, émoluments et exemptions y attachés, et à subroger pour le tout la
communauté à leur lieu et place ; qu'il est sans doute de la dernière
importance pour la ville de profiter d'une occasion aussy favorable
pour rentrer dans son ancien patrimoine et rendre aux places
d'officiers municipaux un lustre qu'elles ont perdu et dont il est
convenable qu'elles soient désormais revêtues, pour que les
citoyens de tous les ordres qui pourront y être appellés, se prêtent
avec moins de répugnance à en remplir les fonctions (2) et trouvent

(1) Les magistrats semblent avoir tout à fait oublié les cris de détresse qu'ils poussaien
naguères sur la pauvreté de la ville.
(2) Allusion aux difficultés faites par les officiers du Bureau des finances pour siéger au
Conseil politique (voir ci-dessus, p. 154).

dans cette décoration une récompense à leurs travaux. C'est pourquoi il est à propos de délibérer, ainsy que sur les démarches et soumissions qu'il convient de faire à cet effet.

La chose mise en délibération et les suffrages recueillis, il a été unanimement convenu qu'il est avantageux au bien public d'accepter l'offre et consentement de MM. les Officiers de police, de solliciter en conséquence la désunion des offices de police, et d'être admis à les acquérir et réunir les gages et émoluments y attachés aux revenus ordinaires de la ville, pour la police être exercée par les Officiers municipaux de la manière qui sera fixée pour le plus grand avantage du public ; demander, vu la médiocrité des revenus de la ville, que le Roy veuille accorder la décharge des droits d'indemnité, amortissement, sols pour livre, et autres droits qui pourront être dus à raison de cette acquisition ; solliciter à cet effet la protection de Monseigneur l'Intendant et des autres personnes en place qui peuvent y concourir ; contracter ensuite avec MM. de Roulhac et Lamy de La Chapelle, lieutenant général et procureur du Roy, pour le remboursement des sommes auxquelles le prix des dits offices sera fixé : pour raison de quoy il sera donné tout pouvoir à MM. les Officiers municipaux et sera la présente délibération avant tout présentée à Monseigneur l'Intendant pour être par lui homologuée. Fait les jour, mois et an susdits.

Estienne, Juge, David, Tanchon, Fournier, Barbou, J. Pétiniaud, Petit, L. Bourdeau, J. Grellet des Prades, Gabriel Grellet, Thomas de Bosnie, Navières de Brégefort, Cogniasse d. m. M., Fougères d. m. M.

Aujourd'huy, premier mars mil sept cent quatre-vingt-deux, dans la salle de l'hôtel de ville de Limoges, où étoient assemblés Messieurs les Maires et Echevins soussignés,

Sur le compte qui a été rendu par le sieur Lingaud, sindic receveur de l'hôtel de ville, tant du produit des Octrois, Deniers patrimoniaux, couretage, eau des étangs, Guet, Lanternes, et du Don gratuit, et de l'employ qui en a été fait, le tout ayant été duement vérifié, vu les registres et autres pièces justificatives,

Il s'est trouvé que la recette du Don gratuit, suivant l'arrêté fait par Messieurs les Maire et Echevins le deux septembre 1781, montoit net à la somme de vingt-six mille quatre cent quatre-vingt-

Reddition des comptes du 1ᵉʳ septembre 1781 au 1ᵉʳ mars 1782.

quatre livres quatorze sols cinq deniers, cy....... 26.484¹¹ 14ˢ 5ᵈ

La recette des Octroys, Deniers patrimoniaux, courelage et eau des étangs, depuis le premier septembre mil sept cent quatre-vingt-un jusqu'au premier mars mil sept cent quatre-vingt-deux, s'est trouvée monter à la somme de douze mille sept cent quarante-deux livres dix sols neuf deniers, cy...................... 12.742¹¹ 10ˢ 9ᵈ

La dépense concernant les Octroys ci-dessus s'est trouvée monter, depuis le premier septembre 1781 jusqu'au premier mars 1782, savoir :

En vingt-un mandements acquittés et payés par le sieur Lingaud, sindic receveur, onze mille cent cinquante une livres quinze sols onze deniers...... 11.151¹¹ 15ˢ 11ᵈ ⎫
Payements faits aux employés, neuf cent soixante-douze livres quinze sols huit deniers, cy... 972¹¹ 15ˢ 8ᵈ ⎬ 13.734¹¹ 3ˢ 10ᵈ
Excédant de la dépense à la recette, au deux septembre 1781, de la somme de seize cent neuf livres douze sols trois deniers, cy... 1.609¹¹ 12ˢ 3ᵈ ⎭

En avance aux Octroys de.. 991¹¹ 13ˢ 1ᵈ

Partant, la dépense de l'Octroy excède la recette, comme il paroît cy-dessus, de la somme de neuf cent quatre-vingt-onze livres treize sols un denier, cy. .... 991¹¹ 13ˢ 1ᵈ.

25.493¹¹ 1ˢ 4ᵈ

Et la recette du second octroy pour le Guet et Lanternes, depuis le premier septembre mil sept cent quatre-vingt-un jusqu'au premier mars mil sept cent quatre-vingt-deux, monte à la somme de douze mille six cent trente-quatre livres un sol cinq deniers, y compris la somme de deux mille huit

A reporter............ 25.493¹¹ 1ˢ 4ᵈ

Report.	25.493ᶫᶫ	1ˢ	4ᵈ

cent cinquante-cinq livres six sols deux deniers qui restoit en caisse au deux septembre 1781, et la dépense jusqu'au dit jour, premier mars 1782, à la somme de sept mille quatre-vingt-dix-huit livres quatorze sols six deniers, en sorte qu'il reste en caisse, pour le Guet et Lanternes, la somme de cinq mille cinq cent trente-cinq livres six sols onze deniers, cy. 5.535ᶫᶫ 6ˢ 11ᵈ

Total de ce qui reste en caisse : 31.028ᶫᶫ 8ˢ 3ᵈ

Estienne, Barbou, Tauchon, Fournier.

Nomination de M. Laire pour prêcher le Carême de 1783

Aujourd'huy, neuf mars mil sept cent quatre-vingt-deux, dans la salle de l'hôtel commun de la ville de Limoges, où étoient assemblés Messieurs les Maire et Echevins pour procéder à la nomination d'un prédicateur pour prêcher le Carême de l'année mil sept cent quatre-vingt-trois, dans l'église de Saint-Martial dudit Limoges, la chose mise en délibération, lesdits sieurs Maire et Echevins ont d'une commune voix nommé M. Laire, chanoine théologal du chapitre de Guéret (1), auquel il sera incessamment donné avis, etc. (p. 14 ci-dessus).

Estienne, Juge, Tanchon, Barbou, Fournier.

(M. Laire, chanoine théologal du chapitre de Guéret, n'a pu prêcher le carême de 1783, attendu que n'ayant (*sic*) prêché le carême de 1782 dans l'église de Saint-Etienne, il demandoit à revoir ses sermons) (2).

Autorisation à M. l'abbé Vitrac d'ouvrir une porte dans le mur de son jardin donnant sur la place d'Orsay.

Aujourd'huy, vingt-trois mars mil sept cent quatre-vingt-deux, dans la salle de l'hôtel de ville de Limoges, où étoient assemblés Messieurs les Officiers municipaux, M. l'abbé Vitrac s'est présenté à l'assemblée et a exposé qu'il possède un jardin au clos du creux des Arènes, près cette ville, joignant la place d'Orsay; que, pour s'y rendre, il n'a qu'un chemin creux et pour ainsy dire impraticable,

---

(1) On avait d'abord écrit : « le Révérend Père Raymond, religieux cordelier de la ville de Limoges ».
(2) Cette note se lit en marge : elle est de la main de Lingaud.

et en conséquence prie Messieurs les Officiers municipaux de luy permettre de faire ouvrir, à travers le mur de clôture de ladite place d'Orsay, une porte pour aboutir par là à son dit jardin, sous l'offre qu'il fait de la faire murer et clore au premier requis de la ville, de la tenir toujours fermée, pour s'en servir personnellement, sans en prêter la clef à autruy, et de faire tous les frais de ladite ouverture ainsy que de la cloture, et a signé : J.-B. VITRAC, pp^{al} du Collège (1).

La chose mise en délibération, et les suffrages recueillis, il a été unanimement arrêté qu'en considération des services rendus par M. l'abbé Vitrac à la ville, il lui demeure permis d'ouvrir la porte par luy demandée, sous les conditions par luy offertes dans son dit exposé.

J.-B. VITRAC, pp^{al} du Collège, NAURISSART fils, ESTIENNE, JUGE, BARBOU, TANCHON.

Nomination du révérend Père Romanet pour prêcher l'Avent de 1782.

Aujourd'huy, six avril mil sept cent quatre-vingt-deux, dans la salle de l'hôtel commun de la ville de Limoges, où étoient assemblés Messieurs les Maire et Echevins, pour procéder à la nomination d'un prédicateur pour prêcher l'Avent de mil sept cent quatre-vingt-deux, dans l'église de Saint-Martial dudit Limoges, — la chose mise en délibération, lesdits sieurs Maire et Echevins ont d'une commune voix nommé le révérend père Romanet, gardien de la communauté des Cordeliers de la ville de Limoges, auquel il sera incessamment donné avis, etc. (voir p. 14).

ESTIENNE, JUGE, BARBOU, TANCHON, FOURNIER.

Le révérend père Romanet n'a pu prêcher l'Avent de 1782, attendu son indisposition et sa santé qui le mettent hors d'état de remplir sa charge, suivant sa lettre du 5 septembre 1782.

Ordonnance du Roi du 4 mars 1782 portant prorogation pour un an dans leurs fonctions [de] ceux des Maire Echevins et Conseillers qui devoient les cesser au 1er juillet suivant.

De par le Roy, Sa Majesté étant informée que l'administration municipale de la ville de Limoges est occupée de différents objets d'utilité et de décoration qui exigent des soins et une attention suivis pour être conduits à leur perfection ; que les membres actuels de cette administration qui ont entrepris et commencé les dits objets, les ont conduits jusqu'à présent avec une économie et

(1) Il s'agit ici du littérateur Vitrac, bien connu et qui a été vraiment estimé un peu au-dessus de sa valeur.

une intelligence qu'il seroit difficile de trouver dans leurs successeurs, qui, quelque zèle qu'ils y apportassent d'ailleurs, ne pourroient avoir les mêmes connaissances desdits objets, — elle a jugé qu'il ne pouvoit être qu'avantageux à ladite ville que les membres actuels fussent pour quelque temps prorogés dans leurs fonctions ; à quoy voulant pourvoir, Sa Majesté a ordonné et ordonne que l'élection qui doit être faite, le premier du mois de juillet prochain, du Maire et deux Echevins et de huit Conseillers de ville, soit différée jusqu'au premier juillet mil sept cent quatre-vingt-trois, et que celle qui devoit être faite le premier juillet mil sept cent quatre-vingt-quatre, du Lieutenant de Maire et deux Echevins et de huit Conseillers, soit pareillement différée jusqu'au premier juillet mil sept cent quatre-vingt-cinq (1), pendant lequel temps lesdits Maire, Lieutenant de Maire, Echevins et Conseillers actuellement en place, continueront d'en exercer les fonctions, pour être ensuite lesdites élections reprises de deux ans en deux ans, suivant l'ordre prescrit par l'article six de l'arrêt du onze décembre mil sept cent quatre-vingt, auquel Sa Majesté a dérogé pour ce regard et pour cette fois seulement et sans tirer à conséquence. Mande Sa Majesté au sieur Intendant de Limoges de tenir la main à l'exécution de la présente ordonnance, laquelle sera transcrite sur les registres de l'hôtel commun de ladite ville de Limoges. Fait à Versailles, le quatre mai mil sept cent quatre-vingt deux. *Signé* : Louis, et plus bas : Amelot.

Copie de la lettre écrite par Monseigneur d'Aine, Intendant de Limoges, à Messieurs les Officiers municipaux de la ville de Limoges.

M. l'Intendant, Messieurs, m'a adressé l'ordonnance du Roy que j'ai l'honneur de vous envoyer ci-jointe. Vous verrez qu'elle proroge encore pour un an, dans leurs fonctions, ceux qui parmi vous devoient sortir de la municipalité le premier juillet prochain. M. d'Aine vous prie de la faire transcrire sur les registres de l'hôtel de ville et de vouloir bien m'en accuser la réception et son exécution. J'ai l'honneur d'être avec un sincère attachement, Messieurs, votre très humble et très obéissant serviteur. *Signé* : De Beaulieu.

Enregistré le vingt-cinq mai mil sept cent quatre-vingt-deux.

    Fray de Fournier, Naurissart fils, Estienne, Juge, Fournier, Fougères, conseiller; Pétiniaud, Thomas de Bosmie, David, Gabriel Grellet.

(1) Ainsi, deux ans à peine après la promulgation de la nouvelle *charte* municipale, le gouvernement la violait déjà. C'était en vérité marquer bien peu de respect pour un véritable conrat et pour des droits que la ville avait dû payer à beaux deniers comptant.

Demande en autorisation d'un emprunt de 40.000 livres pour l'acquisition d'un terrain destiné à la confection de casernes.

Aujourd'huy, deuxième juillet mil sept cent quatre vingt deux, dans la salle de l'hôtel de ville de Limoges, où étoient assemblés Messieurs les Officiers municipaux et conseillers politiques formant le corps de ville, M. Naurissart, maire, a exposé à l'assemblée que le loyer et entretien de dix à douze maisons que la ville est obligée de prendre pour loger le régiment d'Artois, coûtant des sommes considérables et ne remplissant pas à beaucoup près l'objet de leur destination, la troupe étant fort mal logée à cause de la vétusté et mauvais état de ces maisons, il y a longtemps qu'on auroit du remédier à cet abus en faisant l'acquisition d'un terrain pour y bâtir des casernes, et cette dépense une fois faite, l'habitant seroit d'abord débarrassé du logement lors du passage des troupes, et ensuite de parfournir au payement du loyer et entretien des maisons qu'on est obligé de prendre pour loger les régiments qui doivent demeurer en quartier : il y a plus, c'est que l'Election de Limoges devant contribuer à ces dépenses, si on faisoit cette acquisition et qu'on fut obligé de recourir à la voie de l'imposition, la répartition en seroit faite au même prorata pour la dite Election. Les revenus de la ville suffisent à peine pour faire face à ces dépenses : il faudroit donc faire un emprunt de quarante mille livres. Avec cette somme, la ville trouve dans le moment à acquérir un emplacement très propre à cet objet : ledit sieur Naurissart a eu l'honneur de le proposer à M. d'Aine, qui l'a approuvé. Cet emprunt produira à la vérité un intérêt annuel ; mais la ville sera en état d'y faire face, si le gouvernement veut lui accorder la même somme qu'on paye annuellement pour le loyer des maisons qui représentent les casernes (1).

---

(1) Voilà de nouveau abordée la grosse question de la construction des casernes, que nous avons déjà vue reprise et abandonnée plusieurs fois (voir notamment tome IV, pages 276, 277, 280, 287, 337, etc.; tome V, pages 271, 442 ; présent volume, p. 123 note et 135.)
Nos archives ont conservé un certain nombre de documents intéressants se rapportant aux divers projets qui furent successivement étudiés. On a vu que celui de Turgot avait été abandonné et que les terrains du *Chapeau rouge*, au-dessus des Augustins, acquis pour la construction d'une caserne, avaient reçu une autre affectation. Un document inséré au tome précédent (p. 271) nous a fait connaître comment étaient répartis, quelques années auparavant, les soldats des régiments en quartier à Limoges : ils se trouvaient dispersés dans un certain nombre d'auberges de la Cité, du bourg Saint-Christophe, du pont Saint-Martial, de la place Manigne. On avait depuis loué d'autres immeubles au faubourg des Arènes et dans d'autres faubourgs. Les dépenses du casernement, à la date de 1782, où nous sommes arrivés, dépassaient 18,000 livres : on payait annuellement 10,300 livres pour l'installation des troupes et les écuries, et 7,900 livres pour le logement à l'Etat-Major et aux officiers.
Malgré ces sacrifices, l'installation était déplorable : la plupart des immeubles étant en très mauvais état, et les soldats échappant, par suite de leur dispersion, à la surveillance des officiers. Une des maisons occupées, la maison Cacatte, pouvait recevoir soixante-douze hommes et soixante-douze chevaux ; mais la plupart des autres bâtiments affectés à cette destination, n'en recevaient pas plus d'une douzaine. « Ce casernement, écrivait l'Intendant, le 2 juillet 1782, devient tous les jours plus dispendieux... J'ai invité les officiers municipaux

La chose mise en délibération et les suffrages recueillis, il a été unanimement arrêté qu'il étoit de l'intérêt de la ville d'acquérir un emplacement pour y bâtir des casernes, en conséquence de demander au Conseil qu'il veuille autoriser les officiers municipaux à faire cette acquisition et un emprunt de la somme de quarante mille livres, avec clause expresse que, pour le remboursement, l'imposition en sera faite sur l'élection de Limoges, et que, jusqu'à ce, l'hôtel de ville recevra à titre de loyer les mêmes sommes que l'on paye pour celuy des maisons qu'occupe le régiment d'Artois et qu'on remettra dès lors aux propriétaires : lesdits sieurs

à se procurer des maisons en meilleur état ; mais quels qu'ayent été leurs soins à cet égard, ls n'ont pu me satisfaire. » (Arch. du Département, C 59).

Dans cette même lettre, M. d'Aine entretient le ministre du projet qu'a en vue la mairie : avec une dépense d'environ quarante mille livres, on pourra acheter un immeuble aux portes de la ville, y installer provisoirement la moitié de la troupe, celle qui occupe les immeubles les plus délabrés, et construire plus tard, avec une dépense d'une centaine de mille livres, une caserne pour un régiment entier de cavalerie. L'immeuble qu'on avait en vue était la manufacture de siamoises Thévenin, dont un corps de bâtiment avait été incendié, mais dont une portion subsistait et pouvait être sur le champ utilisée.

Nous trouvons dans la même liasse, dont presque toutes les pièces ont été malheureusement endommagées par le feu, une note, relative à l'acquisition projetée, qu'il nous parait intéressant de reproduire :

« La principalle ressource de la province du Limousin consiste dans ses fourages, qui y sont fort abondans ; elle fourny beaucoup de bestiaux, et, sans ce commerce, elle ne pourroit acquitter ses impositions, qui n'ont aucune proportion avec son sol, qui est fort ingrat, et produit tres peu de grains. C'est donc des fourages que l'habitant peut espérer de faire ce seul proffit, mais, pour cela, il faudroit que l'administration y concourrut.

» M. Turgot avoit senty cette veritté, et en consequence, avoit conçu le projet d'avoir toujours un regiment de cavalerie à Limoges ; et comme le logement n'étoit pas propre, il avoit acheté un terrain pour y batir un corps de casernes ; la pierre étoit deja conduitte sur place et une partie des fonds étoient faits lorsqu'il quitta la province.

» Son successeur ne fut pas de cet avis, et il a cru que la construction d'un palais et des prisons étoit plus urgente.

» Lorsqu'il vient des regiments en quartier à Limoges, il faut, pour les loger, affermer sept à huit maisons eparses dans la ville, et on a meme beaucoup de peine a les trouver. Elles sont ordinairement en fort mauvais etat, et il faut cependant les payer fort cher. Apres le depart des regiments, il faut en conserver au moins deux pour y placer les meubles et ustencilles necessaires au logement.

» Il se presente un moyen bien simple, dabord pour epargner sur les loyers, et ensuitte pour faire tout d'un coup un etablissement de casernes : ce seroit d'achetter tout le local qui formoit autres fois la manufacture du sr Thevenin. Il y a deja beaucoup de batiments, qui seroient suffisants a loger la majeure partie d'un regiment, et tout entier pour peu de construction qu'on y fit. Si on n'est pas en etat de faire dabord cette acquisition, on pourroit la loüer en attendant, et ce loyer ne couteroit pas autant que celuy des maisons qu'on est obligé de prendre. Ce local est tres bien situé, donnant sur le tour de la ville(*) pres de la place Tourny(**) ..... de la rivierre. Il y a en outre, dans ce local, une fontaine propre a abrever les chevaux durant l'ivert.

» Par tous ces arrangements, on rendroit un service essentiel a la province pour la consommation de ses fourages ; on procureroit un bon quartier a la trouppe, et on soulageroit les habitans de Limoges du logement, qui est un fardeau considérable pour le peuple, étant le seul qui le supporte. »

(*) On appelait ainsi les boulevards.
(**) Le bas de la feuille est brûlé.

officiers municipaux demeurant autorisés par l'assemblée à demander l'homologation de la présente délibération et à passer tous actes et contrats que besoin sera, tant pour le susdit emprunt que pour ladite acquisition, à raison de laquelle ils demanderont à Sa Majesté qu'en considération de l'avantage qu'elle procurera tant à l'habitant qu'aux troupes de Sa Majesté, elle veuille bien décharger la ville du payement de tout droit d'indemnité (1).

FOURNIER, TANCHON, BARBOU, NAURISSART fils, FOUGÈRES, d. m. M., PETIT, THOMAS DE BOSMIE, FRAY DE FOURNIER.

Concession au sieur Jacquet du titre d'architecte de la ville.

Aujourd'huy, treize juillet mil sept cent quatre vingt deux, Messieurs les Officiers municipaux, assemblés dans l'hôtel de ville, ayant pris communication de la requête à eux présentée par sieur Claude Jacquet, par laquelle il demande de luy accorder le titre

---

(1) La dépense qu'eût entraînée l'exécution du projet de la municipalité fut jugée trop considérable. Les finances de l'Etat, dont les auteurs du projet attendaient de larges subventions, n'étaient pas en meilleur état que celles de la ville. D'autre part on hésita à augmenter les charges qui pesaient déjà sur la généralité, bien que la consommation de fourrages qu'assurait la présence permanente d'un régiment de cavalerie fût avantageuse pour les propriétaires et les cultivateurs des environs comme pour les habitants de la ville. Le 28 septembre 1782, M. d'Ormesson écrivait à l'Intendant que le gouvernement se décidait à abandonner le projet de construction de casernes à Limoges.

Pour se rendre compte des besoins auxquels il y avait à faire face, il faut savoir que l'effectif des corps envoyés en quartier à Limoges, assez régulièrement depuis un certain nombre d'années déjà, était d'environ 400 à 450 hommes. Un régiment de cavalerie se composait règlementairement, en 1762, de 432 hommes, tous montés, — dont 36 officiers ou comptant à l'Etat-Major (1 mestre de camp ; 1 lieutenant-colonel ; 1 major ; 2 aides-majors ; 2 sous aides-majors ; 1 quartier-maître ; 1 trésorier ; 4 porte-étendards ; 1 timbalier ; 6 capitaines de compagnie ; 8 lieutenants ; 8 sous-lieutenants). La troupe était divisée en 8 compagnies (y compris la compagnie mestre de camp et la compagnie lieutenant-colonelle) dont chacune comprenait 54 hommes, 4 maréchaux des logis, 1 fourrier, 8 brigadiers, 8 carabiniers, 32 simples cavaliers et 1 trompette. En 1784, l'Etat-Major se composait de 1 mestre de camp commandant ; 1 mestre de camp en second ; 1 lieutenant-colonel ; 1 major ; 1 quartier-maître ; 4 porte-étendards ; 2 adjudants ; 1 chirurgien-major ; 1 aumônier ; 1 maréchal-expert ; 1 maître sellier ; 1 armurier. Il y avait 4 compagnies ayant chacune deux capitaines, deux lieutenants, deux sous-lieutenants, six maréchaux de logis ou fourriers, huit brigadiers, huit appointés et quatre-vingt-deux cavaliers ou trompettes. Ces quatre compagnies formaient deux escadrons. L'effectif avait été un moment — en 1776 — presque doublé. Chaque colonel ou mestre de camp avait droit à trois chambres garnies et une cuisine, plus une écurie ; le lieutenant-colonel et le major à deux ; les capitaines à une chambre garnie ; les lieutenants et sous-lieutenants, à une chambre à deux lits pour deux.

L'hôpital général avait dès lors une salle affectée exclusivement aux militaires ; mais elle était jugée insuffisante, et les soldats atteints de toutes sortes de maladies se trouvant réunis dans la même pièce, l'installation était aussi défectueuse que possible au point de vue de l'hygiène. Le Ministre de la Guerre réclamait avec insistance l'établissement d'un quartier spécial pour les militaires, tout au moins : en attendant une salle à part pour les vénériens. L'administration déclarait que les ressources de l'hôpital ne permettaient pas les aménagements demandés.

d'architecte de l'hôtel de ville, la chose mise en délibération, il a été unanimement arrêté que le corps de ville permet audit sieur Jacquet de prendre le titre d'architecte du corps de ville qu'il a demandé, en ce qu'il ne pourra prétendre ny demander aucuns appointements et que le susdit titre sera révocable à la volonté de la ville. Délibéré dans l'hôtel de ville de Limoges, lesdits jour, mois et an que dessus.

NAURISSART fils, ESTIENNE, JUGE, TANCHON, FOURNIER.

Aujourd'huy, vingt août mil sept cent quatre vingt deux, dans la salle de l'hôtel de ville de Limoges, où étoient assemblés MM. les Officiers municipaux, M. Naurissart, maire, a exposé à l'assemblée que, par délibération du dix huit novembre dernier (1), il avoit été arrêté d'acquérir au nom de la ville le bâtiment servant de palais au Bureau des finances, moyennant le prix de neuf mille livres, pour y établir un hôtel de ville ; que, depuis cette époque, le bâtiment, ayant lézardé de toutes parts, est devenu inhabitable : on a été obligé d'en démolir une partie et d'étayer le restant. Et comme il ne peut plus remplir l'objet de la ville, en ce qu'il faudroit le faire reconstruire en son entier, ce que la modicité des fonds et des ressources de l'hôtel de ville ne permet pas d'entreprendre, il est nécessaire d'abandonner ce projet, attendu que la vente n'est pas consommée. La chose mise en délibération et les suffrages recueillis, il a été unanimement arrêté que la délibération du dix-huit novembre dernier sera et demeurera par la présente révoquée purement et simplement, et qu'en conséquence Monseigneur l'Intendant sera supplié, en homologuant cette révocation, de vouloir bien la faire admettre au Conseil et disposer moyennant ce ainsy qu'il avisera du susdit bâtiment. Fait lesdits jour, mois et an que dessus.

ESTIENNE, FOURNIER, BARBOU, TANCHON, JUGE, NAURISSART fils.

Révocation de la délibération du 18 novembre 1781, relative à l'acquisition de l'ancien bâtiment du Bureau des finances.

Aujourd'huy, deux septembre mil sept cent quatre vingt deux, dans la salle de l'hôtel de ville de Limoges, où étoient assemblés Messieurs les Maire et Echevins soussignés, sur le compte qui a été rendu par le sieur Lingaud, syndic receveur de l'hôtel de ville, tant du produit des Octroys, Deniers patrimoniaux, Courtetage, Eau des étangs, Guet, Lanternes et du Don gratuit, et

Reddition des comptes du 1er mars au 1er septembre 1782

(1) Voir ci-dessus, p. 105 et 164.

de l'employ qui en a été fait, le tout ayant été duement vérifié, vu les registres et autres pièces justificatives, il s'est trouvé premièrement que la recette du Don gratuit, selon l'arrêté fait par Messieurs les Maire et Echevins le deux septembre mil sept cent quatre vingt un, montoit net à la somme de vingt six mille quatre cent quatre vingt quatre livres quatorze sols cinq deniers, cy.................... 26.484ʰ 14ˢ 5ᵈ

Et depuis le douze mars mil sept cent quatre vingt deux jusqu'au premier septembre audit an, la somme de trois mille livres, cy.................. 3.000ʰ » »

Montant net en caisse du Don gratuit .... 29.484ʰ 14ˢ 5ᵈ 29.484 ll. 14 s. 5 d.

La recette des Octroys, Deniers patrimoniaux, Couretage et eau des étangs, depuis le premier mars mil sept cent quatre vingt deux jusqu'au premier septembre mil sept cent quatre vingt deux, s'est trouvée monter à la somme de treize mille trois cent quatre vingt deux livres deux sols, cy...... 13.382ʰ 2ˢ »

La dépense concernant les Octroys ci-dessus, s'est trouvée monter depuis le premier mars 1782 jusqu'au premier septembre 1782, savoir :

En quinze mandements acquittés et payés par ledit sieur Lingaud, montant à la somme de dix mille deux cent trois livres sept sols six deniers, cy.......... 10.203ʰ 7ˢ 6ᵈ

Payements faits aux employés, montant à la somme de neuf cent soixante trois livres six sols huit deniers, cy..... 963ʰ 6ˢ 8ᵈ

L'excédent de la dépense à la recette au premier mars 1782 de la somme de. 991ʰ 13ˢ 1ᵈ

} 12.158ʰ 7ˢ 3ᵈ

Différence et à reporter.. 1.223ʰ 14ˢ 9ᵈ 29.484 ll. 14 s. 5 d.

Report................	29.484 ll. 14 s. 5 d.
Reste net en caisse aux Octroys, Deniers patrimoniaux, etc. 1.223ˡˡ 14ˢ 9ᵈ	
Partant, la recette des Octroys, etc., excède la dépense, comme il paroit ci-contre, de la somme de douze cent vingt trois livres quatorze sols neuf deniers, cy................	1.223 ll. 14 s. 9 d.
Et finalement la recette du second Octroy pour le Guet et Lanternes, depuis le premier mars mil sept cent quatre vingt deux jusqu'au premier septembre mil sept cent quatre vingt deux, s'est trouvée monter à la somme de dix sept mille six cent vingt neuf livres quatorze sols, y compris la somme de cinq mille cinq cent trente cinq livres six sols onze deniers qui restoit en caisse au premier mars mil sept cent quatre vingt deux, cy..... 17.629ˡˡ 14ˢ »	
Et la dépense concernant le Guet et Lanternes, depuis le premier mars 1782 jusqu'au premier septembre 1782, s'est trouvée monter suivant vingt six mandements acquittés et payés par ledit sieur Lingaud, à la somme de six mille cent douze livres dix sept sols, cy........ 6.112ˡˡ 17ˢ »	
Reste net en caisse pour le Guet et Lanternes............ 11.516ˡˡ 17ˢ »	11.516 ll. 17 s. » d.
Total de ce qui reste net en caisse, du Don gratuit, Octroys, et Guet et Lanternes.......	42.225 ll. 6 s. 2 d.

FOURNIER, TANCHON, BARBOU.

Aujourd'huy, dixième septembre mil sept cent quatre vingt deux, dans la salle de l'hôtel commun de la ville de Limoges, où étoient assemblés Messieurs les Maire et Echevins, pour procéder à la nomination d'un prédicateur pour prêcher l'Avent de mil sept cent quatre vingt deux dans l'église de Saint-Martial dudit Limoges, la chose mise en délibération, lesdits sieurs Maire et Echevins ont d'une commune voix nommé le révérend père Constantin, religieux de la communauté des Récollets de Sainte-Valérie de la ville de Limoges, auquel il sera, etc... (p. 14).

Nomination du révérend Père Constantin pour prêcher l'Avent de 1782.

FOURNIER, TANCHON, BARBOU.

Nomination du R. P. Lambert pour prêcher l'Avent de 1783.

Aujourd'huy, neuf décembre mil sept cent quatre-vingt-deux, dans la salle de l'hôtel commun de la ville de Limoges, où étoient assemblés Messieurs les Maire et Echevins, pour procéder à la nomination d'un prédicateur pour prêcher l'Avent de l'année mil sept cent quatre-vingt-trois dans l'église de Saint-Martial dudit Limoges, la chose mise en délibération, lesdits sieurs Maire et Echevins ont d'une commune voix nommé M. Lambert, chanoine régulier, prieur-curé de Chancelade, auquel, etc.

ESTIENNE, BARBOU, FOURNIER, NAURISSART fils, JUGE, TANCHON (1).

Nomination du révérend Père Buscon pour prêcher le Carême de 1783.

Aujourd'huy, onze janvier mil sept cent quatre-vingt-trois, dans la salle de l'hôtel commun de la ville de Limoges, où étoient assemblés Messieurs les Maire et Echevins, pour procéder à la nomination d'un prédicateur pour prêcher le Carême de l'année mil sept cent quatre-vingt-trois dans l'église de Saint-Martial dudit Limoges, la chose mise en délibération, lesdits sieurs Maire et Echevins ont d'une commune voix nommé le révérend père Buscon, prieur du couvent des Augustins de la ville de Périgueux, auquel, etc.

NAURISSART fils, FOURNIER, ESTIENNE, JUGE, TANCHON, BARBOU.

Autorisation à M⁻ᵉ vᵉ Jayat d'ouvrir dans le mur de son jardin une porte sur la place d'Orsay.

Aujourd'huy, quinze février mil sept cent quatre-vingt-trois, dans la salle de l'hôtel de ville de Limoges, où étoient assemblés Messieurs les Maire et Echevins, s'est présentée dame Marie Romanet de la Briderie, veuve de Monsieur Léonard Jayat, trésorier de France, laquelle leur a exposé que, pour donner une nouvelle

---

(1) Nous avons vu plus haut (page 173) pareille autorisation donnée a l'abbé Vitrac. Le grand événement de l'année 1782 fut l'écroulement, dans la nuit du 8 au 9 juillet, de deux maisons dans la rue Fourie. L'émotion causée peu d'années auparavant par l'accident semblable arrivé à la vieille auberge historique du *Cheval-Blanc*, foyer de menées et de complots à l'époque de la Ligue, n'était pas encore calmée. L'autorité prit des mesures énergiques : une ordonnance du Lieutenant de police prescrivit de nouveau la visite de toutes les maisons dont la solidité n'était pas absolue. Nous avons déjà vu une mesure analogue prise en 1769 (tome V, page 308). Plusieurs immeubles de la rue des Taules et ceux de presque tout un côté de la rue Fourie durent être reconstruits.

Notons encore l'inauguration (9 janvier 1782) du nouveau Palais de Justice (le bâtiment où le Département donne aujourd'hui un asile un peu hasardeux a la Bibliothèque communale, aux Archives, a l'Inspection académique, etc.). Les constructions avaient recouvert l'emplacement de l'ancien auditoire royal, et en y ajoutant les terrains de quelques petits immeubles voisins. — L'abbé Vitrac remplaça le 4 février, dans les fonctions de principal du Collège, l'abbé Pouyat, mort le 18 janvier; mais on lui suscita de telles difficultés, qu'il donna sa démission à la fin de l'année scolaire. Il fut remplacé par M. Pierre Martin, chanoine de la cathédrale.

forme et embellir de plus en plus la place des Arênes, elle s'est volontiers prêtée à baisser le terrain de son jardin et faire suivre à son mur de clôture le nouvel alignement ; mais qu'en reconnaissance de ses bons procédés, elle prie Messieurs les Maire et Echevins de luy permettre de faire ouvrir à ses frais une porte pour communiquer de son jardin à la place d'Orsay, laquelle porte ne servira que pour elle personnellement, sans pouvoir en confier la clef à personne, se soumettant d'ailleurs de la faire clore, aussy à ses frais, toutes fois et quantes l'hôtel de ville le jugera à propos, et a signé : ROMANET DE JAYAT.

MM. les Maire et Echevins ayant égard à l'exposé de ladite dame veuve Jayat, luy ont permis, sans tirer à conséquence, d'ouvrir à ses frais la porte dont s'agit, pour en user elle seule, et sans pouvoir confier la clef à autruy, et encore sous la condition expresse que ladite dame fera murer à ses frais ladite porte toutes fois et quantes l'hôtel de ville jugera à propos : à tout quoy ladite dame, tant pour elle que pour les siens ayant droit et cause, s'est expressément soumise. Fait à Limoges, dans l'hôtel de ville, les jour, mois et an susdits.

   ROMANET DE JAYAT, NAURISSART fils, ESTIENNE, JUGE, FOURNIER, BARBOU.

Aujourd'huy, vingt-deux février mil sept cent quatre-vingt-trois, les Officiers municipaux assemblés dans l'hôtel de ville de Limoges, ayant pris communication de la lettre qui leur a été écrite par Monseigneur l'Intendant de cette Généralité pour faire faire les listes des garçons et veufs sans enfants, sujets à tirer au sort pour les régiments provinciaux,

 Lesdits sieurs Officiers municipaux ont en conséquence de ladite lettre nommé d'office les sindics dans ladite ville de Limoges et Orances d'icelle, pour faire lesdites listes, ainsy qu'il suit :

Nomination des syndics pour la confection des listes de la milice pour 1783.

Consulat.

Le sieur Guineaud Dupré, négociant.
Le sieur Voisin, marchand.

Manigne.

Le sieur Laporte fils aîné, marchand.
Le sieur Roux de Mazerolas, bourgeois.

Les Bancs.

Le sieur Léonard Nadaud, marchand.
Le sieur Faure de Condat, bourgeois.

Le Clocher.

Le sieur Debord, procureur au Présidial.
Le sieur Mousnier fils, apothicaire, gendre à Ruaud.

Boucherie.

Le sieur Salot Tourniol, gendre à La Geneste, marchand.
Le sieur Cramaille jeune, marchand, fauxbourg Boucherie.

Ferrerie.

Le sieur Ruaud, marchand.
Le sieur Durandeau, aubergiste.

Les Combes.

Le sieur Cousin, procureur au Présidial.
Le sieur Gelay, gendre à la veuve Lenoble.

Lansequot.

Le sieur Hervy fils, gendre à Baudet, marchand.
Le sieur Pinchaud fils, gendre à Coussat, marchand.

La Boucherie.

Pierre Chabrol fils, charpentier, gendre à la veuve Genty.
Joseph Malinvaud, dit Chagrin, boucher, fils.

Orances.

Le sieur Martial Marsicat, aubergiste, près les Carmes.
Le nommé Jacques Durieu, du village du Coudert.
Le nommé Guillaume Tharaud, dit Coutier, maçon, près la Croix Léchalier.
Le nommé Barthélemy Jarnac, gendre à Chabaud, dit Nardaud, à Saint-Lazare.

Auxquels syndics est enjoint, etc. (p. 48).

ESTIENNE, TANCHON, NAURISSART fils, FOURNIER, JUGE, BARBOU.

Aujourd'huy, deux mars mil sept cent quatre-vingt-trois, dans la salle de l'hôtel de ville de Limoges, où étoient assemblés Messieurs les Maire et Echevins soussignés,

Reddition des comptes du 1er septembre 1782 au 1er mars 1783.

Sur le compte qui a été rendu par le sieur Lingaud, sindic-receveur dudit hôtel de ville, tant du produit du Don gratuit, Octrois, Deniers patrimoniaux, des fermes, couretage des vins, eau des étangs de la fontaine d'Eygoulène, Guet et Lanternes, et de l'employ qui en a été fait, le tout ayant été duement vérifié, vu les registres et autres pièces justificatives, il s'est trouvé premièrement :

Don gratuit

La recette du Don gratuit, au deux mars mil sept cent quatre-vingt-trois, s'est trouvée monter à la somme de trente mille neuf cent quatre-vingt-quatre livres quatorze sols cinq deniers, y compris la somme de vingt-neuf mille quatre cent vingt-quatre livres quatorze sols cinq deniers qui restoit en caisse au deux septembre mil sept cent quatre-vingt-deux, suivant l'arrêté fait par Messieurs les Maire et Echevins, cy.................... 30.984^{li} 14^s 5^d

Octrois

La recette des Octroys, Deniers patrimoniaux, des fermes, couretage des vins et eau des étangs, depuis le premier septembre mil sept cent quatre-vingt-deux jusqu'au premier mars mil sept cent quatre-trois, s'est trouvée monter à la somme de onze mille huit cent treize livres neuf sols trois deniers, y compris la somme de douze cent vingt-trois livres quatorze sols neuf deniers, qui restoit en caisse suivant l'arrêté fait le deux septembre mil sept cent quatre-vingt-deux, cy........ 11.813^{li} 9^s 3^d

La dépense concernant les Octroys cy-dessus, depuis le deux septembre mil sept cent quatre-vingt-deux au premier mars mil sept cent quatre-vingt-trois, s'est trouvée monter, suivant dix-huit mandements acquittés et payés par ledit sieur Lingaud, à la somme de huit mille six cent quatre-vingt-trois livres cinq sols sept deniers,

A reporter ...... 11.813^{li} 9^s 3^d   30.984^{li} 14^s 5^d

Reports.......... 11.813ᴸ 9ˢ 3ᵈ		30.984ᴸ 14ˢ 5ᵈ

cy............... 8.683ᴸ 5ˢ 7ᵈ

Plus, payements faits aux employés pour six mois de leurs appointements, la somme de neuf cent soixante-treize livres six sols huit deniers, cy..... 973ᴸ 6ˢ 8ᵈ } 9.656ᴸ 12ˢ 3ᵈ

Reste net en caisse aux Octroys. 2.156ᴸ 17ˢ » 2.156ᴸ 17ˢ »

Guet et Lanternes

Et finalement la recette du second Octroy du Guet et Lanternes, depuis le premier septembre mil sept cent quatre-vingt-deux jusqu'au premier mars mil sept cent quatre-vingt-trois, s'est trouvée monter à la somme de dix-huit mille deux cent quatre-vingt-douze livres huit sols dix deniers, y compris la somme de onze mille cinq cent seize livres dix-sept sols qui restoit en caisse, suivant l'arrêté fait le deux septembre mil sept cent quatre-vingt-deux, cy......................... 18.292ᴸ 8ˢ 10ᵈ

Et la dépense concernant le Guet et Lanternes, depuis le premier septembre mil sept cent quatre-vingt-deux jusqu'au premier mars mil sept cent quatre-vingt-trois, s'est trouvée monter, suivant vingt-quatre mandements acquittés et payés par ledit sieur Lingaud, à la somme de six mille trois cent cinquante-huit livres six deniers, ci........ 6.358ᴸ » 6ᵈ

11.934ᴸ 8ˢ 4ᵈ 11.934ᴸ 8ˢ 4ᵈ

Total de ce qui reste en caisse du Don gratuit, Octroys, Guet et Lanternes. 45.075ᴸ 19ˢ 9ᵈ

Juge, Tanchon, Fournier, Naurissart fils.

Aujourd'huy, premier septembre mil sept cent quatre-vingt-trois, dans la salle de l'hôtel de ville de Limoges, où étoient assemblés Messieurs les Maire et Echevins soussignés,

Reddition des comptes du 1er mars au 1er septembre 1783

Sur le compte qui a été rendu par le sieur Lingaud, sindic-receveur dudit hôtel de ville, tant du prodait du Don gratuit, Octroys, Deniers patrimoniaux, des fermes, couretage des vins, eau des étangs de la fontaine d'Eygoulène, Guet et Lanternes, et de l'employ qui en a été fait, le tout ayant été duement vérifié, vu les registres et autres pièces justificatives, il s'est trouvé, premièrement :

Don gratuit

La recette du Don gratuit, au premier septembre mil sept cent quatre-vingt-trois, s'est trouvée monter à la somme de trente-deux mille quatre cent quatre vingt-quatre livres quatorze sols cinq deniers, y compris la somme de trente mille neuf cent quatre-vingt quatre livres quatorze sols cinq deniers qui restoit en caisse au premiers mars mil sept cent quatre-vingt-trois, suivant l'arrêté fait par Messieurs les Maire et Echevins, cy............ 32.484ll 14s 5d

Octroys

La recette des Octroys, Deniers patrimoniaux, des fermes, couretage des vins et eau des étangs, depuis le premier mars mil sept cent quatre-vingt-trois jusqu'au premier septembre mil sept cent quatre-vingt-trois, s'est trouvée monter à la somme de treize mille trois cent quarante livres seize sols quatre deniers, y compris la somme de deux mille cent cinquante-six livres dix-sept sols qui restoit en caisse au premier mars mil sept cent quatre-vingt-trois, suivant l'arrêté fait par Messieurs les Maire et Echevins, ci.......... 13.340ll 16s 4d

La dépense concernant les Octroys cy-dessus, depuis le premier mars mil sept cent quatre-vingt-troys au premier septembre mil sept cent quatre-vingt-trois, s'est trouvée monter, suivant quinze mandements acquittés et payés par ledit sieur Lingaud, à la somme de dix mille cinq cent soixante onze livres dix-neuf sols

A reporter........ 13.340ll 16s 4d   32.484ll 14s 5d

Reports............ 13.340ˡˡ 16ˢ 4ᵈ		32.484ˡˡ 14ˢ 5ᵈ

trois deniers, cy. 10.571ˡˡ 19ˢ 3ᵈ

Plus, pour payements faits aux employés pour six mois de leurs appointements, la somme de neuf cent soixante-treize livres six sols huit deniers cy............... 973ˡˡ 6ˢ 8ᵈ } 11.545ˡˡ 5ˢ 11ᵈ

Reste net en caisse aux octroys. 1.795ˡˡ 10ˢ 5ᵈ   1.795ˡˡ 10ˢ 5ᵈ

Et finalement, la recette du second Octroy, du Guet et Lanternes, depuis le premier mars mil sept cent quatre-vingt-trois jusqu'au premier septembre mil sept cent quatre-vingt-trois, s'est trouvée monter à la somme de dix-huit mille sept cent vingt-quatre livres deux sols onze deniers, y compris la somme de onze mille neuf cent trente-quatre livres huit sols quatre deniers qui restoit en caisse, suivant l'arrêté fait le premier mars mil sept cent quatre-vingt-trois, cy............ 18,724ˡˡ 2ˢ 11ᵈ

Et la dépense concernant le Guet et Lanternes, depuis le premier mars mil sept cent quatre-vingt-trois jusqu'au premier septembre mil sept cent quatre-vingt-trois, s'est trouvée monter, suivant vingt-trois mandements acquittés et payés par ledit sieur Lingaud, à la somme de quinze mille deux cent quatre-vingt-deux livres deux sols trois deniers, cy.................. 15.282ˡˡ 2ˢ 3ᵈ

Reste net en caisse du Guet et Lanternes.................... 3.442ˡˡ » 8ᵈ   3.442ˡˡ » 8ᵈ

Total de ce qui reste net en caisse du Don gratuit, Octroys, Guet et Lanternes, cy............ 37.722ˡˡ 5ˢ 6ᵈ

NAURISSART fils, ESTIENNE, BARBOU, TANCHON, FOURNIER.

— 189 —

Aujourd'huy, premier septembre mil sept cent quatre-vingt-trois, dans la salle de l'hôtel de ville de Limoges, où étoient assemblés Messieurs les Officiers municipaux, M. Naurissart, maire, auroit représenté que le mur de la promenade nommée La Terrasse s'est écroulé dans une longueur d'environ sept toises ; que le reste de ce mur, qui soutient une partie de terre de vingt-trois pieds, est dans un état de ruine imminent, et qu'il est absolument nécessaire d'y pourvoir pour la tranquillité et la sûreté des habitants ; que s'étant transporté sur les lieux avec le sieur Brousseaux, architecte et entrepreneur, ils auroient estimé qu'il seroit moins coûteux de faire démolir le mur actuel, et d'en reconstruire un nouveau sur l'alignement des boulevards et de prendre le terrain qui a servi pour la pépinière qui est au dessous de la Terrasse, pour agrandir d'autant la promenade de la Terrasse, ce qui sera facile à faire, parce que la pépinière étant à vingt-trois pieds au dessous du niveau de la terrasse, on pourra porter le terrain de l'une au niveau de l'autre, et diminuer par là l'élévation du mur qu'il faudra construire à neuf : les matériaux en moellons du mur en ruine seront, à cause de son élévation, plus que suffisants ; il n'y aura de dépense que l'achat de la chaux et les frais de main d'œuvre. Le sieur Brousseaux pense que cette dépense sera d'environ quinze mille livres, y compris le transport des terres. M. Naurissart propose, pour ce dernier objet, de solliciter auprès de Monseigneur l'Intendant un atelier de charité, sans lequel la ville est hors d'état de faire cette dépense. Il propose encore, vu les obligations infinies que la ville de Limoges doit à son bienfaiteur, Monseigneur le Maréchal duc de Fitz-James, gouverneur de la province, qui a dans tous les temps prodigué ses largesses (1) pour l'embellissement de la ville et la sûreté de ses habitants, de saisir cette première occasion pour offrir à Sa Grandeur les hommages et la reconnaissance qui luy sont dus à tant de titres, en suppliant Monseigneur le Maréchal de permettre qu'on donne à cette nouvelle promenade, qui sera la plus fréquentée de la ville, la nomenclature des « Allées de Fitz-James » ; c'est le moyen d'apprendre, à la postérité la plus reculée, que ce seigneur bienfaisant a toujours secouru la ville de Limoges dans tous ses besoins, et que ses Officiers municipaux ont voulu élever un monument éternel de leur sensibilité et de leur reconnaissance.

La chose mise en délibération, il a été unanimement arrêté que

Demande en concession de la Pépinière au-dessous de la promenade de la Terrasse pour du tout en faire une sous le nom d'Allées de Fitz-James

---

(1) Après avoir abandonné à la ville dix annuités des frais de logement qui lui étaient dus, le maréchal venait d'accorder une somme de 4,000 livres pour concourir aux dépenses de la fontaine Dauphine. V. p. 93, 95, etc.

le corps de ville solliciteroit auprès de Monsieur l'Intendant la concession du terrain joignant la dite Terrasse et qui a servi de pépinière, et en outre les secours nécessaires sur les fonds des ateliers de charité pour le déblayement des terres et la démolition du mur actuel, pour former sur ce local la promenade projettée. Il a été de plus arrêté qu'on saisiroit avec l'empressement le plus vif cette occasion de rendre hommage à Monseigneur le Maréchal duc de Fitz-James, gouverneur de la province, en luy proposant de vouloir permettre que cette nouvelle promenade soit dénommée « Allées de Fitz-James », et qu'en conséquence, aussitôt la délibération homologuée par M. l'Intendant, on écriroit une lettre à Monseigneur le Maréchal duc de Fitz-James pour le supplier d'approuver la dénomination de cette place comme un tribut de sa (sic) juste reconnaissance.

Naurissart fils, Estienne, Barbou, Fournier, Tanchon (1).

(1) On poussait vivement, à cette époque, les travaux de la fontaine Dauphine. Nous avons dit plus haut que la dépense excéda de beaucoup les premières prévisions. On lira peut-être avec intérêt la lettre suivante écrite à ce sujet par les officiers municipaux à M. D'Aine (Arch. de l'Hôtel de Ville, DD^s, n° 7) :

« Limoges, 2 aoust 1783.

» Monseigneur,

» Nous avons eu l'honneur de vous dire dans le tems que les ornements en bronze et marbre qui doivent décorer la fontaine que nous faisons élever pour célébrer la naissance de Monseigneur le Dauphin, coûteroient une somme plus forte que celle que nous avions compté. Il est impossible de fixer le prix des artistes dans ce genre, ainsi que nous venons de l'éprouver. Les bronzes, marbres et dorures s'élèvent, suivant les différents comptes réglés avec les ouvriers, compris tous les menus frais, à 17,890 ll. 19 s. L'encaissement, avec les droits de douane et le magazinage à Paris, iront à près de 400 ll.; la voiture, environ 400 ll. Il faudra donner des honoraires à M. Margrait, architecte, qui a fait les projets et conduit l'exécution de ce monument. Nous pensons qu'on ne peut pas les évaluer à moins de 1,200 ll. La maçonnerie et pierre de taille pour l'élévation de la fontaine est portée, suivant le devis, à 4,000 ll. Les différents ferrements pour assujétir le bronze avec solidité ou pour garnir les bornes pourroient coûter 600 ll. Tous ces objets forment une somme de 24,490 .l. 19 s. Il y aura bien encore quelques objets imprévus, de manière qu'on peut porter l'ensemble à 25,000 ll.

» M. le Maréchal duc de Fitz James nous a fait un don de 4,000 ll. pour être employé à ce monument. Reste donc 21,000 ll. qu'il en coûtera à l'hôtel de ville. Vous savés, Monseigneur, que nous ne sommes authorisés, par arrêt du Conseil, à dépenser pour cet objet que 12,000 ll.; c'est donc 9,000 ll. d'excédent, pour lesquelles nous avons besoin d'une nouvelle authorisation.

» Toutes ces dépenses ont été faites sous vos yeux, à Paris, et de vôtre consentement ; vous voudrés donc bien nous authoriser, pour la bonne regle de nôtre comptabilité, en faire l'adjudication, tant pour les bronzes, marbres et décorations, que pour la maçonnerie et pierres de taille, frais de transport, d'emballage et droits de douane, pour la somme de 25,000 livres.

» Nous sommes avec un profond respect, etc.

» Les Officiers municipaux de la ville de Limoges,
» Naurissart, Juge, Tanchon. »

Peut-être le Maire et les Echevins attendaient-ils de M. D'Aine autre chose qu'une autorisation, ou plutôt quelque chose avec l'autorisation : la promesse d'une contribution personnelle, par exemple.

La réponse de l'Intendant, datée de Limoges, le 8 août (DD^s n° 8), n'est pas compromettante. M. D'Aine reconnait que la dépense est en effet bien considérable pour l'état des

Aujourd'huy huitième novembre mil sept cent quatre-vingt-trois, dans la salle de l'hôtel commun de la ville de Limoges, où étoient assemblés Messieurs les Maire et Echevins, pour procéder à la no-

Nomination de M. Pétiniaud pour prêcher le Carême de 1784

finances de la ville ; que les officiers municipaux se sont peut-être laissé entraîner par un zèle « dont le motif ne peut du reste qu'être approuvé », et que difficilement les artistes s'astreignent à « consulter les moyens de ceux qui les employent ». Il examinera plus tard les moyens de pourvoir à la dépense. Pour le moment, la municipalité doit s'occuper de trouver un adjudicataire intelligent et solvable.

Quand le moment vint d'acquitter les 25,300 ll. auxquels s'éleva la dépense totale de la fontaine, l'Intendant décida que les 9,300 ll. restant dues après le paiement des 12,000 ll. allouées sur les revenus patrimoniaux de la ville et des 4,000 données par le maréchal de Fitz James, seraient prises sur « le reliquat du dernier compte excédant de l'octroi spécial » accordé à la ville pour le Guet et Lanternes. On ne voit pas que M. D'Aine ait aidé en rien l'administration municipale, qu'il avait encouragée à une manifestation de loyalisme comportant une dépense un peu élevée pour l'état des finances communales.

Ajoutons que, dans le compte définitif des dépenses de la fontaine Dauphine, le mémoire du sculpteur figure pour 1,422 ll.; celui du mouleur en plâtre, pour 600; celui du fondeur, pour 7,454; celui du ciseleur, pour 1,980; celui du monteur, pour 1,300; celui du releveur, pour 2,238; celui du doreur et celui du « metteur en couleur », pour 1,400; celui du marbrier, pour 433 ll. 10 s. Tous ces travaux avaient été exécutés à Paris. Le décor de la fontaine, outre les plaques de marbre, comprenait : quatre dauphins de bronze, vert antique ; deux écussons aux armes du Dauphin, en bronze doré; deux médaillons et deux mascarons, en bronze doré ; six guirlandes de laurier, dix fragments de guirlande et deux cuvettes de fontaine, le tout en bronze (Arch. municipales, DD⁵). M. Brousseaud fut l'entrepreneur général des travaux; il prit l'adjudication le 12 août 1783. Il n'y avait de l'aléa que sur les terrassements et la maçonnerie, tous les comptes des bronzes, marbre, inscriptions, décorations étant déjà réglés.

L'inscription suivante, composée par l'abbé Vitrac, se lisait en caractères d'or sur une grande plaque de marbre :

Auspiciis
D. D. Marii Joan. Bapt. Nic. d'Aine
Provinciæ Præfecti
Curantibus
D. Lud. Naurissard Prætore urbano
D. Lud. Estienne Propraetore
Ædilibus
DD. Jos. Jacq. Juge, Joann. Tanchon, Mart. Barbou, Jos. Fournier
Hoc
Ob natum ovantibus Gallis
Delphinum
Publicæ felicitati
Gratulabunda posuit monumentum
Urbs Lemovicensis
Non. Novemb. anno M. DCC. LXXXI

Vitrac avait adressé aux rédacteurs du *Journal de Paris* une longue lettre au sujet de l'érection de la fontaine Dauphine. Cette lettre fut publiée en supplément au n° de cette feuille du 26 décembre 1781 et a été reproduite dans le tome VII, p. 93 du *Bulletin de la Société archéologique et historique du Limousin*. Elle renferme, avec la description du monument et l'inscription ci-dessus, un panégyrique outré de M. D'Aine. Le correspondant du *Journal de Paris* semble avoir oublié qu'avant cet administrateur, fort distingué, du reste, il y avait eu à Limoges, pendant treize ans, un intendant qui s'appelait Turgot.

Dans le dossier de la fontaine Dauphine, aux Archives municipales (DD⁵, n°⁵ 1 à 87), se trouvent plusieurs exemplaires de ce supplément, accompagnés de ce billet :

« L'abbé Vitrac présente le bonjour à M. Lingaud, et le prie de faire distribuer à Mess. les Maire, Echevins, Conseillers politiques, chacun un exemplaire des feuilles ci-inclus, et d'en réserver quelques-unes pour lui, son fils et ses amis. Il obligera son serviteur
» Vitrac, pʳᵉ. »

La première pierre du monument qui occupait le milieu de la place actuelle et que nous

mination d'un prédicateur pour prêcher le Carême de l'année mil sept cent quatre-vingt-quatre dans l'église collégiale de Saint-Martial de Limoges, la chose mise en délibération, lesdits sieurs Maire et Echevins ont d'une commune voix nommé Monsieur Pétiniaud, curé de Saint-Maurice en la Cité de la ville de Limoges (1), auquel il sera incessamment donné avis, etc. (page 14).

NAURISSART fils, ESTIENNE, TANCHON, FOURNIER, BARBOU.

Nomination du Révérend Père Imbert pour prêcher l'Avent de 1783

Aujourd'huy, huitième novembre mil sept cent quatre vingt trois, dans la salle de l'hôtel commun de la ville de Limoges, où étoient assemblés Messieurs les Maire et Echevins pour procéder à la nomination d'un prédicateur pour prêcher l'Avent de l'année mil sept cent quatre vingt trois, dans l'église de Saint-Martial dudit

avons vu démolir en 1851 (sous prétexte qu'il gênait la circulation), fut posée le 12 septembre 1783 par la vicomtesse de Rocherolles, fille de M. D'Aine, en présence de l'Intendant, du Maire et des Echevins « en robes et en chaperons », et au bruit des salves de l'artillerie municipale. M. de Rocherolles avait appartenu à l'ordre de Malte et n'avait quitté la croix de cet ordre que la veille de son mariage. Il faut se souvenir de ce détail pour comprendre ce quatrain de l'épithalame composé par l'abbé Dourneau, poète non sans mérite, à l'occasion de cette union.

    Pour vous, l'amour perdra ses ailes....
    Et toi, dont le premier désir
    Fut de dompter les infidèles,
    Peux-tu jamais le devenir ?

M. D'Aine avait été nommé, le 31 août, à l'intendance de Tours. Il n'avait pas su se concilier toutes les sympathies et on ne le regretta pas beaucoup. Son départ fut salué par un certain nombre de chansons et par un plus grand nombre encore de pamphlets dans lesquels l'abbé Legros lui-même reconnaît qu'il se trouve quelques vérités mêlées à beaucoup de calomnies (*Cont. des Annales*, p. 293). Nous avons parlé plus haut du rôle important qu'il joua dans notre province et des travaux considérables qu'il y fit exécuter.

On trouve, dans l'intéressante collection de M. Nivet-Fontaubert, plusieurs des couplets satiriques que nos aïeux fredonnèrent au départ du célèbre intendant. Quelques-uns étaient vifs : qu'on en juge par cet échantillon :

    Pour comble d'ignominie,
    Qu'on fasse auteur ce magot
    Des services que Turgot
    Rendit à notre patrie...
    Eh ! qu'est-c' qu' ça m' fait à moi :
    Jamais je ne les oublie...
    Eh ! qu'est-c' qu' ça m' fait à moi :
    Quand je chante et quand je boi.

M. D'Aine fut remplacé à la tête de la Généralité de Limoges par M. Meulan d'Ablois, intendant à Montauban.

On termina cette année-là l'escalier monumental et les grilles qui fermaient la place d'Orsay (Ducourtieux, *Limoges d'après ses anciens plans*.)

(1) M. Pétiniaud jouissait d'une assez grande influence dans la Cité, où il remplit les fonctions d'officier municipal au commencement de la Révolution.

Limoges, la chose mise en délibération, lesdits sieurs Maire et Echevins ont d'une commune voix nommé le révérend père Imbert, religieux grand carme de la ville de Limoges, auquel il sera, etc. (page 14 ci-dessus).

NAURISSART fils, TANCHON, ESTIENNE, FOURNIER, BARBOU.

Aujourd'huy, huit novembre mil sept cent quatre vingt trois, dans la salle de l'hôtel commun de la ville de Limoges, où étoient assemblés Messieurs les Maire et Echevins, pour procéder à la nomination d'un prédicateur pour prêcher l'Avent de l'année mil sept cent quatre vingt quatre dans l'église collégiale de Saint-Martial dudit Limoges, la chose mise en délibération, lesdits sieurs Maire et Echevins ont d'une commune voix nommé le révérend père Siméon Cacatte (1), religieux récollet conventuel à l'île d'Oléron, auquel, etc.

Nomination du Révérend Père Siméon pour prêcher l'Avent de 1784

NAURISSART fils, ESTIENNE, TANCHON, FOURNIER, BARBOU (2).

(1) Le P. Cacatte, originaire de Limoges, s'était distingué dans plusieurs incendies.

(2) Il faut mentionner, parmi les faits intéressants de l'année 1783, l'arrivée à Limoges, le 24 janvier, de trois filles de la charité de Saint-Vincent-de-Paul. Elles logèrent une douzaine de jours rue Boucherie (du Collège), chez une dame Lagorce, puis prirent possession de leur maison qui n'était pas encore complètement terminée. Une quatrième religieuse de leur institut vint peu après les y rejoindre.

Le bureau de la poste aux lettres fut transféré, le 2 mai, de la place Saint-Martial où il était établi depuis assez longtemps, dans une maison située « rue et près l'église des Récollets de Saint-François » (bâtiment dit de l'ancienne Comédie).

Quelques personnes firent célébrer, le 20 mars, aux Cordeliers, un service d'anniversaire pour Turgot, qui était mort le 20 mars 1781. L'abbé Legros constate que l'assistance fut peu nombreuse. Les sentiments dans lesquels était mort l'ancien intendant de Limoges expliquent dans une certaine mesure cette abstention. Néanmoins, il y a quelque chose de pénible dans la constatation du peu de durée de la reconnaissance publique pour cet homme qui avait vraiment aimé et servi notre pays.

La comtesse des Cars, femme du lieutenant général du Roi au Gouvernement, passa par Limoges le 22 août, se rendant dans ses terres. Les échevins allèrent la complimenter à son hôtel, et, quand elle partit, l'artillerie de la ville tira deux salves.

Le 17 juillet 1783, fut posée et bénie la première pierre de la nouvelle chapelle du Crucifix d'Aigueperse, près de la place actuelle du Rond-Point. Ce petit édifice s'élevait sur l'emplacement de l'ancienne chapelle construite en 1458 par Michel Jouviond, curé de Saint-Michel. C'est de ce modeste sanctuaire que l'avenue du Crucifix, aujourd'hui Garibaldi, tirait son nom.

Vers la même époque fut démolie la fontaine du Chevalet, qui portait au treizième siècle le nom de fontaine Constantine, de Constantin ou de Constant. On la rétablit presque en face de son ancien emplacement, mais avec un aspect moins monumental.

On a vu au tome précédent (p. 343 et suiv.) que les réjouissances pour la conclusion de la paix signée à Versailles peu de semaines auparavant et dont la notification officielle fut envoyée le 3 novembre, eurent lieu à Limoges le 20 décembre.

Nous avons retrouvé aux archives de la Haute-Vienne (liasse C 54 et fonds de l'Evêché, 164) des exemplaires de l'ordonnance de police que le lieutenant général fit, la veille, placarder sur les murs. Nous reproduisons ce document :

Nomination des syndics pour la confection des listes de la milice pour 1784

Aujourd'huy, quatorze février mil sept cent quatre vingt quatre, MM. les Officiers municipaux, assemblés dans l'hôtel de ville de Limoges, ayant pris communication de la lettre qui leur a été écrite par Monseigneur l'Intendant de cette généralité pour faire faire les listes des garçons et veufs sans enfants, sujets à tirer au sort pour les régiments provinciaux,

Lesdits sieurs Officiers municipaux ont, en conséquence de ladite lettre, nommé d'office les sindics dans ladite ville de Limoges et orances d'icelle, pour faire lesdites listes, ainsy qu'il suit :

Consulat.

Le sieur Marc, négociant.
Le sieur Sénemaud, cirier.

Manigne.

Le sieur Simon Tuilier, marchand.
Le sieur Montégut Plantadis, marchand.

Les Bancs.

Le sieur Dépéret fils, marchand, près le grand Bureau.
Le sieur Baudet, hôte de *Saint-Pierre*.

Le Clocher.

Le sieur Guérin, orfèvre, gendre à la veuve Le Noble.
Le sieur Avanturier, marchand.

» De par le Roy

» Ordonnance de Monsieur le Lieutenant général de police de la ville de Limoges

» Vous remoutre le Procureur du Roy, qu'il a plu à Sa Majesté de notiffier à ses peuples la conclusion d'une guerre glorieuse par une paix honorable, et pour concourir aux témoignages de la joie publique, il requiert qu'il soit ordonné que tous les habitans de la présente ville soient tenus d'illuminer les façades de leurs maisons dimanche prochain, vingt un du courant, à l'entrée de la nuit, avec deffences d'allumer des feux dans les rues, d'y tirer des armes à feu, à peine de dix livres d'amende ; et que l'ordonnance à intervenir soit imprimée, publiée et affichée aux lieux accoutumés, avec injonction aux inspecteurs et huissiers de police d'y tenir la main, et au juge de la Cité de la faire publier et exécuter dans son détroit. Fait à Limoges, le dix neuf décembre mil sept cent quatre vingt trois.

» *Signé* : Lamy de La Chapelle, procureur du Roy.

» Nous, Guillaume Grégoire de Roulhac, écuyer, seigneur de Laborie et Faugéras, conseiller du Roi, lieutenant général civil et de police de la ville de Limoges, ordonnons qu'il sera fait ainsi qu'il est requis par le Procureur du Roy. Fait à Limoges, les jour, mois et an que dessus.

» *Signé* : Roulhac, lieutenant général de police, et Plainemaison, greffier en chef.

» Scellé à Limoges, le vingt décembre mil sept cent quatre vingt trois. *Signé* : Reunier. »

(Arch. de la Haute-Vienne, C. 54.)

Boucherie.

Le sieur Lagorce, marchand cirier.
Le sieur Baptiste Mathieu, marchand tanneur.

Ferrerie.

Le sieur Leynardie, marchand.
Le sieur Joseph Faure jeune, aubergiste.

Les Combes.

Le sieur Antoine Delauze jeune, bourgeois.
Le sieur Nicard, aubergiste du *Dauphin*.

Lansequot.

Le sieur Limousin jeune, marchand, gendre à Bardinet.
Le sieur Veyrier de Morcheval, bourgeois.

La Boucherie.

Le sieur Bernard Gérald, maitre boulanger.
Le nommé Barthélémy Cibot, fils de Goudindaud, dit la Mariaud, boucher.

Orances.

Le nommé Georges Maury fils, jardinier, acquéreur du bien de Brisset.
Le nommé Jacques Bourriaux, demeurant aux Thuillères.
Le nommé Martial Baillot, charpentier, près la Graule noire.
Le nommé Martial Bouzonnie, demeurant près Saint-Lazare.
Auxquels sindics est enjoint de faire de suite les listes demandées par ladite lettre, etc. (voir p. 48).

NAURISSART fils, ESTIENNE, JUGE, TANCHON, FOURNIER.

Reddition des comptes du 1er septembre 1783 au 1er mars 1784

Aujourd'huy, premier mars mil sept cent quatre vingt quatre, dans la salle de l'hôtel de ville de Limoges, où étoient assemblés Messieurs les Maire et Echevins soussignés,
Sur le compte qui a été rendu par le sieur Lingaud, sindic receveur dudit hôtel de ville, tant du produit du Don gratuit, Octroys, Deniers patrimoniaux, des fermes, couretage des vins, eau des étangs de la fontaine d'Eygoulène, Guet et Lanternes, et de l'em-

ploy qui en a été fait, le tout ayant été duement vérifié, vu les registres et autres pièces justificatives, il s'est trouvé premièrement :

Don gratuit

La recette du Don gratuit, au premier mars mil sept cent quatre vingt quatre, s'est trouvée monter à la somme de trente trois mille neuf cent quatre vingt quatre livres quatorze sols cinq deniers, y compris la somme de trente deux mille quatre cent quatre vingt quatre livres quatorze sols cinq deniers, qui restoit en caisse au premier septembre mil sept cent quatre vingt trois, suivant l'arrêté fait par Messieurs les Maire et Echevins, cy........ 33.984ˡˡ 14ˢ 5ᵈ

Octroys

La recette des Octroys, Deniers patrimoniaux, des fermes, couretage des vins et eau des étangs, depuis le premier septembre mil sept cent quatre vingt trois jusqu'au premier mars mil sept cent quatre vingt quatre, s'est trouvée monter à la somme de onze mille quatre cent quatre vingt dix huit livres dix sept sols six deniers, y compris la somme de dix sept cent quatre vingt quinze livres dix sols cinq deniers, qui restoit en caisse au premier septembre mil sept cent quatre vingt trois, suivant l'arrêté fait par Messieurs les Maire et Echevins, cy...... 11.498ˡˡ 17ˢ 6ᵈ

La dépense concernant les objets cy-dessus, depuis le premier septembre mil sept cent quatre vingt trois au premier mars mil sept cent quatre vingt quatre, s'est trouvée monter, suivant quinze mandements acquittés et payés par ledit sieur Lingaud, à la somme de sept mille cinq cent treize livres dix neuf sols six deniers, cy................ 7.513ˡˡ 19ˢ 6ᵈ ⎫
Plus, payements faits aux employés, pour six mois de leurs appointements, la somme de neuf cent soixante treize livres six sols huit deniers, cy........... 973ˡˡ 6ˢ 8ᵈ ⎭ 8.487ˡˡ 6ˢ 2ᵈ

                                            3.011ˡˡ 11ˢ 4ᵈ 33.984ˡˡ 14ˢ 5ᵈ

Report.......................	33.984ˡˡ 14ˢ 5ᵈ

Reste net en caisse aux Octroys la somme de trois mille onze livres onze sols quatre deniers, cy....... 3.011ˡˡ 11ˢ 4ᵈ

De l'autre part :

Guet et Lanternes

Et finalement, la recette du second Octroy, du Guet et Lanternes, depuis le premier septembre mil sept cent quatre vingt trois jusqu'au premier mars mil sept cent quatre vingt quatre, s'est trouvée monter à la somme de neuf mille trois cent soixante dix neuf livres cinq deniers, y compris la somme de trois mille quatre cent quarante deux livres huit deniers qui restoit en caisse au premier septembre mil sept cent quatre vingt trois, suivant l'arrêté fait par Messieurs les Maire et Echevins, cy... 9.379ˡˡ » 5ᵈ

Et la dépense concernant le même objet, depuis le premier septembre mil sept cent quatre vingt trois au premier mars mil sept cent quatre vingt quatre, s'est trouvée monter, suivant vingt deux mandements acquittés et payés par ledit sieur Lingaud, la somme de cinq mille sept cent quatre vingt huit livres dix neuf sols, cy....................... 5.788ˡˡ 19ˢ »

3.590ˡˡ 1ˢ 5ᵈ

Reste net en caisse, du Guet et Lanternes, la somme de trois mille cinq cent quatre vingt dix livres un sol cinq deniers, cy................... 3.590ˡˡ 1ˢ 5ᵈ

Total de ce qui reste en caisse du Don Gratuit, Octroys, Guet et Lanternes...................... 40.586ˡˡ 7ˢ 2ᵈ

NAURISSART fils, TANCHON, FOURNIER.

Aujourd'huy, septième août mil sept cent quatre vingt quatre, dans la salle de l'hôtel commun de la ville de Limoges, où étoient assemblés Messieurs les Maire et Echevins pour procéder à la nomination d'un prédicateur, pour prêcher le carême de l'année mil sept cent quatre vingt cinq dans l'église collégiale de Saint-Martial

Nomination de Dom Puydieu pour prêcher le Carême de 1785

dudit Limoges, la chose mise en délibération, lesdits sieurs Maire et Echevins ont d'une commune voix nommé Dom Puydieu, religieux de l'abbaye des Feuillants de Limoges, auquel il sera etc. (voir p. 14).

NAURISSART fils, JUGE, TANCHON, ESTIENNE, FOURNIER.

Reddition des comptes du 1er mars au 1er septembre 1784

Aujourd'huy, premier septembre mil sept cent quatre vingt quatre, dans la salle de l'hôtel de ville de Limoges, où étoient assemblés Messieurs les Maire et Echevins soussignés,

Sur le compte qui a été rendu par le sieur Lingaud, sindic receveur dudit hôtel de ville, tant du produit du Don Gratuit, Octroys, Deniers patrimoniaux, des fermes, couretage des vins, eau des étangs de la fontaine d'Eygoulêne, Guet et Lanternes, et de l'employ qui en a été fait, le tout ayant été duement vérifié, vu les registres et autres pièces justificatives, il s'est trouvé premièrement :

Don gratuit

La recette du Don gratuit, au premier septembre mil sept cent quatre vingt quatre, s'est trouvée monter à la somme de trente cinq mille quatre cent quatre vingt quatre livres quatorze sols cinq deniers, y compris la somme de trente trois mille neuf cent quatre vingt quatre livres quatorze sols cinq deniers qui restoit en caisse au premier mars mil sept cent quatre vingt quatre, suivant l'arrêté fait par Messieurs les Maire et Echevins, cy....... 35.484^{li} 14^s 5^d

Octrois

La recette des Octrois, Deniers patrimoniaux, des fermes, couretage des vins et eau des étangs, depuis le premier mars mil sept cent quatre vingt quatre jusqu'au premier septembre mil sept cent quatre vingt quatre, s'est trouvée monter à la somme de treize mille trois cent soixante douze livres dix sept sols un denier, y compris la somme de trois mille onze livres onze sols quatre deniers qui restoit en caisse au premier mars mil sept cent quatre vingt quatre, suivant l'arrêté fait par Messieurs les Maire et Echevins, cy................ 13.372^{li} 17^s 1^d

A reporter........ 13.372^{li} 17^s 1^d 35.484^{li} 14^s 5^d

— 199 —

                Reports............ 13.372ˡˡ 17ˢ 1ᵈ   35.484ˡˡ 14ˢ 5ᵈ

La dépense concernant les objets cy-dessus, depuis le premier mars mil sept cent quatre vingt quatre jusqu'au premier septembre mil sept cent quatre vingt quatre, s'est trouvée monter, savoir :

En vingt mandements acquittés et payés par ledit sieur Lingaud, la somme de vingt sept mille cinq cent soixante cinq livres neuf sols, cy................ 27.565ˡˡ 9ˢ »

Payements faits aux employés pour six mois de leurs appointements, la somme de neuf cent soixante treize livres six sols huit deniers, cy........ 973ˡˡ 6ˢ 8ᵈ

                            28.538ˡˡ 15ˢ 8ᵈ

             En avance de......... 15.165ˡˡ 18ˢ 7ᵈ

Partant, la dépense des Octroys excède la recette, comme il paroit cy-dessus, de la somme de quinze mille cent soixante cinq livres dix huit sols sept deniers, cy............................... 15.165ˡˡ 18ˢ 7ᵈ

Guet et Lanternes

Et finalement, la recette du second Octroy, du Guet et Lanternes, depuis le premier mars mil sept cent quatre vingt quatre jusqu'au premier septembre mil sept cent quatre vingt quatre, s'est trouvée monter à la somme de neuf mille six cent cinquante livres six sols cinq deniers, y compris la somme de trois mille cinq cent quatre vingt dix livres un sol cinq deniers qui restoit en caisse au premier mars mil sept cent quatre vingt quatre, suivant l'arrêté fait par Messieurs les Maire et Echevins, cy.................... 9.650ˡˡ 6ˢ 5ᵈ

Et la dépense concernant le même objet, depuis le premier mars mil sept cent quatre vingt quatre jus-

         A reporter.......... 9.650ˡˡ 6ˢ 5ᵈ   20.318ˡˡ 15ˢ 10ᵈ

Reports............	9.650ˡⁱ	6ᵗ 5ᵈ	20.318ˡⁱ	15ˢ	10ᵈ

qu'au premier septembre mil sept cent quatre vingt quatre, s'est trouvée monter, suivant quinze mandements acquittés et payés par ledit sieur Lingaud, la somme de quatre mille soixante six livres dix huit sols neuf deniers, ci.............. 4.066ˡⁱ 18ˢ 9ᵈ
_____
 5.583ˡⁱ 7ˢ 8ᵈ

Reste net en caisse, du Guet et Lanternes, la somme de cinq mille cinq cent quatre vingt trois livres sept sols huit deniers, ci................. 5.583ˡⁱ 7ˢ 8ᵈ

Total de ce qui reste net en caisse au premier septembre 1784............................. 25.902ˡⁱ 3ˢ 6ᵈ

ESTIENNE, JUGE, FOURNIER, TANCHON.

<small>Concession à M. Nieaud du trop plein de l'abreuvoir adossé à la rampe qui joint le jardin de M. Muret</small>   Aujourd'huy, seize octobre mil sept cent quatre vingt quatre, dans la salle de l'hôtel de ville de Limoges, où étoient assemblés Messieurs les Officiers municipaux, s'est présenté M. Jean-Baptiste Nieaud (1), négociant dudit Limoges, y demeurant faubourg et paroisse de Saint-Paul Saint-Laurent, lequel a exposé que la ville auroit fait établir un abreuvoir dans les fossés et sous la rampe qui joint le jardin de M. Muret, qui est entretenu par le reflux de l'eau de la fontaine Dauphine ; qu'après le service public, le superflu de cet abreuvoir passe sur les bords de la tasse et coule sur la chaussée qui descend à la porte Tourny, en sorte que cette eau n'est plus d'aucune utilité et peut même dans les hivers former des glaces qui géneroient le passage ; que si la ville veut luy céder le superflu de cet abreuvoir, il se chargera de le prendre dans ladite tasse et de le conduire à ses frais dans sa fabrique de teinture qui est très à portée, et que, pour prix de ce délaissement, il offre d'abandonner à la ville les deux lignes d'eau qu'elle luy avoit cédées de la fontaine de Saint-Pierre et qu'il prend dans un château d'eau élevé à cet effet dans un coin de son jardin.

La chose mise en délibération et les suffrages recueillis, il a été unanimement arrêté d'accepter la proposition dudit sieur Nieaud,

---

(1) L'immeuble Nieaud était celui qu'occupent aujourd'hui en partie les sœurs de la Charité de la paroisse de Saint-Pierre.

et en conséquence mesdits sieurs Officiers municipaux lui ont cédé et à perpétuité délaissé, sous le bon plaisir de Monseigneur l'Intendant, tout le surperflu de l'eau qui, après le service public, sort dudit abreuvoir, pour par luy le prendre et en jouir sous les charges et conditions suivantes :

1° Ledit sieur Nieaud demeure tenu de tous les frais nécessaires, tant pour la prise de ladite eau que pour la conduire chez luy, ainsy que de l'entretien à l'avenir : la ville n'étant obligée que de conduire le reflux de la fontaine Dauphine dans la tasse qui fait l'abreuvoir.

2° La tasse sera aussy enfoncée, aux frais dudit sieur Nieaud, de deux pieds de profondeur sous ladite rampe, et dans cet endroit sera pratiquée une seule ouverture, qui servira pour la nettoyer.

3° Il sera placé, par ledit sieur Nieaud, un tuyau de plomb de calibre suffisant à recevoir ledit reflux, et ce à un pouce du bord de ladite tasse, ce qui luy laissera dans tous les temps une profondeur de neuf pouces d'eau pour le service public, sans qu'il puisse le placer plus bas ; et ensuite il conduira ladite eau chez luy soit en tuyaux ou acqueducs, comme il avisera, et aura soin de ne point la laisser échapper, et dans la conduite prendra les précautions nécessaires pour ne point nuire ny gêner les autres fontaines de la ville et des particuliers sous les peines de droit : à l'effet de quoy, il placera ses tuyaux ou acqueducs tout le long de son pré et demandera pour la fouille la permission nécessaire.

4° Ledit sieur Nieaud se charge de faire travailler, au premier jour, à la conduite de ladite eau, pour que la chaussée en soit débarrassée avant l'hiver.

Toutes lesquelles clauses et conditions ont été acceptées par ledit sieur Nieaud, avec promesse de les exécuter en tout leur contenu, sous l'obligation de ses biens présents et à venir, et, pour prix du susdit délaissement, il a de sa part cédé et à perpétuité abandonné à la ville, les deux lignes d'eau qu'il avoit droit de prendre de la fontaine de Saint-Pierre, dans le susdit château d'eau, pour par Messieurs les Officiers municipaux les réunir à ladite fontaine et en jouir par la ville ainsy qu'elle en avisera : ledit sieur Nieaud déclarant ne rien plus prétendre à ladite fontaine Saint-Pierre, en ce que, moyennant ce, il luy sera permis de retirer dudit château d'eau son tuyau de plomb qui recevoit les susdites deux lignes d'eau, sans pouvoir le dégrader ni la cuvette, et aussy en ce que lorsqu'il sera question de faire les réparations audit château d'eau, ledit sieur Nieaud souffrira qu'on passe par son jardin, si besoin est, les matériaux pour ce nécessaires. Enfin, il demeure convenu que, dans le cas où, par des événements et changements imprévus, la susdite fontaine Dauphine vint à être détruite ou changée de place, et que par là ledit sieur Nieaud ne pût plus recevoir son reflux dans la susdite tasse, la ville sera pour lors tenue de rendre et remettre audit sieur Nieaud les deux lignes d'eau de la fontaine de Saint-Pierre par luy sus abandonnées, telles et de la manière qu'elles luy ont été cédées par son traité fait avec la ville. Et, à cette époque, il sera permis audit sieur Nieaud de remettre dans ledit château d'eau son tuyau de plomb en conformité à la concession. Fait à Limoges, dans l'hôtel de ville, lesdits jour, mois et an que dessus.

J.-B. NIEAUD, ESTIENNE, JUGE, TANCHON, FOURNIER.

Nous, Intendant de la généralité de Limoges, avons homologué la délibération cy-dessus du seize de ce mois et ordonnons qu'elle sera exécutée suivant sa forme et teneur. Fait en notre hôtel ce dix sept octobre mil sept cent quatre vingt quatre.

MEULAN D'ABLOIS (1).

Nomination des syndics pour la confection des listes de la milice pour 1785.

Aujourd'huy, vingt six février mil sept cent quatre vingt cinq, Messieurs les Officiers municipaux, assemblés dans l'hôtel de ville de Limoges, ayant pris communication de la lettre qui leur a été écrite par Monsieur l'Intendant de cette généralité, pour faire faire

(1) Le mois de janvier 1784 fut signalé par des ouragans d'une violence extraordinaire : la nuit du 17 au 18 notamment fut marquée par un grand nombre d'accidents.

Le 20 avril fut lancé sur la place d'Orsay, par un sieur Dupont, « machiniste et géomètre », un ballon en papier d'environ quinze pieds de diamètre. Cette expérience d'aérostation, la première, croyons-nous, qu'ait vue notre ville, eut lieu devant un public payant.

Le nouvel intendant, M. Meulan d'Ablois, fit son entrée à Limoges le 21 juin. On l'attendait la veille, et le corps de ville, avec l'état-major et les sergents de la milice bourgeoise et la compagnie du Guet, était allé à son avance sur la route de Poitiers. — Le 22, Mgr d'Argentré fit célébrer un service solennel pour le repos de l'âme de son oncle et prédécesseur, Mgr du Coëtlosquet. L'abbé Faugères, chanoine de Saint-Martial et prédicateur fort goûté, prononça l'oraison funèbre. L'Intendant, le Présidial, le Corps de ville, assistaient à cette cérémonie.

Enregistrons encore une ordonnance de police rendue vers la fin de l'année, interdisant les jeux de cartes, même ceux dits de société, dans les auberges, cafés et débits de la ville, et une autre prescrivant aux étrangers arrivant à Limoges et voulant y séjourner, de déclarer leurs nom, qualités, domicile au greffe de la police, comme aux aubergistes et logeurs, de les signaler.

Le goût des représentations théâtrales était devenu très vif à Limoges, et depuis plusieurs années déjà des personnes de la société la plus distinguée avaient paru sur la scène. Plusieurs représentations publiques furent données par ces amateurs dans l'hiver de 1783 à 1784. L'opinion paraît n'avoir pas été très favorable aux dames qui se montrèrent sur la scène. Il est certain qu'on constate, à l'époque où nous sommes parvenus, un certain relâchement dans les mœurs, si rigides jadis, de notre bourgeoisie. L'abbé Legros, qui se montre, non sans quelque raison, fort scandalisé des représentations publiques de la « société d'amateurs », note un fait

les listes des garçons et veufs sans enfants, sujets à tirer au sort pour les régiments provinciaux,

Lesdits sieurs Officiers municipaux ont, en conséquence de ladite lettre, nommé d'office les sindics dans ladite ville de Limoges et Orances d'icelle pour faire lesdites listes, ainsy qu'il suit :

Consulat.

Le sieur Ardant Dupicq, négociant.
Le sieur Peyrusson jeune, gendre à Martinaud, marchand graineur.

Manigne.

Le sieur Coutaud, fondeur.
Le sieur Castelneaud, bourgeois.

Les Bancs.

Le sieur Besse, gendre de Sénèque.
Le sieur Loriol, marchand.

Le Clocher.

Le sieur Labesse, procureur au présidial.
Le sieur Chambrias, marchand.

Boucherie.

Le sieur Brisset, potier d'étain.
Le sieur Ardant, gendre à Audoin, bourgeois.

Ferrerie.

Le sieur Sénemaud Laconque, marchand cirier.
Le sieur Meynieux fils, marchand.

---

très significatif qui se produisit au mois de décembre : le projet de l'établissement, sous le nom de *Musée*, d'une sorte de casino à la fois restaurant, maison de jeu, bibliothèque, salle de concert.

La question du casernement (voir ci-dessus, pages 123, 135) fut reprise par M. Meulan d'Ablois. De nouveaux projets furent préparés. Une note du 6 août 1784, émanant de l'ingénieur Dumont, donne le devis sommaire d'une caserne pour 400 hommes et 440 chevaux. La dépense est évaluée à 233,864 livres. Toutefois l'auteur de la note en question pense qu'en employant le terrain déjà acquis pour les casernes (celui du *Chapeau rouge*), on pourrait réaliser une économie de près de 60,000 livres et installer bien plus largement les chambrées et les écuries, isoler même le casernement de chaque compagnie et la séparer d'une autre par une cour. Ce programme a repris, avec beaucoup de raison, faveur de nos jours ; mais il n'était guère réalisé par nos anciennes casernes, véritables prisons où l'air et l'espace font également défaut. A cet égard le principal corps de bâtiment de celle du Séminaire (caserne actuelle des dragons) laisse tout particulièrement à désirer. Il faut reconnaître toutefois que cette dernière a été fort assainie ces dernières années.

Les Combes.

Le sieur Chatenet, procureur au présidial.
Le sieur Brisseaux, marchand orfèvre.

Lansecot.

Le sieur François David, gendre à Limouzin, marchand.
Le sieur Delauze, gendre d'Arnaud, marchand.

La Boucherie.

Baptiste Roche, dit Tulle, relieur.
Malinvaud, dit Jeanvieux, gendre à Giraud de Port, boucher.

Orances.

Pierre Giraud, cabaretier, au-dessus des Carmes.
Jean Jouany, dit Couneliade, tisserand, près Montjovis.
Jean-Baptiste Granger, au lieu du Chaimp Chauveau.
Pierre Auconsul, demeurant au lieu de Saint-Lazare.

Auxquels sindics est enjoint de faire de suite les listes demandées par ladite lettre, conformément aux instructions (voir p. 48).

ESTIENNE, TANCHON, JUGE, FOURNIER.

Reddition des comptes du 1ᵉʳ septembre 1784 au 1ᵉʳ mars 1785.

Aujourd'huy, premier mars mil sept cent quatre vingt cinq, dans la salle de l'hôtel de ville de Limoges, où étoient assemblés Messieurs les Maire et Echevins soussignés,

Sur le compte qui a été rendu par le sieur Lingaud, sindic receveur dudit hôtel de ville, tant du produit du Don Gratuit, Octroys, Deniers patrimoniaux, des fermes, couretage des vins, eau des étangs de la fontaine d'Eygoulène, Guet et Lanternes, et de l'employ qui en a été fait, le tout ayant été duement vérifié, vu les registres et autres pièces justificatives, il s'est trouvé premièrement :

Don gratuit

La recette du Don gratuit, au premier mars mil sept cent quatre vingt cinq, s'est trouvée monter à la somme de trente six mille neuf cent quatre vingt quatre livres quatorze sols cinq deniers, y compris la somme de trente cinq mille quatre cent quatre vingt quatre livres quatorze sols cinq deniers qui restoit en caisse au premier septembre mil sept cent quatre vingt quatre, suivant l'arrêté fait par Messieurs les Maire et Echevins, cy. 36.984ˡˡ 14ˢ 5ᵈ

Octrois

La recette des Octrois, deniers patrimoniaux, des fermes, couretage des vins et eau des étangs, depuis le premier septembre mil sept cent quatre vingt quatre jusqu'au premier mars mil sept cent quatre vingt cinq, s'est trouvée monter à la somme de onze mille trente six livres cinq deniers, cy. 11.036ˡˡ » 5ᵈ

La dépense concernant les objets cy-dessus, depuis le premier septembre mil sept cent quatre vingt quatre jusqu'au premier mars mil sept cent quatre vingt cinq, s'est trouvée monter, savoir :

En seize mandements acquittés et payés par ledit sieur Lingaud, la somme de huit mille cinq cent vingt quatre livres dix huit sols, cy. 8.524ˡˡ 18ˢ »

Payements faits aux employés, pour six mois de leurs appointements, la somme de neuf cent soixante dix livres, cy. .... 970ˡˡ » »

Excédant de la dépense à la recette au premier septembre mil sept cent quatre vingt quatre, la somme de quinze mille cent soixante cinq livres dix huit sols sept deniers, cy. 15.165ˡˡ 18ˢ 7ᵈ

} 24.660ˡˡ 16ˢ 7ᵈ

En avance de.................. 13.624ˡˡ 16ˢ 2ᵈ

Partant la dépense des Octrois excède la recette, comme il paroît cy-dessus, de la somme de treize mille six cent vingt quatre livres seize sols deux deniers, cy........................... 13.624ˡˡ 16ˢ 2ᵈ

23.359ˡˡ 18ˢ 3ᵈ

Report.......................... 23.359ˡˡ 18ˢ 3ᵈ

Guet et Lanternes

Et finalement, la recette du second Octroy du Guet et Lanternes, depuis le premier septembre mil sept cent quatre vingt quatre jusqu'au premier mars mil sept cent quatre vingt cinq, s'est trouvée monter, y compris la somme de cinq mille cinq cent quatre vingt trois livres sept sols huit deniers, qui restoit en caisse au premier septembre mil sept cent quatre vingt quatre, suivant l'arrêté fait par Messieurs les Maire et Echevins, la somme de treize mille cent vingt livres huit sols huit deniers, cy.   13.120ˡˡ 8ˢ 8ᵈ

Et la dépense concernant le même objet, depuis le premier septembre mil sept cent quatre vingt quatre jusqu'au premier mars mil sept cent quatre vingt cinq, s'est trouvée monter, suivant vingt sept mandements acquittés et payés par ledit sieur Lingaud, à la somme de six mille deux cent dix livres un sol six deniers, cy.   6.210ˡˡ 1ˢ 6ᵈ
                                                                    6.910ˡˡ 7ˢ 2ᵈ

Partant, la recette excède la dépense, comme il paroît cy-dessus, de la somme de six mille neuf cent dix livres sept sols deux deniers, cy. 6.910ˡˡ 7ˢ 2ᵈ

Total de ce qui reste net en caisse, au premier mars mil sept cent quatre vingt cinq..............   30.270ˡˡ 5ˢ 5

JUGE, TANCHON, FOURNIER.

Nomination du R. P. Blanc pour prêcher l'Avent de 1785.

Aujourd'huy, seize avril mil sept cent quatre vingt cinq, dans la salle de l'hôtel commun de la ville de Limoges, où étoient assemblés Messieurs les Maire et Echevins, pour y procéder à la nomination d'un prédicateur pour prêcher l'Avent de l'année mil sept cent quatre vingt cinq dans l'église collégiale de Saint-Martial de cette ville, la chose mise en délibération, lesdits sieurs Maire et Echevins ont d'une commune voix nommé le révérend père Blanc, prieur de la communauté des Dominicains de la ville de Brives, auquel il sera incessamment donné avis (voir p. 14).

ESTIENNE, JUGE, TANCHON, FOURNIER.

Aujourd'huy, dix huit juin mil sept cent quatre vingt cinq, dans la salle de l'hôtel commun de la ville de Limoges, où étoient assemblés Messieurs les Maire et Echevins, pour procéder à la nomination d'un prédicateur pour prêcher le carême de l'année mil sept cent quatre vingt six dans l'église collégiale de Saint-Martial de cette ville, la chose mise en délibération, lesdits sieurs Maire et Echevins ont d'une commune voix nommé le révérend père Mathias Dumaine, religieux grand carme de la communauté de cette ville, auquel il sera incessamment donné avis (voir p. 14).

Nomiuation du Révérend Père Dumaine pour prêcher le Carême de 1786.

JUGE, TANCHON, FOURNIER.

Aujourd'huy, premier juillet mil sept cent quatre vingt cinq, dans la salle de l'hôtel de ville de Limoges, où étoient assemblés Messieurs Estienne de la Rivière, lieutenant de maire; Juge de Laborie, avocat du Roy au présidial; Tanchon, juge de la Cité, et Fournier jeune, échevin; Ruben de L'Ombre du Mas, lieutenant particulier au sénéchal; David, avocat; Grellet l'ainé, négociant; Navières de Brégefort, conseiller au présidial; Cogniasse, docteur en médecine; Grellet, directeur de la Manufacture de porcelaine; Bourdeaux de Lajudie père, écuyer; Roulhac de la Borie, lieutenant général en cette sénéchaussée; Pétiniaud de Beaupeyrat fils, négociant; Thoumas de Bosmie, avocat et notaire; Petit, receveur du tabac, et Fray de Fournier, chirurgien major de l'hôpital, tous conseillers politiques dudit hôtel de ville, les autres étant décédés ou absents, et M. Naurissart, maire, ayant donné sa démission depuis le vingt neuf septembre dernier : tous lesdits sieurs Officiers municipaux et conseillers politiques convoqués par billets en la manière prescrite et accoutumée, — M. Estienne, lieutenant de maire, a exposé qu'aux termes de l'arrêt du Conseil du onze décembre mil sept cent quatre vingt, et de l'ordre du Roy du trente un may mil sept cent quatre vingt trois, le jour auquel on doit procéder à l'élection d'un maire, de deux échevins et de huit conseillers politiques, étant fixé à ce jourd'huy, il s'agit de procéder en exécution du susdit arrêt du Conseil, dont lecture en (*sic*) a été faite par le secrétaire greffier dudit hôtel de ville, afin que chacun des délibérants soit à même de connoitre la forme dans laquelle l'élection doit être faite.

Election de trois candidats aux fonctions de Maire; de MM. Navières de Brégefort et Pétiniaud de Beaupeyrat aux fonctions d'Echevins; de MM. Lamy de La Chapelle, Navières de La Boissière, Durand de Richemont, de La Bastide de Curzac, Guineau-Dupré, Bonnin, Texandier et Pétiniaud de Jourgnac à celles de conseillers politiques.

En conséquence, chacun desdits officiers municipaux et conseillers politiques ayant fait ses billets, et iceux mis au scrutin pour le choix de trois sujets à présenter à Sa Majesté pour la nomination d'un maire, le premier scrutin s'est trouvé en faveur de M. Ruben de L'Ombre du Mas, lieutenant particulier du présidial, le second en faveur de M. Roulhac du Cluzeau, procureur de Sa Majesté au

Bureau des finances, et le troisième en faveur de M. Bourdeaux de Lajudie père, écuyer.

Après quoy, ayant été fait de nouveaux scrutins pour l'élection de deux Echevins, dont l'un doit remplacer le sieur Barbou de La Valette, décédé, et l'autre le sieur Fournier jeune, que l'assemblée a délibéré devoir sortir, comme le plus ancien, le premier scrutin s'est réuni en faveur de M. Navières de Brégefort, conseiller au présidial, et le second en faveur de M. Pétiniaud de Beaupeyrat fils, négociant, l'un et l'autre conseillers politiques.

Ensuite, il a été procédé à l'élection de huit conseillers politiques, conformément au susdit arrêt, aux lieu et place de mesdits sieurs Ruben de L'Ombre du Mas, Roulhac du Cluzeau, Bourdeaux de Lajudie, proposés pour Maire; de Messieurs Navière de Brégefort et Pétiniaud de Beaupeyrat, élus Echevins; de Messieurs Barbou de Monismes, et Fougère, médecin, décédés, et de M. Baillot d'Estiveaux, sortant. Les scrutins se sont réunis successivement, le premier en faveur de M. Lamy de La Chapelle, procureur du Roy en cette sénéchaussée; le second en faveur de M. Navière de la Boissière, conseiller à l'Election; le troisième en faveur de M. Durand de Richemont fils, trésorier de France; le quatrième en faveur de M. de la Bastide de Curzac, écuyer; le cinquième en faveur de M. Guineaud Dupré, avocat; le sixième en faveur de M. Bonin, médecin; le septième en faveur de M. Texandier aîné, négociant, et le huitième en faveur de M. Joseph Pétiniaud de Jourgnac fils aîné, négociant: tous habitants de cette ville et de la qualité requise par le susdit arrêt du Conseil.

Et à l'instant, en exécution du susdit arrêt, Messieurs Navière de Brégefort et Pétiniaud de Beaupeyrat, élus Echevins, se sont présentés et ont prêté le serment entre les mains de M. Estienne de la Rivière, lieutenant de maire, président de l'assemblée, lesquels en conséquence exerceront leurs fonctions, ainsy que les conseillers politiques, conformément aux dispositions du susdit arrêt du Conseil. Fait et arrêté lesdits jour, mois et an que dessus.

Estienne, lieutenant de maire; Tanchon, Fournier, David, Gabriel Grellet, Navières, Ruben de L'Ombre, Thoumas de Bosmie, J. Grellet-Desprades, Fray de Fournier, Roulhac, Bourdeaux de Lajudie, Petit, Pétiniaud (avec réserve que je ne serai tenu d'aucunes affaires de police pendant le temps de ma judicature à la juridiction consulaire, cette place prenant tout mon temps), Cogniasse d. m. M.; Lingaud, sindic receveur; Lingaud fils, secrétaire greffier (1).

(1) L'article DD⁷ des Archives municipales nous fournit une intéressante correspon-

Aujourd'huy, quatorze août mil sept cent quatre vingt cinq, dans la salle de l'hôtel de ville de Limoges, où étoient assemblés le corps municipal et le Conseil politique permanent, en vertu des billets de convocation faite en la manière accoutumée, il a été mis sur le bureau l'ordre du Roy en date du six de ce mois, donné au sujet de la présentation et nomination faite le premier juillet dernier des trois sujets sur lesquels Sa Majesté s'est réservée d'en choisir un pour remplacer le Maire, de deux Echevins et des conseillers politiques qui doivent être remplacés; il a été aussy fait lecture de la copie de la lettre du Ministre, et de celle de M. l'Intendant qui portent l'envoy de cet ordre; l'assemblée s'étant fait aussy présenter les édits de 1771, les arrêts du Conseil de 1775 et 1780, même les ordres du Roy, portant prorogation des Officiers municipaux pendant un et deux ans, des 4 may 1782 et 31 may 1783, et ayant délibéré sur le tout, elle a arrêté de suspendre l'enregistrement de ce nouvel ordre, et de faire des représentations relatives aux prérogatives des habitants, établies par les susdits édits et arrêts du Conseil, et qui paroissent éprouver une atteinte par le

Représentations au Roy sur ce qu'il avoit nommé un maire hors de la liste des trois candidats qui lui avoient été présentés et un échevin lorsque d'après l'arrêt du Conseil du 24 juin 1785 cette nomination appartenoit au Corps municipal.

---

dance relative à la question, depuis si longtemps posée et jamais résolue, de l'organisation des secours contre l'incendie. Reproduisons la première en date des lettres de l'intendant Meulan d'Ablois sur ce sujet :

« Le 14 juillet 1785.

» Rien n'est plus nécessaire, Messieurs, et rien ne mérite plus votre attention que les secours à donner en cas d'incendie. Le malheureux événement qu'éprouva depuis peu de tems l'hôtel de Sainte-Catherine, dont une partie fut réduite en cendre, m'a mis dans le cas d'apprendre que vous manquiés de ces secours. Je ne puis assés vous témoigner ma surprise de ce que, dans une ville comme Limoges, bâtie presqu'entièrement en bois, il n'y ait pas une seule pompe pour éteindre les incendies, qui heureusement sont peu fréquens, mais qui doivent nécessairement causer les plus grands ravages. Mon projet avoit été sur le champ de vous engager à prendre une délibération pour procurer à la ville les pompes et seaux qui lui sont nécessaires pour ces sortes de malheurs ; mais, avant tout, je désire que vous me rendiés compte de ce qui a été fait à cet égard. D'après les recherches que j'ai fait faire, je vois qu'il y a eu anciennement un pareil établissement : en 1730 et 1731, il a été fait par M. de Tourny une imposition de 4,000 ll. et quelques cents livres pour l'achat de deux pompes et de seaux de cuir nécessaires (*). Je vous prie de vouloir bien me dire ce que sont devenus les pompes et les seaux qu'on avoit achetés dans le tems; quelle étoit la forme de l'établissement; s'il y avoit des gens destinés uniquement au service des pompes; s'ils jouissoient de quelques exemptions ; enfin depuis quand ces pompes se sont trouvées hors d'état de service. Les renseignemens que vous voudrés bien me donner à cet égard me mettront dans le cas de prendre un parti sur le nouvel établissement, qui est absolument nécessaire et indispensable.

» J'ay l'honneur d'être, Messieurs, votre très humble et très obéissant serviteur.

» MEULAN D'ABLOIS. »

MM. les Officiers municipaux à Limoges.

La même liasse renferme une lettre de rappel de l'intendant, du 8 décembre suivant.

(*) Voir t. IV, p. 368; t. V, p. 254; présent volume, p. 73.

choix que fait Sa Majesté d'un Maire qui ne Luy a pas été présenté. Elle a en conséquence déterminé les dites représentations dans les termes qui suivent :

« Très humbles et très respectueuses représentations que le Corps municipal et Conseil politique de la ville de Limoges prend la liberté de présenter à Sa Majesté, au sujet d'un ordre émané de son autorité, le six du présent mois d'août (1).

Sire,

» Il est de votre justice d'entretenir les traités et conventions que Votre Majesté a faits avec ses sujets, et on ne peut qu'attribuer à l'erreur ou à la surprise les contraventions qui peuvent y être faites en votre nom, parce que vous aimez vos peuples, vous avez leur avantage à cœur, et il en coûte à ce cœur généreux, si les circonstances exigent des ordres qui puissent les mortifier. Tel est celuy cependant qui a été adressé de votre part aux Officiers municipaux de votre ville de Limoges, puisqu'il tend à gêner les vœux et le choix que Votre Majesté avoit déféré à ses habitants, lorsqu'il s'agit de nommer de nouveaux administrateurs.

Le titre dont la municipalité réclame l'exécution a pour base l'édit du mois de novembre 1771, qui rétablit les Officiers municipaux en titre dans les villes de votre royaume, et l'arrêt rendu en votre Conseil le 24 juin 1775, qui autorise celle de Limoges et sa communauté à acquérir, réunir et incorporer ceux établis pour elle par l'édit, à la charge de payer au trésorier des parties casuelles la somme fixée par Votre Majesté. En conséquence, la ville ayant rempli les conditions prescrites, vous avez, Sire, par l'arrêt rendu en votre Conseil d'Etat le onze décembre 1780, établi un maire, un lieutenant de maire, quatre échevins pour former le Conseil ordinaire de la ville, et un Conseil politique permanent, composé du corps municipal et de seize conseillers pris dans les différents ordres des citoyens.

» Les articles 4 et 5 de cet arrêt portent que ces officiers municipaux demeureront quatre ans en place, que tous les membres de l'administration municipale seront élus à la pluralité des suffrages par le Conseil politique, vous réservant, pour cette fois seulement et sans tirer à conséquence, la nomination de tous lesdits membres.

(1, On remarquera le ton très respectueux et très énergique à la fois de ces représentations, et on se souviendra que c'était la troisième violation des clauses formelles des arrêts des 24 juin 1775 et 11 décembre 1780 commise depuis trois ans par le Gouvernement.

» Le jour de l'élection est fixé par l'article 6 au premier juillet, et pour qu'il y ait toujours dans l'hôtel de ville autant de sujets qui auront exercé que de nouveaux entrants, il veut qu'il soit procédé, à commencer au premier juillet 1782, à l'élection du Maire, de deux Echevins et de huit conseillers de ville, et deux ans après à l'élection d'un lieutenant de maire, de deux échevins et de huit autres conseillers de ville, et que cet ordre d'élection sera (*sic*) observé successivement de deux ans en deux ans.

» Votre Majesté veut néanmoins à l'art. 7 que, pour la place de Maire, il Luy soit présenté trois sujets, parmi lesquels Elle se réserve de faire le choix d'un d'entre eux, qui sera commis aux dites fonctions par un ordre qu'Elle fera expédier à ce sujet.

» Le vingt sept du même mois de décembre 1780, en usant de la réserve portée par Son arrêt, Votre Majesté nomma à toutes les places de l'administration municipale les sujets qu'Elle jugea à propos de choisir, pour remplir leurs fonctions conformément aux dispositions du susdit arrêt de règlement du onze du même mois.

» Aux termes de l'art. 6 cy-dessus rappelé, il devoit être procédé, le premier juillet 1782, à l'élection de trois sujets pour être présentés à Votre Majesté (qui s'étoit réservée le choix d'un d'entre eux), de deux échevins et de huit conseillers. Mais, dès le quinze may, il fut adressé un ordre de Votre Majesté, donné le quatre du même mois, qui, sur des motifs énoncés en iceluy, veut que cette élection soit différée au premier juillet 1783, et la seconde à 1785.

Le trente un mai 1783, il fut remis aux Officiers municipaux un nouvel ordre, portant prorogation de deux ans pour la première nomination : ils y ont déféré avec respect, en le faisant enregistrer ainsy que le premier, l'un et l'autre annonçant que Votre Majesté ne disposoit ainsy des places que pour cette fois seulement, et sans tirer à conséquence. Enfin, le premier juillet dernier, l'assemblée étant convoquée et ne se présentant aucun obstacle à user du droit acquis par l'arrêt de Votre Conseil de 1780, il fut procédé à l'élection de trois sujets, pris parmi les Conseillers politiques ; pour être présentés à Votre Majesté, conformément à l'article 7 du susdit arrêt ; un des Echevins étant décédé, ainsy que deux des Conseillers politiques, dans l'intervalle des cinq années, on nomma deux nouveaux Echevins et les huit Conseillers politiques ; un des anciens Echevins devant sortir, et l'arrêt laissant la faculté du choix au corps municipal politique, on ne trouva aucune difficulté à faire tomber cette sortie sur le sieur Fournier jeune, qui avoit exercé consécutivement pendant onze années, et qui demandoit luy-même cette préférence. L'on suivit le même plan pour les conseillers politiques, dont il falloit décharger l'un des extans pour remplacer les huit nouveaux.

» Les trois sujets destinés à la place de Maire étoient pris : l'un du présidial où le sieur Ruben de l'Ombre occupe la seconde place ; l'autre du Bureau des finances, et le troisième est un des principaux négociants. L'assemblée fut flattée de l'approbation des citoyens ; elle s'empressa de faire parvenir sa délibération à Votre Majesté, dans l'espérance qu'Elle l'approuveroit, en indiquant sur lequel des trois Son choix avoit porté.

» Les habitants de cette ville, dont nous sommes les organes, ont eu la mortification d'apprendre qu'ayant rejetté ces trois sujets, Vous aviez nommé de Votre autorité le Lieutenant général civil de cette ville pour remplir la place de Maire. Le motif que Votre ministre nous donne de cette intervention est que la police que ce magistrat a exercée étant réunie à la ville, en vertu de Vos lettres patentes du mois de septembre 1784, il est mieux en état de faire respecter les règlements et maintenir le bon ordre.

» Vous avez aussy jugé à propos, Sire, d'ordonner que le sieur Fournier jeune continueroit d'exercer les fonctions d'Echevin, en admettant la démission du sieur Juge de la Borie : cette démission envoyée postérieurement à la délibération du premier juillet. Cette seconde disposition n'est pas moins greveuse à la communauté que la première : nous osons même dire que l'une et l'autre sont humiliantes pour les Officiers municipaux et pour les sujets présentés à la Mairie.

» Cette nomination blesse les droits de la Ville établis par les articles de l'arrêt de votre Conseil déjà rappelés, puisque Votre Majesté ne s'est réservé la nomination que pour la première fois seulement, sans tirer à conséquence, et qu'Elle s'est ensuite bornée, par l'article 7, de faire choix pour Maire de l'un des trois sujets qui luy seront présentés. Elle ne s'est point non plus réservé le choix d'un Echevin dans le cas de démission ; Elle le laisse au contraire au corps politique, puisqu'Elle annonce, à l'art. 11, qu'en cas de décès de quelqu'un des Officiers municipaux ou Conseillers, dans le cas où il arrive dans le courant des deux premières années de son exercice, il sera remplacé par un autre sujet qui demeurera en place pendant le temps qu'auroient duré les fonctions de l'officier décédé ; et si le décès arrive dans les deux dernières années, Votre Majesté laisse à la prudence de l'administration municipale de le remplacer s'il y a lieu ; et que, dans tous les cas où il y aura lieu de faire une élection, l'administration y procédera huitaine après la vacance : à l'effet de quoy, celuy qui présidera le corps municipal convoquera les Conseillers par des billets qui en indiqueront le motif.

» Quoique le cas de la démission ne soit pas prévu, il n'est pas moins évident que Votre Majesté n'a pas entendu se réserver cette vacance, et il auroit fallu une exception particulière. L'administration municipale est en effet plus à portée de décider si elle doit accepter la démission d'un Echevin, si les motifs en sont légitimes, s'il n'existe pas quelque raison particulière qu'elle peut faire cesser, et réfléchir lequel des Conseillers politiques est à même de remplacer celuy qui demande sa retraite.

» Le sieur Juge de La Borie tenoit son nouveau pouvoir de l'administration municipale, puisqu'elle l'avoit continué dans ses fonctions en accordant la retraite du sieur Fournier jeune; c'est donc à l'assemblée que la démission auroit dû être présentée pour y avoir tel égard qu'elle jugeroit à propos. Si elle avoit jugé devoir l'admettre, elle auroit procédé au choix d'un nouvel Echevin, conformément à l'art. 11; en faire rentrer un avant le terme indiqué par l'art. 9, c'est présupposer qu'il n'existe pas dans le corps politique de sujet capable de remplir les fonctions d'Echevin, — et c'est faire injure à chacun des Conseillers, ainsy qu'aux sujets proposés pour la Mairie, et aux autres sujets formant le corps municipal, d'annoncer qu'ils ont besoin d'un Maire qui les dirige dans l'exercice de la police, quoique ce corps municipal soit composé d'officiers de justice, de gradués et d'habitants principaux, qui par état connoissent les réglements de police, qui ont concouru à la maintenir, et dont on a déjà éprouvé le zèle et l'amour pour le bien public.

» Nous espérons, Sire, de Votre bonté et de Votre justice, qu'en se faisant remettre sous les yeux l'arrêt du Conseil de 1780, Votre Majesté voudra bien faire retirer son ordre du six du présent mois, faire choix pour Maire d'un des trois sujets présentés par la délibération du premier juillet, à moins qu'Elle n'exige une nouvelle présentation; qu'Elle voudra bien aussy faire adresser au corps municipal la démission du sieur Juge de La Borie, pour y avoir tel égard que de raison et procéder, s'il y a lieu, à la nomination de cette place d'échevin en la forme prescrite.

» C'est la grâce qu'espèrent en Votre Majesté ses très humbles et fidèles sujets, composant le corps municipal et politique existant de votre bonne ville de Limoges. »

Estienne, Tanchon, J. Pétiniaud fils, Navières, J. Grellet des Prades, Fray de Fournier, Lamy de La Chapelle, Navières de la Boyssière, Guineau-Dupré, Petit, Texandier, Thoumas, Cogniasse d. m. M., David, Bonin d. m. M.

Reddition des comptes du 1ᵉʳ mars au 1ᵉʳ septembre 1785

Aujourd'huy, premier septembre mil sept cent quatre vingt cinq, dans la salle de l'hôtel de ville de Limoges, où étoient assemblés Messieurs les Maire et Echevins soussignés,

Sur le compte qui a été rendu par le sieur Lingaud, sindic receveur dudit hôtel de ville, tant du produit du Don gratuit, Octrois, Deniers patrimoniaux, des fermes, couretage des vins, eau des étangs de la fontaine d'Eygoulène, Guet et Lanternes, et de l'employ qui en a été fait, le tout ayant été duement vérifié, vu les registres et autres pièces justificatives, il s'est trouvé premièrement :

Don gratuit

La recette du Don gratuit, au premier septembre mil sept cent quatre vingt cinq, s'est trouvée monter à la somme de trente huit mille quatre cent quatre vingt quatre livres quatorze sols cinq deniers, y compris la somme de trente six mille neuf cent quatre vingt quatre livres quatorze sols cinq deniers qui restoit en caisse au premier mars mil sept cent quatre vingt cinq, suivant l'arrêté fait par Messieurs les Maire et Echevins soussignés, cy.   38.484ˡ 14ˢ 5ᵈ

Octrois

La recette des Octrois, depuis le premier mars mil sept cent quatre vingt cinq jusqu'au premier septembre mil sept cent quatre vingt cinq, s'est trouvée monter à la somme de sept mille huit cent soixante une livres douze sols neuf deniers, cy........................   7.861ˡ 12ˢ 9ᵈ

Patrimoniaux

La recette des Patrimoniaux des fermes, depuis le premier mars mil sept cent quatre vingt cinq jusqu'au premier septembre mil sept cent quatre vingt cinq, s'est trouvée monter à la somme de mille soixante une livres, cy...................   1.061ˡ » »

Couretage

La recette du couretage des vins, depuis le premier mars mil sept cent quatre vingt cinq au premier septembre mil sept cent quatre vingt cinq, s'est trouvée monter à la somme de huit cent quatre vingt dix sept livres dix neuf sols six deniers, cy...........................   897ˡ 19ˢ 6ᵈ

A reporter...........   9.820ˡ 12ˢ 3ᵈ   38.484ˡ 14ˢ 5ᵈ

Reports.......... 9.820ˡⁱ 12ˢ 3ᵈ 38.484ˡⁱ 14ˢ 5ᵈ

Eau des étangs

La recette de l'eau des étangs, depuis le premier mars mil sept cent quatre vingt cinq jusqu'au premier septembre mil sept cent quatre vingt cinq, s'est trouvée monter à la somme de six cent trente six livres huit sols, cy..................... 636ˡⁱ 8ˢ »

Total de la recette des Octrois, Patrimoniaux, couretage et eau des étangs....................... 10.457ˡⁱ » 3ᵈ

La dépense concernant les objets cy-dessus, depuis le premier mars mil sept cent quatre vingt cinq jusqu'au premier septembre mil sept cent quatre vingt cinq, s'est trouvée monter, savoir :

En vingt mandements acquittés et payés par ledit sieur Lingaud, la somme de onze mille trois cent quatre vingt dix sept livres quinze sols neuf deniers, ci 11.397ˡⁱ 15ˢ 9ᵈ

Payements faits aux employés pour six mois de leurs appointements, la somme de neuf cent cinquante trois livres six sols huit deniers, cy....... 953ˡⁱ 6ˢ 8ᵈ } 25 975ˡⁱ 18ˢ

Excédant de la dépense à la recette, suivant l'arrêté fait par Messieurs les Maire et Echevins, le premier mars 1785, la somme de treize mille six cent vingt quatre livres seize sols deux deniers, cy.............. 13.624ˡⁱ 16ˢ 2ᵈ

En avance de........ 15.518ˡⁱ 18ˢ 4ᵈ

A *reporter*............... 38.484ˡⁱ 14ʳ 5ᵈ

Report	38.484ˡˡ 14ˢ 5ᵈ	
Partant la dépense des Octrois excède la recette de la somme de quinze mille cinq cent dix huit livres dix huit sols quatre deniers, cy	15.518ˡˡ 18ˢ 4ᵈ	
	22.965ˡˡ 16ˢ 1ᵈ	

Guet et Lanternes

Et finalement, la recette du second Octroy, du Guet et Lanternes, depuis le premier mars mil sept cent quatre vingt cinq jusqu'au premier septembre mil sept cent quatre vingt cinq, s'est trouvée monter à la somme de treize mille neuf cent cinquante six livres trois sols cinq deniers, y compris la somme de six mille neuf cent dix livres sept sols deux deniers qui restoit en caisse au premier mars mil sept cent quatre vingt cinq, suivant l'arrêté fait par Messieurs les Maire et Echevins, cy.............................. 13.956ˡˡ 3ˢ 5ᵈ

Et la dépense concernant le même objet, depuis le premier mars mil sept cent quatre vingt cinq jusqu'au premier septembre mil sept cent quatre vingt cinq, s'est trouvée monter, suivant vingt un mandements acquittés et payés par ledit sieur Lingaud, la somme de cinq mille quatre cent soixante seize livres dix neuf sols neuf deniers, cy.......... 5.476ˡˡ 19ˢ 9ᵈ

Reste net............. 8.479ˡˡ 3ˢ 8ᵈ

Partant, la recette du Guet et Lanternes excède la dépense de la somme de huit mille quatre cent soixante dix neuf livres trois sols huit deniers, cy. 8.479ˡˡ 3ˢ 8ᵈ

Total de ce qui reste net en caisse au premier septembre 1785...................... 31.444ˡˡ 19ˢ 9ᵈ

ESTIENNE, NAVIÈRES, J. PÉTINIAUD, TANCHON.

Le Corps municipal persiste dans sa délibération du 14 août 1785.

Aujourd'huy, vingt deux octobre mil sept cent quatre vingt cinq, dans la salle de l'hôtel de ville de Limoges, où étoient assemblés, en vertu des billets de convocation faite en la manière accoutumée, Messieurs Estienne de la Rivière, lieutenant de maire; Juge, Tanchon, Navière et Pétiniaud de Beaupeyrat, échevins ; Cogniasse, docteur en médecine ; Grellet jeune, directeur de la Manufacture royale de porcelaines ; Petit, receveur du tabac ; Guineau-Dupré, avocat, et Bonin, médecin, conseillers de ville, — M. Juge s'étant retiré avant la délibération, — il a été fait lecture d'une lettre de Mgr l'Intendant adressée à MM. les Officiers municipaux, et par laquelle il prie le Lieutenant de maire, MM. Juge, Tanchon et Fournier, anciens échevins, de se trouver le dix sept du présent mois à l'Intendance. M. Tanchon a ajouté que, s'étant rendu, sur cette invitation, à l'heure indiquée, il s'y étoit trouvé avec Messieurs Juge et Fournier, et que mondit seigneur Intendant leur avoit témoigné son étonnement sur le retard de l'enregistrement de l'ordre du Roy du six août dernier, et avoit en conséquence chargé (*sic*) de convoquer pour cet effet la présente assemblée, et avoit ajouté que, jusqu'à ce, il ne reconnoîtroit aucunement les officiers élus le premier juillet dernier. La chose mise en délibération, il a été unanimement arrêté que la ville, ayant lieu d'espérer une réponse satisfaisante aux représentations qu'elle a adressées à Sa Majesté, le quatorze août dernier, elle estimoit ne devoir rien changer à la délibération unanime dudit jour, quatorze août (1).

ESTIENNE, TANCHON, NAVIÈRES, J. PÉTINIAUD, COGNIASSE d. m. M., GABRIEL GRELLET, PETIT, BONIN d. m. M., GUINEAU-DUPRÉ.

Copie de la lettre écrite par M. le baron de Breteuil, Ministre et Secrétaire d'Etat, à M. Meulan d'Ablois, Intendant de Limoges.

<small>Lettre du Baron de Breteuil à l'Intendant de Limoges lui ordonnant d'exiger du Corps municipal l'enregistrement de l'ordonnance du Roy portant nomination de M. de Roulhac aux fonctions de Maire et celle de M. Fournier aux fonctions d'échevin.</small>

A Fontainebleau, le 2 novembre 1785.

Je n'aurois pas cru, Monsieur, que le corps de ville de Limoges eût insisté sur des représentations qu'il m'avoit adressées le dix neuf août dernier, et je devois penser que l'ordonnance du Roy portant nomination des nouveaux Officiers municipaux, étoit depuis longtemps enregistrée et exécutée. Mais vous verrez, par la lettre ci-jointe que les Officiers municipaux m'ont écrite, le sept octobre dernier, qu'ils persistent dans leurs réclamations et que l'Ordon-

---

(1) Voir ci-dessus, page 209. Il faut admirer avec quelle fermeté, sous une grande réserve de formes, le corps municipal maintient sa protestation. Nous avons déjà vu les magistrats de l'hôtel de ville revendiquer en d'autres occasions, avec la même énergie, les droits que leur conféraient soit un texte précis de loi, soit une ancienne coutume.

nance du Roy est restée sans effet jusqu'à présent. J'aurois peut-être, Monsieur, quelques reproches à vous faire sur ce que vous n'avez pas tenu la main à l'exécution de cette ordonnance, ou sur ce que vous ne m'avez pas rendu compte plustôt de la résistance qu'y apportoient les Officiers municipaux : je ne puis trouver d'excuses que dans le désir que vous avez eu de terminer cet objet par voie de conciliation.

Je viens de rendre compte au Roy des démarches des Officiers municipaux de Limoges, et Sa Majesté m'a chargé de vous ordonner de leur témoigner son mécontentement ; de leur faire sentir que leur premier devoir étoit la soumission et d'enregistrer sur le champ l'ordonnance du six août, sauf à faire ensuite des représentations relativement au droit que la ville prétend avoir de nommer, et qui n'est point blessé, puisque d'une part l'Ordonnance le réserve (1) et qu'en second lieu ce droit qu'ont les villes de nommer est toujours subordonné à la volonté de Sa Majesté, qui n'en use que dans les cas nécessaires ; que le choix de tous les Officiers désignés par l'Ordonnance du Roy est généralement reconnu bon ; qu'il n'y a aucune objection à faire contre le personnel de chacun : que par conséquent la ville doit, sous peine de désobéissance, enregistrer sans délai l'ordonnance qui luy a été adressée.

Vous voudrez bien, Monsieur, tenir la main à l'exécution de ce que je vous prescris de la part de Sa Majesté, et m'en rendre compte au plustôt.

J'ai l'honneur d'être, etc. *Signé* : LE BARON DE BRETEUIL, et *plus bas* : Pour copie, *signé* : MEULAN D'ABLOIS.

<small>Ordonnance du Roy portant nomination de la Mairie pendant quat e ans en faveur de M. de Roulhac de La Borie, Lieutenant général au présidial, et continuation de M. Fournier jeune échevin, pendant deux ans de plus.</small>

De par le Roy, Sa Majesté s'étant fait rendre compte de la délibération prise le premier juillet dernier par le Conseil politique permanent de la ville de Limoges, pour le remplacement de ceux des Officiers municipaux dont l'exercice a du prendre fin ledit jour, et des considérations particulières entièrement relatives à l'exercice de la police, et qui n'ont rien de personnel ni de désavantageux aux trois sujets qui luy ont été présentés par ladite délibération pour la place de Maire, desquels au contraire il ne luy a été donné que de très bons témoignages, portant Sa Majesté à désirer que pour cette fois seulement ladite place soit remplie par un autre sujet, — Elle a nommé et nomme le sieur de Roulhac, lieutenant général en la sénéchaussée et siège présidial de Limoges, pour remplir ladite place de Maire pendant quatre ans : voulant Sa Majesté que ledit

---

(1) Nous avons fait remarquer qu'en dépit de ces réserves, c'était la troisième fois en trois ans qu'il était porté atteinte au droit acquis du fisc par la ville à beaux deniers comptant.

sieur de Roulhac jouisse des honneurs, autorité, prérogatives et prééminences attribuées audit office et qu'il soit reconnu et obéi en ladite qualité, après toutefois qu'il aura prêté serment avec les formalités prescrites. Comme aussy, interprétant en tant que besoin l'arrêt de son Conseil du onze décembre mil sept cent quatre vingt, et sans s'arrêter à la disposition de ladite délibération du premier juillet, portant que l'un des nouveaux échevins doit remplacer le sieur Fournier jeune, que l'assemblée a délibéré devoir sortir, Sa Majesté a ordonné et ordonne que ledit sieur Fournier jeune continuera d'exercer les fonctions d'Echevin encore pendant deux ans, et qu'un des nouveaux échevins remplacera le sieur Juge de La Borie, auquel Sa Majesté a bien voulu permettre, comme il L'en a supplié, de cesser lesdites fonctions d'Echevin. Sera au surplus ladite délibération exécutée selon sa forme et teneur. Mande Sa Majesté au sieur Intendant de Limoges de tenir la main à l'exécution de la présente Ordonnance, laquelle sera lue, publiée et transcrite sur les registres de l'hôtel de ville de Limoges, afin que personne n'en puisse prétendre cause d'ignorance. Fait à Versailles le six août mil sept cent quatre vingt cinq. *Signé* : LOUIS, et plus bas : LE BARON DE BRETEUIL.

Enregistré le quatorze novembre 1785. LINGAUD, secrétaire greffier.

Délibération portant enregistrement de l'ordonnance du Roy pour la nomination de M. de Roulhac de La Borie, maire, et de M. Fournier jeune échevin.

Aujourd'huy, quatorze novembre mil sept cent quatre vingt cinq, dans la salle de l'hôtel de ville de Limoges, où étoient assemblés, en vertu des billets de convocation faite en la manière accoutumée, Messieurs Estienne de la Rivière, président à l'Election, Lieutenant de maire ; Tanchon de Lage, Navières de Brégefort et Pétiniaud de Beaupeyrat, échevins ; Cogniasse, médecin ; Thoumas de Bosmie, avocat et notaire ; Petit, receveur du tabac ; Lamy de La Chapelle, procureur du Roy au présidial ; Navières de La Boyssière, conseiller à l'élection, et Bonin, médecin, conseillers politiques, formant le corps de ville, — M. Estienne, lieutenant de maire, a présenté à l'assemblée une lettre écrite au corps municipal par Monseigneur l'Intendant en date du dix du présent mois, à laquelle étoit jointe copie de celle à luy adressée par Monseigneur le baron de Breteuil, ministre et secrétaire d'Etat, en date du deux de ce mois ; desquelles ayant été fait lecture à l'assemblée, il a été délibéré que, conformément aux ordres portés par icelle, il seroit procédé à l'enregistrement de l'ordre du Roy en date du six août dernier, dont copie et de la lettre de Monseigneur le baron de Breteuil seroit transcrite au long sur les registres de l'hôtel de ville.

  ESTIENNE, TANCHON, NAVIÈRES, J. PÉTINIAUD, NAVIÈRES DE LA
   BOYSSIÈRE, THOUMAS DE BOSMIE, LAMY DE LA CHAPELLE,
   BONIN d. m. M., COGNIASSE, PETIT.

Et de suite M. Roulhac de La Borie, lieutenant général en la sénéchaussée et siège présidial de Limoges, s'étant rendu à l'hôtel de ville sur l'avis qui luy en a été donné, et ayant pris communication tant du susdit ordre du Roy que des lettres cy-dessus énoncées, a prêté le serment en qualité de Maire entre les mains de M. Estienne, lieutenant de maire, président de l'assemblée, pour en faire les fonctions, et a été installé et reçu dans ladite place, conformément à l'arrêt du Conseil du onze décembre mil sept cent quatre vingt, et a signé.

ROULHAC, ESTIENNE, TANCHON, PÉTINIAUD, NAVIÈRES.

Copie de la lettre écrite par Monseigneur l'Intendant à Messieurs les Officiers municipaux de la ville de Limoges

Limoges, le 17 novembre 1785.

J'ai remarqué, Messieurs, dans l'expédition de votre délibération du quatorze novembre que vous m'avez adressée, deux omissions essentielles : 1° Je n'ai pas vu qu'il y soit fait mention du sieur Fournier jeune, qui doit, aux termes de l'ordonnance du Roy du six août dernier, continuer d'exercer les fonctions d'échevin encore pendant deux ans ; 2° cette expédition ne porte pas que ma lettre du dix novembre ait été enregistrée, ainsi que celle de M. le baron de Breteuil et l'ordonnance du Roy, comme je vous l'avois mandé. Je présume que c'est une erreur qui a été faite dans l'expédition qui m'a été remise ; vous voudrez bien en faire faire une plus correcte. Si je me trompois, que le sieur Fournier n'eût réellement pas été convoqué au désir de l'ordonnance du Roy, et que ma lettre n'eût pas été enregistrée, vous voudrez (*sic*) bien réparer sur le champ ces omissions, convoquer le sieur Fournier à vos assemblées et procéder à l'enregistrement de ma lettre du dix de ce mois, ou en faire copie au long et par renvoi en marge de votre délibération du quatorze de ce mois.

J'ai l'honneur d'être très parfaitement, Messieurs, votre très humble et très obéissant serviteur. *Signé* : MEULAN D'ABLOIS.

Copie de la lettre écrite par Monseigneur l'Intendant à Messieurs les Officiers municipaux de la ville de Limoges.

Limoges, le 10 novembre 1785.

Vous avez pu juger, Messieurs, par la manière dont j'ai traité l'affaire relative à la nomination des nouveaux officiers municipaux de Limoges, que tout mon désir étoit de vous éviter le désagrément inséparable d'une résistance déplacée, et de vous porter à la soumission volontaire aux ordres du Roy; c'était le seul parti que vous eussiez pû et dû prendre. J'ai bien voulu pendant trois mois fermer les yeux sur l'anarchie qui règne dans le corps de ville, et sur l'impossibilité de traiter les affaires les plus importantes pour la commune à défaut d'officiers municipaux connus. J'espérois que vous sentiriez vous mêmes que vos représentations étoient au moins inconsidérées au fond et mal dirigées dans la forme. Mais le bien du service m'occupant uniquement, j'ai cru devoir rompre vis à vis de vous un silence dont j'étois responsable envers Sa Majesté et envers ses sujets de la ville de Limoges. Mes démarches ont été tentées par le même principe de conciliation. Je m'étois flatté de vous ramener à la soumission et de vous faire sentir que votre conduite étoit absolument contraire aux intérêts de la ville.

Au lieu de reconnoître cette vérité, vous avez renouvellé vos représentations, dont le silence de Sa Majesté auroit dû vous démontrer l'inutilité. Il étoit encore temps alors de prouver votre respect pour les ordres du Roy et votre zèle pour le bien du service; mais vous m'avez annoncé le désir d'obtenir une réponse du Ministre. J'ai bien voulu suspendre encore l'exécution de l'ordonnance du Roy. Je suis véritablement fâché de ma condescendance, puisqu'elle m'a mis dans le cas de vous témoigner tout le mécontentement de Sa Majesté sur votre conduite. Vous verrez, par la copie que je vous envoie de la lettre de M. le baron de Breteuil, quelles sont les intentions du Roy. J'avoue que je serois sensible à ce que cette lettre contient de personnel pour moy, si le Ministre ne rendoit justice aux motifs qui m'ont dirigé. Vous voudrez bien vous conformer sur le champ aux ordres de Sa Majesté et procéder en conséquence à l'enrégistrement de l'ordonnance du six août, et à l'installation des nouveaux officiers municipaux; vous voudrez bien aussy, suivant l'usage, faire transcrire la copie de la lettre du Ministre et la mienne sur les registres de l'hôtel de ville, pour éviter à vos successeurs des démarches peu réfléchies, et au magistrat chargé de l'administration de cette province, le désagement de leur faire sentir le mécontentement de Sa Majesté. Cet enregistrement est d'autant plus nécessaire, que M. le baron de Breteuil, en reconnoissant le droit de la ville, décide que ce droit est toujours subordonné à la volonté du Roy, qui n'en use que dans les cas nécessaires. Vous m'enverrez, aussitôt après l'assemblée, copie de la délibération, pour que je puisse l'adresser au Ministre par le prochain courrier.

J'ai l'honneur d'être très parfaitement, Messieurs, votre très humble et très obéissant serviteur. *Signé* : MEULAN D'ABLOIS.

Nomination de M. Navières de Brégefort, conseiller au Présidial et échevin, au Bureau du Collège de cette ville, pour remplacer M. Naurissart, ancien maire.

Aujourd'huy, dix sept novembre mil sept cent quatre vingt cinq, dans la salle de l'hôtel de ville de Limoges, où étoient assemblés Messieurs les Officiers municipaux, M. de Roulhac de La Borie, lieutenant général et maire, a exposé qu'il étoit nécessaire de remplacer M. Naurissart, directeur de la Monnoie de cette ville, ancien maire, au bureau du Collège de cette ville. La chose mise en délibération, mesdits sieurs officiers municipaux ont d'une commune voix nommé M. Navière de Brégefort, conseiller au sénéchal et présidial, échevin actuel, pour remplacer ledit sieur Naurissart, en conformité de la déclaration du Roy du vingt un may mil sept cent soixante trois. Fait les dits jour, mois et an que dessus.

ROULHAC, ESTIENNE, TANCHON, FOURNIER, J. PÉTINIAUD

Délibération prise par le Corps de ville en conséquence de la lettre de M. Meulan d'Ablois, intendant pour la vente de l'ancien hôtel de ville situé rue Consulat pour en faire un nouveau à la nouvelle place Fitz-James dite de la Terrasse pour y loger les juridictions de la Bourse et de l'Election ainsi que la compagnie du guet.

Aujourd'huy, sixième décembre mil sept cent quatre vingt cinq, dans la salle de l'hôtel de ville de Limoges, où étoient assemblés Messieurs de Roulhac de La Borie, lieutenant général, maire ; Estienne de La Rivière, lieutenant de maire ; Tanchon de Lage, Fournier jeune, Navière de Brégefort et Pétiniaud de Beaupeyrat, échevins ; David, avocat ; Cogniasse, médecin ; Grellet jeune, écuyer ; Thoumas de Bosmie, avocat et notaire ; Lamy de La Chapelle, procureur du Roy ; Guineaud-Dupré, avocat ; Bonin, médecin, et Pétiniaud de Jourgnac fils, écuyer, conseillers politiques, formant le corps de ville, — M. de Roulhac, maire, a exposé qu'il vient d'être adressé par Monseigneur l'Intendant à MM. les Officiers municipaux une lettre en date du cinq de ce mois (1), par laquelle,

(1) L'affaire était engagée depuis longtemps, comme le prouve la lettre suivante écrite une année auparavant aux Officiers municipaux par l'Intendant Meulan d'Ablois :

« Paris, le 30 novembre 1784.

» La visitte que je fis, Messieurs, il y a quelque tems, de l'hôtel de ville de Limoges, me fit connoitre le mauvais état des batimens et l'incommodité de l'emplacement. J'ai été instruit aussi que la chute imminente de ces batimens a donné lieu aux propriétaires de faire des actes à la ville pour se menager des indemnités en cas de chute. Il me paroit donc indispensable de s'occuper d'y pourvoir incessamment. On trouveroit difficilement en cette ville une maison toute construite propre a cet objet. Il est donc necessaire de construire, et la batisse vous coutera aussi cher dans un emplacement que dans un autre. C'est cette reflexion qui m'a fait penser qu'il etoit possible de concilier cet objet avec l'embellissement d'une partie de la ville : la place Dauphine, la seulle qui presente quelque apparence de monument dans cette ville, est à peine commencée de construire. Le local entre la Poste et la Porte de Montmailler est depuis longtemps abandonné et me paroit suffisant pour remplir plusieurs objets. Sa situation est favorable pour placer un hôtel de ville et ne causera nul embarras lors des passages ou de l'arrivée de quelque regiment. Le local est assés vaste pour y loger convenablement la Ville, le Consulat et l'Election, et j'ai de la peine à croire que la construction put aller a 50 ou 60 mil livres. Vous avés d'ailleurs en ce moment un avantage, c'est que vous trouverés dans la construction de la promenade de la Terasse une fort grande quantité de matériaux et

après leur avoir représenté la nécessité de pourvoir à l'état de ruine imminente où se trouve l'hôtel de ville, il les invite à s'occuper des moyens d'en construire un nouveau dans un local plus avantageux que celuy où il se trouve actuellement placé ; qu'en effet cet

de la meilleure qualité, par la precaution que je viens de prendre de supprimer les murs de soutenement qu'on avoit projetté pour cette promenade et d'y suppléer par des talus bien dirigés (*). Ces murs de soutènement, sans donner plus d'agrément, augmentoient votre dépense de plus de 10,000 ll. et vous privoient d'une ressource precieuse des matériaux chers à Limoges.

» Reste, Messieurs, à vous occuper des moyens d'y pourvoir, et cet obstacle ne me paroit pas difficile à lever. On m'assure que l'hôtel de ville, telle quelle (sic) est, pourroit etre vendue 12 a 14 000 ll. La Chambre du commerce n'étant logée que precairement a l'hôtel de ville ne se refuseroit surement point a contribuer à votre dépense pour s'assurer des droits à un logement perpétuel et consentiroit volontiers a y contribuer de 12,000 ll. ou environ. Le loyer du logement de l'Election coute 400 ll. et représente un capital de 8,000 ll.; il vous en coute 440 de loyer pour le logement du Guet, ce qui représente encore un capital de 8,800 ll. Vous avés a peu près en caisse de 25 a 30,000 ll. pour payer les offices de police que vous venés d'acquerir. Je suis persuadé que la moitié de ceux a qui vous avés des remboursemens a faire consentiront a retarder leurs payemens pendant quelques années en payant les interets. Avec ces seuls moyens, vous aurés a peu de chose prés de quoi pourvoir à ces constructions ; mais comme il ne faut rencontrer d'obstacles dans l'exécution, je crois qu'il seroit prudent d'ajouter à ces ressources un emprunt de 25 a 30,000 ll. En payant comptant vos entrepreneurs, vous serés mieux servis et a meilleur marché, et vos travaux seront exécutés plus promptement. Cet apperçu charge la ville d'une creance de 45,000 ll ; mais, par le compte que je me suis fait rendre de vos revenus et de vos dépenses, je me suis assuré qu'avec de l'ordre, de l'economie et la bonne administration qui y regne depuis plusieurs années et qu'il faut soutenir, il vous sera possible de rembourser ce capital en 10 ans.

» Vous me trouverés surement fort disposé à favoriser la ville dans toutes les occasions et a employer tous les moyens pour conserver ses revenus et les augmenter s'il est possible.

» Je vous prie de vous occuper serieusement de cet objet, de deliberer sur cette affaire, que je regarde comme fort interessante et fort pressée, et de me faire part de vos dispositions a cet égard.

» J'ai l'honneur d'être, etc. » MEULAN D'ABLOIS. »
(Hôtel de ville, DD³, n° 7.)

L'idée de construire le nouvel hôtel de ville sur la place Dauphine fut accueillie avec peu de faveur par la population, comme par les officiers municipaux. Les Archives communales conservent (DD³, n° 8) la minute de la lettre que ceux-ci écrivirent le 17 décembre à M. Meulan d'Ablois pour lui soumettre diverses objections, trop bien fondées :

« En premier lieu, y est-il dit, l'emplacement entre la Poste et l'ancienne porte de Montmailler forme un local trop petit pour y etablir un logement pour l'Election, la juridiction consulaire et une caserne pour le guet : il faudroit necessairement acquérir les deux maisons qui sont en face de la petite ruette, dont (sic) cette première dépense monteroit de 20 à 25,000 livres.

» En second lieu, les fondations seroient fort couteuses dans toute la façade de la place, qu'il faudroit établir à plus de trente à quarante pieds de profondeur, ce local étant sur les anciens fossés : ce qui augmenteroit considérablement la dépense (**).

» En troisième lieu, la maison de ville n'a en caisse qu'une partie des fonds nécessaires pour le remboursement des charges de la police, et ces messieurs avec qui on a fait des arrangements depuis deux ans pour leur en payer une partie comptant, se prêteroient difficilement à en retarder le payement, par l'incertitude ou la ville seroit de pouvoir fixer une époque pour ce remboursement.

(*) C'est ce qui a été fait quatre-vingts ans plus tard ; mais on commença par élever des terrasses avec des murs de soutenement sur une partie de la longueur de la place tout au moins.

(**) La même objection pouvait être faite au projet de construction de la maison commune sur l'emplacement que le corps municipal avait choisi.

objet ne sauroit être plus intéressant, ni plus urgent ; qu'indépendamment de ce que M. de Saint-Etienne adresse chaque année à la ville des actes conservatoires pour être indemnisé de la perte qu'il pourroit souffrir dans ses bâtiments adjacents, en cas que l'hôtel de ville vînt à s'écrouler, le danger est devenu réellement si pressant, qu'il n'y a plus aucune sûreté à l'habiter; que le pan extérieur du côté de la cour de M. de Saint-Etienne faisant encoignure par son extrémité sur la petite cour d'entrée de l'hôtel de ville, a tellement perdu de son aplomb, qu'il ne porte presque plus sur le mur qui le soutient, et qu'étant continuellement poussé en dehors par la

» En quatrième lieu, les revenus de la ville sont aujourdhuy si modiques par la perte de l'octroy etably pour le Don gratuit dont le Roy s'est emparé, que, loin de trouver personne qui voulut luy preter une somme de trente à quarante mille livres, le peu de revenus qui luy restent se trouvent absorbés par les dépenses journalières et surtout pour les réparations des fontaines et la quantité de pavés qu'on a mis à sa charge : ce qui la mettroit dans l'impossibilité de rembourser par la suite aucun capital.

» Enfin, MM. du Commerce trouvent l'endroit trop éloigné du centre de la ville pour y etablir leur juridiction. Il deviendroit egalement pénible au Corps municipal de s'y transporter tous les jours pour y faire la police, dont l'exécution seroit aussy difficile pour le guet, par rapport aux places ou se tiennent les marchés, qui en sont eloignées, et aux incendies et autres accidens qui pourroient survenir à l'extremité opposée de la ville.

» Telles sont, Monseigneur, les réflexions qui ont été faites dans l'assemblée. Vous êtes le protecteur de cette ville et nous serons toujours flattés de pouvoir concourir au bien que vous vous proposés pour son embellissement ; mais, soit qu'on rebatisse l'hotel de ville sur le local actuel, en acquerant une maison voisine, soit qu'on le transporte ailleurs, son exécution sera toujours difficile si vous n'avés la bonté de solliciter des secours du Gouvernement. »

Le corps du Commerce paraît avoir été surtout opposé au projet de l'intendant. Sa délibération, dont copie est au dossier (DD³ n° 20), est des plus nettes.

Un an s'écoula sans que la question fît un pas. L'intendant rappela, dans une lettre du 5 décembre 1785, aux officiers municipaux, sa première communication ; L'état de ruine de l'hôtel de ville est encore plus apparent que dans les derniers mois de 1784. Il attribue à certaines difficultés personnelles l'échec de sa proposition. « Le peu d'harmonie qui régnoit alors, ajoute-t-il, vous a empêché de prendre un parti convenable. Aujourd'huy que le corps municipal est complet et qu'il me paroit rempli de zele et d'amour pour le bien public, j'espère qu'il vous sera plus facile de prendre un bon parti.

» Nous avons visité le local aujourdhui, et vous etes tous convenus qu'il y avoit peril et qu'on ne pouvoit retarder la construction. Quelques-uns de MM. les Officiers municipaux, encore attachés à l'ancienne habitude, ont paru desirer reconstruire sur l'ancien terrein ; mais je n'ai pas eu de peine à les convaincre que le premier objet, en construisant un hôtel de ville, etoit la facilité des abords, ce qu'on ne peut esperer du local actuel ni d'aucun de ceux a choisir dans l'intérieur de la ville. C'est donc aux abords qu'il faut se placer, soit à la place Tourny, s'il existoit un emplacement convenable, soit à la place Dauphine, qui reuniroit l'avantage d'un beau local, d'une grande place et d'abords faciles sur les principales routes de la Généralité, soit enfin à l'extremité de la promenade de la Terrasse, qui, sans offrir une aussi belle position, donne des abords faciles par les fossés, une cour assés grande et la nouvelle promenade, qui seroit en quelque sorte le jardin de l'hotel de ville.

» Je vous prie donc de deliberer sur tous ces objets, de me communiquer le party que vous auréz choisi et les moyens que vous croirés les plus convenables pour y pourvoir. Le terrein de la Terrasse vous appartient ; le prix de la vente de l'ancien hôtel de ville sera une avance pour la construction ; la juridiction consulaire préférera sans doute de contribuer à cette dépense plutôt que de faire construire à ses frais une juridiction separée, et on pourroit joindre le capital du loyer de l'Election pour vous ayder dans vos projets. Je vous prie de me faire part le plus promptement possible, etc. »

(Arch. municipales, DD³ n° 10.)

C'est au reçu de cette lettre que le corps municipal prend la délibération du 6.

forme et le poids de la couverture, il aura bientôt entièrement quitté la muraille et entraînera dans sa chute celle de toute la partie supérieure de l'hôtel de ville, qui ne peut qu'enfoncer et écraser le rez de chaussée ; qu'il n'y a donc pas un instant à perdre pour démolir cette partie et prévenir par là les accidents les plus fâcheux (1); que, dans la nécessité d'une reconstruction à neuf, il convient d'examiner dans quel local il seroit plus à propos de rebâtir ; que celuy de l'hôtel de ville actuel seroit bien assez vaste et qu'avec une distribution mieux entendue, on parviendroit à y trouver pour l'intérieur un logement suffisant et commode; mais que sa situation présente un inconvénient auquel il n'est pas possible de remédier par la difficulté des abords dans une rue étroite et escarpée ; qu'il est nécessaire que l'hôtel de ville soit précédé d'une place ou du moins d'un espace considérable, soit pour la commodité des voitures et des équipages lors de l'arrivée des régiments, soit pour celle des habitants lors du tirage des milices, ou des autres grandes assemblées qui peuvent avoir lieu à l'hôtel de ville, dans une infinité de circonstances ; que l'impossibilité de se procurer cet avantage dans le local actuel doit faire renoncer à l'idée d'y reconstruire l'hôtel de ville, et ne laisse d'autre parti à prendre que d'en vendre l'emplacement, pour fournir à une partie des frais de construction dans un autre local ;

Que, de tous ceux qu'on pourroit proposer, celuy de la nouvelle place Fitz-James paroit infiniment préférable sous toutes sortes de rapports, soit parce que, le terrain appartenant déjà à la Ville par la concession que le Roy luy en a fait, elle économisera ce que luy coutcroit l'acquisition de tout autre local, soit parce que l'hôtel de ville se trouvera dans cet endroit rapproché le plus près possible du centre de la ville, et presque entre elle et la Cité, dans un quartier déjà fort gai, et où il est à présumer que la ville ne tardera pas à s'étendre (2), soit encore parce qu'il formera une décoration pour la nouvelle place de Fitz-James, laquelle de son côté luy servira

---

(1) L'hôtel de ville était en fort mauvais état depuis des siècles et on a vu au tome IV de notre publication, pages 105 et 198, deux procès-verbaux datés de 1696 et de 1710, établissant qu'il était alors bien malade. On peut s'étonner que l'Intendance ait attendu aussi longtemps pour s'occuper de la question : il est permis de penser que celle-ci appela surtout son attention à cause des rapports qu'elle pouvait avoir à ce moment avec ses propres projets. Plusieurs de nos lecteurs rapprocheront sans doute, de l'histoire de l'Hôtel de ville de 1785, celle de l'hôtel de la Préfecture de 1895.

(2) L'administration municipale était loin de se douter que l'avenir vérifiât aussi largement son pronostic. Les arguments indiqués ci-dessus ont été reproduits de nos jours, avec bien plus de raison, en faveur du même emplacement, lorsqu'il s'est agi de savoir dans quel quartier s'élèverait l'hôtel de ville construit avec les fonds provenant des libéralités posthumes de M. Fournier.

d'avenue, de promenade, et luy formera, par la manière dont elle sera ouverte, des abords faciles et multipliés, soit enfin parce que on se procurera facilement dans ce terrain une cour hors d'œuvre donnant immédiatement sur la grand'route, dans laquelle on pourra loger les équipages des régiments qui passeront et se procurer beaucoup d'autres commodités ;

Qu'à la vérité, les frais de construction du nouvel hôtel de ville seront certainement très considérables, surtout si l'on vouloit s'attacher à chercher le solide dans les fondations, sur un terrain formé de terres rapportées et qui étoit couvert d'étangs il n'y a pas encore cinquante ans ; mais qu'on peut éviter une grande partie de cette dépense en bâtissant sur châssis ; que pour faire face, du moins en partie, à celle qui sera indispensable, il se présente plusieurs ressources : d'abord la vente de l'emplacement actuel de l'hôtel de ville, qui, se trouvant situé dans un quartier commerçant, sera probablement vendu avantageusement ; en second lieu, MM. du Commerce, par la destruction de l'hôtel de ville actuel, se trouvant délogés, ne pourront se dispenser de trouver un nouveau logement ; qu'il seroit plus avantageux pour eux de contribuer à la construction d'un nouvel hôtel de ville, où ils continueroient de tenir leur juridiction, que de bâtir une bourse séparée, parce que la dépense seroit moins considérable ; que d'ailleurs, formant une classe distinguée parmi les citoyens, il est à présumer qu'ils s'empresseront de concourir à l'exécution d'un projet qui n'a pour but que l'utilité commune ; qu'il ne s'agiroit donc, pour animer leur zèle, que de leur faire part du plan proposé et de les inviter à aider la ville des ressources qui peuvent leur être particulières ; qu'en réunissant encore l'Election dans le nouvel hôtel de ville, il sera facile, avec le secours de Monseigneur l'Intendant, d'obtenir sur le domaine du Roy une somme au moyen de laquelle il demeurera libéré de celle qu'il paye annuellement pour le loyer d'un logement étranger ;

Qu'enfin, pour l'excédent de dépenses qui restera à faire, après avoir épuisé les ressources, et auxquelles par elle-même la ville ne sauroit fournir, il seroit nécessaire que Monseigneur l'Intendant voulût bien venir à son secours, soit en obtenant quelque somme du Gouvernement, soit en luy procurant la faculté d'un emprunt, soit enfin au moyen d'une imposition, et qu'on doit espérer de son zèle pour le bien public, et de ses bontés pour la ville, qu'il luy accorde dans cette occasion une protection sans laquelle toute la bonne volonté des officiers municipaux resteroit sans effet.

La chose mise en délibération, lecture faite de la lettre sus mentionnée de Monseigneur l'Intendant, et les suffrages recueillis, il a été unanimement convenu qu'il étoit indispensable de démolir au plustôt l'hôtel de ville actuel et d'en reconstruire un nouveau ; que le local où il se trouve placé n'est pas convenable pour les raisons ci-devant rappellées, et que celuy de la Terrasse ou place de Fitz-James, réunissant tous les avantages qu'on peut désirer, on ne peut mieux faire que d'adopter le choix de ce terrain ;

Qu'il est à souhaiter de pouvoir réunir sous un même toit, avec l'hôtel de ville, les juridictions de la Bourse et de l'Election, et d'y placer encore le Guet, dont le logement actuel est onéreux à la ville, incommode pour le service et peu propre au maintien de l'ordre et de la discipline ; que, comme ce projet nécessitera un bâtiment considérable, et une dépense proportionnée, que la ville ne peut prendre sur ses revenus ordinaires, on adopte les moyens cy-dessus indiqués pour y subvenir ; qu'en conséquence l'hôtel de ville actuel sera vendu ; que MM. du Commerce seront invités de contribuer, et Monseigneur l'Intendant supplié de venir au secours de la ville pour le surplus, soit en luy faisant accorder la somme que le domaine du Roy doit fournir pour le logement de l'Election, soit par une imposition, un emprunt ou un don du Gouvernement.

Et sera la présente délibération présentée à Monseigneur l'Intendant pour être par luy homologuée.

Fait lesdits jour, mois et an susdits.

ROULHAC, TANCHON, NAVIÈRES, ESTIENNE, PÉTINIAUD fils, J. PÉTINIAUD, FOURNIER, GUINEAU DUPRÉ, GABRIEL GRELLET, THOUMAS DE BOSMIE, LAMY DE LA CHAPELLE, DAVID, COGNIASSE d. m. M., BONIN d. m. M. (1).

(1) Voilà donc l'emplacement de la Terrasse définitivement choisi. L'intendant ne fit pas d'opposition, bien qu'il eût déjà manifesté sa préférence pour les terrains de la place Dauphine (voir ci-dessus p. 222, note). Mais les officiers municipaux ne se pressaient pas de donner suite à leur délibération. Ils semblent n'avoir envisagé qu'avec répugnance la perspective de quitter la vieille maison du Consulat, qui cependant menaçait de s'écrouler sur leurs têtes.

Ils n'envoyèrent même pas à l'intendant la notice des ressources à affecter à la nouvelle construction, que M. Meulan d'Ablois leur avait demandée au reçu de la délibération du 6 décembre 1785. Ils se décidèrent en juillet seulement à reprendre la question. La juridiction de la Bourse avait déjà fait étudier le projet d'une construction séparée ; mais elle renonça facilement à cette idée. Un projet, ou plutôt un avant-projet, fut préparé par M. Dergny, auquel l'intendant recommanda de « faire fort simplement et sans magnificence ». M. Meulan d'Ablois avait déclaré au Corps de ville qu'on n'avait rien à attendre du Gouvernement, dont les embarras financiers grandissaient et devenaient de jour en jour plus inextricables. Il engagea les officiers municipaux à éviter toute dépense non strictement indispensable ; il les détourna même de faire une cérémonie pour la pose de la première pierre.

« Je ne vois point, leur écrivait-il de Paris, le 17 avril 1787, à quoi peut servir cette cérémonie, qui me paroit entraîner une dépense inutile. Je crois qu'il faut y renoncer. Si vous croyés utile de constater par une plaque de cuivre gravée la date de la construction, vous en êtes les maîtres ; mais je ne vois point la nécessité d'accompagner cette précaution d'aucune cérémonie dispendieuse. »

Le terrain se trouvait dans de mauvaises conditions et la dépense des fondations excéda de beaucoup la prévision du projet, qui s'exécutait sous la surveillance de l'ingénieur Dumont, auteur du plan définitif.

Nomination du P. Saint-Léger religieux grand carme pour prêcher l'Avent de 1786.

Aujourd'huy, vingt quatre décembre mil sept cent quatre vingt cinq, dans la salle de l'hôtel commun de la ville de Limoges, où étoient assemblés Messieurs les Maire et Echevins, pour procéder à la nomination d'un prédicateur pour prêcher l'Avent de l'année mil sept cent quatre vingt six, dans l'église collégiale de Saint-Martial de cette ville, la chose mise en délibération, lesdits sieurs Maire et Echevins ont d'une commune voix nommé le révérend père Louis Saint-Léger, religieux grand carme de la communauté de Limoges, auquel il sera, etc. (comme à la page 14).

Roulhac, Estienne, Tanchon, Fournier, Navières, J. Pétiniaud.

Nomination du P. Blanc prieur des Dominicains de Brive pour prêcher le Carême de 1787

Aujourd'huy, vingt quatre décembre mil sept cent quatre vingt cinq, dans la salle de l'hôtel commun de la ville de Limoges, où étoient assemblés Messieurs les Maire et Echevins, pour procéder à la nomination d'un prédicateur pour prêcher le carême de l'année mil sept cent quatre vingt cinq, dans l'église collégiale de Saint-Martial de cette ville, la chose mise en délibération, lesdits sieurs Maire et Echevins ont d'une commune voix nommé le révérend père Blanc, prieur de la communauté des Dominicains de la ville de Brive, auquel, etc. (comme à la page 14).

Roulhac, Estienne, Tanchon, Fournier, Navières, J. Pétiniaud (1).

M. Alluaud, entrepreneur des ponts et chaussées, avait été déclaré adjudicataire des travaux le 8 décembre 1786. Il avait eu pour concurrents MM. Brousseaud, Château, Fournier aîné et Fournier jeune, Jacques et Dupuy. La première soumission s'élevait à 90,000 ll. Les travaux furent adjugés à 66,000. Il était entendu que le premier quart de cette somme ne serait versé à l'entrepreneur qu'après l'exécution du tiers des ouvrages ; le second quart, après exécution du second tiers ; le troisième après les travaux achevés, et le solde six mois après la réception. Mais l'entrepreneur présentait déjà, au mois de décembre 1787, un compte de travaux effectués qui dépassait 49,000 livres et réclamait de l'argent à la ville qui, à cette date, lui avait versé 8,000 livres pour tout à-compte ; on lui versa le solde du prix de vente de l'ancien hôtel de ville, puis, en février et mars 1788, un supplément de 5,800. Les officiers municipaux ayant déclaré ne pouvoir faire davantage, l'entrepreneur arrêta provisoirement les travaux. Ce provisoire n'eut pas de terme, et nous avons vu le bâtiment à peu près dans l'état où il avait été laissé à la veille de la Révolution. Il fut loué par la ville à des particuliers et servit longtemps d'hôtel. Les Frères des écoles chrétiennes de la paroisse Saint-Pierre y installèrent plus tard leur école, et nous nous rappelons y être allé en classe en 1847. En 1849 ou 1850, l'immeuble fut transformé en caserne et garda cette affectation jusqu'à la démolition, arrivée en 1863-64.

(1) Le projet de construction du nouvel hôtel de ville, entre le boulevard et la Terrasse, fut approuvé le 6 décembre, et le 10, l'intendant homologua le projet de déchaussement de la Terrasse.

La naissance du duc de Normandie, arrivée le 27 mars 1785, jour de Pâques, fut célébrée à Limoges par de grandes réjouissances. Un *Te Deum* solennel fut chanté le 10 avril à la cathédrale : tous les corps y assistèrent, le présidial, la municipalité, l'état major du régiment en quartier. Le feu de joie était préparé sur la place Tourny. On s'y rendit de la cathédrale dans l'ordre suivant :

Les tambours de la ville ;

Copie de la lettre écrite par Monsieur de Meulan d'Ablois, Intendant de Limoges, à Messieurs les Officiers municipaux dudit Limoges, concernant un hangar dans la Pépinière pour y placer les canons de la ville.

Paris, le 28 janvier 1786.

Je ne puis, Messieurs, rendre d'ordonnance pour vous autoriser à construire un hangar dans la Pépinière pour placer les canons de la ville de Limoges; le terrain appartient au Roy : il faudroit qu'il en fît la concession à la Ville, ce qui entraineroit des formalités, des arrêts du Conseil, et des démarches longues et plus coûteuses que l'objet ne le mérite. Mais je peux faire mieux : c'est de vous autoriser comme je vous autorise par cette lettre à faire la construction du hangar que vous désirez, suivant les dimensions convenues en ma présence. Comme cet arrangement est utile, qu'il n'est point à charge au Roy, qu'il n'en résulte qu'une petite incommodité pour la

Copie de la lettre concernant le hangar dans la Pépinière pour y placer les canons de la ville.

L'état major de la milice bourgeoise, suivi des sergents de la ville armés d'épées et de fusils ;
Les violons de la ville ;
Le présidial et le corps de ville : la cour à droite, précédée des huissiers ; le maire et les échevins à gauche, précédés des valets de ville ;
La compagnie du guet fermant la marche.
Après avoir fait trois fois le tour de l'amas de fagots qu'on avait disposé au milieu de la place, le cortège s'arrêta. Le lieutenant général et le maire, ayant chacun une torche allumée à la main, mirent le feu au bûcher. La compagnie du guet tira trois salves de mousqueterie ; les sergents de la milice, une ; l'artillerie de la ville, placée sur la place Tourny, s'était déjà fait entendre au moment où les cloches avaient sonné pour annoncer le *Te Deum*. Elle tonna de nouveau au moment où le feu de joie s'alluma. Le soir, il y eut grande illumination.
Les cérémonies de l'Ostension générale furent célébrées avec une grande solennité. Toutes les communautés, confréries, corporations allèrent en processions vénérer les reliques des diverses églises de la ville. Les Pénitents bleus se distinguèrent par la magnificence de leur cortège ; ils avaient accaparé tous les musiciens de Limoges, en avaient même appelés de Saint-Junien, et, dans chaque église où la compagnie faisait une station pour vénérer les reliques exposées à la piété des fidèles, on exécutait des motets en musique. Le soir elle fit tirer un beau feu d'artifice sur la place Tourny, au fond de laquelle se trouvait placée l'église de Saint-Paul : l'association y avait son oratoire. Trois fontaines de vin étaient établies sur la place permirent au peuple de boire à la santé de la compagnie royale des Pénitents bleus.
Pour donner une idée de la vogue dont jouissaient alors les confréries de Pénitents, disons qu'à la procession de celle des Pénitents gris, on compta près de quatre cents confrères, dont deux cent vingt revêtus de leur costume.
Mentionnons la construction du corps de bâtiment de l'Intendance qui borde la rue Croix-Neuve, et l'incendie qui consuma, dans la nuit du 10 au 11 mai 1785, quatre ou cinq maisons auprès de l'auberge Sainte-Catherine, non loin de la place des Arènes. Les écrits du temps signalent l'activité et le dévouement que déployèrent dans ce sinistre les religieux du couvent des Grands Carmes, le P. Imbert, en particulier.
L'extrême sécheresse qui régna pendant le printemps et l'été excita les plus graves inquiétudes ; des prières publiques furent ordonnées et on fit, le 24 juin, une procession générale à laquelle assistèrent le présidial et le corps de ville.
Jean de Maussac, grand chantre de la collégiale de Saint-Martial et vicaire général du diocèse, fut nommé au cours de cette année abbé de Saint-Martial, en remplacement de Jean de Montesquiou Fézensac. Il devait être le dernier « abbé de Limoges ».
(1) Voir, sur l'artillerie de la ville, tome IV, p. 250, t. V, p. 356 et la note de la page 123 du présent volume.

Pépinière, qu'il faudra ouvrir pour tirer les canons; que cette incommodité sera prévenue autant qu'il est possible par le placement d'une sentinelle qui entrera avec les canonniers et ne sortira qu'avec eux, ainsi que j'en suis convenu, je ne doute pas que mes successeurs ne laissent subsister cet établissement, et si on étoit obligé de le changer par la suite, comme la dépense du hangar sera modique, et l'économie annuelle considérable, la Ville trouveroit encore de l'avantage pendant le temps de sa jouissance. Je ne vois donc rien qui s'oppose à l'exécution de votre projet, et vous ne pouvez mieux faire que de vous en occuper promptement.

J'ai l'honneur d'être très parfaittement, Messieurs, votre très humble et très obéissant serviteur. Signé : MEULAN D'ABLOIS (1).

Nomination des syndics dans la ville de Limoges et orances d'icelle pour faire les listes des garçons et veufs sans enfant sujets à tirer au sort pour les régiments provinciaux de l'année 1786.

Aujourd'huy, vingt cinq février mil sept cent quatre vingt six, Messieurs les Officiers municipaux assemblés dans l'hôtel de ville de Limoges, ayant pris communication de la lettre qui leur a été écrite par Monseigneur l'Intendant de cette Généralité, pour faire faire les listes des garçons et veufs sans enfants, sujets à tirer au sort pour les régiments provinciaux,

Lesdits sieurs Officiers municipaux ont en conséquence de ladite lettre nommé d'office les sindics dans la ville de Limoges et Orances d'icelle, pour faire lesdites listes, ainsy qu'il suit :

Consulat.

Le sieur Thevenin, gendre à Chauvin, confiseur.
Le sieur Jean-Baptiste Raby, confiseur, gendre à Parant.

Manigne.

Le sieur Guybert, gendre à Solignac, marchand.
Le sieur Martinaud, marchand.

---

(1) On a vu décider, en 1784, la construction d'une promenade formée par la Terrasse, décaissée et mise de niveau avec la place des Arbres. Il fallait pour ces travaux, démolir quelques débris des anciens remparts. Le Bureau des Finances prétendit que, malgré l'approbation de ce projet et l'autorisation accordée au corps municipal de l'exécuter, celui-ci ne pouvait toucher aux fortifications sans sa permission spéciale. De même qu'en 1777 (v. ci-dessus p. 87 et suivantes), lors de l'établissement du petit aqueduc de la rue Barny, il fit arrêter et conduire en prison l'entrepreneur et ses ouvriers. Ils furent mis en liberté sur l'intervention de l'autorité supérieure ; mais il fallut soumettre le conflit lui-même au jugement du Conseil d'Etat. La décision fut favorable aux magistrats municipaux, qui purent donner, au mois de janvier 1786, une nouvelle adjudication des travaux. Ce fut M. Alluaud, ingénieur, qui l'obtint, et il dirigea la construction de la place Fitz-James. L'état des lieux sur ce point n'a été sensiblement modifié qu'en 1863-64, lors des travaux effectués avec le produit de l'emprunt de 1862.

Les Bancs.

Le sieur Vacquand, du Jeu de Paume (1).
Le sieur Aussel, aubergiste.

Le Clocher.

Le sieur Couty, bourgeois.
Le sieur Pergaud, procureur au présidial.

Boucherie.

Le sieur Lesme, gendre à Naudet, horloger.
Le sieur Desraines, cafetier.

Ferrerie.

Le sieur Poncet, gendre à Dalesme, marchand.
Le sieur Ducros, marchand.

Les Combes.

Le sieur Albin, procureur au présidial.
Le sieur Reix, gendre à Grellet, marchand.

Lansecot.

Le sieur Plainemaison, bourgeois.
Le sieur Fougères, marchand.

La Boucherie.

Jean Malinvaud dit le Jalat, marchand boucher.
Pierre Chabrol dit le grand Piarrou père, maitre charpentier.

Orances.

Le nommé Roche, dit Samuel, aubergiste près les Carmes.
Le nommé Laurent Contaire, laboureur.
Le nommé Jean-Baptiste Granger, laboureur.
Le nommé Pierre Boyssou, aubergiste à la Fond Pessiade.

Auxquels sindics est enjoint de faire de suite les listes demandées par ladite lettre, conformément aux instructions qui leur seront remises, et pour former lesquelles listes, il est ordonné, etc. (comme à la p. 48).

ROULHAC, TANCHON, J. PÉTINIAUD, ESTIENNE, FOURNIER.

---

(1) On avait d'abord écrit : Dépéret aîné, gendre à M. Juge, marchand.

Délibération de la vérification des comptes rendus par le sieur Lingaud syndic receveur de l'hôtel de ville à MM. les officiers municipaux, du 1er septembre 1785 au 1er mars 1786.

Aujourd'huy, premier mars mil sept cent quatre vingt six, dans la salle de l'hôtel de ville de Limoges, où étoient assemblés Messieurs les Maire et Echevins soussignés,

Sur le compte qui a été rendu par le sieur Lingaud, sindic receveur dudit hôtel de ville, tant du produit du Don gratuit, Octrois, Deniers patrimoniaux, des fermes, couretage des vins, eau des étangs de la fontaine d'Eygoulène, Guet et Lanternes, et de l'emploi qui en a été fait, le tout ayant été dument vérifié, vu les registres et autres pièces justificatives, il s'est trouvé, premièrement :

Don gratuit

La recette du Don gratuit, au premier mars mil sept cent quatre vingt six, s'est trouvée monter à la somme de trente neuf mille neuf cent quatre vingt quatre livres quatorze sols cinq deniers, y compris la somme de trente huit mille quatre cent quatre vingt quatre livres quatorze sols cinq deniers qui restoit en caisse au premier septembre mil sept cent quatre vingt cinq, suivant l'arrêté fait par Messieurs les Maire et Echevins soussignés, cy. 39.984^{l} 14^{s} 5^{d}

Octrois

La recette des Octrois, depuis le premier septembre mil sept cent quatre vingt cinq jusqu'au premier mars mil sept cent quatre vingt six, s'est trouvée monter à la somme de huit mille neuf cent soixante cinq livres quatre deniers, cy..... 8.965^{l} » 4^{d}

Patrimoniaux

La recette des patrimoniaux, des fermes, depuis le premier septembre 1785 jusqu'au premier mars 1786, s'est trouvée monter à la somme de neuf cent soixante six livres, cy...................... 966^{l} » »

Couretage

La recette du couretage des vins, depuis le premier septembre 1785 jusqu'au premier mars 1786, s'est trouvée monter à la somme de huit cent quatre vingt dix sept livres un sol six deniers, cy.............. 897^{l} 1^{s} 6^{d}

A reporter............ 10.828^{l} 1^{s} 10^{d} 39.984^{l} 14^{s} 5^{d}

Report.. . . . . 10.828ˡⁱ 1ˢ 10ᵈ 39.984 14ˢ 5ᵈ

Eau des étangs

La recette de l'eau des étangs, depuis le premier septembre 1785 jusqu'au premier mars 1786, s'est trouvée monter à la somme de deux cent dix sept livres onze sols, cy.. 217ˡⁱ 11ˢ »

Total de la recette des Octrois, Patrimoniaux, couretage et eau des étangs, cy.................... 11.045ˡⁱ 12ˢ 10ᵈ

La dépense concernant les objets cy-dessus, depuis le premier septembre 1785 jusqu'au premier mars 1786, s'est trouvée monter, savoir :

En vingt un mandats acquittés et payés par ledit sieur Lingaud, la somme de vingt neuf mille huit cent trente six livres deux sols, cy. . . . . 29.836ˡⁱ 2ˢ »

Payements faits aux employés pour six mois de leurs appointements, la somme de neuf cent cinquante trois livres six sols huit deniers, cy. 953ˡⁱ 6ˢ 8ᵈ

Excédant de la dépense à la recette suivant l'arrêté fait par MM. les Maire et Echevins soussignés, le premier septembre 1785, la somme de quinze mille cinq cent dix huit livres dix huit sols quatre deniers, cy. 15.518ˡⁱ 18ˢ 4ᵈ

} 46.308ˡⁱ 7ˢ »

En avance de........ 35.262ˡⁱ 14ˢ 2ᵈ

A *reporter*. 39.984ˡⁱ 14ˢ 5ᵈ

Report.................. 39.984ˡˡ 14ˢ 5ᵈ

Partant la dépense des Octrois excède la recette de la somme de trente cinq mille deux cent soixante deux livres quatorze sols deux deniers, cy........ 35.262ˡˡ 14ˢ 2ᵈ

Excédant de recettes............ 4.722ˡˡ » 3ᵈ

Guet et Lanternes

Et finalement, la recette du second Octroy, Guet et Lanternes, depuis le premier septembre mil sept cent quatre vingt cinq jusqu'au premier mars mil sept cent quatre vingt six, s'est trouvée monter à la somme de dix sept mille cent cinquante quatre livres trois sols huit deniers, y compris la somme de huit mille quatre cent soixante dix neuf livres trois sols huit deniers, qui restoit en caisse au premier septembre 1785, suivant l'arrêté fait par MM. les Maire et Echevins, cy...... 17.154ˡˡ 3ˢ 8ᵈ

Et la dépense concernant le même objet, depuis le premier septembre 1785 jusqu'au premier mars 1786, s'est trouvée monter, suivant vingt sept mandements acquittés et payés par ledit sieur Lingaud, la somme de sept mille huit cent soixante quatorze livres quatorze sols, cy... 7.874ˡˡ 14ˢ »

Reste net.......... 9.279ˡˡ 9ˢ 8ᵈ

Partant, la recette du Guet et Lanternes excède la dépense de la somme de neuf mille deux cent soixante dix neuf livres neuf sols huit deniers, cy..... 9.279ˡˡ 9ˢ 8ᵈ

Total de ce qui reste net en caisse au premier mars 1786............................. 14.004ˡˡ 9ˢ 11ᵈ

Roulhac, Tanchon, Navières, Fournier, J. Pétiniaud, Estienne.

Aujourd'huy, quatre mars mil sept cent quatre vingt six, dans la salle de l'hôtel de ville de Limoges, s'est présentée sœur Anne-Marie Desmoulins, supérieure des Filles de la charité de cette ville (1), assistée de M. Navières, conseiller au présidial, leur sindic temporel,

Laquelle a exposé à MM. les Officiers municipaux assemblés, que depuis l'établissement desdites Filles de la charité audit Limoges, elles se sont empressées de rendre aux pauvres malades tous les secours qu'elles leur ont cru nécessaires, mais qu'il manque à leur établissement un terrain où elles puissent pratiquer des fourneaux économiques pour le bouillon, et y cultiver les plantes journellement nécessaires dans les remèdes; que celuy qui est au bout de la Pépinière dont Sa Majesté vient de faire concession à la ville, et qui joint à la maison desdites Filles de la charité, seroit très propre à remplir cet objet, et si MM. les Officiers municipaux vouloient le leur céder, ce bienfait de la ville, en contribuant au soulagement des pauvres malades, ne pourra qu'exciter le zèle et la reconnoissance des Filles de la charité, et a signé avec ledit sieur Navières.

Délibération portant cession aux Filles de la charité de cette ville d'un terrain joignant leur maison appartenant à la ville qui ci-devant faisoit partie de la Pépinière près l'ancienne place de la Terrasse de la contenance de dix toises carrées à la charge de payer annuellement au Domaine du Roy un denier de cens par toise carrée.

Sœur DESMOULINS; NAVIÈRES, sindic.

Sur quoy le corps de ville ayant délibéré, il a été unanimement arrêté que, pour augmenter l'établissement desdites Filles de la charité et les secours nécessaires aux pauvres malades, il leur seroit cédé le local dont s'agit. En conséquence mesdits sieurs officiers municipaux, en vertu de l'arrêt du Conseil du dix huit may 1784 et de l'ordonnance de Monseigneur l'Intendant du dix décembre dernier, ont, par ces présentes, cédé et à perpétuité délaissé auxdites Filles de la charité un terrain qui cy devant faisoit partie de ladite Pépinière, de la contenance de dix toises carrées, confrontant d'une part à la maison desdites Sœurs de la charité, d'autre aux murs et rempart de la ville, d'autre au terrain qu'on déblaye actuellement pour former la place de Fitz-James, et à l'extrémité duquel la ville se propose de faire élever un mur qui servira de clôture au terrain cédé, et d'autre part aux boulevarts de ladite ville, — pour, par lesdites Sœurs de la charité et leurs successeresses, jouir dès ce jour du susdit terrain, sans pouvoir l'employer à d'autre usage qu'à l'objet par elles proposé pour le soulagement des pauvres malades, et encore à la charge par elles d'acquitter annuellement sur ledit terrain, au domaine du Roy, à la décharge

(1) Grâce aux libéralités de quelques généreux citoyens et de quelques pieuses dames, le petit couvent des religieuses de Saint-Vincent-de-Paul s'était déjà accru et la communauté comptait à cette époque six religieuses.

de la ville, un denier de cens par toise carrée, payable double tous les quarante ans, pour tenir lieu de droits seigneuriaux aux mutations, conformément audit arrêt.

Ce qui a été accepté par ladite sœur Desmoulins, tant pour elle que pour les autres sœurs de la communauté, avec promesse d'exécuter toutes les conditions à elle imposées par ladite concession, copie de laquelle sera par elle présentée à mondit seigneur Intendant pour en demander l'homologation. Fait lesdits jour, mois et an que dessus.

Roulhac, Tanchon, Estienne, Fournier, Sœur Desmoulins, Navières, sindic; J. Pétiniaud.

Vu l'arrêt du Conseil du 18 may 1784, notre ordonnance du 10 décembre 1785 et la présente délibération;

Nous, Intendant de la Généralité de Limoges, avons homologué ladite délibération, pour icelle être exécutée suivant sa forme et teneur. Fait en notre hôtel, le 19 mars 1786. *Signé* : Meulan d'Ablois.

Extrait des Registres du Conseil d'Etat du Roy.

Arrêt de règlement pour l'exercice de la police réunie au corps de ville. — Le Roy ayant, par ses lettres patentes du mois de septembre mil sept cent quatre vingt quatre, désuni des offices de lieutenant général et de procureur de Sa Majesté en la sénéchaussée et siège présidial de Limoges, ceux de lieutenant général et de procureur de Sa Majesté de la police de ladite ville, pour les réunir au corps municipal d'icelle, Sa Majesté a jugé à propos de régler la manière dont les officiers municipaux exerceront la police. Sa Majesté, considérant en outre que les fonctions attachées à la juridiction contentieuse de la police exigent qu'il y ait dans le corps municipal un nombre de gradués plus considérable que celuy qui a été fixé par l'arrêt du Conseil du onze décembre mil sept cent quatre vingt, portant règlement pour l'administration municipale de ladite ville, comme aussy qu'il y ait dans ledit corps municipal un officier chargé du ministère public au siège de la police, Sa Majesté a cru nécessaire de faire à ce sujet quelques changements audit arrêt. A quoi voulant pourvoir, vu l'avis du sieur Intendant et commissaire départi dans la généralité de Limoges, ouï le rapport, le Roy étant en son Conseil, a ordonné et ordonne ce qui suit :

ARTICLE PREMIER. — Le corps municipal de la ville de Limoges continuera d'être composé d'un maire, d'un lieutenant de maire, de quatre échevins, d'un receveur et d'un secrétaire greffier, et en outre d'un procureur sindic de ladite ville, que Sa Majesté a établi et établit par le présent arrêt.

ART. 2. — L'élection dudit procureur sindic sera faite comme celle des autres officiers municipaux, à la pluralité des voix, dans une assemblée générale des officiers municipaux et des conseillers politiques. Le temps de l'exercice de ses fonctions sera de quatre ans comme celuy des autres officiers municipaux. Il pourra néanmoins être prorogé de quatre ans en quatre ans, suivant que les circonstances l'exigeront, et que l'avantage des affaires pourra le déterminer. Les fonctions dudit procureur sindic seront les mêmes qu'exerçoit le procureur du Roy de police avant la réunion dudit office au corps municipal, et il n'aura point voix délibérative.

ART. 3. — L'ordre et la forme desdites nomination et élection des officiers municipaux prescrits par l'arrêt du Conseil du onze décembre mil sept cent quatre vingt, continueront d'être observés, excepté néanmoins que, sur le nombre de six officiers municipaux, il y en aura toujours trois pris parmi les conseillers politiques qui seront officiers de judicature ou avocats, de sorte que la moitié au moins du corps municipal se trouve toujours composée de gradués. Le procureur sindic sera également choisi parmi les officiers de judicature, les avocats ou autres gradués, soit conseillers politiques ou autres, indistinctement.

ART. 4. — Le corps de ville étant ainsi composé, ses fonctions seront divisées en trois parties : les assemblées, les audiences et le service journalier. Les assemblées se tiendront tous les samedis de chaque semaine à deux heures de relevée jusqu'à cinq ; le maire, le lieutenant de maire, les échevins et le procureur sindic composeront cette assemblée et y seront d'abord assistés du receveur et du secrétaire greffier de la ville. On y procédera en premier lieu à l'examen et expédition des affaires générales et particulières qui regardent l'administration municipale et les intérêts de l'hôtel de ville et de la communauté.

ART. 5. — Les affaires concernant la municipalité étant expédiées, le receveur et le secrétaire greffier de la ville se retireront, et le greffier de la police entrera dans ladite assemblée, où on commencera à traiter toutes les affaires de police qui exigent un examen réfléchi, comme les ordonnances ou règlements généraux à rendre sur quelque matière que ce soit, la taxe du grain et des autres denrées qui peuvent y être sujettes, la réception des maîtres dans les différentes communautés d'arts et métiers, la prestation de serment des bayles et sindics des dites communautés, l'audition de leurs comptes à la fin de leur gestion, les permissions d'ouverture de boutiques, cafés, billards, cabarets ou autres lieux sujets à l'inspection de la police, le rapport des officiers municipaux, enfin tous les objets les plus importants de l'administration de la police.

Art. 6. — Les audiences publiques seront tenues tous les quinze jours, le lundi, par les officiers municipaux en corps ; ils y feront les fonctions de la juridiction contentieuse réunie à leurs charges et jugeront les différentes affaires qui seront du ressort et de la compétence des juges de police, tout ainsy et de la même manière qu'il y étoit procédé par le lieutenant général et le procureur du Roy de la police, et en se conformant aux lois et règlements généraux sur cette matière.

Art. 7. — Quant au service journalier, il sera successivement et à tour de rôle, à commencer par le maire et suivant l'ordre du tableau, nommé un des officiers municipaux qui seront chargés pendant une semaine chacun de l'administration sommaire et du détail ; et, pour plus grande exactitude dans le service, l'officier de police de semaine se rendra tous les jours deux fois par jour à l'hôtel de ville, et y restera savoir le matin depuis dix heures jusqu'à midi, et le soir depuis trois heures jusqu'à cinq heures, pendant lequel temps il entendra toutes les plaintes verbales qui luy seront portées sur toutes sortes d'objets, tels que querelles, rixes, émeutes, salaires d'ouvriers, payement de petites dettes, contraventions aux règlements de police concernant la propreté des rues ; l'ordre des marchés, la sûreté publique ; il prononcera les amendes modiques, ordonnera les emprisonnements pour peu de temps et sans jugement par écrit, donnera les ordres verbaux aux soldats du guet, et s'occupera en outre de tous les autres objets d'administration courants et sommaires. Cet officier pourra d'ailleurs requérir et convoquer des assemblées extraordinaires toutes les fois qu'il se présentera des affaires qui luy paraîtront l'exiger et sur lesquelles il ne croira pas pouvoir décider seul : ces affaires seront alors traitées conformément à ce qui est prescrit par l'article cinq.

Art. 8. — Les heures d'audience particulière de l'officier de police de semaine, fixées par l'article précédent, ne peuvent avoir pour objet que les affaires qui ne requéreroient pas très grande célérité ; il sera pourvu sur le champ et à quelques heures que ce soit à ces derniers objets, tels qu'émeutes, batteries, incendies et autres de ce genre. N'entend néanmoins Sa Majesté, par la nomination d'un officier de police de semaine, empêcher que les plaintes ne puissent être rendues ni les avis donnés à ceux des officiers municipaux qui seront plus à portée de les recevoir, les dispenser de les entendre ni de donner des ordres nécessaires, si le cas requiert célérité, ou de faire assembler le corps municipal ainsy que le feroit l'officier de police, si l'importance de la matière l'exige. Dans tous les autres cas, les officiers municipaux renverront à celuy qui sera de semaine toutes les plaintes verbales qu'ils auront reçues, pour les terminer contormément à ce qui est prescrit par l'article précédent.

Art. 9. — L'officier de police veillera exactement pendant le cours de la semaine à l'exécution des règlements de police, notamment pour le nettoyement des rues et le soin des reverbères ; il recevra les rapports particuliers des commissaires ou inspecteurs de police, officiers ou soldats du guet, fera les visites nécessaires dans les rues, marchés, foires, chez les boulangers, marchands, aubergistes et autres lieux publics, dans tous lesquels il aura la police ; il sera d'ailleurs tenu de se conformer, dans les décisions particulières, à ce qui aura été réglé dans les assemblées dont il a été parlé à l'article cinq.

Art. 10. — Seront au surplus les règlements antérieurs concernant la formation du corps municipal et les fonctions des officiers municipaux de la ville de Limoges, notamment l'arrêt du Conseil du onze décembre mil sept cent quatre vingt, exécutés selon leur forme et teneur en ce qui n'est pas contraire au présent arrêt, qui sera transcrit sur les registres dudit hôtel de ville de Limoges, et exécuté nonobstant opposition ou empêchement quelconques, dont, si aucuns interviennent, Sa Majesté s'est réservé à soy et à son Conseil la connoissance, icelle interdisant à toutes ses cours et juges. Mande Sa Majesté au sieur Intendant et commissaire départi en la généralité de Limoges, de tenir la main à l'exécution dudit présent arrêt. Fait au Conseil d'Etat du Roy, Sa Majesté y étant, tenu à Versailles le vingt trois décembre mil sept cent quatre vingt cinq. *Signé* : Le baron de Breteuil.

Marie-Pierre-Charles Meulan d'Ablois, chevalier, conseiller du Roy en ses conseils, maître des requêtes honoraire de son hôtel, intendant de justice, police et finances en la généralité de Limoges,

Vu l'arrêt du Conseil cy dessus et des autres parts, nous ordonnons qu'il sera exécuté selon sa forme et teneur, et à cet effet transcrit tout au long sur les registres de l'hôtel de ville de Limoges. Fait en notre hôtel, le trente janvier 1786. *Signé*: Meulan d'Ablois, *et plus bas* : Par Monseigneur : Frerot.

Enregistré le trois avril 1786.

Lingaud fils aîné, secrétaire greffier (1).

---

(1) Nous avons déjà signalé l'existence, aux Archives de la ville et aux Archives du département, d'exemplaires imprimés de l'arrêt du Conseil du 23 décembre 1785, à la suite de celui du 11 décembre 1780 sur l'organisation du Corps municipal de Limoges.

Nomination de M. Tanchon de Lage fils avocat en parlement pour la place de procureur syndic en la police.

Aujourd'huy, trois avril mil sept cent quatre vingt six, dans la salle de l'hôtel de ville de Limoges, où étoient assemblés, en vertu des billets de convocation faite en la manière accoutumée, Messieurs de Roulhac de La Borie, lieutenant général, maire; Estienne de la Rivière, lieutenant de maire; Tanchon, Fournier jeune, Navières de Brégefort, Pétiniaud de Beaupeyrat, échevins; Grellet des Prades, Grellet jeune, Thoumas de Bosmie, Petit, Lamy de la Chapelle, Navières de la Boyssière, Guineau Dupré, Bonin et Pétiniaud de Jourgnac, conseillers politiques, formant le corps de ville, — M. de Roulhac, maire, président de l'assemblée, a exposé que Monseigneur l'Intendant a adressé depuis quelques jours au corps municipal l'expédition d'un arrêt du Conseil du vingt trois décembre dernier, portant règlement pour l'exercice de la police réunie au corps de ville; qu'aux termes des art. 1er et 2e de cet arrêt, qui doit être préalablement enregistré sur les registres de l'hôtel de ville, il est nécessaire de procéder à l'élection d'un procureur sindic établi par iceluy pour remplir les fonctions du ministère public; que l'assemblée dans laquelle doit être faite cette nomination ayant été fixée à ce jourd'huy, il convient de s'occuper de cet objet. En conséquence, lecture ayant été faite par le secrétaire greffier de l'hôtel de ville, tant du susdit arrêt du vingt trois décembre dernier que de celui du onze décembre 1780 auquel il se réfère, ainsy que de la lettre d'envoi de Monseigneur l'Intendant du dix sept mars dernier, le tout a été enregistré et transcrit au long sur les registres de l'hôtel de ville.

Après quoi, pour se conformer au susdit arrêt, chacun de mesdits sieurs officiers municipaux et conseillers politiques ayant fait ses billets, et iceux mis au scrutin pour le choix dudit procureur sindic, le scrutin s'est trouvé en faveur de M. Tanchon de Lage fils, avocat en Parlement, lequel a été en conséquence nommé procureur sindic pour remplir les fonctions attachées à cette place, pendant le temps prescrit par ledit arrêt et conformément à ses dispositions.

Fait et arrêté les susdits jour, mois et an que de l'autre part.

ROULHAC, NAVIÈRES, ESTIENNE, TANCHON, FOURNIER, J. PÉTINIAUD, J. GRELLET DES PRADES, GUINEAU-DUPRÉ, Gabriel GRELLET, PÉTINIAUD fils, BONIN, d. m. M., PETIT, THOUMAS DE BOSMIE, LAMY DE LA CHAPELLE, NAVIÈRES DE LA BOISSIÈRE.

Homologuée par M. l'Intendant le 30 août 1785.

Aujourd'huy, trois avril mil sept cent quatre vingt six, dans la salle de l'hôtel de ville de Limoges, où étoient assemblés, en vertu des billets de convocation faite en la manière accoutumée, Messieurs de Roulhac de La Borie, lieutenant général, maire ; Estienne de la Rivière, lieutenant de maire ; Tanchon, Fournier jeune, Navières de Brégefort, Pétiniaud de Beaupeyrat, échevins ; Grellet des Prades, Grellet jeune, Thoumas de Bosmie, Petit, Lamy de la Chapelle, Navières de la Boyssière, Guineau Dupré, Bonin et Pétiniaud de Jourgnac, conseillers politiques, formant le corps de ville, — M. de Roulhac, maire, président de l'assemblée, a exposé que, par sa nomination à la mairie, il reste une place vacante dans le conseil politique, à laquelle il convient de nommer, en conformité à l'art. 11 de l'arrêt du Conseil du onze décembre mil sept cent quatre vingt, et suivant qu'il a été annoncé par les billets de convocation ; en conséquence, lecture ayant été faite, par le secrétaire greffier de l'hôtel de ville, du susdit arrêt du Conseil, et chacun de mesdits sieurs officiers municipaux et conseillers politiques ayant fait leurs billets, et iceux mis au scrutin pour le choix d'un conseiller politique pour remplacer mondit sieur de Roulhac, maire, ledit scrutin s'est trouvé en faveur de M. Bonin de Fraisseix, conseiller en la sénéchaussée et siège présidial de Limoges, lequel en conséquence a été élu conseiller politique, pour exercer les fonctions de ladite place conformément aux dispositions du susdit arrêt du Conseil.

Fait lesdits jour, mois et an que dessus.

> ROULHAC, TANCHON, NAVIÈRES, ESTIENNE, NAVIÈRES DE LA BOISSIÈRE, GUINEAU DUPRÉ, PÉTINIAUD fils, J. GRELLET DES PRADES, PETIT, THOUMAS DE BOSMIE, LAMY DE LA CHAPELLE, Gabriel GRELLET, J. PÉTINIAUD, BONIN, d. m. M.

Nomination de M. Bonin de Fraisseix conseiller au Présidial pour la place de conseiller politique à l'hôtel de ville pour remplacer M. de Roulhac de La Borie, maire.

Aujourd'huy, troisième avril mil sept cent quatre vingt six, dans la salle de l'hôtel de ville de Limoges, où étoient assemblés, en vertu des billets de convocation faite en la manière accoutumée, Messieurs de Roulhac de La Borie, lieutenant général, maire ; Estienne de la Rivière, lieutenant de maire ; Tanchon, Fournier jeune, Navières de Brégefort, Pétiniaud de Beaupeyrat, échevins ; Grellet des Prades, Grellet jeune, Thoumas de Bosmie, Petit, Lamy de la Chapelle, Navières de la Boyssière, Guineau Dupré, Bonin et Pétiniaud de Jourgnac, conseillers politiques, formant le corps de ville, — M. de Roulhac, maire, a exposé que Monseigneur l'Intendant a adressé, les quatorze juillet et huit décembre dernier, au corps muni-

Délibération prise par le corps de ville adressée à M. l'Intendant pour l'établissement des pompes pour servir aux incendies.

cipal deux lettres par lesquelles il l'invite à s'occuper des moyens de prévenir les suites fâcheuses des incendies, par l'établissement de pompes telles que celles qu'on emploie avec avantage dans d'autres villes (1) ;

Que le titre seul de cet établissement porte avec lui la preuve de sa nécessité ; qu'on sçait assez combien nos maisons, par la forme de leur construction, sont exposées aux ravages du feu ; que, pendant l'administration de M. de Tourny, la ville acheta deux pompes pour cet effet, mais qu'étant trop lourdes et trop compliquées, elles n'ont jamais servi à rien ; qu'elles se sont dégradées faute d'entretien, et qu'elles ont enfin entièrement disparu, sauf des coffres de bois qui les renfermoient, sans qu'on en ait retiré le moindre avantage ;

Que, les arts se perfectionnant tous les jours, on pourroit aujourd'huy s'en procurer de plus simples, plus portatives et bien moins coûteuses, quoique aussi solides, et qui exigeroient bien moins d'entretien ; qu'on pourroit s'adresser, pour prendre des renseignements à cet égard, au directeur des pompes à Paris, ou aux artistes qui ont le plus de réputation dans cette partie ;

Que, pour le service de ces pompes, on pourroit choisir parmi les artisans et ouvriers un certain nombre d'hommes intelligents qui seroient classés et chargés de les faire jouer lors des incendies, même de les entretenir et réparer dans les temps ordinaires, et de s'exercer plusieurs fois par mois, afin d'être toujours en haleine sur les manœuvres et de maintenir les pompes en bon état ;

Qu'on pourroit également faire venir de Paris pour quelque temps deux ou trois pompiers pour les instruire (2), ou même y envoyer ceux qu'on jugeroit les plus capables pour y apprendre les procédés relatifs à ce service, et ensuite former les autres ;

Qu'il n'en coûteroit à la ville, pour se procurer une compagnie de pompiers formée d'après ce plan, que quelques petites faveurs, comme diminution sur les impositions, exemption de logement des gens de guerre, etc.; qu'il y a même apparence que Monseigneur l'Intendant ne se refuseroit pas à leur accorder quelque gratification annuelle sur les fonds libres qui sont à sa disposition, en sorte que cet établissement ne présente point une dépense bien considérable, soit pour le premier achat, soit pour l'entretien, et par son importance mérite d'être pris en considération particulière.

(1) Nous avons mentionné plus haut la correspondance de l'Intendant avec les officiers municipaux au sujet de l'organisation des secours en cas d'incendie : année 1785, p. 209 ci-dessus. Voir au surplus, sur cette question, tome IV, p. 368; t. V, 254, et présent volume, note de la page 73.

(2) Ce programme fut suivi de point en point sept ans plus tard. On sait que l'organisation définitive du corps de sapeurs pompiers de Limoges date seulement de 1793.

La chose mise en délibération, lecture faite à l'assemblée par le secrétaire greffier des deux lettres sus mentionnées de Monseigneur l'Intendant, et les voix recueillies, il a été unanimement convenu et délibéré que l'établissement proposé est en luy-même utile, avantageux et important; qu'il seroit vraiment à désirer et que tel seroit le vœu sincère du corps de ville, de pouvoir l'entreprendre et le former sur le champ pour mieux répondre aux vues patriotiques de Monseigneur l'Intendant; mais que, comme les fonds de la caisse se trouvent pour le moment présent absorbés par les objets de dépense déjà entrepris, tels que la construction de la place de Fitz-James, l'habillement à neuf du guet, la continuation des travaux de la grande fontaine d'Eygoulène, ou ceux qui vont l'être incessamment, tels que la réparation à neuf et augmentation en nombre des reverbères, le corps de ville est forcé de différer cet établissement jusqu'à un moment plus favorable ; que cependant il convient de ne pas le perdre de vue et même de s'en occuper dès à présent en prenant tous les renseignements et les mesures nécessaires pour pouvoir l'effectuer aussitôt qu'il se trouvera des fonds, et pour y réunir autant qu'il sera possible l'économie à la perfection ; qu'enfin on sollicitera la protection de Monseigneur l'Intendant en faveur de cet établissement lorsqu'il s'agira de le consommer.

Fait et arrêté les susdits jour, mois et an que dessus.

ROULHAC, ESTIENNE, TANCHON, NAVIÈRES, FOURNIER, J. PÉTINIAUD, NAVIÈRES DE LA BOISSIÈRE, LAMY DE LA CHAPELLE, GUINEAU DUPRÉ, BONIN, d. m. M., PÉTINIAUD fils, J. GRELLET DES PRADES, Gabriel GRELLET, PETIT, THOUMAS DE BOSMIE.

Aujourd'huy, troisième avril mil sept cent quatre vingt six, dans la salle de l'hôtel de ville de Limoges, où étoient assemblés, en vertu des billets de convocation faite en la manière accoutumée, Messieurs de Roulhac de La Borie, lieutenant général, maire ; Estienne de la Rivière, lieutenant de maire ; Tanchon, Fournier jeune, Navières de Brégefort, Pétiniaud de Beaupeyrat, échevins ; Grellet des Prades, Grellet jeune, Thoumas de Bosmie, Petit, Lamy de la Chapelle, Navières de la Boissière, Guineau Dupré, Bonin et Pétiniaud de Jourgnac, conseillers politiques, formant le corps de ville, — M. de Roulhac, maire, a exposé que Monseigneur l'Intendant a adressé le sept décembre dernier au corps de ville une lettre par laquelle il établit combien il seroit avantageux pour la ville de Limoges d'y

Délibération prise par le corps de ville adressée à M. l'Intendant pour l'établissement des casernes.

construire des casernes (1) dont l'établissement pût déterminer le ministre à y tenir habituellement en quartier des régiments de cavalerie qui, en facilitant la consommation des denrées, verseroient chaque année dans la province un numéraire considérable ;

Qu'en effet on est depuis longtemps convaincu de la nécessité de cet établissement : que la ville de Limoges se trouvant sur le passage des troupes, il y a peu d'années qu'on n'y loge pendant deux ou trois jours plusieurs régiments d'infanterie ou de cavalerie ; qu'en temps de paix, il est assez ordinaire d'y avoir en quartier un régiment de cavalerie ou de dragons, ce qui est certainement un avantage pour les habitants par l'argent que laissent ces troupes et par la consommation des denrées ;

Qu'il seroit à désirer de pouvoir faire jouir sans interruption la ville et la province de cet avantage par le séjour habituel d'un régiment qui auroit infailliblement lieu s'il existoit des casernes ; que si l'abondance et la qualité des fourrages que l'on recueille dans le Limousin décident souvent à placer des régiments en quartier à Limoges, malgré l'inconvénient de les loger par petits pelotons dans des maisons peu propres à cet objet et au maintien du bon ordre et de la discipline militaire, il est vraisemblable qu'en faisant disparoître cet obstacle par l'établissement des casernes, la ville de Limoges obtiendroit la préférence sur beaucoup d'autres quartiers pour avoir habituellement des régiments ;

Qu'en tout cas, dans les temps où il ne s'y en trouveroit pas, ces casernes serviroient à loger les régiments qui passeroient, ce qui soulageroit infiniment l'habitant en le dispensant du logement effectif, sujétion aussi onéreuse que désagréable ; que, de quelque côté qu'on envisage un pareil établissement, il ne peut donc paroître que très utile et très désirable ;

Mais qu'il est plus facile de se convaincre de son importance que de déterminer les moyens par lesquels on pourra y parvenir ; que déjà on s'est occupé deux fois de ce projet (2), et que deux fois il a

---

(1) Nous avons vu déjà cette question reprise bien des fois. On peut se reporter notamment aux notes des pages 176, 177, 178 du présent volume ; on y trouvera des renvois aux passages principaux des *Registres consulaires* se rapportant au même objet.

(2) En 1719, l'administration municipale avait choisi, pour la construction des casernes projetées, un emplacement situé près de la Porte Touray, non loin du débouché de la rue des Vénitiens. On lui fit acheter l'immeuble. Neuf ans après, le Gouvernement ayant renoncé à édifier des casernes, cet emplacement fut vendu à M. Thévenin du Génèty, qui y installa une manufacture. (voir pages 277, 348 du tome IV de nos *Registres*). Un peu plus tard, le projet de construction fut repris, et Turgot acheta, pour y établir les quartiers permanents d'un régiment de cavalerie, les terrains dits du Chapeau Rouge, route de Paris. Après l'abandon de ce dernier projet, on proposa de revenir à l'ancien emplacement, très bien situé du reste. La manufacture Thévenin avait été en partie détruite par un incendie, et on pouvait utiliser ce qui subsistait des bâtiments. Nous avons vu la question posée dans une note reproduite ci-dessus, p. 177.

demeuré sans suite et sans exécution, toujours par la même cause de défaut de ressources suffisantes ; que c'est encore icy le grand obstacle qui se présente à vaincre ; que la ville, par ses propres facultés et ce qu'elle retire de ses revenus ordinaires, est fort éloignée de pouvoir songer à une pareille entreprise ; qu'il est donc nécessaire de recourir à des moyens extraordinaires, mais qu'il convient d'examiner aussi si c'est la ville qui peut et doit assumer sur elle de les mettre en usage ;

Que cette tâche la concerneroit indubitablement si, sur ses revenus patrimoniaux, elle étoit tenue de fournir aux dépenses du casernement et de la fourniture des ustensiles ; mais que ces dépenses se prennent sur une imposition établie sur toute l'Élection au marc la livre de la taille ; que c'est sur le produit de cette imposition que se payent tous les frais, soit du loyer des maisons servant de casernes et des réparations qui y sont nécessaires, soit de la fourniture et entretien des meubles et ustensiles lorsqu'il y a des régiments en quartier, et lorsqu'il n'y en a pas le loyer des maisons servant de magasins et garde-meubles pour les effets ; que la ville ne supporte par conséquent qu'une très petite partie de ces frais, par le payement de sa contingente portion de cette imposition au prorata de sa taille ;

Que de là il suit que la ville ne doit contribuer que dans la même proportion à la construction des casernes, dont l'objet est précisément de rédimer d'une partie de cet impôt tous les contribuables qui en sont grevés, et cela avec d'autant plus de raison que tous les avantages que procurera le séjour habituel d'un régiment à Limoges ne seront pas pour l'habitant de la ville seul, mais s'étendront directement sur les cultivateurs et propriétaires de fonds dans la province ;

Que ce point étant éclairci, il s'agit de chercher par quelles voies on pourra se procurer les fonds nécessaires à la construction des casernes ; qu'il ne s'en présente que deux : celle de l'imposition ou celle de l'emprunt ; que cette dernière ne paroit point praticable dans la circonstance, parce que, d'un côté, la ville ne peut être tenue d'un emprunt pour faire face à un objet qui n'est pas à sa charge, et que, de l'autre, elle ne perçoit point le produit de l'imposition qui y est destinée ; que ce produit seul pouvant présenter aux prêteurs un gage certain de l'acquittement annuel de leurs intérêts, la ville ne pourroit se charger de cet emprunt qu'autant que le Roy luy céderoit cette imposition, et qu'elle seroit versée dans sa caisse, ce qui n'arrivera vraisemblablement jamais ;

Qu'il ne reste donc que la voie de l'imposition ; mais que les raisons déjà déduites démontrent que ce n'est pas sur la ville, mais sur toute l'Élection qu'elle doit être assise, de manière que la ville n'y contribue que pour sa portion contingente dans le rôle des impositions ;

Que, par tout ce qui vient d'être dit, il est sensible que les moyens d'établir des casernes ne sont point au pouvoir de la ville, mais dépendent uniquement de Monseigneur l'Intendant, puisque lui seul peut faire ordonner pour cet objet sur l'Élection une imposition particulière, qui pourroit être distribuée en plusieurs années, pour que le payement en fût moins onéreux.

La chose mise en délibération, lecture faite à l'assemblée de la lettre susdatée de Monseigneur l'Intendant, et les voix recueillies, il a été unanimement convenu, délibéré et arrêté que l'établissement des casernes est un objet du plus grand avantage et de la plus grande importance pour la ville et pour la province; qu'il seroit bien à désirer que la ville eût des ressources suffisantes pour l'entreprendre; mais que, ses revenus suffisant à peine à l'acquittement de ses charges, elle ne peut seconder que par les vœux les plus sincères, les vues bienfaisantes de Monseigneur l'Intendant à cet égard ;

Que la voie de l'emprunt au nom de la ville n'est point praticable par les raisons qu'a exposées M. le Maire ; que celle de l'imposition paroît la seule qu'on puisse mettre en usage, et que ce n'est point sur la ville seule, mais sur toute l'Élection, qu'elle doit être répartie, ainsy qu'il en a été usé précedemment lorsqu'il a été question d'entreprendre cet établissement ;

Qu'il est important de présenter ces réflexions à Monseigneur l'Intendant, en lui témoignant le désir ardent qu'éprouve le corps de ville de voir réaliser un projet dont l'utilité est sentie depuis si longtemps, mais dont l'exécution a toujours été arrêtée par le défaut de moyens ; qu'il n'appartient au corps de ville que d'indiquer celui qui paroit pouvoir être employé avec le plus de facilité, mais qu'il n'est point à son pouvoir de le mettre à exécution ; que Monseigneur l'Intendant a seul l'autorité nécessaire pour cet effet, et que c'est à sa sagesse à le rendre efficace ;

Qu'il avoit été déjà acquis au nom du Roy, par les ordres de M. Turgot, un emplacement destiné à la construction des casernes (1); mais que la difficulté d'y avoir de l'eau, malgré les dépenses considérables faites pour y en conduire, son éloignement de la rivière et de la place d'armes, semblent le rendre peu propre à remplir

---

(1) On sait qu'après avoir été achetés en vue de la construction d'une caserne, les terrains du *Chapeau rouge* avaient été destinés à l'établissement d'un cimetière (voir page 203 ci-dessus). Finalement, on venait d'y installer la Pépinière.

cette destination ; que parmi ceux qui paroîtroient plus convenables on n'en connoît point qui soit à vendre pour le moment présent, mais que lorsqu'on sera fixé sur les moyens de pourvoir à l'établissement en luy-même et qu'on sera assuré des fonds nécessaires, premier objet dont la prudence exige qu'on s'occupe avant tout, il sera temps de rechercher un local qui réunisse les différents avantages qu'on doit se proposer.

Fait et arrêté les susdits jour, mois et an que dessus.

  Roulhac, Estienne, Tanchon, Navières, Fournier, J. Pétiniaud, Navières de la Boissière, Lamy de la Chapelle, Guineau Dupré, Bonin d. m. M., Pétiniaud fils, J. Grellet des Prades, Gabriel Grellet, Petit, Thoumas de Bosmie (1).

Prestation de serment de M. Tanchon de Lage fils avocat en Parlement pour la place de procureur syndic en la police.

Aujourd'huy, sixième may mil sept cent quatre vingt six, dans la salle de l'hôtel de ville de Limoges, où étoient assemblés MM. les Officiers municipaux, M. Tanchon de Lage fils, avocat en Parlement, s'étant rendu à l'assemblée sur l'avis qui luy en a été donné et ayant pris communication tant de l'arrêt du Conseil du vingt trois décembre 1785, portant règlement pour l'exercice de la police réunie au corps de ville, que de la délibération portant sa nomination de procureur sindic en la police, homologuée par Monseigneur l'Intendant, a prêté le serment en ladite qualité entre les mains de M. de Roulhac de La Borie, lieutenant général, maire, président de l'assemblée, pour en faire les fonctions, et a été installé et reçu dans ladite place conformément aux dispositions du susdit arrêt, et a signé :

  Tanchon de Lage, Roulhac, Estienne, Tanchon, Fournier, Navières, J. Pétiniaud.

---

(1) En envoyant à l'intendant le 21 avril cette délibération, les membres de l'administration municipale la résumaient ainsi : « Vous y verrés, Monseigneur, l'expression du vœu de la ville à cet égard, jointe à celle de son impuissance.,.. Vous seul. ajoutaient-ils, avés entre les mains les moyens de faire réussir ce projet important » (Arch. de la Haute-Vienne, C. 59).

Délibération portant choix et nomination du sr J.-B. Lingaud fils aîné secrétaire-greffier de l'hôtel-de-ville pour être présenté au Roy et être pourvu en qualité d'homme vivant et mourant des offices de Lieutenant général et de Procureur du Roy de police aux fins de l'acquittement des droits des revenus casuels de Sa Majesté.

Aujourd'huy, vingt may mil sept cent quatre vingt six, dans la salle de l'hôtel de ville de Limoges, où étoient assemblés Messieurs de Roulhac de La Borie, lieutenant général au sénéchal et présidial, maire ; Estienne de la Rivière, président à l'Election, lieutenant de maire ; Tanchon de Lage, Fournier jeune, Navières de Brégefort et Pétiniaud de Beaupeyrat, échevins, — M. de Roulhac de La Borie, maire, a exposé à l'assemblée qu'il a plu à Sa Majesté, par ses lettres patentes du mois de septembre mil sept cent quatre vingt quatre portant réunion au corps municipal des offices de lieutenant général et de procureur du Roy de police de cette ville, d'ordonner que le corps municipal feroit pourvoir desdits offices un homme vivant et mourant sous le nom duquel seront payés les droits des revenus casuels de Sa Majesté en la manière accoutumée (1) ; que le corps de ville avoit cru qu'il étoit de la régularité d'attendre, pour remplir cette formalité, que sa composition fût complète par la nomination d'un procureur-sindic, et qu'il eût reçu du Conseil le règlement pour l'exercice de la police qu'il sollicitoit ;

Que ce règlement lui ayant été envoyé par la voie de Monseigneur l'Intendant, et l'arrêt du Conseil qui le contient ayant autorisé le corps de ville à procéder à l'élection d'un procureur-sindic, ce qui a été exécuté par délibération du trois avril dernier, homologuée par mondit seigneur l'Intendant, il ne reste plus qu'à se conformer à la formalité cy-dessus énoncée, prescrite par les susdites lettres patentes, et à faire choix en conséquence d'une personne ayant les qualités compétentes, qui sera présentée au Roy pour être pourvue desdits offices.

La matière mise en délibération, le sieur Jean-Baptiste Lingaud fils, majeur de vingt cinq ans, secrétaire greffier de l'hôtel de ville, a été choisi et nommé d'une voix unanime pour remplir l'objet dont il s'agit ; déclarant en conséquence mesdits sieurs Officiers municipaux le présenter au Roy pour être pourvu, en qualité d'homme vivant et mourant, desdits offices de lieutenant général et de procureur du Roy de police de ladite ville, aux fins de l'acquittement des droits de Sa Majesté seulement, conformément aux susdites lettres patentes.

Déclarant également, pour se conformer aux dispositions de l'édit de février 1771, évaluer lesdits offices, savoir : celui de Lieu-

---

(1) Les offices acquis par les corps et communautés étaient mis sur la tête d'une personne déterminée, d'un homme « vivant et mourant ». C'était là un moyen fort simple de faire supporter aux biens de main-morte les mêmes charges, notamment les mêmes droits de mutation, qu'aux biens de toute autre nature.

tenant général de police à la somme de vingt mille livres, et celui de Procureur du Roy au même siège à celle de dix mille livres.

Fait et arrêté en l'hôtel de ville, les susdits jour, mois et an que dessus.

ROULHAC, TANCHON, NAVIÈRES, FOURNIER, ESTIENNE, J. PÉTINIAUD, LINGAUD fils aîné, secrétaire greffier.

Contrôlé à Limoges le 24 may 1786. Reçu quinze sols. *Signé* : illisible.

Aujourd'huy, vingt quatrième may mil sept cent quatre vingt six, après midi, dans la salle de l'hôtel de ville de Limoges, où étoient assemblés Messieurs les Officiers municipaux, pardevant nous Joseph Fournier, conseiller du Roy, commissaire général des saisies réelles du Limousin, doyen des notaires de la ville dudit Limoges, capitale de la province, présents les témoins soussignés, ont comparu Messieurs Guillaume-Grégoire de Roulhac, écuyer, seigneur de la Borie et de Faugeras, conseiller du Roy, lieutenant général en la sénéchaussée et siège présidial dudit Limoges, maire ; Mʳ Mᵉ Louis Joseph Estienne, seigneur de la Rivière, conseiller du Roy, président de l'Élection de cette ville, lieutenant de maire, Mʳ Mᵉ Jean Tanchon, seigneur de Lage, avocat en Parlement, conseiller du Roy, directeur des économats du diocèse et juge des juridictions de la Cité, des Combes, Couzeix et autres seigneuriales de ladite ville ; Mᵉ Joseph Fournier, seigneur de Verthamond, l'un des notaires de la même ville ; Mʳ Mᵉ Pierre Navières de Brégefort, conseiller du Roy au présidial et sénéchal dudit Limoges, et messire Jean-Baptiste Pétiniaud, écuyer, seigneur de Beaupeyrat, la Bourgade et autres lieux, ces quatre derniers échevins de ladite ville,

Lesquels, pour se conformer aux dispositions des lettres patentes du Roy, données à Versailles au mois de septembre 1784, ont délibéré au désir d'icelles, suivant qu'appert de l'acte par eux souscrit le vingt du courant, signé pour copie Lingaud, secrétaire greffier, portant choix et nomination de la personne du sieur Jean-Baptiste Lingaud fils, majeur de vingt-cinq ans, secrétaire greffier de l'hôtel de ville, pour l'homme vivant et mourant sous le nom duquel seront payés à Sa Majesté, en la manière accoutumée, les droits des revenus casuels, et qu'il seroit présenté au Roy pour être pourvu en cette qualité des offices de lieutenant général et de procureur du Roy de police de ladite ville, aux fins de l'acquittement des droits de Sa Majesté seulement, de conformité aux dites lettres patentes ; et en suivant les dispositions de l'édit de février 1771, ont évalué

Acte de dépôt de la délibération ci-dessus par devant Fournier aîné notaire.

— 250 —

lesdits offices par la même délibération, savoir : celui de lieutenant général de police à vingt mille livres, et celui de procureur du Roy au même siège à dix mille livres.

Laquelle délibération, expédiée comme dit est par le sieur Lingaud, secrétaire greffier, mesdits sieurs Officiers municipaux nous ont exhibée et remise pour demeurer déposée et annexée au présent acte, à l'effet d'y avoir recours au besoin, et être expédiée avec icelui, laquelle est contrôlée aujourd'huy en sa minute par Reuniés, ladite expédition commençant par ces mots : Extrait des registres de l'hôtel de ville de Limoges, et finissant par ceux-ci : la minute contrôlée le vingt quatre may 1786 par Reuniés. Fait et arrêté en l'hôtel de ville les susdits jour, mois et an que dessus, et signé à la minute : Roulhac, maire; Estienne, lieutenant de maire; Tanchon, Fournier, Navières et Pétiniaud, échevins, et, pour copie : Lingaud, secrétaire greffier; icelle expédition écrite sur deux pages et partie de la troisième d'une feuille de papier timbrée du timbre de la Généralité, sans renvois, ratures ni interlignes, de laquelle nous demeurons dépositaire. De ce que dessus mesdits sieurs Officiers municipaux ont requis acte, que nous leur avons octroyé. Fait et passé dans la susdite salle de l'hôtel de ville, lesdits jour, mois et an, en présence des sieurs Léonard Gourserol et Pierre Puifferat, clercs dudit Limoges, témoins. Signé à la minute : Roulhac, maire; Estienne, lieutenant de maire; Tanchon, Fournier, Navières et J. Pétiniaud, échevins; Gourserol, Puifferat, et le notaire soussigné. Contrôlé à Limoges par Reuniés. Signé : FOURNIER aîné, notaire royal.

Délibération concernant le procureur syndic de la police pour le droit d'assister aux processions et d'y porter le dais aux cérémonies publiques avec protestation contre.

Aujourd'huy, premier juillet mil sept cent quatre vingt six, dans la salle de l'hôtel de ville de Limoges, où étoient assemblés Messieurs de Roulhac de la Borie, maire, Estienne de la Rivière, lieutenant de maire; Tanchon de Lage père, Fournier jeune, Navières de Brégefort et Pétiniaud de Beaupeyrat, échevins, et Tanchon de Lage fils, procureur sindic à la police; M° Tanchon de Lage fils, procureur sindic, a exposé que croyant avoir, par sa place, le droit d'assister aux cérémonies publiques avec le corps de ville dont il fait partie, et d'y jouir des mêmes honneurs et distinctions que les autres membres, il se présenta en robe à l'hôtel de ville jeudi vingt deux juin dernier, jour de l'octave de la Fête-Dieu, pour de là se rendre à la cathédrale en compagnie de MM. les Officiers municipaux et y faire avec eux la procession générale ; qu'étant arrivé à l'hôtel de ville, deux de MM. les Echevins qu'il y rencontra prétendirent qu'il ne pouvoit que marcher à la procession à la suite du corps de ville, sans porter le dais avec MM. les Officiers municipaux à qui ce droit appartenoit exclusivement, et lui annoncèrent que, s'il se présentoit pour le porter avec eux, ils s'y opposeroient; que pour prévenir l'éclat scandaleux d'une discussion publique, il prit le parti de se retirer, sous la réserve de se pourvoir; qu'en conséquence, comme il est intéressant pour lui de faire décider une question qui ne manqueroit pas de renaître à chaque occasion, et qu'avant d'entreprendre aucune démarche à ce sujet, il désire de savoir si la difficulté qui lui a été faite est avouée par la majeure du corps ou si elle n'est que l'effet de l'opinion particulière des deux membres qui l'ont soulevée, il prie MM. les Officiers municipaux assemblés de vouloir lui faire connaître leurs dispositions à cet égard, pour qu'ensuite il puisse agir suivant que le cas et l'intérêt de sa place paroitront l'exiger. TANCHON DE LAGE.

Sur quoy, la matière ayant été mise en délibération, agitée et débattue, il a été décidé à la majeure des voix que le procureur sindic devoit être regardé comme faisant partie du corps municipal et en cette qualité devant jouir dans les assemblées et cérémonies publiques des mêmes droits et honneurs que les autres membres de ce corps; en conséquence assister aux processions et y porter le dais du Saint-Sacrement, droit qui lui étoit encore acquis comme représentant l'ancien procureur du Roy à la police; qu'on n'entendoit point le lui contester et qu'il lui étoit libre d'en user.

Et de la part de MM. Fournier et Pétiniaud de Beaupeyrat, a été dit que, s'ils sont d'un avis différent de celui de MM. de Roulhac, Estienne, Tanchon père et Navières, sur la prétention de M. Tanchon fils, procureur sindic, de porter le dais aux processions, ils croient leur opinion fondée sur plusieurs raisons et moyens qu'ils vont déduire :

1° Il est d'usage constant et immémorial qu'il n'y a à Limoges que deux compagnies qui ayent le droit d'assister aux processions et cérémonies publiques, savoir : celle du présidial, et le corps de ville. Ce sont elles qui, exclusivement à tous autres, portent le dais à la procession du Saint-Sacrement. Le corps de ville a toujours été composé, comme il l'est encore, de six officiers autrefois appelés consuls, et aujourd'huy maire, lieutenant de maire et échevins : ce sont eux qui ont toujours porté le dais. Le surplus du corps municipal, comme le sindic receveur et le secrétaire greffier, n'ont jamais eu ce droit, et ce qui le prouve, c'est qu'il n'y a jamais eu à l'hôtel de ville que six chaperons rouges, qui sont portés par les officiers municipaux, ce qui les distingue d'avec le reste du corps.

2° La réunion de la police au corps de ville ne change rien dans les fonctions des officiers municipaux : elle n'en augmente point le nombre et ne détruit pas les privilèges et marques distinctives qu'ils doivent avoir. L'arrêt du Conseil du vingt trois décembre 1785, en établissant un procureur sindic à la suite de tout le corps municipal, explique clairement quelles seront ses fonctions. Il y est dit, dans le début, qu'il y aura un officier chargé du ministère public au siège de la police. L'art. 2 porte qu'il aura les mêmes fonctions que le procureur du Roy à la police avoit avant la réunion au corps municipal et qu'il n'aura point de voix délibérative. L'art. 4e porte que les affaires de la municipalité seront traitées séparément de celles de la police, et par l'art. 5e il est dit que, les affaires de la communauté étant expédiées, on traitera celles de police.

Il est clairement démontré par les termes de cet arrêt que, malgré la réunion de la police à la ville, l'administration des affaires de l'une et de l'autre est totalement distincte et que le procureur sindic n'a aucune fonction dans la municipalité qui, n'ayant point de juridiction, n'a pas besoin du ministère public, et qu'il ne peut être entendu et être nécessaire qu'au siège de la police.

S'il demeure prouvé que le procureur sindic n'a ni fonctions ni intérêt dans les affaires de la communauté, il est évident qu'il n'est point officier municipal, mais seulement attaché au siège de la police réuni au corps de ville, et que c'est seulement cette jurisdiction qui lui attribue des fonctions. Or, le droit d'assister aux processions et d'y porter le dais étant attribué aux officiers municipaux, exclusivement à tous autres membres de ce corps, le procureur sindic, qui est seulement officier de police et qui ne peut réunir sur sa tête, d'après les termes du susdit arrêt, les deux qualités, ne peut point prétendre à ce droit.

Quant à ce qu'on peut dire des prérogatives qu'avoit M. Descordes, ancien procureur du Roy à la police, les sieurs Fournier et Pétiniand soutiennent que ce n'est point à cause de cette place qu'il assistoit aux processions en robe rouge avec MM. les Officiers du présidial : il falloit que pour ce il eût une place parmi eux ou de conseiller honoraire, ou qu'il y eût été reçu *in fratrem*, parce que sans cela on ne l'auroit pas souffert, n'ayant, par sa place, ni le droit de porter la robe rouge, ni celui de faire la procession avec cette compagnie, et, le lui eût-elle permis, cela n'amélioreroit pas le droit du procureur sindic, parce que chacun use de ses droits comme il veut.

Les sieurs Fournier et Pétiniaud savent très bien que les procureurs du Roy dans les présidiaux et autres sièges royaux ont les mêmes honneurs et privilèges des officiers du siège où ils sont attachés. M. le Procureur sindic, tenant à celui de la police, doit partager ceux qui en dépendent ; mais ayant prouvé que ce siège n'a pas le droit d'assister aux processions et cérémonies publiques et n'ayant aucunes fonctions dans la municipalité, qui a ce droit exclusif, sa prétention doit être rejetée.

Voilà les moyens et raisons qui ont déterminé l'opinion des sieurs Fournier et Pétiniaud, et qu'ils employent tant contre la prétention du sieur procureur sindic qu'au soutien des protestations qu'ils font contre la susdite délibération, qui ne peut icy faire loi, attendu que ce n'est pas à MM. Roulhac, Estienne, Tanchon père et Navières à juger la question dont s'agit, mais bien au ministre : s'agissant d'interpréter un arrêt du Conseil, c'est à lui qu'on doit s'adresser pour cela, et jusqu'à ce qu'il ait prononcé, la susdite délibération demeurera sans effet : protestant lesdits sieurs Fournier et Pétiniaud, s'il y étoit passé outre, de la nullité du tout, [et] de se pourvoir contre par les voies de droit, et ont signé.

Fait et délibéré en l'hôtel de ville, les susdits jour, mois et an que dessus.

> ROULHAC, sans entendre approuver les motifs des protestations cy-dessus ; ESTIENNE, sans entendre approuver les motifs des protestations cy-dessus ; TANCHON, sous la même protestation de MM. Roulhac et Estienne ; FOURNIER, sous mes exceptions contraires ; J. PÉTINIAUD, sous mes exceptions contraires ; NAVIÈRES, sans entendre approuver les motifs des protestations cy-dessus (1).

(1) Au cours de l'année 1786, le bruit de la réunion prochaine du chapitre de Saint-Martial au chapitre cathédral se répandit dans la ville. L'émotion fut grande. On savait que Mgr d'Argentré avait récemment tenté de faire supprimer, au profit de son chapitre, celui de Saint-Germain-les-Belles, et on lui prêtait des visées analogues à l'égard de celui de la vieille basilique. Le prévôt partit pour Paris afin de déjouer le complot qu'on disait ourdi sous le puissant patronage de Loménie de Brienne, archevêque de Toulouse, un des principaux membres de la trop fameuse Commission dite « des Réguliers », ami personnel de l'évêque de Limoges.

Le corps municipal partagea l'émoi général. Ses membres adressèrent le 25 août, à M. de Breteuil, une protestation contre l'union projetée. Ils écrivaient le même jour, à Mgr d'Argentré, une lettre respectueuse, mais fort vive, où ils lui déclaraient qu'ils ne pouvaient, devant une pareille nouvelle, « être indifférents ni demeurer dans l'inaction ». « Vous n'ignorez pas, ajoutaient-ils, Monseigneur, combien la ville est attachée à tout ce qui tient au culte de notre apôtre. Elle regarde sa relique et l'église où elle repose comme sa propriété la plus précieuse... Vous savez surtout avec quelle chaleur le peuple, qui murmure déjà des bruits qui courent sur cette réunion supposée, paroit capable de prendre parti dans une affaire où il croiroit l'honneur de son patron directement blessé. Peut-être se flatteroit-on en vain de le

Délibération de la vérification des comptes rendus par le sieur Lingaud receveur syndic de l'hôtel de ville à MM. les officiers municipaux, du 1er mars 1786 au 1er septembre 1786

Aujourd'huy, premier septembre mil sept cent quatre vingt six, dans la salle de l'hôtel de ville de Limoges, où étoient assemblés Messieurs les Maire et Echevins soussignés,

Sur le compte qui a été rendu par le sieur Lingaud, receveur sindic dudit hôtel de ville, tant du produit du Don Gratuit, Octrois, Patrimoniaux, des fermes, couretage des vins, eau des étangs de la fontaine d'Eygoulène, Guet et Lanternes, et de l'employ qui en a été fait, le tout ayant été dûment vérifié, vu les registres et autres pièces justificatives, il s'est trouvé premièrement :

Don gratuit

La recette du Don gratuit, au premier septembre mil sept cent quatre vingt six, s'est trouvée monter à la somme de quarante un mille quatre cent quatre vingt quatre livres quatorze sols cinq deniers, y compris la somme de trente neuf mille neuf cent quatre vingt quatre livres quatorze sols cinq deniers qui restoit en caisse au premier mars mil sept cent quatre vingt six, suivant l'arrêté fait par Messieurs les Maire et Echevins, cy........ 41.484^{ll} 14^s 5^d

Octrois

La recette des Octrois, depuis le premier mars mil sept cent quatre vingt six au premier septembre mil sept cent quatre vingt six, s'est trouvée monter à la somme de neuf mille sept cent quatre vingt six livres sept sols dix deniers, cy...... 9.786^{ll} 7^s 10^d

Patrimoniaux

La recette des Patrimoniaux des fermes, depuis le premier mars mil sept cent quatre vingt six au premier septembre mil sept cent quatre vingt six, s'est trouvée monter à la somme de onze cent quatre vingt huit livres, cy................. 1.188^{ll} » »

A reporter....... 10.974^{ll} 7^s 10^d 41.484^{ll} 14^s 5^d

---

contenir dans l'excès tumultueux d'une dévotion échauffée et d'un zèle mal entendu. » (Hôtel de Ville, GG².)

Mgr d'Argentré se défendit d'avoir sollicité l'union dont la seule annonce soulevait tant de protestations et assura qu'il était demeuré tout à fait étranger au projet lui-même et aux démarches qui avaient pu être tentées pour sa réalisation. De fait, ce projet n'eut pas de suites. Mais ce n'était qu'un répit accordé au vieux sanctuaire. Quatre ans plus tard, un décret de la Convention supprimait tous les chapitres autres que ceux attachés à une église cathédrale. Nous verrons plus loin le corps municipal s'efforcer en vain de soustraire l'église de Saint-Martial à cette condamnation.

Reports.......... 10.974ˡˡ 7ˢ 10ᵈ 41.484ˡˡ 14ˢ 5ᵈ

Couretage

La recette du couretage des vins, depuis le premier mars mil sept cent quatre six au premier septembre mil sept cent quatre vingt six, s'est trouvée monter à la somme de huit cent trente trois livres douze sols six deniers, cy....................... 833ˡˡ 12ˢ 6ᵈ

Eau des étangs

La recette de l'eau des étangs, depuis le premier mars mil sept cent quatre vingt six au premier septembre mil sept cent quatre vingt six, s'est trouvée monter à la somme de sept cent onze livres dix sept sols, cy...................... 711ˡˡ 17ˢ »

Total de la recette des Octrois, Patrimoniaux, couretage et eau des étangs...................... 12.519ˡˡ 17ˢ 4ᵈ 41.484ˡˡ 14ˢ 5ᵈ

La dépense concernant les objets cy-dessus, depuis le premier mars mil sept cent quatre vingt six au premier septembre mil sept cent quatre vingt six, s'est trouvée monter, savoir :

En dix sept mandements acquittés et payés par ledit sieur Lingaud, la somme de seize mille cent trente huit livres neuf sols trois deniers, cy............. 16.138ˡˡ 9ˢ 3ᵈ

Payements faits aux employés pour six mois de leurs appointements, la somme de neuf cent cinquante trois livres six sols huit deniers, cy....... 953ˡˡ 6ˢ 8ᵈ

A reporter.. 17.091ˡˡ 15ˢ 11ᵈ 12.519ˡˡ 17ˢ 4ᵈ 41.484ˡˡ 14ˢ 5ᵈ

| | Reports..... 17.094ˡˡ 15ˢ 11ᵈ | 12.519ˡˡ 17ˢ 4ᵈ | 41.484ˡˡ 14ˢ 5ᵈ |

Excédant de la dépense à la recette suivant l'arrêté fait par MM. les Maire et Echevins le premier mars mil sept cent quatre vingt six, la somme de trente cinq mille deux cent soixante deux livres quatorze sols deux deniers, cy......... 35.262ˡˡ 14ˢ 2ᵈ } 52.354ˡˡ 10ˢ 1ᵈ

En avance............ 39.834ˡˡ 12ˢ 9ᵈ

Partant, la dépense des Octrois excède la recette de la somme de trente neuf mille huit cent trente quatre livres douze sols neuf deniers, cy........... 39.834ˡˡ 12ˢ 9ᵈ

Excédant de recettes........ 1.650ˡˡ 1ˢ 8ᵈ

Guet et Lanternes

Et finalement, la recette du second Octroy, du Guet et Lanternes, depuis le premier mars mil sept cent quatre vingt six au premier septembre mil sept cent quatre vingt six, s'est trouvée monter à la somme de dix sept mille deux cent soixante douze livres treize sols, y compris la somme de neuf mille deux cent soixante dix neuf livres neuf sols huit deniers, qui restoit en caisse au premier mars mil sept cent quatre vingt six, suivant l'arrêté fait par Messieurs les Maire et Echevins, cy..... 17.272ˡˡ 13ˢ »

Et la dépense concernant le même objet, depuis le premier mars mil sept cent quatre vingt six au premier septembre mil sept cent quatre vingt six, s'est trouvée monter, suivant vingt quatre mandements acquittés et payés par ledit sieur Lingaud, la somme de sept mille cinq cent quatre vingt une livres huit sols six deniers, cy...... 7.581ˡˡ 8ˢ 6ᵈ

Reste net.......... 9.691ˡˡ 4ˢ 6ᵈ

A reporter............. 1.650ˡˡ 1ˢ 8ᵈ

Report........................	1.650ˡˡ 1ˢ 8ᵈ

Partant la recette du Guet et Lanternes excède la dépense de la somme de neuf mille six cent quatre vingt onze livres quatre sols six deniers, cy........ 9.691ˡˡ 4ˢ 6ᵈ

Total de ce qui reste net en caisse, au premier septembre mil sept cent quatre vingt six.......... 11.341ˡˡ 6ˢ 2ᵈ

Roulhac, J. Pétiniaud, Fournier, Navières.

Aujourd'huy, sept octobre mil sept cent quatre vingt six, dans la salle de l'hôtel commun de la ville de Limoges, où étoient assemblés Messieurs les Maire et Echevins soussignés, pour procéder à la nomination d'un prédicateur pour prêcher l'Avent de l'année mil sept cent quatre vingt sept et le carême de mil sept cent quatre vingt huit, dans l'église collégiale de Saint-Martial de cette ville, — la chose mise en délibération, lesdits sieurs Maire et Echevins ont d'une commune voix nommé le révérend père Nicolas Ratouret, grand carme conventuel à Alby, auquel, etc. (p. 14). *Nomination du P. Ratouret grand carme pour prêcher l'Avent de 1787 et le Carême de 1788.*

Roulhac, Navières, Fournier, Pétiniaud.

Aujourd'huy, cinquième décembre mil sept cent quatre vingt six, dans la salle de l'hôtel de ville de Limoges, où étoient assemblés Messieurs les Officiers municipaux, M. de Roulhac, maire, a exposé que depuis bien du temps le bâtiment qui sert à l'hôtel de ville menaçant de ruine, on est parvenu, au moyen des arrangements pris avec le corps du Commerce et Monseigneur l'Intendant (1) à se procurer les ressources nécessaires pour bâtir un nouvel hôtel de ville dans le coin de la nouvelle place appelée de Fitz-James, dans lequel la juridiction consulaire pourra tenir ses audiences ainsy que celles de l'Election, et où encore on pourra établir le corps de ville, et y loger la compagnie du guet et autres accessoires suivant les plan et devis qui en ont été faits et arrêtés par mondit seigneur l'Intendant; mais comme on ne peut parvenir à faire les frais de cet édifice qu'en vendant l'ancien bâtiment de l'hôtel de *Délibération portant vente au sieur Farne imprimeur de l'hôtel-de ville situé rue Consulat moyennant la somme de 16,000 livres (homologuée par l'Intendant).*

(1) Voir page 222 ci-dessus.

ville et le terrain qui en dépend, il a été mis et exposé en vente depuis environ un mois, et parmi les différents acquéreurs qui se sont présentés, sieur Jacques Farne, marchand imprimeur et libraire, a été celui qui a fait la condition meilleure et en a offert la somme de seize mille livres, et comme il est icy présent pour renouveler sa soumission, M. de Roulhac requiert l'assemblée de délibérer si cette vente paroît portée à son juste prix et s'il est de l'avantage de la ville de l'accepter.

La chose mise en délibération et les suffrages recueillis, il a été unanimement arrêté d'accepter l'enchère faite par le sieur Farne, attendu qu'elle est la plus forte et que d'ailleurs elle paroit portée à la valeur de l'objet d'après l'estimation qui en a été faite par le s^r Fournier, entrepreneur d'ouvrage. En conséquence, lesdits sieurs Officiers municipaux ont, sous le bon plaisir de Monseigneur l'Intendant et de nos seigneurs du Conseil, par ces présentes vendu et à perpétuité transporté avec garantie, audit sieur Farne présent et acceptant, tout le bâtiment qui forme actuellement l'hôtel de ville de Limoges, situé en la rue du Consulat, paroisse de St-Pierre du Queyroix, composé au rez de chaussée d'une petite cour, d'une grande salle, autre salle servant aux assemblées ordinaires, un bureau pour le receveur, un jardin et un hangard à son extrémité, d'une grande salle, autre salle et d'une chambre du conseil pour la juridiction consulaire (1), un grand escalier pour y communiquer, et une petite maison servant au logement du concierge de l'hôtel de ville, placée entre ledit escalier et l'hôtel de ville, confrontant le tout ensemble par devant à la dite rue du Consulat, par le derrière à une venelle qui conduit à la rue Cruche-d'Or (2), d'un côté à la cour et écurie de M. Touzac de St-Etienne et de M. de Monismes, et de l'autre à la maison du sieur Peyrusson, marchand, et aux jardins du s^r Benoist du Buis et des héritiers du sieur Labiche, — généralement en quoy que le tout puisse dépendre et consister, et tel qu'il

---

(1) Ces trois pièces formaient le premier étage de la vieille maison commune. Nous avons vu (tome V, p. 13, 15,) que les appartements occupés depuis 1682 au moins par la Bourse ou Tribunal de commerce, avaient été, en 1744, sous-loués à une société qui y donna, pendant un certain nombre d'années, des concerts et des bals ; puis, en 1758, à une autre société qui en aménagea une partie pour des représentations théâtrales. Quand cette association cessa de fonctionner, elle céda son matériel à la ville et la scène subsista, tour à tour occupée par des amateurs et par des troupes de passage.

Des indications données par l'acte de vente et de celles qu'on trouve dans les divers passages de nos registres municipaux, nous avons essayé de tirer un essai de reconstitution de notre vieille maison consulaire. Voir notre notice : *Les Hôtels de Ville de Limoges*, Limoges, Ve Ducourtieux, 1882, in-18, pages 16 à 18.

Nous ignorons la date exacte du transfert du siège de l'administration municipale dans la rue Fontgrouleu. Tout porte à croire que la maison commune de la rue Saint-Nicolas fut abandonnée vers 1480.

(2) Cette venelle, qui est quelquefois dénommée : *Charreyron Bouty* ou *Boutin*, subsiste encore entre les immeubles Barraud et Bourdeau de La Judie.

se comporte et appartient à la ville : Messieurs les Officiers municipaux déclarant ne s'y faire d'autres réserves que des boiseries, tapisseries, tableaux, devants de cheminée et tout autre mobilier qui s'y trouve placé et appartient à la ville, à la juridiction consulaire et autres, à tout quoy ledit sieur Farne ne pourra rien prétendre, et prendra ledit bâtiment nud. Déclarent mesdits sieurs Officiers municipaux qu'ils ont toujours possédé ledit terrain sans payer aucune rente, qu'ils le vendent de même, mais que, s'il se présente quelque seigneur, ledit sieur Farne sera tenu de lui payer les rentes qui s'y trouveront établies, exempt des arrérages du tout jusqu'au jour de l'entrée en jouissance dudit s^r Farne.

Cette vente ainsy faite et moyennant la susdite somme de seize mille livres, que ledit s^r Farne promet et s'engage de payer, sur le mandat de mesdits sieurs Officiers municipaux, à l'entrepreneur du nouvel hôtel de ville, savoir : huit mille livres dans six mois à compter du jour de son entrée en jouissance, et les autres huit mille livres dans un an après, et sans intérêts ; à quoy faire il oblige, affecte, hypothèque tous ses biens présents et à venir et par exprès le bâtiment et le local à lui sus vendu, sur lequel et jusques au parfait payement du prix de ladite vente, la ville se réserve la nature et privilège de son hypothèque.

Et sera la présente délibération et vente avant tout présentée à Monseigneur l'Intendant pour être par lui homologuée, même au Conseil si besoin est.

Fait et arrêté les jour, mois et an susdits.

    J. Farne, Roulhac, Estienne, Tanchon, Navières, J. Pétiniaud, Fournier.

En marge : Contrôlé à Limoges, le 15 décembre 1786. Reçu cinquante sept livres : centième denier ; cent soixante livres dix sols p. l. cent huit livres dix sols. Total 325 ll. 10 s.

Nous, Intendant de la Généralité de Limoges, avons homologué la présente délibération portant vente audit Fargue (*sic*), imprimeur, de l'hôtel de ville de Limoges, en date du cinq du présent mois ; ordonnons qu'elle sera exécutée suivant sa forme et teneur, et ce sous le bon plaisir du Conseil, et qu'il sera procédé en notre présence, le dix huit de ce mois, à l'adjudication au rabais de la construction du nouvel hôtel de ville (1), après les affiches et publications et autres formalités en tel cas requises et accoutumées. Fait en notre hôtel ce six décembre mil sept cent quatre vingt six.

    Meulan d'Ablois.

(1) Nous avons déjà donné, p. 228, note, les résultats de cette adjudication.

Délibération qui autorise MM. les officiers municipaux à louer un logement pour l'usage du Corps de ville jusqu'à la reconstruction du nouvel hôtel-de-ville et à recevoir de la part du commerce la soumission de 20,000 livres pour la contribution dans le nouvel hôtel-de-ville ainsi qu'une somme de 12,000 livres pour l'Election qui doit y être logée.

Aujourd'huy (1), vingt trois décembre mil sept cent quatre vingt six, dans la salle de l'hôtel de ville de Limoges où étoient assemblés MM. les Officiers municipaux, M. de Roulhac, maire, a exposé que la nécessité de reconstruire le nouvel hôtel de ville dans un local plus avantageux que celui de l'ancien, ayant été reconnue par une première délibération du corps de ville et du conseil politique assemblé du six décembre mil sept cent quatre vingt cinq, pour parvenir à cette reconstruction, le corps de ville a été autorisé par Monseigneur l'Intendant à vendre préalablement l'emplacement et les matériaux de l'ancien hôtel de ville, ce qui a été fait par autre délibération du cinq décembre présent mois, en faveur du s^r Farne, marchand imprimeur de cette ville, moyennant le prix et somme de seize mille livres, payables moitié dans six mois et l'autre moitié dans un an du jour de l'entrée en possession de l'acquéreur ; et comme, pour accélérer l'échéance de ces payements, il étoit intéressant de vuider promptement les lieux, MM. les Officiers municipaux se sont procuré par provision, moyennant trois cents livres annuellement, dans la maison du s^r Durand de la Saigne, sise rue du Temple, et affermée par le sieur Dussoub, huissier au sénéchal et présidial, les appartements nécessaires pour l'usage ordinaire de la ville, consistant en corps de garde pour le guet, bureau de recette, magasin, chambre pour les assemblées et cabinet en dépendant (2).

En même temps, il a été procédé, par devant Monseigneur l'Intendant et de son autorité, au bail à rabais de l'entreprise de la construction du nouvel hôtel de ville sur la nouvelle place de Fitz-James, d'après les plans et devis que Monseigneur l'Intendant a fait dresser à cet effet par le s^r Dumont, ingénieur en chef de la province, dont l'adjudication a été délivrée au sieur Alluaud, moyennant le prix et somme de soixante six mille livres, et en outre le moëllon étant sur place provenant des anciens murs de la Terrasse.

D'après ces différentes opérations, il ne reste plus qu'à aviser aux moyens de pourvoir au payement de l'entrepreneur et à approuver l'arrangement fait avec le s^r Dussoub pour le loyer de

---

(1) Se reporter, pour la question de la construction de l'hôtel de ville, aux pages 222 à 228 ci-dessus (texte et notes).

(2) La maison de M. Durand de la Saigne, dénommée aussi « maison Daucourt », qui servit d'hôtel de ville quatre ans seulement, était sise au haut de la rue du Temple, côté de la rue du Consulat, deuxième maison à droite en descendant ; on y pénètre par un portail qui a assez grand air et qui donne accès dans une cour intérieure qui ne manque pas d'un certain caractère.

Le Tribunal de commerce s'installa dans une maison faisant le coin de la rue Montant-Manigne et de la Grande rue des Pousses, à peu près au débouché actuel de la rue de la Loi.

ses appartements, ainsi que les réparations faites par le s⁽ʳ⁾ Lingaud pour les approprier à l'usage de l'hôtel de ville. En conséquence, M. le Maire prie l'assemblée de s'occuper de ces différents objets.

Sur quoy, la chose mise en délibération et les suffrages recueillis, il a été unanimement convenu et arrêté que le prix des appartements loués pour l'usage du corps de ville jusqu'à ce que le nouvel hôtel de ville puisse être habité, demeurera fixé à trois cents livres annuellement, et qu'il sera passé à cet égard avec le s⁽ʳ⁾ Dussoub tel traité ou convention par écrit que ce dernier exigera. Comme aussi, attendu la nécessité de quelques réparations que le s⁽ʳ⁾ Lingaud a fait faire dans le nouveau logement, soit pour fermer sûrement le bureau de recette, soit pour disposer le corps de garde d'une manière convenable, soit pour d'autres menus objets d'utilité, les dites réparations ont été approuvées et ledit sieur Lingaud demeure autorisé à en porter la dépense dans ses comptes, ainsi qu'une somme de trente livres annuellement accordée au nommé Saderne, concierge de l'hôtel de ville, pour lui tenir lieu du logement qu'il n'est plus possible de lui fournir en nature jusqu'à la reconstruction de l'hôtel de ville.

Et en ce qui concerne les moyens d'effectuer le payement de l'adjudication du nouvel hôtel de ville, il demeure pareillement arrêté que le corps du Commerce devant y contribuer pour sa quote part, il convient de recevoir la soumission qu'il offre de faire pour la somme qu'il destine à cette contribution. En conséquence, MM. les sindics ayant été invités de se rendre à l'assemblée et s'y étant rendus au même instant, ils ont offert, au nom du corps du Commerce, de contribuer pour la somme de vingt mille livres, en ce que la juridiction consulaire sera logée convenablement dans le nouvel hôtel de ville, conformément aux plans et devis arrêtés le concernant, dont ils ont pris connoissance, et encore en ce que le corps du Commerce sera autorisé, par l'arrêt du Conseil qu'il sollicite, à faire un emprunt de pareille somme de vingt mille livres, auquel sera affecté, pour le payement annuel des intérêts et le remboursement successif du capital, un droit de vingt sols par sentence, que les juges et consuls seront autorisés de faire percevoir à cet effet pendant le cours de vingt cinq ans.

Au surplus, MM. les sindics du Commerce, de la part de leur corps, prient MM. du corps de ville de leur accorder la préférence pour la concession et vente de l'emplacement qui restera vacant entre la cour de l'hôtel de ville et celle des Sœurs de la charité, dans lequel le corps de Commerce se propose de former un établissement ; au moyen de quoy, le corps du Commerce demeurera copropriétaire du nouvel hôtel de ville au prorata du montant de sa contribution, laquelle offre et soumission a été acceptée par MM. les Officiers municipaux, sous le bon plaisir de Monseigneur l'Intendant et de nos seigneurs du Conseil.

Et quant au terrain vacant près de la cour de l'hôtel de ville dont le corps du Commerce demande la concession, le corps de ville est disposé à se prêter à cet arrangement autant qu'il sera en lui et que cette disposition sera approuvée.

Et attendu que la cour de l'Election doit être également logée dans le nouvel hôtel de ville, et que le domaine du Roy est tenu des frais de ce logement, Monseigneur l'Intendant sera supplié de faire accorder à la ville sur le Domaine une somme de douze mille livres, même une plus forte s'il est possible, pour la contribution de l'Election dans le nouveau bâtiment.

Et pour ce qui concerne le logement particulier du corps de ville et de la compagnie du guet, qui doit aussi y être placée, et le surplus du prix de l'adjudication, il sera effectué au moyen des seize mille livres de la vente de l'ancien hôtel de ville, et des autres fonds que le corps de ville pourra prendre sur lui-même, ou des facilités et secours que Monseigneur l'Intendant sera pareillement supplié de lui accorder ou faire obtenir en cas d'insuffisance.

Et sera avant tout la présente délibération présentée à Monseigneur l'Intendant pour être par lui homologuée.

Fait et arrêté les jour, mois et an que de l'autre part.

Roulhac, Estienne, Tanchon, Fournier, Navières, Pétiniaud, Henry Michel, sindic du commerce; Joseph Pétiniaud fils, 2e sindic du commerce.

Nous, Intendant de la Généralité de Limoges, avons homologué la présente délibération, sous le bon plaisir du Conseil, pour être exécutée suivant sa forme et teneur. Fait à Limoges ce vingt huit décembre mil sept cent quatre vingt six.

Meulan d'Ablois (1).

---

(1) Peu d'événements en 1786 : Une vive polémique à laquelle donna lieu un discours prononcé le 4 mars par l'abbé Rivet, professeur d'éloquence au Collège, sur « les causes qui influent le plus positivement sur la prospérité des états policés »; — l'élection, le 21 mai, de Pierre Martin de Châteaugaillard en qualité de juge du tribunal de commerce, et de Jean-Baptiste Jabet et de N. Maurensanne, en qualité de consuls; — le passage, le 15 juillet, de la duchesse d'Ayen et de Mlle de Noailles, sa fille, revenant de Vichy; — la distribution des prix du Collège, avec un discours de l'abbé Tarnaud, professeur de troisième, sur l'*Etude des anciens*.— Le seul fait important, dans l'ordre administratif, fut un projet de réforme de l'hôpital, qui donna lieu à un certain nombre de réunions des administrateurs de cet établissement sous la présidence de l'Intendant. Celui-ci fit une visite générale de la maison, et, en fin de

Aujourd'huy, dix sept février mil sept cent quatre vingt sept, Messieurs les Officiers municipaux assemblés dans l'hôtel de ville de Limoges, ayant pris communication de la lettre qui leur a été écrite par Monseigneur l'Intendant de cette généralité, pour faire faire les listes des garçons et veufs sans enfants, sujets à tirer au sort pour les régiments provinciaux,

Nomination des syndics dans la ville de Limoges et orances d'icelle pour faire les listes des garçons et veufs sans enfants sujets à tirer au sort pour les régiments provinciaux de l'année 1787.

Lesdits sieurs Officiers municipaux ont, en conséquence de ladite lettre, nommé d'office les sindics, dans ladite ville de Limoges et Orances d'icelle, pour faire lesdites listes, ainsi qu'il suit :

Consulat.

Le sieur Paraud, horloger, gendre à Dupré.
Le sieur Jourde, marchand pelletier, gendre à Rogerie.

Manigne.

Le sieur Senamaud, gendre à Rozier, marchand.
Le sieur Sauviat, marchand, gendre à Duroux.

Les Bancs.

Le sieur Gabriel Farne, gendre à Dubois, marchand.
Le sieur Senemaud, gendre à Belut, marchand cirier.

Le Clocher.

Le sieur Diverneresse Lamarche, horloger.
Le sieur Martin Pezeau, marchand.

Boucherie.

Le sieur Thevenin, gendre à Pouyat, marchand.
Le sieur Ardant, gendre à Demassias, marchand.

Ferrerie.

Le sieur Guiot Devarenne, marchand.
Le sieur Talandier aîné père, bourgeois.

---

compte, se borna à renvoyer une vingtaine de gens estropiés qu'on avait conservés par commisération et qui n'avaient pas d'autre moyen d'existence que la mendicité.

On peut signaler, parmi les faits intéressants de l'année, l'ordonnance de M. Meulan d'Ablois, du 7 décembre 1786, autorisant les Officiers municipaux à faire démolir la croix du carrefour Manigne qui embarrassait la circulation, autorisation donnée sur la demande des habitants du quartier, et vu le danger qu'offrait le mauvais état des barres de fer rouillées la tenant en équilibre et supportant la grande calotte en fer et en plomb dont elle était surmontée. (Arch. communales, DD².)

Les Combes.

Le sieur Talabot, procureur au présidial.
Le sieur Duclou, bourgeois, gendre à Dépéret.

Lansecot.

Le sieur Jacques Nadaud, gendre à Manen, marchand.
Le sieur Gondaud fils, marchand, gendre à Leyssardie.

La Boucherie.

Le sieur Aurélien Malinvaud, dit Pelisson, boucher.
Le sieur Guillaume Malinvaud, dit Tautou, boucher.

Orances.

François Petit, gendre à Martial Ratier, près les Carmes.
Pierre Duricux, gendre à Damet, au Coudert.
Jean-Baptiste Granger, du lieu [du] Chainchouveau.
Pierre Chabaud, dit Nardau, à Saint-Lazare.
Auxquels sindics est enjoint de faire de suite les listes, etc.
(V. p. 48).

ESTIENNE, TANCHON, FOURNIER, NAVIÈRES, PÉTINIAUD (1).

Délibération de la vérification des comptes rendus par le s' Lingaud, receveur-syndic de l'Hôtel de ville à MM. les officiers municipaux du 1" septembre 1786 au 1" mars 1787.

Aujourd'huy, premier mars mil sept cent quatre vingt sept, dans la salle de l'hôtel de ville de Limoges, où étoient assemblés Messieurs les Maire et Echevins soussignés,

Sur le compte qui a été rendu par le sieur Lingaud père, sindic receveur dudit hôtel de ville, tant du produit du Don gratuit, Octrois, Patrimoniaux des fermes, courtetage des vins, eau des étangs de la fontaine d'Eygoulène, Guet et Lanternes, et de l'employ qui en a été fait, le tout ayant été duement vérifié, vu les registres et autres pièces justificatives, il s'est trouvé premièrement :

(1) Le maire, M. Roulhac de La Borie, était alors absent. Il faisait partie de l'assemblée de notables convoquée pour le 29 janvier, puis pour le 22 février 1787. Il avait reçu directement sa lettre de convocation par un courrier de cabinet et était parti aussitôt. L'intendant témoigna sa surprise de ce que ces convocations n'eussent pas été envoyées par son entremise. — Les registres de comptabilité de l'hôtel de ville présentent à ce sujet un article assez curieux : « 16 juin 1787, M. Roulhac de La Borie, lieutenant général et maire en charge de ladite ville, la somme de 397 ll. 8 s. 4 d., pour pareille somme qu'il a payée à Paris, suivant le mémoire cy dessus, pour une robe de costume de satin bleu de roy, avec sa soutanelle cramoisie et chaperon de damas pour assister, en sa qualité de maire, à l'Assemblée nationale tenue à Versailles le 22 février dernier par ordre du Roy. » (CC. 23.) Le costume était donc aux couleurs de la ville.

Don gratuit

La recette du Don gratuit, au premier mars mil sept cent quatre vingt sept, s'est trouvée monter à la somme de quarante deux mille neuf cent quatre vingt quatre livres quatorze sols cinq deniers, y compris la somme de quarante un mille quatre cent quatre vingt quatre livres quatorze sols cinq deniers qui restoit en caisse au premier septembre mil sept cent quatre vingt six, suivant l'arrêté fait par MM. les Maire et Echevins, cy............ 42.984ll 14s 5d

Octrois

La recette des Octrois, depuis le premier septembre mil sept cent quatre vingt six au premier mars mil sept cent quatre vingt sept, s'est trouvée monter à la somme de dix mille cent quarante six livres treize sols trois deniers, cy... 10.146ll 13s 3d

Patrimoniaux

La recette des Patrimoniaux des fermes, depuis le premier septembre mil sept cent quatre vingt six au premier mars mil sept cent quatre vingt sept, s'est trouvée monter à la somme de douze cent vingt huit livres un sol, cy.................. 1.228ll 1s »

Couretage

La recette du couretage des vins, depuis le premier septembre mil sept cent quatre vingt six au premier mars mil sept cent quatre vingt sept, s'est trouvée monter à la somme de douze cent quatre vingt huit livres six sols, cy..................... 1.288ll 6s »

Eau des étangs

La recette de l'eau des étangs de la fontaine d'Eygoulène, depuis le premier septembre mil sept cent quatre vingt six au premier mars mil sept cent quatre vingt sept, s'est

A reporter.......... 12.663ll » 3d 42.984ll 14s 5d

Reports..........	12.663ˡⁱ » 3ᵈ	42.984ˡⁱ 14ˢ 5ᵈ

trouvée monter à la somme de deux cent soixante quatorze livres dix sols, cy...................... 274ˡⁱ 10ˢ »

Total de la recette des Octrois, Patrimoniaux, Couretage et Eau des étangs....................... 12.937ˡⁱ 10ˢ 3ᵈ

La dépense concernant les objets cy dessus, depuis le premier septembre mil sept cent quatre vingt six au premier mars mil sept cent quatre vingt sept, s'est trouvée monter, savoir :

En vingt deux mandements acquittés et payés par ledit sieur Lingaud, à la somme de quatorze mille trois cent trente quatre livres, cy.............. 14.334ˡⁱ » »

Payements faits aux employés pour six mois de leurs appointements, la somme de neuf cent cinquante trois livres six sols huit deniers, cy....... 953ˡⁱ 6ˢ 8ᵈ

Excédant de la dépense à la recette, suivant l'arrêté fait par Messieurs les Maire et Echevins, le premier septembre mil sept cent quatre vingt six, la somme de trente neuf mille huit cent trente quatre livres douze sols neuf deniers, cy......... 39.834ˡⁱ 12ˢ 9ᵈ

} 55.121ˡⁱ 19ˢ 5ᵈ

Partant, la dépense des Octrois excède la recette de la somme de quarante deux mille cent quatre vingt quatre livres neuf sols deux deniers, cy...... 42.184ˡⁱ 9ˢ 2ᵈ

Excédant de recettes à reporter........... 800ˡⁱ 5ˢ 3ᵈ

Report.................... 800ˡˡ 5ˢ 3ᵈ

Guet et Lanternes

Et finalement, la recette du second Octroy, du Guet et Lanternes, depuis le premier septembre mil sept cent quatre vingt six au premier mars mil sept cent quatre vingt sept, s'est trouvée monter à la somme de dix huit mille vingt quatre livres quatorze sols six deniers, y compris la somme de neuf mille six cent quatre vingt onze livres quatre sols six deniers qui restoit en caisse au premier septembre mil sept cent quatre vingt six, suivant l'arrêté fait par Messieurs les Maire et Echevins, cy..... 18.024ˡˡ 14ˢ 6ᵈ

Et la dépense concernant le même objet, depuis le premier septembre mil sept cent quatre vingt six au premier mars mil sept cent quatre vingt sept, s'est trouvée monter, suivant vingt huit mandements acquittés et payés par ledit sieur Lingaud, la somme de sept mille cent soixante sept livres cinq sols, ci............. 7.167ˡˡ 5ˢ »

Reste net.......... 10.857ˡˡ 9ˢ 6ᵈ

Partant, la recette du Guet et Lanternes excède la dépense de la somme de...................... 10.857ˡˡ 9ˢ 6ᵈ

Total de ce qui reste net en caisse au premier mars mil sept cent quatre vingt sept............. 11.657ˡˡ 14ˢ 9ᵈ

TANCHON, FOURNIER, NAVIÈRES.

Aujourd'huy, premier juillet mil sept cent quatre-vingt-sept, dans la salle de l'hôtel de ville de Limoges, où étoient assemblés, en vertu des billets de convocation faite en la manière prescrite et accoutumée, Messieurs de Roulhac de la Borie, lieutenant général au sénéchal et présidial, maire; Estienne de la Rivière, président à l'élection, lieutenant de maire; Tanchon de Lage père, avocat, juge de la Cité; Fournier jeune, notaire, absent *(sic)*; Navières de Brégefort, conseiller au présidial, et Pétiniaud de Beaupeyrat, échevins; Lingaud père, receveur sindic, et Lingaud fils aîné, secrétaire greffier, formant le corps municipal, et Messieurs David, avocat, Grellet des Prades père, écuyer; Cogniasse du Queyraud, médecin;

Délibération portant nomination de M. Tanchon de Lage, père, échevin pour Lieutenant de Maire; de MM. David, avocat, et Thoumas de Bosmie, conseillers politiques, pour échevins, — et de MM. Muret, avocat du Roy, Maledent de Feytiat,

<small>Martin du Puymaud, Pétiniaud de Juriol, Boyer, médecin, Math⁹ de Chapé et Navières du Treuil, pour conseillers politiques, — avec protestation contre la nomination de M. Tanchon pour Lieutenant de Maire.</small>
Grellet jeune, directeur de la manufacture royale de porcelaine, Thoumas de Bosmie, avocat et notaire ; Petit, receveur du tabac ; Fray de Fournier, chirurgien major ; Navières de la Boissière, conseiller à l'Election ; Guineau-Dupré, avocat ; Bonnin, médecin ; Pétiniaud de Jourgnac, fils aîné, écuyer, et Bonnin de Fraisseix, conseiller au présidial, conseillers politiques du dit hotel de ville, les autres absents,

M. de Roulhac, maire, président de l'assemblée, a exposé qu'aux termes de l'arrêt du Conseil du 11 décembre 1780, le jour auquel on doit procéder à l'élection d'un lieutenant de maire, de deux échevins et des nouveaux conseillers politiques, étant fixé à cejourd'huy, il s'agit de procéder, en exécution du susdit arrêt du Conseil et de celui du trois avril 1786, dont lecture a été faite par le secrétaire greffier du dit hôtel de ville, afin que chacun des délibérants soit à même de connoître la forme dans laquelle l'élection doit être faite.

Après la dite lecture, M. le Maire a ajouté que, quoique par la disposition générale de l'article 6 du susdit arrêt du Conseil de 1780, il soit porté qu'il sera procédé à l'élection de huit conseillers de ville, en même temps qu'à celle du lieutenant de maire et de deux échevins, néanmoins, dans le cas présent, il ne peut en être nommé que sept, attendu que M. Bonnin de Fraisseix, qui a été nommé le trois avril 1786 pour remplacer M. le Maire, ne doit pas sortir, aux termes de l'article 11 du susdit arrêt, qui porte que, lorsqu'un officier municipal ou conseiller politique sera élu dans les deux dernières années de l'exercice de celui qu'il remplace, ce qui restera à s'écouler de ces deux dernières années ne lui sera point compté, et qu'il exercera pendant les quatre années suivantes. M. Bonnin se trouve dans ce cas, puisque M. le Maire, devant sortir à la présente époque, se trouvoit dans ces deux dernières années d'exercice comme conseiller politique (1).

Ce fait, et au moment où l'assemblée alloit procéder à la nomination d'un lieutenant de Maire, M. Pétiniaud de Beaupeyrat, échevin, a dit qu'il convenoit préalablement d'examiner si, aux termes des articles 1, 9 et 10 de l'arrêt du Conseil du mois de décembre 1780, le choix du lieutenant de maire pouvoit être fait parmi tous les membres indistinctement de l'assemblée, soit échevins, soit conseillers politiques, ou seulement parmi ces derniers, sans que les deux échevins sortants puissent y être élus.

La question agitée et mise en délibération, l'assemblée s'est trouvée en diversité d'opinions : MM. Pétiniaud de Beaupeyrat,

---

(1) Ici sept lignes bâtonnées.

échevin; David, Grellet du Masbilier, Petit, Guineau-Dupré, Pétiniaud de Jourgnac et Bonnin de Fraisseix, conseillers politiques, ont été d'avis que le choix du lieutenant de maire ne pouvoit être fait que parmi les conseillers politiques ; que vouloir le prendre parmi les échevins qui doivent sortir de place, ce seroit d'abord contrevenir au dit arrêt du Conseil, qui veut expressément que le Corps municipal soit toujours composé de trois membres anciens et de trois nouveaux : si on nommoit un des échevins qui doit sortir, il seroit alors composé de quatre membres anciens et seulement de deux nouveaux, et que d'ailleurs le système d'un membre de demeurer longtemps dans un même corps peut être dangereux au bien de la communauté par les différentes liaisons qu'il peut avoir contractées ; qu'outre ces considérations, l'assemblée, telle idée qu'elle ait pu se faire à l'avance sur son droit de nommer, ne peut s'écarter des termes du dit arrêt du Conseil qui fait la loi.

L'article premier *in fine* porte expressément « que les conseillers politiques seront établis à la place des notables pour former un corps subsistant de sujets éligibles aux places de maire, de lieutenant de maire et d'échevin ».

Il est clairement démontré, d'après cet article, que le lieutenant de maire ne peut être pris que parmi les conseillers politiques.

L'article 6 porte expressément « qu'il y aura toujours dans l'Hôtel-de-Ville autant de sujets qui auront exercé que de nouveaux entrants ».

Si l'assemblée nommoit pour lieutenant de maire un des deux échevins qui doivent sortir cejourd'huy de place, elle contreviendroit clairement à l'article sus cité.

L'article 9 porte que « ceux qui seront élus par la suite aux dites places ne pourront être continués audelà des quatre années que doit durer leur exercice ».

Si on nommoit un des échevins qui doivent sortir, l'esprit de la loi ne seroit plus rempli puisqu'ils ont demeuré beaucoup plus de quatre ans en place.

Enfin l'article 10 porte : « que les maire, lieutenant de maire et échevins ne pourront être élus que parmi les conseillers de ville ».

C'est donc parmi les conseillers de ville et non parmi les échevins sortant de place, que le lieutenant de maire doit être élu.

Les dits sieurs Pétiniaud de Beaupeyrat, David, Grellet du Masbilier, Petit, Guineau Dupré, Pétiniaud de Jourgnac et Bonnin de Fraisseix ne se permettront pas d'autres réflexions; ils se renferment dans la loi qu'ils viennent de citer ; ils invitent et prient même l'assemblée de s'y conformer. La majeure peut bien être d'un avis contraire; mais, pour que sa délibération vaille, il faut qu'elle soit conforme à la loi qui a établi la municipalité; et si elle s'en écarte, la mineure est en droit de s'en plaindre et de dénoncer au Conseil l'infraction qui y est faite ; et c'est ce que les exposants protestent de faire si on s'en écarte, — et ont signé.

   Pétiniaud, David, Bonnin de Fraixeix, Petit, Pétiniaud, Gabriel Grellet.

MM. de Roulhac, maire; Estienne de la Rivière, lieutenant de maire ; Tanchon de Lage et Navières de Brégefort, échevins; Grellet des Prades, Cogniasse du Queyraud, Thoumas de Bosmie, Fray de Fournier, Navières de la Boissière et Bonnin, médecin, conseillers politiques, formant la majeure, ont été au contraire d'avis que le lieutenant de maire pouvoit être pris soit parmi les conseillers de ville, soit parmi les échevins indistinctement.

En effet, l'arrêt du Conseil porte bien qu'on ne pourra continuer les officiers municipaux, ainsy que les conseillers politiques, dans les mêmes places qu'ils auront exercées, au delà des quatre années que doit durer leur exercice, ni les nommer de nouveau à ces places qu'après un intervalle de quatre ans ; mais, dans le cas proposé, il ne seroit pas question de continuer un échevin dans la même place au delà de ses quatre ans : il s'agiroit au contraire de le nommer à une place supérieure, et ce cas tombe dans l'exception de l'article 9 qui porte : « sans cependant que le temps de conseiller de ville puisse être compté pour la durée de l'échevinage ou lieutenance de maire, ni celui de l'échevinage ou lieutenance de maire pour la durée de l'exercice de maire. »

On voit clairement par cet article que le Roy a excepté de la prohibition de pouvoir être continué au delà des quatre ans, les membres de l'administration municipale qui passeroient d'une place moins éminente à une autre qui le seroit davantage.

La place de lieutenant de maire est supérieure à celle d'échevin. Elle forme un degré intermédiaire entre celle-ci et la place de maire. Les quatre ans d'échevinage ne peuvent donc pas plus être un motif d'exclusion pour la lieutenance de maire, que les quatre années d'exercice de conseiller de ville n'en sont un pour l'échevinage.

Cette observation répond à toutes les objections qu'on pourroit faire, d'après le texte de quelques autres articles du même arrêt.

Si l'article premier porte : « que les conseillers de ville formeront un corps subsistant de sujets éligibles aux places de maire, de lieutenant de maire et d'échevin », il ne dit pas que le maire et le lieutenant de maire ne pourront être pris que parmi les conseillers de ville seuls, sans que ce choix puisse tomber par concurrence sur un échevin. Les conseillers de ville sont éligibles; mais ils ne le sont pas exclusivement aux échevins.

« Et pour, dit l'article 6, qu'il y ait autant de sujets qui auront exercé que de nouveaux entrants. »

Cet article n'a eu pour objet que d'empêcher qu'il y eût dans le corps de ville plus de nouveaux membres que d'anciens, et que la majeure se trouvant dès lors composée de personnes qui n'auroient ni une connoissance des affaires de la municipalité, ni une expérience suffisante, les intérêts de la ville ne fussent mal administrés ; on a si peu craint au contraire que le nombre des anciens surpassat celui des nouveaux, que l'article 9 accorde expressément, comme on l'a déjà vu, la faculté de nommer un échevin à une place supérieure ; et en effet, il peut être souvent avantageux de conserver, avec un nouveau titre, un membre qui auroit déjà servi utilement la ville.

L'article 9 porte : « que ceux qui seront élus par la suite aux susdites places ne pourront être continués au delà des quatre années que doit durer leur exercice. »

On a déjà remarqué plus haut que ce ne seroit point continuer un échevin que le nommer lieutenant de maire ou maire, puisque ce sont des qualités et des places absolument différentes de celles d'échevins. Cet article ne reçoit donc pas ici d'application.

L'article 10 porte aussi : « que les maire, lieutenant de maire et échevins ne pourront être élus que parmi les conseillers de ville. »

Cette disposition n'est absolue que pour les échevins qui ne peuvent en effet être nommés que parmi les conseillers de ville, parce qu'il n'y a point d'intermédiaire entre les uns et les autres. Mais il en est autrement pour les maire et lieutenant de maire. L'exception en leur faveur résulte de l'article 9 déjà cité.

Il est vray que cet article ne parle nominativement que du maire; mais on ne doit pas moins l'appliquer au lieutenant de maire, parce que les mêmes motifs militent pour l'un et pour l'autre. Le lieutenant de maire, supérieur aux échevins, doit présider le corps de ville en l'absence du maire. Il est donc naturel d'étendre à sa place toutes les précautions que l'arrêt du Conseil a cru devoir prendre pour faciliter davantage le bon choix d'un maire, en laissant la liberté de désigner les sujets qu'on destine à cette place, soit dans le conseil politique, soit parmi les échevins.

Si un échevin peut être nommé maire, pourquoi ne pourroit-il pas être nommé lieutenant de maire, titre inférieur à celui de maire ? On ne voit point quel seroit le motif de cette prohibition, et il n'en résulteroit qu'une contradiction dans les dispositions du législateur qu'on ne doit pas supposer.

On voit au contraire qu'à l'époque de la formation du corps de ville actuel, M. Estienne, lieutenant de maire, qui doit sortir aujourd'huy, fut choisi par le Roy parmi les échevins lors existants. Sa Majesté n'eût pas commencé par nommer un échevin lieutenant de maire, si elle eût entendu, par la loi qu'Elle promulguoit dans le même instant, exclure à jamais les échevins de cette place.

D'après cela, les dits sieurs susnommés pensent que l'assemblée doit demeurer entièrement libre de porter ses vues, pour le choix d'un lieutenant de maire, sur tel des échevins ou conseillers politiques que bon lui semblera. L'opposition et les protestations que menacent de faire quelques membres qui ne forment point la majeure, ne peuvent avoir encore qu'un objet incertain, puisque l'événement seul du scrutin apprendra sur qui le choix tombera pour cette place; mais dans tous les cas elles ne sauroient arrêter les opérations de l'assemblée, qui ne croit point s'écarter de la loi qui a établi la municipalité, en n'excluant pas les échevins du cercle des sujets éligibles à la place de lieutenant de maire; et si, après l'événement de la nomination, les opposants prétendent avoir des démarches à faire, ils seront maîtres d'agir ainsy qu'ils aviseront. Et ont signé :

> Roulhac, Grellet des Prades, Tanchon, Navières, Fray de Fournier, Navières de la Boissière, Thoumas de Bosmie, Bonin d. m. M., Estienne, Cogniasse d. m. M.

En conséquence de quoy, chacun de mes dits sieurs Officiers municipaux et conseillers politiques ayant fait ses billets et iceux mis au scrutin pour le choix d'un lieutenant de maire qui doit remplacer M. Estienne de la Rivière, ledit scrutin s'est trouvé en faveur de M. Tanchon de Lage père, échevin sortant (1).

De la part de mes dits sieurs Pétiniaud de Beaupeyrat, David, Grellet du Masbilier, Petit, Guineau Dupré, Pétiniaud de Jourgnac et Bonnin de Fraisseix, a été dit qu'ils persistent dans les moyens par eux cy-devant déduits, et que jusqu'à ce que le Conseil y ait statué, ils s'opposent formellement à la nomination qui vient d'être faite de la personne de M. Tanchon, ancien échevin, qui devoit sortir, à la place de lieutenant de maire, attendu qu'ils la regardent comme nulle et contraire au susdit arrêt du Conseil, — et ont signé :

> Pétiniaud, David, Petit, Pétiniaud, Guineau Dupré, Gabriel Grellet.

---

(1) La nomination de M. Tanchon de Lage père était visiblement la revanche de l'incident rapporté plus haut, page 250.

Et de la part de mes dits sieurs de Roulhac, Estienne, Tanchon, Navières de Brégefort, Grellet des Prades, Cogniasse, Thoumas de Bosmie, Fray de Fournier, Navières de la Boissière et Bonnin, médecin, a été dit que, dans toute assemblée, l'opinion de la majeure formant le vœu de l'assemblée, on ne doit point s'arrêter à l'opposition des membres qui composent la mineure. En conséquence, il demeure arrêté que M. Tanchon sera regardé comme valablement nommé, et qu'il prêtera le serment requis aux termes de l'article 8 de l'arrêt du Conseil, avec les deux nouveaux échevins, immédiatement après qu'il aura été procédé aux élections qui doivent suivre; et ont signé :

> ROULHAC, TANCHON, NAVIÈRES, GRELLET DES PRADES, THOUMAS DE BOSMIE, FRAY DE FOURNIER, NAVIÈRES DE LA BOISSIÈRE, BONIN, d. m. M., COGNIASSE, d. m. M., ESTIENNE.

Après quoy, ayant été fait de nouveaux scrutins pour l'élection de deux échevins, dont l'un doit remplacer Monsieur Tanchon de Lage père, et l'autre M. Fournier jeune, le premier scrutin s'est réuni en faveur de M. David, avocat, et le second en faveur de M. Thoumas de Bosmie, notaire et avocat, l'un et l'autre conseillers politiques.

Ensuite, il a été procédé à l'élection de sept conseillers politiques, conformément au susdit arrêt, au lieu et place de Messieurs David, avocat, et Thoumas de Bosmie, notaire et avocat, élus échevins, et de Messieurs Grellet des Prades, Cogniasse, médecin; Grellet jeune du Masbilier, Petit, receveur du tabac, et Fray de Fournier, chirurgien, sortants : les scrutins se sont réunis successivement, le premier en faveur de M. Muret de Paignac, avocat du Roy au présidial; le second en faveur de M. Maledent de Feytiat, écuyer; le troisième en faveur de M. Martin de Puymaud, secrétaire du Roy; le quatrième en faveur de M. Pétiniaud de Juriol, avocat; le cinquième en faveur de M. Boyer, médecin; le sixième en faveur de M. Mathis de Chapé, trésorier principal des guerres, et le septième en faveur de M. Navières du Treuil, négociant, tous habitans de cette ville, et de la qualité requise par le susdit arrêt du Conseil.

Cela fait, l'assemblée, satisfaite du zèle et des services des sieurs Lingaud père et fils, en qualité de receveur sindic et de secrétaire greffier, s'est unanimement déterminée, en vertu de la faculté qui lui est accordée par l'article 4 du susdit arrêt du Conseil, à les continuer dans lesdites places pour en exercer les fonctions.

Et à l'instant, en l'exécution du susdit arrêt, M. Tanchon de Lage père, élu lieutenant de maire, et Messieurs David, avocat, et Thou-

— 274 —

mas de Bosmie, notaire et avocat, élus échevins, se sont présentés et ont prêté le serment requis entre les mains de M. de Roulhac de la Borie, maire, pour, dès à présent, exercer leurs fonctions, ainsi que MM. les conseillers politiques, conformément aux dispositions du susdit arrêt du Conseil.

Fait et arrêté les jour, mois et an susdits.

   Roulhac, Pétiniaud, David, Tanchon, Navières, Navières de la Boissière, Petit, Thoumas de Bosmie, Grellet des Prades, Pétiniaud, Fray de Fournier, Bonin, d. m. M., Guineau Dupré, Estienne, Cogniasse, d. m. M., Bonnin de Fraixeix, Gabriel Grellet, Lingaud, sindic receveur, Lingaud fils, secrétaire greffier.

Nomination de M. David, avocat et échevin, au Bureau du Collège de cette ville, pour remplacer M. Estienne de La Rivière.

Aujourd'huy, sept juillet mil sept cent quatre vingt sept, dans la salle de l'hôtel de ville de Limoges, où étoient assemblés Messieurs les Officiers municipaux, M. de Roulhac de la Borie, lieutenant général au sénéchal et présidial, maire, a exposé qu'il était nécessaire de remplacer au bureau, de l'administration du Collège royal de cette ville, M. Estienne de la Rivière, président à l'Election, ancien lieutenant de maire. La chose mise en délibération, mes dits sieurs Officiers municipaux ont, d'une commune voix, nommé M. David, avocat en parlement, échevin actuel, pour remplacer le dit sieur Estienne de la Rivière, en conformité de la déclaration du Roy du vingt un may mil sept cent soixante trois.

Fait les jour, mois et an susdits.

   Roulhac, Tanchon, Navières, Thoumas, Pétiniaud.

Vérification des comptes rendus par le sr Lingaud père receveur-syndic de l'hôtel-de-ville à MM. les officiers municipaux du 1er mars 1787 au 1er septembre de ladite année.

Aujourd'huy, premier septembre mil sept cent quatre vingt sept, dans la salle de l'hôtel de ville de Limoges, où étoient assemblés Messieurs les Maire et Echevins soussignés,

Sur le compte qui a été rendu par le sieur Jean-Baptiste Lingaud père, sindic receveur dudit hôtel de ville, tant du produit du Don gratuit, Octroy, Patrimoniaux des fermes, Couretage des vins, Eau des étangs de la fontaine d'Eygoulène, Guet et Lanternes, et de l'employ qui en a été fait, le tout ayant été duement vérifié et calculé, vu les registres et autres pièces justificatives, il s'est trouvé, savoir :

Don gratuit

La recette du Don gratuit, au premier septembre mil sept cent quatre vingt sept, s'est trouvée monter à la somme de quarante quatre mille quatre cent quatre vingt quatre livres quatorze sols cinq deniers, y compris la somme de quarante deux mille neuf cent quatre vingt quatre livres quatorze sols cinq deniers qui restoit en caisse au premier mars mil sept cent quatre vingt sept, suivant l'arrêté fait par Messieurs les Maire et Echevins, cy. 44.484ll 14s 5d

Octrois

La recette des Octrois, depuis le premier mars mil sept cent quatre vingt sept au premier septembre de la dite année, s'est trouvée monter à la somme de neuf mille huit cent cinquante six livres neuf sols neuf deniers, cy.................. 9.856ll 9s 9d

Patrimoniaux

La recette des Patrimoniaux des fermes, depuis le premier mars mil huit cent quatre vingt sept au premier septembre de la dite année, s'est trouvée monter à la somme de treize cent trente huit livres, cy.............. 1.338ll » »

Couretage

La recette du Couretage des vins, depuis le premier mars mil sept cent quatre vingt sept au premier septembre de ladite année, s'est trouvée monter à la somme de treize cent quatre vingt dix huit livres neuf deniers, cy....................... 1.398ll » 9d

Eau des étangs

La recette de l'eau des étangs de la fontaine d'Eygoulène, depuis le premier mars mil sept cent quatre vingt sept au premier septembre de la dite année, s'est trouvée monter à la somme de six cent douze livres, cy....... 612ll » »

Total de la recette des Octrois, Patrimoniaux, Couretage et Eau des étangs...................... 13.204ll 10s 6d 44.484ll 14s 5d

Reports......... 13.204ˡⁱ 10ˢ 6ᵈ   44.484ˡ· 14ˢ 5ᵈ

La dépense concernant les objets cy-dessus, depuis le premier mars mil sept cent quatre vingt sept au premier septembre de ladite année, s'est trouvée monter, savoir :

En vingt deux mandements acquittés et payés par ledit sieur Lingaud, la somme de dix huit mille cent soixante six livres sept sols, cy................. 18.166ˡⁱ 7ˢ »

Payements faits aux employés chargés de veiller à la perception des droits d'octroy pour six mois de leurs appointements, la somme de neuf cent cinquante trois livres six sols huit deniers, cy................. 953ˡⁱ 6ˢ 8ᵈ

Excédant de la dépense sur la recette, suivant l'arrêté fait par MM. les Maire et Echevins le premier mars mil sept cent quatre vingt sept, la somme de quarante deux mille cent quatre vingt quatre livres neuf sols deux deniers, cy.......... 42.184ˡⁱ 9ˢ 2ᵈ

} 61.304ˡⁱ 2ˢ 10ᵈ

En avance de............ 48.099ˡⁱ 12ˢ 4ᵈ

Partant, la dépense des Octrois excède la recette de la somme de quarante huit mille quatre vingt dix neuf livres douze sols quatre deniers, cy......... 48.099ˡⁱ 12ˢ 4ᵈ

En avance de......... 3,614ˡⁱ 17ˢ 11ᵈ

Guet et Lanternes

Et finalement, la recette du second Octroy, du Guet et Lanternes, depuis le premier mars mil sept cent

A reporter................. 3.614ˡⁱ 17ˢ 11ᵈ

Report...	3.614ˡˡ 17ˢ 11ᵈ

quatre vingt sept au premier septembre de la dite année, s'est trouvée monter à la somme de dix huit mille deux cent quatre livres quatorze sols six deniers, y compris la somme de dix mille huit cent cinquante sept livres neuf sols six deniers qui restoit en caisse au premier mars mil sept cent quatre vingt sept, suivant l'arrêté fait par Messieurs les Maire et Echevins, cy.................... 18.204ˡˡ 14ˢ 6ᵈ

Et la dépense concernant le même objet, depuis le premier mars mil sept cent quatre vingt sept au premier septembre de la dite année, s'est trouvée monter, suivant vingt un mandements acquittés et payés par ledit sieur Lingaud, à la somme de sept mille cent quatre vingt dix sept livres dix neuf sols six deniers, cy........ 7.197ˡˡ 19ˢ 6ᵈ

Reste net.......... 11.006ˡˡ 15ˢ »

Partant, la recette du Guet et Lanternes excède la dépense de la somme de onze mille six livres quinze sols, cy... 11.006ˡˡ 15ˢ »

Total de ce qui reste net en caisse au premier septembre mil sept cent quatre vingt sept............ 7.391ˡˡ 17ˢ 1ᵈ

ROULHAC, TANCHON, NAVIÈRES, THOUMAS.

Aujourd'huy, vingt neuf septembre mil sept cent quatre vingt sept, dans la salle de l'hôtel de ville de Limoges, où étoient assemblés Messieurs les Maire et Echevins soussignés, pour procéder à la nomination d'un prédicateur pour prêcher l'Avent de mil sept cent quatre vingt huit, dans l'église collégiale de Saint-Martial de cette ville,—la chose mise en délibération, lesdits sieurs Maire et Echevins ont, d'une commune voix, nommé le révérend père Cacatte, religieux récollet de la communauté de cette ville (1), auquel, etc. (V. page 14)

ROULHAC, NAVIÈRES, THOUMAS.

Nomination du P. Cacatte récollet pour prêcher l'Avent de 1788 à Saint-Martial.

(1) Nous avons déjà vu le P. Cacatte désigné par le Corps municipal pour prêcher une station officielle. Cette désignation pourrait bien être un témoignage de gratitude du Corps de ville, le seul qu'on pût donner à ce brave religieux dont le dévouement est souvent signalé.

Nomination de M. Laire chanoine théologal du chapitre de Guéret, pour prêcher le Carême de 1789

Aujourd'huy, vingt neuf septembre mil sept cent quatre vingt sept, dans la salle de l'hôtel de ville de Limoges, où étoient assemblés Messieurs les Maire et Echevins soussignés, pour procéder à la nomination d'un prédicateur pour prêcher le carême de mil sept cent quatre vingt neuf, dans l'église collégiale de Saint-Martial de cette ville, — la chose mise en délibération, les dits sieurs Maire et Échevins ont, d'une commune voix, nommé M. Laire, chanoine théologal du chapitre de Guéret (1), auquel il sera, etc. (p. 14).

ROULHAC, NAVIÈRES, THOUMAS.

Délibération prise par le Corps de ville pour la vente des arbres de la place d'Orsay.

Aujourd'huy, vingt huit novembre mil sept cent quatre vingt sept, dans la salle de l'hôtel de ville de Limoges, où étoient assemblés, en vertu des billets de convocation faite en la manière accoutumée, MM. de Roulhac de la Borie, lieutenant général au sénéchal et présidial, maire; Tanchon de Lage père, avocat en parlement et juge de la Cité, lieutenant de maire; Navières de Brégefort, conseiller du Roy au présidial et sénéchal; Pétiniaud de Beaupeyrat, écuyer; David, avocat en Parlement, et Thoumas de Bosmie, avocat en parlement et notaire, échevins; Martin de Puymaud, secrétaire du Roy; Boyer, docteur en médecine, et Navières du Treuil, négociant, conseillers politiques dudit hôtel de ville, les autres absents, — M. de Roulhac, maire, a exposé que, depuis quelques années, les arbres de la place d'Orsay dépérissent sensiblement. Il en est déjà mort, dans la partie haute surtout, qui avoisine la place des Carmes, un assez grand nombre, dont quelques-uns ont été arrachés à fur et mesure qu'ils périssoient; d'autres sont encore sur pied entièrement desséchés; la plupart, en se couronnant, annoncent qu'ils ne tarderont pas à éprouver le même sort. On a bien tenté de remplacer plusieurs des sujets morts par de nouveaux, qu'on a plantés à la place; mais, soit que de jeunes arbres prennent difficilement dans la même fosse d'où ont été arrachés les anciens, soit que ces jeunes arbres, se trouvant entremêlés parmi les vieux, aient été étouffés par leur ombrage, aucun n'a réussi. Et cette tentative pour renouveler insensiblement la plantation de la place a été sans succès : De sorte qu'il ne reste d'autre parti à prendre, pour éviter de voir cette promenade, la plus belle qu'ait la ville, se détruire d'elle-même, que d'en exploiter les arbres

---

(1) L'ancien chapitre de La Chapelle-Taillefer, fondé par le cardinal de ce nom, avait été transféré à Guéret. M. Laire était fort apprécié comme prédicateur.

avant qu'ils achèvent de périr ; et comme ils sont propres au charronnage, on peut encore espérer d'en tirer un parti avantageux, ce qu'on ne pourroit infailliblement pas faire si on attendoit qu'il y en eût un plus grand nombre de gâtés. Il en est quelques-uns à la vérité qui sont dans leur force et dont on pourroit jouir pendant plusieurs années ; mais en en conservant quelques-uns seulement çà et là, on tomberoit dans l'inconvénient qu'on a déjà éprouvé : ceux qui resteroient feroient périr ou empêcheroient de croître les nouveaux plantés. D'ailleurs le coup d'œil seroit blessé de la difformité d'allées composées partie de jeunes et partie de vieux arbres. Il sera donc nécessaire d'arracher à taille ouverte pour replanter uniformément. Cependant, pour que le public ne soit pas entièrement privé de l'agrément de la promenade et de l'ombrage, on pourroit diviser l'opération en deux ou plusieurs époques, la borner pour cette année à la partie de la place où elle est la plus urgente, et après que les jeunes arbres auroient pris et commenceroient à donner un peu d'ombre, on exploiteroit le reste. Par la vente de la partie exploitée, la ville se procureroit les fonds nécessaires pour faire à cette place négligée depuis longtemps des réparations indispensables pour éviter qu'elle ne se dégrade entièrement ou pour lui donner tout l'agrément dont elle est susceptible, et, par ce moyen, le public regagneroit d'un côté ce qu'il ne perdroit que momentanément de l'autre. L'entrée de la place est encore imparfaite et bourbeuse à défaut de pavés pour recevoir les eaux et leur procurer un libre écoulement. Le second perron manque d'une ou deux marches pour gagner le niveau de la place. Les murs de clôture ont besoin d'être resuivis, réparés et recrépis à neuf. Le sol entier de la place demande d'être retravaillé à la pioche, dégagé et purgé des racines que le temps a décharnées et qui, s'élevant au dessus du terrain, rendent la promenade raboteuse et difficile. Il a besoin d'être uni, nivelé et chargé à neuf de tuf ou de sable. Il n'y a pas la moitié des bancs en pierre de taille qui seroient nécessaires. Les deux petits boulingrins ou enfoncements triangulaires ne donnent aucun agrément à la place, et il seroit d'un bien meilleur effet de les combler pour ne conserver que celui du milieu (1). Toutes ces réparations seront dispendieuses, y compris l'achat des nouveaux arbres à replanter. Il faut par conséquent que la partie qu'on vendra soit assez considérable pour faire face à cette dépense. Ainsi l'on pourroit se déterminer à exploiter toute la partie haute de la place, ou au moins les deux allées et contre allées en équerre qui bor-

---

(1) Le sol de la place conservait des inégalités fort grandes qui n'ont disparu que depuis le commencement de ce siècle. Sous le premier Empire encore, le Creux des Arènes se reconnaissait à une dépression très sensible. .

dont les jardins des sieurs Vitrac et Neveu et la place du Foirail.

Quant aux arbres à replanter, il paroîtra peut-être convenable à l'assemblée de préférer à l'espèce de ceux qui y sont déjà, d'autres qui puissent procurer une jouissance plus prompte, comme des marronniers ou des tilleuls, qui auront encore l'avantage de se mieux prêter à la taille et à la forme qu'on voudra leur donner pour la décoration de la place.

Sur quoy, la matière mise en délibération, il a été unanimement conclu et arrêté qu'attendu le dépérissement visible des arbres de la place d'Orsay, il est avantageux et même instant de les exploiter, pour employer en réparations dans la place même le produit de la vente de ces arbres; que, pour ne pas priver entièrement le public de l'agrément de la promenade, il ne sera coupé la première année que ceux qui composent les allées et contr' allées bordant les jardins des sieurs Vitrac et Neveu, ainsi que la place du Foirail; et le reste après la nouvelle plantation, qui sera faite en tilleuls, et, s'il est possible, la même année que les arbres seront exploités; qu'il sera fait les pavés nécessaires pour rendre saine et praticable l'entrée de la place; qu'il sera ajouté deux marches au second perron pour gagner le niveau de la place; que les murs seront réparés partout où ils en auront besoin, et recrépis; que la totalité de la place sera unie, nivelée, et couverte de tuf ou de sable; que le nombre des bancs sera augmenté, et que les deux petits boulingrins triangulaires seront comblés : toutes lesquelles réparations, ainsi qu'il a été dit cy-dessus, seront faites aux dépens de la vente des arbres à couper, à laquelle il sera procédé après des affiches publiques, au plus offrant et dernier enchérisseur, ou sur des offres particulières, suivant qu'il sera trouvé plus avantageux : demeurant lesdits sieurs maire et échevins autorisés à faire à cet effet toutes les diligences nécessaires, ainsi que relativement à toutes autres formalités, s'il en est besoin, pour parvenir à ladite vente.

Et sera avant tout la présente délibération présentée à Monseigneur l'Intendant pour être par lui homologuée.

Fait les jour, mois et an susdits.

Roulhac, David, Navières, Pétiniaud, Tanchon, Thoumas, Navières du Treuil, Boyer, Martin de Puymaud.

Nous, Intendant de la Généralité de Limoges, avons homologué la présente délibération.

Meulan d'Ablois (1).

---

(1) Cette approbation, comme les précédentes, a été donnée de la main même de l'intendant, sur le registre de l'hôtel de ville.

Le 27 janvier 1787, vers cinq heures et demie du soir, éclata un incendie qui causa dans la ville un grand émoi et y laissa un long souvenir. En moins de trois heures fut consumé un

Aujourd'huy, douze janvier mil sept cent quatre vingt huit, dans la salle de l'hôtel de ville de Limoges, où étoient assemblés Messieurs les Maire et Echevins soussignés, s'est présenté le révérend père Retouret(1), religieux grand carme de cette ville, lequel a exposé que sa santé ne lui permettoit pas de prêcher le carême de l'année

Nomination du P. Blanc, religieux jacobin de la communauté de Limoges pour prêcher le Carême de 1788 à Saint-Martial.

des plus beaux immeubles de Limoges, l'ancienne maison de Lépine, acquise par M Blondeau de Combas, et dans laquelle Mgr d'Argentré s'était installé pendant la construction du Palais épiscopal. Elle était située dans la Cité, vis à vis des jardins du Palais épiscopal. Madame du Mesnil, qui occupait les appartements où le feu se manifesta, était à la Comédie avec ses femmes de chambre quand se déclara l'incendie. Beaucoup de citoyens courageux se distinguèrent : le P. Cacatte, récollet, et plusieurs charpentiers de la ville montrèrent une intrépidité remarquable. M. Pétiniaud, chantre, et M. Guibert, chanoine de la cathédrale, firent, dit l'abbé Legros, « des espèces de prodiges » : le dernier, au péril de sa vie, sauva un des enfants de M. d'Auberoche, dont les flammes atteignaient déjà le berceau. Un soldat, nommé Gorsas, originaire de Limoges, fit une chute et fut gravement blessé. On évalua les dommages à plus de 150,000 livres. (Legros, *Cont. des Annales*, p. 323, 324.) — La saison fut du reste fertile en sinistres. En moins d'un mois, on compta à Limoges vingt incendies ou commencements d'incendie.

Au mois de février 1787, le tirage de la milice, qui avait toujours eu lieu dans la grande salle de l'hôtel de ville, se fit aux Feuillants : l'ancienne maison communale ayant été vendue et en partie démolie, et les travaux de la nouvelle n'avançant guères. On trouvait beaucoup d'eau dans les fouilles commencées depuis quelque temps pour les fondations de l'édifice projeté ; on avait même interrompu ces fouilles.

Le maréchal duc de Fitz-James, gouverneur du Haut et Bas-Limousin, mourut à Paris le 23 mars. Le corps de ville fit célébrer le 30 avril, à la cathédrale, un service solennel pour le repos de l'âme de ce généreux seigneur. (Voir ci-dessus p. 93.) Aux registres de comptabilité communale figure, pour ce service, un article de dépense de 498 ll. 8 s. (CC. 23.)

L'abbé Legros note qu'on cessa, cette année-là, de placer, dans la salle où avait lieu la prédication de l'Avent et du Carême à Saint-Martial, des sièges pour les membres du corps municipal qui, depuis longtemps, n'assistaient plus que rarement à ces sermons, bien qu'ils usassent toujours de leur prérogative de désigner le prédicateur et que celui-ci fut payé sur les fonds communaux.

Le 21 mai, furent élus par le corps du commerce : juge du tribunal consulaire, M. Simon Pétiniaud, fils aîné, et consuls MM. Nicolas Ardant du Picq, et Gabriel Grellet de Fleurelie, fils cadet.

Le 5 juillet, l'évêque bénit la chapelle des Sœurs de la charité, dont nous avons mentionné ci-dessus l'arrivée et l'installation dans notre ville.

La session de l'assemblée provinciale établie par l'édit de juin 1787 devait s'ouvrir à Limoges le 11 août. Le Parlement de Bordeaux, qui avait refusé d'enregistrer l'édit, rendit le 8, toutes chambres assemblées, un arrêt interdisant à l'assemblée de se réunir. L'intendant n'osa désobéir à cet arrêt, qui lui fut apporté par un courrier extraordinaire, et on remit de jour en jour, sous divers prétextes, l'ouverture de la session. Enfin on reçut le 19 un arrêt du Conseil, daté du 12, qui cassait celui du Parlement, et l'Assemblée se réunit dès le lendemain. Elle se composait de dix-huit membres nommés par le Roi (cinq pris dans l'ordre du clergé; cinq dans l'ordre de la noblesse ; huit dans le Tiers-Etat : parmi ces derniers se trouvait M. de Roulhac, lieutenant général au presidial et maire de Limoges), auxquels devaient être adjoints dix-huit membres désignés par les premiers députés. Le duc d'Ayen présidait. Les travaux de l'assemblée, qui ne furent pas sans intérêt, durèrent trois jours. Le 22 au soir, l'intendant prononça la clôture de cette première session. Il ne devait pas y en avoir d'autre (Archives de la Haute-Vienne C 394.) M. Maurice Ardant a résumé les documents relatifs à cette assemblée dans une notice malheureusement un peu confuse qu'on a insérée au tome XI (page 84) du *Bulletin de la Société archéologique et historique du Limousin*.

A la distribution des prix du Collège royal, l'abbé Carqueix, professeur d'humanités, prononça un discours sur l'abus des talents.

Un avis, publié par l'intendant au mois de novembre, annonça la continuation des cours d'accouchement institués depuis quelque temps déjà dans tous les chefs-lieux d'élection de la Généralité.

(1) A la délibération du 7 octobre 1786, p. 257, ce nom est écrit : *Ratouret*.

mil sept cent quatre vingt huit, comme il appert par sa nomination du sept octobre mil sept cent quatre vingt six ; c'est pourquoy il prie mes dits sieurs Maire et Echevins d'agréer sa démission, et le remplacer par un autre sujet qu'on jugera convenable. La chose mise en délibération, mes dits sieurs Maire et Echevins ont accepté la susdite démission. En conséquence ont d'une voix unanime, nommé pour remplacer le père Retouret, le révérend père Blanc, religieux jacobin de la communauté de Limoges, pour prêcher le carême de mil sept cent quatre vingt huit, dans l'église collégiale de Saint-Martial de cette ville, auquel il sera, etc. (V. p. 14.)

TANCHON, PÉTINIAUD, DAVID, NAVIÈRES, THOUMAS, ROULHAC.

Délibération prise par le Corps de ville pour faire célébrer un service solennel dans l'église de Saint-Michel des Lions pour feue dame Terré veuve de M" de Meulan mère de Mgr Meulan d'Ablois, intendant à Limoges, décédée a Paris, le 29 janvier 1788, avec la cérémon.e observée à ce sujet.

Aujourd'huy, seize février mil sept cent quatre vingt huit, dans la salle de l'hôtel de ville de Limoges, où étoient assemblés Messieurs les Officiers municipaux soussignés, M. de Roulhac de la Borie, maire, a exposé à l'assemblée que dame Marie Catherine Terré, veuve de messire Pierre-Louis-Nicolas de Meulan, chevalier, receveur général des finances de la généralité de Paris, mère de Monseigneur Meulan d'Ablois, intendant de cette généralité, étant décédée à Paris le vingt-neuf janvier dernier, il seroit convenable que la ville fît célébrer un service solennel pour le repos de son âme.

La matière mise en délibération, il a été arrêté d'une voix unanime qu'on feroit faire un service dans l'église de Saint-Michel-des-Lions, et que, pour cet effet, on demanderoit à Monseigneur l'Intendant le jour qui lui conviendroit pour assister à cette cérémonie. En conséquence, Monsieur le Maire et deux de Messieurs les Echevins s'étant rendus en députation le lendemain à l'intendance, ils ont complimenté Monseigneur l'Intendant, et le jour pour le service a été fixé au jeudy suivant. Dans l'intervalle on a fait imprimer 300 billets d'invitation pour être distribués suivant l'usage.

Le jeudy, vingt un du courant, Messieurs les Officiers du présidial s'étant rendus au palais suivant l'invitation particulière qui leur avoit été faite par le corps de ville et ayant été avertis que Monseigneur l'Intendant et Messieurs les Officiers municipaux, qui avoient été le prendre chez lui et se trouvoient dans la salle d'assemblée, étoient sur le point de sortir pour se rendre à l'église de Saint-Michel, ils sont descendus dans le même instant du palais, et au bas de l'escalier ils ont rencontré Monseigneur l'Intendant et

Messieurs les Officiers municipaux ; M. le Lieutenant général s'étant placé à la droite de Monseigneur l'Intendant, et le président du corps de ville à sa gauche, ils se sont rendus dans ce cortège à l'église, précédés du guet.

Etant arrivés au lieu de la cérémonie, le présidial a pris place dans les stalles du côté droit, ayant à sa tête Monseigneur l'Intendant, et le corps de ville a pris les stalles du côté gauche. M. le curé de la paroisse a célébré la messe, chantée en musique : il n'y a point eu d'offrande ni d'absoute. Les deux corps s'en sont retournés dans le même ordre qu'ils étoient venus. Etant arrivés à la porte de la cour de l'intendance, Messieurs du présidial ont fait leur salut à Monseigneur l'Intendant et se sont retirés. Messieurs les Officiers municipaux, ayant continué leur marche jusqu'à la seconde porte d'entrée de l'intendance, ont fait également leur salut et se sont retirés à l'hôtel de ville accompagnés du guet.

ROULHAC, TANCHON, NAVIÈRES, THOUMAS, DAVID.

Aujourd'huy, premier mars mil sept cent quatre vingt huit, dans la salle de l'hôtel de ville de Limoges, où étoient assemblés Messieurs les Maire et Echevins soussignés,

Sur le compte qui a été rendu de la gestion faite par le sieur Lingaud père, sindic receveur dudit hôtel de ville, tant du produit du Don gratuit, Octrois, Couretage des vins, Patrimoniaux des fermes, Eau des étangs, Beurre (1), Police, Guet et Lanternes, que de l'emploi qui en a été fait depuis le premier septembre mil sept cent quatre vingt sept jusqu'au premier mars mil sept cent quatre vingt huit, le tout ayant été duement vérifié et calculé, il résulte, savoir :

Vérification des comptes rendus par le sr Lingaud père syndic-receveur de l'hôtel-de-ville pendant sa gestion du 1er septembre 1787 au 1er mars 1788.

Don gratuit

La recette du Don gratuit, au premier mars mil sept cent quatre vingt huit, s'est trouvée monter à la somme de quarante cinq mille neuf cent quatre vingt quatre livres quatorze sols cinq deniers, y compris celle de quarante quatre mille quatre cent quatre vingt quatre livres quatorze sols cinq deniers, résultant du compte arrêté

---

(1) C'est la première fois que nous trouvons à notre registre la mention des droits perçus à cette époque sur le beurre et qui avaient été accordés à la commune pour faire face à une partie des dépenses de la police (voir ci-dessus p. pages 118 (note), 145, 169, etc.).

par Messieurs les Maire et Echevins le premier septembre mil sept
cent quatre vingt sept, cy..................... 45.984ˡⁱ 14ˢ 5ᵈ

Octrois

La recette des Octrois, depuis le premier septembre mil sept cent quatre vingt sept jusqu'au
premier mars mil sept cent quatre vingt huit,
s'est trouvée monter à la somme de dix mille deux
cent vingt une livres quatre sols, cy............. 10.221ˡⁱ 4ˢ »

Courtage

La recette du courtage des vins et liqueurs,
depuis le premier septembre mil sept cent quatre
vingt sept au premier mars mil sept cent quatre
vingt huit, s'est trouvée monter à la somme de
treize cent quatre vingt dix livres douze sols neuf
deniers, cy..................................... 1.390ˡⁱ 12ˢ 9ᵈ

Patrimoniaux

La recette des Patrimoniaux des fermes, depuis
le premier septembre mil sept cent quatre vingt
sept, s'est trouvée monter à la somme de onze cent
cinquante trois livres sept sols, cy............. 1.153ˡⁱ 7ˢ »

Eau des étangs

La recette de l'Eau des étangs de la fontaine
d'Eygoulène, depuis le premier septembre mil
sept cent quatre vingt sept au premier mars mil
sept cent quatre vingt huit, s'est trouvée monter à
la somme de cent cinquante deux livres dix neuf
sols, cy....................................... 152ˡⁱ 19ˢ »

Beurre

La recette des droits perçus sur le beurre s'est
trouvée monter, au premier mars mil sept cent
quatre vingt huit, à la somme de deux mille
six cent cinquante cinq livres deux sols six deniers, cy...................................... 2.655ˡⁱ 2ˢ 6ᵈ

Police

La recette des droits perçus par la police s'est

A reporter............ .... 61.557ˡⁱ 19ˢ 8ᵈ

— 285 —

Report................	61.557ᵘ 19ˢ	8ᵈ

trouvée monter, au premier mars mil sept cent quatre vingt huit, à la somme de trois mille cinquante une livres six sols, cy.................. 3.051ᵘ 6ˢ »

Total des recettes du Don gratuit, Octrois, Couretage, Patrimoniaux, Eau des étangs, Beurre et Police....................................... 64 609ᵘ 5ˢ 8ᵈ

La dépense concernant les objets cy-dessus, depuis le premier septembre mil sept cent quatre vingt sept au premier mars mil sept cent quatre vingt huit, s'est trouvée monter, savoir :

En vingt deux mandements acquittés et payés par ledit sieur Lingaud, montant la somme de dix neuf mille quatre vingt quinze livres deux sols neuf deniers, cy................ 19.095ᵘ 2ˢ 9ᵈ

Payements faits aux employés chargés de veiller à la perception des droits d'entrée, pour six mois de leurs appointements, la somme de neuf cent cinquante trois livres six sols huit deniers, cy....... 953ᵘ 6ˢ 8ᵈ

Excédant de la dépense à la recette, suivant l'arrêté fait par Messieurs les Maire et Echevins, le premier septembre mil sept cent quatre vingt sept, la somme de quarante huit mille quatre vingt dix neuf livres douze sols quatre deniers, cy.................. 48.099ᵘ 12ˢ 4ᵈ

} 68.148ᵘ 1ˢ 9ᵈ

Partant la dépense des objets cy-dessus excède la recette de la somme de trois mille cinq cent trente huit livres seize sols un denier, cy........ 3.538ᵘ 16ˢ 1ᵈ

Guet et Lanternes

Et finalement, la recette du second Octroy, du Guet et Lanternes, depuis le premier septembre mil sept cent quatre vingt sept au premier mars mil sept cent quatre vingt huit, s'est trouvée monter à la somme de dix neuf mille huit cent quatre vingt quatre livres treize sols neuf deniers, y

A reporter.................. 3.538ᵘ 16ˢ 1ᵈ

Report..................	3.538ᵘ 16ˢ	1ᵈ
compris celle de onze mille six livres quinze sols, résultat du compte arrêté par Messieurs les Maire et Echevins le premier septembre mil sept cent quatre vingt sept, cy............ 19.884ᵘ 13ˢ 9ᵈ		
Et la dépense concernant le même objet, depuis le premier septembre mil sept cent quatre vingt sept au premier mars mil sept cent quatre vingt huit, s'est trouvée monter, suivant trente un mandements acquittés et payés par ledit sieur Lingaud, la somme de dix mille sept cent cinquante cinq livres dix neuf sols neuf deniers, cy...................... 10.755ᵘ 19ˢ 9ᵈ		
Reste............. 9.128ᵘ 14ˢ »		
Partant, la recette du Guet et Lanternes excède la dépense de la somme de neuf mille cent vingt huit livres quatorze sols, cy..................	9.128ᵘ 14ˢ	»
Total de ce qui reste net en caisse au premier mars mil sept cent quatre vingt huit, la somme de cinq mille cinq cent quatre vingt neuf livres dix sept sols onze deniers, cy.....................	5.589ᵘ 17ˢ	11ᵈ

ROULHAC, NAVIÈRES, TANCHON, THOUMAS, DAVID.

Nomination des syndics dans la ville de Limoges et orances d'icelle pour faire les listes des garçons et veufs sans enfants sujets à tirer au sort pour les régiments provinciaux de l'année 1787.

Aujourd'huy, huitième mars mil sept cent quatre vingt huit, dans la salle de l'hôtel de ville de Limoges, où étoient assemblés Messieurs les Officiers municipaux, après avoir pris communication de la lettre qui leur a été écrite par Monseigneur l'Intendant de cette généralité, pour faire faire les listes des garçons et veufs sans enfants, sujets à tirer au sort pour les régiments provinciaux, ont (*sic*) en conséquence de ladite lettre nommé d'office les sindics dans ladite ville et orances d'icelle pour faire lesdites listes ainsi qu'il suit :

Consulat.

Le sieur Chastagnac, marchand.
Le sieur Chatenet, gendre à Savarin, horloger.

Manigne.

Le sieur Lombardie aîné, gendre à Sage, marchand.
Le sieur Marquizat, marchand.

Les Bancs.

Le sieur Joseph Retouret, gendre à Varinaud, marchand.
Le sieur Imbert, gendre à Nivet, marchand.

Le Clocher.

Le sieur Jean-Baptiste Avanturier fils aîné, marchand.
Le sieur Bernard, orfèvre, gendre à Denard.

Boucherie.

Le sieur Bres, négociant, gendre à Thévenin.
Le sieur Jérémie Rogerie, marchand, gendre à Sénemaud.

Ferrerie.

Le sieur Mourier fils aîné, gendre à Lacroix, marchand.
Le sieur Breuilh, confiseur.

Les Combes.

Le sieur Dumas fils aîné, négociant, gendre à Pradeau.
Le sieur Mousnier fils aîné, procureur.

Lansecot.

Le sieur Nadaud, neveu à Mercier, marchand.
Le sieur Petit fils, fondeur.

La Boucherie.

Le nommé Jean Malinvaud dit le Petit, boucher.
Le nommé Joseph Malinvaud fils dit Chagrin, boucher.

Orances.

Le nommé Laurent Maurin fils aîné dit le Beaulé, jardinier.
Le sieur Cugneu, vendant vin du lieu de Montjovis.
Le nommé Jean-Baptiste Granger, du lieu de Chainchouveau.
Le nommé Etienne Sicard fils, tisserand, du lieu de Saint-Lazare.
Auxquels sindics est enjoint de faire de suite les listes, etc.(V. p. 48).

Roulhac, Tanchon, David, Navières, Thoumas.

Délibération portant démission et nomination de la charge de capitaine gager de l'hôtel de ville faite par Joseph Dutreix en faveur de J.-B. Dutreix son fils aîné.

Aujourd'huy, dix neuf avril mil sept cent quatre vingt huit, dans la salle de l'hôtel de ville de Limoges, où étoient assemblés Messieurs les Maire et Echevins soussignés, s'est présenté Joseph Dutreix, capitaine et gager dudit hôtel de ville, lequel a exposé que son âge et sa santé ne lui permettoient pas de pouvoir continuer plus longtemps l'exercice de sa place : c'est pourquoy il prie mes dits sieurs Maire et Echevins d'agréer sa démission et le remplacer par un autre sujet qu'ils jugeront convenable. Et a signé : DUTREIX.

La chose mise en délibération, mesdits sieurs Maire et Echevins ont accepté la susdite démission, et en conséquence ont, d'une voix unanime, nommé, pour remplacer ledit Joseph Dutreix, la personne de Jean-Baptiste Dutreix, son fils aîné, à la place de capitaine et gager dudit hôtel de ville ; lequel à l'instant s'est présenté et a accepté ladite place et promis d'en remplir les fonctions avec fidélité et assiduité pendant tout le temps qu'il plaira à mes dits sieurs Maire et Echevins, et aux mêmes appointements qu'avoit son père. Et a signé : DUTREIX fils aîné.

ROULHAC, TANCHON, THOUMAS, DAVID, NAVIÈRES.

Délibération prise par le corps de ville, portant que la Poissonnerie actuelle, située devant l'église de St-Pierre, comme trop petite et mal placée, sera transférée et reconstruite avec des boutiques assorties de réservoirs, sur l'emplacement du petit étang de la fontaine d'Eygoulène ; qu'en même temps le grand étang sera réparé à neuf, pour former deux réservoirs à contenir l'eau nécessaire pour l'arrosement des jardins, prairies et incendies ; comme aussy que la place de la Mothe sera déblayée, nivelée et réparée, et les terres en provenant seront employées au comblement du petit étang. Et pour l'exécution de tout ce que dessus, la ville demande un arrêt du Conseil qui l'autorise et lui accorde la concession des droits domaniaux appartenant au Roy tant sur la vente du poisson que sur celle du beurre.

Délibération prise etc. (Voir le titre ci-contre.)

Aujourd'huy (1), septième août mil sept cent quatre vingt huit, en la salle de l'hôtel de ville, où étoient assemblés, en vertu des billets de convocation faite en la manière prescrite et accoutumée, Messieurs

---

(1) Nous trouvons aux archives municipales une lettre de M. Meulan d'Ablois, du 26 juillet 1788, relative au déplacement de la Poissonnerie. La halle actuelle, y-est-il dit, « est trop petite, mal située, infecte un quartier fort habité, fait un grand embarras dans un carrefour très fréquenté et enfin fait obstruction à l'église Saint-Pierre ». L'intendant rappelle que, connaissant à cet égard les idées du corps de ville, il a parcouru, avec le maire, et en compagnie de M. de Voyon, de plusieurs trésoriers généraux, de l'ingénieur en chef et de plusieurs autres personnes, divers quartiers de la ville et qu'il n'a pas trouvé d'emplacement plus avantageux

de Roulhac de la Borie, écuyer, lieutenant général au présidial, maire; Tanchon de Lage père, avocat en parlement et juge de la Cité, lieutenant de maire; Navières de Brégefort, conseiller du Roy au présidial; David, avocat en parlement; Thoumas de Bosmie, aussy avocat en parlement et notaire, échevin; Navières de la Boissière, conseiller à l'Election; Guineau-Dupré, avocat en parlement; Bonin, médecin; Muret de Paignac, avocat du Roy au présidial; Maledent de Feytiat, écuyer; Martin de Puymaud, écuyer, secrétaire du Roy; Pétiniaud de Juriol, écuyer et avocat en parlement; Mathis de Chapé, trésorier principal des troupes, et Navières du Treuil, négociant, conseillers politiques dudit hôtel de ville, les autres absents, — M. de Roulhac de la Borie, maire, a exposé que, depuis longtemps, les inconvénients de la halle servant au débit du poisson dans cette ville sont reconnus; que cette halle est mal placée, dans un carrefour étroit, au devant d'une des principales églises de la ville, dont elle obstrue et infecte l'abord; qu'indépendamment de ce vice de position, elle se trouve encore trop petite et trop resserrée, en sorte que, ne pouvant contenir l'affluence des acheteurs et des vendeurs, ils sont obligés de se répandre au dehors dans la petite place qui la précède et dans partie des rues qui y aboutissent : ce qui engorge totalement la voie publique et donne lieu à de fréquents accidents occasionnés par les voitures et les chevaux qui se rencontrent souvent dans un passage aussi fréquenté;

Que le corps de ville, convaincu de la nécessité de déplacer et aggrandir cette halle, s'est occupé de rechercher les emplacements où elle pourroit être transportée, et qu'il ne s'en est point trouvé de plus avantageux, sous tous les rapports, que partie de l'emplacement des Etangs; que ces étangs eux-mêmes, dans leur état actuel, ont besoin de grandes et urgentes réparations. Les corrois qui les entourent et qui retiennent l'eau sont dissous ou crevassés de vétusté, de sorte qu'il n'est point d'année où l'eau ne s'échappe

pour y transférer le « Gras » que la place de la Motte, indiquée du reste par la municipalité elle-même. La nouvelle halle serait construite sur le plus petit des étangs d'Aigoulène, qu'on supprimerait; l'autre serait agrandi, réparé et nettoyé.

Il communique aux administrateurs de la ville le projet de la nouvelle halle. Le devis de la construction ne s'élève pas à plus de 8,868 ll.; les dépenses accessoires monteront à 5,909 ll., en tout moins de 15,000. L'intendant exhorte la municipalité à accepter cette charge, qui, à la rigueur, incomberait au roi. Pour la dédommager, il s'engage à faire céder à la ville par le Domaine les droits perçus dans cette halle et dont le produit excède 1,000 livres par an.

Le projet dressé par l'ingénieur Dumont comporte dix-neuf boutiques installées dans l'intérieur de la halle, dont dix-sept avec réservoir, pouvant être louées 36 livres par an, et deux sans réservoir, à affermer 24 livres; plus neuf boutiques à l'extérieur, dont le produit est évalué à 18 livres. Alluaud obtint l'adjudication au prix total de 17,408 livres, ayant pour concurrents Brousseaud, Soulage et Fisot. (Archives de l'hôtel de ville, DD³ n° 37.)

dans quelque cave du voisinage, tantôt d'un côté, tantôt de l'autre, les remplit, attaque les fondations des maisons et en fait craindre l'écroulement, ce qui donne lieu à de vives réclamations de la part des habitants des quartiers voisins. Il est même impossible, attendu le mauvais état des chaussées et des vannes, de rassembler la moitié de l'eau que devroient contenir ces étangs, le grand surtout, et cette moitié est perdue pour la ville ; les réparations partielles et fréquentes qu'exigent ces accidents sont ruineuses pour la ville et ne produisent que peu d'effet, parce qu'une nouvelle issue se forme à côté de celle qui a été fraîchement bouchée, et que des parties d'ouvrage neuves se lient toujours mal avec les anciennes.

D'un autre côté, le passage qui se trouve entre les Étangs et les maisons du côté de la rue Lansecot, ainsi que sur la chaussée entre les deux étangs, est extrêmement dangereux par son peu de largeur, étant même impossible d'y pratiquer des parapets ; aussi n'est-il rien de plus ordinaire que de voir chaque année des personnes ou des animaux tomber dans ces étangs. Un autre inconvénient de la trop grande proximité des maisons, est la facilité qu'ont ceux qui les habitent de jeter dans les étangs leurs ordures et immondices, ce qui produit la malpropreté et l'infection.

Il est donc indispensable de remédier à ces différents inconvénients, et cette nécessité reconnue a fait concevoir le projet de lier ensemble et la translation de la Poissonnerie et la réparation des Étangs.

On a d'abord reconnu qu'un seul étang pourroit suffire aux besoins de la ville, pour les arrosements et la réserve d'eau en cas d'incendie : par ce moyen, on supprimeroit le petit étang et on donneroit au grand une forme carrée et régulière. On le construiroit d'ailleurs de manière qu'il contiendroit un volume d'eau beaucoup plus considérable, malgré qu'on laissât, entre ce réservoir et les maisons, un passage plus que double en largeur de celui qui existe aujourd'huy.

Par la suppression du petit étang, on gagneroit tout l'emplacement qu'il occupe actuellement, sur lequel on établiroit la Poissonnerie, à l'aboutissant de plusieurs rues larges et de manière à ce que la voie publique restât toujours libre et facile.

On trouveroit sur la place de la Mothe toutes les terres nécessaires au comblement de cet étang ; et il en résulteroit un autre avantage, celui de convertir en une petite place qui feroit promenade pour le quartier, un emplacement difforme et irrégulier dans l'état actuel ; comme aussi de dégager d'un contre-terrain désagréable et malsain les maisons des rues Plainevaire et Ferrerie et de leur procurer des issues commodes et agréables sur cette place. Mais le motif le plus déterminant qui semble se présenter d'établir la Poissonnerie sur l'emplacement du petit étang est la facilité, qu'on ne trouveroit point ailleurs, de pratiquer, sous la Poissonnerie même, des réservoirs pour le poisson d'eau douce qui, étant très commodes pour les marchandes, pourroient leur être loués avantageusement et formeroient un objet de revenu pour la ville, en même temps qu'ils procureroient aux consommateurs l'agrément de manger le poisson plus frais.

Tous ces objets ayant été présentés en aperçu à Monseigneur l'Intendant, ce magistrat, dont le zèle pour tout ce qui intéresse le bien public est connu, a bien voulu les approfondir, examiner le local par lui-même et faire travailler à des plans et devis détaillés et estimatifs des ouvrages nécessaires pour remplir la totalité du projet. Par le résultat de cette opération, il se trouve que les ouvrages à faire tant pour la construction de la Poissonnerie avec les réservoirs que pour le déblaiement de la place de la Mothe, le comblement du petit étang et la reconstruction du grand, coûteront une somme de quatorze mille sept cent soixante dix sept livres treize sols trois deniers, pour laquelle la ville pourra se faire un revenu annuel de mille vingt deux livres, soit par la location des boutiques assorties de réservoirs qui seront pratiqués dans la Poissonnerie, soit au moyen de la concession que Monseigneur l'intendant promet de faire faire à la ville moyennant une somme de deux cent cinquante livres ou trois cents livres annuellement, des droits appartenant au domaine du Roy, tant sur la vente du poisson que sur celle du beurre (1), produisant aussi annuellement environ cinq cents livres, cette concession faite au prix cy-dessus, en considération des dépenses auxquelles seroit nécessairement tenu le Domaine dans la construction d'une nouvelle halle au poisson.

Monseigneur l'Intendant ayant écrit au corps de ville en lui envoyant les plans, détails et devis pour lui faire sentir tous les avantages de ce projet et l'engager à s'en occuper, M. le Maire propose en conséquence à l'assemblée de délibérer à cet égard.

Sur quoy, la matière mise en délibération, après lecture faite de la lettre de Monseigneur l'Intendant, en date du vingt six juillet dernier, et communication prise des états, plans, devis et détails estimatifs y joints, les suffrages recueillis, il a été décidé à la majeure que le projet devoit être adopté dans toutes ses parties

---

(1) Ces droits étaient les suivants : quatre sous par livre sur chaque charge de poisson, tant de mer que d'eau douce, portée au marché, — et deux deniers par bannette ou charge de beurre.

comme avantageux à la ville. En conséquence, il a été arrêté que la Poissonnerie actuelle, comme trop petite et mal placée, sera transférée et reconstruite le plustôt possible conformément au plan, avec les réservoirs projetés, sur l'emplacement du petit étang actuel, lequel sera comblé, sauf de l'espace nécessaire pour lesdits réservoirs, des terres de la place de la Mothe, qui sera pareillement déblayée, nivelée et réparée conformément aux susdits plans et détails ; comme aussi que le grand étang sera réparé à neuf dans la nouvelle forme indiquée par les mêmes plans et détails, et de telle manière qu'il contienne un volume d'eau suffisant pour remplir les deux objets importants, et de l'arrosement des jardins et prairies situés au dessous de la ville, et d'une retenue d'eau toujours en réserve pour les cas d'incendie ; qu'à cet effet il sera distribué trois vannes répondant aux sorties d'eau pratiquées dans les rues Croix neuve, Plainevaire et rue Torte, afin que l'eau puisse facilement, en cas de besoin, se répandre dans tous les quartiers de la ville. A l'effet de tous lesquels ouvrages, Messieurs les Officiers municipaux demeurent autorisés à recevoir la soumission de tel entrepreneur solvable qui se présentera muni de caution aussi solvable pour les exécuter, moyennant la susdite somme de quatorze mille sept cent soixante dix sept livres treize sols trois deniers, payable en trois années et en trois pactes égaux d'année en année, dont les fonds seront pris sur les Octrois et Patrimoniaux ainsi que sur le secours annuel de trois mille livres que le Roy a bien voulu accorder à la ville pour l'aider à subvenir à ses besoins pendant quatre ans sur le Don gratuit.

Demeurent pareillement autorisés mes dits sieurs Officiers municipaux d'accepter pour la ville la concession des droits domaniaux appartenant au Roy, tant sur la vente du poisson que sur celle du beurre ; et ce, moyennant les sommes annuelles proposées par Monseigneur l'Intendant, ou autre plus modique si faire se peut ; sur quoy l'assemblée s'en remet à la prudence de mes dits sieurs Officiers municipaux.

Tout ce que dessus arrêté à la charge et condition expresse qu'aucun des ouvrages cy-dessus ne sera commencé ni aucune somme déboursée, que le tout n'ait été approuvé et autorisé par un arrêt du Conseil en forme, même que la concession des droits domaniaux cy-dessus n'ait été prononcée par icelui en faveur de la ville. A laquelle concession Sa Majesté sera suppliée de joindre celle du petit emplacement de la Poissonnerie actuelle, nécessaire pour former l'entrée de la place au devant de l'église de Saint-Pierre et lui donner un abord convenable, avec les matériaux de ladite halle.

Comme aussi, que si, dans le cours des ouvrages susdits, il survenoit des oppositions et contestations de la part de quelques particuliers, la ville n'entend point en faire son affaire particulière ni en assumer sur elle les événements.

Et sera avant tout la présente délibération présentée à Monseigneur l'Intendant pour être par lui homologuée. Au surplus, ce magistrat sera supplié par Messieurs les Officiers municipaux d'employer ses bons offices pour faire accorder à la ville l'arrêt d'autorisation qui lui est nécessaire.

Fait à Limoges, en l'hôtel de ville, les jour, mois et an susdits.

ROULHAC, TANCHON, NAVIÈRES, THOUMAS, DAVID, GUINEAU-DUPRÉ, BONIN, d. m. M., NAVIÈRES DU TREUIL, PÉTINIAUD JURIOL, MALDEN DE FEYTIAT, NAVIÈRES DE LA BOISSIÈRE, MURET, MATHIS DE CHAPÉ, MARTIN.

Nous, Intendant de la Généralité de Limoges, avons homologué la présente délibération sous le bon plaisir du Conseil, pour être exécutée suivant sa forme et teneur. En notre hôtel, le 10 août 1788.

MEULAN D'ABLOIS.

Aujourd'huy, premier septembre mil sept cent quatre vingt huit, dans la salle de l'hôtel de ville de Limoges, où étoient assemblés Messieurs les Maire et Echevins soussignés,

Sur le compte qui a été rendu de la gestion faite par le sieur Lingaud père, sindic receveur dudit hôtel de ville, tant du produit du Don gratuit, Octrois, Courtage des vins, Patrimoniaux des fermes, Eau des étangs, Beurre, Police, Guet et Lanternes, que de l'emploi qui en a été fait depuis le premier mars mil sept cent quatre vingt huit jusqu'au premier septembre de ladite année, le tout ayant été vérifié et calculé, il résulte, savoir :

Vérification des comptes rendus par le s' Lingaud, syndic-receveur de l'Hôtel de ville pendant sa gestion du 1er mars 1788 au 1er septembre 1788

Don gratuit

La recette du Don gratuit. au premier septembre mil sept cent quatre vingt huit, s'est trouvée monter à la somme de quarante sept mille quatre cent quatre vingt quatre livres quatorze sols cinq deniers, y compris celle de quarante cinq mille neuf cent quatre vingt quatre livres quatorze sols cinq deniers, résultat du compte

arrêté par Messieurs les Maire et Echevins le premier mars mil sept
cent quatre vingt huit, cy.................... 47.484ᶫᶫ 14ˢ 5ᵈ

Octrois

La recette des Octrois, depuis le premier mars
mil sept cent quatre vingt huit jusqu'au premier
septembre de la dite année, s'est trouvée monter
à la somme de neuf mille quatre vingt dix livres
dix sols quatre deniers, cy.................... 9.090ᶫᶫ 10ˢ 4ᵈ

Courtage

La recette du courtage des vins et liqueurs,
depuis le premier mars mil sept cent quatre vingt
huit jusqu'au premier septembre de ladite année,
s'est trouvée monter à la somme de onze cent
soixante deux livres dix sols sept deniers, cy..... 1.162ᶫᶫ 10ˢ 7ᵈ

Patrimoniaux

La recette des Patrimoniaux des fermes, depuis
le premier mars mil sept cent quatre vingt huit
jusqu'au premier septembre de ladite année, s'est
trouvée monter à la somme de treize cent soixante
huit livres, cy......... .... 1.368ᶫᶫ » »

Eau des étangs

La recette de l'Eau des étangs de la fontaine
d'Eygoulène, mise en régie depuis le premier mars
mil sept cent quatre vingt huit jusqu'au premier
septembre de ladite année, s'est trouvée monter
à la somme de cinq cent huit livres dix sols, cy... 508ᶫᶫ 10ˢ »

Beurre

La recette des droits perçus sur le beurre s'est
trouvée monter, au premier septembre mil sept
cent quatre vingt huit, à trois mille quatre cent
quarante une livres sept sols six deniers, y compris
celle de deux mille six cent cinquante cinq livres
deux sols six deniers, résultat du compte arrêté
par Messieurs les Maire et Echevins le premier
mars mil sept cent quatre vingt huit, cy........ 3.441ᶫᶫ 7ˢ 6ᵈ

A reporter............ 63.055ᶫᶫ 12ˢ 10ᵈ

Report.................... 63.055ˡⁱ 12ˢ 10ᵈ

Police

La recette des droits perçus par la police s'est trouvée monter, au premier septembre mil sept cent quatre vingt huit, à la somme de quatre mille cinq cent soixante dix neuf livres onze sols six deniers, y compris celle de trois mille cinquante une livres six sols, résultat du compte arrêté par Messieurs les Maire et Echevins le premier mars mil sept cent quatre vingt huit, cy.............. 4.579ˡⁱ 11ˢ 6ᵈ

Guet et Lanternes

Et finalement, la recette du second Octroi, du Guet et Lanternes, s'est trouvée monter, au premier septembre mil sept cent quatre vingt huit, à la somme de quinze mille six cent soixante seize livres un sol six deniers, y compris celle de neuf mille cent vingt huit livres quatre sols, résultat du compte arrêté par Messieurs les Maire et Echevins le premier mars mil sept cent quatre vingt huit, cy.. 15.676ˡⁱ 1ˢ 6ᵈ

Total général des recettes....... 83.311ˡⁱ 5ˢ 10ᵈ

DÉPENSE

Les dépenses concernant les objets cy-dessus, depuis le premier mars mil sept cent quatre vingt huit jusqu'au premier septembre de la dite année, se sont trouvées monter, savoir :

Suivant l'arrêté fait par Messieurs les Maire et Echevins le premier mars mil sept cent quatre vingt huit, l'excédant de la dépense à la recette, sur la partie des Octrois, s'est trouvé monter à la somme de cinquante cinq mille deux cent vingt neuf livres dix neuf sols, qui avoit resté à nouveau compte, cy........ 55.229ˡⁱ 19ˢ »

Aux employés chargés de veiller à la perception des droits d'octrois et autres appartenant à la ville, la somme de neuf cent cinquante trois livres six sols huit deniers, pour six mois de leurs appointements commencés le premier janvier mil sept cent quatre vingt huit, échus le premier juillet de la dite année, suivant leur quittance portée au registre à ce destiné, cy......................... 953ˡⁱ 6ˢ 8ᵈ

A reporter................ 56.183ˡⁱ 5ˢ 8ᵈ

Report......................	56.183¹¹ 5ˢ 8ᵈ
La dépense faite sur la partie des Octrois, depuis le premier mars mil sept cent quatre vingt huit jusqu'au premier septembre de ladite année, s'est trouvée monter à la somme de dix mille trois cent vingt huit livres dix sols six deniers, suivant quatorze mandements acquittés et payés par ledit sieur Lingaud, sindic receveur de l'hôtel de ville, cy..	10.328¹¹ 10ˢ 6ᵈ
Et finalement, la dépense faite sur le Guet et Lanternes, depuis le premier mars mil sept cent quatre vingt huit jusqu'au premier septembre de ladite année, s'est trouvée monter à la somme de six mille quatre cent soixante douze livres seize sols six deniers, suivant vingt et un mandements acquittés et payés par ledit sieur Lingaud, cy.....	6.472¹¹ 16ˢ 6ᵈ
Total général des dépenses.....	72.984¹¹ 12ˢ 8ᵈ

RÉCAPITULATION

Les recettes montent à......................	83.314¹¹ 5ˢ 10ᵈ
Les dépenses à..........................	72.984¹¹ 12ˢ 8ᵈ
Partant, les recettes excèdent les dépenses, au premier septembre mil sept cent quatre vingt huit, de la somme de dix mille trois cent vingt six livres treize sols deux deniers, cy.............	10.326¹¹ 13ˢ 2ᵈ

Fait à Limoges, les dits jour, mois et an susdits.

ROULHAC, NAVIÈRES, DAVID, TANCHON.

Délibération portant qu'il sera accordé et payé aux soldats de la compagnie du guet une plus value d'un sou par jour pour chaque soldat à compter du 1ᵉʳ octobre 1788 et pendant le temps que durera la cherté du blé en cette ville.

Aujourd'huy, dix-huit octobre mil sept cent quatre-vingt-huit, dans la salle de l'hôtel-de-ville de Limoges, où étoient assemblés Messieurs les Maire et Échevins soussignés, s'est présenté le sieur Ambal, capitaine de la compagnie du guet de cette ville, lequel a exposé que, depuis plusieurs mois, le prix du pain a si considérablement augmenté en cette ville, que la solde ordinaire accordée aux soldats de sa compagnie ne peut suffire à leur subsistance : ce qui l'a obligé de ne leur faire aucune retenue pour l'entretien de leur linge et chaussure, et que, malgré cela, leur paye entière ne peuatteindre au prix du pain ; à l'effet de quoi il prie Messieurs les Maire et Échevins de vouloir accorder, à la dite compagnie, une plus value tant pour le présent mois d'octobre mil sept cent quatre-vingt-huit, que pendant tout le temps que durera la cherté du blé, comme il est d'usage dans les troupes de Sa Majesté, et a le dit s^r Ambal signé : AMBAL.

La chose mise en délibération, et les suffrages recueillis, il a été unanimement arrêté que, sous le bon plaisir de Monseigneur l'Intendant, il seroit accordé et payé à la dite compagnie du guet une plus value d'un sou par jour pour chaque soldat, à compter du premier octobre mil sept cent quatre-vingt-huit : moyennant quoi la retenue aura lieu à compter du 1er octobre, se réservant au surplus les dits sieurs Maire et Echevins de statuer sur la dite plus value pour les mois à venir ainsi que les circonstances l'exigeront.

Fait et arrêté les dits jour, mois et an susdits.

ROULHAC, NAVIÈRES, PÉTINIAUD, DAVID, THOUMAS, TANCHON.

Nous, Intendant de la généralité de Limoges, avons homologué la présente délibération, pour être exécutée suivant sa forme et teneur. En notre hôtel, le vingt-deux octobre mil sept cent quatre-vingt-huit.

MEULAN D'ABLOIS.

Aujourd'huy, sixième décembre mil sept cent quatre-vingt-huit, dans la grande salle de l'hôtel commun de la ville de Limoges, où étoient assemblés Messieurs les Officiers municipaux soussignés (Mr de Roulhac de la Borie, maire, absent, et l'un des notables de l'assemblée nationale convoquée par ordre du Roy à Versailles (1), *Délibération portant qu'il sera adressé au Roi et à nos seigneurs de son conseil un mémoire en forme de placet pour demander à Sa Majesté la conservation du droit de la ville de nommer un député particulier aux Etats généraux pour représenter la commune.*

(1) La liasse AA³ des Archives municipales conserve une copie de la lettre de convocation à la seconde assemblée des Notables, adressée au Maire de Limoges. Elle est conçue en ces termes :

« De par le Roy.

» Cher et bien amé, ayant résolu d'assembler des personnes de diverses conditions de notre Etat, afin d'avoir leur avis sur la manière la plus juste et la plus convenable de procéder à la formation des Etats Généraux que Nous Nous sommes déterminé à convoquer en 1789, notre intention est que vous vous rendiez à Versailles le trois du mois de novembre prochain 1788, jour auquel Nous avons fixé le jour de ladite assemblée. Nous sommes assuré que vous Nous y donnerez de nouvelles preuves de votre attachement ainsi que de votre zèle pour le bien de notre royaume. Car tel est notre plaisir. Donné à Versailles, le 8 octobre 1788.

» *Signé* : LOUIS.

» *et plus bas*, LAURENT DE VILLEDEUIL.

» A notre cher et bien amé, le sieur de Roulhac, maire de Limoges. »

le six novembre 1788), Mʳ Tanchon Delage (*sic*) père, lieutenant de maire, a exposé que plusieurs villes du royaume réclament dans ce moment, par des requêtes ou placets qu'elles ont fait parvenir au Roy, le droit d'envoyer un député particulier aux Etats Généraux, soit à raison de leur population et de leur importance, soit comme ayant déjà joui de cet avantage aux précédents Etats Généraux;

Que, sous ce double rapport, la ville de Limoges étoit dans le cas de prétendre à cette faveur, puisque, indépendamment du rang que son importance lui assigne parmi les villes considérables de la France, on voit, par les procès-verbaux des Etats de Blois en 1576 et de ceux de Paris en 1614, que la députation a été faite au nom du haut Limousin et ville de Limoges (1), et qu'à chacune de ces tenues d'Etats, il y a eu un député particulier de la ville pour représenter la commune; et ce qui en prouve la certitude encore, c'est le passage des *Annales du Limousin* par le Père Amable, page 824, col. 2ᵉ, où il est dit : « De plus, par le commandement du duc d'Epernon, qui étoit lors dans Limoges, fut désigné dans la maison de ville, pour la commune de la ville, Grégoire Des Cordes, bourgeois et sieur du Haut-Ligourre. » Et on retrouve ce même Des Cordes avec les mêmes qualités dans le procès-verbal de 1614.

Et comme l'exercice de ce droit peut être précieux pour la ville, il estime qu'on ne doit pas en négliger la conservation, et qu'il paroît convenable, pour l'intérêt de la commune, de présenter un placet au Roy et à nos seigneurs de son conseil pour supplier Sa Majesté de vouloir bien conserver la ville dans son privilège.

La chose mise en délibération, il a été unanimement arrêté, qu'il seroit incessamment adressé au Roy et à nos seigneurs de son conseil

---

(1) Les deux villes de Limoges avaient envoyé des Députés aux Etats Généraux convoqués à Tours pour le mois de mai 1308. Le Château était représenté à cette assemblée par deux mandataires, Pierre *de Martello* et Jean Audoin. La procuration donnée à la date du 30 avril à ces députés par les consuls en charge à cette époque, est conservée aux Archives Nationales (J. 415, B n° 206). Nous possédons aussi l'instrument des pouvoirs donnés par le consulat et la commune de la Cité, le 1ᵉʳ mai, à ses six mandataires : Aimeric Arnaud, Aimeric et Pierre Reix (*Regis*), Michel Jourdain, Guy Paul et Jaubert de Sᵗ-Augustin (J. 415, B. n° 205). Ces deux pièces ont leur place dans notre *Recueil de documents relatifs à l'histoire municipale de Limoges*: Nous savons également que la ville de Limoges fut représentée aux Etats Généraux de 1466.

M. l'abbé Poulbrière, dans sa notice sur *les Députés du Limousin et de la Marche aux Etats Généraux* (*Bulletin de la Société scientifique et historique de la Corrèze*, siège à Brive, tome XII, p. 293 et suiv.), nous apprend que Jean Audier et Pierre Charreyron furent, aux Etats de 1484, les mandataires du Tiers-Etat du Haut-Pays et de la capitale de la province ; à ceux tenus à Blois en 1576-77, Simon du Boys, lieutenant général au siège Présidial, et Paris de Buat. A ceux convoqués dans la même ville en 1588, Michel Martin, président au Présidial, et Aimeric Guibert, avocat du Roi, représentent le Tiers dans les mêmes conditions. Paris de Buat et Aimeric Guibert furent peut-être à ces deux sessions les députés spéciaux de la ville. Enfin Limoges eut, aux Etats de 1614, son mandataire particulier, Grégoire Descordes, auprès du mandataire général du Tiers de la province, qui était Léonard de Chastenet.

un mémoire en forme de placet, pour demander à Sa Majesté là conservation du droit de la ville, de nommer un député particulier aux Etats Généraux pour représenter la commune, et que le dit mémoire sera envoyé à M⁽ʳ⁾ le Maire, actuellement à Versailles, pour le remettre entre les mains de Monseigneur le directeur général des Finances.

Fait et arrêté les jour, mois et an susdits.

TANCHON, NAVIÈRES, PÉTINIAUD, DAVID, THOUMAS (1).

Délibération prise par MM. les officiers municipaux et conseillers politiques de la ville de Limoges en l'assemblée générale tenue le 24 décembre 1788, d'après le vœu général et unanime des différents députés et membres des corps, communautés et corporations de l'ordre du Tiers-Etat de cette ville, concernant son admission aux prochains Etats généraux et provinciaux, en nombre égal aux représentants réunis des ordres du clergé et de la noblesse.

Aujourd'huy, vingt-quatre décembre mil sept cent quatre-vingt-huit, dans la grande salle de l'hôtel de ville de Limoges, où étoient assemblés, d'après la convocation faite en la manière prescrite et accoutumée, Messieurs Tanchon de Lage, père, avocat en parlement et juge de la Cité, lieutenant de maire; Navières de Brégefort, conseiller du Roy au sénéchal et présidial; Pétiniaud de Beaupeyrat, écuyer; David, avocat en parlement, et Thoumas de Bosmie, aussi avocat en parlement et notaire, échevins, et Lingaud fils aîné, secrétaire greffier, formant le corps municipal de ville : M. de Roulhac, écuyer, seigneur de la Borie et Faugeras, lieutenant général au sénéchal et présidial, maire, absent, étant actuellement à Versailles, en qualité de notable, pour régler la forme de la convocation des Etats Généraux;

Délibération prise etc. (Voir ci-contre).

Et Messieurs Lamy de La Chapelle, procureur du Roy au sénéchal et présidial; Navières de la Boissière, conseiller du Roy à l'élection; Bonnin, docteur en médecine; Pétiniaud de Jourgnac fils aîné, écuyer; Maleden de Feytiat, écuyer; Pétiniaud de Juriol, écuyer et avocat en parlement; Boyer, docteur en médecine; Mathis de Chapé, trésorier principal des troupes, et Navières du Treuil,

---

(1) La démarche resta sans résultat : les villes n'eurent pas de députation directe aux Etats généraux de 1789. Elles envoyèrent aux assemblées préliminaires plus ou moins de représentants, suivant leur importance respective, mais ne nommèrent pas de députés spéciaux.

négociant, conseillers de ville, formant le conseil politique du dit hôtel de ville, les autres absents ;

Se sont présentés différents députés et membres des corps, communautés et corporations de l'ordre du Tiers Etat de cette ville, lesquels ont exposé : qu'ils attendent la tenue prochaine des Etats Généraux comme le terme des malheurs qui désolent la France ; mais que le succès de cette auguste assemblée dépendant de son organisation, les vœux de tous les citoyens doivent se réunir pour répondre aux intentions du meilleur des Rois et lui indiquer la forme la plus sûre et la plus convenable de connoître les besoins de son peuple ; que cette forme heureuse ne sauroit exister et que la nation ne seroit qu'imparfaitement représentée, si le Tiers Etat, sur qui pèse le poids des charges publiques et sur qui sont fondées presque toutes les ressources de l'Etat, n'avoit un nombre de représentants proportionné à ses intérêts, et si les suffrages de quelques corps particuliers pouvoient prévaloir contre celui de la nation ; que le Tiers Etat, dégagé des entraves de la féodalité et des ténèbres de l'ignorance, est rentré dans l'exercice de ses droits primitifs qu'il n'a jamais pu perdre: qu'il n'est aucune partie de la nation qui puisse présenter des observations plus utiles au bien public, parce qu'il est par sa nature le mieux à portée d'apprécier les inconvénients de l'administration, et que c'est sur lui que frappent particulièrement les abus dont on se propose la réforme ; que la sagesse de ces considérations est justifiée par les mouvements du zèle auquel se sont livrées plusieurs villes et provinces du royaume; que les mêmes intérêts et la même ardeur pour la prospérité publique exigent, des habitants de cette capitale, le même empressement à manifester leurs vœux pour la formation régulière des Etats Généraux et à réclamer, pour l'ordre du Tiers Etat, que ses représentants, soit aux Etats particuliers de la province, s'ils ont lieu, soit aux Etats Généraux du royaume, soient au moins en nombre égal aux représentants réunis des ordres du Clergé et de la Noblesse, sans qu'en aucun cas, et sous aucun prétexte, les dits deux ordres réunis puissent avoir la prépondérance sur celui du Tiers, lesquels représentants seront choisis dans toutes les classes du Tiers Etat qui offriront le plus de lumières et de vertus.

En conséquence, les dits députés et membres nous ont supplié d'être les dépositaires de leurs vœux unanimes et d'en faire parvenir l'expression aux pieds du trône par les moyens que nous jugerons les plus convenables. Et ont signé : (1)

---

(1) Au bas de cette page et en marge se trouvent une partie des signatures dont le surplus se lit à la page suivante. — Nous les avons réunies à la fin de la délibération.

Et à l'instant, Messieurs les Officiers municipaux (l'un d'eux portant la parole) ont dit :

« Messieurs, l'espérance du bonheur que procure toujours une sage administration va enfin se réaliser par l'assemblée des Etats Généraux. Plusieurs citoyens estimables de différentes classes du Tiers Etat se réunissent à vous pour faire parvenir au pied du trône l'expression de leur reconnoissance ; pourriez-vous ne pas accueillir favorablement un zèle aussi pur de patriotisme ? Le Tiers Etat est disposé à faire toutes sortes de sacrifices pour la gloire de son monarque et pour la félicité publique qui en est inséparable ; et peut-on lui refuser d'être lui-même l'organe de son propre sentiment ? En donnant au Roy cette nouvelle preuve de sa soumission et de son zèle, il ose solliciter de sa bonté et de sa justice, d'être admis à l'assemblée des Etats Généraux et provinciaux dans un nombre égal à celui des deux premiers ordres réunis, et que ses représentants soient choisis dans toutes les classes du Tiers Etat qui offriront le plus de lumières et de vertus.

» Ces demandes, aussi justes qu'elles sont sagement présentées, ne nous permettent pas de différer un instant à nous rendre au vœu général et unanime de nos concitoyens, et à (1) prendre les moyens les plus efficaces pour le présenter et le faire connoître à Sa Majesté. »

Sur quoi, la matière mise en délibération, et lecture faite par le secrétaire greffier de l'exposé des différents députés et membres des corps, communautés et corporations de l'ordre du Tiers Etat de cette ville, et y adhérants, il a été unanimement délibéré et arrêté que le dit exposé seroit transcrit sur les registres de l'hôtel de ville pour en être délivré expédition, et de la présente délibération, et le tout adressé à Monseigneur le Directeur général des finances et à Monseigneur de Villedeuil, secrétaire d'Etat ayant le département de la province, en les suppliant de mettre sous les yeux du Roy et d'appuyer de tout leur crédit des demandes évidemment fondées sur la justice, et à Monseigneur l'Intendant de la province, avec prière d'en favoriser le succès.

Comme aussi il a été arrêté, de plus, que la présente délibération sera imprimée à la suite du susdit exposé, et envoyée aux différentes municipalités du royaume.

Fait et délibéré en l'hôtel de ville, les jour, mois et an susdits.

    Tanchon, lieutenant de maire ; David, échevin ; Pétiniaud, échevin ; Navières, échevin ; Thoumas, échevin ;

---

(1) Il y a au registre : *de*; c'est évidemment une erreur.

MATHIS DE CHAPÉ, conseiller politique ; LAMY DE LA CHAPELLE, conseiller politique ; MALDEN DE FEYTIAT, conseiller politique ; NAVIÈRES DE LA BOISSIÈRE, conseiller politique ; BONIN, méd., conseiller politique ; Joseph PÉTINIAUD, conseiller politique ; PÉTINIAUD DE JURIOL, conseiller politique ; NAVIÈRES DU TREUIL, conselier politique et premier sindic du Commerce ; BOYER, conseiller politique ; CHABAUD, marchand ; LINGAUD, fils aîné, secrétaire-greffier ; CHAPOULAUD, imprimeur ; J. NADAUD, nég^t; Pierre BARALIER ; J^{ph} SENAMAUD ; Léonard MARTIN, nég^t ; PONCET DES NOUAILLES, nég^t ; BRISSET jeune ; TARDIEU ; Mat. BARALIER, bourgois ; G.-L. BOUDET aîné, nég^t; MICHELON, nég^t; MOULINIER, nég^t ; F. PRADEAUX-LAPORTE l'aîné, nég^t ; SOULIGNAC, nég^t; MARTIN fils, nég^t; ARDANT DU PIC; MARC, nég^t; DEPERE, marchand ; FARNE ? nég^t ; DELOMÉNIE DE LA BASTIDE, avocat ; COGNIASSE DU BREUIL, nég^t ; ARDANT jeune, nég^t ; J^h BRÉS, nég^t ; THÉVENIN aîné, nég^t ; NICARD, nég^t ; DISNEMATIN-DESALLES, commiss^{re} et nég^t ; TALABOT, second sindic, député des avocats du présidial et sénéchal ; PÉCONNET, premier sindic, député des avocats ; LENOIR DE LA VERGNE, conseiller au présidial ; JUGE SAINT-MARTIN, conseiller au présidial ; ESTIENNE, président-député de l'Election ; PÉRIGORD, député de la communoté des chirurgiens de cette ville ; POUYADE, premier sindic, député des procureurs ; MARBOUTY, baille des boulangers ; LABESSE, second sindic, député des procureurs ; L. TROMPILLION, baile des boulangers ; ARDANT, garde juré des orfèvres ; JAVANNEAUD, garde de la comunoté des orfeuvres ; VITRAC, baile des m^{es} saveliers ; COUTURON, sindic de taneurs ; MATHIEU, sindic de taneurs ; COUSIN, procureur ; Jean MALINVAUD, baile des bouchers ; Jean PLAINEMAISON, baile des bouchers ; ARNAUD, nég^t ; DESCHAMPS, prévot sindic de la communauté des perruquié ; RANCIAT, sceindic des péruqier ; DEVARNET, procureur ; PARAUD, baile des serrurier ; B. MONTÉGUT, juge garde de la monnoye ; BRISSET, nég^t; BELUT aîné, nég^t; NICOT, nég^t ; CONDAT, sendic des cord^{rs} ; LAPLAUD, baile des cord^{rs}; HAMILLIAUD, sindic des tailleurs ; MASSY, baile des tailleurs ; RICHARD ? baile des tailleurs ; BRUNIER, nég^t; André BROUILLAUD, sindic des chapelliers ; Michel BROUILLAUD, baille des chapelliers ; Guillaume SEIGNAT, baille des serrurier ; CHARPANTIER, bailles des menusiers ; Jean CHARPENTIER, sindic des menuizier ; Laurans, négotiant ; Cramaille, négotiant ; G. Ardant, nég^t ; Ardant de Marzac, nég^t ; Georges Pouyat, segond sindic du comerce ; Marc Dubot ? nég^t ; Guybert frères, nég^t ; Brissaud ; Neveu-Delidon ; Chastaignat, nég^t ; Ruben ; Gérald de Faye, sindic du collège de médecine ; Ruaud, nég^t ; Garat, député de MM. les notaires ; Reculet, sindic député par le cor des meitres apoticaires ; Dumay, nég^t ; Dussoubs, huissier ; Dumay fils aîné, nég^t ; Ganny, nég^t ; P. Thoumas, nég^t ; Vaudet, député des horlogers ; Pierre Balezy, sindic des maîtres teinturiers ; Pierre Nicot, juré et garde des tinturiers ; David, nég^t ; Peyroche du Reynou, nég^t ; Barbou, imprimeur ; Naurissart, ancien maire ; B. Maurensane, nég^t ; Martin Lagrave, nég^t, major ; L. Joubert, nég^t ; Deroche l'aîné, nég^t ; Navières du Puy-Vincent ; Brunet ; Dalesme, syndic des imprimeurs ; Devarinne aîné, nég^t ; Lefort, trésorier des ponts et chaussées et nég^t ; Guineau Dupré, nég^t ; Peret, baile des pâtissier et traitreur (*sic*) ; Trésières, nég^t ; Pétiniaud jeune et fils ; Nassans, bourgeois ; Fournier de Lavigerie, ancien directeur des domaines et receveur principal ; de Chaisemartin, nég^t ; Baud de Laisserie, marchand ; P. Laforest, propriétaire de la manufacture royale ; L. Juge, ancien lieutenant de cavalerie ; Raymond Duval, géographe ; Dechamberet, bourgeois ; de Beaulieu, ancien premier secrétaire et subdélégué général de l'intendance de Limoges et directeur des fermes du Roy ; Dechabaque, receveur des fermes du Roy à l'entrepôt du tabac ; Alluaud, directeur pour le Roy de la manufacture de porcelaines ; Raby du Sirieix, lieutenant général [criminel] du présidial ; Juge, avocat du Roi ; Muret, avocat du Roi ; Péconnet, conseiller au présidial ; Péconnet fils, conseiller au présidial ; Petit, receveur du tabac ; L. Nadaud, négociant ; Gié ? ; Mauransane, négociant ; B. ? Jabet, négociant ; Mignot, baile des paticiers treteurs ; Laforest, négo^t ; Lombardie l'aîné, nég^t ; Bouriaud, sindic des orances ; Marsicat, sindic des orances (1).

---

(1) Un service funèbre fut célébré le 21 février 1788 pour la mère de M. Meulan d'Ablois, dans l'église de Saint-Michel, aux frais des Maire et Echevins. On voit que l'hôtel de ville gardait rancune au curé de Saint-Pierre des prétentions jadis émises par lui.
La *Feuille Hebdomadaire* du 30 avril annonce l'ouverture d'une brasserie à Limoges. Dans celle du 23, il est question d'un « moulin économique » établi au Moulin-Blanc par le sieur Vacquand, maître boulanger.
Furent élus le 22 mai, par le Corps du Commerce : juge de la Bourse, M. Simon Pétiniaud

Délibération prise par le Corps municipal et Conseil politique, pour obtenir un arrêt du Conseil qui autorise la ville à faire un emprunt de 60,000 ll. à cinq pour cent sans retenue, remboursable en dix années, à raison de 6,000 l. par année, pour continuer la construction de l'hôtel de ville, afin d'éviter le dépérissement de ce qui est déjà construit et la perte des fonds que la ville y a employés, attendu que les ressources sur lesquelles la ville avoit compté de la part de la Juridiction consulaire et de l'Élection, qui doivent y être logées. n'ont pu être ni déterminées, ni effectuées à raison de la circonstance des affaires publiques qui occupent la France, comme aussi à traiter avec MM. du Chapitre Saint-Martial et la veuve Lavaud pour l'ouverture d'une nouvelle rue qui doit aboutir à l'hôtel de ville et se communiquer à celle du Clocher.

Délibération prise etc. (Voir ci-contre).

Aujourd'huy, quatorzième janvier mil sept cent quatre-vingt-neuf, dans la grande salle de l'hôtel de ville de Limoges, où étoient assemblés, d'après la convocation faite en la manière prescrite et accoutumée, Messieurs de Roulhac, écuyer, seigneur de la Borie et Fougeras, lieutenant général au sénéchal et présidial, maire ; Tanchon Delage père, avocat en parlement et juge de la Cité, lieutenant de maire ; Navières de Brégefort, conseiller du Roy au présidial et sénéchal ; Pétiniaud de Beaupeyrat, écuyer ; David, avocat en parlement, et Thoumas de Bosmie, aussi avocat en parlement et notaire, échevins ; et Lingaud fils ainé, secrétaire greffier, formant le corps municipal de la dite ville ;

Messieurs Lamy de la Chapelle, procureur du Roy au sénéchal et présidial ; Navières de la Boissière, conseiller du Roy en l'Election ; Guineau Dupré, avocat en parlement ; Bonin, docteur en médecine ; Bonin de Fraixeix, conseiller du Roy au sénéchal et présidial ; Boyer, docteur en médecine ; Mathis de Chapé, trésorier principal des troupes, et Navières du Treuil, négociant, conseillers de ville, formant le conseil politique du dit hôtel de ville, les autres absents,

Monsieur de Roulhac de la Borie, maire, a exposé que, depuis plus d'un an, les travaux relatifs à la construction de l'hôtel de ville (1) sont suspendus ; que cette interruption provient de ce

fils ainé ; premier consul, M. Nicolas Ardant du Picq ; second consul, M. Paul Grellet de Fleurelle fils cadet.

On trouve, dans les pièces du temps quelques renseignements concernant l'opération faite par M. Juge, acquéreur de l'emplacement de l'ancien cimetière de Saint-Maurice, situé entre la place Tourny et la nouvelle route (boulevards Saint-Maurice et de la Cité). Il avait divisé ces terrains en 75 lots. La construction de la rue du Maupas et d'une partie de la rue Neuve-de-l'Evêché est due à cette opération.

A la distribution des prix du collège, le 18 août, le discours d'usage fut prononcé par l'abbé Carqueix, professeur d'humanités, qui avait choisi pour sujet « l'amour de la gloire ».

(1) Voir ci-dessus, p. 222 à 228, 260 à 262, etc.

que les circonstances des affaires publiques n'ont pas permis d'obtenir l'arrêt du Conseil qui devoit autoriser le corps du commerce à faire un emprunt pour se procurer les fonds de sa contribution, à raison du logement destiné dans le nouvel hôtel de ville à la juridiction consulaire (1), comme aussi de ce que l'incertitude de l'établissement de l'assemblée provinciale qu'on avoit également en vue d'y loger, a empêché de prendre aucun parti décisif à cet égard ;

Que cependant il est fort à craindre que, si les choses restoient plus longtemps dans cet état, la partie du bâtiment déjà construite et que l'entrepreneur n'a pas même eu soin de couvrir, en vînt à se dégrader et ne fût plus en état de servir, et que la ville ne perdît une somme de près de vingt-deux mille livres qu'elle a déjà versée dans cette construction ;

Que, d'un autre côté, la ville est grevée d'une charge annuelle de sept cent quatre-vingts livres, pour loyers de différentes maisons ou logements qu'elle occupe, et qu'il est pour elle d'un intérêt sensible de s'affranchir promptement de cette charge en entrant en possession de l'hôtel de ville, où tous ces logements se trouveront réunis ;

Que ce seroit l'exposer à de nouveaux délais très préjudiciables dans l'état présent des affaires qui occupent toute la France, que d'attendre que l'objet de la contribution du Corps du commerce et de l'emprunt qui doit y fournir fût réglé ;

Que l'on ne doit plus compter, dans le système actuel, sur l'établissement de l'Assemblée provinciale, qui se trouvera plus avantageusement remplacé par celui des Etats particuliers que la province et la ville nommément sont dans l'intention de solliciter de la bonté du Roy ;

Que, par conséquent, la ville doit chercher à se procurer, par ses propres moyens, les ressources nécessaires pour achever la construction commencée ; qu'il ne paroît pas y en avoir de plus convenable, que celle d'un emprunt de la somme de soixante mille livres, à cinq pour cent, sans retenue, remboursable en dix années, ou même plus tôt, si les circonstances le permettent ;

Que l'emprunt ne sauroit être moindre de soixante mille livres, parceque, quoique la ville ait déjà payé environ vingt-deux mille livres sur le prix de l'adjudication, il faut nécessairement ajouter, aux quarante quatre mille livres qui restent encore à acquitter sur ce même prix, d'un côté près de six mille livres qu'il y a eu d'excédent sur les fondations, et de l'autre une somme de dix ou douze mille livres à laquelle on évalue modérément les autres objets

---

(1) Il y avait eu à cet égard un engagement formel pris par les syndics du commerce à la séance du 23 décembre 1786 ; mais les affaires languissaient et tout se désorganisait.

imprévus, et ce que pourra coûter l'ouverture de la rue qui doit aboutir à l'hôtel de ville en formant la continuation de celle du Clocher(1), ouverture absolument nécessaire pour la communication de cet hôtel à l'intérieur de la ville, et qui, par cette raison, fait une partie essentielle du plan ;

Que, par le moyen d'une bonne administration de ses revenus, et à l'aide du secours annuel de trois mille livres que Sa Majesté a bien voulu lui accorder jusqu'à présent et qu'elle sera suppliée de lui continuer, la ville peut raisonnablement se promettre de remplir les engagements qu'elle contractera dans cet emprunt, soit pour le payement des intérêts, soit pour le remboursement successif des capitaux ; d'autant mieux que, pour une partie considérable de cette somme, ce ne sera vraisemblablement qu'une avance momentanée qu'elle fera ; car la juridiction consulaire et la cour de l'Election devant être logées dans l'hôtel de ville, et devant, par conséquent, contribuer au prorata de la valeur de leur logement lorsque le montant de leurs contributions rentrera, il servira d'autant à libérer la ville de l'emprunt qu'elle aura souscrit ; qu'en effet, cet objet ne peut pas toujours rester indécis, et que l'effet des circonstances actuelles ne peut être que d'en retarder un peu plus ou un peu moins le règlement : que dès lors la portion qui restera pour le compte particulier de la ville devenant moins considérable, elle aura plus de facilités pour l'acquitter ;

Que si ce plan est adopté par l'assemblée, il ne s'agira que de prendre une délibération conforme, et de l'adresser à Monseigneur l'Intendant, en le priant de l'homologuer, et de solliciter, pour en procurer l'exécution, un arrêt du Conseil, dont l'obtention ne sera probablement susceptible ni de retard ni de difficulté.

Sur quoi, la chose mise en délibération et les voix recueillies, il a été unanimement convenu et arrêté qu'il est de l'intérêt de la ville, que les travaux de la construction de l'hôtel de ville soient repris sans différer plus longtemps, et aussitôt que la saison le permettra, et que cette construction soit achevée le plus tôt qu'il sera possible, soit pour éviter le dépérissement de ce qui est déjà construit, et la perte des fonds que la ville y a employés, soit pour libérer la ville des loyers considérables qu'elle paye actuellement ;

Que les ressources sur lesquelles on avoit compté de la part du Corps du commerce et du Domaine pour l'Élection n'ayant pu être encore ni déterminées ni effectuées, il devient indispensable d'y suppléer provisoirement, et en attendant qu'elles se réalisent, par

---

(1) Projet fort intéressant, qui aurait eu sans nul doute des conséquences fort importantes au point de vue du développement de la ville et du tracé des voies futures. Il dut être abandonné à l'époque de la Révolution, faute de ressources, et ne fut pas repris.

un emprunt de soixante mille livres, à cinq pour cent sans retenue, remboursable en dix années, à raison de six mille livres par année, ou même dans un plus bref délai, si les moyens de la ville le permettent ; qu'en conséquence, pour la mettre à portée de remplir exactement les engagements qu'elle prendra à cet égard, soit pour les capitaux, soit pour les intérêts, Sa Majesté sera très humblement suppliée de vouloir continuer à la ville le secours annuel de trois mille livres sur les produits du Don Gratuit qu'elle a daigné lui accorder jusqu'à présent ;

Que cependant les contributions du Corps du commerce pour la juridiction consulaire, et du Domaine pour la cour de l'Election, lorsqu'elles auront été fixées au Conseil, et qu'elles seront versées dans la caisse de la ville, seront employées en remboursement de pareilles sommes, sur et en déduction du susdit emprunt de soixante mille livres ;

Qu'à cet effet les officiers municipaux demeurent autorisés à faire toutes les démarches nécessaires auprès du Roy et de nos seigneurs de son conseil, pour obtenir l'arrêt dont la ville a besoin pour pouvoir valablement faire le dit emprunt, même à traiter avec MM. du Chapitre de Saint-Martial et avec les héritiers de la demoiselle veuve Lavaud, relativement à l'ouverture de la nouvelle rue ;

Qu'au surplus copie de la présente délibération sera avant tout adressée à Monseigneur l'Intendant, avec prière de l'homologuer, d'appuyer de son crédit la demande de la ville et d'interposer ses bons offices auprès du ministre, pour procurer la plus prompte expédition possible de cette affaire.

Fait et arrêté en l'hôtel de ville, les jour, mois et an que dessus.

  Roulhac, Tanchon, Navières, David, Thoumas, Lamy de la Chapelle, Navières du Treuil, Navières de la Boissière, Bonnin de Fraixeix, Bonin méd., Mathis de Chapé, Guineau Dupré, av^t, Pétiniaud, Boyer m. M., Lingaud fils aîné, secrétaire greffier.

Vu par nous, Intendant de la généralité de Limoges, la présente délibération, nous avons homologué et homologuons la dite délibération pour être adressée au Conseil et être statué ainsi qu'il appartiendra. Fait en notre hôtel, le huit février 1789.

     Signé : Meulan d'Ablois (1).

---

(1) L'Intendant envoya certainement cette approbation de Paris où il passa plusieurs mois. Il pressait depuis quatre ans le corps municipal d'organiser enfin des secours contre l'incendie, tout au moins d'acheter des pompes à Paris, où M. Morat, industriel habile et « pompier en chef » de la capitale, en fabriquait d'excellentes. Les officiers municipaux s'étaient mis en tête d'en faire faire à Limoges, espérant que la dépense serait moins forte. Un s' Magy, chaudron-

Vérification des comptes rendus par le s' Lingaud père syndic-receveur de l'hôtel-de-ville pendant sa gestion du 1er septembre 1788 au 1er mars 1789.

Aujourd'huy, premier mars mil sept cent quatre vingt neuf, dans la salle de l'hôtel de ville de Limoges, où étoient assemblés MM. les Maire et Echevins soussignés,

Sur le compte qui a été rendu de la gestion faite par le sieur nier, qui avait travaillé à Paris et se disait fort habile, avait proposé de se charger de cette fourniture. Le Maire avait communiqué cette offre à M. Meulan d'Ablois, dont voici la réponse :

« Paris, le 29 janvier 1789.

» Je ne puis, Messieurs, que vous féliciter du hazard heureux qui vous a procuré à Limoges un ouvrier capable d'établir les pompes pour les incendies et de diminuer par là la dépense des transports ; mais comme l'expérience ne prouve que trop que des ouvriers se donnent pour fort habiles sous prétexte qu'ils ont travaillé à Paris, pendant qu'ils n'en sont souvent partis que faute de capacité, et comme je crois plus économique d'avoir des pompes bien faites et durables que d'en avoir à meilleur marché et de mal construites, je crois de votre prudence de savoir, avant de vous engager, s'y on peut compter sur l'homme qui se présente, et rien ne me paroît plus facile : Si vous voulés me faire savoir son nom et me procurer des renseignements sur son compte, je demanderai à M. Mora ce qu'il en pense ; si son témoignage est favorable, vous accorderés votre confiance en connaissance de cause; s'il ne l'est pas, vous ne vous serés pas engagé indiscrètement.

» J'ai l'honneur etc., » MEULAN D'ABLOIS. »

Il est probable que les officiers municipaux ne répondirent pas d'une façon satisfaisante à la lettre de l'Intendant ; car le 16 février il leur en écrivit une nouvelle, où il leur présentait les objections les plus judicieuses. Une troisième lettre, du 8 mars, nous apprend que M. Meulan d'Ablois a eu un entretien avec Morat, qui ne connait pas Magy. Le s' Regnard, dont Magy s'était recommandé, a bien appartenu au corps des pompiers de Paris, mais ce n'était qu'un simple chaudronnier, et non un mécanicien et un ajusteur. Il a, du reste, quitté la capitale. Il est probable que Magy n'est également qu'un simple ouvrier chaudronnier. L'intendant ajoute :

« Dès que vous vous êtes déterminés, Messieurs, à former à Limoges un établissement aussi utile que celui des pompes à incendie, je crois qu'il est de votre prudence et de l'intérêt de la ville de ne point chercher à faire une économie qui rendroit cet établissement infructueux ; que vous devés, au contraire, prendre toutes les mesures et faire dans le premier moment toutes les dépenses convenables pour remplir parfaitement l'objet que vous vous êtes proposé. Il me paroit donc nécessaire : 1° d'envoier à Paris un ouvrier intelligent, travaillant en cuivre ou en fer, pour s'instruire dans la mécanique et dans le service des pompes, comme l'ont fait et le font journellement plusieurs villes qui se trouvent dans le cas de celle de Limoges. M. Morat m'a promis de loger votre ouvrier, de lui donner un habit de pompier et de le faire travailler avec les gens les plus exercés pour qu'il puisse se former le plus promptement possible. Six semaines ou deux mois doivent suffire pour peu que l'homme soit intelligent. Quand il lui faudroit trois mois pour acquérir une plus grande connoissance de la chose, l'avantage qui en résulteroit pour la ville de Limoges et pour la province dédommageroit amplement de cette dépense...... Si vous ne faisiés pas faire les pompes à Paris, M. Morat lui donneroit, en vous le renvoyant, les plans et devis de toutes les machines qui entrent dans la composition d'une pompe, et cet ouvrier en formeroit d'autres, au moins pour le service des pompes.

» Il me paroîtroit cependant préférable, Messieurs, ainsi que je vous l'ai ci-devant dit, de faire construire ces pompes à Paris, où il y a des fondeurs et des serruriers habitués à cet ouvrage, qui d'ailleurs seroit examiné et essayé par les plus habiles pompiers de Paris. »

A cette lettre est jointe une note relative à la dépense qu'entraineraît l'acquisition de deux pompes :

« Coût d'une pompe montée, 4 pouces et demi de diamètre, y compris 90 pieds de boyaux en cuir et les accessoires : 1.500 l. ; pour deux.................... 3.000 l.
Petit chariot pour le transport de la pompe, 100 l. ; pour deux............... 200 l.
Port de la pompe de Paris à Limoges (une pompe pèse 450 livres environ).... 72 l.
150 seaux d'osier, garni de peau (prix de l'un à Paris, 4 l.).................. 600 l.
Envoi d'un ouvrier à Paris... 200 l.

Le total de la dépense seroit donc de.......... 4.072 l. »
(Arch. Hôtel de Ville. DD7).

Nous avons donné plus haut (p. 209), une lettre de l'Intendant relative à l'organisation des secours contre l'incendie. On voit que la question n'avait pas fait un pas depuis 1785.

Lingaud père, sindic receveur dudit hôtel de ville, tant du produit du Don gratuit, Octrois, Courtage des vins, Patrimoniaux, des Fermes, Eau des étangs, Beurre, Police, Guet et Lanternes, que de l'emploi qui en a été fait depuis le premier septembre mil sept cent quatre-vingt-huit, jusqu'au premier mars mil sept cent quatre vingt-neuf, le tout ayant été vérifié et calculé, il résulte, savoir :

Don gratuit

La recette du Don gratuit, au premier mars mil sept cent quatre vingt neuf, s'est trouvée monter à la somme de quarante huit mille neuf cent quatre vingt quatre livres quatorze sols cinq deniers, y compris celle de quarante sept mille quatre vingt quatre livres quatorze sols cinq deniers, résultat du dernier compte arrêté par MM. les Maire et Echevins, le premier septembre mil sept cent quatre vingt huit, cy.......................... 48.984ʟ 14ˢ 5ᵈ

Octrois

La recette des Octrois, depuis le premier septembre mil sept cent quatre vingt huit au premier mars mil sept cent quatre vingt neuf, s'est trouvée monter à la somme de neuf mille cent soixante quinze livres dix neuf sols, cy.................. 9.175ʟ 19ˢ »

Courtage

La recette du courtage des vins, depuis le premier septembre mil sept cent quatre vingt huit au premier mars mil sept cent quatre vingt neuf, s'est trouvée monter à la somme de treize cent quatre vingt neuf livres dix deniers, cy......... 1 389ʟ » 10ᵈ

Patrimoniaux

La recette des Patrimoniaux des fermes, depuis le premier septembre mil sept cent quatre vingt huit au premier mars mil sept cent quatre vingt neuf, s'est trouvée monter à la somme de douze cent soixante douze livres dix-neuf sols, cy...... 1.272ʟ 19ˢ »

Eau des étangs

La recette provenant de l'Eau des étangs de la fontaine d'Eygoulène, depuis le premier septembre

A reporter.................. 60.822ʟ 13ˢ 3ᵈ

Report.................	60.822ˡˡ 13ˢ	3ᵈ

mil sept cent quatre vingt huit au premier mars mil sept cent quatre vingt neuf, s'est trouvée monter à la somme de cent trente trois livres dix neuf sols, cy... .... 133ˡˡ 19ˢ »

Beurre

La recette des droits perçus sur le beurre, s'est trouvée monter, au premier mars mil sept cent quatre vingt neuf, à la somme de trois mille quarante et une livre sept sols six deniers, cy....... 3.041ˡˡ 7ˢ 6ᵈ

Police

La recette des droits perçus par la police s'est trouvée monter, au premier mars mil sept cent quatre vingt neuf, à la somme de cinq mille sept cent cinquante huit livres treize sols, y compris celle de quatre mille cinq cent soixante dix neuf livres onze sols six deniers, résultat du dernier compte arrêté par MM. les Maire et Echevins le premier septembre mil sept cent quatre vingt huit, cy.................................. 5.758ˡˡ 13ˢ »

Guet et Lanternes

Et finalement, la recette du second Octroi, du Guet et Lanternes, s'est trouvée monter, au premier mars mil sept cent quatre vingt neuf, à la somme de dix huit mille trois cent quatre vingt cinq livres douze sols six deniers, y compris celle de neuf mille trois cents livres cinq sols, résultat du dernier compte arrêté par MM. les Maire et Echevins, le premier septembre mil sept cent quatre vingt huit, cy............................. 18.385ˡˡ 12ˢ 6ᵈ

Total général des recettes...... 88.142ˡˡ 5ˢ 3ᵈ

DÉPENSE

Les dépenses concernant les objets mentionnés cy-dessus, depuis le premier septembre mil sept cent quatre vingt huit jusqu'au premier mars mil sept cent quatre vingt neuf, se sont trouvées monter ainsi qu'il résulte cy-après, savoir :

Suivant le résultat du dernier compte arrêté par MM. les Maire et Echevins, le premier septembre mil sept cent quatre vingt huit, l'excédent des dépenses générales des Octrois, Courtage, Patrimoniaux, et eaux des Etangs, aux recettes particulières desdits objets, s'est trouvée monter à la somme de cinquante quatre mille trois cent quatre vingt deux livres cinq sols trois deniers, qui avoit demeurée à nouveau compte, cy.................. 54.382ˡˡ 5ˢ 3ᵈ

Aux employés chargés de veiller à la perception des droits d'octrois et autres appartenant à la ville, la somme de neuf cent cinquante trois livres, six sols huit deniers, pour six mois de leurs appointements, commencés le premier juillet mil sept cent quatre vingt huit, échus le premier janvier mil sept cent quatre vingt neuf, suivant leurs quittances portées au registre à ce destiné, cy............ 953ˡˡ 6ˢ 8ᵈ

La dépense faite sur la partie des Octrois depuis le premier septembre mil sept cent quatre vingt huit, au premier mars mil sept cent quatre vingt neuf, s'est trouvée monter à la somme de onze mille trois cent vingt une livres douze sols neuf deniers, suivant vingt deux mandements acquittés et payés par ledit sieur Lingaud, sindic receveur de l'hôtel de ville, cy...................... 11.321ˡˡ 12ˢ 9ᵈ

Et finalement, la dépense faite sur le Guet et Lanternes, depuis le premier septembre mil sept cent quatre vingt huit au premier mars mil sept cent quatre vingt neuf, s'est trouvée monter à la somme de neuf mille trois cent soixante dix huit livres un sol six deniers, suivant trente quatre mandements acquittés et payés par ledit sieur Lingaud, cy..... 9.378ˡˡ 1ˢ 6ᵈ

Total général des dépenses..... 76.035ˡˡ 6ˢ 2ᵈ

RÉCAPITULATION GÉNÉRALE

Les recettes se montent à.................. 88.142ˡˡ 5ˢ 3ᵈ
Les dépenses à....................... 76.035ˡˡ 6ˢ 2ᵈ

Partant, les recettes excèdent les dépenses, au premier mars mil sept cent quatre vingt neuf, de la somme de douze mille cent six livres dix neuf sols un denier, cy........................ 12.106ˡˡ 19ˢ 1ᵈ

Fait et arrêté les jour, mois et an susdits.

TANCHON, PÉTINIAUD, NAVIÈRES, THOUMAS (1).

---

(1) Les archives de l'Hôtel de Ville nous fournissent la requête suivante :

« Limoges, le 6 mars 1789.

« Au Roy,
» et à nos seigneurs de son Conseil.
» Sire.
» Les officiers municipaux de la ville de Limoges ont l'honneur de représenter à Votre

Délibération prise par MM. les officiers municipaux pour accorder une gratification de la somme de 120 livres au sieur Lingaud fils ainé, secrétaire greffier de la ville, en considération du travail et des peines et soins extraordinaires à l'occasion des assemblées municipales de la ville, relatives à la convocation des Etats-Généraux.

Délibération prise etc. (Voir ci-contre).

Aujourd'huy, quatrième avril mil sept cent quatre vingt neuf, dans la salle de l'hôtel de ville de Limoges, où étoient assemblés MM. les officiers municipaux soussignés, M. le Maire a exposé que Majesté que, forcés par la ruine imminente de leur hôtel de ville d'en construire un nouveau et de le placer dans un local plus vaste et d'un abord plus facile que l'ancien, ils furent autorisés, par délibération de la commune du dix sept novembre 1785, à aliéner cet ancien local et à rebâtir sur partie de la nouvelle place Fitz-James.

» Cette délibération fut autorisée par M. le Commissaire départi, et en conséquence l'ancien bâtiment fut vendu par adjudication au s' Farne, imprimeur, plus offrant, moyennant la somme de seize mille livres.

» Les officiers municipaux s'occupèrent en même temps de l'adjudication de la construction du nouvel hôtel de ville, qui fut délivrée au s' Alluaud, entrepreneur, en présence et du consentement de Monsieur l'Intendant, moyennant une somme de soixante six mille livres.

» La ville devoit se procurer ces fonds au moyen des 16,000 livres, prix de la vente de l'ancien bâtiment, d'une contribution que devoit fournir le corps du Commerce pour le logement, dans le nouvel hôtel de ville, de la juridiction consulaire ; de celle que devoit aussy fournir le Domaine de Votre Majesté pour celui de la Cour de l'Election, et enfin des ressources que la ville auroit pu prendre sur elle-même.

» Mais, pour parvenir à obtenir les contributions du Commerce et du Domaine de Votre Majesté, dont on vient de parler, il étoit nécessaire qu'elles fussent autorisées et ordonnées par un arrêt du Conseil de Votre Majesté.

» Les officiers municipaux le sollicitèrent. Néanmoins, dans l'espérance de l'obtenir promptement, et pressés par la nécessité de se loger, ils crurent devoir faire commencer les travaux de la nouvelle construction, et ils versèrent à cet effet dans les mains de l'entrepreneur, non seulement la somme de seize mille livres, prix de la vente de l'ancien hôtel de ville, mais encore une somme de cinq mille quatre cents livres, qu'ils tirèrent de la caisse de la ville. A l'aide de ce secours, l'entrepreneur poussa l'édifice jusqu'au premier étage.

» Mais, dans ces circonstances, des affaires publiques d'une importance majeure étant venues occuper l'attention du Conseil de Votre Majesté, il n'a plus été possible aux officiers municipaux d'obtenir l'arrêt qui leur étoit nécessaire, comme ils l'avoient espéré, et il devient aujourd'hui indispensable de recourir, à un autre moyen pour achever le nouveau bâtiment, dont la privation est très préjudiciable à la ville, et qui d'ailleurs ne peut que se dégrader, dans l'état où il se trouve, par l'interruption des travaux.

» Ces considérations ont déterminé la commune assemblée de nouveau, à prendre une délibération par laquelle les officiers municipaux sont autorisés, sous le bon plaisir de Votre Majesté, à emprunter une somme de soixante mille livres, à cinq pour cent, sans retenue, remboursable en dix années, et ce en attendant que les contributions pour le logement de la juridiction consulaire et pour la Cour de l'Election soient déterminées et effectuées.

» Les officiers municipaux n'entreront point, Sire, dans un plus long détail des motifs qui rendent cet emprunt d'une véritable nécessité pour la ville de Limoges... Ils observent seulement que, dans l'état actuel, la ville est obligée de payer annuellement un loyer considérable pour les bâtiments d'emprunt qu'elle occupe ; qu'elle est privée du revenu des fonds versés dans la nouvelle construction commencée ; qu'enfin, en laissant ces travaux plus longtemps interrompus, il seroit à craindre que ce qui est déjà fait ne se dégradât totalement et ne pût plus servir. Les officiers municipaux espèrent donc que Votre Majesté daignera les autoriser à faire l'emprunt qu'ils sollicitent ; mais ils osent attendre plus encore de la bonté de Votre Majesté.

» Jusqu'ici, il a été accordé à la ville un secours annuel de 3,000 livres, à prendre sur

tous les détails des assemblées municipales de la ville relatifs à la convocation des Etats Généraux ayant exigé un travail extraordinaire, long et forcé, le sieur Lingaud fils aîné, secrétaire greffier de la ville, s'en est acquitté avec une activité, une exactitude et une intelligence dignes d'éloges ; qu'en conséquence il pense que ce travail mérite d'être récompensé par une gratification et croit devoir proposer à l'assemblée de la fixer.

Sur quoi, la matière mise en délibération, il a été unanimement arrêté, qu'en considération du travail et des peines et soins extraordinaires pris par le sieur Lingaud fils aîné, à l'occasion des dites assemblées municipales, il lui sera accordé, sous le bon plaisir de Monseigneur l'Intendant, sur les fonds libres de la ville, une gratification de cent vingt livres.

Fait et arrêté les jour, mois et an susdits.

ROULHAC, TANCHON, NAVIÈRES, DAVID, THOUMAS.

Vu et autorisé ce vingt sept avril mil sept cent quatre vingt neuf.
Signé : MEULAN D'ABLOIS, intendant.

---

le produit du Don Gratuit qui s'y perçoit pour le compte de Votre Majesté, et ce secours, la ville l'a obtenu, nous ne craindrons pas de le dire, à titre même de justice.

» En effet, lors de l'établissement du Don Gratuit, la ville de Limoges fut imposée pour sa cotte part à dix mille livres. Au lieu de prendre la voye de l'imposition, les habitants préférèrent celle de l'établissement d'un octroy sur les vins entrant dans la ville, et ce choix fut approuvé par arrêt du Conseil, revêtu de lettres patentes du 30 aoust 1764, qui sembloit assurer la ville dans la jouissance paisible du produit de cet octroy, au moyen du payement annuel de dix mille livres.

» Cependant, malgré que la ville acquittât exactement tous les ans cette somme, les régisseurs généraux des droits de Votre Majesté eurent le crédit, en 1781, d'obtenir une décision du ministre, au mépris de l'arrêt du Conseil et des Lettres Patentes dont on vient de parler, qui autorisa à faire percevoir au profit de Votre Majesté les droits réservés que la ville faisoit lever pour son compte.

» Les habitans, consternés, firent parvenir leurs plaintes jusqu'à Votre Majesté qui, touchée de la justice de leurs réclamations, et en même temps de l'exposé de leurs besoins, accorda à la ville, le 17 octobre suivant, à prendre sur le produit de ce même Don Gratuit, un secours annuel de trois mille livres, que les mêmes motifs d'équité ont déterminé Votre Majesté de lui continuer jusqu'à présent.

» Mais comme, aux termes de l'arrêt du Conseil de Votre Majesté, le terme de ce secours doit expirer au dernier décembre 1790, et que la ville, si elle en étoit privée, ne se trouveroit pas en état de faire face à l'emprunt indispensable qu'elle sollicite, les officiers municipaux prennent la liberté de supplier Votre Majesté de lui en accorder la continuation pendant les dix années qui lui seront nécessaires pour parvenir à l'extinction dudit emprunt en capital et intérêts. Votre Majesté a daigné faire cette faveur à la ville jusqu'à présent, en considération des réparations ou reconstructions dont elle étoit tenue. Jamais ce motif n'exista avec plus de force que dans le moment présent.

» Dans ces circonstances, les officiers municipaux osent donc attendre avec confiance de la bonté de Votre Majesté qu'en les autorisant à faire pour la ville l'emprunt dont il s'agit, elle voudra bien aussi leur adresser la prolongation du secours dont elle a joui jusqu'à ce jour.

Délibération prise par MM. les officiers municipaux pour accorder aux soldats de la compagnie du guet une plus value d'un sol par jour sur leur paye en sus de celle d'un sol déjà accordée depuis le 1ᵉʳ octobre dernier, et ce a compter du 1ᵉʳ mai 1789, et pendant le temps que durera la cherté du blé.

Délibération prise etc. (Voir ci-contre).

Aujourd'huy, onzième avril mil sept cent quatre vingt neuf, dans la salle de l'hôtel de ville de Limoges, où étoient assemblés Messieurs les officiers municipaux soussignés, s'est présenté le sieur Ambal, capitaine de la compagnie du guet de cette ville, lequel a exposé que, par délibération en date du dix huit octobre dernier (1), homologuée par Monseigneur l'Intendant le vingt deux du dit, Messieurs les officiers municipaux s'étoient déterminés sur ses représentations à accorder aux soldats du Guet une plus value d'un sol par jour sur leur paye, eu égard à la cherté du pain, mais que le prix en ayant encore considérablement augmenté depuis cette époque, puisque au mois d'octobre dernier le pain d'hôtel (2) n'étoit taxé qu'à cinq sols neuf deniers, tandis qu'actuellement il l'est à sept sols, il ne peut se dispenser de mettre sous les yeux de MM. les officiers municipaux cette augmentation, et de solliciter en conséquence celle de la plus value accordée à la troupe de Sa Majesté ; et a ledit sieur Ambal signé : AMBAL.

Sur quoi, la matière mise en délibération, il a été unanimement arrêté que, sous le bon plaisir de Monseigneur l'Intendant, il seroit accordé et payé, aux soldats de la compagnie du Guet, une plus value d'un sol par jour, en sus de celle déjà accordée pour chaque soldat, à compter du premier mai mil sept cent quatre vingt neuf, et pendant le temps que durera la cherté du blé en cette ville : se réservant au surplus les dits sieurs officiers municipaux de statuer sur ladite plus value pour les mois à venir, ainsi que les circonstances l'exigeront.

Fait et arrêté les jour, mois et an susdits (3).

TANCHON, NAVIÈRES, DAVID, THOUMAS.

Vu et autorisé ce vingt sept avril mil sept cent quatre vingt neuf. *Signé* : MEULAN D'ABLOIS, intendant.

(1) V. page 296 ci-dessus.
(2) On appelait et on appelle encore dans quelques localités, *pain d'hôtel*, un pain fait de farine de seigle, vivement pétri et sur lequel on avait coutume d'ajouter, à Limoges du moins, quelques restes de pâte de froment.
(3) L'hiver de 1788-89 fut des plus rigoureux ; la température rappelait celle du « Grand hiver » de 1709. La misère était navrante. La charité se multiplia. L'Evêque, l'Intendant, les communautés religieuses, le Corps de ville, les particuliers firent le possible pour venir en aide aux malheureux. La récolte avait été insuffisante, point toutefois aussi mauvaise en Limousin que sur certains autres points du royaume. Aussi le Gouvernement avait-il fait diriger

Délibération prise par MM. les officiers municipaux portant cession au sieur Joulage, aubergiste de la Pyramide, d'un emplacement joignant le derrière de sa maison, appartenant à la ville, qui cy-devant faisoit partie de la place de la Terrasse, de la contenance de soixante toises quatre pieds dix pouces carrés, à la charge de payer annuellement au domaine de Sa Majesté un denier de cens par toise carrée.

Aujourd'huy, vingt cinq avril mil sept cent quatre vingt neuf, dans la salle de l'hôtel de ville de Limoges, où étoient assemblés Messieurs les Officiers municipaux soussignés, s'est présenté le

Délibération prise etc. (Voir ci-contre).

sur ces provinces les approvisionnements de grains dont il pouvait disposer. Cette mesure causa une vive émotion dans la population de Limoges qu'agitaient déjà les bruits relatifs aux événements politiques et surtout l'approche de l'ouverture des Etats-Généraux.

La municipalité dut s'occuper des élections des députés des divers degrés. Elle convoqua, au lundi 23 février, huit heures du matin, dans la grande salle du couvent des Feuillants (ancienne abbaye de Saint-Martin-lès-Limoges) les citoyens qui ne se trouvaient compris dans aucun corps, communauté ou catégorie ayant des représentants spéciaux ; ils étaient appelés à nommer des députés, dans la proportion de 2 pour 100. Ces députés se réuniraient le 26, à huit heures, dans le même local, pour y former, avec les représentants des corps et communautés, l'assemblée du Tiers-Etat de la ville et nommer à leur tour leurs députés à l'assemblée du Tiers de la sénéchaussée, fixée au 9 mars, dans l'église du Collège.

Le 16 mars eut lieu, dans cette église, l'assemblée des trois ordres de la sénéchaussée de Limoges et de Saint-Yrieix, sous la présidence du comte des Roys, grand sénéchal du Haut Pays de Limousin, désigné par le roi.

Le comte des Roys fit son entrée solennelle, l'épée au côté : « il était revêtu d'un habit de velours noir à boutons d'or, avec un manteau de satin noir, à revers de brocard d'or, veste aussi de brocard d'or, culottes de velours noir, bas de soie noirs ». Au cou « une longue cravate de dentelle blanche » ; manchettes de dentelles ; chapeau Henri IV entouré de plumes blanches flottantes. Les autres magistrats étaient en robes de palais noires. Le sénéchal occupait la place d'honneur sur l'estrade dressée devant le sanctuaire ; à sa droite était assis le lieutenant général de Roulhac ; le bureau de l'assemblée était également sur l'estrade. La partie droite de l'église était occupée par les députés du Clergé, au devant desquels était assis l'Evêque « en rochet, camail et bonnet carré » ; la partie gauche, par les membres de l'ordre de la noblesse, en habits bourgeois et l'épée au côté. Le Tiers Etat était placé au milieu, en face de l'estrade. Le guet gardait les portes et les tribunes étaient pleines de curieux, parmi lesquels on comptait beaucoup de dames.

Le comte des Roys ouvrit la séance par quelques mots ; après lui, le Lieutenant général prit à son tour la parole. On procéda ensuite à l'appel, puis les députés des trois ordres se séparèrent pour délibérer. Le Tiers resta dans l'église du Collège sous la présidence du Lieutenant général ; la Noblesse, présidée par le sénéchal, s'assembla dans la salle d'exercices du même établissement ; le Clergé se rendit aux Feuillants, où il devait tenir ses séances particulières sous la direction de l'Evêque. Malgré les efforts de quelques ecclésiastiques parmi lesquels se firent remarquer l'abbé Gay-Vernon, curé de Compreignac, le futur évêque constitutionnel, et ses deux frères, Mgr du Plessis d'Argentré fut élu député du Clergé avec M. Guingand de Saint-Mathieu, curé de Saint-Pierre ; la Noblesse nomma le comte des Cars et le vicomte de Mirabeau, avec le comte des Roys pour suppléant ; les députés du Tiers furent MM. de Roulhac, lieutenant général ; Naurissart, directeur de la Monnaie de Limoges ; Montaudon, avocat en cette ville et Chavoix, avocat à Juillac, avec MM. Boyer, médecin, et Guineau-Dupré, avocat, pour suppléants.

Ces députés furent proclamés à la séance générale tenue dans l'église du Collège, le 24 mars ; ils prêtèrent serment et reçurent les cahiers de leurs ordres respectifs. L'assemblée se sépara après la signature du procès verbal et un petit discours du Sénéchal. L'abbé Legros nous a laissé, dans la *Continuation des Annales*, d'intéressants détails sur ces faits.

On sait que les cahiers adoptés par les trois ordres furent imprimés, avec les procès-ver-

sieur Joulage, aubergiste de la *Pyramide*, de cette ville, lequel a exposé qu'il est propriétaire d'une maison où il tient son auberge, joignant la nouvelle place de Fitz-James, sur laquelle il existoit des croisées au rez-de-chaussée qui ont été obstruées lors du nivellement de la dite place et comblement qui a été fait des fossés adjacents ; que, pour l'indemniser, il avoit été convenu, du consentement de Monseigneur l'Intendant, de lui concéder une partie d'emplacement situé vis à vis la façade du derrière de sa dite maison qui devient inutile pour la formation de la dite place ; que depuis longtemps il sollicite mes dits sieurs officiers municipaux de vouloir bien lui faire cette concession aux charges et conditions qu'ils voudront bien lui imposer, et a signé. *Signé :* JOULAGE.

Sur quoi le corps de ville ayant délibéré, et après avoir pris lecture de l'arrêt du Conseil du dix huit mai mil sept cent quatre vingt quatre, portant concession en faveur de la ville des objets y énoncés, à la charge de payer, au domaine de Sa Majesté, un denier de cens annuel par chaque toise carrée, mes dits sieurs officiers municipaux ont, par ces présentes, cédé et à perpétuité délaissé audit sieur Joulage, l'emplacement dont il s'agit, faisant cy-devant partie de la place de la Terrasse, située derrière la façade de la maison dudit Joulage, de la longueur de onze toises deux pieds cinq pouces, sur la largeur de cinq toises, deux pieds, faisant au total soixante toises quatre pieds dix pouces carrés, suivant le plan levé par le sieur Morancy, commissaire voyer, le seize du présent mois, déposé à l'hôtel de ville, — confrontant d'une part au jardin de la Monnoie, le chemin entre deux ; d'autre, à la maison et jardin du sieur Ventenat ; d'autre, à la maison du dit Joulage, et d'autre part à la nouvelle place de Fitz-James ; pour, par le dit sieur Joulage, jouir dès ce jour du susdit emplacement, et le faire renfermer de murs, s'il le juge à propos, en laissant le passage libre du chemin qui se trouvera entre son dit mur et le jardin de la Monnoie,

baux de leurs séances particulières : ceux de la Noblesse chez Barbou ; ceux du Clergé chez Dalesme : ceux du Tiers chez Farne.

Legros signale en outre le « déluge » de brochures et d'opuscules qu'on vit paraître à cette époque. Plusieurs de ces factums avaient été imprimés à Limoges. Nous avons dit ailleurs avec quelle fidélité quelques-uns d'entr'eux retraçaient les idées et les tendances du temps et combien deux ou trois, notamment la *Lettre* de M. de Rochebrune, commissaire des guerres, à M. le comte des Roys, paraissaient avoir fourni des inspirations aux rédacteurs des cahiers de doléances (*Les Cahiers de la Marche et du Limousin en 1789*, Limoges, V° Ducourtieux 1889). On attribua au P. Foucaud, professeur de théologie au collège des Jacobins, une de ces brochures : ce fut, croyons-nous, la première manifestation politique du futur orateur du club de Limoges.

Nos archives départementales et municipales renferment beaucoup de documents relatifs à la préparation et à la tenue des Etats-Généraux ; on en trouve surtout dans les liasses et registres B 10324 du dépôt départemental et dans les liasses et registres de l'Hôtel de Ville, AA 6, 7, 8, 9. La bibliothèque de la ville et celle du Séminaire de Limoges possédait aussi des recueils intéressants. Consulter à ce sujet la *Bibliographie de la Révolution dans la Haute-Vienne*, par M. A. Fray-Fournier. (Limoges, Ussel, 1892).

sans pouvoir même de sa part réclamer aucune indemnité, dans le cas où ce chemin, sur lequel on se propose d'établir une rue, seroit par la suite élargi aux dépens du dit emplacement cédé : s'obligeant le dit sieur Joulage de fournir le surplus, sans avoir aucuns recours contre mes dits sieurs officiers municipaux, auxquels il a renoncé, — [et] à la charge par lui d'acquitter annuellement sur le dit emplacement, au domaine du Roi et à la décharge de la ville, un denier de cens par toise carrée, et d'acquitter les droits seigneuriaux à chaque mutation, conformément au susdit arrêt. Ce qui a été accepté par le dit sieur Joulage, tant pour lui que pour ses successeurs, avec promesse d'exécuter toutes les conditions à lui imposées par la dite concession, copie de laquelle sera par lui présentée à mon dit seigneur l'Intendant pour en demander l'homologation.

Fait et arrêté les jour, mois et an susdits.

TANCHON, NAVIÈRES, PÉTINIAUD, THOUMAS, DAVID, JOULAGE.

Vu par nous, intendant de la généralité de Limoges, la délibération cy-dessus et des autres parts en date du vingt cinq de ce mois, ensemble le plan dressé par le sieur Morancy le seize du même mois, nous avons homologué et homologuons la dite délibération. En conséquence, ordonnons qu'elle sera exécutée selon sa forme et teneur. Fait en notre hôtel, le vingt sept avril 1789. *Signé :* MEULAN D'ABLOIS.

Délibération prise par les Officiers municipaux portant qu'il sera acheté une quantité suffisante de grains, dont les avances seront prises provisoirement sur les fonds qui sont en caisse, à l'effet d'assurer le marché au blé suffisamment pourvu, afin que les boulangers peu aisés et les petits particuliers de la campagne puissent continuer à s'approvisionner et vivre en achetant, au marché et au cours, le peu de blé qui leur est nécessaire ; comme aussi qu'il sera accordé aux boulangers une indemnité et dédommagement convenable vu la grande disproportion qu'on a été contraint dans le moment de crise d'établir, entre le prix réel du grain et la taxe du pain, afin de les encourager à se procurer des grains comme par le passé, et que M. l'intendant sera supplié de vouloir bien s'intéresser auprès du gouvernement pour en obtenir des secours.

Aujourd'huy, vingt trois mai mil sept cent quatre vingt neuf, dans la salle de l'hôtel de ville de Limoges, où étoient assemblés MM^{rs} les Officiers municipaux soussignés, l'un d'eux, portant la parole, a dit :

Délibération prise etc. (Voir ci-contre).

« La rareté des grains ayant été presque générale dans le royaume, a occasionné des transports et enlèvements de blés si considérables pour la fourniture des provinces qui en étoient dépourvues, que la nôtre, qui étoit des mieux approvisionnées, se trouve aujourd'huy réduite à chercher les moyens de se pourvoir jusqu'à la récolte prochaine. Cette disette ayant, par une suite nécessaire, augmenté le prix du pain, a excité les clameurs de la populace ; pour les apaiser, nous avons cru convenable de taxer le pain au-dessous de la valeur du grain. Nous devions attendre que cette modération et ce tempérament rendroient le calme et la tranquillité ; mais avec quel étonnement n'avons-nous pas vu, le douze et treize de ce mois (1), des attroupements d'hommes et de

---

(1) De graves désordres avaient en effet éclaté à Limoges. Nous avons signalé plus haut les inquiétudes manifestées par la population au sujet du transport de blés. On faisait circuler les bruits les plus alarmants, les plus absurdes. Des rassemblements tumultueux s'étaient formés dans plusieurs quartiers ; les remontrances et les conseils de quelques citoyens honorables et dévoués à l'ordre avaient suffi pour les dissiper ; mais l'émotion et l'irritation persistaient.

Le 12 mai, une charrette chargée de grains sortait de la ville et passait sur le pont St-Etienne; des femmes du quartier l'aperçurent, interpellèrent les hommes qui l'accompagnaient, s'attroupèrent autour d'eux et les empêchèrent d'avancer. Entourés, pressés, menacés, les conducteurs prirent la fuite. La foule augmenta, la voiture fut déchargée au milieu du pont et une partie du blé qu'elle renfermait répandu et volé. L'exaltation était à son comble : des quartiers pauvres du bord de la rivière un grand nombre de femmes étaient accourues ; elles se formèrent en longue colonne, et précédées d'une troupe d'hommes armés de haches, de bâtons et de bûches enlevées aux chantiers du Naveix, elles parcoururent la ville et se présentèrent à la maison commune provisoire de la rue du Temple, où s'étaient rendus en toute hâte quelques uns des officiers municipaux. Le lieutenant de maire, M. Tanchon, fut sommé de faire sur le champ la visite de tous les greniers de la ville et de prendre les mesures nécessaires pour que des accapareurs n'affamassent pas la population. Les remontrances du magistrat ne purent rien sur ces esprits surexcités, et M. Tanchon dut, pour prévenir des violations de domicile, leur donner satisfaction. Il se rendit chez quelques citoyens dénoncés comme ayant formé des approvisionnements considérables de grains ; on ne trouva nulle part de dépôt de quelque importance. Le peuple ne se livra du reste à aucune violence ; mais l'émeute recommença le lendemain : on accusa les boulangers, les uns d'avoir caché le pain qu'ils avaient préparé, les autres de ne pas avoir cuit. Il fallut qu'ils obéissent à la foule. On menaça d'égorger ceux qui résistaient, et plusieurs boutiques furent pillées. Les désordres faillirent ne pas se borner là ; les ponticauds commençaient à dire « qu'avec le pain il fallait de la viande et du vin et qu'on irait prendre de l'argent dans les maisons où il y en avait ». Le soir commencèrent à arriver des brigades de maréchaussée ; on saisit dans la nuit et le matin du 14 les principaux instigateurs des violences. Puis des troupes demandées par l'Intendant arrivèrent ; un détachement de cent hommes de cavalerie fut installé dans les maisons louées par la ville pour servir de caserne, au pont St-Martial.

Pour calmer la fermentation, la municipalité avait fait afficher, dès le 12, un avis annonçant l'ouverture, à partir du mercredi 13 mai, du marché au blé établi aux Carmes, et ordonnant aux propriétaires et marchands de grains d'y faire conduire chaque jour autant de blé que leurs voitures pourraient en mener.

Il faut noter une mesure prise le 13 et qui prépara l'organisation de la garde nationale à Limoges. La foule s'était portée aux Augustins, où se trouvait le dépôt des armes de la milice provinciale, et avait fait mine de s'en emparer. Devant cette menace, l'autorité fit occuper cet arsenal par des hommes sûrs et distribuer les armes à un certain nombre de bourgeois des divers cantons, en leur faisant promettre de les rendre à première réclamation. Les cadres de la milice bourgeoise durent être utilisés et on organisa des patrouilles qu contribuèrent à maintenir la tranquillité.

Une lettre de M. de Roulhac, député aux Etats généraux, écrite le 25 mai aux magistrats

femmes armés de bâtons et de haches, courir et vaguer dans les rues de cette ville, faire des violences aux boulangers et leur enlever, de force et sans payer, le pain qui étoit destiné pour leur subsistance et celle des autres habitants. Ces mêmes hommes et ces mêmes femmes ont porté la fureur jusqu'à briser les portes des boulangers, répandre les farines et enlever dans la mait et sur les étaux les pâtes prêtes à recevoir la forme des pains et à être mises au four pour la cuisson. Nous avons pris les précautions convenables pour arrêter les progrès d'une révolution si désastreuse ; nous sommes parvenus à calmer les esprits séditieux. La publication des arrêts du Conseil et de Parlement qui ordonnent à tous ceux qui auront du grain à vendre de le porter à la halle au blé, devoit nous faire espérer que le marché que nous avons rétabli seroit abondamment fourni, le peuple satisfait et la crainte de manquer de blé entièrement dissipée. Mais nous voyons avec douleur que toutes ces précautions, nécessaires pour le moment, n'ont pas produit l'effet que nous devions en attendre. Malgré les recherches exactes que nous avons faites dans cette ville ; malgré nos sollicitations et invitations pressantes aux habitants des campagnes, et notamment à ceux qui ont été soupçonnés d'avoir des grains, tout est devenu infructueux ; nos marchés ne se sont soutenus jusqu'à présent que par le peu de blé que nous avons trouvé dans notre ville, lequel auroit suffi à peine pour la subsistance d'un jour. Pour prévenir de plus grands malheurs, qui seroient inévitables si le grain, cette denrée de première nécessité, venoit à manquer, nous nous trouvons commandés par la circonstance à en acheter pour entretenir nos marchés, afin que le boulanger peu aisé et hors d'état de faire des provisions d'avance, et les petits particuliers de la campagne puissent continuer à l'approvisionner (*sic*) et vivre en achetant au marché et au cours le peu de blé qui leur est nécessaire. La consommation devient aujourd'hui plus considérable parce que les paroisses voisines, étant totalement dépourvues, viennent chaque jour acheter le pain qui leur est nécessaire pour leur subsistance. Cette circonstance, qui est pressante et urgente, doit être une raison de plus pour nous déterminer à prendre une résolution tout de suite pour l'achat de ce grain, afin de fournir une ressource au boulanger peu aisé. Mais je vous observerai que cette classe seule n'est

municipaux, renferme des félicitations à l'adresse des officiers de la « troupe honorable de citoyens » qui a concouru d'une façon si efficace au rétablissement de l'ordre (A.A[4] n° 41.) A l'occasion des troubles des 12 et 13 mai, la Cour sénéchale rendit une ordonnance défendant le transport des grains et les attroupements, et prescrivit aux boulangers de fabriquer régulièrement le pain nécessaire pour la consommation de la ville. L'autorité municipale, à qui incombait la police, diminua le prix du pain de seigle et réduisit de sept sous à six celui du type courant de deux livres et quart. Les boulangers protestèrent : on fit des quêtes pour les dédommager.

pas en état de fournir le pain nécessaire pour la consommation de cette ville et celle de la campagne : il est donc important d'engager les boulangers riches et dans l'aisance, qui se trouvent nantis de quelques provisions, à continuer leurs fournitures ordinaires et même à les augmenter s'il est possible; mais ces mêmes boulangers, découragés par la taxe du pain beaucoup au-dessous du prix du grain, se trouvent exposés à consommer leur fortune, et plusieurs même d'entre eux menacent de fermer leur four. Il est donc de notre prudence de faire quelque règlement qui leur assure un dédommagement sur le pain qu'ils fourniront jusqu'au quinze août prochain, époque de la récolte. L'augmentation du pain ne peut produire cet effet. Il seroit à craindre qu'elle n'entraîne après elle une nouvelle révolte de la part de cette même populace. Et l'idée seule doit nous déterminer à laisser de ce côté les choses dans l'état où elles sont, jusqu'à des temps plus heureux. Nous n'avons donc d'autre parti à prendre, dans ce moment de crise, que d'assurer une indemnité à ces boulangers, afin de les encourager à se procurer du grain comme par le passé, pour que le pain ne manque pas : seul moyen de rétablir le calme et la tranquillité dans tous les esprits ; mais en portant ce règlement, nous devons prendre les plus grandes précautions pour que les boulangers fassent exactement tous les jours, à l'hôtel de ville, leur déclaration du blé qu'ils consommeront journellement, afin de proportionner l'indemnité qui sera fixée au blé qu'un chacun d'eux convertira en pain chaque jour. Nos ressources sont faibles pour faire face à ces dépenses ; mais nous devons espérer que Monseigneur l'intendant approuvera notre zèle, secondera nos vues en homologuant la délibération que nous allons prendre, et nous procurera les moyens qui nous manquent. »

La chose mise en délibération, il a été arrêté : 1° qu'il sera acheté par nous, officiers municipaux, et sous le bon plaisir de Monseigneur l'intendant, une quantité suffisante de grains et dont les avances seront prises provisoirement sur les fonds qui sont en caisse, à l'effet d'assurer que le marché que nous avons été forcé d'ouvrir par les circonstances soit suffisamment pourvu, afin que les boulangers peu aisés et hors d'état de faire des provisions d'avance, et les petits particuliers de la campagne puissent continuer à s'approvisionner et vivre en achetant au marché et au cours le peu de blé qui leur sera nécessaire ;

2° Qu'il sera accordé aux boulangers une indemnité et dédommagement convenable, vu la grande disproportion qu'on a été contraint dans le moment d'établir entre le prix réel du grain et la taxe journalière du pain, afin de les encourager à se procurer des grains comme par le passé ; et d'autant que les ressources de la ville sont insuffisantes pour faire face définitivement à toutes ces dépenses qui tourneront au profit non seulement des habitants de la ville, mais encore au profit de ceux des campagnes voisines qui viennent journellement faire leurs provisions de pain chez les boulangers, Monseigneur l'Intendant est très humblement supplié de vouloir bien s'intéresser auprès du gouvernement pour en obtenir des secours et homologuer la présente délibération.

Fait et arrêté en l'hôtel de ville, les jour, mois et an susdits.

TANCHON, NAVIÈRES, PÉTINIAUD, DAVID, THOUMAS (1).

Election de MM. Pétiniaud de Beaupeyrat, Maledent de Feytiat, Bonnin de Fraixeix, candidats aux fonctions de maire ; de MM. Muret de Pagnac et Navières La Boissière aux fonctions d'échevins ; de MM. Ruben de l'Ombre, Dumas de Beaune, de David, Baron des Renaudies ; Garat de Saint-Priest, Benoit de Vanteau, Gérald de Faye, Malevergne de Fressiniat, Bourdeau des Vazeix, Colomb et Pétiniaud d'Eyjeaux aux fonctions de conseillers politiques. Continuation de MM. Lingaud père et fils dans les emplois de sindic receveur et de secrétaire greffier.

Aujourd'huy, premier juillet mil sept cent quatre vingt neuf, dans la grande salle de l'hôtel de ville de Limoges, où étoient assemblés, en vertu des billets de convocation faite en la manière prescrite et accoutumée, Messieurs Tanchon Delage père, avocat en parlement et juge de la Cité, lieutenant de maire ; Navières de Brégefort, conseiller du roy au sénéchal et présidial ; Pétiniaud de

Élection etc. (Voir ci-contre).

---

(1) Le 22 juin, il fut procédé par l'économe séquestre des biens de l'abbaye de Grandmont, (réunie, comme on sait, par une bulle du pape Clément XIV, à la mense épiscopale de Limoges), à la vente de quelques objets de prix et matériaux provenant de ce monastère : autels, stalles, grilles. Le bel autel de marbre de l'abbatiale fut adjugé au chapitre de St-Junien et on le voit encore dans l'église de cette ville. Les matériaux de la grande église de Grandmont, qui n'était pas achevée encore en 1768 et que l'on condamnait vingt-un ans plus tard à la démolition pour tirer parti du plomb de sa toiture, de ses charpentes, de ses pierres de taille, furent adjugés à M. Brousseaud, qui, peu d'années plus tard, devait aussi jeter par terre la basilique de St-Martial.

Le temps était de plus en plus défavorable au développement des récoltes : la perspective d'une nouvelle année aussi mauvaise que celle qu'on traversait avec tant de peine achevait d'épouvanter tout le monde. Sur la demande formée, conformément à la tradition, par les officiers municipaux, l'autorité ecclésiastique ordonna des prières publiques. On ouvrit, le 25 juin, les grilles de saint Martial et une neuvaine commença dans cette église et dans celles de St-Pierre, St Michel, St-Aurélien et St-Domnolet. Ces prières étant demeurées sans résultat, les vicaires généraux, cédant aux pressantes instances de la population, publièrent le 23 juillet, un mandement pour prescrire de nouvelles prières publiques, non seulement dans les églises où elles avaient lieu traditionnellement, mais à St-Étienne, à St Martin, à St-Augustin. Une grande procession eut lieu le 2 août. Elle était suivie d'une foule immense. La plupart des confréries de pénitents et un nombre considérable de fidèles de l'un et de l'autre sexe marchaient pieds nus. (Legros : *Continuation des Annales*, p. 352, 355, 360.)

Beaupeyrat, écuyer ; David, avocat en parlement, et Thoumas de Bosmie, aussi avocat en parlement et notaire, échevins (M. de Roulhac de la Borie, lieutenant général au sénéchal et présidial, maire, absent, étant actuellement à Versailles en qualité de député aux Etats-Généraux); Lingaud père, syndic receveur, et Lingaud fils aîné, secrétaire greffier, formant le corps municipal de ville ; — et MM. Lamy de la Chapelle, procureur du roy au sénéchal et présidial; Navières de la Boissière, conseiller du roy en l'élection ; Guineau Dupré, avocat en parlement ; Bonin, docteur en médecine; Pétiniaud de Jourgnac fils aîné, écuyer; Bonnin de Fraixeix, conseiller du roy au sénéchal et présidial; Muret de Paignac, avocat du roy au sénéchal et présidial; Pétiniaud de Juriol, écuyer et avocat en parlement ; Boyer de Gris, docteur en médecine; Mathis de Chapé, trésorier des troupes, et Navières du Treuil, négociant, conseillers de ville formant le conseil politique ; (Messieurs Durand de Richemont, président trésorier de France ; Texandier aîné, négociant ; Malden de Feytiat, écuyer, — et Martin de Puymaud, secrétaire du roy, aussi conseiller, absents, et M. de la Bastide de Curzac, écuyer, pareillement conseiller, décédé),

M. Tanchon Delage père, lieutenant de maire, président de l'assemblée, a exposé qu'aux termes de l'arrêt du Conseil du onze décembre mil sept cent quatre vingt, le jour auquel on doit procéder à l'élection d'un maire, de deux échevins et des nouveaux conseillers politiques, étant fixé à ce jourdhuy, il s'agit de procéder, en exécution du susdit arrêt du Conseil, et de celui du trois avril mil sept cent quatre vingt six, dont lecture a été faite par le secrétaire greffier, afin que chacun des délibérants soit à même de connaître la forme dans laquelle l'élection doit être faite ; en conséquence, chacun des dits sieurs officiers municipaux et conseillers politiques ayant fait ses billets, et iceux mis au scrutin, pour le choix de trois sujets à présenter à Sa Majesté, pour la nomination d'un maire qui doit remplacer M. de Roulhac de la Borie, lieutenant général, le premier scrutin s'est trouvé en faveur de M. Pétiniaud de Beaupeyrat, écuyer, échevin sortant; le second en faveur de M. Malden de Feytiat, écuyer; et le troisième en faveur de M. Bonnin de Fraixeix, conseiller du roy au sénéchal et présidial, ces deux derniers conseillers politiques.

Après quoi, ayant été fait de nouveaux scrutins pour l'élection de deux échevins, dont l'un doit remplacer M. Navières de Brégefort, sortant, et l'autre, M. Pétiniaud de Beaupeyrat, proposé pour maire ; le premier scrutin s'est réuni en faveur de M. Muret de Paignac, avocat du roy au sénéchal et présidial, et le second en faveur de M. Navières de la Boissière, conseiller du roy à l'élection, l'un et l'autre conseillers politiques.

Ensuite il a été procédé à l'élection de onze conseillers politiques au lieu et place de MM. Lamy de la Chapelle, sortant; Navières de la Boissière, élu échevin ; Durand de Richemont, sortant ; de La Bastide de Curzac, décédé ; Guineau Dupré, Bonin, médecin ; Texandier aîné, Pétiniaud de Jourgnac, sortants ; Bonnin de Fraixeix, proposé pour maire ; Muret de Paignac, élu échevin, et Malden de Feytiat, proposé pour maire. Les scrutins se sont réunis successivement, le premier en faveur de M. Ruben de Lombre Dumas (sic), lieutenant particulier au sénéchal et présidial ; le second en faveur de M. de Beaune, assesseur et premier conseiller du roy au sénéchal et présidial ; le troisième en faveur de M. de David, baron des Renaudies, lieutenant des maréchaux de France et chevalier de l'ordre royal et militaire de Saint-Louis ; le quatrième en faveur de M. Garat de Saint-Priest, écuyer ; le cinquième en faveur de M. Benoit de Ventaux, président-trésorier de France au bureau des finances ; le sixième en faveur de M. Fournier, avocat en parlement et notaire royal ; le septième en faveur de M. Gérald de Faye, docteur en médecine ; le huitième en faveur de M. Malevergne de Fressignac, ancien directeur des domaines du roy ; le neuvième en faveur de M. Bourdeau de Vazeix, écuyer ; le dixième en faveur de M. Colomb, écuyer, et le onzième en faveur de M. Pétiniaud d'Eyjeaux fils aîné, négociant : tous habitants de cette ville, et de la qualité requise par le susdit arrêt du Conseil.

Cela fait, l'assemblée, satisfaite du zèle et des services des sieurs Lingaud père et fils aîné en qualité de sindic receveur et de secrétaire greffier, s'est unanimement déterminée, en vertu de la faculté qui lui est accordée par l'article 4 du susdit arrêt du Conseil, à les continuer dans les susdites places pour en exercer les fonctions. Et à l'instant, en exécution du susdit arrêt, Messieurs Muret de Paignac, avocat du roy au sénéchal et présidial, et Navière de la Boissière, conseiller du roy à l'élection, élus échevins, se sont présentés et ont prêté le serment requis entre les mains de M. Tanchon Delage père, lieutenant de maire, président de l'assemblée, pour, dès à présent, exercer leurs fonctions, ainsi que MM. les conseillers politiques, conformément aux dispositions du susdit arrêt du Conseil.

Fait et arrêté en l'hôtel de ville les jour, mois et an susdits.

> Tanchon, Navières, Guineau Dupré, Pétiniaud de Juriol, Pétiniaud, David, Thoumas, Boyer, m. M., Pétiniaud fils, Lamy de la Chapelle, Mathis de Chapé, Bonnin de Fraixeix, Navières de la Boissière, Bonin, d. m. M., Muret, Navières du Treuil, Lingaud, sindic receveur ; Lingaud fils aîné, secrétaire greffier.

Délibération de MM. les officiers municipaux et conseillers politiques de la ville de Limoges prise en l'assemblée générale tenue le 22 juillet 1789 pour être présentée à l'Assemblée nationale.

Aujourd'huy (1), vingt deux juillet mil sept cent quatre vingt neuf, dans la grande salle de l'hôtel de ville de Limoges, le corps municipal et le conseil politique, extraordinairement assemblés pour prendre en considération les grands événements qui, dans ce moment, méritent de fixer l'attention de tous les bons citoyens, — pénétrés d'amour, de respect et de fidélité pour la personne du roy, comme ils le sont d'admiration et de reconnaissance pour le patriotisme, le zèle et la fermeté de l'Assemblée nationale, ont unanimement délibéré de présenter à cette auguste assemblée l'hommage de tous les sentiments dus à ses généreux efforts pour assurer la liberté et procurer la félicité publique ; de lui présenter aussi l'adhésion formelle qu'ils déclarent donner, au nom de toute la commune de la ville de Limoges, à ses différents arrêtés ; de lui témoigner la vive satisfaction qu'ils éprouvent de l'heureuse réunion de tous les ordres, des marques signalées de bonté et de confiance données par le Roy à l'Assemblée nationale, du touchant accord qui va régner désormais entre le Trône et la Nation sous un ministère vertueux ; et enfin des espérances que le peuple peut concevoir que son bonheur va être assuré par une bonne constitution, et par la régénération de toutes les parties de l'Etat. Le corps municipal et le conseil politique de la ville de Limoges chargent les députés de l'ordre des communes de cette même sénéchaussée, de mettre sous les yeux de l'Assemblée nationale, et de la prier d'agréer cette expression sincère et respectueuse de ses sentiments, et ont signé :

> TANCHON, lieutenant de maire ; DAVID, échevin ; THOUMAS, échevin ; DE BEAUNE, lieutenant p^r au sénéchal et présidial, conseiller politique ; RUBEN DE L'OMBRE, lieutenant particulier, c. p. ; FOURNIER, avocat et notaire, conseiller politique ; BOYER, d^r m., conseiller politique ; PÉTINIAUD DE JURIOL, écuyer, conseiller politique ; NAVIÈRES DU TREUIL, conseiller politique ; MALEVERGNE DE FRESSINIAT, ancien directeur des domaines du roi, conseiller politique ; LINGAUD fils aîné, secrétaire greffier (2).

(1) Cette délibération reproduit textuellement un projet envoyé de Paris aux officiers municipaux par le maire de Limoges, M. de Roulhac, député du Tiers-Etat, et qui entretint, au moins jusqu'à l'automne de l'année 1789, une correspondance suivie avec ses collègues de la municipalité, les mettant au courant des événements, leur indiquant les tendances de l'esprit public, jouant en un mot, pendant cette première phase de la période révolutionnaire, le rôle que prirent Gay-Vernon et Audoin durant la Terreur. Le projet de délibération ci-dessus et la lettre fort intéressante qui l'accompagne se trouvent aux Archives de la mairie. (A A^4 n° 43.)

(2) L'agitation continuait, entretenue par les nouvelles de Paris et de Versailles. Tout le

De par le Roy,

Sa Majesté ayant vu le procès-verbal de l'élection faite le premier juillet dernier par le corps municipal de la ville de Limoges, des trois sujets qui, conformément à l'arrêt de son Conseil du 11 décembre 1780, doivent lui être présentés à l'effet d'être par

Ordonnance du Roi, portant nomination de M. Pétiniaud de Beaupeyrat pour la place de Maire.

monde était dans l'anxiété, et les manifestations officielles de joie et d'enthousiasme, un peu fiévreuses, dissimulaient mal un effroi grandissant. Une partie de la bourgeoisie, toutefois, paraît ne s'être pas rendu compte de la portée des événements. Quelques personnalités cherchaient à se créer, en accentuant leur adhésion aux votes de l'Assemblée nationale, une popularité dont elles comptaient bien tirer profit. L'esprit public était fort excité contre les ordres privilégiés. Le comte des Roys fut appelé à prendre, à l'Assemblée nationale, le siège du comte des Cars, malade. Il fut confirmé dans ses pouvoirs par une assemblée de la noblesse convoquée pour la ratification générale des pouvoirs des députés de cet ordre. Des manifestations hostiles se produisirent à cette occasion. Le peuple voulait même s'opposer à la réunion qu'il supposait devoir se tenir dans la salle d'exercices du Collège. L'assemblée était fixée au 26 juillet. Tandis que des groupes menaçants se formaient aux abords du local où on pensait qu'aurait lieu la séance, les membres de l'ordre convoqué se réunissaient presque clandestinement et à une heure matinale, dans l'auditoire du palais.

Dès le 25 juillet, un certain nombre de citoyens avaient mis à leur chapeau la cocarde tricolore. La milice bourgeoise qui s'était, comme nous l'avons dit, réorganisée à la suite des troubles de mai, arbora le nouvel emblème, et un détachement se rendit à l'hôtel de l'intendance pour le présenter à M. Meulan d'Ablois. L'intendant la prit, l'attacha à son chapeau et donna un louis au valet de ville qui lui avait offert, sur un plat, l'insigne patriotique. L'abbé Legros rapporte qu'on présenta à M. Meulan d'Ablois deux cocardes, une blanche, l'autre tricolore, et qu'il « sauta » sur cette dernière, bien persuadé, et avec raison, que s'il avait agi autrement, on lui eût fait un mauvais parti.

La municipalité, dans un placard apposé au coin des rues, invita les habitants à se rendre, à cette occasion, par compagnies, sur la place d'Orsay, où serait célébrée, à onze heures du matin, une messe en musique, et le soir à Saint-Martial, où un *Te Deum* serait chanté. Ces fêtes ne furent signalées par aucune scène fâcheuse.

Le 29 juillet est resté célèbre dans le souvenir des contemporains, sous le nom de *Journée de la peur* ou de *la grande peur*. Le bruit s'était répandu dans tout le pays que des bandes nombreuses de brigands, 4 à 5,000 selon les uns, 12 ou 15,000 suivant les autres, marchaient sur Limoges pour saccager la ville. Dès neuf heures du matin, toute la population était en rumeur. La foule alla demander des armes à l'Intendance et ce qui restait de fusils, de sabres et de munitions à l'arsenal des Augustins et au magasin de poudre situé sur la route de Bordeaux, fut distribué. Les récits des voyageurs, qui rapportaient toutes les fables qu'ils avaient entendu débiter sur leur route, augmentèrent la panique.

Toutefois les hommes d'ordre demeuraient sur leurs gardes et se méfiaient plus encore des malfaiteurs du dedans que de ceux du dehors, sachant qu'il existait un complot pour faire ce jour là même, dans une grande assemblée populaire préparée aux Bénédictins, une manifestation imposante contre la municipalité en fonctions devenue suspecte parce que l'élément modéré y dominait. On projetait de la casser et d'en nommer une autre. Il s'agissait aussi de supprimer la milice bourgeoise et de la remplacer par une garde nationale organisée sur le modèle de celle de Paris. Telle n'était pas, pourtant, la cause de cette panique, puisque l'alarme fut semée le même jour par toute la France. Nous avons publié, sur la *Journée de la peur*, dans l'*Almanach limousin* de 1878, un curieux passage de la *Continuation des Annales* de l'abbé Legros (pages 356, 357 du ms du Séminaire), et M. Dubédat, dans son intéressante notice sur François Alluaud (*Bull. de la Société archéologique*, t. XXI, p. 199), a reproduit une page curieuse et pittoresque des souvenirs d'Alluaud sur les incidents de cette journée à Limoges.

La grande alerte fut donnée vers deux heures de l'après-midi. Toutes les cloches se mirent en branle pour sonner le tocsin; on battit la générale dans les rues, et on entendit partout crier : aux armes! et annoncer que des brigands arrivaient du côté de la place d'Orsay. On y traîna l'inoffensive artillerie de la ville qu'on chargea à mitraille : deux pièces furent braquées au débouché de la route de Bordeaux ; deux à l'entrée de la route d'Angoulême ; les deux

Elle fait choix de celui qu'Elle jugera à propos pour exercer la place de maire de ladite ville, Elle a choisi et nommé, choisit et nomme le sieur Pétiniaud de Beaupeyrat pour remplir ladite place de maire. Veut Sa Majesté qu'il jouisse des honneurs, autorité, rang, séance et prééminence attribués à ladite place, après toutefois avoir été installé avec les formalités prescrites ; et sera la présente ordonnance lue, publiée et transcrite sur les registres de l'hôtel de la dite ville, afin que personne n'en ignore. Fait à Versailles, le cinq aoust 1789. *Signé* : Louis, et plus bas : DE St-PRIEST (1).

(Enregistrée sur les registres de l'hôtel de ville le 24 aoust 1789).

autres placées sur la place Dauphine, de façon à balayer la route de Paris. Des milliers d'habitants armés, parmi lesquels on comptait un certain nombre de prêtres et de femmes, s'étaient réunis à la place d'Orsay, et groupés par canton. Sur l'invitation de M. Peyroche du Reynou, colonel de la milice bourgeoise, la « Commune » (c'est le terme dont se sert l'abbé Legros) proclama commandant général le comte des Roys, grand sénéchal du Haut-Limousin, ancien capitaine de cavalerie, qui se trouvait présent, et tous les assistants prêtèrent aussitôt serment de lui obéir dans tout ce qu'il ordonnerait pour la défense de la ville. Les cadres de la milice bourgeoise, insuffisants, furent complétés d'urgence et augmentés. La municipalité délivrait aux nouveaux officiers des brevets provisoires, sous réserve de la ratification du souverain.

L'alarme se calma vers cinq heures, et après avoir constaté que les brigands annoncés n'avaient pas paru, chacun se retira ; mais des corps de garde furent installés dans chaque quartier, des postes laissés auprès des canons, et des patrouilles parcoururent la ville toute la nuit et toute la journée du lendemain. Ce jour-là, le comte des Roys publia une proclamation faisant connaître qu'on n'avait eu aucune nouvelle de nature à justifier la panique de la veille et invitant les habitants à se tenir tranquilles chez eux. Mais l'émotion dura quelques jours encore à la campagne. On vit arriver beaucoup de gens d'Aixe et des environs qui venaient se réfugier à Limoges. Le 31, ce fut le tour de quatre cents paysans de Saint-Paul-d'Eyjeaux et des environs : ils accouraient avec des pieux et des faulx pour concourir à la défense de la ville.

Dans toute la province, l'émoi avait été aussi vif. Quelques personnes de Saint-Angel et des environs avaient été arrêtées comme complices des prétendus brigands par une population affolée. Les malheureux, insultés, frappés, en péril de mort, furent conduits sous bonne escorte à Limoges et menés à la prison. L'émotion se réveilla dans la ville à leur arrivée. La foule s'ameuta et menaça de mettre le feu à l'hôtel de l'Intendance, parce que M. Meulan d'Ablois était, assurait-on, parent ou allié de l'un d'entr'eux, M. de Douhet. Il fallut les garder en prison, bien que leur innocence fût parfaitement établie et que M. de Douhet eût été arrêté au moment même où, à la tête des paysans des environs, il marchait au secours de la ville voisine menacée, d'après la rumeur, par les invisibles brigands. On fut obligé de prendre mille précautions et de préparer de longue main l'opinion publique avant de les mettre en liberté.

(1) De déplorables rivalités personnelles augmentaient les difficultés et les dangers de la situation. M. Montaudon ambitionnait la charge de maire, et la nomination de M. Pétiniaud de Beaupeyrat, son concurrent à ces fonctions, avait exaspéré ses partisans. Ceux-ci répandirent en prison, bien que leur ville les plus atroces calomnies contre leur adversaire qu'on accusa de spéculer sur les grains et d'affamer la ville. M. Pétiniaud de Beaupeyrat fut tellement ému et écœuré de ces bruits et des dispositions manifestées à son égard par une partie de la population, qu'il hésita plusieurs semaines à se faire installer dans sa nouvelle charge et manifesta même l'intention de se retirer. Ce fut seulement sur les instances de la municipalité et du comité patriotique qu'il se décida à prendre possession de la mairie.

Le *Comité patriotique* n'avait pas été formé tout à fait spontanément. On voulut à la fois, en l'établissant, donner satisfaction à quelques ambitions et faire partager à un plus grand nombre de personnes les travaux de l'administration municipale et aussi sa responsabilité ;

Aujourd'huy, vingt quatre aoust mil sept cent quatre vingt neuf, dans la salle de l'hôtel de ville de Limoges, lecture ayant été faite des ordres du Roy ci-dessus, M. Pétiniaud de Beaupeyrat y étant avec MM. les officiers municipaux et les membres du comité patriotique de ladite ville, il a été invité à se rendre aux vœux de ses concitoyens, en prêtant le serment d'usage entre les mains de M. Tanchon, lieutenant de maire, président l'assemblée, ce à quoi il a de suite satisfait. En conséquence, il a été installé dans ladite place de maire pour en remplir les fonctions, conformément aux ordres du Roy, et a signé.

Prestation de serment de M. Pétiniaud de Beaupeyrat pour la place de Maire.

TANCHON, PÉTINIAUD, DAVID, THOUMAS, NAVIÈRES DE LA BOISSIÈRE, échevins ; DU BOYS, RUBEN DE L'OMBRE-DUMAS, DE BEAUNE, DE FREISSINIAT, DOUDET, d^r m. d. M., SENEMAUD LACONQUE, DE LA QUINIÈRE, JUGE, avocat du roy ; DUMAY, PETIT, BLANCHARD, JOURDAN, COUSIN, COLOMB, MALINVAUD, PÉTINIAUD, G. GUIBERT-VIALEIX, DINEMATIN DE SALLES, RUAUD, DAVID, CIBOT (1), LINGAUD fils aîné, secrétaire greffier (2).

La ville formait alors neuf cantons, qui prirent le nom de districts : chaque district nomma quatre membres, qui furent adjoints à l'Etat Major et aux capitaines de la Garde nationale (c'était le nom nouveau qu'avait pris l'ancienne milice bourgeoise après sa réorganisation, le 29 juillet). Ce Comité devait s'occuper d'élaborer, de concert avec la municipalité, un règlement pour le service de la Garde nationale. La question de la cherté des grains et la nécessité de prendre les mesures pour y parer dominant de plus en plus la situation et menaçant d'absorber complètement les instants de l'administration municipale et du Comité patriotique, on dut créer le 9 août un comité spécial des subsistances, composé de quatre délégués de chacun des districts de la ville. Bien qu'il y eût dans ce nombre quelques hommes turbulents et portés aux mesures les plus violentes, ce Comité prit beaucoup de dispositions sages, donna à la municipalité un concours précieux avec l'appui moral dont elle avait besoin vis à vis de la population, et rendit en somme de très importants services.

(1) Un nom illisible : Dutreix, Durieux ou quelque chose d'approchant.

(2) Malgré l'affichage des décrets et arrêtés pour le maintien de la tranquilité publique, et les ordonnances spéciales de police des officiers municipaux, celle du 11 août notammment, une grande fermentation régnait dans les esprits. Les nouvelles de Paris tournaient toutes les têtes et désorientaient les dépositaires de l'autorité publique ; on accusait le maire, M. Pétiniaud de Beaupeyrat, d'accaparer les grains. Le vendredi, 21 août, des attroupements se formèrent dans la Basse-Cité et le Naveix, et menacèrent de mettre le feu aux maisons des officiers municipaux si on ne réduisait pas le prix du pain. M. Briguell, maire de la Cité, accourut sur la place Saint-Maurice où la foule s'était portée, et réussit à calmer un instant les esprits et à disperser le rassemblement. Il n'y eut pas de désordres le lendemain ; toutefois l'émotion ne se dissipait pas et plusieurs personnes trouvèrent sous leurs portes des lettres renfermant des menaces. Ces billets avaient été écrits par un nègre qui était au service du fils du Directeur des Vingtièmes et qui fut saisi dans la nuit du dimanche au lundi, sur la place d'Aine, par une patrouille. Il fit certains aveux, à la suite desquels plusieurs individus furent arrêtés. Un des organisateurs du complot fut pendu, le 23 septembre, sur la place des Bancs, en vertu d'un jugement prévôtal ; un autre fut condamné à trois ans de galères ; un troisième au carcan.

La Garde nationale avait renoncé à l'ancien uniforme de la milice bourgeoise et pris celui de la milice citoyenne de Paris. Les officiers, revêtus du nouveau costume, furent reconnus dans une assemblée convoquée aux Allées de Tourny, et à l'issue de laquelle une messe fut célébrée à Saint-Martial par M. Tanchon, chanoine de la Collégiale, aumônier de

Nomination de M. Muret de Paignac avocat du Roi et échevin au bureau du collège pour remplacer M. Navières de Brégefort.

Aujourd'huy, vingt neuf aoust mil sept cent quatre vingt neuf, dans la salle de l'hôtel de ville de Limoges, où étoient assemblés Messieurs les officiers municipaux, M. Pétiniaud de Beaupeyrat, écuyer, Maire, a exposé qu'il étoit nécessaire de remplacer, au bureau de l'administration du collège royal de cette ville, M. Navières de Brégefort, conseiller du Roy au sénéchal et présidial, ancien échevin : la chose mise en délibération, mes dits sieurs officiers municipaux ont unanimement nommé M. Muret de Paignac, avocat du Roy au sénéchal et présidial, échevin actuel, pour remplacer ledit sieur Navières, en conformité de la Déclaration du Roy du vingt un mai mil sept cent quatre vingt trois.

Fait les jour, mois et an susdits.

PÉTINIAUD, Maire ; TANCHON, THOUMAS, DAVID, NAVIÈRES DE LA BOISSIÈRE, échevin.

Vérification des comptes rendus par le sr Lingaud père syndic-receveur de l'hôtel-de-ville pendant sa gestion du 1er mars 1789 au 1er septembre 1789

Aujourd'huy, premier septembre mil sept cent quatre vingt neuf, dans la salle de l'hôtel-de-ville de Limoges, où étoient assemblés Messieurs les Maire et Échevins soussignés,

Sur le compte qui a été rendu de la gestion faite par le sieur Lingaud père, sindic receveur dudit hôtel de ville, tant du produit du Don gratuit, Octrois, Courtage des vins, Patrimoniaux des fermes, Eau des étangs, Beurre, Police, Guet et Lanternes, que de l'emploi qui en a été fait, depuis le premier mars mil sept cent quatre vingt neuf jusqu'au premier septembre de ladite année, le tout ayant été vérifié et calculé, il résulte, savoir :

Don gratuit

La recette du Don gratuit, au premier septembre mil sept cent quatre vingt neuf, s'est trouvée monter à la somme de cinquante mille quatre cent quatre vingt quatre livres quatorze sols cinq deniers, y compris celle de quarante huit mille neuf cent quatre vingt quatre livres quatorze sols cinq deniers, résultat du der-

---

la Garde nationale. Un grand banquet eut lieu ensuite aux Feuillants. L'Intendant, le Lieutenant particulier, le Maire et les Échevins, les officiers du détachement de Royal Lorraine alors en garnison à Limoges, le Prévôt de la maréchaussée, le corps d'officiers de la Garde nationale y assistaient. Détail caractéristique : « En se levant de table, on se rendit à la bénédiction du Saint Sacrement donnée dans l'église des Feuillants, où il étoit exposé ce jour là et où le *Domine salvum fac Regem* fut chanté avec une vivacité attendrissante... » (*Almanach de la Garde Nationale de Limoges*, année 1790, p. 30).

— 329 —

nier compte arrêté par Messieurs les Maire et Echevins, le premier mars mil sept cent quatre vingt neuf, cy........ 50.484ˡⁱ 14ˢ 5ᵈ

Octrois

La recette des Octrois, depuis le premier mars mil sept cent quatre vingt neuf jusqu'au premier septembre de la dite année, s'est trouvée monter à la somme de huit mille deux cent soixante treize livres sept sols neuf deniers, cy................ 8.273ˡⁱ 7ˢ 9ᵈ

Courtage

La recette du courtage des vins depuis le premier mars mil sept cent quatre vingt neuf au premier septembre de ladite année, s'est trouvée monter à la somme de mille trente trois livres dix neuf sols neuf deniers, cy................ 1.033ˡⁱ 19ˢ 9ᵈ

Patrimoniaux

La recette des Patrimoniaux des fermes, depuis le premier mars mil sept cent quatre vingt neuf jusqu'au premier septembre de ladite année, s'est trouvée monter à la somme de douze cent dix huit livres, cy......................... 1.218ˡⁱ » »

Eau des étangs

La recette de l'Eau des étangs de la fontaine d'Eygoulène, depuis le premier mars mil sept cent quatre vingt neuf au premier septembre de ladite année, s'est trouvée monter à la somme de cent quatre vingt quatre livres dix neuf sols, cy...... 184ˡⁱ 19ˢ »

Beurre

La recette des droits perçus sur le beurre s'est trouvée monter, au premier septembre mil sept cent quatre vingt neuf, à la somme de trois mille huit cent vingt six livres treize sols six deniers, y compris celle de trois mille quarante une livres sept sols six deniers, résultat du dernier compte arrêté par Messieurs les Maire et Echevins le premier mars mil sept cent quatre vingt neuf, cy. 3.826ˡⁱ 13ˢ 6ᵈ

Police

La recette des droits perçus par la police, s'est

A reporter................,. 65.021ˡⁱ 14ˢ 5ᵈ

Report..................	65.021ˡˡ 14ˢ	5ᵈ

trouvée monter, au premier septembre mil sept cent quatre vingt neuf, à la somme de cinq mille neuf cent vingt huit livres neuf sols, y compris celle de cinq mille sept cent cinquante huit livres treize sols, résultat du dernier compte arrêté par Messieurs les Maire et Echevins, le premier mars mil sept cent quatre vingt neuf, cy.......... 5.928ˡˡ 9ˢ »

Guet et Lanternes

Et finalement, la recette du second Octroi du Guet et Lanternes, s'est trouvée monter, au premier septembre mil sept cent quatre vingt neuf, à la somme de seize mille cinq cents livres huit sols six deniers, y compris celle de neuf mille sept livres onze sols, résultat du dernier compte arrêté par Messieurs les Maire et Echevins, le premier mars mil sept cent quatre vingt neuf, cy. 16.500ˡˡ 8ˢ 6ᵈ

TOTAL GÉNÉRAL DES RECETTES.............. 87.450ˡˡ 11ˢ 11ᵈ

Dépense

Les dépenses des objets mentionnés en l'autre part, depuis le premier mars mil sept cent quatre vingt neuf au premier septembre de ladite année, se sont trouvées monter, savoir :

Suivant le résultat du dernier compte arrêté par Messieurs les Maire et Echevins, le premier mars mil sept cent quatre vingt neuf, l'excédent des dépenses générales des octrois, courtage, patrimoniaux et eaux des étangs aux recettes particulières des dits objets, s'est trouvé monter à la somme de cinquante quatre mille six cent quatre vingt cinq livres six sols dix deniers, qui avoit demeuré à nouveau compte, cy.................. 54.685ˡˡ 6ˢ 10ᵈ

Aux employés chargés de veiller à la perception des droits d'octroi et autres appartenant à la ville, la somme de neuf cent cinquante trois livres six sols huit deniers pour six mois de leurs appointements, commencés le premier janvier mil sept cent quatre vingt neuf, échus le premier

A reporter........... 54.685ˡˡ 6ˢ 10ᵈ

Report........................	54.685¹¹	6ˢ	10ᵈ
juillet de ladite année, suivant leurs quittances portées au registre à ce destiné, cy............	953¹¹	6ˢ	8ᵈ
La dépense faite sur la partie des octrois, depuis le premier mars mil sept cent quatre vingt neuf au premier septembre de ladite année, s'est trouvée monter à la somme de treize mille trois cent cinquante huit livres douze sols neuf deniers, suivant vingt et un mandements acquittés et payés par ledit sieur Lingaud, sindic receveur de l'hôtel de ville, cy............................	13.358¹¹	12ˢ	9ᵈ
Et finalement la dépense faite sur le Guet et Lanternes, depuis le premier mars mil sept cent quatre vingt neuf au premier septembre de ladite année, s'est trouvée monter à la somme de sept mille cinq cent cinquante neuf livres trois sols, suivant vingt quatre mandements acquittés et payés par ledit sieur Lingaud, cy............	7.559¹¹	3ˢ	»
TOTAL GÉNÉRAL DE LA DÉPENSE............	76.556¹¹	9ˢ	3ᵈ

RÉCAPITULATION GÉNÉRALE

Les recettes montent à.....................	87.450¹¹	11ˢ	11ᵈ
Les dépenses à...........................	76.556¹¹	9ˢ	3ᵈ
Partant les recettes excédent les dépenses, au 1ᵉʳ septembre 1789, de la somme de...........	10.894¹¹	2ˢ	8ᵈ

Fait et arrêté les jour, mois et an susdits.

MURET, PETINIAUD, DAVID, NAVIÈRES DE LA BOISSIÈRE (1).

(1) Nous avons donné, au commencement de ce volume (p. 26 et 27) le relevé des dépenses de l'hôtel de ville pour l'année 1775. Peut-être le lecteur ne sera-t-il pas fâché de trouver ici un relevé analogue (dressé, à défaut de compte spécial, d'après le registre des mandats délivrés par l'administration municipale, CC 23) pour l'année 1789, la dernière qui soit tout entière comprise dans les limites de notre publication :

A la régie, produit des octrois, patrimoniaux et courtage lui revenant.	9.667 ll.	17 s.	3 d.
Vingtièmes dus par la ville pour ses Patrimoniaux.	158 ll.	8 s.	»
— — pour ses Octrois.....................	344 ll.	15 s.	»
— — pour le courtage.....................	187 ll.	»	»
Droit annuel du centième denier pour les offices de la police, réunis à l'Hôtel de ville...	300 ll.	»	»
Droit de marc d'or, à l'occasion de la concession à la ville des droits du Roi sur le beurre et le poisson aux halles......................	343 ll.	11 s.	»
Indemnité au fermier des droits des halles, dont la jouissance avait été transférée à l'Hôtel de ville................................	240 ll.	»	»
Coût de toutes les formalités, épices, expéditions, frais accessoires des ettres patentes et autres actes relatifs à l'aliénation de l'Hôtel de ville et à l'autorisation d'emprunt accordée à la ville....................	1.254 ll.	3 s.	3 d.
A reporter........	12.495 ll.	14 s.	6 d.

Délibération du corps municipal et du conseil politique prise d'après les arrêtés du comité patriotique et du comité des subsistances portant qu'il sera fait un emprunt patriotique à raison de cinq pour cent d'intérêts jusqu'à concurrence de 200,000 ll. à l'effet de tirer des grains de l'étranger pour assurer l'approvisionnement de la ville homologuée par M. l'Intendant le 20 septembre 1789

Aujourd'huy, dix neuf septembre mil sept cent quatre vingt neuf, dans la grande salle de l'hôtel de ville de Limoges, où étaient assemblés, en vertu des billets de convocation faits en la manière prescrite et accoutumée, Messieurs Pétiniaud de Beaupeyrat, écuyer, maire; Tanchon de Lage père, avocat en parlement et juge de la Cité, lieutenant de maire; David, avocat en parlement; Thoumas de Bosmie, aussi avocat en parlement et notaire; Muret de Paignac, avocat du Roy au sénéchal et présidial, et Navières de La Boissière, conseiller du Roy à l'Election, ces quatre derniers

Report................	12.495 ll.	14 s.	6 d.
Loyer de l'Hôtel de ville provisoire (maison Durand de Lassaigne), rue du Temple)..............	300 ll.	»	»
Indemnité de logement au concierge de l'Hôtel de ville............	30 ll.	»	»
Appointements de Lingaud père et Lingaud fils, le premier receveur, le second greffier de l'Hôtel de ville, fixés ensemble à 1,200 ll., dont 750 ll. fournies par les remises allouées pour la perception, et en plus.	450 ll.	»	»
Gratification à Lingaud fils pour travail extraordinaire à l'occasion des assemblées municipales et de la convocation des Etats Généraux......	120 ll.	»	»
A Périer, traiteur de l'Hôtel de ville, pour trois repas, des 7 et 8 janvier (répartition des impositions) et 14 avril (procession du mardi de Pâques)...	255 ll.	»	»
Gages des deux capitaines et des trois gagers de l'Hôtel de ville, ensemble...	600 ll.	»	»
Prédicateur de l'Avent.................................	120 ll.	»	»
Prédicateur du Carême.................................	240 ll.	»	»
Cirier de l'Hôtel de ville...............................	225 ll.	»	»
Rente due au Grand Chantre de la Cathédrale pour les écoles.......	10 ll.	»	»
Sonnerie de cloche et soin de la chaire pendant la prédication.....	10 ll.	»	»
A M. Alluaud, à compte sur la construction de la halle et travaux accessoires.......................................	5.000 ll.	»	»
Dépenses diverses : chaussée de Pissevache 323 ll. 4 s.; pavé de la chaussée et pont de la Planchette 292 ll. 7 s. 6 d.; pavage d'une portion de la place Saint-Michel et d'une portion de la voie publique entre la Porte-Tourny et la rue des Taules ; réparations diverses aux fontaines et à la voie publique ; chauffage de l'hôtel de ville et des portes : 595 ll.; frais de l'appropriation de la salle des Feuillants pour la tenue des assemblées préliminaires des corporations : 48 ll. 10 s.; appropriation de l'église du Collège pour l'assemblée des trois ordres (pour estrade, « deux écritoires de faïence », quatorze mains de papiers, « chaises fracassées ou endommagées, etc. » 162 ll. 12 s.; un compte d'impression et de fournitures Farne 114 ll.; « à la d^{lle} Nicolas, pour avoir fait des cocardes : 40 ll. »; — dépenses d'établissement des corps de garde, appropriation de locaux, y compris les notes d'un certain nombre d'aubergistes : 1.515 ll. 11 s. 6 d. Les ports de lettres et paquets figurent pour environ 400 livres.......	5.641 ll.	1 s.	9 d.
TOTAL...............	25.496 ll.	16 s.	3 d.

Nous remarquerons, comme nous l'avons fait observer à la date de 1774, que plusieurs dépenses ne figurent pas à ce relevé : l'allocation de 1.000 ll. au gouverneur pour indemnité de logement ; les dépenses d'entretien et de réparation de l'intendance ainsi que celles d'entretien et de réparation des bâtiments du Présidial et des Prisons, mis à la charge de la ville par arrêt du Conseil du 29 mars 1773 (p. 39 ci-dessus). Nous sommes surpris de ne trouver aucun article relatif au passage et au logement des troupes, alors qu'en 1774 cet article atteignait un chiffre assez élevé. Les salaires des employés d'octroi, prélevés sur le produit de la perception, n'y sont pas portés non plus.

Disons aussi que nous ne faisons pas figurer à notre relevé toutes les sommes payées en 1789, mais seulement celles afférentes à cet exercice.

échevins ; Lingaud père, trésorier et receveur de la ville, et Lingaud fils aîné, secrétaire greffier, formant le corps municipal de ville ;

Et Messieurs Pétiniaud de Juriol, avocat en parlement et écuyer; Boyer de Gris, docteur en médecine ; Navières du Treuil, négociant ; Ruben de l'Ombre, lieutenant particulier au sénéchal et présidial ; de Beaune, lieutenant assesseur au sénéchal et présidial ; de David, baron des Renaudies, lieutenant des maréchaux de France et chevalier de l'ordre royal et militaire de St-Louis ; Gérald de Faye, docteur en médecine ; Malevergne de Freissiniat, ancien directeur des domaines du Roy, et Pétiniaud d'Eyjeaux, fils aîné, négociant, conseillers de ville, formant le conseil politique dudit hôtel-de-ville, — les autres absents ;

M. Pétiniaud de Beaupeyrat, maire, a présenté à l'assemblée et déposé sur le bureau les arrêtés pris les seize et dix-sept de ce mois, tant par le Comité patriotique que par les Commissaires composant le Comité des subsistances. Lecture ayant été faite dudit arrêté, tendant, vu les inquiétudes que la pénurie de la récolte dernière inspire, à assurer les subsistances de la ville, en tirant des grains de l'étranger : ce qui met dans la nécessité d'ouvrir un emprunt patriotique à raison de cinq pour cent d'intérêts, ledit emprunt devant être assez considérable pour fournir à tous les frais tant des demandes déjà faites par M. de Beaupeyrat, sur l'invitation du Comité, que de celles qu'on l'a prié, avec insistance, de renouveler pour parer aux besoins de l'hiver (1) ;

M. de Beaupeyrat a exposé que le Comité avait unanimement voté ledit emprunt jusqu'à la concurrence de deux cents mille livres, s'en rapportant à la municipalité réunie, pour en fixer le mode et la forme, et pour en user en raison de la prévoyance des besoins auxquels il y a tout lieu d'espérer que l'Assemblée Nationale pourvoiera en partie, en conséquence de la demande qui lui a été faite de secours par le mémoire que le Comité lui a adressé le huit de ce mois et dont la municipalité est priée de prendre communication.

Et comme l'emprunt que des circonstances aussi impérieuses nécessitent, doit avoir pour garants tous les fonds de la commune, et ceux de tous les citoyens de quelque ordre qu'ils soient : le clergé séculier et régulier, les nobles, les privilégiés (2), les bour-

---

(1) Nous renvoyons le lecteur à diverses notices et articles publiés par nous sur le rôle de ce généreux citoyen et sur les inoubliables services rendus par lui à la population de Limoges : voir notamment la *Dette Beaupeyrat*, Limoges, Vve Ducourtieux, 1888, in-18.

(2) Il est assez singulier d'entendre parler de privilégiés, après la fameuse nuit du 4 août et le décret qui consacra l'élan d'enthousiasme de l'assemblée.

T. VI.

geois, et enfin tous les habitants de la ville, — la municipalité complète, qui représente tous les citoyens, est invitée à prendre une délibération obligatoire qui offre aux prêteurs patriotes toutes sûretés pour leur remboursement, tant du capital que des intérêts, aux époques fixées, et d'arrêter, dès à présent, qu'il sera fait dans le temps un ou plusieurs rôles d'impositions pour cause de subsistances, à l'effet de supporter les pertes et les intérêts, dans le cas où les secours demandés et attendus de la part du gouvernement ne suffiroient pas pour y pourvoir.

M. de Beaupeyrat a aussi représenté qu'il lui paraissoit convenable de désigner le sieur Lingaud père, trésorier et receveur de la ville, pour souscrire, au nom et pour le compte de la commune, les engagements envers les prêteurs, lesquels engagements seroient aussi visés par un commissaire nommé par l'assemblée.

Il a de plus observé que Mr Fournier jeune, notaire, ayant déjà offert de procurer, sans aucun droit de commission, les différentes sommes qu'il auroit à sa disposition, il devoit en faire icy une mention honorable, et qu'il croyoit à propos que la municipalité l'invitât à presser, autant qu'il le pourroit, le versement, dans la caisse qui sera désignée par l'assemblée, des premiers fonds nécessaires pour acquitter une cargaison qui doit être dans ce moment expédiée d'Hambourg, suivant l'avis qu'il en a reçu par le courrier d'hier.

Sur quoy, la chose mise en délibération et les suffrages recueillis, il a été unanimement arrêté : 1° qu'en approuvant tous les arrêtés faits, tant par le Comité patriotique que par celui chargé des subsistances, M. de Beaupeyrat, maire, est prié de vouloir bien continuer ses bons offices et son crédit pour procurer à la ville les grains dont elle a besoin pour sa subsistance, et en conséquence l'autorise à demander et à faire venir, de l'avis du Comité chargé des subsistances et du Comité général, les cargaisons susdites et toutes autres que besoin sera : la munipalité s'obligeant de le garantir de tout et de lui rembourser, tant le prix des achats qu'il aura faits, que tous frais, faux frais et avaries y relatifs (1).

2° Que, pour faire face à ces dépenses, il sera fait un emprunt, à cinq pour cent d'intérêts, jusqu'à concurrence de deux cent mille livres, sauf à le réduire ou à l'augmenter à la vue des secours qu'on a demandés au gouvernement et qu'on espère de recevoir ;

3° Que, pour pour la sûreté dudit emprunt, la municipalité affecte tous les biens des habitants de la ville, du clergé séculier et régulier, nobles et privilégiés sans distinction.

---

(1) On sait que ce remboursement devait se faire attendre jusqu'après la Restauration et n'être pas fait d'une façon complète.

4° Que tous les citoyens patriotes demeurent invités à remplir le plus tôt possible ledit emprunt, et nommément M. Fournier jeune, notaire, qui a déjà offert de procurer, sans aucun droit de commission, tous les fonds qui seront à sa disposition ; que, pour consentir les engagements aux différents prêteurs, l'assemblée a choisi et nommé le sieur Lingaud père, trésorier et receveur de la ville, et M. Tanchon-Delage père, lieutenant de maire, ou à son défaut l'officier de semaine, pour viser lesdits engagements, du remboursement desquels tous les biens des habitants demeureront tenus envers les prêteurs ; que ledit sieur Lingaud recevra les sommes provenant du dit emprunt et qu'il acquittera les mandats qui seront tirés sur lui par le dit sieur de Beaupeyrat, à fur et mesure des paiements à faire pour l'approvisionnement ;

5° Que, pour faire le remboursement dudit emprunt à l'époque où l'on pourra déterminer d'une manière fixe la dépense que la ville aura faite sur les subsistances, il sera fait, par la municipalité, un ou plusieurs rôles d'impositions, pour cause de subsistances, de la perte totale qu'on aura éprouvée, et ce sur tous les habitants : clergé séculier et régulier, nobles et privilégiés, sans distinction quelconque, dans le cas où les secours demandés au gouvernement ne suffiroient pas pour y pourvoir ; le recouvrement duquel rôle sera fait par ledit sieur Lingaud, qui, à fur et mesure du dit recouvrement, versera les fonds dans la caisse de la ville, pour être employés uniquement et de suite, par Messieurs de la Municipalité et du Conseil politique, pour rembourser, aux différents prêteurs, les capitaux et intérêts, et retirera les engagements de la ville duement acquittés.

Et sera la présente délibération présentée à Monseigneur l'Intendant pour être par lui homologuée, et ensuite imprimée, même affichée, pour que les citoyens puissent concourir à son exécution.

Fait et arrêté les jour, mois et an susdits.

    Pétiniaud, maire ; Tanchon ; Thoumas, échevin ; David, échevin ; Muret, échevin ; Navières de la Boissière, échevin ; Gerald de Faye, d. m^{in} c. p. ; Ruben de l'Ombre, l^t p^r, c^{er} pol^{que} ; Pétiniaud, con. p^{que} ; de Beaune, L^t au Sé., conseiller politique ; Petiniaud Juriol, c^{er} p^{que} ; le B^{on} des Renaudies ; de Freissiniat, conseiller politique ; Navière du Treuil, conseiller politique ; Boyer, conseiller politique ; Lingaud, fils aîné, secrétaire greffier ; Lingaud, trésorier et receveur de la ville.

Homologuée pour être exécutée suivant sa forme et teneur, à la charge par le sieur Lingaud père, trésorier, de rendre compte au corps municipal des recettes et dépenses relatives aux approvisionnements.

Fait en notre hôtel, ce 20 septembre 1789.

MEULAN D'ABLOIS (1).

Nomination de M. Lambertie, prêtre, pour prêcher l'Avent de 1789 dans l'église de Saint-Martial.

Aujourd'huy, dix septième octobre mil sept cent quatre vingt neuf, dans la salle de l'hôtel de ville de Limoges, où étoient assemblés MM. les Maire et Echevins soussignés, pour procéder à la nomination d'un prédicateur pour prêcher l'Avent de mil sept cent quatre vingt neuf dans l'église collégiale de Saint-Martial de cette ville, — la chose mise en délibération, les dits sieurs Maire et Echevins ont, d'une commune voix, nommé M. Lambertie, prêtre de Saint-Michel-des-Lions de cette ville, auquel, etc. (voir ci-dessus, p. 14).

TANCHON, MURET, DAVID, PÉTINIAUD, THOUMAS, NAVIÈRE DE LA BOISSIÈRE (2).

(1) Le 23 septembre, un nommé Pradeau fut pendu en vertu d'un jugement prévôtal, comme un des auteurs et des chefs des émeutes du mois d'août. L'exécution eut lieu sur la place des Bancs. Des condamnations aux galères et au carcan furent prononcées contre d'autres personnes.

(2) Comment ne trouvons-nous même pas mention, à notre registre, d'une assemblée de ville du 7 octobre que signale l'abbé Legros (*Continuation des Annales*, p. 368). M. de Beaune, assesseur au Présidial, y fit une motion pour faciliter les approvisionnements des boulangers et les augmenter. On adopta un arrêté permettant aux boulangers du dehors de porter et de mettre en vente à Limoges du pain en aussi grande quantité qu'ils le voudraient.

Le 15 octobre, il fut procédé, à l'Hôtel de Ville, à l'adjudication pour neuf années des droits à percevoir au Gras : ces droits venaient d'être cédés par le Roi à la ville. A cette date, le nouveau marché aux poissons construit sur la place de la Motte était déjà occupé.

Notons, au 17 octobre, la première apparition d'une nouvelle feuille périodique : Le *Bulletin*, ou *Extrait des papiers publics*, créé par un sieur Martin, premier commis du Bureau du Domaine ; celui-ci, loin d'imiter la prudence et la modération de la *Feuille hebdomadaire*, mit son organe au service des hommes les plus avancés, surtout des ennemis de la municipalité.

Dès le 18 novembre, le *Bulletin* était dénoncé à la municipalité pour ses violences ; mais l'autorité n'osa prendre aucune mesure à l'égard de cette feuille.

On avait arrêté, le 15 septembre, dans un magasin de la place des Bancs, un certain Louis Enaf qui tenait des propos fort vifs contre les députés Naurissard et Roulhac, disant que le premier surtout s'opposait à toutes les motions patriotiques et que leurs commettants les feraient sans doute brûler l'un et l'autre quand ils les reverraient (Arch. Hôtel de Ville, FF4).

Délibération prise par MM. les officiers municipaux pour accorder au s^r Ambal, capitaine de la compagnie du Guet, une plus value de 5 s. par jour; au s^r Auvray, lieutenant, celle de 4 s., et aux sergents, caporaux, fusiliers et tambour, celle d'un sol en sus de celles de 2 s. déjà accordées depuis les 18 octobre 1788 et 11 avril 1789, par délibérations homologuées de Mgr l'Intendant, et ce à compter du 1er novembre 1789, et pendant le temps que durera la cherté du blé.

Aujourd'huy, quatre novembre mil sept cent quatre vingt neuf, dans la salle de l'hôtel de ville de Limoges, où étoient assemblés Messieurs les officiers municipaux soussignés,

Délibération prise, etc. (Voir ci-contre).

S'est présenté le sieur Ambal, capitaine de la compagnie du guet de cette ville, lequel a exposé que, par délibérations des dix-huit octobre 1788 et onze avril 1789, homologuées par Monseigneur l'Intendant, Messieurs les officiers municipaux s'étoient déterminés sur ses représentations à accorder aux sergents, caporaux, fusiliers et tambour de la dite compagnie, une plus value de deux sols par jour sur leur paye, eu égard à la cherté du pain, mais que le prix en ayant encore considérablement augmenté depuis cette époque, il ne peut se dispenser de mettre sous les yeux de Messieurs les officiers municipaux cette augmentation, et de solliciter en conséquence celle de la plus value accordée à la troupe de Sa Majesté ; il a de plus observé que ses appointements et ceux du sieur Auvray, lieutenant, étant très médiocres, ils supplient Messieurs les officiers municipaux de vouloir bien leur accorder la même grâce, — et a signé : AMBAL.

Sur quoy, la chose mise en délibération, il a été unanimement arrêté que, sous le bon plaisir de Monseigneur l'Intendant, il seroit accordé et payé, à compter du premier novembre 1789, savoir: au sieur Ambal, capitaine, une plus value de cinq sols par jour ; au sieur Auvray, lieutenant, celle de quatre sols, et aux sergents, caporaux, fusiliers et tambour, celle d'un sol en sus de celle de deux sols déjà accordée par délibérations des dix-huit octobre 1788 et onze avril 1789, homologuées par Monseigneur l'Intendant, — et ce pendant le temps que durera la cherté du bled en cette ville, se réservant au surplus lesdits sieurs officiers municipaux de statuer sur ladite plus value pour les mois à venir, ainsy que les circonstances l'exigeront (1).

Fait et arrêté les jour, mois et an susdits.

PÉTINIAUD, maire, DAVID, MURET.

---

(1) Voir ci-dessus. pages 165 et 297, des délibérations analogues, non pourtant conçues exactement dans les mêmes termes.

Vu par nous, Intendant en la généralité de Limoges, la délibération cy-dessus et des autres parts,

Nous avons homologué et homologuons ladite délibération, pour être exécutée selon sa forme et teneur. Fait en notre hôtel, le 14 novembre 1789. *Signé :* MEULAN D'ABLOY (*sic*).

Arrêt du Conseil d'Etat du Roy du six février 1789, portant concession aux officiers municipaux de la ville de Limoges : 1° des droits appartenant à Sa Majesté sur le poisson et le beurre qui se vendent dans ladite ville ; 2° le (sic) matériaux de l'ancienne halle ou marché ; 3° l'emplacement de ladite halle ; 4° le terrain nommé place de la Mothe ; 5° celuy occupé par les deux étangs, joignant ladite place de la Mothe, — pour, par ladite ville de Limoges, jouir de tous lesdits objets à titre de propriété incommutable, à la charge de payer au Domaine de Sa Majesté une redevance annuelle de 300 ll., laquelle sera payée double tous les 40 ans (1).

Extrait des registres du Conseil d'Etat du Roy.

Arrêt du Conseil, etc. (Voir ci-contre). Sur la requête présentée au Roy, étant en son Conseil, par les maire et échevins, et habitants de la ville de Limoges, contenant qu'il existe depuis longtemps dans cette ville une halle pour la vente du poisson, dont la situation excite journellement des plaintes du public ; que cette halle est dans une espèce de carrefour étroit et devant la principale porte de l'église de Saint-Pierre ; que les curé et fabrique de cette paroisse se plaignent de ce que l'entrée de l'église est pour ainsi dire bouchée par cette halle ; que le bruit qui se fait nécessairement au marché au poisson interrompt le service divin et qu'il n'en résulte que trop souvent beaucoup de scandale ; que les habitants de toutes les maisons voisines portent les mêmes plaintes ; que le poisson se trouvant dans un endroit aussi resserré, se corrompt beaucoup plus facilement, surtout en été, et qu'il répand une odeur infecte dans tout le quartier ; qu'enfin cette halle étant beaucoup trop resserrée pour la consommation de la ville, les vendeurs et les acheteurs sont obligés de se répandre dans les rues adjacentes, ce qui obstrue entièrement ce quartier et empêche les communications, d'autant plus nécessaires qu'une

---

(1) La durée de la vie d'un homme. Autrefois, les charges ou jouissances perpétuelles qui comportaient des droits d'accapt ou certains autres droits de mutation et qui se trouvaient acquises par les corps et communautés, étaient placées sur la tête d'un homme « vivant et mourant » afin que le seigneur ne perdît pas ces droits par l'effet de la possession en mainmorte. Nos registres nous ont déjà fourni des exemples de cet usage.

grande partie du commerce de la ville se fait dans les environs ; qu'il est donc indispensable de remédier à tous ces inconvénients, en détruisant cette halle et en la faisant reconstruire dans un endroit plus spacieux et plus aéré ; mais que cette halle appartient à Sa Majesté et que les droits sur le poisson et le beurre y sont perçus à son profit ; que ce seroit donc sur son domaine que devroient être pris les frais de cette translation ; que cette dépense seroit très considérable en comparaison du produit des droits ; que la halle étant dans l'état actuel beaucoup trop resserrée, il seroit nécessaire de l'agrandir, et que cette nouvelle construction absorberait et au-delà le capital du produit des droits qui se perçoivent sur le poisson ; qu'il seroit donc à craindre qu'on ne différât ou qu'on ne refusât entièrement une reconstruction évidemment préjudiciable aux intérêts du domaine de Sa Majesté ; que cependant cette translation étant absolument indispensable, lesdits officiers municipaux se sont déterminés à faire au nom de la ville un sacrifice pour son utilité et son avantage ; qu'étant obligés dans ce moment de faire des réparations aux étangs appartenant à la ville et à la place où ils sont situés, ils se chargeront de la reconstruction de la halle aux poissons, qui se trouvera réunie dans cet endroit à un emplacement spacieux et aéré [et à] la commodité de l'eau pour faire des réservoirs et conserver le poisson ; qu'à l'effet de cette reconstruction, les dits officiers municipaux supplient Sa Majesté de concéder à la ville de Limoges les droits qui lui appartiennent sur le poisson et sur le beurre, ainsi que les matériaux provenant de la démolition de la halle actuelle, les emplacements de l'ancienne et de la nouvelle Poissonnerie, et ce de même que le terrain occupé par les étangs, moyennant une redevance annuelle, telle qu'il plaira à Sa Majesté de la fixer ; vu aussi la délibération de la ville de Limoges du neuf août dernier (1), par laquelle les Officiers municipaux se sont chargés de faire faire les ouvrages, tant pour la construction de la Poissonnerie avec les réservoirs que pour le déblaiement de la place de la Mothe et les réparations des étangs ; les plans, devis et détails estimatifs dressés par le s^r Dumont, ingénieur en chef des ponts et chaussées de la généralité de Limoges ; Vu sur le tout l'avis du sieur Meulan d'Ablois, intendant et commissaire départi en la généralité de Limoges ; Ouï le rapport du s^r Lambert, conseiller d'Etat ordinaire, et au Conseil des Dépêches, et au Conseil royal des Finances et du Commerce, Le Roy, étant en son Conseil, a concédé et concède aux Officiers municipaux de la ville de Limo-

(1) Voir ci-dessus, page 288 et suivantes. La délibération du corps de ville est du 7 aoû 1788.

ges : 1° les droits appartenant à Sa Majesté sur le poisson et le beurre qui se vendent dans la dite ville ; 2° tous les matériaux de la halle actuelle ; 3° l'emplacement de la place où est située la dite halle ; 4° le terrain nommé place de La Mothe ; 5° enfin le terrain occupé par les deux étangs joignant la dite place de La Mothe, — pour la dite ville de Limoges jouir de tous les dits objets à titre de propriété incommutable, à la charge de payer au domaine de Sa Majesté une redevance annuelle de la somme de trois cents livres, à compter de la date du présent arrêt, laquelle redevance sera payée double tous les quarante ans, pour tenir lieu de droit de mutation. Veut et ordonne Sa Majesté que, dans le cas où la dite ville de Limoges voudroit par la suite aliéner partie des terrains qui luy sont concédés par le présent arrêt, elle puisse en disposer en chargeant les acquéreurs de payer au domaine de Sa Majesté un cens annuel de trois deniers par toise carrée, lequel cens emportera lods et ventes, en cas de mutation. Ordonne pareillement Sa Majesté qu'en conséquence de la concession cy-dessus accordée, le fermier actuel des droits sur le beurre et sur le poisson payera à la ville le prix de son bail. Quant à la somme pour laquelle les droits sur le beurre et le poisson y doivent être réputés compris, pour les termes à échoir depuis la date du présent arrêt jusqu'à l'expiration du bail, et dans le cas où les officiers municipaux jugeroient à propos de le résilier, ils seront tenus d'indemniser le fermier relativement à la non-jouissance et de luy payer à cet effet la somme qui sera convenue entre eux, à l'amiable, ou, en cas de contestation, suivant le règlement qui en sera fait par le s^r Intendant de la généralité de Limoges, sans qu'à cet égard il puisse être exercé aucun recours contre Sa Majesté. Homologue et approuve, Sa Majesté, la délibération de la ville de Limoges du sept août dernier, ensemble les plans et devis dressés par le s^r Dumont, ingénieur en chef des ponts et chaussées de la généralité de Limoges : ordonne en conséquence que, par devant le s^r intendant et commissaire départi en la dite généralité, ou tel subdélégué qu'il lui plaira commettre, il sera procédé, en présence des Officiers municipaux de la dite ville, et dans la forme ordinaire, à l'adjudication au rabais des ouvrages à faire, tant pour la construction de la nouvelle Poissonnerie avec les réservoirs, que pour le déblaiement de la place de La Mothe et les réparations à faire aux étangs, tous lesquels ouvrages seront exécutés et les alignements donnés conformément aux dits plans et projets, duement approuvés, nonobstant tous plans et alignements contraires, auxquels Sa Majesté a dérogé pour cette fois seulement. Veut également Sa Majesté que la dite nouvelle Poissonnerie soit réparée et entretenue aux frais de la dite ville, et que si tous les dits ouvrages ne sont pas complétement exécutés dans le cours de trois années à compter de la date du présent arrêt, il y soit pourvu aux frais de la ville par le s^r Intendant de Limoges, que Sa Majesté autorise à cet effet. Et seront les ouvrages payés, dans tous les cas, sur les fonds à ce destinés, d'après les certificats de l'Ingénieur en chef des ponts et chaussées à Limoges, et en vertu des mandats des officiers municipaux, duement visés du s^r Intendant et commissaire départi. Ordonne en outre Sa Majesté que, si l'exécution des travaux mentionnés au présent arrêt occasionnoit quelques dégradations aux maisons et bâtiments voisins, les dites dégradations seront constatées par procès-verbaux dressés de l'ordre du dit s^r Intendant, et que les indemnités, si aucunes sont dues, seront payées aux propriétaires par les officiers municipaux, suivant ce qui sera convenu à l'amiable, ou, en cas de contestation, à dire d'experts choisis par les parties ou nommés d'office par le dit sieur Intendant et commissaire départi, auquel Sa Majesté enjoint de tenir la main à l'exécution du présent arrêt, circonstances et dépendances, lui attribuant à cet effet la connoissance de toutes les oppositions et contestations qui pourroient survenir à ce sujet, sauf l'appel au Conseil, et icelle interdisant à toutes ses cours et autres juges. Défend en conséquence Sa Majesté aux parties de se pourvoir ailleurs que par devant le dit s^r Intendant, à peine de nullité et de cinq cents livres d'amende. Fait au Conseil d'Etat du Roi, Sa Majesté y étant, tenu à Versailles le sixième jour de février mil sept cent quatre-vingt-neuf. *Signé* : LAURENT DE VILLEDEUIL ; *et plus bas* : Le présent arrêt, sur ce ouï le procureur du Roi et de son consentement, a été enregistré ez registres du greffe du Bureau des finances de la généralité de Limoges, pour y avoir recours lorsque besoin sera, en vertu de l'ordonnance du Bureau de cejourd'huy, à Limoges, le vingt may mil sept cent quatre-vingt-neuf. *Signé* : FOURNAUD, greffier (1).

(1. La garde nationale s'était définitivement organisée dans une série de réunions générales tenues les 2, 3, 4 novembre et jours suivants. L'état-major acheva de se constituer le 6, et M. Faulte de Vanteaux fut nommé commandant général adjoint. Un règlement fut préparé et communiqué aux capitaines, puis discuté en séance. Ajoutons qu'un Comité militaire fut créé pour s'occuper spécialement des questions d'organisation. La garde nationale fut plusieurs fois, au cours de 1789 et 1790, invitée à envoyer des détachements de volontaires dans certaines localités du Bas-Limousin où avaient éclaté des troubles. Mais elle jugea prudent de réserver ses forces pour maintenir la tranquillité dans la ville, et étant donné les incessantes alertes qui se produisaient et l'extrême impressionabilité de la population, peut-être agit-elle avec sagesse.

Sur une lettre de l'Evêque exhortant le clergé à envoyer à la Monnaie, à titre d'offrande patriotique, l'argenterie qui ne serait pas indispensable au service du culte, le Chapitre de St-Etienne, les Chanoines de St-Martial, les Bénédictins et plusieurs communautés se dessaisirent de quelques-uns des objets précieux qu'ils possédaient. Les Pénitents Noirs imitèrent cet exemple, qui ne fut suivi ni par les autres confréries ni par les paroisses. L'assemblée de paroisse de Saint-Pierre-du-Queyroix, convoquée à cette occasion, décida qu'elle ne donnerait rien.

Délibération de MM. les officiers municipaux portant enregistrement du procès-verbal de nomination de M. Faulte de Ventaux pour commandant général adjoint de la Garde nationale de Limoges.

Aujourd'huy, vingt-un (1) novembre mil sept cent quatre-vingt-neuf, dans la salle de l'hôtel de ville de Limoges, où étoient assemblés messieurs les officiers municipaux soussignés,

Se sont présentés MM. Nicot du Gondaud, lieutenant-colonel ; Tourniol, aide-major, et Guineau-Dupré, quartier-maître, accompagnant M. Faulte de Ventaux, chevalier de l'Ordre royal et militaire de Saint-Louis, ancien capitaine commandant au Régiment de Picardie-Infanterie, nommé commandant général adjoint de la garde nationale de cette ville, par procès-verbal du Comité militaire en date du quatre de ce mois, dont l'extrait lui a été remis pour lui servir de brevet.

A l'instant M. Faulte de Ventaux a présenté à M. Pétiniaud de Beaupeyrat, maire, l'extrait du dit procès-verbal en due forme, qui lui avoit été expédié par le secrétaire général, et contre signé par le quartier-maître, sur lequel étoit apposé le sceau de la garde nationale, pour être enregistré sur le registre de l'Hôtel de ville. M. de Beaupeyrat, en recevant l'extrait du dit procès-verbal, a dit :

« Monsieur,

« Vous avez consacré vos premiers ans au service de votre patrie et de votre Roy. Les marques que vous portez sont la récompense de votre mérite et de vos travaux. Il vous en étoit réservé une que nous ressentons nous-mêmes. Ce que vous avez fait pour la nation et le Roy rejaillit dans ce moment sur nous ; la ville s'applaudit du choix et nous sommes ses organes. »

Ordonnons que le présent extrait du procès-verbal du Comité militaire de cette ville sera enregistré sur les registres de l'hôtel de ville, aux fins de droit, pour avoir son exécution provisoire jusqu'à ce qu'il en ait été autrement ordonné par l'Assemblée nationale, et qu'expédition de la présente ordonnance sera délivrée à la suite du dit brevet et scellée du sceau des armes de la ville, pour servir à M. le commandant général adjoint ce que de droit.

Au surplus, attendu la prestation de serment que M. Faulte de Ventaux, commandant général adjoint de la garde nationale, se propose de prêter, ainsy que MM. les officiers de la dite garde, conformément au décret de l'Assemblée nationale du dix août dernier,

M. Nicot, lieutenant-colonel, et Messieurs de Calignon, commandant du district de Consulat ; de Lépine, capitaine commandant du district des Bancs ; Ardant du Pic et Laforest aîné, commissaires du Comité militaire, étant chargés de nous prévenir que le jour de

---

(1) On avait d'abord écrit : *vingt-deux*.

— 343 —

demain, vingt-deux du courant, ayant(*sic*) paru convenable pour cette cérémonie, nous l'avons agréé, et en conséquence déclarons que nous nous rendrons dans l'église du Collège de cette ville, choisie pour cette fois seulement et sans tirer à conséquence (1), aux fins de la susdite prestation de serment. Fait le dit jour, mois et an susdit.

    Pétiniaud, maire ; David, échevin ; Muret, échevin ; Faulte de Vanteaux ; Nicot, l^t-colonel ; P. Laforest, Calignon, Ardant, Guineau-Dupré, Delépine, Lingaud fils aîné, secrétaire greffier.

Extrait des délibérations du Comité militaire de la ville de Limoges, formé de l'Etat-Major de la garde nationale et des quatre commissaires de chacun des neuf districts.

Le quatre novembre mil sept cent quatre-vingt-neuf, il a été unanimement délibéré que l'état-major seroit composé d'un commandant général, d'un commandant général adjoint, d'un colonel, d'un lieutenant-colonel, d'un major, de quatre aides-major, d'un quartier-maître-trésorier-général, d'un secrétaire général, d'un aumônier, d'un chirurgien-major, d'un sergent-major et d'un tambour-major.

    Procès-verbal de nomination de M. Faulte de Ventaux, commandant général adjoint de la Garde nationale de Limoges.

Le commandant général adjoint n'étant pas nommé, le scrutin a été proposé pour sa nomination, et la pluralité des suffrages s'est réunie en faveur de M. Faulte de Ventaux, chevalier de l'Ordre royal et militaire de Saint-Louis, ancien capitaine au régiment de Picardie-Infanterie.

Le Comité ayant délibéré d'envoyer une députation d'honneur à M. le commandant général adjoint, pour lui faire part de sa nomination, MM. Nicot du Gondaud, lieutenant-colonel, et Muret, aide-major, ont été chargés de cette députation et de lui présenter un extrait du dit procès-verbal, que le quartier-maître a été chargé d'expédier et d'y apposer le sceau de la garde nationale, jusqu'à ce que le Comité pourroit lui offrir une expédition de l'entier procès-verbal pour lui servir de brevet.

Aujourd'huy, six du mois de novembre mil sept cent quatre-vingt-neuf, à deux heures de relevée, le Comité militaire, assemblé dans la salle de l'hôtel de ville, en la forme établie au procès-verbal du

---

(1) Nous avons vu, aux précédents volumes, les revendications auxquelles avait donné lieu, de la part du curé de Saint-Pierre, le choix d'une autre église pour les cérémonies ayant un caractère municipal.

4, présidant M. Peyroche du Reynou, — MM. Nicot du Gondaud et Muret ont exposé qu'ils s'étoient rendus auprès de M. Faulte, nommé commandant général adjoint, pour le prévenir de sa nomination ; que ce militaire distingué avoit accepté la place de commandant général adjoint avec la plus sensible reconnoissance, et qu'il désiroit la témoigner au Comité assemblé : en conséquence, demandoit d'y être admis. Le Comité a prié MM. Nicot et Muret de l'introduire dans l'assemblée, où il a été reçu avec applaudissement. *Signé:* Lingaud fils aîné, secrétaire général. — Je soussigné, quartier-maître trésorier général de la garde nationale de cette ville, avons apposé le sceau de la dite garde nationale au susdit extrait des délibérations du Comité militaire, aux fins que foi y soit ajoutée. A Limoges, le vingt novembre 1789. *Signé :* Guineau Dupré.

Enregistré le vingt-un novembre mil sept cent quatre-vingt-neuf, en conséquence de la délibération de MM. les Officiers municipaux du dit jour, par nous, secrétaire greffier de l'hôtel de ville de Limoges, soussigné : Lingaud fils aîné.

Du 22 novembre 1789 :

Procès-verbal de prestation de serment de M. de Faulte de Ventaux, commandant général adjoint et de MM. de l'Etat major et officiers des districts de la Garde nationale de Limoges, en présence de MM. les officiers municipaux, conformément au décret de l'Assemblée nationale du 10 août 1789.

Et advenant le vingt-deux novembre mil sept cent quatre-vingt-neuf, nous, Officiers municipaux sus dits et soussignés, en exécution de notre délibération du jour d'hier, nous sommes rendus dans l'église du Collège de cette ville, accompagnés de notre secrétaire greffier et de notre suite ordinaire, pour y être présents à la prestation de serment que le commandant général adjoint et les officiers de la garde nationale doivent y prêter en notre présence et en conformité du susdit décret de l'Assemblée nationale, du dix août dernier ; où étant, nous avons vu M. Faulte de Ventaux, ancien capitaine commandant au régiment de Picardie-Infanterie, chevalier de l'Ordre royal et militaire de Saint-Louis, et commandant général adjoint de la Garde nationale de cette ville, à la tête de MM. les officiers de l'Etat-Major et officiers des différents districts composant la dite garde nationale, s'avancer vers le sanctuaire, baisant le livre de l'Evangile à eux présentés par l'aumônier de la Garde nationale, et ayant tiré leur épée et l'appuyant sur le livre de l'Evangile, faire le serment sur le dit Evangile et sur leurs épées, d'être fidèles à la Nation, au Roy et à la Loy, et de ne jamais employer ceux qui seront sous leurs ordres contre les citoyens, si ce n'est sur la réquisition des officiers civils ou municipaux, laquelle réquisition sera toujours lue aux troupes assemblées ; duquel serment avons dressé le présent procès-verbal pour servir et valoir ainsy que de droit. Lequel procès-verbal nous avons requis tant le commandant général adjoint qu'autres chefs de l'Etat-Major et officiers des districts | de signer avec nous.

> FAULTE DE VANTEAUX ; MARTIN-LAGRAVE, major ; NICOT, lieutenant-colonel ; TANCHON, chanoine, aumônier ; MEULAN D'ABLOIS ; PÉTINIAUD, maire ; MURET ; DAVID, échevin ; COUSIN, aide-major ; NICOT, major ; ..... (1), aide-major ; BEGOUGNE, capitaine ; TOURNIOL, aide-major ; GUINEAU-DUPRÉ; G. GUIBERT-VIALEIX, capitaine; DEROCHE, lieutenant de Manigne ; CALIGNON; DÉLÉPINE; DE FRESSINIAT, capitaine commandant de Boucherie ; ARDANT DU MASJAMBOST, cap^e ; CHASTAIGNAT, cap^e ; PIQUÉ, MARTIAL BEYRAND, JOURDAN, DAVID, sous-l^t; DURAS aîné; NICOT jeune, lieutenant; BESSE, lieutenant ; P^{re} MARTIN, porte-drapeau ; VERGNIAUD, PÉTINIAUD DE JURIOL, RUAUD, cap. ; PUINESGE, DURAND DE RICHEMONT, c^{ne} de Ferrerie ; LAFOREST DU MAS DU PUY, sous-lieut. 1er des Bancs; CRAMAILLE, MARC DUBOIS, F. PRADEAUX, enseigne des Bancs (?) ; DOMINIQUE, chirurgien-major ; DALESME, lieut. en second ; BRUNIER, lieutenant en 1er ; DU CAILLAUD, lieut. prem. ; BOURDEAU DE LAJUDIE, lieut. POUMEAU, enseigne ; SÉNEMAUD LACONQUE, PONCET DES NOUAILLES, chef du district des Combes ; DUMAS, cap. ; CIBOT, VACQUAND, LOMBARDIE l'aîné, GANNY, lieut.; JOUBERT, MARQUISANT ; ALLUAUD, fourier major; LINGAUD fils aîné, secrétaire greffier. (2).

Aujourd'huy, douze décembre mil sept cent quatre-vingt-neuf, dans la salle de l'hôtel de ville de Limoges, où étoient assemblés MM. les Officiers municipaux, M. Pétiniaud de Beaupeyrat, maire, a exposé que, conformément aux lettres patentes du Roy, en forme d'édit, portant sanction des décrets de l'Assemblée nationale contenant réformation de quelques points de la jurisprudence criminelle, données à Paris au mois d'octobre 1789, et enregistrées au greffe de la municipalité de cette ville, il doit être nommé un nombre suffisant de notables eu égard à l'étendue du ressort, parmi lesquels seront pris les adjoints qui assisteront à l'instruction des procès crimi-

Nomination de MM. les notables qui doivent assister à l'instruction des procès criminels, conformément aux lettres patentes du Roy, portant sanction des décrets de l'Assemblée nationale concernant la jurisprudence criminelle.

(1) Une signature illisible : peut-être Nicot ?
(2) Nous connaissons les détails de la cérémonie. M. Tanchon, chanoine de Saint-Martial, aumônier de la garde nationale, avait célébré la messe et prononcé un petit discours sur l'amour de la Patrie. L'Intendant assistait à cette solennité.

nels (1), et que ces notables seront choisis parmi les citoyens de bonnes mœurs et de probité reconnue, âgés de vingt-cinq ans au moins et sachant signer ; comme aussi que leur nomination sera renouvevelée tous les ans ; et prêteront serment à la commune, entre les mains des Officiers municipaux ou de celuy qui la préside, de remplir fidèlement leurs fonctions et surtout de garder un secret inviolable sur le contenu en la plainte et autres actes de la procédure criminelle ; que la liste de leurs noms, qualités et demeures sera déposée dans les trois jours aux greffes des tribunaux par le secrétaire greffier de la municipalité.

Sur quoy, la chose mise en délibération, il a été unanimement arrêté qu'il sera procédé de suite à la nomination de douze notables pour former les adjoints qui doivent assister à l'instruction des procès criminels. En conséquence, les voix se sont réunies en faveur de Messieurs

Brisset père, négociant, rue Ferrerie ;
Ardant Bréjou, écuyer, rue du Temple ;
Couty, avocat, rue du Clocher ;
Ardant du Picq, négociant, rue des Taules ;
Pétiniaud frères (2), négociants, rue Ferrerie ;
Meyze, bourgeois, rue des Combes ;
Cramaille père, négociant, faubourg Boucherie ;
Lefort, négociant, place Dauphine ;
Martial Barralier, bourgeois, place des Bancs ;
Tourniol père, négociant, rue des Arrènes ;
Marc Dubois, negociant, rue Fourie ;
Guybert de la Bausserie, négociant, rue Manigne,

Tous habitants de cette ville et de l'âge requis par le décret de l'Assemblée nationale, — lesquels seront tenus de remplir fidèlement leurs fonctions et surtout de garder un secret inviolable sur le contenu en la plainte et autres actes de la procédure criminelle, conformément au susdit décret. Copie de la présente nomination sera remise par le secrétaire greffier de la municipalité, dans le délai de trois jours, au greffe de la Cour sénéchale criminelle.

Fait et délibéré à Limoges les jour, mois et an susdits.

MURET, TANCHON, PÉTINIAUD, DAVID, THOUMAS, LINGAUD fils aîné, secrétaire greffier.

---

(1) C'est la première institution du jury d'accusation. La législation sur cette matière fut modifiée et complétée par les décrets des 30 avril 1790, 16 et 29 septembre 1791, 21 octobre 1791, 29 mai-6 juin 1792.

(2) Singulière désignation pour un mandat absolument individuel.

Et à l'instant s'est *(sic)* présenté Messieurs Brisset père, négociant ; Ardant Bréjou, écuyer ; Couty, avocat ; Ardant du Picq, négociant; Pétiniaud frère (*sic*), négociant; Meyze, bourgeois; Cramaille père, négociant ; Lefort, négociant; Martial Barralier, bourgeois ; Tourniol père, négociant ; Marc Dubois, négociant, et Guybert de la Bausserie, négociant, lesquels, après avoir pris communication, tant des susdites lettres patentes que de l'exposé ci-dessus, ont déclaré accepter la susdite commission, et de suite ont prêté serment, entre les mains de mes dits sieurs les officiers municipaux, de remplir fidèlement leurs fonctions et surtout de garder un secret inviolable sur le contenu en la plainte et autres actes de la procédure criminelle, conformément au décret de l'Assemblée nationale, et ont signé.

Fait et clos dans l'hôtel de ville, les jour, mois et an susdits.

GUYBERT DE LA BEAUSSERIE, BRISSET père, MARC DUBOIS, TOURNIOL, LEFORT, M^{al} BARALIER, bourgeois ; COUTY, CRAMAILLE, J. JACQUES ARDANT, MEYZE jeune, ARDANT DU PICQ, PÉTINIAUD frère, TANCHON, MURET, THOUMAS, DAVID, PÉTINIAUD, LINGAUD fils aîné, secrétaire greffier.

Proclamation de MM. les officiers municipaux de la ville de Limoges, relativement à l'organisation de la municipalité de la dite ville.

Conformément aux lettres patentes du Roi, sur le décret de l'Assemblée nationale pour la constitution des municipalités du royaume, données à Paris, au mois de décembre 1789, et autres lettres patentes subséquentes données sur le même fait,

Les Officiers municipaux, après avoir fait le recensement de la population de la dite ville, qui s'est trouvée s'élever à 16 à 20,000 âmes(1), ont divisé la ville par isles et les orances par canton, dont ils ont formé cinq districts dans la forme suivante :

(Proclamation de MM. les officiers municipaux pour l'organisation de la municipalité)

---

(1) Voici un modèle de précision. Nous avons dit, dans un travail publié il y a une vingtaine d'années sur les *Registres paroissiaux de Limoges*, que la population de la ville, au moment de la Révolution, pouvait être évaluée à 22 à 23,000 âmes, y compris la population de la banlieue.

— 348 —

DISTRICT DE ST-FRANÇOIS	DISTRICT DES JACOBINS	DISTRICT DES AUGUSTINS	DISTRICT DES GRANDS-CARMES	DISTRICT DES FEUILLANTS
Isle ancien hôtel de ville.	Isle l'Oratoire.	Isle Baillot.	Isle des Clairettes.	Isle Limousin.
Isle Touzat.	Isle Peyrusson.	Isle de la Visitation.	Isle Jayac.	Isle Deville.
Isle Peyroche.	Isle Borde.	Isle Muret.	Isle Duroux.	Isle Gaudon.
Isle Regnefort.	Isle Barbou des Courières.	Isle Guérin.	Isle *Sainte-Catherine*.	Isle Beaublanc.
Isle Pétiniaud de Beaupeyrat.	Isle Texandier.	Isle Goudin de la Borderie.	Isle Tourniol.	Isle Fressiniat.
Isle Rousset.	Isle *Saint-Jacques*.	Isle Vergnaud.	Isle Montégut.	Isle du Collège.
Isle L'Epine.	Isle des Carmélites.	Isle Vieux Jeu de paume.	Isle Noualher des Bailes.	Isle Pinol.
Isle Bureau de tabac.	Isle Castelnaud.	Isle Ardant, confiseur.	Isle Constant de Pressac.	Isle Ardant.
Isle Sainte-Ursule.	Isle Pommier.	Isle Colomb.	Isle l'Intendance.	Isle Coussac.
Isle Jalat.	Isle Disnematin de Salles.	Isle Muret, avocat.	Isle Saint-Michel.	Isle Tourangeaud.
Isle Pinchaud.	Isle Mousnier.	Isle du *Louvre*.	Isle Joubert.	Isle Pouyat.
Isle Thouroh.	Isle Mainvielle.	Isle Regnaudin.	Isle Plainemaison.	Isle Champ Dorat.
	Isle Martinaud.	Isle du *Lion d'or*.	Isle Martin.	Isle Maurensane.
	Isle Baudet.	Isle Saint-Priest.	Isle Tharaud.	Isle Reculet.
	Isle Sainte-Félicité.	Isle Saint-François.	Isle Mensat.	Isle Saint-Martial.
	Isle Canaveles (*sic*).	Isle Montaudeix.	Isle Mauréix.	Isle des Essards.
	Partie des oranges.	Isle Labastide.	Isle Saint-Aurélien.	Isle Michelon.
		Isle Tanchon.	Partie des oranges.	Isle La Monnoie.
		Isle Estienne.		Isle *la Pyramide*.
		Isle Barny.		Isle des Feuillants.
		Isle Rouard.		
		Partie des oranges.		

Tous les citoyens actifs de chaque district se réuniront en assemblée le trois février prochain, à huit heures précises du matin :

Le district de St-François, dans l'église du dit St-François (1) ;

Le district des Jacobins, dans une des salles de la communauté ;

Le district des Augustins, dans l'église des dits Augustins (2) ;

Le district des Grands-Carmes, dans une des salles de la communauté ;

Le district des Feuillants dans une des salles de la communauté,

A l'effet de procéder à l'élection des nouveaux Officiers municipaux, en conformité des susdites lettres patentes.

Les Officiers municipaux ont fait former la liste de tous les citoyens actifs de chaque district, pour être publiée et affichée.

Délibéré à Limoges, dans la salle de l'hôtel de ville, le vingt-huit janvier mil sept cent quatre-vingt-dix.

PÉTINIAUD, MURET, THOUMAS, DAVID, NAVIÈRES DE LA BOISSIÈRE, TANCHON, LINGAUD fils aîné, secrétaire greffier.

***

Aujourd'huy, vingt-trois janvier mil sept cent quatre-vingt-dix, dans la salle de l'hôtel de ville de Limoges, où étoient assemblés Messieurs les maire et échevins soussignés, pour procéder à la nomination d'un prédicateur pour prêcher le Carême de mil sept cent quatre-vingt-dix, dans l'église collégiale de Saint-Martial, de cette ville, — la chose mise en délibération, les dits sieurs maire, échevins, ont d'une commune voix nommé Monsieur du Monteix de Lambertie (3), prêtre, vicaire de Saint-Michel-des-Lions, auquel il sera, etc. (comme page 14.)

Nomination de M. Lambertie, prêtre, pour prêcher pendant le Carême de 1790

PÉTINIAUD, TANCHON, NAVIÈRES DE LA BOISSIÈRE, DAVID, THOUMAS, MURET, LINGAUD fils aîné, secrétaire greffier de la municipalité (4).

---

(1) On sait que l'église Saint-François devint « l'ancienne Comédie ». Après avoir servi de salle de spectacle, de salle de club, de bains, etc., etc., elle fut employée par la mairie pour remiser le matériel municipal. Nous l'avons vu démolir il y a peu d'années, lors de la construction de l'École primaire supérieure. Ses derniers vestiges viennent de disparaître dans les travaux de déblai pour la construction de la nouvelle Bibliothèque Communale.

(2) L'église des Augustins a complétement disparu. Elle était située sur la droite de la route de Paris, un peu plus loin que l'église de la Visitation. L'édifice n'offrait pas en lui-même un très grand intérêt : il avait été complétement rebâti en 1638, et sa façade restaurée en 1785. L'ancienne église des Augustins, construite entre 1290 et 1301, et que les *Annales manuscrites* (p. 221) donnent pour « fort belle », avait été entièrement brûlée le 24 octobre 1576, par les habitants qui voulaient empêcher Ventadour de s'y établir.

(3) M. de Lambertie avait été déjà chargé de prêcher l'Avent de 1789 (v. p. 336 ci-dessus).

(4) Nous ne retrouvons pas trace ici de plusieurs réunions extraordinaires de la municipalité

Nomination de MM. les commissaires chargés, de la part de la municipalité, de se rendre chacun dans leur district, pour expliquer la convocation de l'assemblée, au sujet de la nouvelle constitution des municipalités, conformément à l'art. 8 des lettres patentes du Roi sur plusieurs décrets de l'Assemblée nationale.

Nomination de MM. les Commissaires, etc. (Voir ci-contre).

Aujourd'huy, trente janvier mil sept cent quatre-vingt-dix, dans la salle de l'hôtel de ville de Limoges, où étoient assemblés MM. les Officiers municipaux, en exécution de l'art. 8 des lettres patentes du Roy sur le décret de l'Assemblée nationale pour la constitution des municipalités du royaume, portant que les assemblées des citoyens actifs seront convoquées par les corps municipaux, huit jours avant celuy où elles devront avoir lieu, — et que la séance sera ouverte en présence d'un citoyen chargé par le corps municipal d'expliquer l'objet de la convocation et conformément à la proclamation du vingt-trois du courant, publiée et affichée le vingt-six du dit mois,

Les dits sieurs Officiers municipaux ont unanimement nommé commissaires :

Pour le district de St-François, M. Petit, receveur du tabac à Limoges ;

Pour le district des Jacobins, M. Boyer de Gris, docteur en médecine ;

Pour le district des Augustins, M. Vitrac aîné, curé de Montjovis ;

Pour le district des Grands Carmes, M. Mathis de Chapé, trésorier des troupes à Limoges ;

et du Comité patriotique qui eurent lieu en décembre, de celle du 6 décembre notamment, dans laquelle furent organisés des ateliers de charité. Le registre se tait sur un fait assez singulier : Quelques jeunes gens, après un joyeux souper, forcèrent, dans la nuit du 16 au 17 novembre, la porte du hangar où se trouvaient remisés les canons de la ville, (ce hangar était placé route de Paris, près du Crucifix d'Aigueperse) et réussirent à en enlever un qu'ils abandonnèrent sur la voie publique. La nouvelle, circulant le lendemain, causa une grande émotion dans la ville. On répandit le bruit qu'un complot avait été ourdi par les nobles et le clergé et que les couvents de femmes étaient devenus des arsenaux remplis d'armes et de munitions. Il fallut, bon gré, mal gré, que la municipalité fit, dans toutes les communautés, des perquisitions qui, il va sans dire, n'eurent aucun résultat. Les canons furent transférés à l'hôtel de ville d'où ils ne sortirent plus. — Il n'y avait plus de sécurité même dans les villes, Plusieurs citoyens, M. Broussaud notamment, furent arrêtés la nuit en plein Limoges et dépouillés. La police était impuissante. La population se trouvait encore sous l'impression de la « Grande peur » et des nouvelles à sensation, absurdes pour la plupart, et sans fondement du reste, étaient acceptées par tout le monde.

Mg^r d'Argentré passa une partie du mois de décembre à Limoges. Les officiers de la garde nationale de la ville allèrent lui faire visite. Il bénit, le 23, les drapeaux de celle de la Cité, qu'il avait offerts. Cette bénédiction eut lieu à la cathédrale avec une grande solennité. Encore une messe en musique.

Le 27 décembre, arriva à Limoges le régiment de Royal Navarre cavalerie. Presque aussitôt des conflits se produisirent entre les officiers et soldats de ce régiment et des citoyens appartenant à la Garde nationale.

Pour le district des Feuillants, M. Ruben de l'Ombre, lieutenant particulier au présidial,

A l'effet de vouloir bien se conformer, chacun en droit soi, à la disposition du susdit article 8 des dites lettres patentes.

Fait et arrêté les jour, mois et an susdits.

 Pétiniaud, maire, Navières de la Boissière, Tanchon, Thoumas, David, Muret, Lingaud fils aîné, secrétaire greffier. (1)

Aujourd'huy, trois février mil sept cent quatre-vingt-dix, à six heures de relevée, dans la grande salle de l'hôtel de ville de Limoges, où étoient assemblés extraordinairement Messieurs Pétiniaud de Beaupeyrat, écuyer, maire ; Tanchon de l'Age père, avocat en parlement et juge de la Cité, lieutenant de Maire ; David, avocat en parlement ; Thoumas de Bosmie, avocat en parlement et notaire ; Muret de Paignac, avocat du Roy au sénéchal et présidial ; Navières de la Boissierre, Conseiller du Roy à l'élection ; Lingaud père, trésorier de la ville, et Lingaud fils aîné, secrétaire greffier, formant le corps municipal de ville, — aux fins de l'exécution des lettres patentes du Roy sur plusieurs décrets de l'Assemblée nationale pour la constitution des municipalités, données à Paris au mois de décembre 1789, et de la proclamation des dits sieurs officiers municipaux du vingt-trois janvier dernier, publiée et affichée le vingt-six du dit, tendant à l'établissement de la nouvelle municipalité, en conformité des susdits décrets ;

Dépouillement du scrutin dans les cinq districts, donnant la majorité absolue à M. Pétiniaud de Beaupeyrat, pour remplir les fonctions de maire.

Se sont présentés : M. Touzac de S¹-Etienne père, écuyer, commissaire du district de S¹-François ;

M. Soulignac, avocat (2), commissaire du district des Jacobins ;

M. Debeaune, lieutenant assesseur du présidial, commissaire du district des Augustins ;

M. Mathis de Chapé, trésorier des troupes, commissaire du district des Grands Carmes,

---

(1) La municipalité en fonctions était toujours en butte à de violentes attaques. Les polémiques de presse commençaient : le *Bulletin* travaillait à détruire la popularité de M. Pétiniaud de Beaupeyrat et de ses collègues, que défendait la *Feuille hebdomadaire*. L'abbé Vitrac, curé de Montjovis, publia à ce sujet des *Réflexions sur l'organisation de notre municipalité*, qui furent goûtées de tous les gens modérés.

Notons, pour les amateurs d'anecdotes, l'émotion du public en apprenant que, sous le prétexte de la cherté des grains, les boulangers se proposaient de ne pas envoyer à leurs clients, selon l'usage, le « gâteau des Rois ». La police dut intervenir et obliger les boulangers, sous peine d'amende, à se conformer à leur obligation traditionnelle.

(2) Le futur député à la Convention.

Et M. Ardant du Masjambost, négociant, commissaire du district des Feuillants,

Lesquels cinq commissaires ont remis sur le bureau chacun un paquet cacheté à l'adresse de MM. les Officiers municipaux, sous lesquels ils ont dit être les procès-verbaux et résultats des scrutins de chacun des dits cinq districts pour la nomination du maire ; lesquels paquets ayant été décachetés et ouverts publiquement, s'y sont trouvés les susdits procès-verbaux signés des présidents, scrutateurs et secrétaires.

Lecture faite d'iceux à haute voix, il en est résulté que dans le district de St-François, composé de 131 électeurs,

M. Pétiniaud de Beaupeyrat a réuni, de suffrages, 102 ; M. Roulhac du Cluzeau, 3 ; M. Colomb, 12 ; M. de Fressiniat, 2 ; M. Bourdeau de Linards, 1 ; M. Texandier aîné, 7 ; M. de l'Epine père, 1 ; M. Bourdeau de Vazès fils aîné, 1 ; M. Debeaulieu, ancien subdélégué, 1 ; Billet nul, 1. Total : 131.

Dans celui des Feuillants, composé de cent quarante-huit électeurs,

M. Pétiniaud de Beaupeyrat a réuni, de suffrages, 104 ; M. Goudin de la Borderie, 2 ; M. Audoin, 1 ; M. Colomb, 28 ; M. Roulhac du Cluzaud, 4 ; M. Cramaille, 1 ; M. Texandier, 2 ; M. Boyer, médecin, 1 ; M. Tanchon, 1 ; M. Bourdeau de Lajudie, 1 ; M. Ardant du Majambost, 1 ; M. Grellet des Prades, père, écuyer, 1 ; M. Georges Pouyat de Lavaud, 1. Total : 148.

Dans le district des Augustins, composé de 136 électeurs,

M. Pétiniaud de Beaupeyrat a réuni, de suffrages, 71 ; M. Colomb, 43 ; M. Texandier aîné, 7 ; M. Goudin de la Borderie, 3 ; M. Defressiniat, 2 ; M. Roulhac du Cluzeau, 2 ; M. Devoyon, 1 ; M. Descourières, 1 ; M. Maldent de Fétiat, 1 ; M. Cogniasse, médecin, 1 ; M. Jabet, 1 ; M. Guineau-Dupré, 1 ; M. Duhautier, 1 ; M. Colomb, procureur, 1. Total : 136.

Dans le district des Grands-Carmes, composé de 133 électeurs,

M. Pétiniaud de Beaupeyrat a réuni, de suffrages, 99 ; M. Colomb, 16 ; M. de Lostende, 1 ; M. Devoyon, procureur du Roi, 4 ; M. Defreissiniat, 2 ; M. Roulhac du Cluzeau, 2 ; M. Muret, avocat du Roi, 2 ; M. Baillot, trésorier de France, 3 ; M. Demetz, sous-ingénieur, 1 ; M. Devoyon du Buisson, 1 ; M. Petit, 1 ; M. Devoyon du Buisson *(sic)*, 1 ; M. Texandier aîné, 1. Total : 133.

Dans le district des Jacobins, composé de 137 électeurs,

M. Pétiniaud de Beaupeyrat a réuni, de suffrages, 81 ; M. Texandier aîné, 30 ; M. Ruben de l'Ombre, 2 ; M. Defreissiniat, 10 ; M. Roulhac du Cluzeau, 1 ; M. De L'Epine, 1 ; M. Dumas, avocat, 1 ; M. Boyer médecin, 1 ; M. Guybert de la Beausserie, 1 ; M. Colomb, 8 ; M. Devarnet, 1. Total : 137.

RÉCAPITULATION

Districts	Electeurs	Suffrages obtenus par M. Pétiniaud de Beaupeyrat
St-François	131	102
Jacobins	137	81
Augustins	136	71
Grands Carmes	133	99
Feuillants	148	104
Totaux	685	457

Et d'après le recensement général des suffrages des susdits procès-verbaux, il s'est trouvé que M. Pétiniaud de Beaupeyrat a réuni 457 suffrages, et le nombre des électeurs étant de 685, il s'ensuit que la majorité absolue et au-delà se trouve acquise en faveur du dit sieur Pétiniaud de Beaupeyrat. En conséquence, il a été proclamé maire. Et à l'instant, nous nous sommes fait représenter, en présence de MM. les commissaires, les rôles des impositions et nous nous sommes assurés que M. Pétiniaud de Beaupeyrat payoit annuellement une somme excédant celle des dispositions portées par le décret de l'Assemblée nationale. Il a été délibéré qu'il sera remis à chacun de MM. les présidents des districts un extrait du présent procès-verbal de recensement et proclamation, pour en être donné connoissance et être ensuite continué de procéder à l'élection de onze officiers municipaux, d'un procureur sindic et substitut, et de vingt-quatre notables, conformément aux décrets de l'Assemblée nationale.

Fait et arrêté les jour, mois et an susdits.

  Pétiniaud, maire ; David, Navières de la Boissière, Thoumas, David, Tanchon, Muret, de Beaune, Touzac de St-Etienne, Ardant du Masjambost, Mathis du Chapé, Soulignac, Lingaud, trésorier receveur ; Lingaud fils aîné, secrétaire greffier.

Et advenant le cinquième (1) février mil sept cent quatre-vingt-dix, dans la même salle de l'hôtel de ville, par devant mes dits sieurs les Officiers municipaux,

Se sont présentés Messieurs les commissaires susdits, lesquels nous ont remis cinq paquets sous enveloppes cachetées, contenant les procès-verbaux et résultats du dépouillement et vérification des scrutins relatifs à la nomination de MM. les Officiers municipaux :

Renvoi au district des Feuillants de son procès-verbal d'élection de MM. les officiers municipaux comme étant irrégulier.

(1) On avait d'abord écrit : *le quatrième.*

lesquels ayant été ouverts en leur présence et procédé à la vérification d'iceux, il a été reconnu que la nomination de Messieurs du district des Feuillants n'étoit pas régulière, en ce que le nombre des votants n'y est pas porté ; et comme cette irrégularité s'oppose à ce que nous fassions le dépouillement des susdits procès-verbaux, à l'effet de reconnoître ceux de Messieurs les citoyens qui ont réuni la majorité des suffrages, nous avons remis sous enveloppe les quatre procès-verbaux des districts de St-François, des Jacobins, des Augustins et des Grands-Carmes, que nous avons cachetés et fait cacheter par mes dits sieurs les commissaires sus-nommés, et avons renvoyé, pour procéder au dépouillement d'iceux, au moment où celui des Feuillants aura été également fait et rapporté.

Fait à Limoges, à huit heures du soir, les jour, mois et an susdits.

Le procès-verbal du district des Feuillans, contre signé par nous et le commissaire, remis sous enveloppe cachetée des armes de la ville, au dit commissaire, pour être rendu au président du dit district.

Pétiniaud, maire ; Tanchon, David, Navières de La Boissière, Muret, Touzac de St-Etienne, Ardant du Masjambost, Mathis du Chapé, de Beaune, Soulignac, Lingaud, trésorier receveur ; Lingaud fils aîné, secrétaire greffier.

Dépouillement du scrutin dans les cinq districts, donnant la majorité absolue des suffrages à MM. Texandier aîné et Boyer, médecin, pour remplir les fonctions d'officiers municipaux.

Et advenant le sixième février mil sept cent quatre-vingt-dix, à neuf heures du soir, dans la grande salle de l'hôtel de ville de Limoges, où étoient assemblés mes dits sieurs les Officiers municipaux, et Messieurs Touzac de St-Etienne père, écuyer ; Soulignac, avocat ; de Beaune, lieutenant assesseur au présidial, et Mathis du Chapé, trésorier des troupes, commissaires du district de St-François, des Jacobins, des Augustins et des Grands-Carmes ;

S'est présenté M. Ardant du Masjambost, négociant, commissaire président du district des Feuillants, lequel a remis sur le bureau un paquet sous enveloppe cachetée, à l'adresse de MM. les Officiers municipaux, qu'il a déclaré contenir le procès-verbal et résultat du dépouillement et vérification des suffrages relatifs à la nomination de MM. les Officiers municipaux du dit district.

Il a été également remis sur le bureau, par M. le Maire, un autre paquet sous enveloppe, contenant les procès-verbaux et résul-

---

(1) Les électeurs n'avaient pas partout ratifié le choix des présidents désignés par la municipalité : ceux des Augustins avaient désigné, au lieu de l'abbé Vitrac, M. Goudin de la Borderie, écuyer ; ceux des Grands-Carmes avaient remplacé M. Mathis du Chapé par M. Juge de St-Martin, conseiller au présidial. Les scrutins successifs ne donnèrent lieu, du reste, à aucun désordre.

tats du dépouillement et vérification des suffrages des districts de S¹-François, des Jacobins, des Augustins et des Grands-Carmes, aux mêmes fins, lequel paquet avoit été cacheté et contresigné dans l'assemblée du jour d'hier, et il a été vérifié que les cachets se sont trouvés sains et sans altération.

Les dits paquets ayant été ouverts en présence de mes dits sieurs les commissaires, il a été procédé au dépouillement et à la vérification des suffrages contenus en iceux. Il est résulté de cet examen que :

Le district de S¹-François étoit composé de 105 votants.
Le district des Jacobins, de 116.
Le district des Augustins, de 123.
Le district des Grands Carmes, de 101.
Le district des Feuillants, de 112.

Total................ 557 votants.

Districts	Nombre des votants	Suffrages obtenus par	
		M. Texandier aîné	M. Boyer, médecin
S¹-François........	105	77	72
Les Jacobins......	116	78	75
Les Augustins.....	123	73	73
Les Carmes.......	101	55	55
Les Feuillants.....	112	56	53
Totaux.....	557	339	328

La pluralité absolue, sur le nombre des votants, se trouve de 279 voix : Que *(sic)* pour parvenir à la pluralité absolue, il falloit réunir 279 voix. La réunion faite des divers scrutins a produit :

En faveur de M. Texandier aîné, négociant...... 339 voix.
Et en faveur de M. Boyer de Gris, médecin...... 328 voix.

qui *(sic)* en conséquence sont définitivement élus.

La pluralité ne s'étant trouvée réunie sur aucun autre citoyen, il demeure neuf officiers municipaux à nommer par liste double, c'est-à-dire par liste comprenant dix-huit sujets éligibles.

Nous nous sommes fait représenter, en présence de MM. les commissaires, les rôles des impositions, et nous nous sommes assurés que MM. Texandier et Boyer payoient annuellement une somme excédant celle des dispositions portées par les décrets de l'Assemblée nationale.

Il a été délibéré qu'il sera remis à chacun de MM. les présidents des districts un extrait du présent procès-verbal de recensement et nomination pour en être donné connoissance, et être ensuite continué de procéder à l'élection de neuf officiers municipaux, d'un procureur sindic de la commune, d'un substitut et de vingt-quatre notables, conformément aux décrets de l'Assemblée nationale.

Fait et arrêté les jour, mois et an susdits.

   Pétiniaud, maire; Tanchon, 1ᵉʳ de maire; Navières de la Boissière, échevin ; Thoumas, échev. ; Muret, David, de Beaune, Ardant du Masjambost, Touzac de St-Etienne, Mathis du Chapé, Soulignac, Lingaud, trésorier-receveur; Lingaud fils aîné, secrétaire-greffier.

Dépouillement du scrutin dans les cinq districts pour la nomination des neuf officiers municipaux restant à trouver et qui n'a produit aucune majorité absolue.

Et advenant le huit février mil sept cent quatre-vingt-dix, à une heure de relevée, dans la grande salle de l'hôtel de ville de Limoges, par devant mes dits sieurs les Officiers municipaux,

Se sont présentés MM. les commissaires susdits, lesquels ont remis sur le bureau cinq paquets sous enveloppes cachetées, à l'adresse de MM. les Officiers municipaux, qu'ils ont déclaré contenir les procès-verbaux et résultats du dépouillement et vérification des suffrages relatifs à la nomination de MM. les Officiers municipaux.

Les dits paquets ayant été décachetés et ouverts en présence de mes dits sieurs les commissaires, il a été procédé au dépouillement et à la vérification des suffrages contenus en iceux. Il est résulté de cet examen que la pluralité absolue des suffrages ne s'est réunie sur aucun des citoyens : au moyen de quoi il faudra procéder à un nouveau scrutin pour nommer neuf officiers municipaux par liste double, c'est-à dire par liste comprenant dix-huit sujets éligibles.

Il a été délibéré qu'il sera remis à chacun de MM. les présidents des districts un extrait du présent procès-verbal, pour en être donné connoissance et être ensuite continué de procéder à l'élection de neuf officiers municipaux, d'un procureur sindic de la commune, d'un substitut et de vingt-quatre notables, conformément aux décrets de l'Assemblée nationale.

Fait et arrêté les jour, mois et an susdits.

   Pétiniaud, maire ; de Beaune, David, Navières de La Boissière, Ardant du Masjambost, Muret, Thoumas, Tanchon, Mathis du Chapé, Touzac de Sᵗ-Etienne. Soulignac, Lingaud, trésorier-receveur ; Lingaud, fils aîné, secrétaire-greffier.

Et advenant le neuf février mil sept cent quatre-vingt-dix, à sept heures du soir, dans la grande salle de l'hôtel de ville de Limoges, par devant Messieurs les Officiers municipaux soussignés,

Se sont présentés Messieurs les commissaires des districts de St-François, des Jacobins, des Augustins, des Grands-Carmes et des Feuillants, lesquels ont remis sur le bureau cinq paquets sous enveloppes cachetées, à l'adresse de MM. les Officiers municipaux, qu'ils ont déclaré contenir les procès-verbaux et résultat du dépouillement et vérification des suffrages relatifs à la nomination de MM. les Officiers municipaux.

Dépouillement du 3ᵉ scrutin donnant la pluralité relative à MM. Cibot, Malevergne de Fressiniat, Pétiniaud d'Eyjeaux, Roulhac du Cluzeau, Cramaille aîné, David, Marc, Martin, curé de Saint-Michel, et Colomb, pour remplir les fonctions d'officiers municipaux.

Les dits paquets ayant été décachetés et ouverts en présence de mes dits sieurs les commissaires, il a été procédé au dépouillement et à la vérification des suffrages contenus en iceux. Il est résulté de cet examen que

Le district de St-François étoit composé de...... 98 votants.
Le district des Jacobins de.................... 69 —
Le district des Augustins, de. .... 101 —
Le district des Grands-Carmes, de............ 92 —
Le district des Feuillans, de................. 115 —

Total.......... 475 —

La pluralité relative des suffrages s'est réunie en faveur de

MM.	Saint-François	Les Jacobins	Les Augustins	Les Carmes	Les Feuillants	Totaux des suffrages
Cibot, marchand...............	55	30	33	34	64	216
Malevergne de Fressiniat........	48	35	37	24	71	215
Pétiniaud d'Eyjaux fils aîné, négᵗ.	69	21	33	43	39	205
Roulhac du Cluzeau, écuyer.....	47	12	39	30	72	200
Cramaille aîné, négᵗ............	53	27	17	24	69	190
David, avocat..................	55	17	34	40	32	178
Marc, négociant................	27	16	29	22	83	177
Martin, curé de St-Michel.......	53	6	40	35	28	162
Laurans, père, négociant........	33	20	18	18	71	160
Et attendu que M. Laurans se trouve beau-frère de M. Cramaille et que l'art. 12 des lettres patentes porte que les beaux-frères ne peuvent être en même temps membres du même corps municipal, nous avons cru devoir désigner celui qui, après M. Laurans, a réuni le plus de voix. M. Colomb, écuyer, en a obtenu...................,...	60	22	25	20	29	156

qui en conséquence ont été proclamés officiers municipaux par MM. les Officiers municipaux en exercice.

Et à l'instant nous sommes fait représenter, en présence de MM. les commissaires, les rôles des impositions, et nous sommes assurés que MM. Cibot, de Fressiniat, Pétiniaud d'Eyjaux, Roulhac du Cluzeau, Cramaille aîné, David, avocat ; Marc, négociant ; Martin, curé, et Colomb, écuyer, payoient annuellement une somme excédant celle des dispositions portées par les décrets de l'Assemblée nationale.

Il a été délibéré qu'il sera remis, à chacun de MM. les présidents des cinq districts, un extrait du présent procès-verbal de recensement et proclamation, pour en être donné connoissance et être ensuite continué de procéder, par la voie du scrutin individuel et à la pluralité des suffrages, à l'élection d'un procureur sindic de la commune et d'un substitut, et enfin à celle de vingt-quatre notables, par un seul scrutin de liste et à la simple pluralité relative des suffrages, conformément aux décrets de l'Assemblée nationale.

Fait et arrêté les jour, mois et an susdits.

PÉTINIAUD, maire ; ARDANT DU MASJAMBOST, TANCHON, lieut. de maire ; TOUZAC DE S¹-ETIENNE, THOUMAS, échev. ; SOULIGNAC, DE BEAUNE, MATHIS DU CHAPÉ, NAVIÈRES DE LA BOISSIÈRE, échevin ; DAVID, MURET, échevin ; LINGAUD, trésorier-receveur ; LINGAUD fils aîné, secrétaire-greffier.

Dépouillement du 1ᵉʳ scrutin dans les cinq districts, n'ayant donné aucune majorité absolue, pour la nomination d'un procureur sindic.

Et advenant le dix février mil sept cent quatre-vingt-dix, à onze heures du matin, dans la grande salle de l'hôtel de ville de Limoges, par devant les Officiers municipaux soussignés,

Se sont présentés MM. Touzac de S¹-Etienne père, écuyer ; Soulignac, avocat ; de Beaune, assesseur ; Pierre Farne, bourgeois, et Ardant du Masjambost, négociant, commissaires des districts de S¹-François, des Jacobins, des Augustins, des Grands-Carmes et des Feuillants, lesquels ont remis sur le bureau cinq paquets sous enveloppes cachetées à l'adresse de MM. les Officiers municipaux, qu'ils ont déclaré contenir les procès-verbaux et résultat du dépouillement et vérification des suffrages relatifs à la nomination d'un procureur sindic de la commune.

Les dits paquets ayant été décachetés et ouverts en présence de mes dits sieurs les commissaires, il a été procédé au dépouillement et à la vérification des suffrages contenus en iceux. Il est résulté de cet examen que la pluralité absolue des suffrages ne s'est réunie sur aucun des citoyens : au moyen de quoi, il sera procédé, à un nouveau scrutin individuel et à la pluralité absolue des suffrages, à l'élection d'un procureur sindic de la commune et d'un substitut, et enfin à celle de vingt-quatre notables par un seul scrutin de liste et à la simple pluralité relative des suffrages, conformément aux décrets de l'Assemblée nationale.

Il a été délibéré qu'il sera remis à chacun de MM. les présidents des cinq districts un extrait du présent procès-verbal pour en être donné connoissance.

Fait et arrêté les jour, mois et an susdits.

  Pétiniaud, maire ; Tanchon, lieut^t de maire ; David, Thoumas, échev. ; Navières de La Boissière, échⁱⁿ ; Ardant du Masjambost, de Beaune, Touzac de St-Etienne, Muret, P^{re} Farne fils, Soulignac, Lingaud, trésorier-receveur ; Lingaud fils aîné, secrétaire-greffier.

Dépouillement du 2e scrutin dans les cinq districts, n'ayant donné aucune majorité absolue pour la nomination d'un procureur sindic

Et advenant le même jour, à quatre heures de relevée, dans la même salle, et par devant mes dits sieurs les Officiers municipaux,

Se sont présentés mesdits sieurs les commissaires des districts de St-François, des Jacobins, des Augustins, des Grands-Carmes et des Feuillants, lesquels ont remis sur le bureau cinq paquets sous enveloppe, cachetés, à l'adresse de MM. les Officiers municipaux, qu'ils ont déclaré contenir les procès-verbaux et résultat du dépouillement et vérification du second scrutin pour la nomination d'un procureur sindic de la commune.

Les dits paquets ayant été décachetés et ouverts en présence de mes dits sieurs les commissaires, il a été procédé au dépouillement et à la vérification des suffrages contenus en iceux. Il en est résulté qu'aucun des citoyens n'a réuni la majorité absolue des suffrages, mais que la pluralité relative et le plus grand nombre de voix ont porté sur M. Muret de Paignac, avocat du Roy au présidial, et de Beaune, assesseur au même siège, sur lesquels deux citoyens les nouveaux suffrages doivent porter exclusivement, conformément aux décrets de l'Assemblée nationale.

Délibéré qu'il sera remis à chacun de MM. les présidents des districts un extrait du présent procès-verbal pour en être donné connoissance.

Fait et arrêté les jour, mois et an susdits.

  Pétiniaud, maire; Navières de La Boissière, David, Tanchon, lieut^t de maire; Thoumas, échev.; Ardant du Masjambost, P^{re} Farne, fils, Soulignac, Touzac de St-Étienne, Muret, de Beaune, Lingaud, trésorier-receveur; Lingaud fils aîné, secrétaire-greffier.

Dépouillement du 3ᵉ scrutin dans les cinq districts donnant la majorité absolue à M. Muret de Paignac, pour les fonctions de procureur sindic.

Et advenant le même jour, à sept heures du soir, dans la même salle, et par devant mes dits sieurs les Officiers municipaux,

Se sont présentés mesdits sieurs les commissaires des districts de Sᵗ-François, des Jacobins, des Augustins, des Grands-Carmes et des Feuillants, lesquels ont remis sur le bureau cinq paquets sous enveloppe, cachetés, à l'adresse de MM. les Officiers municipaux, qu'ils ont déclaré contenir les procès-verbaux et résultat du dépouillement et vérification du troisième scrutin relatif à la nomination d'un procureur sindic de la commune.

Les dits paquets ayant été décachetés et ouverts en présence de mesdits sieurs les commissaires, il a été procédé au dépouillement et à la vérification des suffrages contenus en iceux. Il est résulté de cet examen que :

Le district de Sᵗ-François étoit composé de 85 votants.
Le district des Jacobins, de 71.
Le district des Augustins, de 81.
Le district des Grands-Carmes, de 67.
Le district des Feuillants, de 73.
Total, 377 votants.

RÉCAPITULATION

Districts	Nombre des votants	M. Muret, avocat du Roi	M. de Beaune, assesseur
Sᵗ-François...	85	60	25
Les Jacobins..	71	29	42
Les Augustins.	81	26	55
Les Carmes...	67	34	33
Les Feuillants.	73	51	22
Totaux...	377	200	177

La pluralité absolue sur le nombre des votants s'est réunie en faveur de M. Muret de Paignac, avocat du Roy au présidial et sénéchal de cette ville, qui a obtenu 200 voix.

En conséquence, il a été proclamé procureur sindic de la commune par Messieurs les Officiers municipaux en exercice.

Et à l'instant nous nous sommes fait représenter, en présence de MM. les commissaires, les rôles des impositions, et nous nous sommes assurés que M. Muret de Paignac payoit annuellement une somme excédant celle des dispositions portées par les décrets de l'Assemblée nationale.

Délibéré qu'il sera remis à chacun de MM. les présidents des cinq districts un extrait du présent procès-verbal de recensement et proclamation, pour en être donné connoissance, et être ensuite continué de procéder, par la voie du scrutin individuel, et à la pluralité absolue des suffrages, à l'élection d'un substitut du procureur sindic de la commune, et à celle de vingt-quatre notables, par un seul scrutin de liste et à la simple pluralité relative des suffrages, conformément aux décrets de l'Assemblée nationale.

Fait et arrêté les jour, mois et an susdits.

  Pétiniaud, maire ; Touzac de St-Etienne, Tanchon, lieut. de maire ; Navières de la Boissière, David, Thoumas, échev.; de Beaune, Soulignac, P^{re} Farne fils, Ardant du Masjambost, Muret, Lingaud, trésorier-receveur ; Lingaud fils aîné, secrétaire-greffier.

Et advenant le onze février mil sept cent quatre-vingt-dix, à dix heures du matin, dans la grande salle de l'hôtel de ville de Limoges, par devant MM. les Officiers municipaux soussignés,

Se sont présentés Messieurs les commissaires des districts de St-François, des Jacobins, des Augustins, des Grands-Carmes et des Feuillants, lesquels ont remis sur le bureau cinq paquets sous enveloppe, cachetés, à l'adresse de MM. les Officiers municipaux, qu'ils ont déclaré contenir les procès verbaux et résultat du dépouillement et vérification des scrutins relatifs à la nomination du substitut du procureur sindic de la commune.

Dépouillement du 1er scrutin dans les cinq districts, ne donnant aucune majorité absolue pour la nomination d'un substitut du procureur sindic.

Les dits paquets ayant été décachetés et ouverts en présence de mesdits sieurs les commissaires, il a été procédé au dépouillement et à la vérification des suffrages contenus en iceux. Il est résulté de cet examen que la pluralité des suffrages ne s'est réunie sur aucun des citoyens : au moyen de quoi il sera procédé, à un nouveau scrutin individuel et à la pluralité absolue des suffrages, à l'élection d'un substitut du procureur sindic de la commune (1).

Délibéré qu'il sera remis à chacun de MM. les présidents des cinq districts un extrait du présent procès-verbal pour en être donné connoissance.

Fait et arrêté les jour, mois et an susdits.

  Pétiniaud, maire ; Tanchon, l^t de maire ; Navières de la Boissière, échevin ; Touzac de St-Etienne, David, de Beaune, P^{ro} Farne fils, Soulignac, Ardant du Masjambost, Muret, Lingaud, trésorier-receveur ; Lingaud fils aîné, secrétaire-greffier.

---

(1) On voit, par le résultat de ces divers scrutins, combien la population était divisée et hésitante. Seul, le nom de M. Pétiniaud de Beaupeyrat a réuni au premier tour, une majorité utile. Tous les documents contemporains confirment cet état de l'opinion.

<small>Dépouillement du 2ᵉ scrutin dans les cinq districts, donnant la majorité absolue des suffrages à M. Fournier, pour les fonctions de substitut du procureur sindic.</small>

Et advenant le même jour, à trois heures de relevée, dans la même salle, et par devant mesdits sieurs les Officiers municipaux soussignés,

Se sont présentés mesdits sieurs les commissaires des districts de Sᵗ-François, des Jacobins, des Augustins, des Grands-Carmes et des Feuillants, lesquels ont remis sur le bureau cinq paquets sous enveloppe, cachetés, à l'adresse de MM. les Officiers municipaux, qu'ils ont déclaré contenir les procès-verbaux et résultat du dépouillement et vérification du second scrutin relatif à la nomination du substitut du procureur sindic de la commune.

Les dits paquets ayant été décachetés et ouverts en présence de mesdits sieurs les commissaires, il a été procédé au dépouillement et à la vérification des suffrages contenus en iceux. Il est résulté de cet examen que

Le district de Sᵗ-François étoit composé de 65 votants.
Le district des Jacobins, de 63.
Le district des Augustins, de 59.
Le district des Grands-Carmes, de 81.
Le district des Feuillants, de 76.
Total, 344 votants.

RÉCAPITULATION

Nom des districts	Nombre de votants	M. Fournier, avocat, élu
Saint-François..	65	52
Les Jacobins....	63	14
Les Augustins..	59	28
Les Carmes.....	81	80
Les Feuillants..	76	51
Totaux...	344	225

La pluralité absolue, sur le nombre des votants, s'est réunie en faveur de M. Fournier, avocat et notaire, qui a obtenu 225 voix.

En conséquence, il a été proclamé substitut du procureur sindic de la commune par MM. les Officiers municipaux en exercice.

Et à l'instant nous nous sommes fait représenter, en présence de MM. les commissaires, les rôles des impositions, et nous nous sommes assurés que M. Fournier payoit annuellement une somme excédant celle des dispositions portées par les décrets de l'Assemblée nationale.

Délibéré qu'il sera remis à chacun de MM. les présidents des cinq districts un extrait du présent procès-verbal de recensement et proclamation, pour en être donné connoissance et être ensuite continué de procéder à l'élection de vingt-quatre notables, par un seul scrutin de liste, à la simple pluralité relative des suffrages, conformément au décret de l'Assemblée nationale.

Fait et arrêté les jour, mois et an susdits.

PÉTINIAUD, MURET, DAVID, TANCHON, NAVIÈRES DE LA BOISSIÈRE, TOUZAC DE St-ETIENNE, ARDANT DU MASJAMBOST, SOULIGNAC, DE BEAUNE, P^{re} FARNE fils, LINGAUD, trésorier-receveur ; LINGAUD, fils aîné, secrétaire-greffier.

Dépouillement du scrutin dans les cinq districts, donnant la pluralité relative à MM. Bardinet, Blanchard, Ardant du Picq, Bonnin, Pouret, Devarnet, Vitrac, Brisset, Brousseaux, Dominique d'Héralde, Ardant du Masjambost, Talandier, Paraud, Seignac, Durand de Richemond, Audoin, Reculet, Jabet de Coyol, Brunier, Plainemaison, Bardy, Balaizy, Tourniol, Coignasse, pour les fonctions de notables.

Et advenant le douze février mil sept cent quatre-vingt-dix, à neuf heures du soir, dans la grande salle de l'hôtel de ville de Limoges, où étoient assemblés MM. les Officiers municipaux susdits et soussignés, *Dépouillement du scrutin, etc. (Voir ci-contre).*

Se sont présentés MM. Touzac de St-Etienne père, écuyer ; Soulignac, avocat ; de Beaune, assesseur ; Pierre Farne, bourgeois, et Ardant du Masjambost, négociant, commissaires des districts de St-François, des Jacobins, des Augustins, des Grands-Carmes et des Feuillants, lesquels ont remis sur le bureau cinq paquets sous enveloppe, cachetés, à l'adresse de MM. les Officiers municipaux, qu'ils ont déclaré contenir les procès-verbaux et résultats du dépouillement et vérification des scrutins relatifs à la nomination de vingt-quatre notables adjoints au corps municipal.

Les dits paquets ayant été décachetés et ouverts en présence de mesdits sieurs les commissaires, il a été procédé au dépouillement et à la vérification des suffrages contenus en iceux. Il est résulté de cet examen que :

Le district de St-François était composé de... 90 votants.
Le district des Jacobins, de............... 97 —
Le district des Augustins, de............. 111 —
Le district des Grands-Carmes, de....... 98 —
Le district des Feuillants, de............. 131 —
    Total................... 527 votants.

La pluralité relative des suffrages s'est réunie en faveur de

MM.	Saint-François	Les Jacobins	Les Augustins	Les Carmes	Les Feuillants	Totaux des suffrages
Bardinet, marchand chapelier....	32	18	23	62	47	182
Blanchard, orfèvre............	30	13	20	7	68	138
Ardant Du Pic, négociant.......	48	11	12	9	31	111
Bonnin, docteur en médecine....	13	15	18	9	49	104
Bullat, savetier................	15	29	28	5	25	102
De Roche (sic) fils, négociant...	13	50	2	8	27	100
Etienne Pouret dit le Cadet......	9	34	13	37	»	93
Devarnet, procureur.	11	7	47	10	15	90
Vitrac aîné, curé de Montjovis...	28	12	20	10	18	88
Brisset père, bourgeois..........	23	3	13	37	9	85
Brousseaux aîné, entrepreneur...	12	»	38	14	18	82
Dominique d'Héralde, md cirier..	13	10	19	36	4	82
Ardant du Masjambost, nég^t....	15	5	9	9	44	82
Talandier, avocat en parlement..	8	3	10	51	8	80
Paraud père, serrurier..........	7	5	42	7	13	74
Seignac, serrurier..............	3	35	12	3	19	72
Durand de Richemont, trésorier..	12	4	14	6	6	72
Audoin, marchand tanneur......	7	2	12	4	46	71
Reculet, apothicaire.	16	5	17	13	20	71
Jabet de Coyol, négociant.......	28	11	9	6	15	69
Brunier, négociant.............	7	4	7	2	49	69
Plainemaison, procureur........	12	1	5	14	6	68
Bardy, notaire royal	20	2	21	8	16	67
Balezy, teinturier..............	8	4	7	5	42	66

Et à l'instant, nous nous sommes fait représenter, en présence de MM. les commissaires, les rôles des impositions, et nous nous sommes assurés que les citoyens mentionnés cy-dessus payoient la contribution d'éligibilité prescrite par les décrets de l'Assemblée nationale, à l'exception des s^{rs} Bullat et De Roche fils, le premier n'étant imposé sur les dits rôles que pour la somme de 5 l. 15 s., et le second n'étant aucunement compris dans les dits rôles, n'ayant aucune connoissance qu'il paye d'imposition ailleurs. Nous avons cru dans cette circonstance devoir désigner les deux citoyens qui ont réuni le plus de voix après le s^r Balezy, qui sont MM

Tourniol père, négociant........	11	»	6	47	1	65
Cognasse, docteur en médecine..	15	7	24	7	11	64

qui, en conséquence, ont été proclamés notables adjoints au corps municipal par MM. les Officiers municipaux en exercice.

Délibéré qu'il sera remis à chacun de MM. les présidents des cinq districts un extrait du présent procès-verbal de recensement et proclamation pour en être donné connoissance.

Fait, clos et arrêté les jour, mois et an susdits.

PÉTINIAUD, maire ; TANCHON, 1ⁿᵗ de maire ; NAVIÈRES DE LA BOISSIÈRE, TOUZAC DE Sᵗ-ETIENNE, DAVID, MURET, Pʳᵉ FARNE fils, SOULIGNAC, ARDANT DU MASJAMBOST, LINGAUD, trésorier-receveur ; LINGAUD fils aîné, secrétaire-greffier.

Proclamation de MM. les Officiers municipaux de la ville de Limoges.

Maire : M. Pétiniaud de Beaupeyrat, écuyer.

Officiers municipaux : M. Texandier aîné, négociant ; M. Boyer de Gris, docteur en médecine ; M. Cibot, marchand cartier ; M. Malevergne de Fressiniat, ancien directeur des domaines du Roy ; M. Pétiniaud d'Eyjeaux fils, négociant ; M. Roulhac du Cluzeau, écuyer, ancien avocat du Roi au Bureau des finances ; M. Cramaille aîné, négociant ; M. David, avocat en parlement ; M. Julien Marc, négociant ; M. Martin, curé de Sᵗ-Michel-des-Lions ; M. Colomb, écuyer.

Procureur de la commune : M. Muret de Paignac, avocat du Roy au présidial et sénéchal.

Substitut : M. Fournier, avocat en parlement et notaire.

Notables adjoints : M. Bardinet, marchand chapelier ; M. Blanchard, orfèvre ; M. Ardant du Pic, négociant ; M. Bonnin, docteur en médecine ; M. Etienne Pouret, dit le Cadet ; M. Devarnet, procureur ; M. Vitrac aîné, curé de Montjovis ; M. Brisset père, bourgeois ; M. Brousseaux aîné, entrepreneur ; M. Dominique d'Héralde, marchand cirier ; M. Ardant du Masjambost, négociant ; M. Talandier, avocat en parlement ; M. Paraud père, serrurier ; M. Seignac, serrurier ; M. Durand de Richemont, trésorier de France ; M. Audoin, négociant ; M. Reculet, apothicaire ; M. Jabet de Coyol, négociant ; M Brunier, négociant ; M. Plainemaison, procureur ; M. Bardy, notaire royal ; M. Balezy, marchand teinturier ; M. Tourniol père, négociant ; M. Cognasse de Lage, docteur en médecine.

Et advenant le treize février mil sept cent quatre-vingt-dix (1), à quatre heures de relevée, dans l'église collégiale de Sᵗ-Martial de

---

(1) Voir la *Feuille hebdomadaire* du 17 février 1790. C'est pour la dernière fois que l'ins-

la ville de Limoges, où étoient assemblés MM. les citoyens actifs des districts de St-François, des Jacobins, des Augustins, des Grands-Carmes et des Feuillants, composant la commune, d'après la convocation qui en a été faite par MM. les présidents, — MM. les Officiers municipaux nouvellement élus ont, en présence de la commune, levé la main et prononcé individuellement, à haute voix, le serment prescrit par l'art. 48 des lettres patentes du Roy sur le décret de l'Assemblée nationale pour la constitution des municipalités, données à Paris au mois de décembre 1789, *de maintenir de tout leur pouvoir la constitution du royaume, d'être fidèles à la Nation, à la Loi et au Roi, et de bien remplir leurs fonctions.*

En conséquence, M. le Maire, MM. les Officiers municipaux, procureur de la commune et substitut exerceront dès ce moment leurs fonctions, ainsy que MM. les notables adjoints, conformément aux dispositions des susdites lettres patentes.

De tout quoi a été dressé le présent procès-verbal pour servir et valoir ainsy que de droit, et signé par mesdits sieurs les Maire, Officiers municipaux, Procureur et Substitut et autres membres de l'assemblée.

PÉTINIAUD. maire ; Boyer m^{in} ; CIBOT, PÉTINIAUD, ROULHAC DU CLUSAUD; CRAMAILLE, DAVID, DE FRESSINIAT, MARC, MARTIN, curé de St-Michel ; COLOMB, MURET, FOURNIER, BONIN, d. m. ; AUDOUIN, GOUDIN DE LABORDERIE, président du district des Augustins ; RUBEN DE L'OMBRE, président du district des Feuillants ; B. VITRAC, curé de Montjovis ; BARDY, PETIT, président du district St-François ; SOULIGNAC, commissaire du district des Jacobins ; ARDANT DU MASJAMBOST, DURAND DE RICHEMONT, scrutateur-suppléant et en l'absence du président du district des Grands-Carmes ; BARBOU DES COURIÈRES, en l'absence du président du district des Jacobins ; BROUSSEAUD aîné, DALESME, chanoine de St-Martial, ayant fait la cérémonie (1) ; RECULET, TOURNIOL, D'HÉRALDE, TALANDIER, PLAINEMAISON, BALÉZY, BRISSET père, PARAU, SEIGNAT, BARDINET, Etienne POURET, PLAINEMAISON, LINGAUD, trésorier-receveur ; LINGAUD fils aîné, secrétaire-greffier (2).

tallation de la nouvelle municipalité est accompagnée d'une cérémonie ayant un caractère religieux. Nous ne rappellerons pas ici ce que nous avons dit plusieurs fois des liens très étroits qui unissaient la commune de Limoges au monastère de Saint-Martial, ou pour mieux parler, aux reliques de l'apôtre d'Aquitaine. — L'élection de la municipalité de la Cité n'eut lieu que le 22 février.

(1) Notons l'intervention, à l'acte, du chanoine de service.

(2) A cette date, les vieilles « merques » consulaires n'ont pas changé. En ce mois même de février 1790, nous voyons figurer, aux registres de comptabilité de la commune, un article de dépense de 253^{li} 7^s pour « sept chaperons de damas cramoisy garnis de franges en or, pour Messieurs les officiers municipaux ». (Hôtel de ville CC 23).

Aujourd'huy, quatorze février mil sept cent quatre-vingt-dix, dans la grande salle de l'hôtel commun de la ville de Limoges, où étoient assemblés et convoqués extraordinairement Messieurs Pétiniaud de Beaupeyrat, écuyer, maire ; Boyer de Gris, docteur en médecine ; Cibot, marchand ; Malevergne de Fressiniat, ancien directeur du domaine du Roy ; Pétiniaud d'Eyjaux fils, négociant ; Roulhac du Cluzaud, écuyer, ancien avocat du Roy au bureau des finances ; Cramaille aîné, négociant ; David, avocat en parlement ; Julien Marc, négociant ; Martin, curé de St-Michel-des-Lions ; Colomb, écuyer, — officiers municipaux ; — Muret de Paignac, avocat du Roy au présidial et sénéchal, procureur de la commune ; Fournier, avocat en parlement et notaire royal, substitut ; — Bardinet, marchand chapelier ; Blanchard, marchand orfèvre ; Ardant Dupic, négociant ; Bonnin, docteur en médecine ; Etienne Pouret, dit le Cadet, marchand ; Victrac aîné, curé de Montjovis ; Brisset du Puy du Tour, bourgeois ; Brousseaux aîné, entrepreneur ; Dominique d'Héralde, marchand cirier ; Ardant du Masjambost, négociant ; Talandier, avocat en parlement ; Paraud père, serrurier ; Seignat, serrurier ; Durand de Richemont, président trésorier de France ; Audouin, négociant ; Reculet, apothicaire ; Brunier, négociant ; Plainemaison, procureur ; Bardy, notaire royal ; Balézy, marchand teinturier ; Salot Tourniol père, négociant ; Cogniasse de Lage, docteur en médecine, notables adjoints ; — (Messieurs Texandier aîné, négociant ; Devarnet, procureur, et Jabet de Coyol, négociant, officier municipal et notables, absents), formant le Conseil général de la commune,

M. Pétiniaud de Beaupeyrat, maire, a exposé à l'assemblée qu'en exécution des lettres patentes du Roy, sur le décret de l'Assemblée nationale pour la constitution des municipalités, données à Paris au mois de décembre 1789, et conformément aux articles 22 et 23, il y aura, en chaque municipalité, un trésorier-receveur et un secrétaire-greffier nommés par le Conseil général de la commune ; et comme les sieurs Lingaud père et fils ont jusqu'à présent rempli avec honneur et probité les fonctions de trésorier-receveur et de secrétaire-greffier, à la satisfaction du corps municipal, c'est pourquoi Monsieur Pétiniaud de Beaupeyrat prie l'assemblée de prendre en considération l'exposé cy-dessus.

La chose mise en délibération et les suffrages recueillis, il a été unanimement arrêté par le Conseil général de la commune, que, sur les bons témoignages, le zèle et la bonne conduite des sieurs Lingaud père et fils, qui jusqu'à présent ont mérité, par leur exactitude et leur assiduité, la bienveillance du corps municipal, étant bien instruits de leur capacité et fidélité, demeurent *(sic)* continués et confirmés dans leurs places, pour en exercer les fonctions, savoir : le sieur Lingaud père, celle de trésorier-receveur, et le sieur Lingaud fils, celle de secrétaire-greffier du Conseil général de la commune, conformément aux susdites lettres patentes.

Cependant les sieurs Lingaud père et fils pourront être changés lorsque le Conseil général, convoqué à cet effet, le jugera convenable, à la majorité des voix :

Se réservant au surplus de statuer sur les appointements et conditions qui seront fixées et imposées séparément des présentes, dont les dits sieurs Lingaud père et fils seront tenus de *(sic)* souscrire, à la charge par le dit sieur Lingaud père de fournir caution solvable, pour sûreté de sa gestion et maniement de tous les fonds et revenus de la maison commune, qu'il demeure autorisé de toucher et recevoir par chaque année, dont il pourra donner quittances, qui seront autant valables que celles que donneroient mesdits sieurs les Maire et Officiers municipaux.

Et à l'instant, les dits sieurs Lingaud père et fils, s'étant présentés, ont été de suite mis et installés en leur dite place par le Conseil général de la commune, après avoir prêté entre les mains de M. Pétiniaud de Beaupeyrat, maire, le serment de bien remplir fidèlement leurs fonctions prescrites par l'article 22 des dites lettres patentes.

Fait et arrêté les jour, mois et année susdits.

> PÉTINIAUD, maire ; BOYER, offic. m¹ ; CIBOT, MARC, BARDINET, DAVID, COLOMB, ROULHAC DU CLUSAUD, CRAMAILLE, PÉTINIAUD, MARTIN, curé de St-Michel ; MURET, procureur syndic ; BONIN, TALANDIER, PARAU, BARDY, BLANCHARD, VITRAC, curé de Montjovis ; DURAND DE RICHEMONT, DOMINIQUE DHÉRALDE, DE FREISSINIAT, RECULET, BROUSSEAUD aîné. AUDOUIN, BRUNIER, BRISSET père, ARDANT DU PICQ, SEIGNAT, TOURNIOL. ARDANT DU MASJAMBOST, BARDINET, POURET dit le Cadet, COGNIASSE, d. m. M. ; PLAINEMAISON, BALÉZY, LINGAUD, trésorier-receveur ; LINGAUD fils aîné, secrétaire-greffier.

Fixation des appointements des s¹⁸ Lingaud père et fils. Continuation du s Plainemaison dans les fonctions de greffier de police, et fixation de son traitement

Aujourd'huy, vingt-quatre février mil sept cent quatre-vingt-dix, dans la grande salle de l'hôtel commun de la ville de Limoges, où étoient assemblés et convoqués extraordinairement Messieurs Pétiniaud de Beaupeyrat, maire ; Boyer de Gris, Cibot, Pétiniaud d'Eyjaux, Roulhac du Cluzaud, Cramaille, David, Marc, Martin, curé de St-Michel ; Colomb, officiers municipaux ; Fournier, substitut du procureur de la commune ; Blanchard, Ardant Du Picq, Bonnin, médecin; Pourret, Vitrac, curé de Montjovis; Brisset père, Brousseaux, Dominique d'Héralde, Ardant du Masjambost, Talandier, Paraud, Seignat, Audouin, Reculet, Brunier, Bardy, Balézy, Tourniol et Cogniasse de Lage, médecin, notables adjoints, formant le Conseil général de la commune, les autres absents,

M. Pétiniaud de Beaupeyrat, maire, a exposé à l'assemblée que, conformément à la délibération du Conseil général de la commune du quatorze du courant, portant nomination et confirmation des sieurs Lingaud père et fils dans les places de trésorier-receveur et secrétaire-greffier de la municipalité et du conseil général de la commune, il doit être procédé à la fixation de leurs appointements;

Que, pour y parvenir, il a observé que les appointements des dits sieurs Lingaud père et fils, étoient fixés depuis longtemps à une somme trop modique, non seulement en raison de l'augmentation du travail qu'exigent les opérations attachées à leurs fonctions et de plus en plus multipliées, mais encore sous (*sic*) la considération des prix énormes de toutes les denrées, les mettent dans l'impuissance de pouvoir subvenir à leurs dépenses par le fruit de leurs travaux. C'est pourquoi mon dit sieur de Beaupeyrat prie l'assemblée de prendre en considération l'exposé cy-dessus, et de vouloir bien accorder une somme suffisante en augmentation aux dits sieurs Lingaud père et fils, proportionnée aux services qu'ils rendent à la ville.

Ouï sur ce M. Fournier, substitut du procureur de la commune, en l'absence de ce dernier, dûment convoqué;

Le Conseil général de la commune a unanimement délibéré et arrêté que, sur les bons témoignages, le zèle et la bonne conduite des sieurs Lingaud père et fils, qui jusqu'à présent ont mérité, par leur exactitude et leur assiduité, la bienveillance du corps municipal, leurs appointements demeurent fixés annuellement, à commencer du premier mars mil sept cent quatre-vingt-dix, à la somme de deux mille cent livres, savoir: au sieur Lingaud père, celle de douze cents livres, et au sieur Lingaud fils, celle de neuf cents livres, non compris la gratification à lui accordée chaque année, à raison de la distribution des huiles pour les réverbères et autres détails ce concernant (1).

Et à l'instant les dits sieurs Lingaud père et fils s'étant présentés et lecture leur ayant été faite des susdits appointements, ils les ont acceptés et promis de remplir fidèlement les fonctions de leurs places.

(1) Nous avons vu plus haut que les appointements fixes des deux Lingaud ne s'élevaient qu'à 1,200 livres (page 332, note). Lingaud fils était chargé de payer directement contre quittance toutes les petites dépenses courantes de la commune.

Comme aussi il a été délibéré et arrêté que le sʳ Plainemaison, greffier de police, seroit conservé dans la dite place, et que ses appointements demeurent fixés annuellement à la somme de trois cents livres.

Fait et arrêté les dits jour, mois et an susdits.

PÉTINIAUD, COLOMB, MARC, CIBOT, PÉTINIAUD, CRAMAILLE, BARDINET, VITRAC, curé de Montjovis ; MARTIN, FOURNIER, substitut ; BRISSET père, BROUSSEAUD aîné, BONIN, d. m. M. ; DOMINIQUE DHÉRALDE, POURRET, TOURNIOL, BALÉZY, BLANCHARD, ROULHAC DU CLUSAUD, ARDANT DU PICQ, TALANDIER, SEIGNAT, LINGAUD, trésorier-receveur ; LINGAUD fils aîné, secrétaire-greffier (1).

Remplacement de M. Texandier, officier municipal, par M. Bardinet

Aujourd'huy, vingt-sept février mil sept cent quatre-vingt-dix, dans la salle de l'hôtel commun de la ville de Limoges, où étoient assemblés Messieurs les Maire et Officiers municipaux soussignés, M. le procureur de la commune est entré et a observé que M. Texandier aîné, ayant été élu et proclamé l'un de MM. les Officiers municipaux de cette ville, il auroit, par sa lettre du 13 du courant, prié l'assemblée de vouloir le dispenser d'accepter cette place, quelque sensible qu'il dût être à l'honneur qu'on lui avoit fait, — et que, nonobstant qu'il eût été député de la part de la municipalité devers lui pour l'engager à répondre aux vues du public et au désir que la municipalité avoit qu'il se réunît à elle, cette démarche n'avoit pu le déterminer ; en conséquence, le procureur de la commune croit qu'il est de l'intérêt de la commune de pourvoir au remplacement de M. Texandier pour compléter la municipalité, en la personne de celui de MM. les notables qui aura réuni le plus de suffrages, et ce en conformité du décret de l'Assemblée nationale, après néanmoins la communication à mon dit sieur Texandier du présent exposé, auquel il sera invité de répondre, pour, au vu de la réponse, être statué ce qu'il appartiendra.

MURET, procureur syndic.

(1) C'est au mois de février 1790 que remonte l'incorporation de la paroisse d'Uzurat à la commune de Limoges, demandée par les habitants eux-mêmes. La paroisse ne comptait alors que huit feux. (Arch. Hôtel de Ville, G. G. 281). — Les communes de la Cité et de Sᵗ-Christophe-è-Limoges subsistèrent jusqu'à la fin de 1792. Le onze novembre 1792 est la date officielle de la réunion de la Cité à la ville.

Nous, Maire et Officiers municipaux de la ville de Limoges, ayant égard à l'exposé ci-dessus, délibérons qu'il sera communiqué à M. Texandier, pour, sur sa réponse, être plus amplement statué ce que de droit.

   Pétiniaud, maire; Roulhac du Clusaud, Martin, curé de St-Michel; Boyer, David, avocat en parlement; Cramaille, Pétiniaud, Cibot, Marc, Lingaud fils aîné.

Je soussigné, après avoir pris communication de l'exposé ci-dessus et de l'invitation de MM. les Officiers municipaux, déclare persister au contenu de ma lettre du 13 courant et consens qu'il soit pourvu à mon remplacement. Le même jour et an que dessus.

           Texandier.

Vu la réponse de M. Texandier, nous, officiers municipaux susdits et soussignés, ayant pris communication du procès-verbal, du douze du courant, de recensement des scrutins relatifs à la nomination des vingt-quatre notables adjoints au corps municipal, il est résulté de cet examen que Mr Bardinet, marchand chapelier, a réuni le nombre de 182 suffrages, faisant la majeure sur les autres qui ont été élus avec lui : en conséquence du décret de l'Assemblée nationale, nous l'avons proclamé officier municipal, pour compléter le nombre prescrit par le dit décret, conformément à icelui, et, de suite, l'avons fait inviter de se rendre pour accepter la dite place, en prêter le serment et en remplir les fonctions.

Le dit sieur Bardinet s'étant rendu à l'invitation, a déclaré accepter ladite place et a prêté le serment, en présence de mesdits sieurs les Officiers municipaux, de *maintenir de tout son pouvoir la constitution du Royaume, d'être fidèle à la nation et au Roi et de bien remplir ses fonctions.*

De tout quoi nous avons dressé le présent procès-verbal pour valoir ainsi que de raison, et a ledit sieur Bardinet signé avec nous.

   Bardinet, Pétiniaud, maire, Boyer, Cibot, David, Marc, Roulhac du Clusaud, Pétiniaud, Martin, curé de St-Michel; Cramaille, Lingaud fils aîné, greffier.

— 372 —

Nomination de MM. Malevergne de Freissiniat, Roulhac du Cluzeau et David, pour avec M. le maire, composer le Bureau d'administration; vu l'indisposition de M. de Fraissiniat, M Cramaille est nommé suppléant

Aujourd'huy, vingt-huit février mil sept cent quatre-vingt-dix, dans la grande salle de l'hôtel commun de la ville de Limoges, où étoient assemblés MM. les Maire et Officiers municipaux soussignés, M. Pétiniaud de Beaupeyrat, maire, a exposé à l'assemblée qu'en exécution des lettres patentes du Roi, sur le décret de l'Assemblée nationale pour la constitution des municipalités, données à Paris au mois de décembre 1789, et conformément aux articles 24 et 25, chaque corps municipal composé de plus de trois membres sera divisé en Conseil et en Bureau. Le Bureau sera composé du tiers des officiers municipaux, y compris le maire qui en fera toujours partie. Les deux autres tiers formeront le Conseil. En conséquence il pria l'assemblée de vouloir bien délibérer sur le choix des membres qui doivent composer le Bureau qui sera chargé de tous les soins de l'exécution et borné à la simple régie.

La chose mise en délibération, mesdits sieurs les Maire et Officiers municipaux ont unanimement nommé MM. Malevergne de Fressiniat, Roulhac du Cluzaud et David, avocat, officiers municipaux, pour, avec Mr le Maire, former le Bureau chargé de tous les soins de l'exécution et borné à la simple régie, en conformité des susdites lettres patentes. Et attendu l'indisposition de M. de Fressiniat, ils ont nommé M. Cramaille pour suppléant.

Fait et arrêté les jour, mois et an susdits.

PÉTINIAUD, BOYER, officier m¹; CIBOT, MARC, ROULHAC DU CLUSAUD, MARTIN, curé de St-Michel; BARDINET, CRAMAILLE, DAVID, PÉTINIAUD, LINGAUD fils aîné, secrétaire-greffier (1).

Vérification des comptes rendus par le sr Lingaud père, trésorier-receveur de l'Hôtel de ville pendant sa gestion du 1er septembre 1789 au 1er mars 1790.

Aujourd'huy, premier mars mil sept cent quatre-vingt-dix, dans la salle de l'hôtel de ville de Limoges, où étoient assemblés Messieurs les Maire et Officiers municipaux soussignés,

(1 Le 20 février, une messe solennelle avait été célébrée à la Cathédrale pour la conservation des jours du Roi et de la famille royale et pour la tranquillité et la prospérité de l'État. Il y eut le soir illumination générale. A l'issue de la messe, au cours de laquelle les artistes de la ville avaient fait entendre plusieurs morceaux, un incident d'une certaine gravité se produisit ; une complète mé-intelligence existait depuis plusieurs semaines entre M. Faulte de Vanteaux, commandant général adjoint de la garde nationale, et le colonel, M. Peyroche du Reynou. On avait pris chez ce dernier, pour les porter à la cérémonie, les drapeaux du corps, qui étaient déposés selon l'usage chez le colonel. Les ennemis de M. Peyroche, qui au surplus avait eu, paraît-il, d'assez grands torts, réussirent à provoquer une réunion d'officiers et de délégués qui se tint en plein air sur la place Saint-Martial ; on y décida que les drapeaux seraient désormais confiés au commandant général adjoint. Cette décision fut mise incontinent à exécution.

Le 28 eut lieu l'installation solennelle des officiers municipaux de la Cité. On avait, la veille, sonné les cloches de la Cathédrale ; on célébra une messe en musique et la Cité fut illuminée.

Sur le compte qui a été rendu de la gestion faite par le sieur Lingaud père, trésorier receveur du dit hôtel de ville, tant du produit du Don gratuit, octrois, courtage des vins, patrimoniaux des fermes, eau des étangs, beurre, police, guet et lanternes, que de l'emploi qui en a été fait, depuis le 1er septembre 1789 au 1er mars 1790, le tout ayant été vérifié et calculé, il résulte

Savoir :

Don gratuit

La recette du Don gratuit, au premier mars mil sept cent quatre-vingt-dix, s'est trouvée monter à la somme de cinquante et un mille neuf cent quatre-vingt-quatre livres quatorze sols cinq deniers, y compris celle de cinquante mille quatre cent quatre-vingt-quatre livres quatorze sols cinq deniers, résultat du compte arrêté par MM. les Maire et Officiers municipaux le 1er septembre 1789, cy.. 51.984ll 14s 5d

Octrois

La recette des Octrois, depuis le 1er septembre 1789 au 1er mars 1790, s'est trouvée monter à la somme de six mille sept cent quatre-vingt livres neuf sols cinq deniers, cy 6.780ll 9s 5d

Couretage

La recette du Couretage des vins, depuis le 1er septembre 1789 au 1er mars 1790, s'est trouvée monter à la somme de huit cent soixante-dix neuf livres, quinze sols dix deniers, cy..................... 879ll 15s 10d

Patrimoniaux

La recette des Patrimoniaux des fermes, depuis le 1er septembre 1789 au 1er mars 1790, s'est trouvée monter à la somme de quatorze cent quatre-vingt-dix-huit livres, cy.............................. 1.498ll

Eau des étangs

La recette de l'eau des Etangs de la fontaine d'Eygoulene, depuis le 1er septembre 1789 au 1er mars 1790, s'est trouvée monter à la somme de cinquante-neuf livres dix-sept sols, cy................... 59ll 17s

A reporter............. 61.202ll 16s 8d

Report...................... 61.202ˡˡ 16ˢ 8ᵈ

Beurre

La recette des droits perçus sur le Beurre, s'est trouvée monter, au 1ᵉʳ mars 1790, à la somme de trois mille huit cent trente-sept livres six deniers, y compris celle de trois mille huit cent vingt-six livres treize sols six deniers, résultat du compte arrêté par MM. les Maire et Officiers municipaux le 1ᵉʳ septembre 1789, cy 3.837ˡˡ 6ᵈ

Police

La recette des droits perçus par la Police s'est trouvée monter, au 1ᵉʳ mars 1790, à la somme de six mille quatre cent dix-huit livres deux sols, y compris celle de cinq mille neuf cent vingt-huit livres neuf sols, résultat du compte arrêté par MM. les Maire et Officiers municipaux le 1ᵉʳ septembre 1789, cy........ 6.418ˡˡ 2ˢ

Guet et Lanternes

Et finalement, la recette du second octroi du Guet et Lanternes, s'est trouvée monter, au 1ᵉʳ mars 1790, à la somme de quatorze mille cent onze livres six sols trois deniers, y compris celle de huit mille neuf cent quarante une livres cinq sols six deniers, résultat du compte arrêté le 1ᵉʳ septembre 1789, cy... 14.111ˡˡ 6ˢ 3ᵈ

Total général des recettes.................. 85.569ˡˡ 5ˢ 5ᵈ

Dépenses

Les dépenses concernant les objets mentionnés ci-contre, depuis le 1ᵉʳ septembre 1789 au 1ᵉʳ mars 1790, se sont trouvées monter

Savoir :

Suivant le résultat du dernier compte arrêté par MM. les Maire et Officiers municipaux, le premier septembre 1789, l'excédant des dépenses générales des Octrois, Couretage, Patrimoniaux et Eau des Etangs, aux recettes particulières des dits objets, s'est trouvé monter à la somme de cinquante-huit mille deux cent quatre-vingt-six livres dix-neuf sols neuf deniers, qui avoit demeuré à nouveau compte, cy................................. 58.286ˡⁱ 19ˢ 9ᵈ

Aux employés chargés de veiller à la perception des droits d'octroi et autres appartenant à la dite ville, la somme de neuf cent quarante livres seize sols 8 deniers, pour six mois de leurs appointements commencés le premier juillet 1789, échus le premier janvier 1790, suivant leurs quittances portées au registre à ce destiné, cy...................... 940ˡⁱ 16ˢ 8ᵈ

La dépense faite sur la partie des Octrois, depuis le 1ᵉʳ septembre 1789 au 1ᵉʳ mars 1790, s'est trouvée monter à la somme de onze mille deux cent vingt et une livres neuf sols neuf deniers, suivant vingt-quatre mandements acquittés et payés par le dit sieur Lingaud père, trésorier-receveur de l'hôtel commun, cy................................ 11.221ˡⁱ 9ˢ 9ᵈ

Et finalement, la dépense faite sur le Guet et Lanternes, depuis le 1ᵉʳ septembre 1789 au 1ᵉʳ mars 1790, s'est trouvée monter à la somme de dix mille deux cent quatre-vingt-treize livres trois sols, suivant trente-six mandements, acquittés et payés par le dit sieur Lingaud père...................... 10.293ˡⁱ 3ˢ

Total général des dépenses................. 80.742ˡⁱ 9ˢ 2ᵈ

RÉCAPITULATION

Les recettes montent à..................... 85.569ˡⁱ 5ˢ 5ᵈ
Les dépenses — 80.742ˡⁱ 9 2ᵈ

partant, les recettes excèdent les dépenses, au 1ᵉʳ mars 1790, de la somme de quatre mille huit cent vingt-six livres seize sols trois deniers, ci......... 4.826ˡⁱ 16ˢ 3ᵈ

Fait et arrêté les jour, mois et an susdits.

  Marc, Pétiniaud, Boyer, Roulhac du Clusaud, David, Martin, curé de Saint-Michel; Cramaille, Pétiniaud.

Aujourd'huy, quatrième mars mil sept cent quatre-vingt-dix, dans la grande salle de l'hôtel commun de la ville de Limoges, où étoient assemblés et convoqués extraordinairement Messieurs Pétiniaud de Beaupeyrat, écuyer, maire; Boyer de Gris, docteur en médecine; Cibot, marchand ; Pétiniaud d'Eyjeaux fils, négociant ; Roulhac du Cluzaud, ancien avocat du Roy au bureau des finances; Cramaille

Nomination de MM. de Roulhac du Cluzeau et Petit, députés auprès de l'Assemblée nationale pour en obtenir l'établissement d'un tribunal supérieur.

aîné, négociant; David, avocat en Parlement; Julien Marc, négociant; Martin, curé de Saint-Michel, officiers municipaux ; — Fournier, avocat en parlement et notaire royal, substitut de la commune; Blanchard, marchand orfèvre ; Ardant du Picq, négociant ; Pourret dit le Cadet, marchand ; Vitrac aîné, curé de Montjovis ; Brisset du Puy du Tour père, bourgeois ; Brousseaux aîné, entrepreneur ; Dominique d'Heralde, marchand cirier ; Ardant du Masjambost, négociant ; Talandier, avocat en parlement ; Paraud père, maître serrurier ; Seignac, maître serrurier ; Audoin, marchand tanneur ; Reculet, maître apothicaire ; Brunier, négociant ; Plainemaison, procureur ; Salot Tourniol père, négociant, et Cogniasse Delage, docteur en médecine, notables adjoints, formant le Conseil général de la commune, les autres absents,

M. Péliniaud de Beaupeyrat, maire, a dit que, d'après les avis donnés à la municipalité par les députés de la séneschaussée, il paroît que l'Assemblée nationale pourroit s'occuper incessamment de l'organisation de la justice et en conséquence de la formation des tribunaux supérieurs ; il a représenté combien il seroit intéressant pour la ville et pour les justiciables que l'on établît à Limoges le chef-lieu du tribunal supérieur; qu'il est informé que plusieurs villes ont déjà fait des députations auprès de l'Assemblée nationale pour l'obtenir, et que les citoyens de Limoges auroient à reprocher à la municipalité de montrer de l'indifférence pour un établissement aussi important, si elle ne s'empressoit de choisir des députés pour se rendre à Paris dans cet objet et pour y représenter les droits de la ville, comme capitale et comme point central du département de la Haute-Vienne, du Bas-Limousin, de la Marche et du Périgord.

Ouï sur ce M. Fournier, avocat en parlement et notaire, substitut du procureur de la commune,

L'assemblée a délibéré et arrêté qu'il seroit, dans la présente séance, nommé deux députés pour se rendre, à l'époque qui leur sera désignée, auprès de l'Assemblée nationale, à l'effet d'y solliciter l'établissement d'une cour supérieure de justice à Limoges ; que la nomination des dits députés seroit faite par scrutin individuel et à la majorité absolue des votants réunis au nombre de vingt-six, auquel il a été procédé sur le champ. Au premier tour de scrutin, M. de Roulhac du Cluzaud, ancien avocat du Roi au bureau des finances, l'un des Officiers municipaux, ayant réuni vingt une voix, a été proclamé premier député et a accepté la dite commission.

Procédant ensuite à la nomination du second député, après deux scrutins successifs, M. Petit, receveur général des fermes du Roi, ancien président du district de Saint-François, ayant réuni la majorité absolue par dix-sept voix, a été nommé pour second député, et

MM. Boyer de Gris et David, officiers municipaux, ont été choisis pour aller lui faire part de la dite nomination.

Fait et arrêté dans la dite assemblée, les dits jour, mois et an susdits.

> PÉTINIAUD, maire ; ROULHAC DU CLUSAUD, MARC, DAVID, CIBOT, PÉTINIAUD, VITRAC, curé de Montjovis ; MARTIN, curé de Saint-Michel ; CRAMAILLE, BLANCHARD, TOURNIOL, BRISSET père ; BRUNIER, BOYER, ARDANT DU MASJAMBOST, ARDANT DU PICQ, FOURNIER, substitut ; BROUSSEAUD aîné, PARAU, POURRET dit le Cadet ; RECULET, SEIGNAT, COGNIASSE, d. m. M. TALANDIER, B^{te} AUDOUIN, PLAINEMAISON, LINGAUD fils aîné, secrétaire-greffier.

Aujourd'huy, treize mars mil sept cent quatre-vingt-dix, dans la grande salle de l'hôtel de ville de Limoges, où étoient assemblés Messieurs les Maire et Officiers municipaux de la dite ville de Limoges, se sont présentés Messieurs Melon du Pradoux, maire de la ville de Tulle, et Saint-Priest de Saint-Anne, major de la garde nationale de la même ville, députés par la commune et garde nationale de la dite ville vers l'Assemblée nationale et commune de Paris ; et ont mis sur le bureau une délibération datée de Tulle, du dix du courant, ensemble un paquet adressé à la municipalité de cette ville par celle d'Uzerche.

Hommage rendu à la commune et à la Garde nationale de la ville de Tulle pour avoir maintenu la tranquillité dans plusieurs paroisses du Bas-Limousin.

Lecture faite de la dite délibération et des pièces contenues au dit paquet,

Nous, Maire et Officiers municipaux susdits et soussignés, rendant hommage à la conduite ferme, juste et loyale de la commune et garde nationale de la ville de Tulle, qu'elles ont tenue pour arrêter les suites funestes des violences occasionnées par des attroupements armés dans diverses paroisses du Bas-Limousin, sommes entraînés par la force de la vérité à déclarer que c'est à cette bonne conduite et aux exemples nécessaires de la sévérité employée dans cette circonstance, que nous devons le calme momentané dont jouit le Bas-Limousin, et que le Haut-Limousin étoit à la veille de perdre par des insurrections élevées dans diverses paroisses, et notamment dans la ville de Saint-Germain (1).

(1) Il faut prendre ces manifestations pour ce qu'elles valent. On avait demandé à la garde nationale de Limoges d'envoyer un détachement de volontaires à Tulle pour y concourir au rétablissement de l'ordre : quelques jeunes gens, dit Legros, s'étaient offerts, mais des hommes « sages et prudents » modérèrent cette ardeur et persuadèrent à ces jeunes gens qu'il valait mieux rester dans leur foyer pour veiller à la sécurité de la ville. — Le mouvement dont il est parlé ici et qui s'etait produit à Saint Germain était une simple émotion qui n'avait amené aucun désordre grave.

Nous faisons les vœux les plus sincères et les plus intéressés pour que la commune et la garde nationale de la ville de Tulle obtiennent la justice qui leur est due.

Délibéré dans la dite salle, les jour, mois et an susdits.

PÉTINIAUD, maire ; CRAMAILLE, BOYER, MARC, BARDINET, MARTIN, curé de Saint-Michel ; CIBOT, PÉTINIAUD, DAVID, ROULHAC DU CLUSAUD, LINGAUD fils aîné, secrétaire-greffier.

Convocation d'une assemblée générale pour le remplacement de M. Roulhac du Cluzaud, empêché à la députation auprès de l'Assemblée nationale, conformément à la délibération du 8 mars 1790.

Aujourd'huy, treize mars mil sept cent quatre-vingt-dix, dans la grande salle de l'hôtel commun de la ville de Limoges, où étoient assemblés Messieurs les Maire et Officiers municipaux soussignés, M. Roulhac du Clusaud, l'un des Officiers municipaux, a communiqué à l'assemblée la commission honorable dont il a été chargé par le Roi, pour la formation des districts et des départements (sic) de la Haute-Vienne (1) que, par la susdite commission, il doit provoquer sans délai, conjointement avec MM. de la Chaise aîné et le baron des Renaudies, ses deux collègues ; il a témoigné des regrets de ne pouvoir, dans cette circonstance, donner suite à la députation auprès de l'Assemblée nationale que la commune avait bien voulu lui confier.

Sur quoi, l'assemblée, en acceptant la démission de M. Roulhac du Cluzeaud, a délibéré qu'il seroit convoqué une assemblée générale des Maire, Officiers municipaux et Notables adjoints formant le Conseil général de la commune, pour nommer un second député à son lieu et place.

Fait et arrêté les dits jour, mois et an susdits.

BARDINET, MARC, PÉTINIAUD, maire, BOYER, DAVID, CIBOT, PÉTINIAUD, MARTIN, curé de Saint-Michel, ROULHAC DU CLUSAUD, CRAMAILLE, LINGAUD fils aîné, secrétaire-greffier.

Nomination de M. Loysel de Laquinière, député auprès de l'Assemblée nationale, en remplacement de M. Roulhac du Cluzeaud, empêché.

Aujourd'huy, vingt mars mil sept cent quatre-vingt-dix, dans la grande salle de l'hôtel commun de la ville de Limoges, où étoient assemblés et convoqués extraordinairement Messieurs Pétiniaud de Beaupeyrat, écuyer, maire ; Boyer de Gris, docteur en médecine ;

(1) Nous avons signalé à la fin du registre BB. 3, diverses pièces relatives à la formation du département de la Haute-Vienne. — Voir tome V, p. 348.

Cibot, marchand; Pétiniaud d'Eyjaux fils, négociant ; Roulhac du Cluzaud, ancien avocat du Roy au bureau des finances ; Cramaille aîné, négociant ; David, avocat en parlement ; Julien Marc, négociant ; Martin, curé de Saint-Michel-des-Lions, officiers municipaux; — Fournier, avocat et notaire, substitut de la commune ; — Blanchard, marchand orfèvre ; Bonnin, docteur en médecine, Pourret dit le Cadet, marchand, Vitrac aîné, curé de Montjovis ; Brisset du Puy du Tour père, négociant ; Dominique d'Héralde, marchand cirier ; Paraud père, maître serrurier ; Seignat, maître serrurier; Brunier, négociant ; Plainemaison, procureur ; Balézy, marchand teinturier, et Salot Tourniol père, négociant, notables adjoints, formant le Conseil général de la commune, — les autres absents, — réunis en conséquence de la délibération du treize du courant pour procéder à la nomination d'un député au lieu et place de M. Roulhac du Cluzaud, lequel ayant obtenu le brevet de commissaire du Roi pour la formation des districts et du département de la Haute-Vienne, n'a pu remplir la dite députation,

Ouï sur ce M. Fournier, avocat en parlement et notaire, substitut du procureur de la commune,

L'assemblée formée et composée des membres de la commune ci-dessus dénommés, il a été ouvert un premier scrutin, et M. Loysel de Laquinière, avocat en parlement, ancien conseiller du roi, referendaire en la chancellerie près le parlement de Bretagne, ayant réuni la majorité absolue par treize voix, a été nommé second député pour se rendre incessamment à Paris, auprès de l'Assemblée nationale, avec M. Petit, pour y donner suite aux affaires qui pourront intéresser la commune, conformément aux instructions qui leur seront remises par la municipalité et particulièrement pour solliciter l'établissement d'une Cour supérieure dans la ville de Limoges.

Fait et arrêté dans ladite assemblée, les jour, mois et an susdits.

PÉTINIAUD, maire ; ROULHAC DU CLUSAUD, CIBOT, MARC, DAVID, VITRAC, curé de Montjovis ; MARTIN, curé de Saint-Michel ; PÉTINIAUD, BRUNIER, TOURNIOL, BLANCHARD, BRISSET père, BALÉZY, BONIN, d. m. M., POURRET dit le Cadet, DHÉRALDE, PARAU, SEIGNAT, PLAINEMAISON, FOURNIER, substitut ; CRAMAILLE, LINGAUD fils aîné, secrétaire-greffier (1).

---

(1) Cette nomination, qui était loin d'avoir réuni l'unanimité des suffrages du corps municipal, provoqua une vive agitation dans la ville. Le moindre incident suffisait pour surexciter les esprits. On va voir combien d'ennuis la délibération dont nous reproduisons le texte ci-dessus devait donner à la municipalité.

Celle-ci avait à ce moment de plus graves sujets de préoccupation. La campagne n'était pas tranquille ; on avait dû envoyer un détachement de cavaliers de Royal-Navarre à Saint-Germain-

Avis donné à la commune d'une assemblée de citoyens, district de Saint-François

Aujourd'huy, vingt-trois mars mil sept cent quatre-vingt-dix, dans la grande salle de l'hôtel commun de la ville de Limoges, où étoient présents Messieurs Pétiniaud de Beaupeyrat, maire ; Pétiniaud d'Eyjaux, Marc, David, Colomb, Bardinet, officiers municipaux, et Fournier, substitut du procureur de la commune, se sont présentés Messieurs de Beaune, assesseur au présidial ; Lamy de la Chapelle, procureur du Roy ; Soulignac, avocat ; de la Boulinière, médecin, et Laporte, négociant ; M. de Beaune, portant la parole, a dit qu'il venoit prévenir la municipalité que plusieurs citoyens actifs, paisibles et sans armes, se réunissoient à Saint-François, cette après-midi, à deux heures, pour s'occuper d'affaires intéressant la commune, et a ajouté en se retirant, qu'il espéroit que la municipalité se rappelleroit des démarches qu'il venoit de faire. A quoi M. le Maire a répondu qu'il le prioit de croire que la municipalité ne perdoit jamais la mémoire des choses qui pouvoient intéresser la commune.

Fait et arrêté les jour, mois et an susdits.

PÉTINIAUD, maire ; PÉTINIAUD, MARC, COLOMB, DAVID, FOURNIER, substitut ; ROULHAC DU CLUSAUD, BARDINET, LINGAUD fils aîné, secrétaire-greffier.

Présentation d'une pétition portant protestation contre la nomination faite par la commune de deux députés auprès de l'Assemblée nationale pour en obtenir l'établissement d'un tribunal supérieur à Limoges, et demandant que cette députation soit nommée par le[s] district[s].

Et advenant le susdit jour, vingt-trois mars mil sept cent quatre-vingt-dix, à trois heures de relevée, dans ladite salle, où étoient assemblés Messieurs Pétiniaud de Beaupeyrat, maire ; Boyer de Gris, Cibot, Pétiniaud d'Eyjaux, Roulhac du Cluzeaud, David, Julien Marc, Martin, curé de Saint-Michel ; Colomb, Bardinet, officiers municipaux, et Fournier, substitut du procureur de la commune, en l'absence de M. Muret de Paignac, procureur de la commune, duement convoqués,

Se sont présentés Messieurs Lamy de la Chapelle, procureur du Roy au présidial, de Beaune, de Fraisseix, assesseur au même siège ; Laboulinière, médecin ; Soulignac, avocat ; Laporte, négociant ;

les-Belles qu'on prétendait menacé d'une attaque de brigands. Les décrets rendus au mois de février par l'Assemblée nationale sur les vœux monastiques et qu'on ne s'était décidé à afficher que le 4 mars, apres de longues hésitations et sous la pression des hommes d'action du parti avancé, causaient une émotion des plus vives. Mgr d'Argentré arriva le 17. Le clergé fut heureux de recevoir ses conseils à la veille de la crise qui se préparait. L'Evêque repartit le 5 avril pour Paris.

Mentionnons un fait dont il est parlé pour la première fois dans nos sources d'informations. Le curé de Sainte-Félicité, près le pont Saint-Martial, dont le territoire paroissial possédait presque toutes les auberges louées pour servir de caserne au régiment de cavalerie alors en garnison à Limoges, s'avisa d'annoncer une retraite spirituelle spéciale pour les militaires. Il réussit dans sa pieuse entreprise, grâce au concours de quelques confrères, notamment du curé de Saint-Maurice, M. Pétiniaud, qui prêcha le sermon d'ouverture le 19 mars.

Faulte de Vanteaux, commandant de la garde nationale ; Talabot, avocat ; de Metz, sous-ingénieur : Boysse de la Maison-Rouge, greffier en chef, et Guy, maître en chirurgie.

M. Lamy de Lachapelle a remis sur le bureau une pétition des citoyens actifs qui se sont assemblés dans l'église de Saint-François, d'après l'avertissement qu'ils nous en ont donné ce matin.

Suit la teneur de la pétition :

A Messieurs les Officiers municipaux de la ville de Limoges.

Les citoyens actifs soussignés exposent que l'intérêt général de la province et l'avantage particulier de cette ville exigent qu'il y ait à Limoges un conseil supérieur ou suprême. Chaque citoyen a le droit de délibérer s'il y a lieu à une députation extraordinaire à l'Assemblée nationale pour le solliciter, et de concourir à la nomination des députés qui seront chargés de cette mission ; que ce n'est même qu'autant que ces députés seront ainsi nommés qu'ils pourront se présenter à l'Assemblée nationale ; qu'ils demeurent cependant instruits par le bruit public, que, sans avoir consulté le vœu général, la municipalité a déjà nommé ces députés. Et comme il importe que cette députation soit faite légalement, ils déclarent formellement s'opposer à l'exécution de celle faite par la municipalité et requièrent qu'elle ait à convoquer de suite les différents districts de cette ville pour y être procédé à la pluralité relative des suffrages et dans la forme prescrite par le décret de l'Assemblée nationale concernant l'organisation des municipalités, et pour délibérer sur plusieurs autres objets relatifs au bien public ; protestent contre tout ce qui pourroit être fait au préjudice des présentes.

Signé : Raby du Sirieix, lieutenant général criminel ; Lamy de la Chapelle, procureur du Roy ; Mounier, Reix, de Beaune, lieutenant assesseur ; Peconnet, avocat ; Laboulinière, docteur en médecine ; Faure. M^{al} Nadaud j^{ne} ; Bardinet, march. papetier ; G. Guibert-Vialeix, cap^{ne} en pied ; F. Beaubreuil, religieux de Grandmont ; Barry, Desportes, Raby du Masboyol, Mouret, Thouvenet, Garat, Faure, Bricaille, Nicot jeune, Boysse, Javaneau aîné, orfèvre ; Chabrol, Bardinet, Juge, 1er avocat du Roy ; Jouhaud, chapelier ; Echaupre, Bardonnaud, Peyrusson, confiseur ; Pierre Roche, Robert, Deschamps, Coudert, Couty, Gelay cadet, Jouhaud, Soulignac fils, Noël Beaubrun, Périgord, chirurgien ; Bullat, Ganny, lieutenant du district des Combes ; Pergaud, de La Cour, Petit, Fournaud, Berger, Doudet, doct. en

M. ; Duclos jeune, Pouyade, Borde, Charpentier de Belcourt, Faure de Vilatte, Talabot, avocat ; Guineau Dupré, avocat ; Jacquet, Colomb, Bourdeau d'Antony, Labesse, Pezaud, Ganny, horloger ; Massy, Baignol, Clerget, march^d ; Talabot, Boyer, Fournier, bourgeois ; Fourestier, Peconnet fils, Dumas, avocat ; Cossas, Texiéras, Célérier, Duvoisin, Thalandier, Parot, Guitard, Mourier, Lenoir de Lavergne, Coulaud, Chatenet, Deschamps, Thomas jeune, Ruhade, David Lavallée. Germain cadet, Second, Beau, Lamontagne, Gérald, Cogniasse du Breuil, Guillaume Guibert, Peconnet, Lamarche, horloger ; Etienne fils, Avanturier fils aîné, David fils, Meynieux fils, Betoulle, Cousin, du Brueilh, Duras aîné, P^{re} Farne fils, Deloménie, Marbouty, Borde père, Baju, Nicard, Huard, Cacatte fils, Joubert, Ambaud, Canthillon, Theilloud, Legris, Baignol, de Metz, Fournier, Lavalade, Debord, Lacombe, m^e de poste ; Faulte de Vanteaux, Fournier, Chatenet, Riboulle, Boissou, Valade, Mathieu, Martinot, Martin, David Lavallée, Devarnet, Tanchon, Tharaud, Albin, Ruaud, monnoyeur ; Demoissanes, Jouhaud, 1er syndic et doyen des huissiers ; Garat, ancien comm^{re} en titre de police de Limoges ; Célérier, Guybert, monnoyeur ; Desbordes, B^{te} Ruaud jeune, lieutenant à la Monnoye ; Brisset, Duclou, Laroche, Pichonos (?), cordonnier ; Javaneau, Ruaud aîné, prévôt de la Monnoye ; Lamy, avocat ; Marbouty, Imbert, Tayac, Bourdeau de la Judie, Meyze j^e, Senemaud, Duclou, fourrier, Dupré fils, Mousnier, Ruben, Navières, Dalesme, impr^r ; Guy, Berteaud, de Verdilhac, Brissaud, Fournier j^e, Declareuil, Jourdan, Tourniol, gendre à Lageneste ; Le Brun, Ambaud, Rouffie, Valade, Beaupoil, F. Pradeaux, Avanturier, Judet, Ardant, Gandois, Paraud, Bourdier-Raby, Limouzin, Laporte l'aîné, Laperre, Deloménie de la Bastide, Bonneville, caporal ; Jouhaud, chirurgien ; Jean Chabrol, Poncet, G.-L. Boudet aîné, Fromant, Vacquand, Nicot l'aîné, Nicot, P. Ardant l'aîné.

Total 196.

Arrêté dans l'église de l'hospice (1) de Saint-François de Limoges, le vingt-trois mars mil sept cent quatre-vingt-dix, à l'assem-

---

(1) On appelait ainsi la maison des Récollets qui s'était fondée en 1614, à l'extrémité de la rue du Mûrier, et qui ne renfermait aucun établissement hospitalier. On sait qu'*hospitium* est le plus souvent pris dans le sens général d'habitation. On ne saurait parler de ce couvent sans rappeler le dévouement des religieux de Saint-François lors de la grande peste de 1631 : leur zèle fut admirable, et tous, sauf un seul, moururent de l'épidémie.

blée tenue d'après l'avertissement donné ce matin aux Officiers municipaux, et donné pouvoir de porter la présente réquisition à l'hôtel commun de la ville, à Messieurs Lamy de la Chapelle, procureur du Roy au présidial ; de Beaune de Fraixeix, assesseur au même siège ; La Boulinière, médecin ; Soulignac, avocat ; Laporte, négociant ; Faulte de Vanteaux, commandant de la garde nationale ; Talabot, avocat ; De Metz, sous-ingénieur ; Boysse de la Maison Rouge, greffier en chef, et Guy, maître en chirurgie, lesquels requerront l'enregistrement des présentes sur les registres, et qu'il y soit statué sur le champ. Clos comme dessus et près l'heure de trois heures de relevée et avant celle de quatre. *Signé* GARAT, plus ancien de l'assemblée ; THALANDIER, ancien de l'assemblée, et MOUNIER (1).

M. Pétiniaud de Beaupeyrat, maire, portant la parole au nom de la municipalité, leur a répondu :

« Lorsque le Conseil général de la commune a procédé à la nomination de deux députés pour aller à Paris solliciter auprès de l'Assemblée nationale l'établissement d'une cour souveraine à Limoges, il en avoit le droit. Il a senti l'importance de cet établissement ; nous éprouverions le plus grand regret si des obstacles retardant le départ d'une députation aussi importante nous faisoient échouer dans notre objet. Nous ne nous refusons point à vous donner acte de la remise que vous venez de faire sur notre bureau de votre pétition, à laquelle nous ne répondrons qu'après avoir fait appeler le Conseil général de la commune, qui a concouru avec nous à la nomination des deux députés. En conséquence, ce conseil sera convoqué demain à deux heures de relevée, et nous vous communiquerons le résultat de la délibération qui sera prise dans l'assemblée. »

A Limoges, dans la dite assemblée, les dits jour, mois et an susdits.

    PÉTINIAUD, maire ; BOYER, CIBOT, MARC, MARTIN, curé de Saint-Michel ; PÉTINIAUD, COLOMB, DAVID, ROULHAC DU CLUSAUD, BARDINET, FOURNIER, substitut ; LINGAUD fils aîné, secrétaire-greffier.

Démission de MM. Petit et Loysel de Laquinière, députés auprès de l'Assemblée nationale, et adoption d'un nouveau mode d'élection pour procéder à la nomination de nouveaux députés

Aujourd'huy, vingt-quatre mars mil sept cent quatre-vingt-dix, dans la grande salle de l'hôtel commun de la ville de Limoges, où étoient assemblés et convoqués extraordinairement, en vertu des billets de convocation faite en la manière accoutumée, Messieurs Pétiniaud de Beaupeyrat, écuyer, maire ; Boyer de Gris, docteur en

(1) On lit en marge : *Retiré l'original de la pétition c*-*contre.* LAMY DE LA CHAPELLE.

médecine ; Cibot, marchand ; Pétiniaud d'Eyjeaux fils, négociant ; Roulhac du Clusaud, ancien avocat du Roy au bureau des finances ; David, avocat en parlement ; Julien Marc, négociant ; Martin, curé de Saint-Michel-des-Lions ; Colomb, écuyer ; Bardinet, marchand chapelier, Officiers municipaux ; — Fournier, avocat en parlement, notaire royal, substitut du procureur de la commune ; — Blanchard, marchand orfèvre ; Ardant du Pic, négociant ; Bonnin, docteur en médecine ; Pouret dit le Cadet, marchand ; Vitrac aîné, curé de Montjovis ; Brisset du Puy du Tour père, bourgeois ; Dominique d'Héralde, marchand cirier ; Talandier, avocat en parlement ; Paraud père, maître serrurier ; Seignal, maître serrurier ; Reculet, maître apothicaire ; Brunier, négociant ; Plainemaison, procureur ; Bardy, notaire royal ; Balézy, marchand teinturier ; Salot Tourniol père, négociant, et Cogniasse de Lage, docteur en médecine, notables adjoints, formant le conseil général de la commune, les autres absents,

M. Pétiniaud de Beaupeyrat, maire, a requis que lecture fût faite par le secrétaire-greffier des délibérations portant nomination de MM. Roulhac du Clusaud, Petit et Delaquinière ; de l'avis donné le jour d'hier par M. de Beaune, assesseur au présidial et sénéchal ; de la pétition qui a été la suite du dit avis ; de la réponse faite par mondit sieur de Beaupeyrat, maire, au nom de la municipalité, aux députés chargés de la dite pétition, et de la démission donnée par les dits sieurs Petit et Delaquinière.

La dite lecture faite, après que M. Fournier, substitut du procureur de la commune, en l'absence de M. Muret de Paignac, procureur sindic duement convoqué, a observé qu'il s'agissoit de statuer d'abord si la nomination faite par la municipalité et le conseil général de la commune, des députés pour solliciter l'établissement d'une cour supérieure en cette ville, doit être déclarée légale ou illégale ; en second lieu si la démission des dits sieurs Petit et Delaquinière doit être acceptée ou refusée.

Ouï sur ce le dit s^r Fournier, et la chose mise en délibération, il a été décidé et arrêté à la plus grande majorité :

1° Que la nomination des dits sieurs Petit et de Laquinière étoit légale et valable sous tous les rapports ; 2° que leur démission ne sera acceptée qu'après avoir fait des démarches auprès d'eux, pour les engager à rétracter leur démission ; qu'à cet effet il leur seroit envoyé sur le champ trois députés pour leur faire part du vœu de l'assemblée à cet égard. En conséquence, MM. Roulhac du Clusaud, Martin, curé de Saint-Michel, officiers municipaux, et Blanchard, orfèvre, notable adjoint, ayant été nommés pour cette députation et l'ayant acceptée, sont sortis de l'assemblée pour s'en acquitter, et, étant rentrés, ont déclaré que M. Petit étoit extrêmement sensible à la nouvelle marque d'attachement que lui donnoit le Conseil général de la commune, mais que la crainte d'être l'occasion de quelque division qui pourroit s'élever entre les citoyens, l'empêchoit d'accéder à ces nouvelles instances ; que dans tous les temps il avoit prouvé son zèle pour témoigner à la ville tout son patriotisme ; qu'il seroit toujours prêt à sacrifier pour ses citoyens sa fortune et sa vie, et que sa délicatesse le forçoit de persister dans sa démission, qu'il prie de nouveau le Conseil général de la commune d'accepter définitivement ; et que, comme M. de Laquinière, chez qui les dits députés s'étoient transportés sans le trouver, pour lui faire les mêmes instances, avoit la même façon de penser, il assuroit les dits députés que son collègue persistoit, ainsi que lui, dans la démission qu'ils avoient donnée conjointement. En conséquence, sur le rapport fait par les dits sieurs Roulhac du Clusaud, Martin, curé, et Blanchard, l'assemblée a accepté la démission des dits sieurs Petit et de Laquinière, lequel est venu ensuite affirmer verbalement qu'il acquiesçoit à tout ce que M. Petit avoit avancé relativement à lui, et qu'il prioit également, en termes absolus, le Conseil général de la commune d'accepter sa démission.

L'assemblée, en acceptant la démission des dits sieurs Petit et de Laquinière, a témoigné tous ses regrets de ce que deux citoyens aussi zélés et aussi capables de justifier la bonté de leur choix, se refusoient par délicatesse aux suites de leur nomination.

Ensuite, ayant été observé par le dit sieur Fournier, substitut de la commune, qu'il étoit de toute nécessité de procéder à une nouvelle nomination, les dit sieurs Maire, Officiers municipaux et Notables adjoints, composant le Conseil général de la commune, ont délibéré à cet égard. En conséquence, ouï sur ce le dit sieur substitut, il a été arrêté que le Conseil général de la commune a en seul le droit de faire cette nomination, mais qu'il consent, pour le bien de la paix et la nature des circonstances, et sous toutes ses protestations, à ce que la future nomination soit faite à l'hôtel de ville, conjointement avec sept députés de chacun des cinq districts légalement élus, et formant en tout le nombre de trente-cinq : convocation à cet effet de tous les citoyens actifs, chacun dans leur district, samedy matin, à huit heures, la dite convocation remise à samedy à cause de la fête et de la foire.

La municipalité demeure chargée, par le Conseil général de la commune, de rendre compte à l'Assemblée nationale des faits contenus en la présente délibération et de solliciter une prompte décision et d'en instruire Messieurs les députés de la sénéchaussée.

Fait, clos et arrêté les mêmes jour, mois et an que dessus, à huit heures du soir.

PÉTINIAUD, maire ; BOYER, CIBOT, PÉTINIAUD, ROULHAC DU CLUSAUD, DAVID, MARC, COLOMB, MARTIN, curé de Saint-Michel ; ARDANT DU PICQ, BONIN, VITRAC, curé de Montjovis ; DOMINIQUE D'HÉRALDE, POURRET dit le Cadet, PARAU, SEIGNAT, BRISSET père, RECULÉS, TOURNIOL, BALEZY, PLAINEMAISON, BRUNIER, COGNIASSE d. m., BLANCHARD, BARDINET, TALANDIER, FOURNIER, substitut ; LINGAUD fils aîné, secrétaire-greffier.

Proclamation
de MM. les Maire et Officiers municipaux de la ville de Limoges.

<small>Convocation des citoyens actifs dans leurs districts respectifs conformément à la délibération du 24 mars 1790.</small> Messieurs les citoyens actifs des districts de Saint-François, des Augustins, des Jacobins, des Grands-Carmes et des Feuillants, se réuniront samedi, 27 du courant, à huit heures du matin, chacun dans leur district, conformément à la délibération prise par le Conseil général de la commune, le 24 mars 1790.

Délibéré à Limoges, dans la grande salle de l'hôtel commun, le vingt-cinq mars 1790.

PÉTINIAUD, maire ; BOYER, CRAMAILLE, PÉTINIAUD, DAVID, MARTIN, curé de Saint-Michel ; BARDINET, MARC, CIBOT, COLOMB, FOURNIER, substitut ; LINGAUD fils aîné, secrétaire-greffier.

Aujourd'huy, vingt-cinq mars mil sept cent quatre-vingt-dix, dans la grande salle de l'hôtel commun de la ville de Limoges, où étoient assemblés et convoqués extraordinairement Messieurs Pétiniaud de Beaupeyrat, maire ; Boyer de Gris, Cibot, Pétiniaud d'Eyjaux, Roulhac du Clusaud, Cramaille, David, Marc, Martin, curé de Saint-Michel, Colomb, Bardinet, officiers municipaux ; — Fournier, substitut du procureur de la commune ; Blanchard, Ardant du Picq, Bonin, médecin ; Vitrac, curé de Montjovis ; Brisset père, Dominique d'Héralde, Ardant du Masjambost, Talandier, Andouin, Reculet, Plainemaison, Tourniol et Cogniasse de Lage, médecin, — notables adjoints, formant le conseil général de la commune, les autres absents,

M. Roulhac du Clusaud a lu un projet d'adresse à MM. les citoyens actifs de la commune de Limoges. Cette lecture ayant été entendue avec le plus grand plaisir, ouï sur ce M. Fournier, substitut, l'assemblée a unanimement adopté la dite adresse. En conséquence, elle a délibéré qu'elle sera imprimée et distribuée.

Suit la teneur de l'adresse :

Adresse du Conseil général de la Commune de Limoges à MM. les citoyens actifs, ses commettants.

MESSIEURS,

Chargés du soin de veiller aux intérêts de cette ville, par l'honneur que vous nous avez fait en nous choisissant pour nous les confier, nous ne perdons jamais de vue les obligations indispensables que nous imposent notre reconnoissance et notre ministère.

Nous avons regardé l'établissement d'un conseil supérieur à Limoges, comme étant de la plus grande importance, et nous nous en sommes occupés dès le premier instant ; ce n'est donc qu'après avoir consulté ceux d'entre les députés de cette province à l'Assemblée nationale qui désiroient le plus la réussite de ce projet, que nous avons différé la nomination des deux citoyens qui devoient aller solliciter un établissement aussi avantageux pour cette ville.

MM. de Roulhac et Montaudon nous ont assuré, par plusieurs lettres consécutives, qu'il falloit suspendre toute démarche jusqu'au moment où l'Assemblée nationale s'occuperoit de l'ordre judiciaire. Malgré la sagesse de leurs observations, dont le seul objet étoit d'épargner à la ville une dépense superflue, l'envie de céder au désir que le plus grand nombre de nos citoyens manifestoient, de voir partir deux députés pour presser le succès de cette affaire, nous détermina à procéder à leur nomination, qui n'a été faite que pour répondre au vœu général.

Ce n'est ni pour étendre nos droits ni pour porter atteinte à ceux des citoyens actifs que nous nous sommes chargés de cette élection. Aucun décret ne spécifie qu'il faille convoquer les districts en semblable circonstance ; les mêmes décrets prononcent d'une façon très précise et très formelle que tous les individus sont représentés par le Conseil général de la commune et que c'est à ce même conseil qu'est remis le soin de pourvoir à tout ce qui peut intéresser la communauté.

Nous élumes en conséquence Mr Roulhac du Clusaud, ancien procureur du Roy au bureau des finances, et Mr Petit, avocat en parlement et receveur général des fermes, qui réunirent la pluralité absolue des suffrages. M. Roulhac du Clusaud, qui avoit accepté

Adresse du Conseil Général de la commune aux citoyens actifs en justification de la nomination des députés auprès de l'Assemblée nationale. Convocation des sept électeurs choisis dans chacun des cinq districts pour, conjointement avec le Conseil général, procéder à la nomination de deux députés.

avec la plus vive sensibilité cette nouvelle marque de confiance que lui donnoient tous les citoyens représentés par leurs commettants, ignoroit que sa bonne volonté seroit contrariée, puisque le Roy l'avoit nommé pour son commissaire avec MM. le baron des Renaudies et La Chaise l'aîné. Il exprima en conséquence ses regrets au corps entier de la municipalité, et donna sa démission. Il fallut donc le remplacer par un nouveau choix.

Mr Loysel de Laquinière, avocat en parlement et ancien conseiller du Roy, référendaire en la chancellerie près le parlement de Bretagne, fut élu à la pluralité absolue des suffrages du Conseil général de la commune. Il fut instruit, ainsi que M. Petit, de la pétition que vouloient faire des citoyens actifs au nombre de plus de 150, contre la validité de leur nomination : et, tous deux, trop délicats pour donner lieu à la moindre discussion entre leurs citoyens, envoyèrent leur démission et nous en exposèrent la cause avant même que l'assemblée qui s'est faite à Saint-François eût notifié le projet de se former.

Cette pétition fut apportée à la municipalité le 23 de ce mois, à trois heures de relevée. Elle avoit pour objet que l'établissement d'un conseil supérieur à Limoges intéressant toute la ville, chaque citoyen actif avoit le droit de concourir à l'élection de ceux qui devoient le demander. Il fallut rassembler le 24 le Conseil de la commune pour statuer sur la réponse. Nous délibérâmes donc le même jour si le Conseil général avait excédé ses pouvoirs en faisant seul l'élection des deux députés qui devoient partir pour Paris. La décision fut bientôt prononcée en faveur de la légalité de notre procédé.

Nous examinâmes ensuite si les deux citoyens que nous avions élus étoient dignes du choix que l'on avoit fait d'eux : l'estime générale dont ils jouissent, la connoissance que tout le monde a de leur talent, les services essentiels qu'ils ont rendus à Limoges dans ces temps de calamité, ne permirent pas là-dessus la moindre diversité d'opinion.

D'après la légalité et la sagesse de ce choix, il fut décidé qu'il seroit fait, de la part du Conseil général de la commune, de nouvelles instances à MM. Petit et Laquinière, pour les engager à rétracter leur démission ; mais les mêmes motifs qui les avoient décidés à l'offrir une première fois, ne leur permirent pas de balancer, et ils persistèrent l'un et l'autre dans le dessein de ne pas se charger de la dite députation. Pressé de recourir à une nouvelle élection, le Conseil général de la commune, malgré la persuasion intime qu'il a d'avoir le droit de nommer en seul, ne consulte aujourd'huy que la reconnoissance qu'il doit à ses commettants et le vœu d'entretenir la paix et l'union entre tous les citoyens.

Nous voulions proposer à tous les districts de soumettre à l'amiable par une seule lettre commune la décision de ces prétentions respectives au Comité des Rapports (1). Mais nous avions à craindre les lenteurs du jugement, et le danger de devenir responsables de l'événement, si la moindre contradiction de notre part retardoit un voyage qu'il faut accélérer pour répondre au désir général, ne nous a plus permis que d'écouter l'engagement formel, contracté par chacun de nous, de n'envisager que le bien public. Toute prétention disparoît auprès de ce motif qui nous anime, et sacrifiant tout, dès que l'utilité générale peut être compromise, nous n'insistons plus sur la légitimité de nos droits : nous n'écoutons que la voix intérieure de nos cœurs, qui nous rappelle sans cesse que nous ne sommes que votre ouvrage.

Nous vous offrons en conséquence, Messieurs, de choisir sept électeurs dans chaque district, formant en tout le nombre de trente-cinq, pour venir, à la salle de la maison commune, concourir, avec le Maire, les Officiers municipaux et les Notables, à la nomination des députés qui seront chargés d'aller solliciter à Paris l'établissement d'un conseil supérieur dans cette ville. Si la convocation de votre assemblée générale a été remise à ce jour, l'occurrence d'une fête et d'une foire a seule occasionné ce délai.

Délibéré en Conseil général de la commune, le vingt-cinq mars 1790.

    Pétiniaud, maire ; Boyer, Martin, curé de Saint-Michel ; Pétiniaud, Cramaille, Cibot, Roulhac du Clusaud, Marc, David, Colomb, Bardinet, Blanchard, Fournier, substitut ; Ardant, Bonin, d. m., Pourret, Vitrac, curé de Montjovis ; Brisset père, Dominique Dheralde, Ardant du Masjambost, Talandier, Reculès, Audouin, Plainemaison, Tourniol, Cogniasse d. m., Lingaud fils aîné, secrétaire-greffier.

Aujourd'huy, vingt-cinq mars mil sept cent quatre-vingt-dix, dans la grande salle de l'hôtel commun de la ville de Limoges, où étoient assemblés Messieurs les Maire et Officiers municipaux soussignés, conformément à la délibération prise par le Conseil général de la commune le jour d'hier, et en exécution de la proclamation de ce jourd'huy, qui ordonne que MM. les citoyens actifs des districts de Saint-François, des Augustins, des Jacobins, des Grands-Carmes et

---

(1) Comité formé d'un certain nombre de membres de la Constituante et qui rendit les plus grands services au cours de la formation des nouvelles circonscriptions administratives.

des Feuillants, se réuniront samedy, vingt-sept du courant, à huit heures du matin, chacun dans leur district, il a été procédé à la nomination de cinq commissaires qui doivent être chargés par le corps municipal, pour (sic) se rendre dans les différents districts, afin d'expliquer l'objet de la convocation.

En conséquence, mes dits sieurs les Maire et Officiers municipaux ont unanimement nommé commissaires :

Pour le district de Saint-François

M. Touzac de Saint-Etienne fils aîné, écuyer.

Pour le district des Augustins

M. Goudin de la Borderie, écuyer.

Pour le district des Jacobins

M. Thabaraud, supérieur de l'Oratoire.

Pour le district des Grands-Carmes

M. Devoyon, procureur du Roy au bureau des finances.

Pour le district des Feuillants

M. Laurent père, négociant.

Fait et arrêté les jour, mois et an susdits.

PÉTINIAUD, maire; BOYER, PÉTINIAUD, BARDINET, CRAMAILLE, MARTIN, curé de Saint-Michel ; MARC. CIBOT, COLOMB, LINGAUD fils aîné, secrétaire-greffier.

Vote d'un emprunt de 200,000 livres destiné à un approvisionnement de grains.

Aujourd'huy, vingt-cinq mars mil sept cent quatre-vingt-dix, dans la grande salle de l'hôtel commun de la ville de Limoges, où étoient assemblés et convoqués extraordinairement Messieurs Pétiniaud de Beaupeyrat, maire ; Boyer de Gris, Cibot, Pétiniaud d'Eyjaux, Roulhac du Clusaud, Cramaille, David, Marc, Martin, curé de Saint-Michel; Bardinet, officiers municipaux; — M. Fournier, substitut du procureur de la commune ; Blanchard, Ardant Dupicq, Bonin, médecin ; Pourret, Vitrac aîné, curé de Montjovis ; Brisset du Puy du Tour père, Dominique d'Héralde, Ardant du Masjambost, Talandier, Audoin, Reculet, Plainemaison, procureur ; Salot Tourniol et Cogniasse De Lage, notables adjoints, formant le conseil général de la commune, les autres absents,

M. Pétiniaud de Beaupeyrat, maire, a fait remettre sous les yeux de l'assemblée le registre contenant une délibération prise par l'ancienne municipalité, de concert avec le conseil politique d'icelle, d'après les arrêtés des Comités patriotique et des subsistances, le dix-neuf septembre dernier (1), concernant un emprunt de deux cent mille livres, pour être employé à l'approvisionnement des grains nécessaires pour la ville ; plus un extrait du procès-verbal du Comité des finances, du dix septembre courant, joint à une lettre adressée à la municipalité par M. de Roulhac, l'un des députés de l'Assemblée nationale, du vingt et un du courant ; de tout quoi, ayant été fait lecture à l'assemblée par le secrétaire-greffier, ouï sur ce M. Fournier, substitut de la commune, elle a unanimement arrêté qu'en adhérant à la susdite délibération de l'ancienne municipalité, Messieurs les députés de la sénéchaussée à l'Assemblée nationale seroient de nouveau priés de vouloir solliciter un décret pour la sanction de la dite délibération.

Fait et arrêté les dits jour, mois et an susdits.

    PÉTINIAUD, maire ; BOYER, CIBOT, DAVID, MARTIN, curé de Saint-Michel ; PÉTINIAUD, MARC, BARDINET, ROULHAC DU CLUSAUD, CRAMAILLE, COLOMB, FOURNIER, substitut ; BONIN, d. m. ; BLANCHARD, ARDANT DU PICQ, VITRAC, curé de Montjovis ; POURRET, BRISSET père, TALANDIER, Dominique D'HERALDE, ARDANT DU MASJAMBOST, B^{te} AUDOUIN; COGNIASSE, d. m., TOURNIOL, RECULÉS, PLAINEMAISON, LINGAUD fils aîné, secrétaire-greffier.

Aujourd'huy, vingt-sept mars mil sept cent quatre-vingt-dix, dans la grande salle de l'hôtel commun de la ville de Limoges où étoient assemblés et convoqués extraordinairement, en conséquence de la délibération prise par le Conseil général de la commune le vingt-quatre du courant et de la proclamation de MM. les Maire et Officiers municipaux, faite le lendemain, Messieurs Pétiniaud de Beaupeyrat, maire ; Boyer de Gris, Pétiniaud d'Eyjaux fils, Roulhac du Clusaud, Cramaille aîné, David, Marc, Martin, curé de Saint-Michel ; Colomb, officiers municipaux; — Fournier, substitut

Résultat des procès-verbaux des districts pour le mode de nomination de deux députés auprès de l'Assemblée nationale proposé par le Conseil général de la commune.

(1) Ainsi cet emprunt, dont la destination indique toute l'urgence, n'était pas même autorisé six mois après qu'il avait été voté. M. Pétiniaud de Beaupeyrat avait généreusement fait les avances nécessaires pour les achats de grains. Sur les nouvelles instances des députés et de la municipalité, l'Assemblée nationale se décida, le 23 avril, à autoriser la ville de Limoges à contracter un emprunt de 200,000 livres.

du procureur de la commune, en l'absence de M. Muret de Paignac, procureur sindic, duement convoqué ; Blanchard, Ardant du Picq, Bonin, médecin ; Pourret, Vitrac, curé de Montjovis ; Brisset père, Dominique d'Héralde, Ardant du Masjambost, Talandier, Paraud, Seignat, Audouin, Reculet, Jabet de Coyol, Brunier, Plainemaison, Balézy, Tourniol et Cogniasse de Lage, médecin, Notables adjoints, formant le conseil général de la commune, les autres absents,

Se sont présentés Messieurs Touzac de Saint-Etienne fils aîné, président du district de Saint-François ; Laurent de La Grange père, président du district des Feuillants ; Devoyon de La Planche, président du district des Grands-Carmes ; Demetz, commissaire du même district ; A. Dumas ; Estienne de la Rivière fils, commissaire du district des Augustins ; de Roche fils et Senemaud, commissaire du district des Jacobins.

Lesquels ont remis sur le bureau cinq procès-verbaux contenant le résultat de la délibération de chaque district, prise ce jourd'huy par les citoyens actifs qui les composoient.

Lecture faite des dits procès-verbaux, il résulte : 1° de celui des Grands-Carmes, composé de cinquante-trois votants, que la nomination faite par le Conseil général de la commune seroit regardée comme non advenue ; que la forme de procéder à une nouvelle par le concours de sept électeurs de chaque district ne devoit pas être admise et qu'il comptoit proroger son assemblée jusqu'à ce qu'il ait été procédé à la nomination des deux députés à la pluralité absolue des suffrages de chaque district ;

2° De celui des Jacobins, il résulte qu'il a statué que, sans rien préjuger pour l'avenir, il enverra vingt députés pour concourir, avec le corps municipal, à la nomination des deux députés ;

3° De celui de Saint-François, composé de soixante-cinq votants, il résulte la même détermination que celui des Grands-Carmes.

4° De celui des Augustins, composé de cent-dix votants, il résulte que la commune assemblée avoit seule, et sans le concours du conseil général de la commune, autrement qu'en qualité de simples citoyens actifs, le droit de procéder à la nomination des deux députés, et a conclu par demander à la municipalité connoissance du vœu des autres districts et la détermination de la dite municipalité ;

5° De celui des Feuillants, composé de soixante-onze votants, il résulte qu'il approuve la nomination déjà faite par le Conseil général de la commune, et délibère qu'il n'y a lieu d'accepter l'offre insérée dans l'adresse du Conseil général de la commune à MM. les citoyens actifs, ses commettants.

Le Conseil général de la commune, malgré sa persuasion intime d'avoir le droit de nommer en seul les députés qui doivent aller à Paris solliciter l'établissement d'un conseil supérieur à Limoges, cherchoit à oublier la justice de ses prétentions en mettant dans un équilibre parfait ces mêmes droits qu'il croit avoir avec ceux qui sont réclamés par les districts.

Il voit avec la plus grande amertume le peu de succès qu'ont produit ses efforts pour prévenir toute espèce de discussion avec ses commettants.

Le refus qu'il a essuyé de la majeure partie des districts est d'autant plus sensible pour le Conseil général de la commune, dont le patriotisme est l'âme comme le principe, que ce refus porte avec lui une empreinte de défiance que nous sommes bien éloignés de mériter.

Notre zèle pour le bien public est-il suspect ? En procédant à l'élection des députés que nous avions nommés, n'avions-nous pas obéi au vœu unanime de nos concitoyens, qui nous exhortaient à presser et le choix et le départ de ces mêmes députés, malgré les instructions particulières que les députés à l'Assemblée nationale nous donnoient, de ne pas presser ces deux opérations ? Et pouvions-nous prévoir en consultant, comme nous faisons dans toutes nos démarches, le désir de satisfaire au plus grand nombre, que nous nous préparions un sujet de mortification et d'inquiétude ?

Contrarié jusques dans nos sacrifices, puisqu'ils ne sont pas acceptés, nous voyons avec douleur qu'il faut recourir à une autorité supérieure pour qu'un jugement authentique termine cette discussion qui, restant dans l'incertitude, en feroit naître une infinité d'autres.

D'après cette affligeante vérité, forcés par notre serment de maintenir la nouvelle Constitution et de faire strictement exécuter les décrets qui la forment, nous ne pouvons pas nous départir du droit que ces mêmes décrets nous accordent.

Le désir d'entretenir la paix et l'union avec nos commettants nous avoit inspiré un moyen conciliatoire qui faisoit céder en quelque sorte les devoirs de notre ministère à l'envie de témoigner aux citoyens notre juste reconnoissance ; ce moyen est rejeté. Laissons juger l'Assemblée nationale.

Nous nous déterminons, en conséquence, à faire partir incessamment pour Paris deux hommes déjà revêtus par vous d'un caractère inaltérable, que vous avez chargés expressément et généralement de la gestion de vos affaires.

Un officier municipal et un notable, que nous élirons au scrutin suivant la forme ordinaire, iront demander à l'Assemblée natio-

Résolution du Conseil général d'envoyer un officier municipal et un notable à Paris pour provoquer de l'Assemblée nationale une décision sur le conflit élevé entre les districts et la municipalité. Ces deux officiers seront subsidiairement chargés de réclamer l'établissement d'un tribunal supérieur à Limoges.

nale la solution de ce point qui nous divise. Est-ce au Conseil général de la commune, est-ce aux districts à nommer les députés ?

Ce jugement, sollicité par les deux envoyés, intéressés à presser son obtention, souffrira d'autant moins de lenteurs que le sujet de la discussion est peu compliqué.

Le vœu que vous manifestez de choisir en seuls les deux députés nous force à ce procédé ; l'intérêt public et les devoirs de notre ministère exigent même de nous cette démarche indispensable.

Si notre élection n'est pas légale, l'utilité générale en souffriroit : la nécessité de recourir à une nouvelle nomination entraîneroit un délai qui deviendroit préjudiciable à l'intérêt commun, et les deux membres à Paris seront alors tout portés, si le droit de nommer nous est confirmé, pour solliciter le conseil supérieur, et l'obligation formelle que nous avons contractée de veiller à l'avantage public, nous impose celle de témoigner que nous ne perdons jamais de vue tout ce qui peut le concerner.

Nous adresserons en conséquence nos lettres d'attache à MM. les députés de la sénéchaussée, pour être remises à ceux de vos envoyés ou de nos collègues qui seront déclarés légalement élus.

Il seroit inutile de vous assurer que les deux sujets que nous faisons partir s'occuperont essentiellement du principal objet de leur voyage, de la demande d'un conseil supérieur : leur état leur en fait la loi ; leur zèle infatigable dans l'exercice de leurs fonctions vous répond de leur exactitude et de leur activité. Toute la difficulté consiste dans la légalité de l'élection ; il faut la laisser prononcer.

D'après ces considérations, et sur ce ouï le substitut du procureur de la commune, en l'absence de ce dernier duement convoqué, le Conseil général a statué qu'il enverra un officier municipal et un notable, nommés au scrutin, solliciter l'établissement d'un conseil supérieur à Limoges et préalablement faire décider par l'Assemblée nationale si c'est au Conseil général de la commune ou aux citoyens actifs, convoqués en districts, à élire des députés pour aller solliciter cet établissement.

Dans l'incertitude du jugement qui interviendra, les lettres d'attache seront adressées à MM. les députés des sénéchaussées de Limoges et de Saint-Yrieix, pour être remises à ceux des envoyés des districts ou du Conseil général de la commune qui seront déclarés légalement élus par l'Assemblée nationale et qui, dès ce moment, auront tout pouvoir pour agir en qualité de députés de la ville.

Clos et arrêté les jour, mois et an susdits, à neuf heures du soir, et copie des présentes sera envoyée demain à MM. les présidents de chaque district.

> Pétiniaud, maire ; Boyer, Roulhac du Clusaud, Cramaille, David, Pétiniaud, Colomb (quoique d'avis contraire), Marc, Martin, curé de Saint-Michel ; Fournier, substitut ; Blanchard, Ardant Du Picq, Bonin, d. m.; Pourret, Vitrac, curé de Montjovis ; Ardant du Masjambost, Talandier, Parau, Seignat, Audouin, Reculés, Brunier, Tourniol, Cogniasse, d. m. ; B. Jabet, Balézy, Brisset père, Broussaud, adhèrent ; Dominique d'Heralde, Lingaud fils aîné, secrétaire-greffier.

Aujourd'huy, vingt-huit mars mil sept cent quatre-vingt-dix, dans la grande salle de l'hôtel commun de la ville de Limoges, où étoient assemblés et convoqués extraordinairement Messieurs Pétiniaud de Beaupeyrat, maire ; Boyer de Gris, Cibot, Pétiniaud d'Eyjaux, Roulhac du Clusaud, Cramaille, David, Marc, Martin, curé de Saint-Michel ; Colomb, Bardinet, officiers municipaux ; Fournier, substitut du procureur de la commune ; Blanchard, Ardant Dupicq, Bonin, médecin ; Pourret, Vitrac, curé de Montjovis ; Brisset père, Dominique d'Héralde, Ardant du Masjambost, Talandier, Seignat, Audouin, Jabet, Brunier, Balézy, Tourniol et Cogniasse, médecin, notables adjoints, formant le Conseil général de la commune, les autres absents,

Nomination de MM. Boyer de Gris et Ardant du Masjambost en exécution de la délibération précédente : ils seront de plus chargés de réclamer la conservation du chapitre de Saint-Martial.

M. Pétiniaud de Beaupeyrat, maire, a exposé à l'assemblée qu'en conséquence de la délibération prise par le Conseil général de la commune le jour d'hier, il doit être procédé, par la voie du scrutin et à la pluralité absolue des suffrages, à la nomination de deux députés, dont l'un officier municipal et l'autre notable, pour se rendre à Paris, pour solliciter l'établissement d'un conseil supérieur à Limoges, et préalablement faire décider, par l'Assemblée nationale, si c'est au Conseil général de la commune ou aux citoyens actifs, convoqués en districts, à élire des députés pour aller solliciter cet établissement.

Ouï sur ce M. Fournier, substitut du procureur de la commune, en l'absence de M. Muret de Paignac, duement convoqué, l'assemblée a délibéré et arrêté qu'il seroit, dans la présente séance, nommé deux députés, dont l'un sera pris dans le Corps municipal et l'autre dans celui des notables, pour se rendre de suite à Paris auprès de l'Assemblée nationale, à l'effet de solliciter l'établissement d'un conseil supérieur à Limoges, et préalablement faire décider par l'Assemblée nationale si c'est au Conseil général de la commune ou aux citoyens actifs, convoqués en districts, à élire des députés pour aller solliciter cet établissement. Et à l'instant, il a été procédé à la nomination des dits députés, par scrutin individuel et à la pluralité absolue des votants réunis au nombre de vingt-sept. Au premier tour de scrutin, M. Boyer de Gris, docteur en médecine, suppléant à l'Assemblée nationale, l'un des officiers municipaux, ayant réuni vingt voix, a été proclamé premier député et a accepté la dite commission.

Procédant ensuite à la nomination du second député, M. Ardant du Masjambost, négociant de cette ville et l'un des notables adjoints du Conseil général de la commune, ayant réuni la majorité absolue par quinze voix, a été nommé pour second député et a accepté la dite commission.

Et attendu que le départ de ces deux députés est instant, d'après les lettres qui viennent d'être adressées à la municipalité par MM. de Roulhac et Naurissart, députés à l'Assemblée nationale, le conseil général de la commune invite MM. Boyer et Ardant du Masjambost, qui ont déclaré accepter la commission avec reconnoissance, à partir incessamment pour donner suite aux objets intéressants contenus en la présente délibération et en la précédente ; comme aussi, les dits députés s'occuperont du soin de demander la conservation du chapitre de Saint-Martial. Ils représenteront l'antiquité de cette église, un des plus respectables édifices du royaume, sa situation dans le centre de la ville, à portée en conséquence de tous les citoyens, et surtout la vénération particulière que toute la province a pour le corps de son patron, déposé dans ce temple qui porte son nom et dont la translation occasionneroit une véritable douleur, non seulement aux habitants de la ville, mais à chaque individu des campagnes, et que cet intérêt général mérite une exception des décrets prononcés contre tous chapitres autres que ceux des cathédrales. Messieurs les députés sont priés de se combiner pour cette sollicitation avec ceux de Tours et Poitiers, qui réclament la conservation des eglises et chapitres de Saint-Martin et de Saint-Hilaire (1).

---

(1) Ce n'était pas la première fois, on le sait, que l'existence du chapitre de Saint-Martial se trouvait menacée, ni la première fois que le Corps municipal de Limoges intervenait en sa faveur. Nous avons vu, en 1786, la municipalité adresser une lettre très vive à Mgr d'Argentré qu'on disait, à tort ou à raison, convoiter pour les chanoines de Saint-Etienne les revenus de ce chapitre. Par malheur les démarches tentées pour sauver l'église construite sur le tom-

Délibéré au surplus que, pour constater leurs pouvoirs, il leur sera délivré, par expédition signée du secrétaire-greffier, une copie en forme des dites deux délibérations, et que la municipalité se conformera au contenu en la première, relativement aux lettres d'attache.

Fait, clos et arrêté les mêmes jour, mois et an susdits.

PETINIAUD, maire ; BOYER, CIBOT, ROULHAC DU CLUSAUD, MARTIN, curé de Saint-Michel ; PETINIAUD, CRAMAILLE, DAVID, ARDANT DU PICQ, BONIN, d. m. ; COLOMB, BARDINET, MARC, POURRET, VITRAC, curé de Montjovis ; BLANCHARD, BRISSET père, FOURNIER, substitut ; TALANDIER, Dominique DHÉRALDE, ARDANT DU MASJAMBOST, AUDOUIN, BALEZY, B. JABET, SEIGNAT, BRUNIER, TOURNIOL, COGNIASSE, d. m. ; LINGAUD fils aîné, secrétaire-greffier.

Aujourd'huy, vingt-neuf mars mil sept cent quatre-vingt-dix, dans la grande salle de l'hôtel commun de la ville de Limoges, où étoient assemblés et convoqués extraordinairement Messieurs les Maire, Officiers municipaux et Notables adjoints formant le Conseil général de la commune, soussignés,

Recensement du scrutin dans les cinq districts pour la nomination de M. de Beaune l'un des deux députés auprès de l'Assemblée nationale pour réclamer l'établissement d'un tribunal supérieur à Limoges.

beau de l'apôtre d'Aquitaine, d'une désaffectation contre laquelle protestait l'histoire de quinze siècles, et de la destruction prochaine qui devait être l'inéluctable conséquence de cette désaffectation, demeurèrent cette fois sans résultat. Limoges assista avec une indicible tristesse et une poignante émotion à la fermeture de la vénérable basilique et au transfert des reliques de Saint-Martial dans l'église Saint-Michel. Ce transfert eut lieu le 17 décembre 1790, au milieu d'un concours immense de peuple et fut entouré d'un déploiement tout à fait inusité de forces militaires. Toutes les autorités et les corps constitués assistaient à la procession, moins peut-être pour rendre hommage aux restes du patron de la ville, que pour se trouver réunis et présider ensemble à la répression des troubles qu'on avait quelque raison de craindre. Les chanoines avaient protesté dans une délibération pleine de dignité et de douleur contenue, qui porte la date du 18 novembre. Ajoutons que la municipalité garda deux clés de la châsse et de la clôture de la chapelle de N. D. des Aides où avait été déposé le chef de Saint-Martial, et qu'elle assista, le 20 janvier 1791, à l'installation de la châsse dans son abri définitif.

Il convient de rappeler que le Conseil général de la commune, appelé par le Département à délibérer sur cette translation, avait, à l'unanimité, manifesté l'intention de continuer, dans l'église qui recevrait les reliques du patron de Limoges, les cérémonies traditionnelles. (Délibération du 29 novembre 1790).

Nous avons donné un récit succinct de ces faits aux pages 86 à 89 de notre notice sur *les anciennes Confréries de la Basilique de Saint-Martial*, Limoges, veuve Ducourtieux, et Paris, Alph. Picard et fils, 1895, in-8°.

On sait que l'église de Saint-Martial, acquise par l'architecte même des bâtiments, subsista quelque temps ; ses combles, dont certaines parties avaient été découvertes, servirent de refuge pendant les mauvais jours de la Terreur a plus d'un suspect. A la fin de messidor an V seulement, commença la démolition du clocher. On fut obligé de prendre beaucoup de précautions au cours de ces travaux ; les maisons voisines furent évacuées. Lors du rétablissement du culte, il ne restait que quelques pans des murs du sanctuaire qui avait été l'édifice le plus intéressant de la province et pendant des siècles le centre et le foyer de la vie religieuse, intellectuelle, littéraire et artistique de notre région.

T. VI.

Se sont présentés Messieurs de La Chapelle, procureur du Roy, et Talabot, avocat, commissaires du district de Saint-François ; MM. Mathis et Cornuaud, commissaires du district des Carmes ; MM. Alluaud et Noailhé des Bailes, commissaires du district des Augustins ; MM. Grellet de Fleurelle et Guineau Dupré, avocat, commissaires du district des Feuillants ; MM. Deroche fils et Senemaud, commissaires du district des Jacobins,

Lesquels nous ont exposé qu'ils étoient chargés de la part de leurs districts de nous prier et requérir de vouloir faire le recensement des procès-verbaux contenant le résultat du scrutin pour la nomination de deux députés à l'Assemblée nationale, recensement auquel ils demandoient à être présents.

M. de Beaupeyrat, maire, a répondu : « Vous nous requerez, Messieurs, de travailler en présence de MM. les commissaires envoyés par les différents districts, au dépouillement du scrutin donné pour une élection de deux députés. Le Conseil général de la commune, sans rien approuver ni désapprouver, pour conserver dans leur intégrité les droits respectifs, se chargera de l'opération. »

Et cette réponse a été adoptée à l'unanimité des suffrages du Conseil général de la commune.

Et en conséquence, il a été procédé au dit recensement, dépouillement et vérification des dits procès-verbaux, desquels il résulte que :

Le district de Saint-François étoit composé de 48 votants.
Le district des Augustins, de 60.
Le district des Jacobins, de 24.
Le district des Grands-Carmes, de 48.
Le district des Feuillants, de 65.
Total : 245 votants.
123 voix pour la pluralité absolue.

RÉCAPITULATION :

Districts.	Nombre des votants.	M. de Beaune, élu.
Saint-François....	48	17
Les Augustins	60	50
Les Jacobins......	24	15
Les Carmes	48	31
Les Feuillants	65	13
	245	126 voix.

La pluralité absolue sur le nombre des votants s'est réunie en faveur de M. de Beaune, lieutenant assesseur au présidial et sénéchal de cette ville.

Délibéré qu'il sera remis à MM. les commissaires des cinq districts un extrait du présent procès-verbal du recensement pour en être donné connoissance.

Fait et arrêté les jour, mois et an susdits, à huit heures du soir.

> PETINIAUD, maire ; ROULHAC DU CLUSAUD, MARTIN, curé de Saint-Michel ; PETINIAUD, CRAMAILLE, MARC, BONIN, d. m. M. ; FOURNIER, substitut ; NOALHIÉ DES BAILLES, ARDANT DU PICQ, TOURNIOL, DE FLEURELLE, commissaire du district des Feuillants ; COLOMB, ALLUAUD, MATHIS DU CHAPÉ, GUINEAU DUPRÉ, commissaire du district des Feuillants ; CORNUAU, Jʰ SENEMAUD, commissaire du district des Jacobins ; LAMY DE LA CHAPELLE, DEROCHE fils, commissaire du district des Jacobins ; LINGAUD fils aîné, secrétaire-greffier.

Et advenant le trente mars mil sept cent quatre-vingt-dix, à onze heures du matin, dans la dite salle de l'hôtel commun, par devant mes dits sieurs les Maire, Officiers municipaux et Notables adjoints du Conseil général de la commune susdits et soussignés,

Recensement du scrutin dans les cinq districts pour la nomination de M. Demetz, second député auprès de l'Assemblée nationale pour réclamer l'établissement d'un tribunal supérieur à Limoges.

Se sont présentés MM. les commissaires des districts de Saint-François, des Augustins, des Jacobins, des Grands Carmes et des Feuillants soussignés,

Lesquels ont remis sur le bureau cinq procès-verbaux contenant le résultat des dépouillement et vérification du scrutin relatif à la nomination d'un second député pour se rendre à Paris auprès de l'Assemblée nationale.

Lecture faite des susdits procès-verbaux, en présence de mesdits sieurs les commissaires, il a été procédé au dépouillement et vérification des suffrages contenus en iceux ; il résulte de cet examen que :

Le district de Sᵗ-François étoit composé de 47 votants.
Le district des Augustins, de 68.
Le district des Jacobins, de 31.
Le district des Grands-Carmes, de 42.
Le district des Feuillants, de 50.
Total, 238 votants.
La pluralité absolue est de 120 voix.

RÉCAPITULATION

Districts.	Nombre des votants.	M. Demetz, élu.
S¹-François	47	18
Augustins	68	59
Jacobins	31	1
Grands Carmes	42	39
Feuillants	50	17
Totaux	238	134

La pluralité absolue, sur le nombre des votants, s'est réunie en faveur de M. Demetz, sous-ingénieur de la province, qui a obtenu 134 voix.

Délibéré qu'il sera remis à MM. les commissaires des cinq districts un extrait du présent procès-verbal, pour en être donné connoissance.

Le dit procès-verbal clos et arrêté sous toutes protestations faites par le Conseil général de la commune assemblée, les dits jour, mois et an susdits, à onze heures demie (sic) du matin.

PETINIAUD, maire; CRAMAILLE, MARC, PETINIAUD, MARTIN, curé de Saint-Michel; ROULHAC DU CLUSAUD, FOURNIER, substitut; ARDANT DU PICQ, BONIN, d. m. M.; TOURNIOL, COLOMB, TOUZAC, ALLUAUD, NOAILHÉ DES BAILLES, MATHIS DU CHAPÉ, DEROCHE fils, Jʰ SENEMAUD, CORNUAU, GUINEAU-DUPRÉ, comᵣᵉ du district des Feuillants; LINGAUD fils aîné, secrétaire greffier.

Acceptation du don offert par les écoliers du collège des Jacobins pour le soulagement des pauvres.

Aujourd'huy, trente mars mil sept cent quatre-vingt-dix, dans la grande salle de l'hôtel commun de la ville de Limoges, où étoient assemblés MM. les Maire et Officiers municipaux soussignés,

Se sont présentés Messieurs les étudiants du collège des Jacobins de cette ville, accompagnés de leurs professeurs, lesquels nous ont exposé qu'ayant sacrifié une partie de l'argent destiné pour leurs menus plaisirs, ils venoient offrir cette somme, qui monte à cinquante-une livres cinq sols six deniers, pour le soulagement des pauvres. Ces jeunes citoyens l'ont déposée entre les mains de M. Pétiniaud de Beaupeyrat, maire, pour être consacrée au salaire des journaliers employés à l'atelier de charité.

L'assemblée a statué que la dite somme sera acceptée avec applaudissement et destinée à cet usage.

M. Susbielle jeune, étudiant de philosophie, a prononcé un discours où respiroit le patriotisme le plus énergique et la sensibilité la plus touchante, et qu'il a terminé en prononçant pour lui et ses collègues le serment patriotique.

M. de Beaupeyrat, maire, a répondu au nom de la municipalité : « Messieurs, vous nous rendez nos fonctions bien douces : nous allons transcrire votre adresse et publier vos sentiments. Si, dans un âge si tendre, vous donnez un si bel exemple de patriotisme, que ne devons-nous pas attendre des âges suivants ? Une jeunesse vertueuse annonce une maturité florissante, et lorsque le printemps donne des fleurs, l'automne abonde en fruits. »

Fait les dits jour, mois et an susdits.

PETINIAUD, maire ; COLOMB, CRAMAILLE, MARC, CIBOT, MARTIN, curé de St-Michel ; PETINIAUD, ROULHAC DU CLUSAUD, LINGAUD fils ainé, secrétaire-greffier.

Aujourd'huy, douze avril mil sept cent quatre-vingt-dix, dans la grande salle de l'hôtel commun de la ville de Limoges, où étoient assemblés et convoqués extraordinairement, en la manière accoutumée, Messieurs Pétiniaud de Beaupeyrat, maire ; Cibot, Roulhac du Clusaud, Cramaille, David, Marc, Martin, curé de St-Michel ; Bardinet, Officiers municipaux ; — Fournier, substitut du procureur de la commune ; Blanchard, Ardant du Picq, Bonin, médecin ; Pourret, Vitrac, curé de Montjovis ; Brisset père, Dominique d'Héralde, Talandier, Audouin, Reculet, Brunier, Balézy, Salot-Tourniol et Cogniasse de Lage, médecin, Notables adjoints formant le Conseil général de la commune, les autres absents,

M. Pétiniaud de Beaupeyrat, maire, a fait lecture à l'assemblée d'une lettre écrite à la municipalité le six du courant par MM. les députés du département de la Haute-Vienne, et d'une seconde lettre, en date du sept du dit, adressée également à la municipalité par MM. Boyer et Ardant du Masjambost, députés extraordinaires nommés par le Conseil général de la commune pour se rendre à Paris aux fins de solliciter l'établissement d'un conseil supérieur en cette ville ; les dites lettres portant en substance que, par un sacrifice mutuel, un de MM. les députés de la municipalité et un de ceux de la commune, que la voix du sort indiqueroit, restassent auprès de l'Assemblée nationale pour y suivre en commun la demande d'une cour souveraine, dans le cas où cet espoir nous seroit conservé d'après le plan général qu'adopteroit l'Assemblée nationale sur

Résultat des procès-verbaux des cinq districts dans l'affaire du tribunal supérieur de Limoges. Persistance dans Conseil général dans ses délibérations. Remerciements à MM. les Députés du département de la Haute-Vienne pour l'intérêt qu'ils ont pris à cette affaire.

l'ordre judiciaire, et que les autres deux députés se retirassent dès à présent, avec prière de mesdits sieurs les députés à l'Assemblée nationale de communiquer leur lettre à MM. les présidents des districts.

M. de Beaupeyrat a exposé qu'il avoit donné communication de la dite lettre à mesdits sieurs les présidents des districts ; qu'ils n'avoient pas voulu assumer sur eux la décision de cette question sans avoir préalablement pris l'avis de chaque district ; en conséquence ils avoient demandé à être autorisés à les assembler, ce qu'ils auroient fait ce jourd'huy, à trois heures de relevée.

Et à l'instant se sont présentés MM. Déroche fils et J^h Senemaud, commissaires du district des Jacobins ; M. Touzac de St-Etienne fils ainé, président et commissaire de celui de St-François ; M. Alluaud, commissaire de celui des Augustins ; M. Devoyon de la Planche, président et commissaire de celui des Grands-Carmes, et M. Laurans de la Grange, président et commissaire de celui des Feuillants, lesquels ont remis sur le bureau les procès-verbaux contenant les délibérations de chacun leur district. Lecture faite des dits procès-verbaux, il est résulté de celui des Jacobins, non nombré, signé de cinq signataires, que les droits de la commune et la question à juger demeurant absolument intacte, [il] a adhéré à la délibération qui seroit prise par le Conseil général de la commune sur le moyen conciliatoire proposé dans la lettre de MM. les députés à l'Assemblée nationale ;

De celui de St-François, composé de vingt votants et quatre signataires, d'accepter (sic) la médiation proposée et à retirer un des députés de la commune et un de la municipalité, en ce que celui des districts sera chargé expressément de faire décider la question controversée entre les citoyens actifs et le Conseil général de la commune, soit par l'Assemblée nationale, soit par le Comité des Rapports ou de Constitution, ou par l'avis de nos représentants à l'Assemblée nationale ;

De celui des Augustins, au nombre de cinquante-huit votants et vingt-deux signataires, qu'ils étoient trop convaincus que la députation faite par la commune étoit la seule qui avoit été légalement faite et qu'elle devoit avoir son entière exécution ;

De celui des Grands Carmes, composé de trente-deux votants et sept signataires, de ne pas accepter la médiation ;

Enfin de celui des Feuillants, au nombre de trente-six votants et douze signataires, d'accepter la médiation.

Les dits commissaires retirés, et sur ce ouï le substitut du procureur de la commune, en l'absence de ce dernier duement convoqué, il a été unanimement délibéré que, comme il résulte, des arrêtés des districts, un éloignement partiel à admettre les moyens de conciliation que les députés du département de la Haute-Vienne à l'Assemblée nationale avoient jugé convenable de proposer, le Conseil général de la commune, persistant dès lors dans ses précédentes délibérations, charge expressément les députés de ne pas perdre un seul instant de vue tout ce qui pourroit déterminer l'obtention d'une cour sonveraine pour la ville de Limoges et de solliciter une décision précise sur la question, si le Conseil général de la commune a pu nommer un Officier municipal et un Notable adjoint pour la députation, ou si la commune, formée en districts, a eu ensuite le droit de nommer, et de manière à faire admettre de préférence ses députés.

Délibéré au surplus que la municipalité, en adressant la présente délibération à MM. les députés du département de la Haute-Vienne, leur témoignera sa reconnoissance sur l'intérêt qu'ils ont marqué de prendre à cette affaire et de (sic) vouloir bien employer leurs soins pour en accélérer la décision que nécessitent les circonstances.

Délibéré aussi qu'il sera remis un extrait de la présente délibération à MM. les présidents de chaque district.

Fait et arrêté les jour, mois et an susdits, à neuf heures du soir.

   Petiniaud, maire ; Cibot, Marc, David, Roulhac du Clusaud ; Martin, curé de St-Michel ; Bardinet, Fournier, substitut ; Audouin, Balezy, Vitrac, curé de Montjovis ; Tourniol, Reculet, Ardant du Picq, Cramaille, Brunier, Brisset père, Brousseaud aîné, adherent ; Cogniasse, d. m. ; Pourret, Bonin, ad.... ; Dominique Dhéralde, Lingaud fils aîné, secrétaire-greffier.

Aujourd'huy, quatorze avril mil sept cent quatre-vingt-dix, dans la grande salle de l'hôtel commun de la ville de Limoges, où étoient assemblés Messieurs les Maire et Officiers municipaux de la ville de Limoges,

Se sont présentés MM. Lanoailhe de la Chèze (1), maire de la ville de Saint-Léonard ; de David, baron des Renaudies, lieutenant des

Commission de MM. Lanoaille de La Chèze, le baron des Renaudies et Roulhac du Cluzaud nommés par le Roy pour la formation et l'établissement du Département de la Haute-Vienne et des districts en dépendant.

(1) Les premières commissions reçues à l'Intendance portaient le nom de M. Lachèze aîné, avocat à Brive. Ce nom avait été substitué dans les bureaux du Garde des sceaux, par suite d'une erreur, à celui du maire de Saint-Léonard, homme très estimé et jugé très propre à remplir la mission importante et délicate dont les commissaires avaient à s'acquitter.

maréchaux de France, et Roulhac du Cluzaud, Officier municipal de cette ville, tous les trois commissaires du Roy pour la formation du Département et des Districts de la Haute-Vienne, et ont prêté le serment civique, entre les mains de mesdits sieurs les Maire et Officiers municipaux, conformément au décret de l'Assemblée nationale, sanctionné par le Roy, avant de procéder aux opérations qui leur sont enjointes par la commission du Roy, lesquels ont aussi fait enregistrer la susdite commission au greffe de la municipalité.

Fait les dit jour, mois et an susdits.

    Lanoaille de la Chèse, Cibot, Bar. des Renaudies, Petiniaud, Roulhac du Clusaud, Petiniaud, maire ; Cramaille, Marc, Martin, curé de Saint-Michel ; David, Muret, proc^r de la commune ; Lingaud fils aîné, secrétaire-greffier.

Commission adressée à MM. Lanoaille de la Chèze, le baron des Renaudies et de Roulhac du Cluzaud, pour la convocation, formation et établissement du département de la Haute-Vienne et districts en dépendant.

Louis, par la grâce de Dieu et par la loi constitutionnelle de l'Etat, Roi des Français, à notre amé et féal, le sieur Lanoaille de la Chèze : salut. Voulant pourvoir à ce que les départements et districts du Royaume, ainsi que les municipalités, soient incessamment formés et établis de la manière la plus conforme aux décrets de l'Assemblée nationale dont Nous avons ordonné l'exécution, Nous croyons devoir nommer des commissaires qui méritent toute notre confiance et celle des provinces, pour veiller sur ces opérations importantes, les diriger et les accélérer. A ces causes, connoissant votre capacité, votre zèle et votre sagesse, Nous vous avons nommé, commis et député, vous nommons, commettons et députons pour, avec les sieurs le baron des Renaudies et de Roulhac du Clusaud, trésorier de France à Limoges, que Nous nommons, commettons et députons pareillement, prendre sans délai toutes les mesures et faire toutes les dispositions nécessaires pour la

---

(1) On avait publié à Limoges, le 1er avril, les lettres patentes du roi, du 4 mars, rendues sur le décret de l'Assemblée nationale des 15-16 janvier et 26 février, relatif à la nouvelle division administrative de la France. Le département du Haut-Limousin, dont Limoges était le chef-lieu, devait porter le nom de département de la Haute-Vienne. Il comprenait six districts, ayant respectivement pour chef lieux : Limoges, Le Dorat, Bellac, Saint Junien, Saint-Léonard et Saint-Yrieix.

formation et l'établissement du département de la Haute-Vienne, des districts dépendant du dit département, convoquer les assemblées pour les élections, faire remplir toutes les conditions et formalités prescrites par les décrets de l'Assemblée nationale, veiller sur toutes les opérations, décider provisoirement toutes les difficultés qui pourront s'élever sur les dites formation et établissement, et généralement faire tout ce que Nous ferions Nous-mêmes pour l'exécution des dits décrets ; comme aussi décider provisoirement toutes les difficultés qui vous seront déférées relativement à l'organisation et établissement des nouvelles municipalités, agir et prononcer sur le tout conjointement avec les dits sieurs le baron des Renaudies et de Roulhac du Cluzaud, à la pluralité des voix, ou chacun séparément suivant que vous en serez convenu avec eux et que les circonstances se trouveront l'exiger. Et dans le cas où, n'étant que deux commissaires, vos suffrages se trouveroient partagés, prendre celui du troisième soit par écrit, soit à votre première réunion, le tout en vous conformant à l'instruction arrêtée par l'Assemblée nationale, et de Nous approuvée, et à la charge de Nous rendre compte de l'exécution des présentes, notamment des objets sur lesquels vous jugerez qu'il sera nécessaire de prendre Nos ordres. A l'effet de quoi, Nous vous donnons tout pouvoir et autorité nécessaires, sans que la présente commission puisse vous priver des droits et facilités d'éligibilité dont vous pouvez être susceptible. Mandons à tous les tribunaux, corps administratifs, municipalités et Officiers civils, qu'en tout ce qui concernera et dépendra de la présente commission, ils aient à vous reconnoître et à vous départir toute assistance. En foi de quoi Nous avons fait contresigner ces présentes, auxquelles Nous avons fait apposer le sceau de l'État. A Paris, le sixième jour de mars, l'an de grâce mil sept cent quatre-vingt-dix, et de notre règne le seizième.

Signé : Louis. Par le Roy, LE COMTE DE SAINT-PRIEST.

Enregistré le quatorze avril mil sept cent quatre-vingt-dix.

LINGAUD fils aîné, secrétaire-greffier.

Aujourd'huy, quatorze avril mil sept cent quatre-vingt-dix, dans la grande salle de l'hôtel commun de la ville de Limoges, où étoient assemblés Messieurs les Maire et Officiers municipaux soussignés, s'est présenté Antoine Fournier, laboureur, et sindic des habitants de la paroisse d'Usurat, demeurant au lieu de Pinard, lequel a exhibé et mis sur le bureau un acte de délibération prise par les

Réunion et incorporation de la paroisse d'Uzurat à la commune de Limoges.

habitants de la dite paroisse, afin de demander à la municipalité de Limoges que la dite paroisse d'Usurat soit et demeure réunie et incorporée à la municipalité de la ville de Limoges, conformément au vœu des habitants de la dite paroisse, consigné dans la dite délibération en date du 28 février dernier, reçue par Dauryat, notaire. Sur quoi, la matière mise en délibération, ouï sur ce le substitut du procureur de la commune, nous déclarons que, conformément à la délibération de la dite paroisse d'Usurat, elle demeurera unie et incorporée. — Le dit Fournier a déclaré ne savoir signer.

Fait et arrêté les dits jour, mois et an susdits.

ROULHAC DU CLUSAUD, DAVID, PETINIAUD, BARDINET, CIBOT, MARC, FOURNIER, substitut ; PETINIAUD, CRAMAILLE, MARTIN, curé de Saint-Michel ; COLOMB, LINGAUD fils aîné, secrétaire-greffier.

Suit l'acte de délibération prise par les habitants de la paroisse d'Usurat :

Aujourd'hui, dimanche, vingt-huit du mois de février mil sept cent quatre-vingt-dix, avant midi, au bourg paroissial d'Usurat, près Limoges, le peuple sortant de l'église, après avoir assisté à la messe, par devant nous, Jacques Dauryat, doyen des notaires royaux à Limoges, ont comparu Antoine Fournier, laboureur, et sindic des habitants de la paroisse d'Usurat, demeurant au lieu de Pinard ; François Blondeau, meunier, demeurant au moulin de Latour ; Jean Vate, meunier, demeurant au moulin de Brachaud ; Léonard Jourde, laboureur ; Joseph Coudert, aussi laboureur ; Jean Chavaignac, journalier, demeurant en ce bourg ; Jean Moreau, laboureur, et Pierre Vergeaud, journalier, demeurant au village d'Engrezas, en cette paroisse d'Usurat, — lesquels, pour se conformer aux volontés du Roy et aux décrets de l'Assemblée nationale pour la constitution des municipalités, à eux connus par la lecture et publication qui en fut faite dimanche dernier, vingt-un du mois courant, à la messe paroissiale, par M. Montégut, leur curé, ont délibéré sur les moyens à prendre en cette circonstance, et voyant qu'ils sont en nombre insuffisant pour former une municipalité, n'y ayant que huit feux dans la paroisse, et que le total des citoyens actifs n'iroit pas à quatre ou cinq personnes au plus, ont unanimement statué et consenti de se réunir à la municipalité la plus proche de la paroisse d'Usurat, qui est celle de la ville de Limoges, à laquelle ils demandent d'être incorporés. En conséquence, ont chargé le dit Antoine Fournier, l'un d'eux, et lui ont enjoint de présenter leurs vœux à la municipalité de la ville de Limoges, consignés aux présentes dont ils nous ont requis acte, que leur avons concédé. Fait et passé au bourg d'Usurat, en présence de messire Jean Baptiste Montégut, prêtre, curé d'Usurat, qui a signé, et de Georges Jourde, fils de Léonard, demeurant en ce bourg, qui a déclaré, ainsi que les comparants, ne savoir écrire ni signer, de ce interpellés par nous dit notaire. Ainsi signé à la minute des présentes : MONTAIGU, curé d'Usurat ; DAURYAT. Contrôlé à Limoges, le huit mars mil sept cent quatre-vingt-dix. Reçu quinze sols. *Signé* : DE LA BRIAUDIÈRE, *et à l'expédition* : DAURYAT.

Enregistré le quatorze avril mil sept cent quatre-vingt-dix.

LINGAUD fils aîné, secrétaire-greffier (1).

Proclamation de MM. les Maire et Officiers municipaux de la ville de Limoges pour le serment à prêter par la Garde nationale.

Conformément à la proclamation du Roi sur le décret de l'Assemblée nationale du 16 mars 1790, portant que les citoyens qui remplissent actuellement les fonctions d'officiers ou de soldats dans les Gardes Nationales, même ceux qui se sont formés sous le titre et dénomination de Volontaires, prêteront par provision et aussitôt après que les municipalités seront établies, entre les mains du Maire et des Officiers municipaux, en présence de la commune assemblée, le serment d'être fidèles à la Nation, à la Loi et au Roi, de maintenir de tout leur pouvoir, sur la réquisition des corps administratifs et municipaux, la constitution du royaume, et de prêter pareillement, sur les mêmes réquisitions, main-forte à l'exécution des ordonnances de justice et à celle des décrets de l'Assemblée nationale, acceptés et sanctionnés par le Roi,

Convocation de la garde nationale pour la prestation du serment ordonné par le décret de l'Assemblée nationale du 16 mars 1790.

Ouï sur ce le procureur de la commune, MM. les Maire et Officiers municipaux, après en avoir conféré avec MM. les Officiers de l'état-major et capitaines de la Garde nationale, ont fixé jour pour la prestation du serment ordonné par le susdit décret, à dimanche prochain, dix-huit du courant, à dix heures du matin, sur la place Tourny. En conséquence, tous les citoyens qui remplissent actuelle-

---

(1) On sait qu'Usurat avait possédé autrefois un prieuré que les chroniques de Saint-Martial désignent sous le nom de Zurach, et qui était occupé par des religieuses placées sous la dépendance de l'abbé de Saint-Martial. L'église d'Usurat était placée sous l'invocation de Sainte-Marie-Egyptienne. Il reste une partie du bâtiment, aujourd'hui converti aux usages d'une exploitation agricole.

ment les fonctions d'officiers ou de soldats volontaires dans la garde nationale sont invités et requis, en tant que besoin, de se trouver aux jour, heure et lieu indiqués, pour y prêter le dit serment, entre les mains de mesdits sieurs les Maire et Officiers municipaux et en présence de MM. les citoyens actifs composant la commune, qui sont également invités à s'y rendre, le tout conformément au décret.

Délibéré à Limoges, dans la grande salle de l'hôtel commun, le quatorze avril mil sept cent quatre-vingt-dix.

Petiniaud, Cibot, David, Bardinet, Marc, Muret, Fournier, substitut ; Cramaille, Martin, curé de Saint-Michel ; Roulhac du Clusaud, Petiniaud, Colomb, Lingaud fils, ainé, secrétaire-greffier.

Application au soulagement des pauvres de la somme qu'exigeroit une réunion proposée avec l'état-major et les officiers de la garde nationale.

Aujourd'huy, quinze avril mil sept cent quatre-vingt-dix, dans la grande salle de l'hôtel commun de la ville de Limoges, où étoient assemblés extraordinairement et en la manière accoutumée Messieurs les Maire et Officiers municipaux, Substitut de la commune et Notables adjoints, formant le Conseil général de la commune soussignés,

M. Pétiniaud de Beaupeyrat, maire, a fait lecture à l'assemblée de la proclamation du Roy sur le décret de l'Assemblée nationale,

(1) La garde nationale prenait une importance de plus en plus grande, non seulement dans la vie publique, mais dans les événements de l'existence privée des citoyens. Il n'y avait plus ni obsèques convenables, ni beau mariage, ni baptême un peu solennel sans l'assistance, en armes et tambours en tête, de la compagnie à laquelle appartenait le défunt, le marié, le père ou le parrain de l'enfant. Nous n'avons que quelques échos des scènes singulières provoquées par cet usage, mais ils suffisent à nous donner une idée assez nette de ses inconvénients et de ses abus.

On cherchait à s'égayer et à s'étourdir pour oublier toutes les inquiétudes dont on était assailli. La discorde continuait au surplus dans l'Etat-Major. Le colonel, M. Peyroche du Reynou, s'était décidé à donner sa démission ; les districts militaires élurent le 7 avril, pour le remplacer, M. Léonard Barbou des Courières, imprimeur du Roi.

L'abbé Legros constate que, contrairement à l'usage, ni le présidial, ni le corps de ville n'assistèrent aux vêpres du lundi de Pâques ; il attribue l'abstention du présidial à un motif de préséance. Toutefois, le lendemain, 6 avril, un officier municipal, M. Colomb, assista à l'ouverture de la châsse de Saint-Martial. La grande procession qui avait lieu ce jour-là se fit avec la solennité accoutumée. Le maire et le corps municipal y assistaient, ainsi que l'Etat-Major et un détachement de la garde nationale. Des postes se trouvaient disposés de distance en distance et les tambours battaient à l'approche de la châsse. A la rentrée de la procession, le chef du saint fut offert à la vénération du peuple. Malgré les efforts surhumains des Bouchers, qui s'étaient chargés, dit le continuateur des *Annales*, de la garde de la relique, un tumulte indescriptible se produisit, on ne put serrer la châsse qu'après deux heures de cohue et de désordre. Nous sommes surpris de ne point trouver mention, à cette date, de la confrérie de Saint-Martial. S'était-elle déjà dissoute? Ce qu'il y a de certain, c'est que les porteurs de la châsse étaient à leur poste ce jour là : on les y retrouve au mois de décembre suivant, lors de la fermeture définitive de la basilique et de la translation à Saint-Michel des reliques de l'apôtre d'Aquitaine.

concernant le serment à prêter par les Gardes nationales, du 16 mars 1790, et a exposé qu'il avoit été pris jour à dimanche prochain, dix-huit du courant, pour la prestation du dit serment après en avoir conféré avec MM. les officiers de l'Etat-Major et capitaines de la garde nationale, et qu'à cet effet, il avoit été publié une proclamation dont il a fait lecture. Il a invité, au nom de la municipalité, mesdits sieurs les Notables adjoints à assister à cette cérémonie auguste.

Et sur la proposition qui avoit été faite de se réunir avec MM. de l'Etat-Major et Officiers de la Garde nationale pour célébrer cette fête patriotique et resserrer de plus en plus les liens de la plus intime fraternité, la matière mise en délibération, ouï sur ce M. Fournier, substitut du procureur de la commune, il a été unanimement arrêté que la somme qu'exigeroit cette réunion seroit consacrée au soulagement de nos malheureux concitoyens.

Fait et arrêté les dits jour, mois et an susdits.

>PETINIAUD, maire ; CRAMAILLE, MURET, CIBOT, DAVID, MARC, FOURNIER, substitut ; BARDINET, PETINIAUD, MARTIN, curé de Saint-Michel ; ROULHAC DU CLUSAUD, POURRET, COLOMB, BROUSSEAUD aîné, PARAU, AUDOUIN, RECULET, SEIGNAT, Dominique DHÉRALDE, COLOMB, TOURNIOL, BALEZY, J^b (?) JABET, BRISSET père, COGNIASSE, d. m. ; B. VITRAC, curé de Montjovis ; ARDANT, BONIN, d. m. ; LINGAUD fils aîné, secrétaire-greffier.

Invitation faite par la garde nationale de Limoges à celles du département à envoyer des députés pour prêter serment en commun.

Aujourd'huy, quinze avril mil sept cent quatre-vingt-dix, dans la grande salle de l'hôtel commun de la ville de Limoges, où étoient assemblés MM. les Maire et Officiers municipaux soussignés,

Se sont présentés MM. Nicot du Gondeau aîné, lieutenant-colonel ; Lagrave de Maury, major ; Cousin, aide-major, et David fils, sous-lieutenant de la Garde nationale de cette ville,

Lesquels, en qualité de députés du corps de MM. les Officiers, ont exposé à mesdits sieurs les Maire et Officiers municipaux que plusieurs capitales de départements ayant invité les Gardes nationales voisines de se réunir dans les chefs-lieux de ces départements pour faire le serment de confédération et de réunion pour donner main-forte à l'exécution des décrets de l'Assemblée nationale, acceptés et sanctionnés par le Roy, ils désiroient imiter cet exemple patriotique et avoient arrêté d'inviter les Gardes nationales du département à se rendre par députations en cette ville, le second dimanche du mois de mai prochain, pour cette cérémonie, toutefois sous le bon plaisir de mesdits sieurs les Maire et Officiers municipaux, dont le zéle pour le bien public leur faisoit espérer qu'ils applaudiroient à la confédération projetée. A ces fins, prient mesdits sieurs les Maire et Officiers municipaux, de vouloir bien donner leur consentement à cette invitation, et ont signé,

Nicot, lieutenant-colonel; Martin Lagrave, major; Cousin, aide-major; David, sous-lieutenant.

Sur quoi, la chose mise en délibération, sur ce ouï le substitut du procureur de la commune, mesdits sieurs les Maire et Officiers municipaux, en reconnoissant le zèle de MM. de la garde nationale de cette ville, ont déclaré, n'étant autorisés par aucun décret de l'Assemblée nationale sanctionné par le Roy pour former cette confédération, qu'ils s'en rapportent à la prudence de MM. les Officiers de la garde nationale, à la conduite desquels ils doivent les plus grands éloges.

Fait et arrêté les jour, mois et an susdits.

Petiniaud, Roulhac du Clusaud, Cramaille, Marc, David, Petiniaud, Fournier, substitut; Cibot, Bardinet, Martin, curé de St-Michel; Colomb, Lingaud fils aîné, secrétaire-greffier.

Remise en raison du mauvais temps de la prestation de serment de la garde nationale. — Aujourd'huy, dix-sept avril mil sept cent quatre-vingt-dix, dans la salle de l'hôtel commun de la ville de Limoges, où étoient assemblés Messieurs les Maire et Officiers municipaux soussignés,

Se sont présentés MM. Delépine, Poncet, David et Nadaud, capitaines de la garde nationale de cette ville et députés; auroient représenté que la cérémonie pour la prestation du serment de la dite garde nationale auroit été fixée à demain, dix-huit du courant; que même les proclamats en auroient été affichés; mais que le mauvais temps survenu pouvant être contraire à la solennité de la cérémonie, auroient demandé à mesdits sieurs les Maire et Officiers municipaux, de vouloir bien remettre la dite cérémonie à huitaine ou à tel autre jour convenable qu'ils jugeront à propos. A laquelle invitation mesdits sieurs les Maire et Officiers municipaux ont bien voulu se prêter, du consentement du procureur de la commune.

Fait les jour, mois et an susdits.

David, Poncet des Nouailles, capitaine; Delepine, Muret, procureur de la commune; Petiniaud, maire; Cibot, Cramaille, Petiniaud, Colomb, Marc, Bardinet, Roulhac du Clusaud, Cibot, Lingaud fils aîné, secrétaire-greffier.

— 411 —

Prestation de serment de la garde nationale de Limoges.

Aujourd'huy, vingt-cinq avril mil sept cent quatre-vingt-dix, à dix heures du matin, dans la salle de l'hôtel commun de la ville de Limoges, où étoient assemblés Messieurs les Maire, Officiers municipaux et Notables adjoints du Conseil général de la commune de la dite ville, soussignés,

En exécution de la proclamation de mes dits sieurs les Maire et Officiers municipaux, du quinze du courant, et du requis fait par MM. les Officiers députés de la garde nationale du dix-sept du dit pour renvoyer la cérémonie à ce jourd'huy, à cause du mauvais temps, nous sommes rendus sur la place de Tourny (1), accompagnés de notre secrétaire-greffier et d'un détachement de la garde nationale de cette ville, pour recevoir la prestation du serment cy-après : où étant, après avoir entendu la messe célébrée par le révérend père Foucaud, religieux dominicain (2), assisté de deux autres religieux, qui a prononcé un discours analogue à la cérémonie et chanté le *Domine, salvum fac regem*, M. Muret de Paignac, procureur syndic de la commune, a dit :

MESSIEURS,

« Vous le savez déjà : par un décret de l'Assemblée nationale du sept janvier dernier, sanctionné par le Roy le seize mars, il est dit que, jusqu'à l'époque où elle aura déterminé l'organisation définitive des milices et gardes nationales, les citoyens qui en *(sic)* remplissent actuellement les fonctions d'officiers ou de soladts volontaires, prêteront par provision et aussitôt après que les municipalités seront établies, entre les mains du Maire et des Officiers municipaux, en présence de la commune assemblée, le serment d'être fidèles à la Nation, à la Loi et au Roy ; de maintenir de tout leur pouvoir, sur la réquisition des corps administratifs et municipaux, la constitution du royaume, et de prêter pareillement, sur les

---

(1) On avait fait dresser sur cette place un autel surmonté d'un baldaquin. Une estrade destinée à permettre aux dames d'assister à la fête avait été dressée le long du mur de l'enclos des Feuillants.

(2) De ce jour commence le rôle politique de Foucaud. L'abbé Tanchon, aumônier de la garde nationale, avait sollicité des vicaires généraux qui remplaçaient l'évêque, l'autorisation de célébrer la messe en plein air ; elle lui fut refusée, et une démarche de l'Etat-Major auprès de l'administration diocésaine ne put rien obtenir. L'aumônier proposa alors de faire la cérémonie religieuse dans l'église des Cordeliers, située auprès de la place ; mais on ne voulut pas consentir à cette modification d'un des points les plus importants du programme et il fut décidé, sur le refus définitif de l'abbé Tanchon, qu'on se mettrait en quête d'un ecclésiastique de bonne volonté. On le trouva dans le P. Foucaud, natif de Limoges, religieux de l'ordre de Saint-Dominique, professeur, comme on sait, au collège que les Jacobins possédaient dans cette ville. Le discours de Foucaud provoqua des protestations dans le clergé : la rupture s'annonçait déjà entre le Jacobin, enfiévré par les rêves et les promesses de la Révolution, et ses anciens confrères. On voit que c'est à tort que M. Othon Péconnet, dans sa remarquable notice sur Foucaud, fait dater son entrée en scène du 14 juillet seulement.

mêmes réquisitions, main forte à l'exécution des ordonnances de justice et à celle des décrets de l'Assemblée nationale acceptés et sanctionnés par le Roy.

» C'est, Messieurs, ce que vous vous êtes proposé de faire dans ce moment-ci, en manifestant de rechef et votre zèle et les sentiments de votre cœur pour tout ce qui pourra concourir au bien public ; et nous avons à nous féliciter nous-mêmes que les devoirs attachés à la place que nous devons à vos bontés, nous mettent à portée de vous en témoigner solennellement notre reconnoissance, en vous invitant à vous conformer aux vœux et aux désirs du décret, dont nous requérons l'exécution et qu'il vous en soit fait lecture par le secrétaire-greffier. »

Lecture faite, M. Faulte de Vanteaux, ancien capitaine commandant au régiment de Picardie-Infanterie, chevalier de l'ordre royal et militaire de Saint-Louis et commandant général adjoint de la garde nationale de cette ville, s'est présenté devant mesdits sieurs les Maire et Officiers municipaux, assistés des Notables adjoints, et a prononcé le serment d'être fidèle à la Nation, à la Loi et au Roi ; de maintenir de tout son pouvoir, sur la réquisition des corps administratifs et municipaux, la constitution du royaume, et de prêter pareillement, sur les mêmes réquisitions, main forte à l'exécution des ordonnances de justice et à celle des décrets de l'Assemblée nationale, acceptés et sanctionnés par le Roy ; et MM. les Officiers de l'Etat-Major ont levé la main et ont répété : « Je le jure ! »

Ensuite, Messieurs les capitaines commandant chaque district, se sont présentés à la tête de leurs compagnies, suivant leur rang, ont prononcé le susdit serment, et les officiers, bas-officiers et volontaires des dits districts, ont levé la main et ont répété : « Je le jure ! »

Cela fait, chaque compagnie s'est rendue à son poste et on a chanté le *Te Deum*.

La cérémonie finie, le même détachement de la garde nationale a conduit mesdits sieurs les Maire, Officiers municipaux et Notables adjoints à l'hôtel commun.

Duquel serment avons dressé le présent procès-verbal pour servir et valoir ainsi que de droit, lequel procès-verbal nous avons requis tant le commandant général adjoint qu'autres chefs de l'Etat-Major, officiers, bas-officiers, soldats ou volontaires de la garde nationale de signer avec nous.

Fait et arrêté dans la dite place de Tourny, les jour, mois et an susdits.

Faulte de Vanteaux, Barbou des Courières, colonel ; Nicot du Gondeaux, L.-colonel ; Nicot, major ; Tourniol, aide-m.; Cousin, aide-major; Begougne, capitaine; Guineau-Dupré, quartier-m^tre; Dominique Dheralde, P^re Farne fils, capitaine-commandant; Dupuy, capitaine en second; Martin Lagrave, major; Pigné, lieutenant; David, lieut^t des gren^iers; Muret, sous-l^t; Chastaignat, Marc (?) Dubois, Bourdeau, Nicot, sous-l^t des gr^rs; Liron, porte-drapeau; G. Guibert-Vialex, Deroche, lieutenant de Manigne; Puisnesge, sous-lieut^t; Martin fils, , Marquisant, Lombardie aîné, porte-drapaud; Delepine, M. Noualhier, Lacaud, Duras aîné, Vacquand, Jourdan, Besse, David, Durand de Richemont, Senemaud Laconque, Beyrand, P^re Martin, Blanchard, Dalesme, Manént, F. Pradeaux, Brunier, Poncet des Nouailles, Barny, Vergniaud, Dumay, Canthillon, J. Nadaud, P. Limousin, Joubert, Pinchaud, M. Nadaud, Parot, Maleinvaud, lieut^t; Bremont(?), Jean Plainemaison, Durand de Richemont, Meulan d'Ablois, Charpentier de Belcourt, Jeacque Lorant. tambour-majeour; Cramaille, off. m.; Petiniaud, maire; Roulhac du Clusaud, officier municipal; Audouin, Marc, officier municipal; Brisset père, Martin, curé de Saint-Michel, off. m^pal; Colomb, off^r. m^pal; Recules, Tourniol, Cibot, offlicier municipal; Parau, J.-B. Vitrac, curé de Montjovis, off. m^l; David, Brousseaud aîné; Fournier, substitut; Seignat, Ardant du Picq, Dominique Dhéralde, Lingaud fils aîné, secrétaire-greffier (1).

Aujourd'huy, vingt-six avril mil sept cent quatre-vingt-dix, dans la salle de l'hôtel commun de la ville de Limoges, où étoient assemblés Messieurs les Maire et Officiers municipaux soussignés,
M. Muret de Paignac, procureur sindic de la commune, est entré et a dit qu'en exécution des lettres patentes du Roi, sur le décret de l'Assemblée nationale concernant les religieux, données à Paris

Délibération portant que les officiers municipaux se transporteront dans les différentes maisons des communautés religieuses pour dresser les procès verbaux et états ordonnés par le décret de l'Assemblée nationale du 26 mars 1790.

(1) A l'instant même où avait lieu sur la place Tourny, au milieu d'une affluence de peuple extraordinaire, la prestation de serment de la garde nationale qu'avait précédée l'installation et la reconnaissance par la troupe du nouveau colonel, le régiment de Royal-Navarre était passé en revue, sur la place d'Orsay, par le commissaire des guerres de Rochechebrune. Cette coïncidence fut fort mal interprétée et la garde nationale tint des réunions pour aviser aux moyens d'obliger les officiers et soldats de Royal-Navarre à prêter le serment civique auquel la loi ne les obligeait pas, puisqu'elle avait seulement trait aux gardes nationales. Mais les caprices du public devaient tenir lieu de loi, et on savait les imposer par la violence.

le 26 mars 1790, publiées, affichées et enregistrées au greffe de la municipalité le vingt-un du présent mois, il requiert mesdits sieurs les Maire et Officiers municipaux de vouloir se transporter dans les différents couvents de religieux de cette ville pour y dresser les états et procès-verbaux ordonnés par le dit décret de l'Assemblée nationale et en conformité d'icelui, et a signé : Muret.

Nous, Maire et Officiers municipaux, après avoir pris communication de l'exposé et requis ci-dessus, avons arrêté de nous diviser pour nous transporter demain (1), 27 du courant, dans les différentes maisons et communautés des religieux de cette ville, afin d'y dresser les procès-verbaux et états ordonnés par le susdit décret de l'Assemblée nationale.

Fait et arrêté les jour, mois et an susdits.

> Petiniaud, maire ; Roulhac du Clusaud, Marc, Cramaille, Martin, curé de Saint-Michel ; Fournier, substitut ; David, Colomb, Cibot, Lingaud fils aîné, secrétaire-greffier.

Invitation de la Garde nationale au corps municipal à assister à la cérémonie de la confédération. Demande de deux canons pour la Garde nationale. Adoption de ces deux propositions.

Aujourd'huy, vingt-huit avril mil sept cent quatre-vingt-dix, dans la salle de l'hôtel commun de la ville de Limoges, où étoient assemblés MM. les Maire et Officiers municipaux soussignés,

Se sont présentés MM. Lagrave, major ; Durand de Richemont, Farne, Déroche fils et Marc Dubois, capitaines et lieutenants de la Garde nationale de cette ville,

Lesquels nous ont exposé qu'ils étoient députés de MM. les officiers de la Garde nationale, à l'effet d'inviter mesdits sieurs les Maire et Officiers municipaux à la cérémonie de la confédération indiquée pour le 9 may prochain ; ils ont exposé de plus qu'ils étoient chargés de demander deux canons pour précéder le dit jour la Garde nationale, et ont signé : Martin Lagrave, major; Marc Dubois, Durand de Richemont (2).

Ouï sur ce le procureur de la commune,

Mesdits sieurs les Maire et Officiers municipaux, toujours constants dans le principe qu'ils ont adopté d'entretenir la plus grande intimité avec la Garde nationale, se réfèrent entièrement à leur délibération ; ils accueillent avec une juste satisfaction leur invita-

---

(1) On avait d'abord écrit : *aujourd'hui*.
(2) Déroche n'a pas signé.

tion patriotique, et laissent avec plaisir à la Garde nationale la faculté de se servir pour la dite cérémonie des deux canons qu'elle a demandés.

Fait et arrêté les jour, mois et an que de l'autre part.

> PETINIAUD, maire ; MARC, DAVID, COLOMB, ROULHAC DU CLUSAUD, CRAMAILLE, FOURNIER, substitut ; LINGAUD fils aîné, secrétaire-greffier.

Proclamation
de MM. les Maire et Officiers municipaux de la ville de Limoges pour la convocation et formation des assemblées primaires

Conformément aux lettres patentes du Roi données à Paris au mois de janvier 1790, sur un décret de l'Assemblée nationale du 22 décembre 1789 pour la constitution des assemblées primaires et assemblées administratives,

MM. les citoyens actifs, électeurs et éligibles des arrondissements de St-François, des Augustins, des Feuillants, des Jacobins et des Grands-Carmes, se réuniront lundi, 3 may 1790, à huit heures précises du matin, chacun dans leur arrondissement, en exécution de l'ordonnance de MM. Lanoaille de la Chèze, de David baron des Renaudies et Roulhac du Clusaud, commissaires nommés par le Roi pour la convocation et formation des assemblées primaires, et nomination des électeurs du district de Limoges, au département de la Haute-Vienne.

Convocation et formation des assemblées primaires. — Nomination des électeurs du district de Limoges au département de la Haute-Vienne.

Délibéré à Limoges, dans la grand'salle de l'hôtel commun, le premier may 1790.

> PETINIAUD, maire ; COLOMB, CRAMAILLE, CIBOT, DAVID, MARC, FOURNIER, substitut ; LINGAUD fils aîné, secrétaire-greffier (1).

Aujourd'huy, cinq may mil sept cent quatre-vingt-dix, dans la salle de l'hôtel commun de la ville de Limoges, où étoient assemblés MM. les Maire et Officiers municipaux soussignés,

Offre, par le corps municipal, d'un drapeau aux Gardes nationales du département confédérées.

(1) La *Continuation des Annales* donne quelques détails sur ce scrutin.

Se sont présentés MM. Faulte de Vanteaux, commandant général adjoint ; Barbou des Courières, colonel, et Guineau Dupré, quartier-maître de la Garde nationale de cette ville.

Ils ont fait lecture du programme pour la confédération des Gardes nationales du département de la Haute-Vienne fixée au neuf du dit mois.

La municipalité, animée des mêmes sentiments qu'elle a manifestés dans sa réponse à l'invitation faite le vingt-huit avril dernier, et sur ce ouï le procureur de la commune, elle a arrêté, en témoignage de sa sincérité, d'offrir à la garde nationale le drapeau d'union (1).

Fait les jour, mois et an susdits.

PETINIAUD, CIBOT, MARC, DAVID, FOURNIER, substitut ; MARTIN, curé de St-Michel ; LINGAUD fils aîné, secrétaire-greffier (2).

Disposition concernant la prohibition de la contrebande du tabac et payement des octrois et autres droits y réunis.

Ordonnance de MM. les Maire, Officiers municipaux, Conseillers du Roi, Lieutenants généraux de police de la ville de Limoges, concernant la prohibition de la contrebande du tabac et le payement des octrois et autres droits réunis

du 8 may 1790.

Les Maire et Officiers municipaux, Conseillers du Roi, Lieutenants généraux de police de la ville de Limoges (3), informés qu'il se

---

(1) Les mots qui suivent : *pour la confédération*, ont été biffés.

(2) La fête fut célébrée conformément au programme le 9 mai, et fournit l'occasion aux compagnies spéciales de volontaires qui s'étaient organisées dans le courant des mois de mars et d'avril, de s'exhiber pour la première fois en public avec leurs uniformes. Ces compagnies étaient au nombre de deux : celle des Grenadiers, commandée par M. de St-George, et celle des Chasseurs que commandait le colonel Barbou des Courières. Il s'était formé aussi une compagnie d'enfants dont le P. Foucaud avait solennellement béni le drapeau.

La cérémonie de la confédération se passa sans désordre. La messe fut chantée sur l'autel qu'on avait construit pour la cérémonie du 25 avril et qui était demeuré en place pour celle du 9 mai. Foucaud officiait, entouré des aumôniers délégués, nous dit Legros, moines Bénédictins, Carmes, Jacobins, Recollets. Il prononça un discours qu'il avait fait imprimer à l'avance et dont on distribuait des exemplaires dans l'assistance. Un mot imprudent de l'abbé de la Maze, chanoine de Chartres, qui regardait la cérémonie du haut de la terrasse du lieutenant général (auj. maison Jarrit Delille) faillit provoquer un mouvement populaire. On ne parla de rien moins que d'accrocher le chanoine à la lanterne.

Dans la soirée, on donnait un bal paré au profit des pauvres. Toute la population était dehors; on voulut forcer tous les passants à prendre part aux danses et à se coiffer des chapeaux et des bonnets à poil des gardes nationaux. Des prêtres, des religieuses furent entraînés par des bandes avinées qui les contraignirent à prendre part à leurs amusements. On pénétra dans plusieurs couvents ; on força la porte du séminaire. Nous avons plusieurs fois, dans notre enfance, entendu de svieillards évoquer le souvenir de cette soirée, qui fut une véritable orgie.

(3) C'est l'ensemble de titres que prenaient les Officiers municipaux, depuis la réunion à l'Hôtel de Ville des charges de la police, qui en avaient été distraites pendant près d'un siècle.

fait un commerce ouvert de contrebande du tabac en cette ville et aux environs, et qu'un grand nombre de particuliers, tant de la ville que des campagnes, quittent leurs occupations ordinaires pour se livrer à ce commerce illicite, sont encore informés que la recette des octrois et autres droits y réunis accoutumés d'être perçus en cette ville et aux entrées d'icelle, éprouve journellement et d'une manière sensible une diminution considérable par le refus que font les contribuables d'acquitter ces droits.

Considérant qu'il seroit contraire au bien public de tolérer de pareils abus et une violation aussi manifeste des décrets de l'Assemblée nationale sanctionnés par le Roi ;

Qu'aux termes des décrets du vingt-trois septembre dernier, sanctionnés le vingt-sept du même mois, les municipalités sont spécialement chargées de veiller à la perception des droits de toute espèce, et que celui du vingt-trois février dernier rend tous les citoyens qui composent la commune responsables de l'inexécution des règlements et de tous les excès qui peuvent en être la suite ;

Considérant que le produit de la ferme générale du tabac forme une des principales branches des finances et une des grandes ressources du trésor de la nation ; qu'ainsi il est intéressant d'arrêter les effets de la contrebande, dont les suites funestes occasionneroient un déficit qu'il faudroit nécessairement remplacer par une augmentation dans les impositions directes ;

Considérant encore que la sûreté publique est intéressée dans la prohibition des tabacs de contrebande puisqu'il est prouvé par la vérification que plusieurs municipalités ont fait faire, que la plupart de ces tabacs qui circulent dans le royaume contiennent un mélange de corps hétérogènes nuisibles à la santé ;

Considérant enfin qu'il est intéressant d'assurer la perception des octrois et autres droits y réunis et de prendre des mesures pour que le payement en soit fait par les contribuables conformément au décret de l'Assemblée nationale du vingt-huit janvier dernier, sanctionné par le Roi le trente-un du même mois : une partie de ces droits étant versée dans le trésor de la nation et l'autre dans la caisse de la commune de cette ville, dont les revenus, peu considérables en eux-mêmes, éprouvent une diminution sensible depuis que les contribuables cherchent à se soustraire au payement de ces droits ;

Sur quoi, ouï et ce requérant le procureur sindic de la commune,

Les maire et officiers municipaux, conseillers du Roi, lieutenants généraux de police de la ville de Limoges, ont ordonné et ordonnent ce qui suit :

1° Qu'il est fait très expresses inhibitions et défenses d'introduire, vendre et débiter en cette ville et ses dépendances aucune espèce de tabac de fraude et de contrebande, sous les peines portées par les règlements ;

2° Qu'il est pareillement fait défense, sous les mêmes peines, à tous les habitants, de quelque qualité et condition qu'ils soient, d'acheter du tabac de contrebande, de favoriser les fraudeurs, de les recevoir ny les loger chez eux ;

3° Que tous cabaretiers, aubergistes, traiteurs et autres seront tenus de dénoncer soit à la municipalité, soit aux employés des fermes, les fraudeurs et les dépôts de faux tabacs qu'ils pourroient connoître ;

4° Qu'il est enjoint aux employés des fermes du Roi de redoubler de vigilance et d'activité pour réprimer et arrêter la contrebande de quelque nature qu'elle puisse être ; qu'à cet effet les dits employés sont autorisés à faire, dans la forme prescrite, toutes les visites et perquisitions domiciliaires qu'ils jugeront nécessaires, et, en cas d'obstacle, refus ou rébellion, à requérir main-forte de la municipalité ;

5° Qu'il est fait défenses à toutes personnes de troubler les dits employés dans leurs fonctions, à peine d'être poursuivies suivant la rigueur des lois ;

6° Que tous les octrois et autres droits y réunis, accoutumés d'être perçus en cette ville, sous quelque dénomination qu'ils soient connus, continueront d'être payés dans la même forme et sous le même régime précédemment établi : en conséquence, il est enjoint à tous les contribuables des dits droits, de les acquitter sous les peines portées par les règlements en cas de fraude, refus ou rébellion, et aux employés à la perception des dits droits, de faire toutes les démarches nécessaires pour réprimer ou arrêter la fraude dans cette partie, les autorisant à requérir main-forte au besoin ;

7° Que tous les citoyens et la Garde nationale sont invités à maintenir de tout leur pouvoir l'exécution des décrets de l'Assemblée nationale sanctionnés par le Roi, de prêter main-forte aux dits employés sur la première réquisition de la municipalité ;

8° Que la présente ordonnance sera imprimée, lue, publiée et affichée dans toutes les places et carrefours de cette ville, et envoyée à MM. les curés avec invitation d'employer tous les moyens qui sont en leur pouvoir pour le rétablissement et le maintien de l'ordre dans cette partie des finances.

Fait à Limoges, dans la salle de l'hôtel commun, le huit may mil sept cent quatre-vingt-dix.

PETINIAUD, maire ; CIBOT, MARC, MARTIN, curé de St-Michel ; DAVID, FOURNIER, substitut ; LINGAUD fils aîné, secrétaire-greffier (1).

Autorisation de retour accordée à MM. Boyer et Ardant du Masjambost, nommés par le Conseil général pour solliciter auprès de l'Assemblée nationale l'établissement d'un tribunal supérieur à Limoges et invitation à eux de rédiger un mémoire pour la même fin et pour établir la légitimité de leur députation et obtenir la solution de la question élevée par les districts ; ils en remettront un exemplaire à M. le président du Comité de Constitution et un à MM. les députés de la sénéchaussée. Invitation à MM. les députés de la sénéchaussée de se charger des intérêts du conseil général pendant l'absence de MM. Boyer et Ardant.

Aujourd'huy, vingt may mil sept cent quatre-vingt-dix, dans la salle de l'hôtel commun de la ville de Limoges, où étoient assemblés extraordinairement et en la manière accoutumée Messieurs Pétiniaud de Beaupeyrat, maire ; Roulhac du Clusaud, Cramaille, David, Marc, Martin, curé de Saint-Michel; Colomb, officiers municipaux ; Fournier, substitut du procureur de la commune ; Blanchard, Ardant du Pic, Bonin, médecin; Vitrac aîné, curé de Montjovis; Brisset père, Broussaud aîné, Dominique d'Héralde, Talan-

Autorisation de retour, etc., (v. ci-contre)

---

(1) Le 11, à huit heures du matin, la place Tourny vit le dénouement d'un incident qui depuis deux jours avait causé dans la population un émoi indicible. Les propos tenus par l'abbé de la Maze, à la cérémonie du 9 mai (voir note de la page 416 ci-dessus) avaient excité une grande irritation, et la foule ameutée avait, la veille, assiégé la maison du lieutenant général, exigeant une réparation. On n'avait réussi à la calmer qu'en lui promettant que le coupable se soumettrait aux conditions dictées par la Garde nationale. Celle-ci s'étant assemblée, M. de la Maze, entouré d'une escorte de grenadiers et de chasseurs, passa devant chaque compagnie et fit amende honorable à la garde citoyenne ; puis il dut verser 600 livres pour les pauvres et on lui permit enfin de quitter la ville.

Deux jours après, M. de Sainte-Croix, lieutenant-colonel du régiment de Royal-Navarre, fut obligé à son tour de quitter Limoges. La garde nationale lui reprochait d'avoir empêché ses soldats de prendre part à la cérémonie du 25 et de prêter le serment auquel la loi n'avait pas assujetti l'armée régulière. A force de patience et de tact, les officiers de Royal-Navarre obtinrent la cessation des attaques et des calomnies auxquelles ils étaient en butte depuis plusieurs semaines ; mais ce ne fut qu'un répit. Le duc de Crussol, colonel du régiment, arriva le 31 mai pour prendre le commandement. Il fut bien accueilli à Limoges et plusieurs grands dîners furent donnés en son honneur. Legros nous donne à ce sujet un curieux détail : le duc, qui appartenait à la franc-maçonnerie, assista à une réunion et à un souper, le 6 juin, à la loge, où eut lieu, ce jour-là même, la réception du quartier-maître de son régiment.

dier, Paraud, Seignat, Jabet, Plainemaison et Cogniasse, médecin, notables adjoints, formant le Conseil général de la commune, les autres absents.

M. Pétiniaud de Beaupeyrat, maire, a fait lecture à l'assemblée d'une lettre écrite à la municipalité, le 15 du courant, par MM. Boyer et Masjambost, députés extraordinaires nommés par le Conseil général de la commune pour se rendre à Paris aux fins de solliciter l'établissement d'un conseil supérieur en cette ville, ladite lettre portant en substance qu'ils demandent à se retirer, M. Boyer attendu son indisposition, et M. Masjambost pour ses affaires personnelles ;

Ouï sur ce le substitut du procureur de la commune ;

Il a été unanimement arrêté par le Conseil général de la commune :

1° Qu'il adhéroit au projet de retour de MM. Boyer et Masjambost, vu la solidité de leurs motifs ;

2° Que MM. Boyer et Masjambost seroient priés de faire un mémoire pour demander un conseil supérieur pour la ville de Limoges et établir la légitimité de leur députation, pour obtenir la solution de la question élevée par les districts ;

3° Qu'ils seroient également priés de remettre un exemplaire de leur mémoire à M. le Président du Comité de la Constitution, un autre à MM. les Députés de la Sénéchaussée ;

4° Qu'il seroit écrit à ces derniers pour les engager à se charger des intérêts du Conseil général de la commune pendant l'absence de MM. Boyer et Masjambost ;

5° Qu'il seroit pris une détermination ultérieure, lors de l'arrivée de MM. Boyer et Masjambost et d'après leur rapport et avis.

Fait et arrêté les jour, mois et an susdits.

PETINIAUD, maire ; CIBOT, MARC, DAVID, MARTIN, POURRET, FOURNIER, substitut ; J.-B. VITRAC, curé de Montjovis ; BRISSET père, BROUSSEAUD aîné, ARDANT, Dominique DHÉRALDE, BONIN, d. m. M.; LINGAUD fils aîné, secrétaire greffier.

Convocation du conseil général de la commune pour délibérer sur un écrit présenté par les commissaires de la Garde nationale.

Aujourd'huy, vingt sept may mil sept cent quatre-vingt-dix, dans la salle de l'hôtel commun de la ville de Limoges, où étoient assemblés extraordinairement MM. les Maire et Officiers municipaux, soussignés,

Se sont présentés MM. Faulte de Vanteaux, commandant général adjoint ; de Saint-Georges, capitaine honoraire des Grenadiers ;

Farne fils, capitaine des Grenadiers; Nicaud et Duclou, commissaires des Grenadiers ; Lacaud et Bordas, commissaires des Bancs, Javaneau, lieutenant, et Duval, commissaires du Clocher ; Gourserol, commissaire de Ferrerie ; Dumas, capitaine en 2ᵉ des Chasseurs ; Jourdan, lieutenant des Chasseurs, et Guineau-Dupré, quartier maître,

Lesquels nous ont présenté un écrit signé d'eux, pas collationné, ensemble l'original dudit, collationné; ces messieurs étoient assistés de MM. Cousin et Nicot, tous deux aide-major de la Garde nationale.

Lecture faite dudit écrit commençant par ces mots : « Aujourd'huy, 24 may 1790 » et finissant par ceux-ci : « Chabrol fils, et collationné sur l'original déposé à l'hôtel de ville de Limoges, par nous, officiers et commissaires des compagnies, le 27 may 1790. »

Nous donnons acte de ladite remise, et attendu que nous ne sommes pas en nombre compétent pour délibérer, nous renvoyons ladite délibération à une assemblée générale qui sera convoquée à cet effet le vingt-neuf du courant, à deux heures de relevée.

Fait les jour, mois et an susdits.

    FAULTE DE VANTEAUX, DE Sᵗ-GEORG (*sic*), capitin honorere des Grenadier (*sic*); Pʳᵉ FARNE fils, captᵉ des Grenadiers ; NICAUD, commʳᵉ des Grenadiers ; DUCLOU, commissaire des Grenadiers ; JAVANEAU, lieutᵗ du Clocher ; DUVAL, commissaire du district du Clocher ; LACAUD, commʳᵉ des Bancs ; BORDAS, com des Bancs; GOURSEROL, commʳᵉ de Ferrerie ; COUSIN, aide-major ; NICOT, aide-major ; GUINEAU-DUPRÉ, DUMAS, JOURDAN, PETINIAUD, maire ; MARTIN, curé de Saint-Michel ; DAVID, MARC, LINGAUD fils aîné, secrétaire-greffier.

En marge : Nous soussignés déclarons avoir retiré du greffe de la municipalité l'original de l'écrit mentionné ci-contre. 1ᵉʳ juin 1790. BARBOU DES COURIÈRES, colonel ; GUINEAU-DUPRÉ, qᵉʳ mᵉ.

Délibération du Conseil général de la commune sur une autre (1) *de la garde nationale tendante à ce qu'il fût demandé aux ecclésiastiques et aux autres citoyens une adhésion par écrit aux décrets de l'Assemblée nationale, et demandant en outre la suppression de la* Feuille hebdomadaire *de Limoges, ainsi que la dénonciation de son rédacteur à l'Assemblée nationale.*

Au surplus, il sera enjoint aux rédacteurs des feuilles qui s'impriment à Limoges d'être à l'avenir plus circonspects.

Aujourd'huy, vingt-neuf may mil sept cent quatre-vingt-dix, dans la salle de l'hôtel commun de la ville de Limoges, où étoient assem-   Délibération (v. ci-contre)

(1) Cette délibération avait été provoquée par divers articles de l'abbé Lambertie, rédacteur

blés et convoqués extraordinairement, en conséquence de la délibération prise par MM. les Maire et Officiers municipaux le vingt-sept du courant,

Messieurs Pétiniaud de Beaupeyrat, maire ; Cibot, Cramaille, Marc, Martin, curé de Saint-Michel ; Colomb, Bardinet, officiers municipaux ; Fournier, substitut du procureur de la commune ; Ardant Dupic, Bonin, médecin ; Pourret, Vitrac, curé de Montjovis ; Brisset père, Brousseaux aîné, Dominique d'Héralde, Seignal, Audoin, Balézy et Salot Tourniol, notables adjoints, formant le Conseil général de la commune, les autres absents,

M. Pétiniaud de Beaupeyrat, maire, a fait lecture d'une délibération prise le vingt-quatre de ce mois par les Grenadiers et Chasseurs de la garde nationale, et signée par adhésion des autres compagnies, laquelle délibération tend : 1° à exiger une adhésion par écrit tant de la part des ecclésiastiques que de tous autres citoyens sans exception, aux décrets de l'Assemblée nationale ; 2° à la suspension provisoire de la *Feuille hebdomadaire* de Limoges, et à la dénonciation de son rédacteur à l'Assemblée nationale, à l'effet de parvenir à la suppression dudit ouvrage périodique (1).

Sur ce ouï le substitut du procureur sindic de la commune,

Il a été arrêté, à l'unanimité des suffrages, que, n'ayant pas connoissance qu'aucun citoyen ait donné d'adhésion à la déclaration souscrite par quelques membres de l'Assemblée nationale concernant le décret du treize avril dernier, ni qu'il ait été fait dans cette ville de protestation contre l'aliénation ordonnée des biens ecclésiastiques, ni aucune démarche contraire aux décrets de l'Assemblée nationale ; la municipalité n'étant pas d'ailleurs autorisée par les décrets à exiger d'adhésions par écrit de la part des ecclésiastiques et tous autres citoyens, elle bornera jusqu'à nouvel ordre sa sollicitude à tâcher de maintenir la paix et l'union dans la ville, et à y faire observer les décrets de l'Assemblée nationale sanctionnés par le Roy ; mais que, pour donner, à ceux des citoyens

---

de la *Feuille hebdomadaire*, relatifs aux cérémonies des 25 avril et 9 mai et au rôle qu'y avait joué le P. Foucaud, et aussi aux troubles qui avaient éclaté à Montauban et dans plusieurs villes du Midi. La Garde nationale, qui devenait l'arbitre de toutes les questions et la directrice de l'opinion publique, tint plusieurs réunions où des motions violentes furent proposées. Lambertie fit courageusement tête à l'orage. Alors que les gardes nationaux menaçaient chaque jour de lui couper les oreilles, de le *lanterner*, etc., il ne cessa de se montrer en public et garda la rédaction de la *Feuille*.

Le peu de discipline de la Garde nationale amena le commandant général adjoint, M. Faulte de Vanteaux, à donner sa démission. Il ne fut pas remplacé, et le colonel Barbou des Courières resta seul à la tête de la légion.

(1) Voilà comment le parti avancé comprenait la liberté de la presse et comment il entendait que ce grand principe, si fort préconisé, fût respecté dans la pratique.

qui ont souscrit la dite délibération et adhésions, de nouvelles preuves de déférence et témoigner particulièrement à la Garde nationale la reconnoissance due à son service et à son zèle, une expédition de ladite délibération sera mise sous les yeux de l'Assemblée nationale, qui sera suppliée de statuer tant sur ce premier chef que sur la dénonciation faite du rédacteur de la *Feuille hebdomadaire*, sur laquelle dénonciation il est interdit à la municipalité de statuer par l'article XI de la Déclaration des droits de l'homme. Il a été au surplus arrêté que, par une proclamation de la municipalité, il sera enjoint aux rédacteurs des feuilles qui s'impriment à Limoges, d'user dans leurs écrits de la plus grande circonspection, d'en écarter tout ce qui peut tendre à troubler l'ordre public, de n'y insérer rien qui puisse être contraire aux décrets de l'Assemblée nationale, ni en altérer le texte : Le Conseil général de la commune s'en rapportant au surplus à la décision qu'il attend avec respect de l'Assemblée nationale, qui sera de nouveau suppliée de tracer à la municipalité la conduite qu'elle doit tenir relativement aux assemblées inconstitutionnelles et trop multipliées des citoyens.

Fait et arrêté dans la dite salle de l'hôtel commun de la ville de Limoges, les dits jour, mois et an que dessus.

PETINIAUD, maire ; CIBOT, MARTIN, curé de St-Michel ; MARC, CRAMAILLE, COLOMB, BROUSSEAUD aîné, BRISSET père ; POURRET, BARDINET, Dominique DHÉRALDE, VITRAC, curé de Montjovis ; SEIGNAT, BONIN, d. m. M. ; ARDANT DU PICQ, BALEZY, TOURNIOL, FOURNIER, substitut ; AUDOIN, LINGAUD fils aîné, secrétaire-greffier.

Délibération portant qu'il sera fait soumission d'acquérir tous les biens ecclésiastiques situés dans la commune de Limoges et ceux qui se trouveraient à sa convenance dans les municipalités voisines de la ville.

Aujourd'huy, quatre juin mil sept cent quatre-vingt-dix, dans la salle de l'hôtel commun de la ville de Limoges, où étoient assemblés et convoqués extraordinairement,

Messieurs Pétiniaud de Beaupeyrat, maire ; Cibot, Cramaille, David, Marc, Martin, curé de Saint-Michel ; Colomb, Bardinet, officiers municipaux ; Fournier, substitut du procureur de la commune ; Ardant Dupic, Bonin, médecin ; Pourret, Vitrac, curé de Montjovis ; Brisset père, Brousseaux aîné, Dominique d'Héralde, Paraud père, Durand de Richemont, Reculès, Balézy, Tourniol et Cogniasse de Lage, médecin, notables adjoints, formant le Conseil général de la commune, les autres absents,

M. le Maire a représenté à l'assemblée que, pour donner de la part de la ville de nouvelles marques d'adhésion aux décrets de l'Assemblée nationale, il croit qu'il seroit à propos que la municipalité fît sa soumission d'acquérir tous les biens ecclésiastiques (1) qui sont situés dans son arrondissement et dans celui des autres municipalités voisines de la ville qui peut-être n'ont pas les mêmes ressources que la capitale, et ce d'après le mode prescrit par les décrets, observant cependant que la fixation de la valeur des mêmes biens, dont majeure partie n'est point en ferme, ne peut être déterminée que sur le rapport d'estimateurs à raison de leur situation et convenance, ce qui ne paroît pas permettre à la municipalité d'offrir un prix déterminé des dits biens.

Sur ce, ouï le substitut du procureur de la commune,

Le Conseil général de la commune a unanimement arrêté que, pour donner de la part de la ville de nouvelles marques d'adhésion aux décrets de l'Assemblée nationale, il faisoit sa soumission d'acquérir tous les biens ecclésiastiques qui sont situés dans son arrondissement et ceux qui se trouveroient à sa convenance dans ceux des municipalités voisines de la ville, et ce d'après le mode prescrit par les décrets; mais attendu que la majeure partie des biens ecclésiastiques consistoient en maisons religieuses qui ne sont point en ferme, il ne peut offrir un prix déterminé que d'après le rapport d'estimateurs, à raison de leur état, situation et convenance. Et sera la présente délibération envoyée à Monsieur le Président de l'Assemblée nationale, à Paris.

Fait et arrêté dans la dite salle, les dits jour, mois et an que dessus.

PETINIAUD, maire; DAVID, CRAMAILLE, MARTIN, curé de Saint-Michel; MARC, COLOMB, BARDINET, FOURNIEB, substitut; BONIN, d. m. M.; POURRET, BRISSET père, Dominique DHÉRALDE, COGNIASSE, d. m. M.; DURAND DE RICHEMONT, RECULÉS, BALÉZY, VITRAC, curé de Montjovis; TOURNIOL, ARDANT DU PICQ, BROUSSEAUD aîné, LINGAUD fils aîné, secrétaire-greffier.

---

(1) C'était peut-être là un expédient assez habile pour éviter bien des difficultés et des maux ; mais la ville n'était pas assez riche pour y recourir. Le déplorable état de ses finances la contraignait à ce moment même d'abandonner la construction commencée de l'Hôtel de ville de la place de la Terrasse.

Rapport de MM. Boyer et Ardant du Masjambost, députés auprès de l'Assemblée nationale pour en obtenir l'établissement d'un tribunal supérieur à Limoges. — Impression et distribution du mémoire qu'ils ont rédigé. — Remerciments pour le zèle et le soin avec lesquels ils ont rempli leur mission.

Aujourd'huy, huit juin mil sept cent quatre-vingt-dix, dans la salle de l'hôtel commun de la ville de Limoges, où étoient assemblés et convoqués en la manière accoutumée Messieurs Pétiniaud de Beaupeyrat, maire ; Boyer de Gris, docteur en médecine ; Cibot, marchand cartier ; Pétiniaud d'Eyjeaux, négociant ; Cramaille, négociant ; David, avocat en Parlement ; Marc, négociant ; Martin, curé de Saint-Michel ; Colomb, négociant ; Bardinet, marchand chapelier, officiers municipaux ; — Fournier, avocat en Parlement et notaire royal, substitut du procureur de la commune ; Ardant Dupicq, négociant ; Bonin, docteur en médecine ; Pourret dit le Cadet, marchand ; Vitrac aîné, curé de Montjovis ; Brousseaux aîné, entrepreneur ; Dominique d'Héralde, marchand cirier ; Ardant du Masjambost, négociant ; Paraud père, maître serrurier ; Audouin, marchand tanneur ; Jabet de Coyol, négociant ; Balézy, marchand teinturier ; Salot-Tourniol père, bourgeois, et Coignasse-Delage, docteur en médecine, notables adjoints, formant le Conseil général de la commune, — les autres absents.

Rapport
(v. ci-contre)

MM. Boyer et Ardant du Masjambost, députés extraordinaires du Conseil général de la commune, ont fait part à l'assemblée de leurs démarches pour déterminer la décision des affaires relatives à leur députation et pour le bien général de la ville en particulier (1) ; ils ont déposé sur le bureau le mémoire qu'ils ont présenté à l'Assemblée nationale, conjointement avec MM. de Beaune et de Metz, députés extraordinaires des districts de la ville de Limoges, pour obtenir l'établissement d'un tribunal supérieur dans ladite ville, comme étant le chef-lieu du département de la Haute-Vienne.

Le Conseil général de la commune, après lecture faite, et ouï sur ce le substitut du procureur sindic de la commune, a arrêté que ledit mémoire seroit imprimé et distribué, pour que les citoyens en ayent connoissance ; comme aussi il a arrêté qu'il sera fait des remercîments aux susdits députés sur leur zèle, leurs soins et leurs démarches dans la députation dont ils avoient bien voulu se charger

---

(1) Il y a la quelques lignes soigneusement grattés. Les députés avaient-ils parlé de la mission qui leur avait été donnée relativement à la collégiale de Saint-Martial, et jugea-ton qu'il n'y avait pas lieu de rappeler cette mission ?

pour le bien de la ville, en leur témoignant sa juste reconnoissance, sentiment qui sera certainement partagé par tous les citoyens.

Fait et arrêté dans ladite salle de l'hôtel commun de la ville de Limoges, les dits jour, mois et an que dessus.

Petiniaud, maire ; Martin, curé de St-Michel ; David, Bardinet, Marc, Petiniaud jne, Boyer, Brousseaud aîné, Cramaille, Colomb, Ardant, Vitrac, curé de Montjovis ; Tourniol, Bonin, d. m. M. ; Pourret, Fournier, substitut ; Lingaud fils aîné, secrétaire-greffier.

Mémoire présenté à l'Assemblée nationale par MM. les députés extraordinaires du Conseil général de la commune et des districts pour l'établissement d'un tribunal supérieur dans la ville de Limoyes, chef-lieu du département de la Haute-Vienne.

Mémoire indiqué dans la délibération précédente.

« Les citoyens de la ville de Limoges ont toujours partagé les sentiments de respect et d'admiration qu'a excités dans l'empire françois la constitution nouvelle qui s'élève avec tant de grandeur ; ils ont joint leurs hommages à ceux de la nation entière pour les travaux de ses sages et courageux représentants.

» Cependant, en s'acquittant de ce tribut d'une juste reconnoissance, la ville de Limoges n'a pu s'empêcher de porter ses regards sur elle-même : elle a vu avec un sentiment mêlé d'inquiétude que la Révolution, en faisant le bonheur général du royaume, causeroit cependant un préjudice sensible aux intérêts particuliers de ses habitants, si l'équité de l'Assemblée nationale n'adoptoit le moyen qui se présente de les dédommager en établissant un tribunal supérieur dans son enceinte.

» Quelqu'avantageux que fût pour elle cet établissement, la ville de Limoges se garderoit cependant bien de le solliciter si elle ne pensoit que son vœu est parfaitement d'accord avec les principes de l'Assemblée nationale. Dans cette confiance, elle va lui exposer, par l'organe de ses députés extraordinaires, les différentes considérations qui se réunissent pour la création d'un tribunal supérieur dans ses murs. Elle aura donc l'honneur de représenter à l'Assemblee nationale :

» 1° Qu'en supposant l'établissement d'une cour supérieure pour trois ou quatre départements, par sa position géographique, par sa distance de 30 ou 40 lieues en tous sens de plusieurs chefs-lieux de départements tels que Bordeaux, Saintes ou La Rochelle, Clermont ou Riom, Poitiers, Bourges, etc., dans lesquels seront probablement placés des tribunaux supérieurs, la ville de Limoges est, à la seule inspection de la carte, impérieusement désignée comme une des plus favorables à cet établissement ;

» 2° Sa population de 25 mille âmes (1), qui excède, de beaucoup celle de toutes les villes ou chefs-lieux de département tels que Tulle, Périgueux, Guéret, Angoulême et autres dont elle est environnée ;

» 3° La quantité de grandes et magnifiques routes dont la ville de Limoges est le centre et qui traversent le département de la Haute-Vienne en tous sens : ces routes, faites à grands frais depuis 26 années, sont à la veille aujourd'huy d'être entièrement achevées ; elles font de ce pays montueux, totalement dépourvu de canaux de navigation, un entrepôt naturel entre toutes les provinces de l'intérieur du royaume ;

» 4° La suppression prochaine, ou déjà effectuée, de plusieurs tribunaux, tels qu'un présidial, une sénéchaussée, un bureau des finances, une élection, une prévôté, suppression qui ne seroit que faiblement suppléée par l'établissement d'un tribunal de district. Ajoutons ici que Limoges étoit, avant la Révolution, le centre de l'administration générale du Haut et Bas-Limousin et de l'Angoumois, tandis qu'elle n'est plus aujourd'huy que le chef-lieu d'un département composé seulement de six districts, ce qui n'est guère que l'équivalent du quart de l'ancienne généralité.

» A ces considérations majeures, on peut en ajouter beaucoup d'autres qui, sans être de la même importance, n'en sont pas moins faites pour être présentées à l'Assemblée nationale et pour lui inspirer quelqu'intérêt en faveur de la ville de Limoges.

» Ces considérations, dont on n'exposera ici que les principales sont :

» 1° La nature du sol qui forme aujourd'huy la majeure partie du nouveau département, et qui est sans contredit le plus mauvais de l'ancienne généralité ;

» 2° L'indemnité que la ville seroit fondée à réclamer relativement à la gabelle et aux aides, dont elle étoit cy-devant rédimée ;

» 3° La franchise dont elle jouissoit pour le tiers de l'imposition et celle sur le droit de traite qui lui avoit été accordée également ;

» 4° Le peu d'étendue du département de la Haute-Vienne, qui, comme on l'a dit cy-dessus, n'est composé que de six districts, ce qui diminuera et réduira même presqu'à rien les relations de la ville de Limoges avec les villes comprises aujourd'huy dans d'au-

---

(1) Nous avons vu un peu plus haut cette population évaluée, en cette même année 1790, à 20,000 âmes seulement p. 347). La statistique du corps municipal était, comme on le voit, bien complaisante.

tres départements et qui faisoient cy-devant partie de l'ancienne généralité ;

» 5° La nature de son commerce qui, n'étant en grande partie que de détail, n'auroit et ne pourroit avoir d'activité qu'autant que les relations extérieures de Limoges lui procureroient des consommateurs, et qui, par la perte de ses relations, éprouveroit nécessairement une diminution vraiment funeste à la majeure de ses habitants, si la ville n'obtenoit pas le conseil supérieur qu'elle réclame ;

» 6° La suppression de la gabelle, détruisant un objet particulier de commerce pour Limoges, qui approvisionnoit de cette denrée tout le Haut et le Bas Limousin, la Haute Marche, l'Auvergne et une grande partie du Quercy ;

» 7° Cette même suppression d'un impôt si désastreux, si abhorré, cause cependant une nouvelle charge à la ville de Limoges : On sait que la gabelle est remplacée en partie dans les provinces rédimées par un impôt de vingt millions, dont le département de la Haute-Vienne, et conséquemment Limoges, supporteront une portion de la charge ;

» 8° La quantité des maisons religieuses, églises conventuelles et autres, devenues d'après le mémorable édit du 22 avril, propriété nationale (1) : Il est certain qu'il seroit impossible de les vendre, vu l'état d'appauvrissement où se trouveroit la ville de Limoges, et la facilité qu'on auroit au contraire à tirer un parti avantageux de ces propriétés, par l'établissement d'une Cour supérieure ;

» 9° Le peu de dépense à faire relativement à ce tribunal, attendu le nombre des maisons publiques, construites à grands frais depuis peu d'années, telles que le Palais, les prisons, l'Intendance, etc.

» 10° Tous les moyens d'éducation publique que fourniront la nombreuse population, ainsi que la facilité de faire dans l'instant même de la formation des tribunaux un choix heureux de juges par la quantité de magistrats et de jurisconsultes éclairés qui sont à la veille de se trouver sans état ;

» 11° Le vœu enfin de tous les habitants des districts du département de la Haute-Vienne, qui, occupés d'un genre de culture plein de détails et de travaux sans cesse renaissants, peuvent à peine s'éloigner de leurs foyers et souhaitent ardemment que la justice en soit rapprochée : Le tribunal établi à Limoges se trouveroit exactement au centre du département.

» Nous osons même penser que, si les chefs-lieux des départe-

---

(1) « Nª La ville de Limoges compte dans son enceinte ou dans ses fauxbourgs 13 cures, 2 séminaires, 11 communautés d'hommes, 13 communautés de filles et 2 chapitres. » (Note du registre).

ments qui environnent celui de la Haute-Vienne, tels que Tulle, Périgueux et Guéret, n'obtenoient pas pour eux-mêmes le tribunal supérieur, ils ne balanceroient pas à donner la préférence à Limoges et à se réunir avec cette ville pour le solliciter auprès de l'Assemblée nationale.

» Telles sont les considérations que la ville de Limoges a l'honneur de soumettre à l'Assemblée nationale. Elle les appréciera dans sa justice: elle les pèsera dans sa sagesse, et, sans doute, elle soutiendra de tout son pouvoir l'existence d'une ville très peuplée, eu égard à la nature d'un territoire ingrat; d'une ville dont la population ne se soutient que par l'étendue de ses relations extérieures, d'une ville enfin capitale d'une province vraiment malheureuse et par la surcharge des impôts et pour l'extrême médiocrité des récoltes habituelles, notamment celles des deux dernières années 1788 et 1789. On sait assez que ces récoltes n'ont pas fourni, à beaucoup près, à la nourriture de ses habitants; leur insuffisance a obligé la ville à faire de très grands sacrifices.

» La ville de Limoges, tranquille d'après ces considérations, met toute son espérance dans l'esprit de justice qui jusqu'à présent a guidé l'Assemblée nationale. Cette auguste assemblée verra sans doute avec satisfaction que, sans déroger à ses principes et en suivant les lois de localité qu'elle s'est elle-même imposées dans la nouvelle division du royaume, elle trouve une occasion naturelle d'assurer à jamais la conservation et la prospérité d'une ville dont tous les citoyens ont toujours témoigné le plus parfait dévouement et l'adhésion la plus entière aux décrets immortels des fondateurs de la liberté et du bonheur de l'empire françois. »

Aujourd'huy, douze juin mil sept cent quatre-vingt-dix, dans la salle de l'hôtel commun de la ville de Limoges, où étoient assemblés MM. les Maire et Officiers municipaux soussignés,

S'est présenté le Révérend Père Léonard Puinesge, religieux conventuel de la maison et communauté des Cordeliers de cette ville,

Lequel nous a présenté et remis sur le bureau un acte passé devant Baju, notaire, le huit mars dernier, portant protestation contre la déclaration des revenus et effets de ladite maison et communauté des Cordeliers faite par les RR. PP. Arbonneau, gardien, et Raymond, sindic, devant M. le lieutenant particulier de cette sénéchaussée.

Protestation du R.P. Puinesge contre la déclaration des revenus et effets de la communauté des Cordeliers, faite par les RR. PP. Arbonnaud et Raymond, gardien et syndic.

Lecture faite, le dit père Puinesge nous a requis l'enregistrement sur nos registres pour en être envoyé une expédition à l'Assemblée nationale.

En conséquence, nous donnons acte de ladite remise, dont copie de la présente délibération sera adressée à Monsieur le Président de l'Assemblée nationale.

Fait à Limoges, lesdits jour, mois et an susdits.

PETINIAUD, maire ; MARTIN, curé de Saint-Michel ; DAVID ; BARDINET ; PETINIAUD jⁿᵉ ; MARC ; COLOMB ; BOYER ; F. Léonard PUYNESGE, religieux cordelier ; CRAMAILLE ; FOURNIER, substitut ; LINGAUD fils aîné, secrétaire greffier.

Teneur de la protestation indiquée dans la déclaration précédente.

Suit la teneur de la déclaration portant protestation :

Aujourd'huy, huitième mars mil sept cent quatre-vingt-dix, à onze heures du matin, est comparu dans notre étude le Révérend Père Léonard Puyneges, religieux conventuel des Cordeliers de la maison de Limoges, ancien supérieur de la maison de Bois Férû (1), ordre de Sᵗ-François, demeurant audit Limoges, dans sa maison conventuelle,

Lequel nous a exposé que, quoiqu'il y ait sept religieux cordeliers affiliés à la maison dudit Limoges, savoir : les pères Arbonneau, gardien dudit couvent ; Raymond, sindic ; Paul Puynege, Romanet, Forgemolle, le comparant et le frère Puybareau, il n'en reste dans le fait que quatre à Limoges, savoir : les pères Arbonneau, Reymond, le comparant et le frère Puybareau ; que le père Paul Puynege reste à Bois Férû, maison réunie à celle de Limoges, en qualité de régisseur sans titre ; le père Romanet à Saint-Junien, et le père Forgemolle à Libourne ; qu'ayant été invité par les pères Arbonneau et Reymond à travailler à l'état et déclaration des revenus et effets de leur maison, pour se conformer aux décrets de l'Assemblée nationale, qu'ayant connu le dessein de ces derniers et n'ayant voulu s'y prêter, il leur auroit déclaré qu'il n'entreroit pour rien dans le travail qu'ils alloient faire et qu'il se refusoit d'avance de rien signer, à moins que tout ne fût passé dans l'ordre et la décence ; qu'en conséquence, le gardien et le sindic ayant fait le tableau exigé par les décrets et l'ayant remis à Monsieur l'officier chargé de le faire parvenir à l'Assemblée nationale, sans l'avoir communiqué au comparant, ce dernier se

---

(1) Commune de Linards le Pauvre, dans le département de la Creuse. Bois Ferru fut donné aux Cordeliers en 1306, d'après le *Pouillé* de Nadaud, et les religieux de St-François commencèrent en 1400 à y bâtir leur couvent (voir la notice de l'abbé Roy de Pierrefitte sur les *religieux Franciscains* dans le diocèse de Limoges, ap. *Monastères du Limousin*).

seroit transporté chez ledit sieur officier, où ce tableau a été déposé, pour en prendre connoissance ; et qu'ayant vu, par la lecture qu'il en a prise, qu'on a persisté dans le premier dessein qu'on lui avoit communiqué, il auroit représenté et observé à ces deux religieux qu'il convenoit de rétablir les choses et de retirer en conséquence leur tableau pour y faire les additions convenables, avec déclaration que, s'ils s'y refusoient, le comparant se croyoit obligé en son âme et conscience et pour se soustraire, ainsi que les autres religieux absents, à la rigueur des décrets portés contre ceux qui ne s'y conforment pas, de faire ses protestations contre cette déclaration frauduleuse ; que n'ayant rien pu obtenir que des imprécations, il s'est ici transporté pour déclarer qu'il y avoit dans ladite maison religieuse de Limoges, entre autres objets, quatre grands chandeliers d'argent au service de l'église, deux burettes d'argent avec leur bassin et un grand calice avec sa patène, une grande custode en vermeil, une chape, deux chasubles d'étoffe en soye, très belles et à fleurs d'or ; quatre autres garnies en mousseline et en dentelle ; huit couverts avec une grande cuiller en argent, quantité de beau linge de toute espèce à l'usage de la maison ; que tous les susdits effets, d'environ six mille livres, ont été enlevés depuis peu et ne sont portés dans la déclaration qui a été fournie et renvoyée à l'assemblée. Il nous a en conséquence requis acte, agissant tant en son nom qu'en ceux des religieux Paul Puynege, Romanet et Forgemolle, absents, de la présente déclaration et protestation, ce que nous lui avons octroyé, après lui avoir fait lecture au long du susdit exposé et requis, et qu'il nous a déclaré y persister et n'y avoir rien à ajouter ni diminuer.

Fait et passé en notre étude, le susdit jour, en présence des sieurs Etienne Valadas, menuisier, et Martial Baju, étudiant, habitants dudit Limoges, témoins, qui se sont soussignés avec le révérend père Puinege. *Signé à la minute :* F. Léonard Puynege, Etienne Valadas, Baju, et nous, dit notaire. Contrôlé audit Limoges, le 11 dudit : *Pro Rege,* par ordre de M. Boutet, directeur. Signé : DELABRIANDIÈRE, et BAJU, notaire.

Enregistré le douze juin 1790, par nous, secrétaire greffier soussigné.

LINGAUD fils ainé (1).

(1) La réserve de la plus grande partie du clergé à l'égard des idées nouvelles avait excité contre lui l'opinion publique. Néanmoins la population témoignait en toutes circonstances de son attachement à la religion. Les cérémonies avaient lieu avec la solennité habituelle. Les processions des Rogations se firent sans encombre ; celles de la Fête-Dieu et de l'Octave furent escortées par la Garde nationale et aucun désordre ne les signala. Le dais fut porté, à la procession du 9, par trois officiers municipaux de la ville et par trois membres de la municipalité de la Cité. Tous les ecclésiastiques et les religieux avaient du reste arboré la cocarde aux trois couleurs, et les communautés d'hommes avaient adressé à la municipalité les déclarations prescrites par la loi. Néanmoins le peuple tenait de plus en plus le Clergé pour suspect.

Convocation des électeurs de la Garde nationale du district de Limoges pour procéder à la nomination des députés à la Fédération du 14 juillet 1790.

Aujourd'huy (1), dix sept juin mil sept cent quatre-vingt-dix, dans la salle de l'hôtel commun de la ville de Limoges, où étoient assemblés Messieurs les Maire et Officiers municipaux soussignés,

M. des Renaudies, l'un des commissaires du Roy pour le département à Limoges, a envoyé, sous enveloppe, un paquet adressé par M. le comte de Saint-Priest à la municipalité, contenant quatre exemplaires in-4° de la proclamation du Roy sur un décret de l'Assemblée nationale relatif à la Fédération générale des Gardes nationales et des troupes du royaume, du dix juin mil sept cent quatre-vingt-dix.

En conséquence, mesdits sieurs les Maire et Officiers municipaux ont fait avertir MM. de l'Etat-Major de la garde nationale de cette ville pour leur en donner connoissance, et à l'instant s'étant rendus, il leur a été fait lecture du tout.

Ouï sur ce le substitut du procureur de la commune ;

MM. les Maire et Officiers municipaux ont arrêté que la proclamation du Roy seroit imprimée et envoyée à MM. les commandants des gardes nationales du district de Limoges, avec une lettre circulaire, pour les requérir, conformément à l'article 1ᵉʳ du dit décret, de convoquer les Gardes nationales confiées à leur commandement pour choisir six hommes sur cent, qui se rendront à Limoges, chef-lieu du district, jeudi prochain, vingt-quatre du courant, dans la salle des RR. PP. Feuillants, à l'effet d'élire, en présence du corps municipal, dans la totalité des Gardes nationales du dit district, un homme par deux cents, qui se rendra à Paris à la Fédération générale, fixée au quatorze juillet prochain.

Fait et arrêté les jour, mois et an susdits.

PETINIAUD, maire ; DAVID, BOYER, MARC, CRAMAILLE, PETINIAUD jⁿᵉ, BARDINET, MARTIN, curé de Sᵗ-Michel ; FOURNIER, substitut ; LINGAUD fils aîné, secrétaire-greffier.

Envoi à l'Assemblée nationale de la lettre du sieur Martin, premier commis des domaines, portant soumission de payer une contribution pour être citoyen actif. — Il lui sera en même temps demandé, en cas qu'elle approuve la soumission du sieur Martin, quel sera le mode à suivre.

Envoi à l'Assemblée, etc. (v. ci-contre).

Aujourd'huy, vingt-trois juin mil sept cent quatre-vingt-dix, dans

(1) La désignation des députés à envoyer à la fête de la Fédération, donna lieu, à Limoges, à beaucoup de réunions et de pourparlers, mais tous ces conciliabules ne furent signalés par aucun désordre.

la salle de l'hôtel commun de la ville de Limoges, où étoient assemblés Messieurs les Officiers municipaux soussignés,

M. Lingaud fils aîné, secrétaire-greffier de la municipalité, a remis ce jourd'huy sur le bureau une lettre à lui adressée par M. Martin (1), premier commis des Domaines et Bois, à Limoges, ensemble sa soumission de payer une contribution pour devenir citoyen actif.

Ouï sur ce le substitut du procureur de la commune, il a été arrêté qu'attendu que nous ne connoissons aucune propriété foncière au dit s^r Martin ; qu'il est logé, nourry et salarié chez M. le Directeur, nous ne croyons point qu'il puisse remplir la 4e condition prescrite par le décret du 22 décembre 1789, établie par l'article 3, section 1re du dit décret.

En conséquence, il a été arrêté que la municipalité attendroit le vœu de l'Assemblée nationale, sur le contenu de sa lettre et de sa soumission, qu'elle lui adresse.

Arrêté enfin qu'il sera demandé à l'Assemblée nationale, dans l e cas où elle prononceroit son admission, de quelle manière nous devons nous diriger, tant envers le dit sieur Martin qu'envers ceux qui comme lui pourroient réclamer : doivent-ils jouir du droit de citoyens actifs dès l'instant de leur présentation, ou à l'époque du rôle de 1791, celui de 1790 étant depuis longtemps en recouvrement ?

Délibéré et arrêté dans la dite salle, les jour, mois et an susdits.

BOYER, MARC, CRAMAILLE, FOURNIER, substitut ; DAVID, LINGAUD fils aîné, secrétaire-greffier.

Aujourd'huy, vingt-quatre juin mil sept cent quatre-vingt-dix, à huit heures du matin, en l'assemblée générale des électeurs des gardes nationales du district de Limoges, extraordinairement convoqués par notre lettre circulaire du 19 de ce mois, en exécution de la proclamation du Roy sur le décret de l'Assemblée nationale, relatif à la Fédération générale des gardes nationales et des troupes du royaume, du 10 juin 1790, et assemblés dans l'église de l'abbaye de

Élection de 26 députés à la Fédération du 14 juillet 1790 et de 11 suppléants.

---

(1) Ce Martin n'était autre que le rédacteur de la *Feuille patriotique*, dont nous avons noté plus haut l'apparition. Il paraît avoir été, avec Foucaud, un des fondateurs de la société des *Amis de la Constitution* qui s'établit vers cette époque à Limoges et dont l'objet principal était de surveiller les « aristocrates » et de contrecarrer leurs menées. L'abbé Audoin, vicaire de Saint-Maurice, membre de cette société, s'affilia à celle de Paris, et la feuille de Martin devint son organe. Celle-ci porte à partir du 3 juillet 1790, la mention « de l'imprimerie de la Société des Amis de la Constitution ». On sait que la *Feuille patriotique* faisait à l'administration de M. Pétiniaud de Beaupeyrat, une guerre acharnée.

S¹-Martin des Feuillants de cette ville, prise par emprunt, attendu que la salle de l'hôtel commun est trop petite (1), la dite assemblée présidée par M. Pétiniaud de Beaupeyrat, maire, assisté de MM. Pétiniaud d'Eyjeaux fils, Cramaille, David, Marc, Colomb, officiers municipaux, et Fournier, substitut du procureur de la commune,

Sont comparus Mesieurs

	Total des électeurs	Total des gardes nationales
District de Limoges		
1ᵉʳ CANTON (Ville de Limoges)		
Électeurs :		
Grenadiers		
Beaune, Duval, Farne, Pigné, Duclou, Chabeaud, David, de S¹-George, Nicaud ; lesquels ont remis leurs pouvoirs..................	10	157
Consulat		
Bourdeau de Juillac, Dépéret, médecin ; Manant, négociant ; Doudet, médecin, Farne, imprimeur ; La Palisse, négociant ; lesquels, etc.....	6	83
Manigne		
G. Guibert Vialeix, négociant; Gui, négociant ; Barbou des Courières, Peyremorte, le R. P. Foucaud, Poncet, fourier ; Soulignac, avocat ; Lagrave, major ; le R. P. Caze, Bonneau-Bastier, Boutinaud, Tarnaud, fourier ; Betoulas, Pinet, Marquisant ; lesquels, etc....................	15	250
Les Bancs		
Laforest du Mas du Puy, Besse, lieut¹ ; Lascaud, fourier ; Laguenie aîné, Pétiniaud de Juriol, Seignaut, caporal ; Beaubreuil, Bordas, fourier ; Deperet aîné, Retouret, caporal ; Plagne ; lesquels, etc..	11	170
A reporter..........	42	660

(1) Dans certaines occasions importantes, les magistrats municipaux avaient dû, en d'autres temps, convoquer les assemblées de Commune dans des édifices plus vastes que l'Hôtel-de Ville. L'église St-Pierre-du-Queyroix avait plusieurs fois servi pour ces réunions extraordinaires. C'était sous ses voûtes qu'en 1182, les bourgeois, sous la pression du Vicomte, avaient prêté serment à Henri le jeune fils du roi Henri II d'Angleterre. C'était encore à St-Pierre que le 21 août 1303, un clerc de Philippe IV avait exposé aux consuls et à la commune le différend survenu entre le Roi et le souverain Pontife et demandé d'adhérer à la politique du Prince et à la convocation d'un concile œcuménique. Depuis le commencement de la Révolution, peut-être même plus tôt, la municipalité et le Conseil général de la Cité siégeaient aux Petits Carmes.

Électeurs :	Total des électeurs	Total des gardes nationales
Report...............	42	660

Le Clocher

Ruaud, capitaine ; Roulhac, Deschamps aîné, Javaneaud jeune, Célérier jeune, Peyrusson, lesquels, etc............................... 6   96

Ferrerie

Gourserol, Juge de St-Martin, David, Pétiniaud frères, Dommergues, Lenoir, lesquels, etc................................. 6   83

La Confédération

Durand de Richemont, Gérald, fourier ; Nicot, Maurensanne jeune, Montegut fils, Dubois de Lanneau, lesquels, etc...................... 6   100

St-Martin et l'Union

Cramaille l'aîné, Grellet de Fleurelle, Ardant du Masjambost, Brès, Lagorce aîné, Limousin, Ruaud jeune, Pouyat aîné, Ardant jeune fils, Brunier père, Laurent fils, Valéry ; lesquels, etc. 12   195

Volontaires dauphins

Cantillon, Bonneville, Cousin, Constant, Poncet des Nouailles, Declareuil, Gandois, Guytard, Tayac, Riboulle, Ganny, Laroche, Charpentier, Beraud, Ruade, volontaire ; Belarbre, Peconnet jeune, Liberat, Joubert fils, Faure de Maison-Rouge, Duroux, Faure (du Contrôle), Thibaud, Burgard, lesquels, etc...................... 24   400

Lansequot

Mathieu, Nadaud, Reculet, Limousin, Corbier ; lesquels, etc.... 4   64

Rue Torte

Audouin Parot, Etienne Pourret, Audouin Malinvaud, Régnier, Jean Plainemaison, Martial Pourret, lesquels, etc.................... 6   81

A reporter............... 106   1.679

— 436 —

Électeurs :	Total des électeurs	Total des gardes nationales
Report..............	106	1.679

Les Chasseurs

Daleme, cap⁰ ; Leymarie, Dumas, cap⁰ ; Cornudet, Jourdan, lᵗ ; Jacquet, Beyrand, lᵗ ; Durieu, Thevenin, lesquels, etc..................... 9 — 150

Jeunes patriotes

Cousin, Durcisseix, Susbielle, Racaud, Daumas, Chabrol ; lesquels, etc................ 6 — 102

Cité de Limoges

Michel, commandant ; Roche, Limousin fils, Pichon, Tareaud La Chaud, Mandavit, Berluet fils, Pierre Paute, Bourdeau, Garat, François Constantin, Lacoste ; lesquels, etc............ 12 — 200

Saint-Christophe-lès-Limoges

David père, commandant ; David fils, sous-lieutenant ; Clément fils, major; Simon fils, caporal ; Baju père, lieutenant ; Felli père, caporal, lesquels etc..................................... 6 — 88

Couzeix

Jean Bardonnaud, Jean Gouraud, Jean Patapi, Jean Cusson, Pierre Silvestre, Jean Lemasson, lesquels, etc................................., 6 — 107

Panazol

Jean-Baptiste Bouchaud, Jean Vigier, Baptiste Garat, lesquels, etc........................ 3 — 73

Saint-Just

Morel, capitaine ; Léonard Tricard, Jean Robi ; lesquels, etc .... 3 — 54

Condat près Limoges

Aubin Leymarie, Martial Charles, François Mignot, Léonard Gagnan, Léonard Chamiot, Martial Ribierre : lesquels, etc................ 6 — 101

A reporter.......... 157 — 2.554

Électeurs.	Total des électeurs	Total des gardes nationales
Report................	157	2.554

Isle et Enclave de Bosmie

Guillaume Chabrol, Gabriel Besse, Pierre Devaux, Louis Frugier, Bernard Fayard, Pierre Fayard, Jean Grosbras, Pierre Fayard jeune, Jean Rannou, Gabriel Flouqué, Dutreix, Jean Grangier ; lesquels, etc.....................	12	200

Soubrevas Sainte-Claire

Lebon, commandant ; Pierre Delage, François Faure ; lesquels, etc.......................	3	63

2ᵉ CANTON

Aixe et Tarn, chef-lieu

De St-Rémy, commandant ; Déproges, de Preissac, l^t-colonel ; Robert Duverger, major ; Deschamps, Quinque, aide-major ; Gérald, caporal ; de Massaloux, capitaine ; Jean-Baptiste Reix, David, lieutenant ; Baland, Nanot, sous-lieutenant ; Touze, Laborderie, lesquels, etc........	15	250

Séreilhac

Louis Léger, lieutenant ; Jean Mayéras, caporal ; Pierre Mayéras, capitaine, lesquels, etc....	3	56

Beynac

Jean Mourguet, Jean Guillot, Jean Brissal, lesquels, etc................................	3	47

Saint-Martin-le Vieux

Martial Canard, Pierre Miniot, Pierre Marquet, Pierre Sègue, Jean Deloménie ; lesquels, etc...	5	81

Saint-Priest-sous-Aixe

Demaldent aîné, commandant en 1ᵉʳ ; Carboinaud, capitaine ; le chevalier Demaldent, commandant en 2ᵉ ; Guillebout, lieutenant ; Demaldent, de l'Etat-Major ; Chatenet, porte-drapeau ; lesquels, etc...........................	6	174
A reporter...............	204	3.425

— 438 —

Électeurs :	Total des électeurs	Total des gardes nationales
Report............	204	3.423

3° CANTON

Solignac, chef-lieu

| Jean-Baptiste Pradeau, Jean Seroude, Mathurin Martialot, Martial Samie, Braud, Louis Penegre ; lesquels, etc...................... | 6 | 104 |

Burgnac

| François Jarrasson (1), Pierre Sègue, J.-B. Dupuytren, François Picat ; lesquels, etc.......... | 4 | 50 |

Jourgnac

| Senamaud, commandant ; François Mensat, Rousselle, lieutenant ; Barthazar Adam, Simon Buisson, fourier ; lesquels, etc............... | 5 | 91 |

Le Vigen

| Thomas, commandant ; Jean Chazelas, Thomas, capitaine ; Jean Ragot, Buisson, lieutenant ; Martial Villeneuve, Thomas Deschamps, Jean Mazeau, Danneau, porte-drapeau ; Cosme Faye, Laroudy, fourier ; Pierre Thomas, Charbonnier, sergent ; Joseph Mandavi, Aubin Foucette, sergent ; Laurent Laplaud, Pierre Deschamps, Pierre Girou, François Faucher, Jean Nouhaud, Pierre Laplaud, Léonard Nouhaud, lesquels, etc.............. | 22 | 372 |

Boisseuil

| Chazottes, commandant ; Chabrier, caporal ; Denaud du Rozeau, fourier ; Jean Mapateau, Nardot, caporal ; Léonard Faure ; lesquels, etc.. | 6 | 66 |

Feytiat

| Alpinien Savoyaud, Pierre Rejaud, Pierre Labesse, Jean Peynégre ; lesquels, etc.......... | 4 | 67 |
| A reporter............ | 251 | 4.175 |

(1) N'est-ce pas le personnage qui avait établi un comptoir aux îles et sur lequel M. l'abbé Lecler a fourni de curieux renseignements dans une récente communication à la Société archéologique du Limousin.

— 439 —

Électeurs :	Total des électeurs	Total des gardes nationales
Report............	251	4.175

Aureil

Jean Juli, commandant ; Léonard Faucher, porte-drapeau ; Michel Roudaux, lieutenant ; Martial Ribierre, sergent ; Léonard Lascaux, sous-lieutenant ; Jean Bourdelas, caporal ; lesquels, etc........................... | 6 | 60

4° CANTON

Pierrebuffière, chef-lieu

Guillaume de Palotte, Christophe Mouret, Guillaume Martin de la Blanchardie, Léonard Lansade, Lagrange de Puymorie, Michel de La Bachelerie ; lesquels, etc................... | 6 | 158

Saint-Jean-Ligoure

Gabriel Lamy, major ; Nicolas Pradeau, caporal ; Jean-Joseph de la Place, colonel ; Jean Tantpetit, fusilier ; Louis Chabrol, lieutenant ; lesquels, etc................ .... | 3 | 81

Saint-Hilaire-Bonneval

J. B^{te} Devoyon fils, François Faure ; François Puymauret, Léonard Rouchaud, Jean Chabrier, Léonard Pouret ; lesquels, etc............... | 6 | 90

5° CANTON

Ambazat, chef-lieu

Jean Monneron de Fond-Péry, Jean Chevrier, Gabriel-Jacques Vitard Dessagnes, Dordet, chirurgien-major ; Léonard Rullon, Mignot, sous-lieutenant ; Louis de la Besse du Bois du Mons, Mignot, fourier-major ; Jean-Baptiste Rigaudie ; lesquels, etc........................... | 9 | 190

Saint-Priest-Taurion

Léonard Jouannet dit Lely, Gabriel Tourene ; lesquels, etc.................. .... | 2 | 28

A Reporter.......... ... | 283 | 4.782

	Total des électeurs	Total des gardes nationales
Électeurs :		
Report..............	283	4.782

Beaune

Par adhésion.

Bonnat

Cantillion de la Couture, Faure de La Faucherie, Faure, Colin de Taillefert, Dufour, Cacou ; lesquels, etc........................... | 6 | 94

6ᵉ CANTON

Nieul, chef-lieu

Martial Berton, Etienne Touze ; lesquels, etc.. | 2 | 27

Saint-Gence

Jean-Baptiste Senemaud, Denis Tricaud, Mathieu Tricaud, Pierre Moreau, Jean Valade ; lesquels, etc............................. | 5 | 52

Veyrat

Vidaud, commandant ; Delisle, capitaine ; Mourier, capitaine ; Gandois, sergent ; lesquels, etc.. | 4 | 75

Peyrilhac

Bardet de Maison-Rouge, Dupuy cadet, Dupuy Delavaud aîné ; lesquels, etc................ | 3 | 49

Conore

Antoine Bouteau ; lequel, etc............. | 1 | 10

Saint-Jouvent

Desflottes, Bariant, Romanet, Nicolas, Couti, Ragou ; lesquels, etc...................... | 6 | 95

Total.... .... | 312(1) | 5.184

Tous représentants des Gardes nationales du district de Limoges, ainsi qu'il résulte des procès-verbaux de nominations, qu'ils, nous ont exhibés et remis sur le bureau,

(1) Erreur. Le total des chiffres portés au Registre n'est que de 310.

— 441 —

Lesquels, pour se conformer à la susdite proclamation du Roy, et satisfaire aux dispositions du décret de l'Assemblée nationale, ainsi qu'à notre réquisition, dont ils nous ont déclaré avoir une parfaite connoissance, tant par la lecture qui vient de leur en être faite, que par la lecture et publication cy-devant faite dans chacune de leurs compagnies et paroisses,

Nous ont déclaré s'être rendus en la présente assemblée à l'effet de procéder à l'élection et nomination des députés qui doivent aller à Paris pour la fédération générale des Gardes nationales et des troupes du royaume fixée au 14 juillet prochain. Et de suite, ces électeurs, au nombre de 312, représentant 5,184 gardes nationales, devant en conformité de l'article 1er du décret, élire et choisir 26 députés afin qu'il y en ait un sur deux cents, après avoir mûrement réfléchi sur le choix, ont passé au scrutin de liste simple et pluralité relative qu'ils ont adopté pour la présente opération.

Et les voix ayant été par nous recueillies en la manière accoutumée, la pluralité des suffrages s'est réunie en faveur de Messieurs

1° Guibert Vialeix, capitaine du district de Manigne, qui a réuni.................................. 169 voix.
2° Dalesme fils, capitaine des Chasseurs......... 151 —
3° David fils, lieutenant des Grenadiers.......... 141 —
4° Barbou-Leymarie, sergent des Chasseurs...... 130 —
5° Duval, 1er sergent des Grenadiers............. 109 —
6° Barbou des Courières, colonel de la Garde nationale de Limoges........................ 107 —
7° Jourdan, lieutenant des Chasseurs............ 98 —
8° Charpentier fils, sous-lieutenant des Volontaires Dauphin................................. 97 —
9° Montégut fils aîné, volontaire de la Fédération. 94 —
10° Jacquet fils aîné, sous-lieut^t en 1er des Chasseurs 93 —
11° Duclou, grenadier........................... 90 —
12° Farne, imprimeur, volontaire du district du Consulat................................. 85 —
13° Nicaud de Chamberet, Grenadier............. 83 —
14° Nicot jeune, sous-lieutenant des Grenadiers... 80 —
15° Laurans fils, volontaire du district de Saint-Martin de l'Union....................... 76 —
16° Durand de Richemont, capitaine de la compagnie de la Fédération..................... 75 —
17° Farne, capitaine des Grenadiers.............. 72 —
18° Pétiniaud de Juriol, volontaire du district des Bancs................................... 71 —
19° Ruaud jeune, lieutenant du district de Saint-Martin de l'Union....................... 70 —

20° De l'Isle, capitaine en 1er de Veyrac .... 69 voix.
21° Lagrange-Depuymaurie, capitaine de Pierrebuffière... 68 —
22° Javanneau jeune, lieutenant du district du
Clocher .... 68 —
23° Lalande de Bonnat, grenadier................... 67 —
24° Dépéret, médecin, volontaire du district du
Consulat... 64 —
25° Thevenin, chasseur............................... 64 —
26° Cornudet, sergent des Chasseurs.............. 63 —

Suppléants

1° Dupuytren, major de Burgnac................... 62 —
2° Beaure, grenadier................................ 60 —
3° Beyrand, officier des Chasseurs............... 59 —
4° Garat, grenadier.................................. 58 —
5° De Malden aîné, commandant de St-Priest-sous-
Aixe... 55 —
6° Giquet de Pressac, d'Aixe...................... 55 —
7° Poncet des Nouailles, capitaine du district des
Combes .... 53 —
8 Cousin, aide-major............................... 53 —
9° Betoulas, du district de Manigne.............. 50 —
10° Rulon, d'Ambazac................................ 50 —
11° Mauransanne jeune, volontaire de la Fédération 50 —

Tous citoyens du district de Limoges, qui ont accepté la dite commission et ont promis de s'en acquitter.

La dite nomination des députés ainsi faite, les dits électeurs représentant les Gardes nationales du district de Limoges, ont chargé les susdits députés de se rendre à Paris le 12 juillet pour assister à la Fédération de toutes les gardes nationales du Royaume qui doit avoir lieu le 14, et les représenter dans cette auguste cérémonie, leur donnant à cet effet tous les pouvoirs nécessaires.

Il sera joint au détachement un tambour, dont la dépense sera acquittée.

Mr Nicaud, grenadier, et l'un des susdits députés, en rendant hommage au zèle des jeunes patriotes, qui s'étoient présentés par députation pour concourir à la nomination, a observé qu'on ne pouvoit pas admettre ces députés au concours à cause de leur âge ; l'assemblée, en rendant à son tour le même hommage à ces jeunes patriotes, a déféré à la motion de M. Nicaud, et délibéré qu'il seroit fait, dans le présent procès-verbal, mention honorable de leur patriotisme.

Avant de lever la séance, la municipalité, en exécution de l'article 2 du susdit décret, a délibéré qu'une somme de cent cinquante livres, pour chacun des susdits députés, pour leur voyage et retour, paroissoit être la taxe la plus économique qu'on pouvoit leur faire ; en conséquence, elle a délibéré que cette somme seroit payée à un chacun et supportée par le district, conformément au susdit décret.

Fait, clos et arrêté dans l'église des Feuillants, les jour, mois et an susdits.

DURAND DE RICHEMONT, JOURDAN, lieut^t. des Ch^{rs} ; G. GUIBERT-VIALEX, CHARPENTIER DE BELCOURT, MONTÉGUT fils ; CANTILLON DE LA LANDE, grenadier ; JAVANEAU, lieutenant ; DAVID, lieut^t. des Grenadiers ; LAGRANGE DE PUYMORIE, BARBOU DESCOURIÈRES, colonel ; PETINIAUD-JURIOL. DUVAL, 1er sergent des Grenadiers ; DALESME, capt^e des Chasseurs ; RICAUD jeune, l^t de l'Union ? P^{re} FARNE fils, cap. de Grenadiers ; LAURANS, NICAUD, DUCLOU, gren. ; CORNUDET, 1er serg^t des Chasseurs ; DEPERET, méd. M. ; BARBOU-LEYMARIE, four. des Chas. ; JACQUET, l^t des Chasseurs ; PETINIAUD, maire ; J. FARNE, imp. ; BOYER, off. m^l ; MARC, off. m^l ; PETINIAUD jeune, off. m^l ; DAVID, off. m^l ; FOURNIER, substitut ; JOHANAUD-DELISLE, CRAMAILLE, LINGAUD fils aîné, secrétaire-greffier.

Aujourd'huy, vingt huit juin mil sept cent quatre-vingt-dix, dans la salle de l'hôtel commun de la ville de Limoges, où étoient assemblés Messieurs les Maire et Officiers municipaux soussignés,

M. Thevenin jeune, chasseur de la Garde nationale de Limoges, a écrit ce jourd'huy une lettre à la municipalité pour lui faire part que des affaires importantes qu'il n'avoit pu prévoir lorqu'il a été nommé un des députés pour se rendre à Paris à la Fédération générale des gardes nationales et troupes de ligne, le 14 juillet prochain, le privent d'accepter la place de député, et supplie mesdits sieurs les Maire et Officiers municipaux de vouloir accepter sa démission.

MM. les Maire et Officiers municipaux, après avoir pris communication du procès-verbal du 24 du courant et du recensement des scrutins relatifs à la nomination des députés pour se rendre à

Désignation du s^r Beaure 2e suppléant pour, à défaut du s^r Dupuytrem, 1er suppléant, empêché, remplaçant (sic) le s^r Thévenin, député à la Fédération générale, empêché.

Paris à la confédération générale des gardes nationales, fixée le 14 juillet prochain, il est résulté de cet examen que M. Dupuytrem, major de la garde nationale de Burgnac, nommé premier suppléant, a réuni le nombre de 62 suffrages, faisant la majeure sur les autres qui ont été élus avec lui, [et] remplaceroit le dit sieur Thévenin, et de suite l'avons fait inviter de se rendre pour accepter la dite place.

Et ledit sieur Dupuytren, nous ayant fait parvenir de suite une lettre par laquelle il nous annonce que des occupations importantes le privent d'accepter la place de député, il nous prie d'agréer sa démission.

Et ayant fait prévenir M. Beaure, grenadier de la garde nationale de Limoges, qui a réuni le plus de suffrages après le dit sieur Dupuytrem, et *(sic)* le dit sieur Beaure, s'étant présenté, a déclaré accepter ladite commission, et a signé.

Fait et arrêté les dits jour, mois et an susdits.

BEAURE DU MOULARD, grenadier ; DAVID, o. m. ; PETINIAUD, maire ; BOYER, off. m¹ ; MARC, off^{er}. m^{al} ; FOURNIER, substitut ; PETINIAUD j^{ne}, off. m¹ ; CRAMAILLE, LINGAUD fils aîné, secrétaire-greffier (1).

(1) Le verso du folio 185 et dernier du registre est resté en blanc.
Ainsi se termine le quatrième registre consulaire. Avec le registre qui suit, commence la série moderne. L'analyse des registres de cette période a été publiée par les soins de la Mairie. — Félicitons nous de nous arrêter au seuil de la crise révolutionnaire et de n'avoir eu à noter et à commenter aucune des scènes sauvages, aucune des journées sanglantes dont les registres municipaux de la période qui va s'ouvrir contiennent le récit ou la simple mention.

TABLES GÉNÉRALES

DES SIX VOLUMES DES

REGISTRES CONSULAIRES

PAR M. ÉMILE HERVY

TABLE DES NOMS DE PERSONNES (1)

A

Achard.
  III. Av. x.
  IV. Av. ix.
Adam, Adant. Voir Ardant.
  IV. 56, 90, 323.
  VI. 438.
Aguesseau (d').
  IV. 14, 129.
  V. 40.
  VI. 114.
Aigueperse (d'). Voir Dupré.
  II. 345.
  III. 358.
Aiguson (d').
  II. 465.
Aine (d').
  VI. 30, 38, 42, 51, 52, 53, 64, 66, 68, 69, 76, 80, 81, 83, 87, 95, 102, 112, 114, 127, 132, 135, 137, 138, 149, 150, 154, 155, 156, 159, 163, 176, 177, 189, 190, 191.
Aixe. Voyez Daixe.

Alabloye.
  I. 63.
Alaterre.
  V. 330.
Albiac, Albiat.
  I. 237.
  II. 324, 352, 353, 373, 425.
  III. 127, 131, 163, 172, 176, 191, 195, 208, 218, 265, 269, 271, 278, 297, 371. — App. 19, 21, 29, 36, 38, 42, 44, 48.
Albin.
  I. 402.
  II. 248, 258, 372, 373, 395, 432, 447, 448, 462.
  III. App. 52.
  V. 347.
  VI. 231, 382.
Alboin.
  III. 327.
  IV. 34.
Albret (Jeanne d'), reine de Navarre.
  II. 103 à 105, 108 à 128, 223, 303, 339, 377 à 382.

---

(1) Lorsque les noms propres sont accompagnés des noms de fiefs ou de propriétés, voir aussi à ces noms.

Alesme, d'Alesme. Voir Dalesme.
 I. 184, 323.
 II. 2, 4, 5, 11, 12, 13, 18, 98, 99, 156, 163, 180, 181, 248.
 III. 4, 13, 130, 192, 197, 235, 262, 291, 312, 336, 344, 355, 376, 378. — App. 29, 38, 47, 77, 81.
Alexendre.
 IV. 342.
Alexis de Saint-Benoist, carme.
 V. 22.
Alezean, Alzean (d').
 III. App. 64, 67, 69.
Alluaud.
 IV. 376.
 V. 241.
 VI. 228, 230, 260, 289, 303, 312, 325, 332, 345, 346, 347, 398 à 402.
Alvard.
 I. 63.
Ambal.
 VI. 120, 165, 296, 297, 314, 337.
Ambaud.
 VI. 382.
Ambier (d').
 V. 167, 182.
Ancellot.
 V. 71.
Andelay (d').
 II. 345.
André.
 II. 479.
Andren.
 I. 341.
Ange.
 I. 197.
Angelaud.
 I. 105, 135.
Angle (d').
 II. 443.
Anjou (duc d').
 III. 123.
Antoine.
 I. 63.
Antoine de Padoue (saint).
 IV. 142.
Antony (d'). Voir Bourdeau.

Antricoles.
 III. App. 80.
Anry.
 II. 98.
Anville (d').
 III. App. 89, 93, 94, 97.
Aquaviva, général des Jésuites.
 III. 152.
Araing.
 II. 181.
Arbonnaud, Arbonneau.
 III. 294.
 IV. 110, 111, 112, 116, 117, 120 à 126, 138, 139, 140, 141, 150, 261, 275.
 V. 34 à 43, 49, 51, 52, 55, 58, 59, 266, 275, 277, 336, 338, 340, 385, 386, 431, 432.
 VI. 32, 429, 430, 431.
Archambaud, Archambault.
 I. 25, 29, 63.
Archevêque de Saint-Maure (en Morée)
 III. 399.
Arche (d').
 III. App. 74.
Ardelier, Ardelhier, Ardillier, Ardilhier, Hardeilher, Hardellier.
 III. 61, 77, 83, 127, 129, 131, 157, 162, 164, 171, 173, 174, 176, 181, 194, 203, 204, 216, 219, 223, 235, 239, 251, 252, 256, 260, 261, 263, 310, 319, 340, 355, 351. — App. 65, 67, 99.
 IV. 20, 25, 28, 32, 35, 49, 80, 83, 125, 170, 171, 180, 215, 223, 275, 277, 278, 260, 319 à 333, 342, 345, 383, 418 à 425, 430 à 432, 435.
 V. 10, 18, 29, 89, 91, 313, 398 à 401, 431.
 V. 125.
Ardent, Ardant. Voir Adant. Sr du Masjambost, de Bréjoux, du Masdupuy, du Pic, de Beaublanc, de Marzac, de la Grenerie.
 I. 236, 262, 403, 415.
 II. 2, 18, 62, 324, 356, 448, 462.

III. 4, 13, 127, 131, 163, 172, 176,
197, 200, 207, 215, 216, 219,
224, 252, 256, 261, 264, 323,
356, 401, 407. — App. 78, 85.
IV. 6, 13, 17, 22, 23, 29, 33, 50,
56, 57, 59, 60, 62, 80, 96, 103,
114, 116, 117, 125, 128, 130, 131,
191, 204, 208, 214, 215, 223,
245 à 251, 258, 259, 277, 278,
288, 289, 295, 297 à 302, 305,
329, 342, 345 à 348, 350, 362
à 367, 370, 375 à 386, 418, 429,
435, 436.
V. 14, 18, 29, 38, 39, 42, 43, 63,
74, 75, 113, 117 à 129, 133, 135
à 147, 150, 153, 196 à 200, 203,
205, 225, 230 à 240, 243, 244,
253, 256, 268, 275, 279, 283 à
286, 302 à 309, 311, 314, 322,
325, 326, 336 à 338, 340, 349,
351 à 359, 364 à 366, 370 à
376, 380 à 384, 387, 389 à 393,
429 à 435, 438 à 441.
VI. 51, 57, 168, 203, 263, 281,
302 à 304, 342 à 347, 252 à 370,
376, 377, 382, 384, 386, 389 à
392, 395 à 403, 409, 413, 419 à
426, 435.
Ardit, Ardy. Voir Hardit, Hardy.
I. 26, 48, 52, 63, 113, 164, 222,
231, 266, 334, 335, 365, 399,
401, 455, 456.
II. 21, 97, 99, 153.
III. 171, 378, 399. — App. 47, 99.
Arfeuille. Voir Darfeuille.
I. 26, 76, 406.
VI. 19.
Argelier.
I. 84, 274.
Argenson (d'). Voir Dargenson.
IV. 259, 260.
Argenteaux (d'). Voir Dargenteaux.
III. 376, 379, 380.
Argentré (du Plessis d').
V. 105, 111, 153, 231, 240, 241,
252, 384, 385, 410, 413, 415.
VI. 51, 115, 202, 253, 254, 281,
315, 350, 380.

Arnaud, Arnault.
I. 265, 334, 409, 435.
II. 21, 51, 248, 322.
III. 211, 213, 239, 256, 292, 293,
356.
IV. 364, 365.
V. 19, 20, 285, 382, 402.
VI. 20, 21, 125, 204, 298, 302.
Arnou.
I. 83, 118, 180.
Arsonval. Voir Darsonval.
Artige, Artigeas.
I. 144.
IV. 289.
Artois (comte d').
V. 422.
VI. 25, 31, 124.
Assolent.
II. 228.
Aubée (d'). Voir Vidaud.
Aubecourt (d').
III. 328, 329.
Auberoche (d').
III. App. 33, 34.
VI. 281.
Aubert.
III. 305.
Aubeterre (d').
III. App. 54.
V. 347.
Aubiat. Voir Crosier.
III. 224.
Aubourg.
IV. 220, 222.
Aubusson.
I. 343, 345.
II. 13, 392, 476.
Auconsul.
IV. 288.
VI. 48, 204.
Auctor.
I. 370.
Audien.
I. 56, 126, 229, 230.
Audier.
I. 5, 6, 10, 16, 21, 22, 27, 28, 54,
55, 59, 60, 62, 82, 181, 234,
266, 292, 328.

III. 164, 203, 205.
VI. 298.
Audoin, Audouin.
IV. 437.
VI. 203, 298, 324, 352, 363 à 369, 376, 377, 386, 389 à 392, 395, 397, 401, 403, 409, 413, 422, 423, 425, 433.
Audony dit Bastier. Voir Bastier.
III. 195.
Audoy.
III. 176.
Audry.
V. 168, 169.
Aulte Clere. Voir Haute Clair.
Aultefort (d'). Voir Hautefort (d').
Aulx.
I. 52.
Aumont (d').
II. 464, 468, 469, 470, 471, 472, 473.
Auriéras. Voir Molinier.
Aury.
I. 365.
II. 156.
Ausmousnerie (de L'). Voir Laumonerie.
III. 157.
Aussel.
VI. 281.
Auvergne (d').
IV. 110, 111, 113, 116, 117, 119.
V. 73.
Auvray.
VI. 337.
Auzanet, de Beauvais.
V. 364, 365.
Auzonne.
V. 432.
Avanturier, Aventurier.
VI. 194, 287, 382.
Avencourt (d').
III. 342.
Avril.
III. 336. — App. 32, 33, 34, 45, 48.
IV. 15, 45, 387.
VI. 168.

Ayen (d').
VI. 262, 281.
Aygueparse (d'), Aigueperse (de).
II. 345.
Aymard.
VI. 8.
Ayras.
I. 63, 64, 83, 275, 325.
Azemard.
IV. 395.

B

Babaud, Robert dit Babaud.
II. 392.
Bachelier.
I. 83, 118, 345, 394.
III. 213, 223, 327. — App. 71.
IV. 328.
Bachellerie (de La). Voir La Bachellerie, Roulhac.
Baget.
V. 50, 59, 62, 91, 93, 101, 103, 107, 118, 123, 125, 134, 139, 147, 149, 153, 169, 201, 234, 236, 241, 441.
Baigne (de).
II. 443.
Bagnol ou Baignol. Sr de Lavaud, de Vallete, de Sourie (Sousrue),
I. 13, 14, 20, 47, 48, 66, 78, 106, 113, 115, 116, 117, 119, 122, 142, 162, 163, 168, 209, 246, 264, 265, 396.
II. 98, 155, 163, 424.
III. 31, 39, 45, 72, 78, 190, 233, 235, 267, 287, 296, 298, 313, 323, 335, 371, 376, 378, 379, 380, 381. — App. 48, 49.
IV. 15, 31, 333, 334.
V. 331, 332.
VI. 382.
Baile. Voir Bayle.
Bailhon (de), Baillon.
II. 332, 333.

Bailles, Bayles (des). Voir Noualhier.
IV. 420.
Baillot, Bailhot, sʳ du Repaire, du Queyroix, d'Etiveaud.
II. 351.
III. 71, 74, 77, 170, 285, 296, 300, 311, 313, 314, 316, 319, 329, 330, 332, 333, 338, 370. — App. 39.
IV. 27, 33, 39, 55, 83, 90, 204, 208, 216, 270, 275, 277, 278, 281, 286, 289 à 294, 297, 301, 329, 342, 383, 435.
V. 14, 128, 145, 426.
VI. 107 à 110, 117, 150, 154, 155, 195, 208, 352.
Baju.
VI. 23, 382, 429, 431, 436.
Baland.
VI. 437.
Balayte (Le).
III. App. 81.
Balayzy, Balezis, Balczy.
V. 303, 305.
VI. 303, 363 à 370, 379, 384, 386, 392, 395, 397, 401, 403, 409, 422 à 425.
Balestier.
I. 48.
Balot, Dumas dit Balot.
II. 427.
Baltesar, Balthezar (Père Christophe), provincial des jésuites.
III. 150, 151, 152, 155.
Baluze.
VI. 110.
Banhou. Voir Baignol.
I. 75, 158.
Banili.
I. 97.
Baralhier, Barralier, Barelier.
IV. 216.
V. 18, 29, 41, 71, 435.
VI. 47, 71, 302, 346, 347.
Baraudon, Barraudon, Baroudon, Baroudon, dit Douret.
II. 22, 228.

Barbaud.
V. 92, 183.
Barbe, Du Boys dit Barbe.
II. 97, 156, 294.
Barbemisny, sʳ de la Guyercha (Charron). Voir Charon et Laguyerche.
II. 466.
Barberolles (de).
I. 471.
Barbery de Saint-Contest de la Châtaigneraie. Voir Saint-Contest (de)
V. 12, 14.
Barbet.
I. 64.
Barbeyer.
V. 332.
Barbier.
I. 25.
V. 98.
Barbou. Sʳ des Courières, de Leymarie, de Monimes, de La Valette, des Places.
III. 2, 5, 13, 323, 343.
IV. 42, 146, 156, 157, 181, 190, 214, 270, 271, 275, 276. 278, 288, 296, 319 à 333, 345, 349, 351, 375, 418, 436.
V. 10, 14, 18, 29, 38, 39, 41, 42, 45, 60, 61, 89, 91, 94, 99 à 106, 109, 225, 237 à 240, 256, 275, 302, 382, 431 à 441.
VI. 71, 149, 150, 151, 154 à 159, 162, 164 à 174, 178 à 188, 191, 192, 193, 208, 303, 316, 366, 408, 412, 416, 421, 422, 434, 441, 443.
Barchelier.
II. 154.
Bardaud ou Bardeau. Voir Germo.
I. 2. 33, 90, 421.
Bardet, de Maison-Rouge.
I. 222.
III. App. 47.
V. 397, 398, 439 à 441.
VI. 440.
Bardin.
I. 5, 46, 55, 60, 65, 95, 108, 110, 127, 167, 236, 240, 265, 273.

Bardinet. Sr de Bosvieux, dit le Petit, Papault.
I. 70, 80, 97, 117, 134, 164, 165, 232, 268, 271, 328, 335, 412, 435.
II. 4, 22, 98, 156, 373, 424. 427, 428, 477.
III. 42, 70, 72, 75, 78, 82, 84, 115, 118, 128, 131, 157, 161, 162, 163, 193, 198, 202, 206, 210, 211, 217, 225, 256, 263. 265, 291, 298, 310, 314, 328, 356, 407. — App. 77, 81.
IV. 6, 13, 34, 56.
V. 273, 303, 305.
VI. 125. 363 à 372, 378 à 381, 383, 384, 386, 388, 390, 391, 395, 397, 401, 403, 406, 408 à 410, 422 à 426, 430, 432.

Bardinier.
III. App. 47.

Bardon.
I. 139.
III. 36, 72, 75, 78, 169, 305, 310, 311.

Bardoneau, Bardonnaud.
I. 158, 222, 223, 367, 412, 433.
II. 21, 83, 108, 228, 352, 395.
III. App. 47.
IV. 362 à 365.
V. 266, 277, 278, 346.
VI. 140, 141, 142, 381, 436.

Bardy.
I. 30, 63, 116, 119.
IV. 374, 375.
V. 50, 52, 90, 121 à 123, 397, 398.
VI. 363 à 369, 384.

Bareau.
III. 236.

Baresge.
IV. 269, 380.

Bareyre.
V. 1, 5.

Bargeas.
IV. 223.
V. 397, 398.

Bargeron.
I. 27.

Bargier, sr du Rouveix.
III. 336.

Bariant.
VI. 440.

Barlat.
V. 397.

Barluet. Voir Berluet.
V. 433.

Barlottière (de).
II. 443.

Barmontet (de Villelume, sr de). Voir de Villelume.
III. App. 53.

Barnon.
I. 173, 246, 334, 366, 412.
II. 68, 128, 352.

Barny, sr de Romanet, de Veyrinas.
I. 76, 257, 352, 477.
II. 16, 62, 154.
III. 44, 56, 77, 79, 91, 126, 131, 132, 144, 145, 146, 147, 150, 155, 157, 159, 160, 172, 176, 191, 199, 201, 206, 235, 253, 281. App. 27, 47.
IV. 162, 226, 227, 228, 233 à 239, 275.
V. 34 à 41, 43, 49, 51 à 53, 55, 58, 59, 89, 91, 113, 117 à 129, 133 à 139, 143, 144, 146 à 150, 153, 225, 431, 432.
VI. 88 à 91, 413.

Baron.
V. 158.

Baroudon. Voir Baraudon.

Barret.
V. 300, 325.

Barrière.
I. 331.

Barry (dit Gouvernet). Voir Bary.
III. 239, 263, 268, 293, 355, 374.
IV. 130.
VI. 381.

Barthélémy.
IV. 93, 247.
V. 434.

Barthon.
I. 231, 332.

Barton.
  I. 149.
Bary. Voir Barry.
  III. App. 64, 80, 94, 95, 97, 99.
Basset, Molinier dit Basset.
  II. 351, 417.
Bastard.
  VI. 31, 32, 38, 56.
Bastide.
  I. 96, 114, 118, 163. 172, 244, 266, 320, 331, 335, 365, 400, 408.
  II. 1, 4, 5, 11, 12, 13, 74, 99, 163.
  III. 193, 198, 208, 209.
Bastier (du Temple) Voir Audony.
  II. 395.
  VI. 120, 121, 434.
Bastin.
  VI. 434.
Baud, Beaud. Voir Bault (de Laisserie)
  IV. 180, 191, 215, 216.
  V. 23, 26, 99 à 106, 109, 111, 113, 121, 123, 143, 433.
  VI. 152, 303.
Baudet, Veyrinault dit Baudet.
  I. 410.
  VI. 116, 184, 194.
Baudoin (de).
  II. 443.
Baudry.
  IV. 407.
Bauge (Boudet dit). Voir Boudet.
  III. 20.
Bault, Beau. Voir Baud.
  I. 23, 76, 107, 109, 114, 158, 222, 434, 436.
  II. 108, 163, 170, 172, 268, 296, 348, 356.
  III. 116, 206, 239, 296. — App 20, 23, 64. 90.
  IV. 29, 42, 52, 131, 289, 329.
  V. 210, 241.
  VI. 282.
Bayard.
  III. 1, 5, 13. — App. 22 à 26, 47, 81.
Bayle, Baile, Baille.
  I. 10, 28.
  III. 204, 215, 223, 307, 312, 325, 327. — App. 32, 35, 36.
  V. 330, 397, 398.
  VI. 152.
Bayles (Les). Voir Noailher (sr des).
Bazaudan.
  I. 471.
Beau. Voir Bault.
Beaubiat, Baubiat.
  IV. 48.
  VI. 71.
Beaubreil, Beaubrueil. Voir Beaubreuil.
Beaubreuil (de), de la Chabanne.
  I. 323, 437, 438.
  II. 99, 107, 156, 210, 248, 322, 368, 431, 432.
  III. 2, 13, 161, 169, 172, 173, 176, 179, 180, 183, 188, 189, 194, 197, 200, 203, 204, 218, 247, 249, 250, 262, 336, 337, 341, 344, 359, 373, 399, 401.
  IV. 23, 57, 62, 190, 203, 208, 214, 288, 223.
  V. 31, 89 à 91, 128, 168, 169, 277, 373, 374, 397, 398, 433.
  VI. 381, 434.
Beaubrun.
  IV. 117, 131.
  V. 433.
  VI. 381.
Beaud. Voir Baud.
Beaudemoulin.
  V. 433.
Beaufort (de). Voir Senemaud.
  II. 414.
  III. App. 6.
Beaujon.
  V. 2.
Beaulieu (de).
  V. 246, 262, 312, 346.
  VI. 28, 38, 39, 42, 43, 64, 68, 76, 82, 89, 91, 101, 138, 149, 175, 352.
Beaulmeil, Beaumeil.
  III. App. 70, 84.
Beaumont (de). Voir Périère.
  III. 14, 136.
Beaublanc (de). Voir Ardant.
Beaubreuil. Voir Mouston, Péret.

Beaugaillard. Voir Nicolas.
Beaune (de). Voir Dumas, Fraisseix, Roger.
VI. 323, 324, 327, 333, 335, 336, 351, 354, 356, 358, 361, 363, 380, 381, 383, 384, 398, 399, 425, 434, 442, 444.
Beaunom (de). Voir Lobre.
I. 47, 230, 327, 411.
II. 13, 16, 98, 99.
III. App. 45.
Beaupeyrat (de). Voir Constant, Pétiniaud, Pinot.
Beaupoil de Saint-Aulaire. Voir Saint-Aulaire (de).
IV. 389.
VI. 382
Beaupré (de).
II. 425, 465.
Beaure d'Augères.
III. Av. xi.
Beauséjour (Chauvelin). Voir Chauvelin.
III. 348. — App. 66, 68, 69, 75.
Beausserie (de la). Voir Boyol, Guibert.
Beauvais. Voir Auzanet.
Beauvieux.
IV. 133.
Beauviger (de). Voir Vidaud.
Béchade.
I. 15, 109.
Bechameilh, Bechemeil, Bechasney
I. 47, 70, 96, 115, 133, 194, 196, 300.
II. 62, 98, 156, 191, 368.
III. 48, 215, 281. — App. 27, 77.
IV. 14.
Begaud (Le). Voir Lebegaud.
II. 322.
Begogne, Begougne, Begouigne.
IV. 267.
V. 42, 68, 197, 431.
VI. 47, 345, 413.
Belac ou Belat.
I. 26, 28, 52, 63, 65, 451, 459.
Belarbre.
VI. 435.

Bellamie, Bellemie.
III. 174, 207, 215, 224, 335.
IV. 43.
Belin.
I. 241, 251.
Bellai.
IV. 291.
Bellecourt (de). Voir Charpentier (de)
Bellefont (de).
III. App. 96.
Bellegarde. Voir Deschamps, s^r de.
Belles. Voir Deschamps, s^r des.
Belsompse, peut-être Belsunco.
I. 423.
Belugon.
I. 63.
Belut.
I. 375.
II. 205, 236, 448.
III. 126, 162, 169, 171, 209, 215, 223.
IV. 315.
V. 20. 433.
VI. 116, 263, 302.
Benard.
II. 205.
Beney, Beneyt. Voir Benoit.
III. 84, 157.
Benoit, Benoist, Benoyt, Beney, Beyneit. Sr de Compreignac, des Courieres, du Clos, du Bias, du Buis, de Blémont, de l'Andouge, du Monteil, de Venteaux, de Lostende, d'Etiveaud.
I. 4, 16, 28, 47, 48, 53, 55, 60, 62, 70, 77, 84, 91, 97, 126, 133, 139, 163, 164, 175, 176, 179, 184, 185, 196, 220, 221, 222, 226, 230, 239, 281, 285, 320, 322, 344, 360, 394, 399, 400, 409, 437, 463.
II. 3, 19, 62, 64, 83, 97, 98, 99, 108, 110, 138, 148, 150, 154, 155, 164, 169, 208, 219, 259, 265, 266, 268, 276, 294, 295, 296, 307, 308, 326, 327, 345, 348, 356, 358, 373, 377, 387, 394, 397, 401, 409, 421, 426, 429,

432, 435, 447, 462, 466, 476, 477, 479.
III. 21, 44, 59, 60, 63, 65, 70, 71, 73, 76, 77. 80, 82, 117, 118, 119, 120, 123, 126, 128, 129, 131, 142, 145, 146, 148, 149, 150, 156, 158, 160, 162, 163, 168, 169, 171, 173, 174, 175, 176, 179, 180, 181, 183, 188, 193, 196, 198, 199, 208, 211, 214, 215, 216, 220, 222, 223, 225, 226, 227, 230, 233, 236, 251, 252, 254, 260, 263, 267, 269, 270, 274, 276, 278, 279, 292, 296, 313, 317, 336, 341, 344, 246, 351, 354, 356, 358, 364, 370, 496, 397, 406. — App. 6, 10, 11, 12, 13, 15, 36, 48, 49, 58, 99.
IV. 14, 24, 26, 27, 31, 39, 56, 60, 73, 83, 162, 172 à 187, 243, 244, 275, 288, 296, 378, 379, 386, 398, 399, 409. 411, 414 à 422.
V. 6, 8, 9, 12 à 17, 20 à 27, 30 à 34, 239, 240.
VI. Av. VII. 258, 321, 323.
Benot, dit Larcanet.
I. 402.
Bérand.
V. 147, 201.
VI. 415, 435.
Bergas ou Vergas.
I. 23.
Berger.
IV. 218, 281.
VI. 381.
Berges. Voir Verges.
II. 155.
Bergier, Berger, sr du Rouveix.
II. 422, 435.
III. 52, 297, 344, 361. — App. 44, 81.
IV. 197.
Berland.
III. App. 98.
VI.
Berluet. Voir Barluet.
VI. 436.

T. VI.

Bermondet (de)
I. 22, 37, 59, 304, 305, 352, 364, 389, 415, 478.
II. 45, 46, 47, 50, 51, 53, 65, 193, 218, 251, 276, 281, 324, 356, 358, 364. — App. 20.
Bermont.
IV. 280.
Bernage (de).
IV. 88, 94, 96, 99, 107, 118, 124, 125, 126, 129, 140, 147, 150, 152, 153, 155, 156, 446.
V. 245.
Bernard.
I. 456.
II. 169.
VI. 287.
Bernardie (La). Voir Decordes.
IV. 289.
Bernet (de).
III. 364.
Bernis (de).
V. 204.
Berny.
IV. 335, 336, 339, 340, 341, 346.
Bersoyre.
III. 199.
Berteaud, Bertheau.
V. 351.
VI. 16, 17, 382.
Berthon (Le), Berton (Le).
II. 433.
V. 165, 166, 189, 193, 200, 248, 249, 325. 440.
Bertin.
VI. 145.
Bertrand.
I. 63, 345, 422, 434.
II. 67, 82, 227, 357.
III. 343.
Berwick (de Fitz James, duc de). Voir Fitz-James.
IV. 184, 187, 260, 347, 401 à 405.
V. 70, 74.
Besse.
I. 371.
II. 22, 48, 58.

30

V. 7, 429 à 431.
VI. 92, 203, 345, 413, 434, 437.
Bestetes (de) Debetestes, Debeleste.
  I. 80, 83, 106, 116, 165, 172.
  III. 339, 243. — App. 26.
  IV. — 33, 50.
Beteste. Voir Bestetes.
Bethoulaud.
  I. 355.
Betoulas, Betoule, Betoulle.
  V. 23.
  VI. 382, 431, 442.
Betoux.
  I. 63.
Betz.
  I. 80.
Beyer.
  III. 304.
Beylengier.
  I. 62.
Beyneis, Beyneyt, Beneyton. Voir Benoit.
  I. 9, 21, 22, 23, 29, 65, 75, 76, 78, 82, 83, 90, 101, 106, 107, 114, 115, 116, 118, 119, 120, 136, 138, 156, 158, 172, 220, 221, 246, 264, 268, 322.
  II. 426.
Beyran, Beyrand. Voir Durou.
  IV. 200, 203, 204, 205.
  V. 147, 182, 183.
  VI. 345, 413, 436, 442.
Beyrou.
  IV. 105.
Beyssac, Beyssat.
  I. 10, 16, 139.
  II. 443.
  III. App. 11, 19, 54.
Bezons (de).
  IV. 45, 46.
Biais, Binix, Biay, B'ays, Byays, de Nonastre, de Nouestre, de Noyter.
  I. 9, 48, 52, 65, 115, 315, 409.
  II. 368.
  III. 72, 114, 132, 157, 163, 165, 172, 176, 194, 200, 215, 335, 310, 312.
  IV. 17, 32, 42, 58, 61, 77, 180, 345

Bias (du). Voir Benoist, s^r du.
  III. 226, 227, 230.
Bidet (de).
  IV. 31.
Bigot, s^r du Bouchet. Voir Boucheys.
  III. App. 7, 8, 17.
Bigourie (de).
  III. App. 81.
Bilhard, Billard.
  I. 64, 113, 114, 165, 231, 332, 411.
  II. 68.
  III. 245, 248.
  V. 21.
Bilhabaud.
  III. App. 33.
Billon.
  I. 9
Biron (de) Voir Capelle-Biron (La).
  II. 378, 452, 457, 459, 460, 461, 462, 472, 473, 487.
  III. App. 9, 59.
Blanc.
  VI. 206, 228, 282.
Blanchard
  I. 4, 8, 116, 287.
  II. 155, 355, 374, 417, 477.
  III. 174, 235, 239, 252, 264, 293, 338. — App. 22, 28, 30, 71.
  IV. 40, 50, 55, 59, 60, 73, 88, 91, 289.
  V. 303, 305, 439.
  VI. 71, 327, 363 à 365, 368, 370, 377, 379, 384 à 386, 388 à 392, 395, 397, 401, 413, 419.
Blanchon, s^r de Pagniat, de Paignat.
  II. 155, 371, 395, 449.
  III. 224, 370, 371. — App. 24.
  IV. 17, 19.
Blesurat.
  I. 272.
Blondeau, s^r de La Chapelle, de Combas, de Lage, de Labastide, de Larfouillère.
  III. 359, 360, 376, 378, 383.
  IV. 30, 92 à 99, 102, 106, 107, 108, 159 à 162, 166, 167, 168, 170,

299, 301, 302, 305, 307, 310, 314, 312, 427.
V. 166, 167, 170, 173, 180 à 184, 195, 202, 225.
VI. 281, 406.
Blondet.
  II. 9, 10, 11.
Blont.
  III. 301.
Bochard.
  I. 149.
Boffrau.
  III. App. 12, 43, 45, 46.
Boignac (de).
  I. 240, 246, 247, 368, 370, 375, 400.
Boignault.
  I. 400.
Boignon.
  II. 149.
Boillon.
  I. 5, 47, 50, 62, 91, 266, 354.
Bois, Boys. Voyez Dubois.
Boissarde (La). Voir Rouart.
Boisse. Voir Boysse.
Boissière.
  III. App. 47.
Boissou.
  VI. 382.
Bolesteys, Boulesteys. Voir Boulesteis.
Bolet. Voir Boulet.
  I. 336.
Bonabry (Maleden de). Voir Maleden.
  V. 303 à 314.
Bonadier.
  III. App. 83.
Bondet, Yvernaud dit Bondet.
  II. 238.
Bondy, Poylevet (s^r de).
  III. 367.
Boneyssee.
  I. 366.
Bonhomme.
  VI. 127.
Boniau, Bonyaud.
  I. 159, 402.
  II. 98, 135.
Boniface.
  II. 52, 85.

Bonin, Bonnin, Bonyn, Bounin, s^r de Mauzelet, de Fraisseix.
  I. 301, 368.
  II. 155, 391.
  III. 59, 60, 63, 65, 68, 71, 74, 76, 77, 81, 83, 115, 116, 117, 121, 123, 127, 129, 130, 131, 156, 157, 163, 165, 172, 174, 176, 187, 190, 194, 196, 197, 200, 207, 208, 215, 224, 235, 253, 267, 296, 297, 300, 308, 313, 325, 339, 344, 363, 377, 378, 385, 389, 390, 393. — App. 16, 28, 34, 35, 36, 41, 44, 48, 65.
  IV. 13, 25, 40.
  V. 69, 117, 118, 127 à 129, 133, 135, 137, 139, 142 à 147, 150, 153, 155 à 157, 160 à 163, 165, 199, 202, 205, 225, 227, 228, 230, 231, 239, 240, 256, 269, 270, 271, 275, 276, 279, 284 à 286, 302 à 311, 314, 322, 325, 353, 355 à 359, 361 à 366, 370 à 375, 387 à 390, 393, 399, 400, 401, 409, 416, 419 à 426.
  VI. 208, 213, 217, 219, 222, 227, 240, 241, 243, 247, 268 à 274, 289, 293, 299, 302, 304, 307, 321 à 324, 363 à 370, 379, 384, 386, 389 à 392, 395, 397 à 399, 401, 403, 409, 419, 422 à 426.
Bonnaud, Bonneau.
  V. 397, 398.
  VI. 434.
Bonnat, s^r des Flottes. Voir Flottes (des)
  IV. 173, 174.
Bonnebrée.
  III. App. 43.
Bonnefon. Voir Desmaisons.
  III. 194, 207, 208, 369.
Bonnet, Voir Moulinier de St-Bonnet.
  I. 28, 29, 30, 83, 116, 117, 140, 163, 172, 197, 198, 245, 266, 328, 322, 335, 412, 438.
  II. 108.
  III. App. 20, 35, 40.
  IV. 276, 322, 323.

Bonneval (de).
I. 68, 194.
II. 349.
Bonneville.
VI. 382, 435.
Bonnot, dit Larcanet.
I. 328, 456.
Bonny, Bony.
I. 138, 237.
II. 345, 352, 372, 477.
III. 363.
Bordas.
V. 387, 389, 434.
VI. 35, 421, 435.
Borde.
IV. 331, 332.
V. 30.
VI. 382.
Bordes. Voir Desbordes, des Flottes.
Bordeau. Voir Bourdeau.
IV. 136.
Borderie (de La). Voir Goudin.
VI. 5 à 9.
Bordier.
I. 237.
Bordillon (de).
II. 293.
Boriaud, Bouriaud, (de Las Escuras, dit Boriaud).
I. 70, 83, 116, 119, 173, 239, 332, 410.
II. 200.
Borie.
I. 96, 157.
IV. 289.
V. 251, 252.
Bort. Voir Descoutures (sr de).
Bosc du Bouchet. Voir : Boscheys, Bouscheys, Dubouscheys.
IV. 211.
Boscheys, Deboscheys, Deubouscheys. Voir aussi Bouscheys, Dubouscheys, Dade, Lavaud.
I. 29, 65, 80, 95, 116, 156, 164, 203, 221, 411.
II. 247, 248. 265, 267, 358, 268.
IV. 211.

Bosco (de), Debosco. Voir Dubois, Du Boys.
I. 16.
Bossize (de).
III. App. 57.
Bost (du). Voir Dubois, Duboys.
Bosvieu. V. Bardinet, Masdot.
Botaud, Bothaud. Voir aussi Boutaud.
I. 47, 63, 115, 119, 239, 412, 421.
II. 67.
Botin. Voir aussi Boutin.
I. 2, 5, 26, 51, 62, 165, 237, 402, 464.
II. 51, 52, 80, 81.
Botinaud, Botineau, Botineu, Boutinaud.
I. 63, 64, 83.
III. 251, 261, 264.
IV. 169, 275.
V. 434.
Boton. Voir aussi Bouton.
I. 23, 180.
Boty. Voir aussi Bouty.
I. 20, 97.
Boubiac, Boubiat.
I. 64, 66, 91, 157, 231, 332.
III. 191, 194, 264.
Boubaud, Boubo (Robert dit Boubaud).
I. 63.
II. 296.
Bouchardon.
III. App. 47.
Bouchaud. Voir Jambier, dit.
I. 435.
II. 140, 446.
III. 146, 147.
VI. 436.
Boucher d'Orsay. Voir Orsay (d').
VI. 123.
Boucheron, Bouscheyron. Voir Douhet, Duboys, Durand, Dalesme, (sieurs du)
III. 59, 60, 62, 87, 75, 81, 125, 233, 250, 251, 262.
Bouchet, Boucheys, Bousheys (du). Voir aussi : Boscheys, Mercier, Dubouscheys, Bigot, Sr du Bouchet

I. 48, 64, 113, 323, 333, 334, 369,
  406.
II, 20, 99, 106, 108, 247, 248, 265,
  267, 441, 442, 443.
III. 257, 264, 297. — App. 7, 8, 17.
Boudaud.
  V. 433.
Boudet. Voir Bauge, Vérinaud.
  II. 418.
  III. 20.
  V. 100, 101.
  VI. 71, 92, 125, 302, 382.
Bougeron.
  I. 180.
Bouillet, Boulhet, Boulot. V. Boulet.
  III. 356.
Bouillon, Boulhon (Duc de)
  III. 34, 169, 209, 222. — App. 14,
  59.
Boulac.
  I. 46.
Boulaigue.
  VI. 123.
Boulainvillier (de)
  V. 382.
Bouland, Boulland. Voir Boulaud.
  II. 295.
  V. 114, 115, 116.
Boulaud. Voir Bouland.
  II. 262, 295, 307, 308.
  III. App. 23, 29.
  V. 114 à 116.
Boulesteis, Bouleysteyn.
  II. 423.
  III. 83, 114, 128, 237, 253, 265.
  — App. 17.
Boulet, Boullet, Bouillet, Bouiher.
  I. 301, 369, 399, 401.
  II. 21, 98, 227, 239.
  III. 2, 5, 72, 78, 128, 132, 157, 163,
  215, 217, 221, 223, 225, 234,
  256, 258, 262, 265.
Boulhon, Boullon.
  I. 264, 332, 421.
  II. 97, 198, 204, 295, 307, 308,
  354, 374.
  III. 69, 75, 81, 116, 169, 209, 214,
  222, 337, 344.

Boullaud. Voir Boulaud.
Boulles.
  I. 118.
Bounhaud.
  I. 25, 48, 53, 88, 230.
Bourbon (Antoine de) roi de Navarre.
  II. 103 à 105, 108 à 128, 156, 165,
  204, 206, 236.
Bourciere.
  V. 280.
Bourdays. Voir aussi Bourdeix.
  I. 437.
Bourdeau, Bordeau, s^r d'Antony, de
  Lajudie, des Vazeix.
  I. 109, 292.
  IV. 83, 136, 162, 186, 189, 191,
  193, 194, 195, 203, 204, 208, 211,
  212, 222, 261, 275, 281, 288, 342,
  345, 416, 418, 441, 442.
  V. 2, 5 à 10, 14, 18, 19, 21, 24, 30,
  32, 33, 36 à 39, 42, 43, 175, 183,
  184, 195 à 198, 202 à 204, 225,
  237, 239 à 241, 349, 429 à 433.
  VI. 135, 150, 151, 171, 207, 208,
  321, 323, 345, 352, 382, 413,
  434, 436.
Bourdeix. Voir aussi Bourdays.
  I. 442.
Bourdelas.
  VI. 439.
Bourdery.
  VI. 52.
Bourdier-Raby.
  VI. 382.
Bourdonnaud.
  III. App. 48.
Bourg.
  II. 51, 100, 152.
  V. 340.
Bourgade (S^r de La). Voir Martin,
  Labourgade.
  IV. 59.
Bourgeois.
  I. 182.
Bourgougnaud.
  III. 21.
Bouriaud, Bourriaud.
  I. 119, 246.
  VI. 48, 195, 303.

Bourier.
 IV. 352, 355, 356, 358, 359.
Bourit.
 V. 97, 99, 110.
Bournaud.
 III. 42, 114, 134, 156.
Bournazaud. Voir Ruaud.
Bourzac (de la Cropte de).
 IV. 347.
Boutaud, Bouthaud. Voir Botaud.
 I. 66, 75, 156, 163, 164, 173, 179, 230, 251, 263, 266, 327, 333.
 II. 323, 374, 432.
 III. 323.
 VI. 410
Boutaudon. Voir Bouttoudon.
 IV. 215.
 V. 151 à 153.
Boutet.
 VI. 431.
Bouthelier.
 I. 111.
Boutinaud. Voir Botinaud.
 V. 438.
 VI. 434.
Boutin. Voir aussi Botin.
 I. 81, 96, 164.
 II. 52, 155, 227, 347, 394.
Bouton, Bouthon. Voir aussi Boton.
 I. 76, 134, 173, 395, 437.
 II. 107, 247, 369, 417.
 III. 158.
Bouttoudon. Voir Boutaudon.
 III. 258, 265.
Bouty. Voir aussi Boty.
 I. 63, 107, 223.
Bouville (Jubert de), marquis de Bissy.
 IV. 64, 65, 66, 67, 76, 79, 81, 86.
Boux.
 III. 264.
Bouyaud.
 I. 2, 80, 116, 164, 323.
Bouyer.
 IV. 29.
 V. 204.
Bouyol. Voir Boyol.
Bovyn.
 I. 204.

Bouzonnie.
 VI. 195.
Boyer, s^r de Gris.
 III. 338.
 IV. 18, 210.
 V. 416.
 VI. 273, 278, 280, 299, 302, 304, 307, 315, 322, 324, 335, 350, 352, 355, 365 à 368, 372, 375, 377 à 391, 395 à 397, 401, 419, 420, 424, 425, 426, 430, 432, 433, 443, 444.
Boyol, Bouyol, s^r de Roux, de Role, d'Enroux, d'Enraud, de la Buisserie.
 I. 2, 16, 33, 90, 139, 163, 164, 184, 185, 230, 266, 328.
 II. 111, 112, 302, 303, 305, 306, 307, 335, 340, 345.
 III. 70, 73, 76, 80, 82, 115, 123, 125, 126, 131, 133, 142, 145, 147, 148, 150, 156, 162, 161, 175, 190, 193, 198, 206, 211, 217, 222, 232, 234, 237, 239, 251, 253, 254, 259, 260, 262, 265, 267, 290, 295, 303, 305, 312, 313, 318, 328, 337, 338, 344, 354, 360, 368. — App. 10, 11, 14, 15, 36, 41, 43, 44, 45, 48, 49, 99.
 IV. 13, 16, 40, 84, 91, 289.
Boysse, Boisse (Thumery de), s^r de Crezen, de la Maison rouge.
 I. 292.
 II. 135.
 III. 32, 45, 47, 159, 171, 265, 308, 345, 355. — App. 12, 13, 58, 64, 68, 78, 88, 95.
 IV. 261, 277, 278, 311 à 315, 335, 336, 339 à 341, 344, 346, 349, 351, 370, 383, 435.
 V. 19, 83 à 86, 89, 91, 93, 94, 99, 138, 139, 142, 146, 156 à 158, 196 à 199, 225, 228, 233, 234, 241, 242, 251, 252, 256, 258, 259, 268, 269, 270, 271, 300, 401, 439 à 444.
 VI. 381, 383.

Boysson, Boyssou.
 I. 48, 52, 63.
 VI. 93, 231.
Brachet.
 I. 140.
Brandy, s^r des Saignes, Brandy-Dessaigne.
 V. 233, 234, 236, 303, 305.
Brassat.
 I. 120, 122, 123.
Braud, Braoud, Braux.
 V. 397, 398, 438.
Bravard.
 IV. 214.
Brays.
 I. 268.
Brechiat (de).
 II. 135.
Brégefort. Voir Navières.
Bregère, Bregière. Voir Brugière.
 IV. 12.
Breil (du). Voir Veyrier (s^r du).
 III. 362. — App. 40.
Breilhaud.
 III. App. 84.
Bréjoux (de). Voir Ardant.
Brémont.
 VI. 413.
Brès.
 VI. 287, 302, 435.
Bretagne (de), Doureil dit Bretagne.
 II. 3, 268.
 III. App. 93.
Breteuil (Le Tonnelier de).
 IV. 281, 295, 298, 300, 305, 328, 338, 329.
 VI. 217 à 221, 239, 253.
Breton.
 V. 350, 351.
Breuil, Breuilh. Voir Cognacc, Veyrier, Molinier, Palays.
 III. App. 69.
 VI. 287.
Briance.
 III. 401. — App. 48, 49, 78, 79.
Briandière (de La).
 VI. 407.

Bricaille.
 VI. 381.
Briderie (de La). Voir Romanet.
 IV. 184.
Brie (Paignon ou Pagnon, baron de).
 Voir Paignon, David (s^r de).
 III. 372.
Brigueil.
 III. App. 33, 34.
 IV. 310, 416.
 V. 196 à 199, 233, 234, 236, 271, 403, 416.
 VI. 45, 327.
Brillat.
 V. 398.
Brion.
 II. 152.
Briquet.
 V. 27.
Brissaud, Brisseaux.
 VI. 71, 204, 303, 382.
Brisset, s^r du Puy-du-Tour.
 II. 160.
 III. App. 71, 80 (Bunisset).
 V. 225, 237, 239, 240, 304, 305, 307 à 309, 311, 314, 350, 355 à 359, 364, 375 à 381, 384, 389, 390, 394, 395, 398, 417, 419, 425, 427, 429.
 VI. 92, 144, 208, 302, 346, 347, 363 à 370, 376, 377, 379, 382, 384, 386, 389 à 392, 395, 397, 401, 403, 409, 419 à 425, 437.
Brivère.
 V. 5.
Broac (de).
 III. App. 71.
Brofa.
 I. 91.
Brouchault.
 II. 4.
Brouha (de). Voir Broac.
 I. 138.
Broulhaud, Brouillaud, Brouliaud.
 I. 451.
 III. 328.
 V. 87, 266, 277, 278, 430, 43 f.
 VI. 302.

Broussaud.
  IV. 303, 305, 368, 379, 424 à 426.
  VI. 13, 45, 189, 191, 228, 289, 321, 350, 363 à 370, 376, 377, 395, 403, 409, 413, 419 à 426.
Brousse.
  VI. 168.
Bruchard (de).
  VI. Av. ix.
Brueilh. Voir Pabot, Périère, Regnier.
Brugeal (de).
  III. 342.
Brugeres, Brugiere (Durand-Brugière). Voir Bregere (Vidaud, s^r de la Brugière).
  I. 369, 438.
  II. 67, 77, 209, 431, 432.
  III. 5, 21, 43, 52, 59, 60, 63, 71, 73, 76, 77, 83, 126, 131, 156, 172, 178, 183, 194, 199, 207, 255, 266, 283, 290, 296, 311, 313, 321, 338, 355, 370, 403, 405. — App. 19, 23, 24, 26, 30, 80, 81, 84.
  IV. 6, 9, 91, 316, 317.
Brulat. Voir Bulat.
  V. 303.
Bruneau, Brunot.
  I. 9, 62, 231.
Brunelli.
  I. 16, 97.
Brunet.
  I. 237.
  III. 46, 160, 234, 365. App. 78.
  VI. 303.
Brunier.
  III. 283, 362. App. 80, 84.
  IV. 80, 342, 416.
  V. 225, 237, 382, 431.
  VI. 302, 345, 363 à 369, 376, 377, 379, 384, 386, 392, 395, 397, 401, 403, 413, 435.
Brunoi.
  III. 262.
Brutal.
  V. 373.
Buat, Buaci (de).
  I. 69, 115, 265, 285, 295, 345, 394, 438, 454, 462, 466, 467, 468.

II. 358, 368, 427, 431, 438.
III. 7, 284, 313.
Bucyly.
  III. App. 33, 34, 35, 46, 48.
Buis (du). Voir Benoit.
Buissac (de).
  II. 64.
Buisson. Voir Devoyon (s^r du), Garat, Larivière, Rogier.
  IV. 260.
  V. 7, 93, 181.
  VI. 438.
Bulat, Bullat.
  V. 305, 374.
  VI. 364, 381.
Bunisset ou Brisset.
  III. App. 80.
Bureau, Le Bureau, du Bureau. Voir Cibot, Froment, Mathieu, Petit (le)
  I. 328.
  II. 248, 355.
  III. 41, 72, 78, 80, 84, 195, 253, 298, 304, 305, 356.
  IV. 421.
Burgard.
  VI. 435.
Burguet de Chaufaille. Voir Chaufaille.
  V. 350, 351.
Burie (de).
  II. 221.
Buschon.
  I. 63.
Buscon.
  V. 285.
Busseraud, Buxeraud.
  III. 338, 343.
Busset (s^r de) et de Chasluz.
  I. 424, 425, 448.
  III. App. 54.
Bussière, Buxière.
  III. 146, 147, 149, 150.
Buxeraud. Voir Busseraud.
Buxerolles (de). Voir Saigue, Sègue.
  II. 443.
  IV. 418, 440.
Buysson.
  I. 70.

C

Cacatte.
V. 432, 434.
VI. 116, 193, 277, 281, 382.
Cachalo (Massias lo).
I. 28.
Cacou.
VI. 440.
Cadagniac.
III. App. 77.
Cadet.
V. 19.
Cadié.
VI. 117, 144, 163, 164.
Caffignac.
I. 366.
III. App. 41.
Cagnieu.
V. 136, 150, 151, 171.
Caillaud, Cailhaud, Lafosse du Caillaud. Voir Romanet, Hardy.
I. 46.
III. 184, 187, 188, 362.
VI. 345.
Caland.
V. 42.
Calignon (de).
VI. 342, 343, 345.
Calmard.
IV. 367.
Calveu dit Pichegay. Voir Pichecay.
III. 283.
Cambis (de).
II. 219.
Camus. Voir Marcialet.
I. 2, 65, 158, 222.
II. 299.
Camus (Le ou de) de Jambeville.
III. 59.
Campane.
I. 107, 240.
Canard.
VI. 437.
Canisy (de). Voir Carbonnel de.
IV. 76, 445.

Cantilhon, Cantillon, sr de Lacouture, de La Lande.
V. 233, 234, 236.
V. 136.
VI. 382, 413, 435, 440, 443.
Cantuel.
V. 275, 283.
Capelle-Biron (de la). Voir Biron.
III. App. 12, 38, 45, 46, 54, 59.
Caraveys.
I. 26, 48, 80.
Carbon (de).
I. 471.
Carbonnel (de) de Canisy. Voir Canisy.
IV. 76, 445.
Carboyneau.
VI. 141, 437.
Cardenault.
II. 176.
Careyre.
IV. 235.
Carier (Vidaud, sr du Carrier). Voir Cognace.
III. 279, 296, 330.
Cariobard ou Carisbard.
III. 399.
Caroli.
I. 195.
II. 78.
Caron.
VI. 62, 101, 102.
Carqueix.
VI. 281, 304.
Carrier. Voir Vidaud.
Cars, Quarts (des), d'Escars. Voir Pérusse.
I. 197, 286, 427.
II. 103, 104, 105, 109, 110, 114, 121, 122, 123, 125, 156, 165, 166, 211, 248, 329, 332, 333, 335, 344, 345, 348, 249, 355, 398, 401, 414. — App. 6.
IV. 234, 235, 326, 393, 394, 403.
V. 16, 17, 21, 22, 25, 26, 28, 45 à 48, 57, 60, 61, 68 à 71, 74, 77 à 83, 95 à 99, 107, 110, 111, 158,

171 à 175, 182, 244, 245, 252,
263 à 265, 312, 313, 326, 327,
340, 347, 348, 377, 379.
VI. 93, 193, 315, 325.
Cart (de). Voir Quart.
Cartier.
I. 63.
III. 256, 258, 356.
Cassaigne, Cassaignat.
III. 162, 164, 171, 173, 175, 193,
198, 203, 215, 234, 251, 255, 355.
Cassegrani.
I. 62.
Castel. Voir Costel.
Castelneaud.
VI. 203.
Castillon.
VI. 140.
Cauthele (Vertamon dit Cautele).
I. 223, 410.
Cavarlin, s^r du Vergier.
III. 330.
Cayrelet St-Laurent.
V. 231.
Caze.
VI. 434.
Celarier.
III. 184.
Célérier.
VI. 382, 435.
Celiere, Celliere. Voir Cellier, Selier,
Selliere (ou Aliers).
III. 20, 44, 46, 57, 132, 198, 204,
205, 225, 309, 313, 333, 401. —
App. 47, 71.
IV. 187, 204, 208.
Cellier, Ceiller, Celier, Scellier, Se-
lier. Voir Celiere.
I. 66, 157, 173, 204, 237, 271,
295, 300, 368, 396, 456.
II. 262, 396.
III. 132, 217, 253.
Cenon.
I. 111, 118, 222, 395.
Cepas.
II. 269, 364.

Cerclier, Cercleix (François, dit le
Corporaud).
III. 84, 128.
V. 338 à 340.
Certe.
II. 449.
III. 118, 128, 239, 252, 308, 324,
372.
Chabaneau.
VI. Av. VII.
Chabannes (Morel s^r des). Voir Beau-
breuil.
III. 367.
Chabanettes (de). Voir Finet (Le).
III. 374.
Chabaud.
V. 161, 162, 347.
VI. 35, 125, 184, 264, 302, 434.
Chabeaudie, Chabodie.
III. 294, 406. — App. 85.
IV. 278.
Chabrier. Voir Chevrier.
VI. 438, 439.
Chabrol.
III. 257, 259, 264, 343. — App. 45.
IV. 383.
V. 433, 434.
VI. 184, 231, 381, 382, 421, 436,
437, 439.
Chabrou (J. Nouailhe dit Chabrou).
I. 64, 87, 135.
IV. 289.
Chaffort, de Teysseulh dit Chaffort,
Voir Chapfort, Claveau, Teys-
seulh.
I. 48, 53, 221, 323, 334, 414.
II. 98, 269, 375, 391.
Chaisemartin.
V. 349.
VI. 303.
Chalard (du). Voir Ruaud.
Challumeau.
II. 183, 184, 186, 187.
Chalucet, Chaslucet (Verthamont,
seign^r de). Voir Verthamont.
III. 368.
Chalus (de). Voir Busset (de).
III. App. 59.

Chalvet.
 II. 100, 101.
Chamans (Saint).
 III. App. 52.
Chambaud (Arnaud de).
 V. 382.
Chamberet (de), Chambaret (de). Voir Chamborest, Pierrebuffière (de), baron de Chamberet.
 III. 9, 10, 12, 13, 14, 20, 32, 136, 137. — App. 5, 51 à 57, 90, 98.
Chambier dit Bouchaud. Voir Bouchaud.
 III. 146.
Chambinaud, Chambinault, Champinaud. Voir de Vaubrune dit Chambinaud, Clément.
 I. 29, 91, 93, 95, 204, 435.
 II. 2, 19, 154, 210, 226, 248, 352, 417, 422, 432, 435.
 III. 129, 181, 183, 184, 338, 344. — App. 71.
 IV. 129.
 V. 4, 5.
Chambon.
 I. 64, 280.
 II. 155, 310.
 III. 114, 204, 207, 216, 224, 252, 257, 309, 329. — App. 41, 47.
 IV. 59, 67, 261, 275, 281.
 V. 366.
 VI. 50, 51.
Chamborent (de).
 II. 183, 184, 185, 188.
Chamborest, Tyrebas de Chamborest. Voir Tyrebas.
 I. 63.
 V. 284, 285, 302 à 305, 307 à 309, 311, 314.
Chamboursac (sr de). Voir Dubois.
 III. 296, 302, 312, 327. — App. 67, 78, 80, 86, 91, 92, 94, 97.
Chambuas.
 VI. 203.
Chambure (de).
 III. 242.
Chamcaud.
 VI. 168.

Chamiot.
 VI. 436.
Champagnac. Voir Champaignac.
Champaignac, Champagnac (de).
 II. 97, 138, 148, 154, 296, 320, 339, 341, 344, 416, 477.
 III. 58, 267.
Champalimaud, Champelinaud.
 III. 343, 401. — App. 80.
 IV. 29, 31, 50, 57, 60, 63, 74, 77, 81, 83, 84, 90, 100, 113, 117, 135, 136, 138, 140, 167, 168, 175, 189 à 195, 197, 203, 204, 208, 209, 210, 214, 215, 217, 227, 233 à 239, 245 à 248, 252, 253, 270, 275.
 VI. 71.
Champdorat. Voir Lafosse.
Champigny (de).
 III. 377, 385, 388, 390, 391, 392, 393.
Champs, des Champs, de Champs, Deschamps. Voir Deschamps.
Chanac (de), cardinal évêque de Mende
 V. 67.
Chanault.
 I. 169, 412.
Chanteclair.
 III. App. 83.
Chanterye (de).
 II. 443.
Chanteur (Le).
 I. 163.
Chantois.
 I. 242, 292, 340, 427, 463.
Chantour.
 III. 132.
Chanudeau.
 III. 331, 332, 333.
Chapdeul.
 II. 238, 239.
Chapé (Mathis de). Voir Mathis.
 VI. 273.
Chapelas, Chappelas.
 I. 159.
 II. 165.
 III. 131, 134, 157, 172, 176, 196, 197, 198, 199, 207, 239, 253, 257, 297, 314, 338.

Chapelle (Lamy de La), Blondeau, sr de La Chapelle, de La Chapelle de Luret. Voir Blondeau, Lamy, Chassagne.
III. 339.
V. 303.
Chapfort, de Teisseilh dit Chapfort.
I. 438.
II. 20, 62, 200, 269.
Chaplet.
IV. 151, 152, 153.
Chapoto.
V. 433.
Chapoulaud.
III. 116.
VI. Av. ix. 50, 302.
Chappelle. Voir Chapelle.
II. 156.
Chapt de Rastignac. Voir Rastignac.
Charbonnier.
I. 366.
VI. 438.
Chardin.
V. 87, 88.
Chardon, Yvernauld dit Chardon.
II. 83, 248.
Chargnac (de).
II. 346.
Charles, dit Niot. Voir Niot.
I. 14, 20, 105, 195, 410.
II. 22, 200.
III. 208. — App. 14, 29, 47.
IV. 204.
VI. 436.
Charlonya, La Charlonio.
I. 352.
II. 13, 51, 52, 62, 191, 201.
III. 74, 77, 83, 235, 252, 313, 337.
Charon.
II. 449.
Charon de La Guyerche (Barbemisny).
II. 465, 466, 467, 470.
Charpentier, de Bellecour.
VI. 44, 45, 302, 382, 413, 435, 441, 443.
Charpin de Genétines.
IV. 176, 246, 343.

Charreyron, Charreron.
I. 169, 222, 285, 295, 313.
VI. 298.
Chassagne, La Chassaigne (de), sr de La Chapelle. Voir La Chassagne.
I. 10, 16, 84, 86, 119, 202, 217, 320, 322. 336, 394, 398.
III. 222.
IV. 159.
Chasseur, Le Chasseur.
I. 63, 135, 180, 265, 335, 443.
Chastaignac, Chastagnat, Chartaignac, Chartaignat. Sr de la Lingaine, du Mas de Roche, de Maléon, de Narbonneix, baron de Neuvic.
I. 446, 460, 473, 475.
II. 5, 6, 11, 12, 16, 17, 64, 395, 416, 448, 476.
III. 20, 33, 35, 71, 162, 164, 169, 171, 172, 176, 194, 205, 233, 250, 251, 256, 274, 278, 279, 284, 291, 292, 295, 304, 307, 308, 313, 318, 327, 347, 355, 356, 361, 368. — App. 64, 84.
IV. 18, 48, 72, 214, 416, 418.
V. 164.
VI. 71, 286, 303, 345, 413.
Chastaigner.
IV. 277, 278.
Chastaing.
VI. 92.
Chasteauneuf (de), Chateauneuf. Voir Landin.
II. 243.
II. 49, 50, 52, 57, 59, 60, 65, 66, 91. — App. 90.
Chastelier.
II. 312, 313.
Chastenet (du). Voir Dechastenet, Péconnet.
III. 137, 187, 188, 190, 227.
Chastillon.
VI. 15, 25.
Chastreys. Voir Périère.

Chataigneraie (de La), Barbery de Saint-Contest de La Chataigneraie. Voir Saint Contest.
Chateau.
  VI. 228.
Chateauneuf. Voir Laudin, s^r de, Dubois, (s^r de).
Chatelier.
  V. 99.
Chatenet, Durand (du).
  VI. 8, 107 à 110, 204, 286, 298, 382, 437.
Chaton (Le), Descordes, dit le Chaton.
  II. 390.
Chaud, Chaut.
  III. 341.
  IV. 20.
Chaufailles (Burguet de).
  V. 350.
Chaulnes (de).
  III. 350, 351.
Chaumont (de) de La Millière.
  V. 40, 44, 52, 59, 64 à 66, 72, 91, 93, 94, 108.
Chaumouly. Voir Recules.
Chaussade, Choussade.
  I. 61, 64, 65, 97, 209, 248, 292.
  V. 139, 153, 431.
  VI. 28, 29, 47.
Chaussy (de).
  IV. 67.
Chauvelin-Beauséjour. Voir Beauséjour.
  III. 348.
Chauvin, Chauvyn.
  I. 72.
  V. 368, 419.
  VI. 230.
Chaux (de).
  III. 31.
Chava-Rebiere.
  I. 63.
Chavagnat, Chavagniac, Chavaignac. Voir Verthamond, Pabot, Petiot.
  III. 76, 337.
  IV. 379.
  V. 373, 374.
  VI. 406.

Chavau.
  IV. 331.
Chavepeyre, Chaveperc.
  IV. 48, 219.
  V. 303, 304, 373, 374, 387, 389, 397, 398.
Chavoix.
  VI. 315.
Chazaud (du). Voir Ruaud.
  III. 360.
Chazelas.
  VI. 438.
Chazottes.
  VI. 438.
Chenau (La) Chenaud. Voir Lacheneau.
  I. 204, 335, 434.
  II. 17, 106.
  III. 344. — App. 10, 11, 14, 15.
  IV. 131.
Cherchomy.
  III. App. 47.
Chervix. Voir Constant.
Chevaille (dom).
  IV. 233, 234.
Chevalier, Chivalier.
  I. 49, 53.
Chevalle.
  III. 400.
Cheveru (de).
  VI. 24, 25.
Chevrier.
  VI. 439.
Chezeau (du).
  III. App. 83.
Chez-Tandeau. Voir Verthamond.
Chilon (Le).
  II. 443.
Chollet.
  V. 173, 244, 252, 312, 313.
Chouly (de), de Permangle, Monchaty, Brie, Puymorcau.
  IV. 35, 36, 37, 38, 43, 45.
Chiquet.
  IV. 31.
Chousit.
  I. 22, 135, 198.
Choussade. Voir Chaussade.

Choutard.
  I. 16.
Choute.
  III. App. 70.
Chrétien.
  III. App. 83.
Cibot, Cybot, Sibot (dit Goudindaud, Pilat, le Bureau, Las Vachas), s^{rs} de Naugeat, des Rieux.
  I. 75, 113, 139, 180, 196, 203, 268, 271, 302, 323, 333, 344, 400, 412, 420, 435.
  II. 83, 98, 154, 163, 210, 228, 248, 260, 265, 267, 295, 308, 320, 322, 323, 324, 339, 341, 355, 392, 393, 394, 395, 398, 401, 406, 408, 409, 426, 447, 462.
  III. 4, 5, 31, 41, 48, 55, 57, 71, 72, 77, 78, 80, 84, 132, 134, 157, 160, 163, 165, 171, 172, 191, 192, 196, 197, 198, 200, 205, 206, 208, 209, 213, 215, 217, 218, 223, 235, 236, 239, 251, 255, 256, 259, 280, 283, 287, 290, 292, 293, 295, 296, 300, 304, 312, 313, 314, 318, 319, 325, 326, 328, 331, 334, 335, 337, 340, 341, 342, 343, 344, 347, 355, 356, 359, 360, 362, 366, 372, 374, 401. — App. 34, 35, 76, 77, 78, 81, 85, 99.
  IV. 15, 18, 20, 23, 27, 29, 31, 33, 34, 40, 48, 50, 52, 59, 60, 63, 80, 91, 131, 223, 288, 289.
  V. 204, 431, 439 à 441.
  VI. 93, 125, 168, 195, 317, 345, 357, 358, 365 à 371, 375, 378 à 380, 383 à 386, 389 à 391, 395, 397, 401, 404, 406, 408 à 411, 414 à 416, 419 à 425.
Cintrat. Voir Michel.
Cipiere (de).
  II. 293.
Ciprien (le père), grand-carme.
  IV. 176.
Civergnac. Voir Labiche.
Clament. Voir Pichecay.
Clary.
  III. App. 69.

Claud (du). Voir Deloménie.
  II. 50, 51.
Claveau (Chaffort dit Claveaud).
  I. 29, 83, 135, 181, 265, 334, 411.
  II. 20, 200, 269.
Clément, Clémans, s^r de Chambinaud.
  I. 332, 456.
  II. 140, 433.
  III. 22, 45, 47, 219, 234, 263, 297, 314, 324, 336, 337, 344, 374, 375.
  IV. 7, 20, 33, 40, 42, 52, 289, 342, 418, 419.
  VI. 436.
Clerget.
  VI. 382.
Clermont (de).
  III. App. 87.
  V. 393.
Clos. Voir Deloménie.
Clou. Voir Duclou.
Clousel.
  II. 81.
Cluzeau. Voir Roulhac.
  IV. 223, 233, 266, 267, 268, 428, 429, 447.
Cluzet.
  V. 203.
Codert.
  I. 64.
Coetlosquet (de).
  V. 25, 35, 95, 97, 98, 105.
  VI. 202.
Cognace, Congniasse, Cogniasse, Coignasse, s^r du Carrier, du Quéraux, de Lage, du Breuilh.
  III. 339, 366, 401. — App. 71, 81.
  IV. 83, 275, 277, 278, 294, 297, 301, 302.
  V. 19, 22, 106, 111, 113, 117 à 128, 144, 225, 228, 431.
  VI. 125, 150, 151, 155, 156, 157, 164, 207, 208, 213, 217, 219, 222, 227, 267, 270 à 274, 302, 352, 363 à 369, 376, 377, 382, 384, 386, 389 à 392, 395, 397, 401, 403, 409, 423 à 425.
Cohendy.
  V. 327, 328.

Coignat, de Coignat, s^r de Saint-Jean-Ligoure. Voir Saint-Jean.
I. 479.
Coignhar, Coignard.
I. 138, 204.
Colhon (Le). Voir aussi Coulhon (Le).
I. 113.
Coligny.
II. 387.
Colin, Coulin. Voir Langelault, Langelaud.
I. 118, 173, 245, 267, 332, 348, 370, 433.
II. 99, 248, 358, 43'.
III. 39, 169, 172, 176, 197, 233, 238, 255, 261, 262, 266, 295.
IV. 27, 57, 96.
VI. 440.
Colomb, Coulomb (dit Pénicaud), s^r de Courbiat.
I. 60, 93, 96, 204, 331.
II. 13, 16, 97, 106, 155, 203, 247, 261, 276, 277, 280, 281, 302, 307, 308, 353, 354, 357, 416.
III. 39, 71, 74, 77, 80, 82, 126, 127, 131, 134, 157, 161, 162, 164, 172, 176, 193, 199, 206, 213, 214, 219, 252, 261, 267, 295, 312, 339, 343. App. 5, 47.
IV. 18, 31, 50, 216, 277, 278, 289, 299, 307, 308, 311, 312, 315, 316, 318, 319, 321 à 329, 349, 351, 387, 423.
V. 10, 22, 34, 91, 105, 310, 347, 351, 352, 433
VI. 110, 321, 323, 327, 352, 357, 365 à 370, 380, 382 à 386, 389 à 391, 395, 397 à 401, 406, 408 à 415, 419, 422 à 426, 430, 434.
Colombet.
I. 345.
II. 155, 351.
Colusson.
V. 303, 305.
Coly.
I. 116.
Combas (de). Voir Blondeau.

Combes. Voir Combeys.
II. 152.
Combessedes (de).
V. 330.
Combeys (Gay dit Combey). Voir Combes.
II. 4, 82.
Compreignac (de). Voir Benoist.
III. 93, 122, 254, 263, 336, 346, 354.
Comté (de S^t). Voir Contest.
Condadille. Voir Joussen.
Condat (dit Le Beau). Voir Dupré.
I. 257.
III. App. 32, 43.
VI. 302.
Constanceries (de).
II. 443.
Constant (s^r du Mas du Bost, de Pressat, du Got de Vertamond, de Verthamond, de Beaupeyrat, de Chervix, de Meyjac). Voir Verthamont.
III. 39, 72, 83, 184, 185, 186, 216, 221, 224, 235, 238, 252, 257, 264, 304, 314, 337, 360, 364.
IV. 18, 30, 33, 34, 49, 50, 51, 52, 55, 63, 73, 81, 82, 83, 87, 90, 115, 130, 131, 132, 275, 289.
V. 204, 333 à 340.
VI. 152, 435.
Constantin.
V. 128.
VI. 134, 181, 436.
Contaire.
VI. 231.
Contest. Voir Barbery de Saint-Contest de la Châtaigneraie.
Conti (de), Compti.
III. 312, 321. — App. 53.
Corberon (de).
III. 362.
Corbier.
VI. 435.
Corcelle (de La).
I. 2, 25, 26, 47, 51, 79.
Corde (de). Voir Decorde ou Descordes.

Cornuau.
VI. 398 à 401.
Cornudet.
VI. 436, 442, 443.
Corporal (Le).
III. 78.
Corteix, Cortcys.
I. 48, 64, 91, 138.
Cortete. Courtete.
I. 66, 89, 96, 116, 135, 157, 265, 301.
II. 83, 228, 352.
Cosnac (de).
V. 137.
Cossas.
V. 385, 410.
VI. 382.
Cosse.
V. 435.
Costel ou Castel.
II. 176.
Costures. Voir Couture, Descoutures.
I. 119.
Cotissas.
I. 323, 438.
II. 108.
Coubras (de). Voir Dépéret.
III. App. 43.
Coudert.
VI. 381, 406.
Coudier.
III. 84.
Couilhe.
III. App. 40, 41, 47, 48.
Coulaud. Voir Coulhon.
VI. 152, 382.
Coulhon (Le), Coulhaud, Coulliau. Voir aussi Colhon (Le), Couilhe (de Cordes dit Le Coulhaud).
I. 76.
II. 139, 351, 356, 477.
III. 42. — App. 28, 47.
Coulin. Voir aussi Colin.
II. 107, 418.
III. 355.
Coulong. Voir Colomb.
Coulombet.
I. 198, 287.

Counhard.
I. 89.
Courades (Les). Voir Duverdier.
Courbiat (de). Voir Colomb, Roulhac.
III. 205.
Courdelas (de). Voir Dubois (sr de).
III. App. 95.
Courpouraud. Voir Sellier.
Courrieras (Raymondus de las).
I. 64.
Courières (des). Voir Barbou, Rougier
III. 407.
Court, Court (Le).
I. 63.
V. 67.
Courtabaud. Voir David.
Courtaud.
I. 265.
Courtaudie (de La). Voir Douhet (sr de).
IV. 324.
Courtete. Voir Cortete.
Courtet.
I. 435.
Courteys.
II. 139.
Courtimene, Echaupre dit Courtimene.
II. 248, 260.
Cousin.
VI. 100, 184, 302, 327, 345, 382, 409, 410, 413, 421, 435, 436, 443, 444.
Coussat.
VI. 184.
Coussedière, Coussidiere.
IV. 364, 365.
V. 303, 305, 329, 347.
Coussy.
V. 417.
Coutaud.
V. 433.
VI. 203.
Coutel.
II. 100.
Coutissas, Cotissas.
I. 63, 227, 396.

Couturas (Las), Couture (La), Descoutures, Des Coutures, Des Coustures. Voir aussi Costures, Cantilhou, Durand, Mailhard.
I. 85, 104, 116, 119, 134, 179, 234, 241, 264, 265, 283, 321, 334, 345, 400, 411, 413, 425.
II. 16, 99.

Couturon.
VI. 302.

Couty.
VI. 231, 346, 347, 381, 440.

Coyol. Voir Jabet, s⁺ de.

Cozan (de).
II. 390.

Cramail, Cramaille.
V. 197, 277, 403.
VI. 45, 51, 74, 184, 303, 345 à 347, 352, 357, 365 à 372, 375, 378, 379, 386, 389 à 391, 395, 397 à 415, 419, 422, 423, 426, 430, 432 à 435, 443, 444.

Cramat (Le).
III. App. 72.

Crezen (de). Voir Boisse.

Croix (de Sainte). Voir Sainte-Croix.

Cropte (de La), de Bourzac.
IV. 347.

Crosier, Crozier, Croisier, Crousier, Croszier, Croyseil, Croyzier, s⁺ d'Aubiat. Voir Crouzeil, Crozell.
I. 79, 204.
III. 39, 68, 70, 73, 76, 82, 116, 129, 143, 145, 156, 162, 164, 171, 175, 192, 193, 194, 198, 200, 206, 209, 213, 214, 222, 233, 234, 251, 255, 256, 261, 306, 338, 355, 356, 363, 379, 380, 381, 383, 384, 392, 401. — App. 81.
IV. 8, 9, 12, 80, 136, 339.

Crosrieu.
III. 157, 163.

Crouchard, Crouchaud.
II. 446.
III. 129, 251, 262, 341.
IV. 180, 289.

Crouchaud.
III. 70, 74, 76, 81, 118, 251, 262.
IV. 63, 74, 289.
V. 34, 373, 374.

Crousay, Crouzeix. Voir Crosier, Crozeil, Croyseil.
III. 378, 381. — App. 76.

Crousel. Voir Crozeil.
I. 434.
III. 334, 339.

Croz.
III. 117.

Crozeil, Crouzeil, Crouzeix, Croceil, Croyseil. Voir Crosier, Crousay, Crousel.
III. 202, 296, 313, 325, 334, 339, 359, 376, 379, 380, 381, 383, 384, 392. — App. 44.
IV. 25, 277, 278, 288, 330, 331.
V. 170, 181.

Crozille.
II. 268.

Cruche.
III. 161.

Crussel (de), Crusol.
VI. 419.

Crucifix (Jean de).
VI. 91.

Cruveilher.
V. 423, 441.

Cugneu.
VI. 287.

Curzac (de). Voir Martin de Labastide.
V. 164, 352.

Cusgy, Grelet dit Cusgy.
I. 63, 421.

Cussac. Voir Jayac.

Cusson.
IV. 52, 275, 286, 288.
VI. 436.

Cybot. Voir Cibot.

Cycot.
IV. 289.

Cyras (Las).
I. 76.

Cyre dit Vigo.
I. 328.

Cyrille (le Père).
IV. 227.

D

Dachez, Dachier, Dachiès.
    IV. 119, 427.
    V. 15, 60, 61, 62.
Dadat.
    V. 433.
Dade, Dasde (du Boscheis dit Dade. Second dit Dasde). Voir Bosesseis, Segond.
    I. 165, 221.
    II. 22, 66, 208, 323.
    III. 42, 72, 78, 84, 118, 236.
Dagia dit Tati.
    II. 417.
Daillon (de) de Ludo.
    II. 10, 12.
    Daixe, d'Aixe dit Picot, Dayso. Voir Pirot, Aixe.
    I. 23, 63, 91, 179, 198, 271.
    III. 33, 35, 48, 72, 170, 323, 347.
Dalesme, d'Alesme. Voir Alesme. Sr de Rigoulène, du Boucheron, de Gorceix.
    III. 205, 211, 266, 376, 385, 389, 390, 393.
    IV. 55, 83, 186, 199, 233, 298 à 305, 386, 416. 418.
    V. 37, 42, 252, 439.
    VI. 92, 116, 231, 303, 316, 345, 366, 382, 413, 436, 441, 443.
Dalezeau.
    III. App. 66.
Damazac.
    IV. 155, 229.
Dambier.
    V. 167, 182.
Damet.
    I. 64.
    VI. 136, 264.
Damours.
    II. 299, 300.
Dangrezas.
    II. 477.
    III. 235.
Danglard, d'Anglard.
    I. 10, 16, 277.

Daniel.
    III. 162.
Danneau, Denaud.
    VI. 438.
Darfeuille, Darfeulhe. Voir Arfeuille, Verdier, s^r Darfeuille.
    II. 99, 156.
    III. 69, 73, 127, 131, 257, 281, 324, 343.
    IV. 57.
    VI. 19.
Dargenson.
    III. 284.
Dargenteau. Voir Argenteau.
    III. 302, 376, 379, 380, 381.
Darlot.
    III. 186, 188.
Darnac.
    III. 336.
Darsleresle.
    IV. 295.
Darsonval, d'Arsonval, s^r du Masboyol.
    IV. 82, 83, 94, 97, 98, 101, 102, 113, 115, 118, 119, 121, 125, 126, 128, 130 à 140, 156, 157, 160, 162, 167, 169, 170, 172, 174 à 179, 181, 184, 185, 189 à 195, 198, 203, 204, 208 à 213, 217, 220, 222, 226, 227, 228, 234, 238 à 241, 250 à 253, 339, 340, 341, 344, 348, 350, 361 à 366, 371, 381.
    V. 12, 19, 333.
Daubertrand.
    I. 55, 66.
Daumas.
    VI. 436.
Daurat (Le). Voir Dorat, Dourat.
    III. 193.
Daurein. Voir Dorin.
    V. 373.
Dauriat.
    V. 303, 305.
    VI. 152, 406, 407.
Dauvergne, Dauverigne, s^r des Vases.
    I. 28, 32, 78, 114, 121, 123, 125, 126, 155, 160, 163, 167, 181,

184, 202, 208, 239, 241, 257,
265, 266, 275, 278, 300, 305,
320, 368.
II. 21, 99, 154, 164, 246, 353, 422,
435.
III. 4, 32, 35, 123, 133, 162, 169,
175, 213, 337, 344, 346, 356. —
App. 64, 95.

Davalat.
I. 68, 158.
III. App. 27, 48.

Davencourt.
III. 342.

David. s^r de Contabaud, de Virolle, de Laplaigne, de La Vergne, de Brie, des Renaudies.
I. 412, 430, 436.
II. 108, 126, 138, 148, 210, 260, 296, 357, 365, 423, 424, 425, 426, 467.
III. 6, 7, 72, 78, 118, 126, 128, 129, 131, 132, 156, 160, 162, 172, 175, 176, 181, 183, 187, 191, 195, 196, 197, 200, 203, 207, 208, 213, 214, 222, 237, 239, 250, 251, 253, 255, 256, 258, 261, 265, 269, 270, 276, 277, 278, 291, 293, 295, 300, 307, 308, 313, 317, 338, 340, 354, 355, 356, 401. — App. 25, 26, 27, 33, 35, 36, 43, 44, 47, 63, 64, 65, 67, 68, 69, 72, 75, 76, 77, 78, 79, 80, 83, 84, 85, 88, 96.
IV. 29, 33, 49, 51, 52, 59, 80, 83, 87, 97, 117, 162, 168, 190, 192, 257, 311, 318, 319.
V. 15, 18, 26, 29, 31, 40, 41, 89, 90, 112, 137 à 139, 142, 144, 146, 154, 196, 197, 199, 204, 225, 228, 230, 231 à 237, 240, 256, 268, 275, 284, 302 à 311, 314, 347, 348, 353, 355 à 359, 365, 370 à 372, 375 à 378, 380 à 382, 397, 398, 431, 433, 435, 439 à 441.
VI. 71, 116, 150, 151, 155, 157, 171, 175, 204, 207, 208, 213, 222, 227, 267, 269 à 274, 278, 280, 282, 283, 286 à 289, 293, 296 à 301, 303, 304, 307, 313, 314, 317, 321 à 324, 327, 328, 331 à 337, 343, 345 à 349, 351 à 354, 356 à 361, 363, 365 à 372, 375 à 386, 389 à 391, 395, 397, 403 à 410, 413 à 416, 419 à 426, 432 à 437, 441, 443, 444.

Davy.
I. 45.

Dayma, Deyma, d'Eymac.
V. 373, 374.

Deau, d'Eau.
III. 118. — App. 80.

Debar.
I. 147.

Debatourne.
IV. 61.

De Beaubreuil. Voir Beaubreuil.

Debelestes, Debeteste. Voir Betestes.

Debord, de Bord, de Bort, Voir Descoutures, s^r de Bort.
IV. 115, 125, 128.
VI. Av. IX, 184, 382.

Debroa, de Broa. Voir du Brouha, Broa.
II. 155, 261, 358, 423.
III. 212, 216, 344.

Debuat. Voir Buat.

Decharbacque.
IV. 376.
VI. 303.

Dechambret.
VI. 303.

Dechastenet. Voir Chastenet.
III. 113.

Dechaumeix.
IV. 280, 287.

Declareuil.
IV. 418.
V. 177 à 180, 246, 247, 262.
VI. 382, 435.

Decordes Descordes, s^r de Gris, de la Bernardie, des Fayes, des Farges, de Félix, de Féli, de Parpayat. Voir Corde, Chaton.
I. 63, 82, 88, 114, 115, 117, 134, 264, 285, 295, 343, 344,

352, 353, 367, 391, 399, 403, 406, 419, 421, 434, 454, 455.
II. 2, 4, 13, 66, 77, 80, 97, 99, 139, 154, 161, 164, 208, 210, 226, 239, 295, 320, 322, 334, 339, 341, 351, 354, 356, 367, 391, 392, 394, 407, 417, 437, 448, 476, 477.
III. 37, 40, 42, 70, 71, 74, 75, 76, 79, 81, 83, 113, 114, 117, 123, 125, 130, 133, 137, 144, 146, 148, 149, 150, 156, 157, 158, 160, 162, 163, 171, 172, 175, 183, 189, 192, 196, 198, 201, 203, 205, 212, 214, 215, 217, 218, 220, 222, 224, 225, 226, 227, 228, 234, 236, 237, 238, 251, 253, 254, 256, 257, 261, 262, 263, 264, 266 à 271, 276, 277, 278, 282, 290, 295, 296, 298, 299, 300, 302, 303, 304, 305, 307, 308, 309, 310, 311, 314, 315, 316, 317, 318, 319, 321, 323, 324, 326, 327, 329, 330, 231, 333, 337, 338, 340, 344, 345, 354, 355, 356, 358 à 373, 375, 395, 397, 408. — App. 10, 11, 13, 14, 15, 34, 35, 36, 40, 47, 48, 49, 64, 65, 84, 94, 95, 99.
IV. 29, 30, 32, 33, 35, 59, 60, 61, 62, 63, 79, 135 à 141, 150 à 162, 166, 167, 168, 170, 172, 186, 199, 264, 265, 268 à 272, 275 à 286, 296, 441.
V. 2, 5 à 10, 15, 259, 268 à 271, 275, 276, 284, 285, 302, 303, 305, 336, 338, 340, 351, 352, 368, 373, 374, 387, 389.
VI. 252, 298.

Decosse.
II. 387.

Decubes.
IV. 28.

De Douhet. Voir à Douhet.

Defaye. Voir Faye, Gérald de Faye.

Defavard. Voir Favard.
IV. 370.

Degorsaix.
IV. 223.

Delabriandière.
VI. 407, 431.

Delabrousse. Voir Labrousse.

Delachenaud. Voir Lachenaud.
III. 200.

Delafont.
IV. 162.

Delafosse. Voir Lafosse.
IV. 277, 349.

Delage (de Lage).
III. 399.
V. 17, 46, 48, 57, 60, 61, 68, 158, 350.
VI. 437.

Delaneau, Delaneu.
I. 83.
II. 395.

Delapine. Voir Lapine.
II. 444.
III. 207, 224.

Delaquinière. Voir Loisel de la Quinière.
VI. 379, 384, 385, 388.

Delaurent.
V. 347.

Delause, Delauze. Voir Lauze (de).
II. 393.
III. 161, 163, 208, 217, 225, 236, 253, 258, 310, 318, 323, 328, 356. — App. 14 à 47, 64, 93.
IV. 91, 343.
V. 29, 42, 91, 107.
VI. 136, 195, 204.

Delavau, Ruaud dit Delavau. Voir Lavaud.
I. 64, 94, 354.
II. 98.
III. App. 32, 34, 35, 36, 43, 44, 48.
VI. 440.

Delépine, Delespine, sr du Masneuf. Voir Lespine (de).
V. 144, 232, 234, 236.
VI. 410, 413.

Delestang.
III. 344.

Delidon. Voir Neveu-Delidon.
VI. 303.
Delille.
VI. 416, 440, 442, 443.
Delignière, Delinière.
IV. 209.
V. 397, 398.
Delmestre de Billon.
V. 69, 70.
Delobard.
IV. 92.
Delombre, de Lombre. Voir Ruben.
VI. 141.
Delombardie. Voir Lombardie.
IV. 90.
Delomenye, Delomenie, Delominie, s^r du Clos, du Claud, de Proximard, de Labatide.
II. 324, 444.
III. 222, 256, 264, 297, 307, 314, 320, 337, 356, 401. — App. 48, 49
IV. 31, 42, 52, 55, 58, 62, 83, 129, 176, 178 à 187, 270, 289.
V. 22, 23, 94, 99 à 106, 109, 235.
VI. 302, 382, 437.
Delort, Delhort.
III. 73, 83, 127, 149, 157, 172, 176, 194, 197, 199, 207, 215, 219, 221, 224, 285, 300, 309, 311, 325.
IV. 74.
V. 89, 91, 439 à 441.
Delousme.
I. 5, 6.
Delpy.
I. 115.
Demaldent. Voir Maldent.
Demartial, Demarsiat. Voir Demassiat.
IV. 377.
V. 303, 305, 373, 435.
Dematiat, Demathias, Desmassiat. Voir Demartial.
IV. 289, 411, 416.
V. 408.
VI. 263.
Demay, Demetz.
III. 338. — App. 95, 97.
VI. 352, 381 à 383, 392, 400.

Demoissanes.
V. 382.
Demons. Voir Mons, Desmons.
II. 261, 265, 372, 373.
Demuaud.
I. 64.
Demuret. Voir Muret.
III. 115.
Denard.
VI. 287.
Denaud. Voir Rozeau.
Dengrassas, Dengrazas.
I. 395.
III. 216, 223.
Denis.
I. 84.
Dennaud.
VI. 152.
Denoalhé. Voir Noualher.
IV. 296.
Denycard.
II. 414.
Dépéret de Conbras.
IV. 191, 215, 277, 278, 289, 436.
V. 18, 22, 23, 29, 31, 83 à 94, 99, 104, 235, 256, 303, 305.
VI. 125, 194, 231, 264, 302, 431, 442, 443.
Depetiot. Voir Petiot.
IV. 29, 127, 128, 129.
Deproges ou Proges (de). Voir Proges.
III. 31, 48, 56, 57. — App. 93, 95, 98.
VI. 437.
Derecules. Voir Reculez.
Deroche. Voir Desroches.
Dergny.
VI. 2-7.
Desbordes. Voir Flottes (des), s^r des Bordes.
IV. 287, 288.
VI. 382.
Deschamps, des Champs, de Champ, s^r de Bellegarde, des Belles, de La Gardelle. Voir Champs.
I. 2, 15, 28, 60, 113, 156, 164, 178, 220, 237, 263, 266 333,

339, 352, 366, 406, 407, 410.
420, 422, 434, 437, 438, 442,
451, 455, 456.
II. 2, 4, 22, 82, 83, 99, 102, 153,
155, 158, 197, 198, 200, 203,
205, 206, 207, 209, 210, 221,
262, 266, 267, 269, 295, 296,
299, 300, 301, 302, 318, 320,
335, 336, 339, 341, 344, 350.
III. 68, 70, 76, 81, 125, 130, 133,
156, 162, 171, 192, 195, 196,
198, 200, 205, 212, 214, 215,
218, 222, 223, 234, 255, 263,
265, 281, 282, 327, 330, 338,
355, 372. — App. 85.
IV. 28, 34, 57, 83, 86, 90, 92, 96,
97, 99, 112, 138, 167, 168, 170,
172, 175, 189, 192 à 195, 198,
203, 204, 208, 209, 210, 217,
227, 233, 235 à 239, 242, 243.
V. 19, 22, 49, 50, 127, 129, 133,
135, 137, 139, 140, 142 à 147,
150, 153, 155 à 165, 225, 432 à
434.
VI. 8, 302, 381, 382, 435, 437, 438.

Deschez.
V. 153.

Descombes.
VI. 123.

Descordes. Voir Decordes.

Descoult, Descoulx.
I. 352.
II. 160.

Descourières. Voir Barbou.
VI. 352.

Descoutures, Des Coustures, Las Couturas, s^r du Reynou, de Bort, de Nexon. Voir Couturas, Coutures.
I. 85, 104, 116, 119, 134, 179, 234, 241, 264, 265, 280, 321, 334, 345, 400, 411, 413, 425.
II. 16, 99.
III. 41, 44, 72, 78, 84, 85, 115, 127, 131, 133, 134, 135, 137, 138, 139, 140, 141, 157, 171, 186, 195, 240, 274, 308, 310, 314, 315, 316, 330, 335, 340, 342, 345, 348, 398. — App. 47.

IV. 28, 32, 34, 39, 41, 44, 50, 114, 117, 123, 124, 130, 144.
V. 183, 335, 338, 340.

Descubes.
VI. 25.

Desfertes.
II. 19.

Des Flottes, Defflottes. Voir Flottes (des).

Desfosses.
IV. 409.

Desmaisons, s^r de Bonnefont, du Vigenaud. Voir Bonnefont, Desmaisons (s^r de).
III. 5, 35, 38, 39, 48, 71, 77, 83, 127, 131, 194, 207, 208, 254, 256, 260, 266, 270, 299, 310, 313, 323, 324, 334, 337, 356, 361, 364, 368, 369. — App. 48.
IV. 34.

Desmarais.
V. 270.

Desmolins, Desmoulin, Dumoulin, Voir Molins (des).
VI. 235, 236.

Desmontz, Desmons (Martin, s^r des Montz). Voir Mons (de, du), Demons.
III. 68, 70, 76, 79, 91, 125, 130, 156, 163, 209, 295, 312, 335.

Desportes.
VI. 381.

Desraines.
VI. 231.

Desroches, Deroche.
IV. 31.
VI. 125, 303, 345, 361, 398 à 402, 413, 414.

Dessables.
III. 340. — App. 99.

Dessagnes (Vitard-).
VI. 409.

Desthèves.
VI. 51.

Destoir. Voir de Thouars.

Desvignes. Voir Vigne.

Dethasseilh. Voir Chaffort.
II. 98.

Deux (Les).
II. 443.
Deval.
IV. 126, 181.
Devallat. Voir Davalat.
Devarnet.
VI. 302, 352, 363 à 365, 382.
Devarenne, Devarinne.
VI. 263, 303.
Devaud, Deveaux, Deveux, Devaulx.
Voir Vaulx (de).
II. 292.
V. 303, 305.
VI. 135, 437.
Devergnias.
III. 397.
Deverthamond. Voir Verthamond (de)
Deveux.
V. 373, 374.
Deville.
V. 434.
VI. 115, 135.
Devilloutreix, de Villoutreys. Voir
Villoutreix.
IV. 159, 160, 174 à 181, 192, 198,
203, 204, 208, 218, 219, 226,
227, 253.
V. 306.
Devoyon (et De Voyon), Devouyon,
s^r de La Pacaille, du Buisson, de
La Planche.
I. 327, 352, 354, 401.
II. 99, 353.
III. 48, 72, 128, 132, 157, 159,
163, 172, 176, 194, 200, 201,
207, 228, 234, 252, 257, 264,
274, 286, 297, 314, 325, 344,
352, 356, 367, 399, 401.
IV. 27, 32, 91, 96, 185, 216, 252 à
261, 275, 286, 296.
V. 26, 31, 157, 284.
VI. 89, 90, 91, 134, 288, 352, 390,
392, 402, 439.
Deynière (La). Voir La Deynière.
Deyscendier, Deysseindier.
I. 66, 138.
III. 291.

D'Héralde (Dominique).
VI. 345, 363 à 370, 376, 379, 384,
386, 389 à 392, 395, 397, 401,
403, 409, 413, 419 à 425.
Dieul.
V. 11.
Dignac.
IV. 347.
V. 373.
Diot.
VI. 33, 36, 37.
Disnematin, Disnemandi, Disnamatin
dit le Dourat, Dorat, s^r des
Salles. Voir Dorat.
I. 5, 6, 21, 22, 29, 47, 60, 62, 65,
79, 82, 83, 90, 91, 113, 114, 115,
118, 134, 136, 139, 141, 156,
163, 172, 180, 184, 196, 220,
224, 266, 296, 331, 335, 365,
399, 408, 417, 457.
II. 3, 81, 83, 98, 99, 106, 154,
226, 227, 239, 346, 352, 357,
395, 417, 418, 423, 425.
III. 2, 5, 22, 43, 44, 70, 81, 82,
118, 125, 134, 175, 183, 296,
325, 401. — App. 84.
IV. 191, 215, 261, 277, 278, 289,
329, 345.
V. 19, 30, 36.
VI. 302, 327.
Dissandes.
V. 205.
Dissoire.
VI. 96.
Diverneresse.
VI. 263.
Dixmier.
II. 236.
Dognon, Doignon. Voir Vidaud (s^r du)
Dohet, Douhet, de Douhet, s^r du Gra-
vier, de la Gorsse, de la Rivière,
du Puymoulinier, du Boucheron,
de Richebourg, de La Courtadie,
de Montauseau.
I. 10, 25, 29, 46, 47, 50, 62, 65,
78, 90, 112, 114, 121, 137, 184,
281, 292, 368, 401, 454.

II. 2, 5, 18, 51, 98, 127, 138, 148,
154, 236, 239, 240, 259, 260,
314, 315, 351, 368, 427.
III. 44, 46, 47, 50, 57, 75, 76, 81,
82, 93, 117, 120, 123, 125, 126,
130, 133, 137, 143, 145, 148, 156,
162, 164, 175, 194, 197, 199,
203, 205, 211, 214, 218, 233,
234, 237, 250, 251, 252, 257,
266, 267, 268, 272, 300, 308,
318, 320, 321, 323, 324, 326, 329,
331, 344, 394, 398, 400. — App.
10 à 16, 36, 43, 44, 48, 49, 58.
IV. 27, 30, 32, 35, 49, 53, 58, 61,
62, 74, 288, 319, 320 à 325, 329.
V. 203, 204, 241, 245 à 252, 256 à
260.
VI. 326.
Dominique. Voir D'Héralde.
Dommergues.
VI. 435.
Dompnhon.
I. 138.
Dorat, Lou Dourat, s^r des Monts. Voir
Disnematin dit Le Dourat.
III. 134, 175, 193, 198, 209, 263,
401.
IV. 34, 79, 90, 100, 109, 121 à 138,
161, 171, 173 à 186, 203, 208,
219, 270, 271, 275, 278, 284,
288, 345, 398, 399, 408, 409,
415, 421 à 425, 429 à 441.
V. 18, 29, 33, 41, 69, 328, 336,
338, 350, 431.
Dorcès. Voir Orsay (d').
Dordet.
VI. 439.
Dorin, Daurein.
V. 373, 374.
Doriole.
II. 413.
Dorsay. Voir Orsay (d').
Dorval.
I. 136.
Doubert.
III. 326.
Doudet.
VI. 327, 381, 434.

Douhet. Voir Dohet.
Doujaud.
V. 205.
Doulcet.
I. 62.
Doulhac.
V. 134, 135, 180, 257, 258, 423.
Dourat (Lou), Disnematin dit le Dou-
rat. Voir Dorat.
I. 47, 51, 83, 163, 172.
II. 81, 98, 154, 257, 423.
III. 134, 175, 193.
Doureil. Voir Bretagne.
I. 365.
II. 3, 268.
Douret dit Barrandon. Voir Barran-
don dit Douret.
II. 22, 228.
Douri.
I. 29.
Dourieyras.
I. 256.
Dournay (de).
II. 443.
Douville (s^r de).
III. 352.
Douyneys, Doyneis, Doyneys.
I. 89, 395, 411.
II. 98, 154, 199.
III. 200.
Douzet. Voir Baraudon.
Dubédat.
VI. 325.
Dubin.
III. App. 90.
Dubois, Du Boys, de Bosco, deu Bost,
s^r de Bouscheyron, de Cham-
boursac, de Vert, de la Jourda-
nie, de Courdelas, du Puytignon,
de Châteauneuf, de St-Priest,
de Lanneau, de Tessin. Voir
Barbe, Marquet, Monocquet, Puy-
lignier.
I. 2, 5, 10, 18, 21, 25, 26, 33, 46,
47, 50, 54, 62, 65, 69, 71, 79,
82, 87, 88, 91, 95, 96, 106, 109,
114, 115, 117, 119, 130, 133,
134, 139, 155, 156, 158, 159,

163, 164, 172, 178, 179, 184, 203, 220, 221, 226, 244, 247, 263, 266, 267, 273, 275, 280, 292, 322, 323, 325, 331, 333, 343, 344, 367, 393, 395, 397, 400, 403, 409, 411, 420, 421, 434, 436, 439, 443, 455, 456, 457, 462, 463, 465.
II. 2, 3, 4, 5, 13, 19, 20, 62, 66, 74, 77, 80, 81, 97, 98, 99, 107, 139, 148, 154, 155, 156, 163, 198, 205, 208, 210, 227, 246, 261, 279, 294, 303, 305, 306, 307, 308, 309, 311, 313, 315, 318, 322, 340, 345, 353, 354, 356, 364, 367, 373, 374, 377, 380, 387, 391, 395, 415, 417, 418, 421, 422, 425, 428, 430, 432, 435, 462, 467, 479, 480.
III. 41, 59, 60, 62, 67, 68, 69, 71, 73, 75, 77, 78, 79, 81, 83, 84, 115, 117, 122, 124, 126, 127, 129, 130, 131, 133, 139, 141, 142, 145, 147, 148, 149, 150, 155, 156, 157, 158, 159, 160, 162, 163, 171, 172, 173, 174, 175, 176, 179, 180, 181, 185, 188, 189, 190, 192, 193, 195 à 210, 213 à 217, 222, 223, 224, 227, 233, 234, 235, 236, 237, 239, 250, 252, 253, 255, 256, 258, 259, 262, 265, 268, 269, 285, 290, 296, 299, 302, 303, 204, 308, 309, 314, 315, 326, 327, 343, 354, 355, 356, 365, 370, 375, 403, 407, 408. — App. 5, 14, 28, 29, 36, 43, 44, 48, 49, 57, 63, 64, 67, 78, 80, 81, 82, 86, 91, 92, 94, 96, 97.
IV. 26, 27, 31, 39, 50, 62, 66, 88, 90.
V. 10, 359, 364 à 366, 370, 378 à 382, 389, 398 à 400, 433, 435.
VI. 116, 152, 263, 298, 327, 345 à 347, 413, 414, 435.
Dubost, Dubos, Dubot. Voir Dubois, Pétiniaud.
V. 309, 359, 389, 400.
VI. 303.

Du Bouscheyron, Duboucheront. Voir Duboys, s^r du Bouscheyron.
III. 313.
Dubouscheys, Duboscheys, Dubouscheyt. Voir Bouscheis, Boscheis.
II. 62, 68, 155, 163, 210, 355, 374, 415.
III. 157, 172, 257, 264, 297, 314, 317, 319.
IV. 50, 211.
V. 347.
Dubour.
II. 392.
III. 234, 274.
Dubrueil, Dubreil, Dubreuilh. Voir Cognasse, s^r du Breuilh).
III. 341, 374, 404.
IV. 40, 208, 289.
V. 284.
VI. 45, 382.
Duchalard.
IV. 288.
Duchesne.
V. 303, 305.
Duclou ou du Clou, du Cloup, Ducloux, Duclout.
III. 159, 176, 195, 200, 202, 208, 217, 224, 232, 236, 253, 261, 265, 282, 295, 337, 340, 344, 367. — App. 64, 81.
IV. 81, 275, 281, 289, 418.
V. 18, 19, 29, 347.
VI. 264, 382, 421, 434, 441, 443.
Duclos, Duclaud. Voir Delomenie.
V. 434.
VI. 382.
Ducluzeau (du).
II. 443.
Ducourtieux.
III. Av. xi.
IV. 328.
V. 157, 241, 378.
VI. Av. ix. — 123, 134, 192.
Ducros.
VI. 231.
Dudon.
V. 184, 185, 189, 257.

Dufaure, sr de Vialebost.
IV. 77, 100, 102, 106, 107, 108, 112.
Duféniuex, Defénieux, Du Fenieux. Voir Fénieux (de).
IV. 252, 253, 256, 257.
V. 49.
Dufour.
IV. 91.
VI. 440.
Dufré.
I. 70, 96.
Dugarreau. Voir Vidaud du Garaud, Pétiniaud (du).
V. 43.
Dugencyty, du Gencyty. Voir à Gencyty.
III. 292, 293.
IV. 109.
Du Gravier. Voir Martin.
III. 407.
Dugros.
III. App. 47.
Duhautier.
VI. 352.
Dujalat. Voir Jalat.
III. 297. — App. 64, 78.
IV. 25.
Dumaine.
VI. 207.
Du Mas, Dumas, Dumas-la-Fille, sr de Beaune. Voir aussi Mas, dit Balot.
I. 5, 6, 48, 89, 333.
II. 2, 4, 11, 12, 13, 18, 165, 198, 307, 308, 373, 374, 427, 429, 430.
III. 3, 70, 74, 76, 82, 126, 131, 134, 156, 162, 198, 206, 257, 338, 351. — App. 26, 28, 84.
IV. 288, 387.
V. 122, 123, 349.
VI. 287, 321, 323, 345, 352, 382, 392, 421, 436.
Dumay.
V. 349.
VI. 93, 303, 327, 413.

Dumont.
III. 263.
V. 50, 52, 235, 434.
VI. 227, 260, 289, 330, 340.
Dumonteil, Dumontin, sr du Monteil, du Montin. Voir Monteil (du), Pasquette, Benoist.
II. 208, 211, 393.
III. 226, 227, 230, 256, 264, 296, 310.
Dumouraud.
V. 433.
Dupetit.
VI. 153.
Dupeyrat. Voir Peyrat, sr de Thouron, de La Mailhartre, du Masjambost.
I. 7, 9, 10, 16, 22, 26, 47, 50, 62, 69, 72, 75, 79, 114, 117, 127, 244, 321, 399, 409, 439, 443.
II. 98, 154, 308, 372.
III. 1, 20, 31, 43, 44, 46, 47, 71, 75, 77, 80, 82, 148, 149, 162, 163, 168, 171, 175, 181, 183, 192, 197, 206, 209, 299, 324. — App. 27, 39, 68, 84.
IV. 388, 391, 396.
Dupin, sr du Masneuf.
I. 162, 165, 167, 172, 184, 204, 209, 237, 282, 291, 323.
II. 448.
III. 68, 71, 129, 162, 191, 223, 291, 315, 338, 344, 346, 373, 375.
IV. 24, 33, 34, 49, 54, 62, 66, 232, 287, 371, 382, 412.
Du Plessis, Duplessis.
III. 118.
IV. 108.
Dupont, Dupon.
II. 444.
III. 172, 174, 176, 184, 185, 194, 196, 207, 216, 224, 235, 252, 257, 279, 297, 314.
IV. 223 à 226, 231, 436.
V. 18, 22, 23, 26, 42, 43, 83, 97, 433.
Duprat.
III. 339, 343. — App. 81.

Dupré, Duppré. S^r d'Aigueperse, de Condat, du Theillaud, Dupré Jaquilin de Maledent. Voir Maledent, Guinau-Dupré.
II. 265, 266, 479.
III. 48, 302, 303, 311, 312, 325, 329, 331, 333, 334, 335, 339, 340, 358, 373, 401. — App. 71, 80, 81.
IV. 25, 34, 40, 48, 55, 59, 60, 191, 215, 380, 418.
V. 18, 22, 23, 31, 120, 136.
VI, 92, 152, 183, 263, 382.
Dupuy.
V. 272.
VI. 98, 99, 100, 125, 413, 440.
Dupuytrem, Dupuytren.
VI. 438, 442, 444.
Duqueyroy, du Queroy, Lafont du Queroy. Voir Lafont.
IV. 396, 398, 399, 401, 405 à 408.
Durand, Burgière dit Durand, s^r du Chatenet, de Richemont, de Salesse, de La Saigne, du Boucheron, de Lacouture. Voir Richemont.
I. 32, 47, 62, 63, 88, 95, 106, 114, 126, 142, 157, 237, 438.
II. 67, 79, 209.
III. 164, 165, 176, 355. — App. 19, 23, 24, 26.
IV. 27, 172. 177, 208, 217, 218, 219, 226, 227, 228, 241, 270, 271, 277, 278, 286, 288 à 297, 301, 329, 333 à 336, 339, 342, 345, 349, 351, 386, 418.
V. 164, 254, 274, 436.
VI. 8, 107 à 110, 208, 260, 322, 323, 345, 363 à 368, 413, 414, 423 à 425, 435, 441, 443.
Durandeau.
VI. 184.
Duras (de).
III. 397.
V. 326.
VI. 152, 345, 382, 413.
Dureysseix.
VI. 436.

Durieu, Durieux. Voir Rieu.
IV. 48.
VI. 117, 136, 184, 264, 436.
Duriff.
V. 151, 356.
Durou, Duroux dit Beyran. Voir Beyran.
IV. 25, 27, 33, 42, 52, 55, 83, 87, 135, 136, 203, 204, 205, 289, 430, 431, 435, 437, 439.
VI. 263, 435.
Dussoub, Dussoubs.
VI. 260, 261, 303.
Dutheilh, Duteil, Dutreuil, s^r des Sales.
II. 395, 449.
III. 22, 45, 47, 83, 264, 296, 313, 329, 332, 333, 337, 371.
IV. 27, 29, 52, 60, 83, 303, 305.
Dutreix de Vicq.
IV. 203.
V. 12, 181, 182, 305, 373, 374, 433.
VI. 33, 34, 288, 437.
Dutrueil, Dutrueilh, Dutreil. Voir Trueil.
II. 262, 358, 416.
IV. 52.
V. 303.
Duval.
IV. 242.
VI. 303, 421, 434, 441, 443.
Duverdier, du Verdier, s^r des Couradés, de Narmond. Voir Verdier.
IV. 232, 233, 238, 239.
Duvergier, Duverger.
I. 63.
V. 23, 387, 389, 397, 398.
VI. 437.
Duvert.
VI. 116.
Duvivier.
V. 258.
Duvoisin
VI. 382.

E

Ebrard.
  IV. 421, 422.
Ebreyt.
  I. 9, 15, 292, 296.
Echaupre, Eschaupre, Eyschaupre. Voir Courtimene.
  I. 29, 198, 435.
  II. 83, 106, 248, 260, 341, 401.
  IV. 29, 34, 56, 77, 185, 186, 191, 203, 444.
  VI. 381.
Echoisier (l'). Voir Flottes (des).
Enaï.
  VI. 336.
Enguyen.
  III. App. 87.
Enraux (d'), Enroux (d'). Voir Boyol.
Epernon (duc d'), Espernon (O. d').
  III. 35, 49, 57, 90, 120, 122, 139, 141, 142, 227, 361. — App. 44, 45, 46, 80, 90, 91, 92, 93, 98.
Escar (d'). Voir Cars (des).
Eschauzier (de L'). Voir Leychoussier, Flottes (des).
  II. 345.
Esgaux (des).
  III. 137.
Essarts (des). Voir Roger, Rogier.
Essenaud, Essenault, Eyssenaud.
  I. 23, 56, 58, 125, 171, 236, 257, 278, 304, 408, 430, 431.
  II. 62, 155, 204, 341, 432.
  III. 162, 164, 172, 176, 193, 209, 216, 223, 256, 259, 283, 347, 356.
Estienne de Larivière. Voir Larivière.
  V. 89, 90, 112, 128, 144, 156, 157, 168, 196 à 199, 223, 256, 284 à 286, 302 à 311, 314, 326, 353, 355, 357, 365, 371 à 376, 378 à 382, 384, 387, 389, 390.
  VI. 10, 11, 14, 16, 18, 21, 23, 24, 29, 30, 32, 35, 38, 39, 43, 48 à 53, 56, 61, 63, 65, 69 à 75, 85 à 93, 96, 99 à 109, 112, 114 à 143,
149 à 153, 159 à 161, 164 à 175, 182 à 195, 198, 200 à 208, 213, 216 à 222, 227, 228, 231, 236, 240 à 243, 247 à 253, 257 à 259, 262, 264, 267, 270, 272, 273, 274, 302, 382, 392.
Etampes (d').
  I. 448.
Etiveaud (d'). Voir Baillot, Benoist.
Eyjeaux. Voir Pétiniaud.
Eymard.
  VI. 8.
Eyraud.
  III. 264.
  VI. 71, 136.
Eytier, dit Le Parve.
  II. 139, 423, 479.

F

Falot.
  III. 272.
Fanet.
  I. 79.
Fanton.
  III. App. 22, 43.
Farges (les). Voir Decordes.
Farlet.
  I. 63.
Farne, sr du Puyréjaux, Raynaud dit Farne, dit Juge.
  I. 83, 119, 271, 403, 434.
  II. 98, 106, 153, 247, 353, 368, 392, 429.
  III. 40, 127, 154, 159, 172, 176, 194, 199, 213, 215, 235, 236, 253, 257, 264, 290, 318. — App. 48.
  IV. 23, 57, 80, 83, 131, 136, 177 à 191, 204, 208, 214, 215, 216, 277, 278, 289, 330 à 335, 342, 349, 351, 387.
  V. 26, 31, 155, 157, 158, 160 à 167, 170, 175, 182, 183, 225, 228, 240, 272, 326, 431, 433, 439 à 441.
  VI. 47, 258, 259, 263, 302, 312, 316, 358, 359, 361, 363, 365, 382, 413, 414, 421, 434, 441, 443.

Farrant, Ferrand.
  I. 22, 48.
Farre (de La). Voir Lafarre.
  II. 139.
Faucher.
  V. 161, 162.
  VI. 438, 439.
Faudon.
  I. 115.
Faudry.
  IV. 387, 418.
  V. 433.
Faugeyrat, Faugeras. Voir Fougeyrat.
  III. 184. — App. 21, 25, 29, 42, 47.
  VI. 135.
Faugieres.
  III. 338.
Faulte, Faute, s^r de Marzat, de Poulouzat, du Puy-d'Autour, de Venteaux.
  I. 29, 83, 88, 118, 172, 434.
  II. 139, 296, 374, 427, 429, 431.
  III. 21, 42, 44, 46, 50, 75, 81, 181, 183, 191, 214, 233, 256, 263, 292, 293, 295, 300, 304, 315, 328, 355, 375, 379, 394, 397, 398, 401. — App. 41, 78, 80, 81.
  IV. 18, 19, 21, 25, 31, 52, 59, 81, 83, 87, 162, 169, 177, 178, 186, 191, 217, 221, 227, 228, 241, 249 à 255, 261, 268, 275, 279 à 283, 286, 287, 289, 290, 291, 293, 342, 349, 351, 378 à 380, 409, 425 à 427, 430, 436.
  V. 4, 5, 89, 91.
  VI. 47, 341 à 345, 372, 381 à 383, 412, 420 à 423.
Faure, Lefaure, s^r de Vilatte, de Maison-Rouge. Voir Juge.
  I. 63, 325, 328, 334, 417.
  III. 116, 272, 328, 337, 343, 407 App. 78.
  IV. 6, 275, 288, 325, 326, 419 à 425, 429 à 431.
  V. 240.
  VI. 34, 35, 36, 71, 136, 144, 152, 169, 184, 195, 381, 382, 435, 437, 438, 440.

Faute. Voir Faulte.
  II. 296.
Fauroin.
  II. 5, 6.
Favard, s^r des Moulins. Voir Defavard.
  III. 347, 371.
  IV. 34, 55, 366, 367, 370, 375 à 388, 392, 395.
  V. 89, 90.
Favelon.
  I. 47, 51, 66, 107, 119, 246, 412.
  II. 429.
Fayard.
  VI. 437.
Faye, La Faye, des Fayes. Voir Decordes, s^r des Fayes, Gérald de Faye.
  I. 64.
  IV. 160.
  V. 127, 237, 272, 275.
  VI. 303, 438.
Fayen.
  III. 6, 7.
Fayet.
  V. 75.
Fayette (de La).
  II. 201.
Fayolas, Fayoles (de).
  I. 434.
  II. 107.
Fayolle (de, des),
  III. App. 93.
  V. 248, 249, 251.
Federic ou Frideric (Hans).
  II. 472, 473.
Feger.
  V. 193, 248, 249, 265.
Felines (de). Voir aussi Felmes.
  II. 13, 16, 417, 479.
  IV. 191, 289.
Félix (de), Féli (de), Félis, Felli, de Cordes, s^r de Félix, Féli. Voir Decordes.
  III. 295, 312, 317.
  IV. 90, 141.
  VI. 436.
Felmes (de), (de Felmis), Felines.
  I. 15, 16, 72, 109.

Fénieux (de). Voir du Feynieux.
V. 49.
Fenyen.
II. 16.
Féral.
IV. 336.
Fernoel.
II. 51.
Ferrand. Voir Farrand.
Ferray.
V. 433.
Ferrières (de), marquis de Sauvebeuf. Voir Sauvebeuf.
Feuilletin.
IV. 91.
Feytiat (de). Voir Maledent.
V. 283, 284.
Filhou.
I. 25, 65, 76, 107, 114, 173.
Filiatre.
VI. 168.
Finet (Le), s^r de Chabassettes, de Lascure dit Le Finet.
I. 438.
IV. 58.
Fiquet ou Tiquet, Ficquet,
I. 112.
II. 156.
Fisot.
VI. 289.
Fitz-James (de), duc de Berwick. Voir Berwick.
IV. 184, 260, 347, 401 à 405.
V. 43, 70, 161, 162, 191, 346.
VI. 93, 94, 95, 112, 114, 189, 190, 191, 281.
Flament, Flamant (Le).
I. 68.
III. App. 78.
Fleurelle (de). Voir Grellet.
Florand.
III. App. 33, 34, 35.
Flory.
IV. 137, 181.
Flottes (de, des), s^r de Bonnac, des Bordes, de l'Echoisier, de Fombesse. Voir Desflottes.
I. 232, 369, 435.

II. 62, 98, 269, 373, 427, 428, 432, 444, 445, 449.
III. 118, 127, 157, 170, 172, 176, 194, 234, 299, 302, 305, 307, 314, 315, 338, 341, 343, 344, 345, 347, 361, 365, 368, 371, 373, 374, 375, 376, 384, 408. — App. 47, 71.
IV. 40, 41, 50, 52, 62, 80, 83, 171, 173, 174, 287, 288, 296, 307, 308, 310, 311, 312, 315, 318 à 329.
V. 11, 15, 111, 240, 270.
VI. 440.
Flouqué.
VI. 437.
Fombesse (de). Voir Flottes (des).
IV. 307, 325.
Fombonne, Voir Molinier.
Fonsreau.
III. 306.
Fontanilhe, Fonteneil.
II. 100.
III. App. 90.
Fontjaudran (de). Voir Maledent (s^r de).
IV. 199, 276.
Force (de La). Voir Laforce.
Fordoysson, Fourdoisson.
I. 25, 47, 78, 107, 112, 115, 116, 137, 197, 224, 456.
Foresta, Forest. Voir Fourest ou Laforest.
I. 406.
II. 374, 425, 430, 431, 433, 437, 448, 449, 477.
Forestier, Fourestier.
IV. 328.
VI. 382.
Forgemol, Forgemolle.
V. 426.
VI. 161, 162, 430, 431.
Fornier.
I. 63, 149.
Fosse (La). Voir Lafosse.
I. 395, 437.
Foucaud, Foucault, dit Nicot.
II. 307, 308, 374, 428.
III. Av. vii. — 68, 71, 77, 83, 129, 157, 162. — App. 40, 48.

VI. 28, 29, 316, 411, 416, 422, 433, 434.
Fougassier.
I. 6, 10, 15, 16, 47, 51, 62, 70, 75.
Fougeras. Voir Fougeyrat.
VI. 304.
Fougeras-Lavergnolle.
VI. Av. ix.
Fougères, Fougières.
V. 373, 374, 397, 398.
VI. 150, 151, 155, 157, 164, 171, 175, 178, 202, 208, 231.
Fougeyrat. Voir Faugeyrat, Fougeras.
III. App. 21, 25, 29, 42, 47.
Foulhaud.
III. 213.
Foullet.
III. App. 84.
Fourest. Voir Foresta, Forest.
I. 402.
Fourissou.
III. App. 35, 36, 45.
Fournaud.
V. 85, 90, 91, 149, 346.
VI. 341.
Fournier, s^r de Verthamond, de Lavigerie. Voir Mons (des).
III. 272, 387. — App. 34.
V. 58, 59, 63, 64, 65, 103, 104, 130, 164, 233, 328, 373, 374, 387, 389, 390, 393 à 395, 399, à 401, 409 à 416, 419, 425, 427.
VI. 6, 8, 10 à 35, 38, 39, 43, 45, 48, 49, 50, 53, 61, 62, 65, 69 à 75, 83 à 110, 112 à 136, 139, 143, 149 à 166, 171 à 207, 211 à 213, 217 à 222, 227, 228, 231, 234, 236, 240 à 242, 248 à 273, 303, 323, 324, 334, 335, 362, 366 à 370, 376, 377, 379 à 391, 393, 397 à 410, 413 à 426, 430, 432 à 434, 443, 444.
Fournieux.
IV. 455.
Fouschier.
I. 139.
Foussette.
VI. 438.

Fousteau.
II. 87.
Fraixeix, Fraisseix (de). Voir Beaune (de), Bonin.
VI. 380, 382, 383.
Fray-Fournier, Fray de Fournier.
VI. 150, 151, 155, 156, 157, 175, 178, 207, 208, 213, 268 à 274, 316.
François.
V. 164, 168, 169.
Fré (du).
I. 70, 96.
Frédaigue (de).
IV. 427.
Fregefont.
III. 263, 286, 296.
Fremin.
III. 319, 321.
Freminet.
III. 117.
Frenault.
I. 89, 135, 177, 180, 265, 322, 395.
Frérot.
VI. 239.
Fressanges (de). Voir Maledent (de), Léonard.
IV. 302, 427.
V. 137, 139, 142, 156, 157, 303 à 311, 314, 350 à 351, 370, 375, 376, 378, 380, 389, 390, 393, 398 à 401.
Fressiniat (de). Voir Malevergne.
V. 57, 112, 146, 235.
Fretet (de).
II. 444.
III. App. 26.
Freyssinaud. Voir Sardine, Freyssinaud dit Sardine.
I. 63.
II. 200.
Freyssinet.
VI. 8, 9, 10, 24, 29, 30.
Fricquet.
III. App. 47.
Froment, Froument, Froman, dit Maubaye. Voir Maubaye, Bureau.
I. 63, 232, 328, 403, 411.

II. 22, 163, 191, 248, 358.
III. 234, 283, 291, 343, 401. — App. 71.
IV. 25, 73, 79, 100, 109, 136, 215, 277, 278, 288, 342, 345, 386, 416, 418.
V. 275, 280 à 282, 397, 433.
VI. 382.

Fromental (Morcil, seigneur de). Voir Moreil.
III. 364.
IV. 190.

Frugier.
VI. 437.

Fursac.
I. 15, 46, 165, 182, 343, 407.

Fustier. Voir Senemaud.

G

Gabaud.
III. App. 17, 19, 21, 22, 28, 36, 37, 38, 41, 47, 78.
IV. 131.
VI. 28, 29.

Gabriel.
V. 326.

Gadaud, Gadault, Pauly dit Gadaud, dit La Villatas, s^r de La Villetas.
I. 5, 25, 53, 66, 79, 80, 88, 89, 115, 120, 135, 158, 181, 223, 231, 245, 265, 322, 332, 344, 394, 399, 400, 410, 436.
II. 22, 108, 139, 248, 251, 318, 354, 355, 392, 423, 427, 428, 444, 449.
III. 41, 42, 69, 71, 77, 78, 79, 80, 83, 84, 117, 121, 123, 127, 130, 131, 157, 163, 170, 172, 176, 191, 195, 199, 200, 201, 207, 263, 359, 376, 378, 379, 380, 381. — App. 16, 17, 18, 26, 27, 29, 31, 37, 38, 47, 48.
IV. 91.

Gagnan.
VI. 436.

Gagny.
III. App. 83.

Gaillard, Gailhard.
III. App. 12, 43.

Gain. Voir Petiot.
I. 194.

Gaion. Voir Gayon, Gaye.
III. 344.

Galand, Reynier dit Galand.
I. 197.
II. 322, 392.
III. 245.

Galichier, Galachier, Gualicher, Gallechier, Galecher.
I. 21, 29, 137, 139, 141, 163, 220, 244, 267, 331, 354, 400, 403.
II. 2, 4, 13, 74, 98, 161, 165, 198, 320, 333, 339, 341, 347, 391, 418, 425, 447, 462.
III. 52, 70, 74, 76, 82, 116, 126, 156, 162, 164, 171, 206, 215, 221, 223, 226. — App. 76.

Galien.
V. 11.

Gamand. Voir aussi Guamaud.
I. 119, 126, 159, 169, 210, 301, 343, 355, 389, 399.

Gambias. Voir de Nyert.

Gandin.
III. 161.

Gandois.
VI. 382, 435, 440.

Gandy.
I. 278.
II. 83, 432.

Ganny, Gany.
VI. 303, 345, 381, 382, 435.

Garach, Garact. Voir Garat.
III. 78, 84, 264. — App. 43, 44, 47.

Garaict (de).
I. 412.

Garat, s^r de La Grange, du Pré-Saint-Yrieix, de Saint-Priest. Voir Garach ou Buisson.
III. 72, 157, 235, 253, 337, 377, 385, 386, 389, 390, 393, 405. — App. 71.

IV. 6, 15, 17, 29, 32, 34, 42, 50,
55, 57, 73, 74, 79, 83, 84, 96,
103, 110, 111, 113, 117, 122,
125, 131, 172 à 165, 191, 215,
270, 271, 279, 282, 283, 286 à
293, 301, 305, 307, 310 à 312,
315, 316, 318, 319, 339, 340,
345 à 351, 366, 371, 379, 427.
V. 18, 21, 41, 70, 85, 137, 139,
142, 183, 204, 241, 256, 273,
328, 331, 337 à 340, 350, 443,
441.
VI. 22, 23, 24, 35, 38, 141, 303,
321, 323, 381 à 383, 436, 442.
Garaud. Voir Garreau.
Gariot.
V. 279.
Gardeau, Gardeu.
I, 63, 332.
Gardelle. Voir La Gardelle.
V. 122.
Garibal.
III. 388.
Garlandier.
IV. 25, 29, 55, 57.
Garreau, Garraud. Voir Vidau, Pétiniaud.
III. 1, 2, 5, 13, 14, 48, 58, 127,
131, 157. — App. 48, 49.
V. 31.
VI. 33 à 38.
Garrigou-Lagrange.
VI. Av. ix.
Garsaulan.
III. 245, 247, 248, 249.
Gastineau.
IV. 418.
Gaspy.
I. 23, 231, 395, 455.
Gaudon.
III. 337, 359.
IV. 216.
Gaudron.
VI. 128.
Gauges.
III. App. 81.
Gassion.
III. App. 84.

Gasthon.
I. 120.
Gaultier, Gauthier, Gautier.
I. 63.
III. App. 11.
VI. 74.
Gautier Pradeau. Voir Pradeau.
Gaumy.
VI. 47.
Gauvy.
III. 205.
Gay, Gays (de), Gay de Vernon, La
Gorce dit Gay, Combeys dit Gay.
Voir aussi Guay.
I. 5, 6, 27, 28, 41, 62, 63, 64, 65,
90, 97, 116, 119, 120, 141, 204,
231, 285, 292, 301, 328, 402.
II. 3, 4, 16, 68, 82, 97, 154, 199,
210, 296, 324, 373, 394 417,
435.
III. 45, 183. — App. 48.
VI. 315, 324.
Gaye (La). Voir Lagaye, Gayon, Gaion.
I. 23, 83.
Gayon. Voir Gaion, Gaye.
III. 338.
Geay.
IV. 129.
Gelay, Gelhée.
III. App. 40, 47.
VI. 125, 184, 381.
Gendraud.
III. 406.
IV. 6.
Génébrias.
III. App. 52.
Geneste. Voir Lageneste.
IV. 215, 277, 278, 436.
Genétines (Charpin de).
IV. 176, 246, 343.
Geneyty, Genety, Genesy, Vidaud,
s^r du Geneyty. Voir Dugeneyty,
Vidaud, Maledent, Thévenin.
I. 89, 197.
III. 345. — App. 25, 31, 32, 84.
Genouilhac (de), Ginoilhac. Voir
Rogier de Genouilhac, Roulhac.
I. 452.

II. 77, 80.
IV. 192.
Gensane.
II. 214, 219.
Gensignat. Voir Guingand, s^r de.
Genteau. Voir Jeanteau.
III. 269.
Gentent.
III. 376, 378.
Gentil, Genty.
I. 211.
V. 280, 282, 373, 374.
VI. 184.
Genton (ou Gonton).
III. 263.
Geofroy, Geoffroy.
I. 64.
VI. 127.
Geoffrenet.
I. 389.
Gérald, Géral, Gérald de Faye. Voir Defaye, Faye, Gérard.
IV. 34, 216.
V. 127, 129, 133, 135, 137, 139, 142 à 144, 146, 147, 150, 153, 155, 157, 158, 160 à 165, 225, 239, 240, 397, 398.
VI. 169, 195, 303, 321, 322, 323, 333, 335, 382, 435, 437.
Gérard. Voir Gérald.
VI. 22, 23, 24.
Gerbas.
I. 301.
Gerbaud.
III. App. 25, 26, 85.
Geremie.
III. 240.
Gergot, Gergont.
I 47, 76, 134, 158, 332, 352, 353, 391, 408.
II. 97, 248, 259, 265, 357, 361, 362.
III. 118, 126, 162, 217, 225, 236, 283, 297, 314, 328, 347, 373, 375. — App. 34, 85.
Germa.
I. 63.
Germain.
III. 329, 405.

IV. 18, 19.
VI. 382.
Germo, Bardaud dit Germo.
I. 421.
III. 217.
Gervais, Gerveys (de).
II. 16, 371.
Géry. Voir Giry.
IV. 223.
Gibus.
VI. 92.
Gicquet. Voir Pressac.
III. 283.
IV. 50.
Gié.
VI. 303.
Giésé.
III. App. 77.
Gigondas. Voir Tardieu.
Gigonnet.
I. 105.
Gil.
IV. 320, 327, 340.
Gilet.
I. 25.
Gipoule.
IV. 204, 205.
Giraud.
VI. 204.
Gironde.
I. 165.
Girou.
VI. 438.
Giroudon.
I. 221.
Giry. Voir Géry.
I. 91, 477.
Glangeaud.
V. 277, 278.
Gobin.
I. 63.
Godendaud. Cibot dit Godendaud. Voir Goudendaud.
I. 323.
Godet.
II. 317, 366.
Godin. Voir Goudin.

Golnitz.
  IV. 91.
Gondaud (du), Gondeaud. Voir Nicot, Roulhac.
  III. App. 36.
  IV. 275.
  V. 276.
  VI. 264.
Gondrin, Mouthe-Gondrin (de).
  I. 471.
Gorce (La). Voir Lagorce.
  I. 23, 70, 76, 111, 158, 220, 221, 264, 322, 333, 396, 400, 401, 411.
  II. 4, 62, 154.
Gorceix. Voir Dalesme.
Gorsas.
  VI. 281.
Gory (de).
  III. 163.
  IV. 42.
Got de Vertamond. Voir Constant.
Goudendaud, Goudindeau, Cibot dit Goudendaud.
  I. 26, 48, 53, 83, 95, 111, 116, 271, 323.
  II. 323.
Goudin, Godin, de la Borderie.
  I. 83, 118, 180, 286, 344.
  II. 154, 322, 351, 428.
  III. 258, 337, 354, 401, 404. — App. 71, 78, 84, 85.
  IV. 6, 14, 18, 27, 29, 40, 42, 269, 289, 332, 333, 334, 339, 427.
  V. 77, 85, 128, 129, 137, 139, 142, 144, 145, 199, 202, 204, 205, 225, 227 à 238, 253, 256, 268, 270, 275, 284, 302 à 306, 351, 357, 358, 365, 373 à 376, 382, 388, 393, 435.
  VI. 352, 354, 366, 367, 390.
Goudon, Goudou.
  III. 163.
  V. 435.
Goüet.
  IV. 415.
Goumy, Goulmy.
  II. 268, 374.
  VI. 168.

Goupil.
  III. App. 27.
Gouraud.
  VI. 436.
Gourserol, Gourcerolle.
  VI. 421, 435.
Gouset.
  I. 113.
Gouteau (La). Voir Gouteu (La).
  I. 157, 323, 454.
Gouteu (La), Lagouteu, Laguouteu, La Gouteau, Yvernaud dit La Gouteau.
  I. 76, 107, 116, 159, 204, 223, 302, 396, 422, 435, 454.
  II. 262, 418.
Gouton ou Genton.
  III. 263.
Gouttes (des).
  II. 170, 176.
Gouvain.
  III. App. 27.
Gouvernet.
  III. App. 74.
Grandmont (de).
  I. 423, 448.
Grain.
  V. 334.
Gramagnac, Grammagnac. Voir Grasmagnat.
  III. 338, 343, 374.
  IV. 97, 117, 119, 210, 211, 217, 221, 226, 227, 234, 235, 247, 248, 252, 253.
Grandchault (de), Grandchaud. Voir Magno Calido.
  I. 14, 120, 123, 208, 332, 333, 365.
  II. 12, 324.
  III. 31.
Granchou.
  III. 183, 184.
Grange (La). Voir Garat.
Granger, Grangier.
  V. 373, 374, 387, 389.
  VI. 48, 169, 204, 231, 264, 287, 437.
Granier. Voir Grenier.
  I. 164, 244, 332, 409.

Grandsagne (de).
III. 46, 175, 210, 226.
Grangevieille.
V. 303.
Grasmagnat. Voir Gramagnac.
IV. 142, 156, 162, 169, 172, 173, 174, 177 à 184, 189 à 196.
Grasset.
I. 107.
Graud.
III. 302, 314, 337, 341, 368.
Graves (de).
II. 443.
Gravier. Voir Douhet (s^r du).
I. 62, 64, 112.
Grégoire, Gréguore, Greguori, Gregoire de Roulhac. Voir Roulhac.
I. 63, 113, 114, 138, 163, 164, 203, 251, 266, 285, 344, 352, 353, 392, 399, 400, 420, 425.
II. 64, 67, 99, 164, 209, 211, 212, 213, 217, 220, 221, 223, 268, 279, 280, 281, 301, 302, 307, 308, 320, 326, 327, 333, 336, 338, 359, 341, 391, 392, 416, 476, 480.
IV. 83, 264.
V. 351.
Grelet, Grellet, s^r des Prades, du Masbilier, de Fleurelle. Voir Cusgy.
I. 421.
III. 2, 263, 362, 401.
IV. 31, 42, 48, 55, 57, 60, 63, 73, 80, 87, 91, 169, 171, 173 à 186, 191 à 194, 198, 203, 204, 208, 215, 216, 217, 222, 261, 339 à 341, 344 à 348, 350, 362 à 366, 371, 381, 383, 409, 435, 436.
V. 18, 29, 33, 38, 39, 42, 43, 62, 74, 91, 106, 107, 111, 113, 117, 118, 121, 125, 127, 138, 139, 144, 146, 176, 204, 225, 230, 256, 268, 328, 351, 373, 374, 387 à 390, 393, 398 à 401, 425, 427, 431 à 439.
VI. 10 à 18, 21, 24 à 32, 35, 38, 39, 64, 140, 150, 151, 155, 156, 157, 164, 171, 175, 207, 208,
213, 217, 222, 227, 231, 240 à 243, 247, 267 à 274, 281, 304, 398, 399, 435.
Grenaud.
V. 385, 389.
Grénerie (de la). Voir Ardant, Saint-Aulaire.
Grenier. Voir Granier.
I. 231.
III. 172, 176, 195, 210, 259. — App. 37, 40, 71, 78, 93.
IV. 87, 91.
Greslet. Voir Grelet.
IV. 87, 91.
Gringaud.
IV. 234, 243.
Gris (de). Voir Boyer.
Gros.
I. 477.
Grosbras.
V. 433.
VI. 437.
Grossercix (de).
III. App. 39.
Groulaud.
I. 329.
Guadeau.
I. 113, 138, 165.
Gualichier. Voir Galicher.
Guamaud. Voir Gamaud.
I. 197.
Guarach.
II. 268.
Guast (V. de l'Isle du).
Guay. Voir Gay.
I. 5, 34, 136, 197, 322.
Gudin.
II. 99.
Guébriant (de).
III. App. 90.
Guelhaud.
I. 267.
Guerin de Lallet. Voir Guery.
II. 154.
III. 6, 40, 68, 70, 76, 115, 123, 126, 128, 131, 156, 162, 171, 175, 198, 203, 206, 221, 368, 403.

IV. 59, 191, 289, 342, 381 à 383, 416, 418, 419, 436.
V. 17, 269 à 276, 283 à 285, 302 à 311, 314, 322, 348, 357, 358, 359, 364, 373 à 375, 431, 439.
VI. 194.
Guerit, Guery. Voir Guérin.
I. 23, 76, 287, 345, 422.
II. 68, 98, 138, 148, 352, 357, 422, 435, 449.
III. 72, 78, 80, 84, 132, 157, 159, 163, 172, 202, 253, 261, 282, 312, 338, 401. — App. 26, 47, 71, 78, 85.
IV. 7, 23.
Gueydon.
IV. 423.
Gui. Voir Guy.
Guibert, Guibbert, Guilbert, Guybert, s^r de La Beausserie, de Vialeix. Voir Guymbert.
I. 6, 10, 14, 15, 16, 21, 47, 72, 74, 75, 82, 202, 266, 267, 439.
II. 13, 16, 17, 97, 156, 163, 353, 356, 363, 364, 365, 366, 369, 462, 467, 482.
III. Av. v à xix. — 20, 172, 216, 224, 232, 255, 261, 285, 302, 323, 327, 344, 355, 360, 370, 371, 373, 401, 406. — App. 5, 16, 17, 18, 27, 32, 34, 40, 43, 48, 81, 85. — App. 3 à 92.
IV. Av. i à viii. — 6, 73, 136, 199, 201, 250, 275, 281, 418, 419.
V. Av. v à xii. — 49, 61, 67, 100, 106, 112, 140, 141, 273, 331, 348, 427, 431, 433, 439.
VI. Av. v à ix. — 22, 23, 24, 47, 65, 230, 258, 281, 298, 316, 323, 325, 327, 333, 345, 346, 347, 352, 381, 382, 397, 413, 434, 441, 443.
Guierche (de La).
III. App. 9, 52, 53.
Guilhomaud. Voir Guillemaud.
Guillaume, s^r de La Grange. Voir Garat.
III. 396. — App. 68, 84.

Guillebout.
VI. 437.
Guillemaud, Guilhamaud, Guilhomaud
IV. 171, 173, 193, 194, 236, 238, 239, 247, 248.
Guillot, Guilhot.
I. 85, 104, 135.
II. 319.
III. App. 27, 48.
VI. 437.
Guinaud, Guyneau, Guineau-Dupré. Voir Dupré.
III. 58.
IV. 418.
V. 34 à 40, 43, 49, 51 à 53, 55, 58, 59, 387, 389, 429 à 439.
VI. 51, 110, 183, 208, 213, 217, 222, 227, 240 à 243, 247, 268, 269, 272 à 274, 289, 293, 303, 304, 307, 315, 322, 323, 342 à 345, 352, 382, 398 à 401, 412, 421.
Guindaud.
V. 255.
Guingand, s^r de Gensignat, de Saint-Mathieu.
IV. 77, 85, 379.
V. 119, 120, 350, 351.
VI. 315.
Guiot.
VI. 71, 263.
Guitard, Guytard (de).
I. 54.
III. 118, 367, 328, 341. — App. 77, 78, 83.
V. 348.
VI. 33, 382, 435.
Guiton, Guithon.
IV. 151.
V. 435.
VI. 47.
Guozet.
I. 79.
Guy.
III. 43, 77, 83, 134, 157, 186, 188, 197, 365. — App. 27, 83, 85, 86.
V. 26, 275.
V. 93, 381 à 383.
VI. 434.

Guyard.
   I. 416, 417, 446.
Guymbert. Voir Guibert.
   I. 300.
   III. 214, 258, 369.
Guyonnet.
   I. 335, 435.
   III. App. 90, 91, 98.

H

Halle.
   IV. 314.
Halluin (duc d'). Voir Schomberg.
Hamilliaud.
   VI. 302.
Hans Federic ou Frideric.
   II. 472, 473.
Harcourt (d').
   III. 328.
Hardeilher. Hardellier. Voir Ardelier.
Hardit, Hardy, s^r du Puytison, du Caillaud. Voir Ardit.
   II. 156.
   III. 48, 69, 75, 81, 116, 123, 124, 129, 130, 132, 133, 137, 150, 156, 162, 169, 171, 175, 181, 183, 192, 196, 197, 198, 212, 214, 222, 255, 279, 309, 312, 316, 324, 355, 362. — App. 23, 36, 47, 48, 99.
Haudouyn (d').
   I. 471.
Hauteclair (d'), Aute Clerc.
   II. 135.
Hautefort d'), Aultefort, Autefort.
   II. 453, 454, 456, 457, 459, 462, 463, 464, 465, 466, 468, 471, 475, 478, 481, 482, 486. — App. 9, 10, 11, 13, 14, 15.
Hay, Haye (de La). Voir Lahaye, de Laye.
   III. App. 64, 65, 66, 67, 69.
Hebrard
   II. 350.
   VI. 7, 22, 23, 24.

Henri II, roi de Navarre.
   I. 163, 178, 181, 192, 265, 302, 304, 320, 341, 345, 349, 350, 370, 375 à 386, 397, 451.
   II. 72.
Henri IV.
   III. 85 à 113, 135 à 138.
Héralde (d') Dominique. Voir D'heralde, Dominique.
Hervy.
   IV. 215, 223.
   V. 433.
   VI. Av. IX. — 184.
Houry.
   V. 433.
Hiche.
   VI. 168.
Huart.
   I. 188.
   VI. 382.
Hugon, de Touars, des Thouars.
   II. 301, 302, 303, 305, 306, 307, 324, 340.
   III. 148, 149,
   IV. 279, 281, 282, 283, 286, 287, 289, 291, 293, 441, 442.
   V. 2, 5 à 9, 232 à 234, 236, 239, 240, 256, 275, 284, 374, 375.
Hymbert, Himbert. Voir Imbert.

I

Imbert.
   III. 355, 363. App. 64, 77.
   IV. 216.
   V. 12, 31, 92, 133 à 135, 408, 431, 433.
   VI. 121, 122, 193, 229, 287, 382.
Isecq, Icehe.
   V. 36, 38, 373, 374.
Isle du Guast (de l').
   IV. 347, 424.
Ithier, Itiey. Voir Ytyer.
   I. 26.
   II. 261, 358.
   V. 384.

J

Jabessier.
  I. 246, 334.
Jabet de Coyol.
  VI. 71, 262, 303. 352, 363 à 365, 392, 395, 397, 409, 425.
Jacob.
  IV. 101.
Jacques.
  III. App. 84.
  VI. 228.
Jacquet.
  V. 94, 184, 329, 439.
  VI. 121, 127, 178, 382, 436, 441, 443.
Jalat, Jallat (de, du ou Le). Voir Dujalat, Malinvaud.
  III. 217, 225, 236, 258, 297, 298, 314, 356 363. — App. 78.
  IV. 60, 88, 180.
  V. 42.
Jambeville (Le Camus de). Voir Le Camus de Jambeville.
Jambier (dit). Voir Bouchaud.
  II. 446.
Janeilhon, Janeilhac.
  I. 6, 10, 15, 16, 21, 47, 53, 69, 82, 95, 97, 106, 111, 114.
Jaquote (La).
  I. 397.
Jarnac.
  VI. 184.
Jarrasson.
  VI. 438.
Jarrige (de).
  III. 354. — App. 63, 65.
Jartond.
  V. 11, 23.
Jaubert.
  VI. 298.
Jauffre.
  IV. 223.
Jaumes (de).
  IV. 101.
Jauvie.
  IV. 321, 322.

Javanaud.
  VI. 302, 384, 382, 421, 435, 442, 443.
Jay, Lymosin dit Jay.
  I. 410.
  II. 352, 477.
Jayac (de), Jaiac, Jayat, s^r de Lagarde, de Cussac, du Puy-las-Rodas, de Lage.
  II. 371, 423.
  III. 33, 34, 35, 36, 40, 71, 76, 77, 80, 81, 85, 114, 193, 198, 199, 209, 210, 211, 213, 216, 220, 223, 226, 227, 230, 234, 237, 238, 239, 252, 253, 255, 256, 257, 262, 263, 264, 274, 280, 284, 286, 287, 288, 289, 290, 292, 295, 296, 297, 302, 305, 307, 312, 314, 341. — App. 83.
  IV. 14, 24, 33, 39, 48, 49, 52, 74, 83, 84, 87, 91, 129, 155, 156, 157, 160, 162, 166, 167, 216, 261, 299, 301, 302, 305, 307, 310 à 312, 315, 316, 318, 319.
  V. 225, 269 à 271, 275, 276, 285, 303 à 309, 311, 314, 375, 402.
  VI. 21, 115, 182, 183.
Jayat. Voir Jayac.
  II. 429, 430.
  III. 125, 127, 157, 162, 163, 169, 170, 171, 173, 355, 356.
Jeanteau. Voir Genteau.
  III. 381.
Jhavaud.
  I. 301.
Joanaud, Johanaud, Jouhanaud.
  I. 69, 96, 116, 126, 130, 173, 203, 262, 263.
  II. 21, 99, 153, 199.
  VI. 93.
Joliet.
  VI. 5 à 9.
Jollivet.
  III. 329.
Jonhe.
  I. 63.
Jorie.
  IV. 414.

Jouanade.
　IV. 260.
Jouannet.
　VI. 439,
Jouany.
　VI. 204.
Joubert.
　V. 107, 124, 125, 164, 225, 230, 239, 439 à 441.
　VI. 116, 303, 345, 382, 413, 435.
Joufre.
　III. App. 23.
Jouhandaud.
　V. 30.
Jouhanneaud. Voir Joanaud.
　V. 303, 305.
　VI. 93.
Jouhaud.
　V. 338 à 340.
　VI. 15, 381, 382.
Jouliage, Joulage.
　IV. 377.
　V. 420, 441.
　VI. 316, 317.
Jounhac.
　I. 10, 16, 109.
Jourdain.
　VI. 298.
Jourdan.
　VI. 327, 345, 382, 413, 421, 436, 442, 443.
Jourdanie (de La). Voir Lajourdanie.
Jourde.
　III. 184, 292, 293.
　VI. 263, 406, 407.
Jourgnac, Jurgnac. Voir Pétiniaud.
　II. 348, 359.
Joussen, Joussein, s^r de Condadille.
　I. 5, 6, 63, 76, 87, 134, 180, 264.
　II. 5, 139, 155.
　III. 48, 165. — App. 78.
　IV. 26, 27.
Jouvenet.
　III. App. 29, 37, 42.
Jouvin de Rochefort.
　IV. 444.
Jouviond, Joviond.
　I. 9, 15, 16, 76, 86, 97, 109, 133,

139, 167, 185, 186, 203, 222, 292, 300, 303, 329, 322,
　VI. 193.
Joye.
　I. 69, 97, 106, 116.
Joyet (de).
　II. 444.
　III. 44, 183, 347, App. 48, 49.
Joyeux.
　VI. 117.
Jubert de Bouville. Voir Bouville.
　IV. 67.
Juddie (La).
　I. 76.
Judet.
　V. 118.
　VI. 71, 382.
Juge, s^r du Masbilier, de Saint-Martin, de Laborie, du Treuil, de Naimond. Voir Faure dit Juge.
　I. 25, 26, 29, 52, 66, 69, 70, 78, 91, 96, 112, 113, 114, 147, 118, 119, 137, 139, 163, 164, 173, 204, 237, 246, 264, 286, 292, 332, 344, 369, 409, 412, 421.
　II. 21, 67, 97, 107, 164, 227, 248, 260, 322, 347, 395, 423.
　III. 31, 40, 72, 76, 68, 84, 126, 128, 132, 156, 157, 162, 165, 171, 172, 175, 193, 196, 198, 202, 206, 209, 251, 256, 263, 337, 371, 406. — App. 33, 36, 43, 47.
　IV. 13, 16, 256, 257, 260, 261, 264, 265, 268 à 271, 277, 278, 395 à 401, 405 à 409, 420, 421 à 425, 429 à 442.
　V. 2, 5, 6, 67, 68, 71, 74 à 77, 81, 83, 89, 91, 94, 99 à 106, 109, 137, 139, 142, 144, 146, 183, 184, 195 à 199, 202 à 205, 225, 228, 230, 232 à 234, 236 à 242, 256, 275, 284, 306, 310, 313, 314, 322, 325, 326, 328, 329, 353 à 359, 364 à 366, 369 à 384, 387 à 400, 437 à 441.
　VI. 10 à 18, 23 à 35, 38, 43, 45, 48 à 53, 56, 61 à 64, 70 à 75, 85 à 89, 92, 93, 96, 98 à 101, 104 à 109,

112 à 123, 127 à 131, 134, 149 à 157, 169, 171 à 175, 179, 182 à 185, 190, 191, 195, 198, 200 à 207, 212 à 219, 231, 234, 302 à 304, 327, 354, 381, 435.
Juli.
   VI. 439.
Julia. Voir Rousset dit Julia.
   IV. 203, 204, 205.
Jullie (de).
   I. 28, 62, 73, 114, 116, 120.
Julien (de), Julhen.
   I. 5, 6, 10, 15, 16, 46, 47, 48, 50, 55, 57, 60, 106, 164, 458, 466.
   II. 74, 81, 154, 156, 169, 172, 173, 174, 204, 357, 359, 361, 373, 422, 435.
   III. 34, 35, 72.
Jumilhac (de).
   IV. 445.
Jungaud.
   I. 63.
Jupile, Jupille.
   III. 2, 217, 219, 224.
   VI. 24, 100, 105.
Just (religieux récollet).
   V. 409.
Juriol, Juryol. Voir Pétiniaud (s^r de).
   IV. 389.
Justinien.
   V. 33.

L

Labachellerie. Voir Bachellerie (de la)
   VI. 439.
La Barbe (de).
   III. App. 85.
La Bastide (Martin de), de Verthamond, de Curzac, de Tranchillon. Voir Martin, Blondeau, Deloménie
   III. 32, 336, 369.
   IV. 93, 121 à 127, 300, 301, 303, 379.
   V. 352.
   VI. 208, 322, 323.
Labesse.
   III. 196.
   V. 275.
   VI. 203, 302, 382, 438, 439.
Labiche, La Bische, de Labiche, s^r de Rilhac, de Civergnac, de Reignefort, de Marzat, de Montmoulinet, de Ribierubeau, de Ventaux.
   III. 118, 175, 193, 198, 206, 251, 316, 339, 343, 344, 345, 346, 347, 348, 362, 365, 367, 370, 372, 398, 401, 402. — App. 78, 79, 85.
   IV. 17, 26, 34, 47, 48, 52, 53, 54, 57, 94, 96, 249 à 255, 269, 384 à 387.
   V. 67, 68, 71, 74 à 77, 81, 83, 164, 225, 351, 431, 438 à 441.
   VI. 258.
La Boissière. Voir Navières.
Labonne.
   VI. 14, 32.
Laborderie (de). Voir Goudin.
   V. 85, 156, 437.
Laborie (de). Voir Juge, Mauple.
Laborne.
   II. 268.
   III. App. 48.
La Boulay (de).
   II. 443.
Laboulinière.
   VI. 380, 381, 383.
La Bourgade (de). Voir Martin, Bourgade, Pétiniaud.
   IV. 59, 184.
La Brande (de).
   II. 243.
La Briaudière.
   VI. 407, 431.
La Brousse (de), Delabrousse, Labrousse, s^r de Teixoniéras.
   II. 447, 480, 481.
   III. 33, 34, 35, 53, 69, 72, 76, 83, 128, 130, 132, 157, 170, 172, 191, 200, 207, 213, 216, 224, 235, 252, 264, 318, 339, 343, 344. — App. 22, 24.
   V. 148, 149, 277, 279, 388.

La Brugère. Voir Vidaud.
Labrune.
   VI. 169.
Labussière.
   IV. 48.
Lachaise (de), Lachèze. Voir Lanouaille (de).
   V. 348.
   VI. 378, 388, 403.
Lachanaud. Voir Lacheneau.
   III. 195, 208, 216, 224.
La Chapelle. Voir Chassagne, Lachassagne (sr de), Lamy (sr de), Blondeau.
   II. 237, 243.
   IV. 193.
Lacharlonie (de). Voir Charlonie.
   III. 76, 77, 148, 149, 150, 157, 162, 172, 176, 194, 199, 200, 216.
Lachassagne, sr de Lachapelle. Voir Chassagne, La Chapelle.
   IV. 159, 160, 161, 162, 166, 167, 168, 172, 181, 193.
Lachatre (de).
   III. App. 43.
Lachault, Lachaud.
   II. 355.
   VI. 436.
Lacheneau, Lachenaud, Delachenaud. Voir Cheneau, Lachanaud.
   II. 155, 228, 247, 251, 265, 267, 276, 354, 356, 362, 368, 427, 447, 462, 466.
   III. 69, 78, 83, 170, 172, 176, 195, 208, 216, 224, 235, 252. — App. 47.
Lachèze. Voir Tranchant.
Lacombe.
   IV. 376.
   VI. 135, 382.
La Conque. Voir Senemaud.
   IV. 186, 245 à 251, 275, 281, 289.
   V. 29, 31, 42.
   VI. 327, 345, 413.
Lacorcelle. Voir Corcelle.
Lacoste (de), La Coste-Mézières (de). Voir Romanet.
   III. 233. — App. 52.

V. 330.
VI. 436.
Lacaud, Lascaud.
   VI. 413, 421, 434, 439.
Lacousse (de).
   III. App. 50.
La Courtaudie (de la). Voir Douhet.
   IV. 322, 324.
Lacout (de).
   VI. 381.
Lacouture. Voir Couturas, Maillard (de), Cantilhon (de), Durand (de).
   III. App. 52.
   IV. 51.
Lacroix.
   I. 56, 57.
   VI. 287.
La Croze (de).
   I. 428.
Ladange (de).
   II. 443.
La Deynière. Voir Deynière.
   III. 397.
Ladouze.
   V. 433.
Ladrat, Ladrapt.
   I. 231, 335, 368, 412, 433.
   II. 3, 82, 436, 437.
   III. 1, 5, 13. — App. 81.
Las Escuras, dit Boriaud. Voir Lascure.
   II. 200.
Lafarre. Voir Farre.
   II. 139.
La Fayette (de), La Faiecte.
   I. 423, 424, 448.
   III. 271, 281, 395. — App. 64.
   IV. 7, 31, 39, 443.
Laferrière.
   V. 277.
La Feuillade (de).
   II. 165, 218.
   V. 433.
Lafleur.
   III. App. 67, 94.
Lafond, Laffond, sr du Queyroir. Voir Queroix et Duqueroy.
   III. 294, 371.
   IV. 23, 394, 395, 396,

Laforce Voir Force (de la).
III. 100. — App. 54.
Laforest, s^r du Masdupuy. Voir Foresta, Fourest.
I. 23, 170.
III. App. 54.
IV. 418.
V. 10, 30, 311, 312, 319.
VI. 51, 71, 303, 342, 343, 345, 434.
La Forge (de).
II. 323, 324.
Laforgue.
IV. 179.
Laforre.
II. 417.
Lafosse, s^r de Chandorat, du Caillaud, des Monts. Voir aussi Fosse, Delafosse.
I. 15.
II. 107, 199, 417.
III. 20, 71, 284, 287, 296, 313, 327, 330, 340, 354, 365, 371, 392, 401. App. 61 à 99.
IV. 12, 28, 31, 40, 42, 52, 53, 54, 63, 73, 83, 84, 86, 90 à 103, 117, 131, 179, 180, 186, 191, 203, 208, 215, 223, 254, 261, 277, 288, 289, 328 à 330, 342, 345, 349, 351, 370, 371, 384 à 388, 391, 395 à 398, 401, 416, 418, 423, 425, 429 à 441.
V. 10, 14, 119, 204, 225, 228, 230, 237, 239, 240, 256, 268, 302, 431, 439.
Lagarde. Voir Jayac.
I. 47, 339, 340.
II. 191, 231.
III. 127.
IV. 162, 167, 429.
Lagardelle (de). Voir Peyrière, Deschamps, Gardelle.
IV. 96.
Lagaye. Voir Gaye.
Lage (de). Voir Blondeau, Cognace, Delage, Jayac, Luget, Tanchon.
La Geneste. Voir Geneste.
IV. 215, 277, 278, 436.

V. 16, 18, 29, 33, 38, 39, 41, 45, 46, 90, 91, 225, 228, 239, 240, 435, 439 à 441.
VI. 382.
Lagerie. Voir Laugerie, Lougerie.
I. 47.
Lagorce, Lagorsse. Voir Gorce, Douhet, Gay, Peyrou, Thomas.
I. 63, 106, 119, 456.
II. 20, 99, 154, 156, 210, 247, 322, 353, 364, 417, 422, 426.
III. 83, 263, 279, 296, 336. — App. 22, 23, 26, 32, 33, 34, 35, 37, 41, 48, 49.
IV. 27, 216.
V. 439 à 441.
VI. 192, 194, 435.
Lagouten. Voir Gouteu.
Lagrange (de). Voir Puymaury, Garat, Guillaume (s^r de).
III. 257, 397.
V. 276.
VI. 392, 402, 439, 442, 443.
Lagrave (Martin-Lagrave), de Maury.
V. 340.
VI. 303, 345, 409, 410, 413, 414, 434.
La Grelière. Voir Pinot.
Laguérie.
VI. 434.
Laguenie.
VI. 434.
La Guyerche (Charon de).
II. 465, 466, 468.
Lahaye. Voir Hay.
Laigle (de).
V. 356.
Laigebernard (de).
II. 443.
Laire.
VI. 173, 278.
Laisne.
I. 462.
Laisserie. Voir Baud.
Lajoumard (de).
III. 202, 208, 240, 258, 265, 283, 298, 344. — App. 80.

Lajourdanie (de). Voir Dubois, Texandier.
III. 268, 335, 408.
IV. 7.
Lajudie (de). Voir Bourdeau.
Lalande. Voir Cantilhon.
VI. 442.
La Loubie (de).
V, 100.
Laloy.
IV. 322, 323, 324, 408.
La Mailhartre (de). Voir Maliartre et Dupeyrat, s^r de La Mailharte.
III. 209, 235.
Lamande. Voir Tillier.
Lamarche.
VI. 263, 382.
Lamarc (de).
III. — App. 17.
La Marion (de). Voir Marion, Marien.
Lamarthonie (de).
III. 24, 36, 106. — App. 11, 12, 15, 16, 17, 18, 32, 33, 35, 37, 42, 43, 45, 48, 49, 56, 58, 59.
IV. 7.
Lamaud.
IV. 171, 173.
Lamay.
III. — App. 47.
Lamaze.
VI. 416, 419.
Lambert.
V. 242.
VI. 50, 182, 359.
Lambertie (de). Voir Montcix (du).
VI. 51, 93, 336, 339, 421, 422.
Lamere. Voir Lemere.
I. 46, 49, 53, 81, 343.
La Millière. Voir Chaumont (de).
V. 72.
La Moline (de). Voir Moline.
I. 457.
Lamontagne.
VI. 382.
Lamorelie.
III. 361.
Lamote, Lamothe. Voir Mote, Petiot.
I. 22, 63, 75, 115, 119, 158.

II. 443.
V. 252.
Lamy, s^r de Luret, de Lachapelle, de Lachassagne.
I. 15, 25, 26, 35, 48, 52, 59, 94, 116, 137, 141, 232, 279, 286, 300, 303, 318, 320, 328, 346, 352, 365, 369, 400.
II. 3, 324, 364, 368, 444, 462, 476.
III. 4, 72, 78, 80, 83, 128, 132, 157, 158, 163, 172, 176, 194, 197, 207, 225, 235, 252, 258, 264, 337, 343, 344, 360. — App. 12, 20, 28, 32, 49, 83, 84, 95, 96, 99.
IV. 193, 194, 232 à 235, 238, 239, 242, 243, 275, 296, 385.
V. 155, 157, 158, 160, 165 à 167, 170, 181 à 183, 225, 228, 230, 256, 306 à 309, 311, 314, 353, 355, 399, 400, 416, 417, 425, 427.
VI. 130, 141, 194, 208, 213, 219, 222, 227, 240, 241, 243, 247, 299, 302, 304, 307, 322, 327, 380 à 383, 398, 399, 439.
Landon.
IV. 63.
Landrecy (de).
III. 342.
Landry du Masgardeau.
VI. 9, 10.
Laneau (de). Voir Lancu (de), Dubois (s^r de), Debouscheys dit La Nault.
II. 68, 140, 198.
Laneu (de). Voir Lanneau (de).
I. 421, 454.
Langeac (de), Langheac (de).
I. 225, 226.
V. 98.
Langelaud, Langelault, Colin dit Langelaud.
I. 438.
II. 107, 248, 358.
III. 134.
Lannette, Peyrat dit Lannette, Peyrat dit Lamiette, Peyrat dit Lauvette, Peyrat dit Janette.
I. 70, 335, 402, 412, 456.
II. 21, 139, 228, 353.

Lanouaille. Voir Nouaille, Lanoailhe, Lachèze (de), Lachaize (de).
I. 402.
VI. 378, 388, 403, 404, 415.
Lansac (de).
II. 359.
Lansade.
I. 451.
VI. 439.
Lanthonnye (de).
II. 407, 408.
Lapagerie (de).
II. 443.
Lapalisse.
VI. 168, 434.
La Pallut (s^r de).
III. App. 84.
Lapeyre, Laperre.
V. 168.
VI. 382.
Lapine, de La Pine, s^r des Monts. Voir Delapine.
I. 10, 48, 62, 63, 292.
II. 425.
III. 207, 224, 264, 296, 309, 314, 362.
IV. 53, 54.
Laplace (de).
VI. 479.
La Plaigne. Voir David.
Laplaud.
VI. 302, 438.
La Porcherie. Voir Saint-Aulaire.
Laporte (de). Voir Porte (La).
II. 50, 51, 52, 218.
III. 194.
VI. 183, 380, 382, 383.
Laquintinie.
V. 303, 305.
Larcanet. Voir Benot et Bonnot.
Larfouillère (de). Voir Blondeau.
Larivière (Estienne de). Voir Buisson de Larivière, Douhet (s^r de), Poncet (s^r de).
III. 336. — App. 23, 28, 29, 38, 39, 40, 94, 95.
IV. 260.

V. 168, 196 à 199, 223, 284, 285, 302 à 307, 310, 311, 314, 373 à 376, 387.
VI. 10, 11, 14, 16, 18, 21, 23, 24, 29, 30, 32, 35, 38, 39, 43, 48 à 53, 56, 61, 63, 65, 69 à 75, 85 à 93, 96, 99 à 109.
Larmat.
I. 27.
Larnaude. Voir Tilhier dit Larnaude.
La Roche (de). Voir Vouzelle, Roche, Senon.
I. 6, 10, 15, 16, 47, 69, 111, 114, 131, 163, 204, 237, 240, 285.
II. 247, 424, 442, 444, 445.
III. 117, 221, 253, 264, 267. — App. 47.
IV. 288.
VI. 382, 435.
La Roche Volusson (de).
II. 443.
Laroudie, Larodie.
III. 236, 263, 267, 344. — App. 77.
VI. 438.
La Roudrie (de).
II. 443.
Larue. Voir Rue.
VI. 168.
La Sarre.
II. 199, 261.
La Saigne. Voir Durand.
Lasbelaga.
III. App. 71.
Lascaris de Tende.
I. 204.
Lascaris d'Urfé.
IV. 39, 54, 56, 445.
Lascoulx.
I. 286, 344, 421.
VI. 152.
Las Coulx. Voir Parabolas.
La Cousse. Voir Paradis.
Lascure, Lescures, Las Escuras. Voir Boriaud, Finet.
I. 15, 29, 47, 87, 106, 115, 133, 139, 141, 164, 220, 230, 234, 246, 267, 300, 318, 327, 368, 391, 400, 401, 433, 438, 442.

II. 74, 81, 98, 226, 230, 231, 276, 277, 280, 281, 294, 302, 307, 308, 348, 392, 394, 432.
III. 41, 172, 199, 202, 206, 223, 233, 257, 261, 283. — App. 10.
Lasnier.
III. 385.
Lastours (de).
I. 155.
Las Vachas, Cibot dit Lasvachas. Voir Cibot.
I. 333, 412.
II. 98, 163, 267, 393, 430.
Latache.
V. 387, 389.
Latour (de).
II. 426.
IV. 83.
La Tour d'Auvergne.
III. 405.
IV. 184.
Latreille.
III. 176, 191, 212, 219, 257, 259, 264, 291, 304, 313, 316.
Laubespine (de).
I. 371.
II. 293, 333, 402.
III. App. 11.
Laudin, s^r de La Lingaine, de Châteauneuf.
III. 183, 184, 187, 188, 189, 344.
IV. 13, 21, 22, 28, 34, 54.
Laugerie, Lougerie. Voir Lagerie, Ruaud.
Laumonarie, Loumonerie, de L'Ausmonerio, Losmonerie. Voir Texandier.
I. 23, 25, 47, 78, 112, 114, 164.
III. 157, 342.
Launay.
III. Av. x.
VI. Av. ix.
Laurant, Laurens, Laurent, Lorent Voir Léonard de Saint-Laurent, Cayrelet de Saint-Laurent.
III. 339, 344.
IV. 27, 57.

V. 128, 138, 139, 142, 144, 146, 156, 157, 350.
VI. 51, 134, 152, 303, 357, 390, 392, 402, 413, 435, 441, 443.
Laurenon.
V. 286.
Lauriget.
IV. 215, 223.
Laurière (de).
III. 305, 321.
Lautrec.
I. 136.
V. 379.
Lauviget.
IV. 62.
Lauze (de). Voir Delauze.
II. 432.
Laval (de).
V. 347.
Lavalade.
VI. 382.
Lavalette. Voir Sègue, Barbou.
V. 138, 139, 142, 146.
Lavallée.
VI. 135, 382.
La Vallière (de).
II. 443.
Lavandier.
I. 331, 423, 425.
III. 41, 123.
Lavaud, Lavaud dit de Bouscheys, du Boscheis dit La Vau, Lavaul, Lavault, Delavau. Voir Baignol, Boscheys, Bouscheys, Limousin, Pabot, Saint-Aulaire.
I. 63, 401, 403, 406, 411.
II. 20, 163, 210, 248, 323, 358, 394, 477, 480.
III. 403.
IV. 34, 48, 74, 84, 96, 101, 102, 117, 186, 222, 261, 277, 278, 281, 349, 351, 416, 436.
V. 18, 29, 33, 42, 43, 91, 440, 441.
VI. 304, 307.
Lavaudin.
I. 180.

Lavauguyon (de).
 I. 471.
 II. 110, 211, 329, 344, 345.
 III. — App. 54.
Lavault (de). Voir Lavaud.
 II. 443, 480.
 III. — App. 27.
Lavaysse.
 V. 235, 236, 240.
Lavergne (de), Lenoir (de). Voir David, (sr de), Verigne.
 I. 237, 238.
 III. 306.
 IV. 246.
 V. 157.
 VI. 382.
Lavie.
 VI. 135.
Lavigerie (Fournier de).
 VI. 303.
Lavigne. Voir Vigne.
 I. 84.
La Villatas ou La Villetas. Voir Gadaud.
Lavoste (de).
 II. 443.
Laye (de). Voir Hay (La).
 III. App. 65.
Lebeau. Voir Condat.
 II. 134
 V. 348.
Lebegaud. Voir Begaud.
 II. 22.
Leberthon. Voir Berthon.
 V. 193, 200.
Le Besson.
 III. App. 48.
Lebon.
 VI. 437.
Le Boys.
 II. 443.
Lebret, Le Bret.
 IV. 54, 173, 444.
Lebrun.
 VI. 382.
Le Bureau.
 III. App. 48.

Le Camus de Jambeville.
 III. 59, 379.
Lechasseur. Voir Chasseur.
Lecoq.
 V. 271.
Lecourt.
 V. 67.
Lecramat.
 III. App. 72.
Le Faure. Voir Faure.
Lefferron.
 III. 292.
Lefort.
 VI. 303, 346, 347.
Le Fraire.
 III. App. 96, 97.
Legay.
 V. 347.
Legier, Leger.
 I. 66, 116, 138, 158, 410, 455.
 II. 4, 199.
 III. 2, 5, 157, 401. — App. 84, 85.
 IV. 25, 33.
 V. 303, 388.
 VI. 135, 437.
Le Goux.
 III. App. 95.
Legrand.
 V. 76.
Legris.
 VI. 142, 382.
Legros.
 I. 91.
 V. 366, 367, 378, 379, 419.
 VI. 51, 57, 110, 130, 151, 193, 202, 281, 315, 325, 326, 336, 377, 408, 416, 419.
Lejeune (Le Père).
 III. 363.
 IV. 26.
 V, 419.
Le Maignon.
 III. App. 30, 31.
Le Maistre.
 II. 324.
 III. 17, 26.
Lemasson.
 VI. 436.

Lemere. Voir Lamere.
Le Meusnier, Le Musnier. Voir Mousnier.
  III. 245, 248.
Lemoyne, Lemoine.
  I. 14, 20, 272.
  III. App. 22, 38.
  IV. 61, 237, 238, 239; 243.
Lenoble.
  V. 434.
  VI. 184, 194.
Lenoir, Lenoir de Lavergne.
  V. 204, 349.
  VI. 30, 302, 382, 435.
Léobardy.
  I. 442.
  II. 98, 155, 299, 300.
Léonard, s^r de Fressanges, de Puydeau, de Saint-Cyr, de Saint-Laurent.
  III. 358.
  IV. 59, 61, 62.
  V. 350 à 352.
Le Parve. Voir Eytier dit Le Parve.
Le Pelaud.
  III. App. 33.
Lepelletier.
  II. 339, 341.
Lepelletier.
  II. 339, 341.
Le Petit, Bardinet dit Le Petit.
  II. 98, 443.
Lépine (de), s^r du Masneuf. Voir Lespine.
  V. 144, 157, 232, 234, 236, 275, 277, 352.
  VI. 47, 48, 281, 342 à 345, 352.
Le Quart, Voir Quart.
  III. 338.
Leralde.
  IV. 289.
Léris (de).
  IV. 47.
Le Robier.
  II. 340.
Leroux.
  IV. 10, 396, 406.
  V. 50, 54, 160.

Leroy.
  I. 164, 230, 262, 347.
Leschamps.
  II. 443.
Leschelle.
  I. 456.
Lesies.
  V. 433.
Lescure. Voir Lascure.
Lesme.
  VI. 231.
Lespinasse, de L'Espinasse.
  I. 245, 334.
  II. 357.
Lespine. Voir Lépine.
  I. 47, 66, 82, 115, 117, 173, 179, 264.
Le Sorre.
  II. 477.
Lessène. Voir Leyssene.
Lesseville (de).
  IV. 258, 259, 270, 271.
Lestang.
  II. 231.
Le Tonnelier-Breteuil. Voir Breteuil (Le Tonnelier de).
Lévi (de), Levis, Levict. Voir Ventadour.
  II. 362.
  III. 301, 405, 407.
Leychoussier, Leychoisier. Voir Eschauzier (de l'), Flottes (des).
  II, 237.
  V. 164.
Leymarie.
  I. Av. II.
  III. Av. VII, X.
  VI. 436.
Leymarie. Voir Barbou.
Leynardie.
  VI. 195.
Leyraud.
  II. 261, 374.
  III. 172.
Leyssardie.
  VI. 264.

Leyssene, Lessene, Mérigot de Leyssene.
 I. 204, 301, 409.
 II. 21.
 III. 127, 207, 210, 256, 356, 360, 373. — App. 32.
 IV. 131, 206, 207, 208, 234, 236 à 241, 258, 259, 260, 298.
 V. 433, 434.
Lezes.
 II. 443.
Liberat.
 VI. 435.
Limosin, Limousin, Limosi, Lymosin, s^r de Lavaud. Voir Gay, Jay.
 I. 301, 410.
 II. 68, 115, 268, 294, 307, 308, 352, 373, 390.
 III. 48, 215, 221, 223, 224, 252, 281, 355, 358. — App. 64, 71, 84.
 IV. 29, 55, 59, 60, 61, 62, 79, 131, 181, 197, 215, 250, 252, 261, 378, 379.
 V. 303, 305, 350, 351, 415.
 VI. 115, 141, 152, 195, 382, 413, 435, 436.
Linard, de Linards.
 I. 194.
 II. 349.
Lingaine (de La), Maledent (s^r de), Laudin (s^r de).
 III. 286, 296, 298, 313.
Lingaud.
 V. 310, 314, 353, 355, 401.
 VI. 29, 30, 35, 38, 45, 70, 90, 97 à 100, 104, 105, 111, 122, 123, 126, 128, 131, 138, 142, 149 à 153, 160, 171, 173, 179, 185, 186, 191, 195, 198, 204 à 208, 214, 216, 219, 232, 233, 239, 247 à 249, 254 à 257, 261, 264, 267, 274, 283, 285, 286, 293 à 296, 299, 302, 304, 307, 309 à 313, 321 à 324, 327 à 335, 343 à 380, 383, 386, 389 à 391, 395, 399 à 401, 404 à 410, 413 à 416, 419 à 424, 426, 430 à 433, 443, 444.

T. VI.

Liron.
 IV. 376.
 V. 233, 234, 236, 397, 398, 413.
Lisbourg (de).
 III. App. 64, 66, 67, 69.
Lobelhac.
 I. 104.
Lobre, Losbre, de Beaumon dit Lobre
 I. 47, 51, 63, 78.
 II. 99.
 III. App. 23, 42.
Loinguot.
 II. 6.
Loisel de La Quinière. Voir Loysel de Laquinière, Delaquinière.
Lomasson.
 I. 26, 47.
Lombardie. Voir Delombardie.
Lombre. Voir Delombre, Ruben.
Lombardie.
 III. 264.
 IV. 90.
 V. 204, 348, 373, 374.
 VI. 28, 29, 125, 303, 345, 413.
Lomenie (de), Lomenia. Voir Delomenye.
 I. 139, 287, 288,
 V. 94, 99 à 106, 109.
Londeix, Loudeix, Londeis, Londeys.
 I. 64, 88, 118, 158, 247, 332.
 II. 68, 261, 357, 373, 429.
 III. 76, 173, 179, 180, 181, 183, 188, 189, 214, 222, 255, 295, 311, 344, 355, 368, 378.
 V. 154, 387, 389.
 VI. 131.
Longequeue.
 VI. 16.
Longhaud.
 II. 180.
Loquart. Voir Quart.
 I. 78.
Lorant. Voir Laurent.
 VI. 413.
Loriget.
 IV. 137.
Loriol.
 VI. 203.

36

Lortcournet, Lorcornet.
   III. 315, 330, 338, 344.
Losme (de).
   I. 48.
Losmonerie. Voir Laumonerie.
Losse (de).
   II. 360.
Lostange (de).
   III. App. 91.
Lostende (de). Voir Benoist.
   VI. 352.
Lou Forre.
   II. 355.
Loudeix. Voir Londeix.
Louis XIII, roi.
   III. 279, 280, 281.
Lourdoueix (de).
   III. App. 52.
Loutoire.
   VI. 125.
Louvast.
   I. 64.
Lougerie. Voir Logerie.
   I. 89, 173.
Loysel de Laquinière. Voir Delaquinière.
   VI. 379, 384, 385, 388.
Lucas, Reynier dit Lucas.
   I. 462.
   II. 210.
Lucault.
   I. 240.
Ludo. Voir Daillon.
Luget (de Lage de).
   V. 350.
Luret (de). Voir Lamy (sr de).
   III. 343, 360.
Luxémont (de).
   V. 379.

M

Mabatin. Voir Thévenin.
Mabout.
   V. 332, 333, 334.
Machat.
   IV. 104.

Mac-Kartney.
   VI. 134,
Madereau.
   III. 245, 248.
Magladent. Voir Maledent
   I. 395.
Magno-Calido. Voir Grandchault.
   I. 16.
Magré. Voir Pinot.
   III. App. 81.
Magy.
   VI. 307, 308.
Maignac.
   I. 52.
   II. 390.
Malharthe (de La). Voir Dupeyrat, (sr de La).
   III. 194, 209.
Mailhet. Voir Maillot.
   I. 434.
   II. 20.
Maillard, Mailhard, sr de Lacouture.
   Voir Maliars, Lacouture.
   III. 401. — App. 78,
   IV. 30, 33, 34, 35, 50, 427.
   V. 151, 350.
Maillot, Mailhot. Voir Mailhet, Malhot.
   II. 62, 97, 100, 209, 307, 308, 309, 339, 341, 372, 391, 431.
   III. 42, 70, 76, 125, 126, 129, 131, 148, 150, 156, 159, 161, 162, 174, 175, 190 191, 192, 193, 196, 198, 206, 213, 214, 215, 218, 219, 223, 236, 251, 265, 282, 285, 295, 312, 330, 336, 341, 344, 355, 374. — App. 64, 77, 95, 98.
   IV. 135, 136, 277, 278.
Maisonneuve.
   IV. 48.
Maison-Rouge (de). Voir Bardet Boisse, Faure.
Mainvielle.
   V. 121.
Maizeau (du).
   III. App. 12, 43, 48, 50.
Malafille.
   III. App. 71.
   IV. 6.

Malebay.
VI. 109.
Maledent, Malledent, De Maledent, s^r de La Lingaine, de Fonjaudran, de Laborie, de Meilhac, de La Cabane, du Genesty, de Parpayat, du Puytison, de Feytiat, de Bonabry, de Fressanges, de Fonjaudran. Voir Dupré.
I. 10, 62, 203, 220, 222, 322, 399, 409.
II. 1, 4, 11, 12, 13, 62, 99, 163, 199, 247, 265, 266, 276, 295, 302, 318, 354, 357, 391, 395, 417, 418, 422, 423, 424, 428, 435, 447, 462, 467.
III. 33, 35, 39, 41, 48, 70, 71, 74, 76, 77, 82, 123, 125, 126, 129, 130, 131, 148, 149, 190, 192, 197, 198, 201, 203, 205, 206, 214, 215, 218, 220, 222, 234, 237, 251, 255, 260, 261, 274, 278, 283, 284, 288, 289, 292, 295, 296, 298, 302, 303, 305, 309, 312, 314, 315, 324, 327, 334, 338, 340, 341, 355, 358, 365, 366, 367, 368, 369, 372, 397, 398, 399, 400, 401, 408. — App. 69, 31, 99.
IV. 5, 7, 8, 15, 25, 27, 28, 31, 34, 74, 77, 93, 100, 102, 106, 107, 108, 109, 111, 112, 117, 188, 215, 254 à 257, 261, 270, 275 à 278, 296, 301, 304, 305, 371.
V. 15, 85, 89 à 91, 125, 137, 139, 144, 146, 150, 156, 157, 196, 197, 240, 256, 270, 275, 282 à 284, 303 à 309, 311, 314, 353, 355, 357, 364 à 366, 370, 375, 376, 378, 380, 389, 390, 393, 397 à 401, 409, 419, 422, 425, 427, 441.
VI. 273, 289, 293, 299, 302, 321 à 323, 352, 437.
Malemort.
I. 16.
Malerbaud. Voir Malherbaud.
Malescot (de).
II. 443.

Malevergne, Malavergne, Maslavergne, s^r du Masdoumier, de Fressiniat.
II. 479.
III. 71, 77, 83, 114, 127, 131, 163, 172, 176, 194, 199, 202, 207, 235, 253, 257, 260, 297, 339, 344, 367. — App. 93, 99.
IV. 58, 66, 96, 104, 135, 136, 190, 193 à 198, 203, 204, 208 à 211, 217, 221, 222, 226, 275, 289, 296, 375, 387, 400, 436.
V. 14, 16, 18, 29 à 42, 45, 46, 55, 56, 58, 60, 64 à 66, 68, 70, 71, 74 à 77, 81, 83 à 93, 112, 128, 138, 139, 144, 146, 225, 429 à 441.
VI. 321, 323, 324, 327, 333, 335, 345, 352, 357, 365 à 369, 372.
Malhartie (de La).
III. 159, 176.
Malherbaud, Malerbaud.
II. 5, 16, 17, 80, 81, 265.
Malhot, Mallot. Voir Maillot.
I. 368.
II. 199, 320.
III. 40, 42, 70, 76, 79, 80, 81, 82, 114, 171, 175.
Maliars, Malliars. Voir Maillard.
III. 71.
Maliartre (de La), Mailhartre. Voir La Mailhartre, Dupeyrat, s^r de La Mailhartre.
III. 209, 235.
Malignaud, Malinaud.
III. 134, 208, 211, 286, 355, 368, 374.
IV. 8, 20, 24, 34.
V. 69.
Malinvaud. Voir Jalat.
III. 132.
IV. 57.
V. 19, 30, 33, 42, 69, 71, 72, 76, 175, 348.
VI. 48, 71, 116, 153, 184, 204, 231, 264, 287, 302, 327, 413, 435.
Malissen.
IV. 209, 293.

Mallet, Malet.
 IV. 215.
 V. 26, 31, 225.
Mamy.
 IV. 204, 205.
Manan, Manant. Voir Manent.
 III. 217.
 V. 433.
 VI. 8, 31, 58, 93.
Mandac, Mandat, s^r du Puydenus.
 I. 292.
 IV. 30, 35, 44, 45.
Mandalesse (de).
 IV. 60.
Mandavit.
 VI. 436, 438.
Manderesse. Voir Pigué.
Mandy.
 I. 106, 119, 136.
Manent (de), Manen (de). Voir Manan, Ringaud.
 III. 147, 155, 217, 234, 251, 256, 313, 356.
 VI. 145, 264, 413, 434.
Maney.
 I. 21.
Maniere, Mannyere.
 II. 99.
 V. 22.
Mapataud.
 VI. 438.
Maquoy.
 III. App. 78.
Marant. Voir Marrant.
 III. 365.
Maraval.
 II. 212.
Marbouty.
 V. 433, 434.
 VI. Av. IX. 15, 16, 17, 302, 382.
Marc.
 IV. 97, 98, 99, 197.
 VI. 194, 302, 357, 366 à 372, 375 à 380, 382, 384, 386, 389 à 391, 395, 397 à 406, 408 à 410, 413 à 415, 419 à 426, 430, 432, 434, 444.

Marchant.
 II. 308, 339, 342.
Marchandon, s^r de Puymirat.
 III. 34, 35, 208, 224, 236.
 IV. 57, 60, 62, 444.
 V. 373, 374, 387, 389, 397, 398.
Marchat.
 V. 127, 128, 147.
Marcialet, Martialet. Voir Marcialot, Camus.
 I. 158, 222.
 II. 326, 449.
 III. 69, 72, 131, 157, 163.
Marcialot, s^r du Puy-Mathieu. Voir Marcialet.
 III. 78, 80, 84. — App. 81, 92.
 IV. 83, 84, 91, 100, 180, 191, 192, 276, 374 à 380, 383 à 388, 391, 392, 393.
 VI. 438.
Marcier. Voir Mercier.
Marcilhac (de).
 I. 73, 92.
Marendet.
 VI. 169.
Mareschault, Mareschal.
 I. 241.
Mareteau.
 III. 248.
Margrait.
 VI. 163, 190.
Marguerite de Navarre.
 I. 302.
Mariaux.
 VI. Av. IX.
Marie.
 III. 327.
Marion (de la), Marieu.
 III. 195, 200.
Marlaugon.
 I. 328, 402, 419.
 II. 67, 97.
Marlhandon.
 II. 248.
Marpienas.
 III. 328. — App. 48, 81.

Marquetz, Marquet (Duboys dit Marquetz.
II. 154.
V. 347, 437.
Marquizat, Marquisant.
VI. 287, 345, 413, 434.
Marrand, Marran. Voir Marant.
III. 77, 238, 247, 365.
Marsat.
V. 110, 272.
Marsau (le petit).
III. 116.
Marsaudon.
III. 224.
V. 138.
Marcicat, Marsicat.
V. 433.
VI. 48, 184, 303.
Marteau, *de Martello*.
II. 148.
VI. 298.
Marthonie. Voir Lamarthonie (de).
Martial.
III. 351. — App. 81.
V. 15.
Martialet, Martialot. Voir Marcialet, Marcialot.
Martin, Martin-Lagrave, Marty. Sr du Gravier, des Mons, du Moulin-Blanc, de La Bastide, de Labourgade, de Laplaigne, de Puymaud, du Reynou, de Curzac, de Beaumoulin, de Puybaraud, de Château-Gaillard, de Venteaux.
I. 4, 26, 47, 48, 60, 69, 78, 96, 106, 113, 114, 115, 119, 163, 230, 234, 265, 266, 267, 321, 328, 341, 345, 346, 375, 397, 400, 420, 430, 432, 437, 438, 462, 466.
II. 13, 80, 81, 97, 98, 100, 106, 107, 109, 135, 139, 148, 155, 160, 161, 163, 209, 247, 277, 278, 302, 307, 320, 322, 323, 324, 339, 341, 345, 350, 354, 356, 395, 416, 424, 426, 428, 429, 444, 445, 477.

III. 20, 27, 28, 31, 32, 33, 35, 36, 44, 45, 47, 48, 55, 57, 72, 78, 79, 84, 94, 112, 127, 144, 145, 146, 148, 150, 155, 158, 163, 170, 172, 176, 177, 179, 181, 183, 195, 209, 212, 236, 245, 248, 252, 254, 262, 274, 283, 284, 285, 287, 288, 289, 291, 292, 296, 297, 298, 303, 312, 314, 315, 316, 318, 324, 331, 336, 337, 338, 339, 340, 342, 343, 354, 356, 365, 369, 374, 375, 401. — App. 8, 13, 14, 17, 18, 19, 23 à 31, 37, 39, 42, 46, 47, 48, 49, 50, 53, 56, 77, 78, 80, 81.
IV. 7, 9, 12, 14, 18, 19, 20, 26, 32, 33, 41, 42, 44, 50, 56, 58, 74, 93, 131, 136, 180, 186, 192, 204, 208, 216, 223, 249 à 253, 256 à 261, 264, 265, 268 à 271, 275 à 278, 281, 289, 301, 342, 345, 379, 383, 387, 395, 398, 400, 401, 405 à 410, 413, 416, 418, 436, 444.
V. 12, 16, 19, 24, 33, 67, 68, 71, 72, 74 à 77, 81, 83, 85, 89 à 93, 111, 121, 130, 225 à 229, 237, 239, 240, 254, 256, 268, 284, 302, 305 à 311, 314, 315, 329, 348, 351 à 355, 357 à 359, 364 à 366, 370 à 372, 375, 376, 378, 380 à 384, 388 à 401, 408 à 419, 427, 431, 433, 438 à 441.
VI. 116, 130, 168, 182, 262, 273, 278, 280, 289, 293, 298, 302, 322, 336, 345, 357, 365 à 372, 375 à 386, 389 à 391, 395, 397 à 404, 406, 408 à 410, 413 à 416, 419 à 426, 430, 432, 433.
Martinaud, Martinot.
VI. 203, 230, 382.
Martinon.
V. 330, 331.
Marzat. Voir Faulte, Labiche.
Marzet. Voir Ardant.

Mas (du). Voir Dumas, du Mas-Sar-
    razy, Chastaignat, Ruben.
    I. 5, 89, 116, 135, 137, 141, 197,
    185, 410, 422.
    II. 2, 4, 11, 12, 13, 18, 165, 198,
    429, 443.
Masaureix.
    I. 292.
Masbaye.
    I. 403.
Masbilier (sr du). Voir Juge, Grelet.
Masblanc (de).
    III. App. 41.
Masbouchier. Voir Petiot.
    I. 241.
    III. 297, 331, 337.
Masbouriane. Voir Rouart.
Masboyol. Voir Darsonval, Raby.
Masdot, sr de Bosvieux.
    IV. 22, 60, 73.
Masdoumier. Voir Malevergne, sr du
    Masdoumier.
    III. 361.
    IV. 194, 198, 203, 204, 208, 209,
    219, 221, 222, 226, 277, 278,
    296, 400.
    V. 19, 21.
Mas du Bost (sr du). Voir Constant.
    III. 361. — App. 75, 77.
Masdupuy (sr du). Voir Ardant, La-
    forest.
    III. 232.
Maseau, Mazeau. Voir Mazeau.
Masauti, Maseutin. Voir Mazautin.
    I. 95, 115, 182, 222, 333, 400.
Masgardeau (du). Voir Landry, Nico-
    las (sr du).
    III. 360.
Masgoudard (de).
    II. 443.
Masjambost. Voir Dupeyrat, sr du
    Masjambost, Peyrat, Ardant.
    II. 302.
    V. 18, 42.
    VI. 420.
Mas-la-Filhe, Dumas-la-Filhe.
    III. 407.
    IV. 40.

Masléon. Voir Chastaignat.
Masleu.
    III. App. 84.
Mas-Sarrazy (du).
    I. 162.
Maslion.
    I. 451.
Masneuf (du). Voir de Lépine (sr du),
    Delépine, Dupin.
Massart.
    I. 465.
Masset (de), Masse.
    II. 346, 347, 348, 349, 350.
    III. 120.
Massias.
    III. App. 48.
    V. 433.
Massiot.
    I. 462, 463.
    III. App. 54.
Masson.
    IV. 238, 239.
Masso (Lo), Masson (Lo).
    I. 79, 113, 115.
Massoulier.
    V. 27.
Massy.
    VI. 302, 382.
Masurier, Mazurier.
    I. 6, 10, 15, 16, 27, 29, 272.
Mataby.
    III, 117.
Mathieu, Mathei, Matieu.
    I. 47, 62, 77, 115, 141, 162, 163,
    165, 182, 184, 187, 209, 234,
    236, 241, 257, 265, 291, 304.
    III. 321.
    IV. 131.
    VI. 194, 302, 382, 435.
Mathieu (le petit) dit Le Bureau.
    III. 172, 253.
Mathis de Chapé.
    VI. 273, 289, 293, 299, 302, 304,
    307, 322, 323, 350, 351, 353,
    354, 356, 358, 393 à 401.
Maubaye, Froument dit Maubaye.
    Voir Froment.
    I. 25, 26, 27, 48, 78, 175.

II. 163, 191, 358.
III. App. 22, 23, 31, 47.
Maulevrier (de).
I. 128.
Maulmont (de).
I. 127.
Maumont. Voir Vidau.
IV. 405, 406, 408.
Maumy.
IV. 223.
Mauple, Mauplo, Maupla, Maulple (de), s^r de Laborie, de Penevayre, de Plenavayre.
I. 88, 134, 180, 264, 394, 436.
II. 99, 106, 261, 265, 266, 356, 367, 448, 462.
III. 33, 34, 35, 59, 60, 61, 62, 73, 78, 119, 122, 123, 124, 148, 149, 176, 194, 200, 207, 225, 252, 257, 264, 297, 300, 338, 372.
IV. 25.
Maureil, Maureilh. Voir Morel, Moreilh, Maurel.
III. 162, 175, 193.
Maureix.
VI. 116.
Maurel (de Montaudeix), Maurelhe, Maurelle (de La). Voir Morelie.
III. App. 68, 84.
V. 373.
Maurensane.
V. 64, 65, 92, 130, 225 à 229, 254, 281, 319, 371, 372, 430, 438 à 441.
VI. 69, 70, 134, 262, 303, 435, 442.
Maurin. Voir Morin.
Maury. Voir Lagrave.
IV. 223.
VI. 195.
Mausac, Maussac (de).
I. 51.
VI. 229.
Mauzelet (du). Voir Bonin.
May (de La).
II. 156.
III. App. 27.

Mayéras. Voir Molinier.
IV. 19.
VI. 438.
Mazaubert-Lieurant.
V. 305.
Mazautin. Voir aussi Masautin.
I. 111, 156, 163, 265, 291, 338, 339, 370.
II. 429.
III. App. 19, 20, 30, 31.
Maze. Voir Lamaze.
Mazeau, Mazaud, Masaud. Voir Mazeu.
I. 63.
II. 199, 296, 374.
VI. 438.
Mazeretas. Voir Nouailher.
Mazerolas. Voir Roux.
Mazeu. Voir Mazeau.
I. 107.
Meilhac (de), Maledent, s^r de.
III. 295.
Meillat (de).
III. App. 91.
Meilhaud, Meillaud, Melaud. Voir Meslhaud.
I. 6, 10, 15, 16, 47, 48, 51, 69, 75, 107, 112, 116, 163, 164, 237, 245, 265, 273.
Meillard (de).
III. App. 73, 91.
Meilleraie (de La).
III. App. 87.
Meiranges.
IV. 180.
Melle, Mellic, Melhic (de).
III. 342.
Melon de Pradoux.
VI. 377.
Ménager.
IV. 246, 247, 405.
Meneschal.
II. 479.
Mensat.
VI. 438.
Merchadon.
II. 64.

Mercier, de Bouscheys, dit Mercier.
I. 10, 22, 23, 26, 46, 47, 53, 62, 65, 70, 75, 80, 83, 91, 107, 109, 110, 116, 118, 172, 173, 184, 237, 245, 266, 286, 299, 300, 320, 368, 394, 436, 437.
II. 98, 99, 106, 179, 234, 255, 312.
III. 355, 395. — App. 81.
VI. 125, 287.

Mercœur (de).
III. App. 86.

Merigot (de Leysenne). Voir Merigoux.
I. 409.
III. 127, 219.
IV. 289.
V. 413.

Mérigout. Voir Mérigot.
III. App. 25.

Merlin. Voir aussi Merly.
I. 436.
II. 98, 209, 354, 364, 372, 392, 429.
III. 212, 219, 229, 233, 234, 237, 252, 260. — App. 20, 23, 24, 28, 40, 41.

Merly. Voir aussi Merlin.
I. 180, 286, 345, 421.
II. 67, 108, 373.

Mery-Massy. Voir Boisse.

Meslaud. Voir aussi Meilhaud.
I. 66, 81.

Mesmes.
II. 54, 55, 57, 58, 71.

Mesnil (du).
VI. 281.

Mestadier.
I. 29, 64, 83, 88, 135, 180.

Metz (de). Voir Demay, Demetz.
VI. 352, 381 à 383, 392, 400, 425.

Meulan d'Ablois.
V. 343, 346.
VI. 202, 203, 209, 217 à 230, 236, 239 à 241, 259, 262, 263, 280, 282, 283, 288 à 291, 297, 303, 307, 308, 313, 314, 317, 325 à 327, 336 à 339, 345, 413.

Meusac, Meussac.
V. 168, 169.

Meusnier.
III. App. 71, 85, 91.

Meyjas, Meyjac. Voir Constant.
VI. 91.

Meynard, Ménard.
III. 171. — App. 22, 33, 34, 44.
IV. 96.

Meynieux.
V. 204.
VI. 116, 203, 382.

Meyrignac. Voir Romanet, Rousset.

Meyze, Meyzo.
I. 62, 64, 107.
II. 97, 154, 268, 294, 357, 370.
III. 31. — App. 40.
V. 116.
VI. 71, 168, 346, 347, 381.

Michel, Michau, s^r de Saint-Traud, de Cintrat. Voir Sessaguet (Michel, s^r de).
I. 63, 301.
II. 97, 99, 155, 261, 372, 395, 429, 448.
III. 190, 215, 218, 220, 226, 227, 230, 234, 251, 255, 264, 339, 343. — App. 99.
IV. 41, 50, 53, 58, 61, 62, 136, 289.
V. 17, 18, 29, 38, 39, 42, 43, 115, 116, 285, 286, 327, 328, 402.
VI. 51, 92, 262, 436.

Michelon, Micheloux.
I. 88, 184, 455.
II. 97, 154.
III. 70, 156, 158, 162, 175, 193, 201, 211, 214, 222, 251, 255, 258, 266, 307, 335, 355, 366, 369, 404, 408.
IV. 7, 191, 215, 442.
V. 1, 116, 302.

Michon.
II. 182, 185, 186, 187, 189, 190.

Midy, Meydy.
I. 15, 63, 69, 91, 137, 197, 328, 434.
III. 45. — App. 39, 40, 74.
IV. 18, 20, 29, 59, 96, 204, 216, 242 à 248, 261, 275, 314, 315.

Mignot, Miniot.
III. 124.
VI. 107, 110, 303, 436, 437, 439.
Milanges. Voir Mylanges.
I. 147, 272.
Millet.
I. 471.
Millière (de La). Voir Chaumont.
Mirabeau (de).
VI. 315.
Mirande.
VI. 117.
Moissaguet. Voir Rogier.
Molin-au-Roy (du).
I. 226.
Molin-Paulte (de), Molyn Paulte (de).
II. 345.
Moline (La). Voir La Moline.
I. 457.
Molinier, Moulinier, s^r de Mayéras, de Fonbonne, de Puydieu, de Puymaud, de Saint-Bonnet, d'Aurieras, du Breuil.
II. 417.
III. 20, 47, 71, 77, 82, 131, 146, 152, 157, 171, 176, 181, 183, 202, 204, 209, 221, 236, 239, 251, 260, 282, 283, 284, 289, 292, 295, 310, 311, 312, 315, 316, 321, 322, 327, 336, 337, 358, 364, 366, 367, 369, 372, 379, 394, 401. — App. 81, 91.
IV. 6, 15, 17, 19, 24, 27, 30, 31, 42, 48, 54, 82, 83, 84, 90, 92 à 97, 99, 100, 102, 113, 114, 117, 131, 138, 140, 141, 150, 162, 190, 215, 222, 261, 275, 289, 294, 295, 297, 299, 301, 302, 305, 307, 336, 413, 416, 418.
V. 312, 336, 338, 340.
Molins (des ou de), Molin. Voir Desmolins.
I. 127.
II. 237.
III. 257, 265.
Mollas.
IV. 345.

Molnier. Voir Molinier dit Basset.
II. 354, 417.
Moncagnon (de).
I. 29.
Monchasty (de). Voir Chouly.
IV. 451.
Mondain de la Maison-Rouge.
V. 49, 50.
Moneron, Monneron, Moneyron, Monneyron. Voir Mosneron, Mousneron.
II. 250.
III. 209, 294, 313, 336, 358. — App. 75.
IV. 197, 203, 204, 208 à 210, 227, 228, 239.
V. 31, 387, 389.
VI. 439.
Mongaillard, Mongailher, jésuite.
III. 151, 155.
Monismes (de). Voir Barbou.
VI. 258.
Monocquet (du Boys dit Monocquet).
II. 261.
Monpelier.
VI. 69.
Mons (de, du), Mont, Monts. Voir Demons, Martin, Lafosse, Dorat (s^r), Montaudon, Fournier, Verthamond.
I. 63, 76, 107, 112, 116, 165, 231, 262, 366, 438.
II. 108, 138, 148, 265, 266, 429.
III. 130, 209.
IV. 54.
Montagnac (de).
III. App. 29, 30, 31, 39, 40.
Montagne, Montaigne.
III. 328.
V. 348.
VI. 25, 144.
Montagut.
III. 328. — App. 20.
Montaudeix (Moreil de).
V. 304, 305, 308, 309.
Montaudon, s^r de Monts, des Monts. Voir Montoudon.
II. 477.
III. 310.

T. VI.

IV. 433 à 439, 441, 442.
V. 2, 5, 6, 83 à 87, 89 à 94, 99, 144, 196, 197, 202, 203, 205, 225, 228, 230 à 237, 239 à 242, 251, 252, 256, 258, 259, 268, 275, 284, 373, 374, 435, 436.
VI. 315, 326, 387.
Montauseau (de Douhet, sr de).
III. 297, 300.
Montchenu (de).
I. 216, 233, 243.
Mont Coqu (de), Mont Cocu.
II. 302.
III. App. 53.
Montdoucet.
II. 367.
Montégut de Plantadis.
III. App. 41, 47.
IV. 223.
V. 387 à 390, 393 à 395, 398 à 400, 414, 415, 427, 431.
VI. 125, 144, 194, 302, 406, 407, 435, 441, 443.
Monteil, du Monteil. Voir Dumonteil, Pasquette.
I. 23, 63, 64, 135, 232, 428.
II. 4, 165, 198, 224, 296, 320, 333, 335.
IV. 244.
Monteicot (de).
I. 63.
Montesquiou (de).
V. 25.
VI. 134, 229.
Monteix (du) de Lambertie.
VI. 349.
Monteynard.
V. 413.
Montfaucon (de).
III. 305.
Montignac. Voir Pigné.
Montin (du). Voir Dumonteil.
III. 312, 356.
Montjovis. Voir Pinot.
Montluc (de).
II. 256, 315, 348, 408.

Montmoulinet. Voir Labiche.
Montoudon. Voir Montaudon.
I. 2, 138, 197, 237, 242, 243, 291, 323. 345.
II. 416, 477.
III. 38, 310, 328. — App. 71.
Montpezat.
II. 390.
Montreal (de). Voir Pontbriant.
I. 359.
II. 54. 235, 237, 245, 338.
Montru (de).
II. 443.
Morancy.
VI. 115, 316, 317.
Morat.
VI. 307, 308.
Morcheval. Voir Veyrier.
Moreau.
IV. 289.
VI. 406, 440.
Moreil, sr de Fromental. Voir Maureil, Morel, Parot.
III. 364. — App. 73.
V. 303, 305, 372, 374.
Morel, Moreil, sr des Chabannes, de Fromental, de Saint-Léger, de Montaudeix. Voir Maureil.
III. 367.
IV. 41, 44, 189, 190, 193, 194, 195, 398, 399, 405 à 411, 414 à 416, 421, 422, 427.
V. 15, 303, 373.
VI. 436.
Morelie (La), Maurelie (de La), sr de La Jarrige. Voir Jarrige, Maurelhe (de La).
III. 361. — App. 65. 71, 72, 74, 76, 82, 83, 88, 89, 93, 94, 97.
Moreusanne. Voir Maurensanne.
IV. 288.
Moret. Voir aussi Mouret.
I. 6, 28, 31, 63, 112, 113, 164, 176, 282, 296, 299, 329, 331, 402, 407, 442.
II. 82, 102.

Morin, Maurin.
V. 118, 149, 374, 376, 380, 399, 427.
VI. 70, 287.
Mormande.
I. 51, 52.
Morny (de).
III. App. 64, 66, 67, 69.
Morotaud.
I. 63.
Mosneron, Mosneyron, Mousneron. Voir Moneron.
III. 209, 308, 313, 331.
Mosnier, Mosnyer, Mousnier.
I. 96, 137, 156, 180, 286, 300, 421, 454.
II. 98, 138, 148, 154, 155, 199, 209, 246, 260, 279, 322, 352, 354, 373, 390, 423, 428.
III. 44, 83, 114, 127, 131, 133, 157, 162, 164, 191, 208, 216, 220, 221, 223, 224, 226, 227, 228, 229, 234, 236, 252, 257, 264, 297, 325, 377, 378, 379, 389, 390, 393, 405. — App. 24, 37, 47, 48, 49, 78.
IV. 48, 96.
VI. 287, 381 à 383.
Motray.
III. App. 98.
Motte-Saint-Cyr (de La).
III. App. 69, 70, 71, 74, 76, 83, 84.
Mote (de La). Voir Lamote, de Petiot, s' de La Motte-de-Gain, Muret.
I. 47, 106.
IV. 127, 128.
Moufle.
VI. Av. IX.
Moulin. Voir Favard, s' des.
V. 413.
Moulin-Blanc. Voir Martin.
Moulinard.
III. 162, 263, 278.
IV. 31.
Moulinier. Voir Molinier, Puymaud.
III. App. 71.
V. 439.
VI. 124, 152, 302.

Mounier. Voir Mosnier.
Mouraud, Moreau. Voir Moureau.
I. 62, 63, 89, 119, 134, 147, 180, 262, 412.
Moureau. Voir Mouraud.
I. 96.
II. 21, 171.
III. 210.
Moureilh.
I. 76, 222, 344.
II. 5, 107.
III. 196.
Mouret. Voir Moret.
I. 4, 9, 63, 196, 301, 327, 342.
II. 108, 150, 160, 295, 303, 308, 319, 392, 417.
III. 2, 22, 32, 34, 40, 41, 44, 45, 47, 48, 58, 73, 75, 80, 115, 117, 118, 129, 130, 133, 134, 138, 146, 149, 150, 155, 158, 159, 161, 164, 165, 168, 170, 173, 174, 181, 183, 184, 187, 188, 189, 190, 191, 196, 197, 201, 202, 203, 204, 209, 210, 211, 213, 218, 219, 220, 221, 226, 238, 240, 254, 259, 260, 261, 266, 268, 269, 279, 282, 283, 292, 293, 307, 327, 338, 344, 354, 368. — App. 25, 47, 48, 80, 99.
IV. 23, 55, 314.
V. 229, 240.
VI. 125, 381, 439.
Mourguet.
VI. 437.
Mourier.
VI. 93, 287, 440.
Mouriquet.
III. 208.
Mourmand.
I. 9.
Moury.
I. 63.
III. App. 15.
Mousnier. Voir Mosnier.
III. 44, 83, 114, 127, 131, 133, 157, 162, 164, 191, 216, 220,

221, 223, 224, 226, 227, 228, 229, 252, 257, 264, 297. — App. 83.
IV. 115, 215, 278, 288.
V. 303, 305.
VI. 152, 184, 381 à 383.
Mouston, Mouton, Beaubreuilh (de) dit Mouston.
I. 437.
II. 99, 107, 248, 255.
Mousur.
III. 172.
Mouthe-Gondrin. Voir Gondrin.
Murat.
I. 63.
Murault (de).
II. 185, 188, 190.
Muret, s^r de Pagnac. Voir Demuret, Pagnac, Mote (La).
I. 171, 344, 360, 369, 456.
II. 22, 140, 352, 353.
III. 157, 253, 258, 259. — App. 81.
IV. 131, 162, 215, 216, 261, 286, 289, 306 à 308, 310 à 312, 315, 316, 318, 319, 321, 322, 324, 334, 387, 418, 419, 436, 437.
V. 1 à 5, 10, 14, 16, 18, 19, 22, 23, 26 à 29, 31, 38, 39, 42, 75, 89, 91, 106, 128, 129, 138, 139, 142, 144, 146, 147, 157, 183, 195 à 199, 202, 225, 228, 230, 232, 234, 236, 237, 240, 241, 243, 256, 263, 274, 275, 309 à 311, 314, 335, 340, 353, 355, 384, 398 à 401, 408, 415 à 425.
VI. 6, 7, 9, 11, 25, 51, 107 à 110, 116, 134, 200, 273, 289, 293, 303, 322, 328, 331, 332, 335 à 337, 343 à 356, 358 à 361, 363, 365 à 369, 380, 384, 392, 395, 406, 408 à 414.
Musnier. Voir Mosnier. Mousnier, Mounier.
III. 365, 395.
IV. 17.
Mylanges. Voir Milanges.
I. 75.

N

Nadaud.
I. 22, 28, 48, 61, 63, 64, 75, 88, 111, 113, 115, 194, 197, 204, 286, 301, 345, 406, 421.
II. 68, 354, 367.
IV. 21, 418, 419, 427.
V. 50 à 52, 58, 91, 93, 103, 104, 116 à 118, 123 à 125, 129 à 136, 139, 169, 180, 205, 226 à 231, 236, 238, 244, 246, 248 à 250, 253, 257, 262, 265, 273, 283, 300, 310, 314, 365, 370, 377, 380, 392, 394, 401, 406, 414, 415, 422, 423, 431, 435.
VI. 12, 21, 25, 38, 48, 57, 60, 72, 85, 93, 95, 97, 99, 125, 152, 184, 244, 287, 302, 303, 381, 410, 413, 435.
Naillas.
III. App. 42.
Nanteuil (de).
III. 120.
Nanot.
VI. 437.
Nantiac, Nantiat.
I. 171, 237, 338, 410.
II. 374, 391, 447, 449, 462.
III. 22, 31, 47, 57, 69, 176, 199, 257, 304, 323, 347, 359, 371, 406. — App. 78.
IV. 6, 22, 24.
Narboneix.
III. App. 64, 95.
Nardot.
VI. 438.
Narjot.
III. App. 71.
Narmond. Voir Duverdier, Juge.
Nassans.
VI. 303.
Naudet.
VI. 231.
Naugat, Naugeat. Voir Cibot, Nougeat (de).
I. 137.
III. 234, 236.

Naurissart. Voir Nourissard.
V. 27.
VI. 61, 64, 65, 70 à 75, 86 à 93, 98, 99, 100, 106 à 109, 114 à 118, 121, 125, 127, 134, 149, 150, 151, 154, 162 à 166, 169, 174 à 195, 197, 207, 222, 303, 336, 396.
Navare.
I. 366.
Navières, Navieras, Navieyres (de), s^r du Treuil, du Puy-Vincent, de Brégefort, de La Boissière.
I. 63, 197, 301, 368, 436.
III. 46, 58, 161, 202, 258, 286, 297, 310, 319, 321, 337, 341, 343, 344.
IV. 20, 25, 27, 29. 73, 84, 131, 180, 191, 195, 198, 203, 204, 208 à 211, 217, 218, 221, 222, 261, 275, 281, 289, 384 à 388, 391, 395 à 398, 401, 416, 435.
V. 19, 22, 62, 97, 175, 204, 225, 228, 237, 239, 240, 244, 256, 275, 284, 331, 332, 369, 373, 374, 387, 389, 431, 433.
VI. 51, 76, 115, 142, 150, 151, 155, 157, 164, 171, 207, 208, 213, 216 à 222, 227, 228, 234 à 236, 240, 241, 243, 247 à 253, 257 à 259, 262, 264, 267 à 283, 286 à 289, 293, 296 à 304, 307, 311 à 317, 321 à 324, 328, 331 à 336, 349, 351, 353, 354, 356, 358, 359, 361, 363, 365, 382.
Neaulme.
III. App. 78,
Negre Pelice (de).
I, 428.
Neuvic. Voir Chastaignat.
Neufville (de).
I. 195.
II. 349.
Neveu, Neveu-Delidon.
VI. 280, 303.
Nexon. Voir Descoutures, (s^r de),
III. App. 81.
V. 348, 433.
Niaud. Voir Nieaud.

Nicard.
VI. 195, 302, 382.
Nicolas, s^r du Traslaige, du Masgardeau, du Puymaussel, de Beaugaillard.
III. 176, 183, 188, 195, 233, 250, 255, 262, 265, 338, 343, 344, 345, 346, 347, 355, 360, 376, 380, 381, 382, 383, 384, 385, 392. — App. 73, 80, 99.
IV. 8, 59, 63, 214, 282, 288.
V. 14, 198 à 200, 202, 205, 228, 233, 234, 236, 239, 240, 243 244, 268, 284, 328, 433, 441.
VI. 115, 440.
Nicot, Nicod, Nycot, Foucaud, dit Nicot, s^r du Puy de Baneix, du Gondaud.
II. 262, 295, 428.
III. 71, 127, 131, 237, 282, 295, 297, 309, 311, 312, 314, 315, 316, 343. — App. 41, 47, 65, 81.
IV. 59, 60, 96, 117, 135, 215, 275, 277, 278, 281, 289, 329, 342, 345, 366, 367, 370, 375 à 380, 383 à 388, 391, 395, 416, 418.
V. 10, 18, 26, 29, 30, 33, 41, 89, 91, 225, 239, 240, 347, 427, 431, 433.
VI. 104, 118, 303, 342 à 345, 381, 382, 409, 410, 412, 413, 421, 435, 441, 443.
Nieaud, Nieauld, Nilhaud.
V. 204, 266, 384, 385, 410 à 413, 420.
VI. 200, 201, 202, 421, 434, 441.
Niot (Charles dit).
II. 477.
III. App. 29, 47.
Nivet.
VI. 287.
Noailher, Noailler, Noaslher, Nolhier, Noaller, Nohalier, Nouhailler, Denoualhé, s^r des Bayles, de Varennes, de Mazeretas. Voir Noaillé, Denoalhé.
I. 26, 65, 111, 115, 155, 202, 231, 286, 369, 394, 435, 456.
II. 165, 269, 322, 349, 374, 395,

III. 45, 48, 69, 72, 78, 82, 84, 130, 131, 132, 161, 163, 172, 195, 200, 202, 204, 207, 208, 215, 216, 217, 224, 233, 235, 238, 240, 253, 257, 258, 261, 265, 282, 286, 287, 297, 304, 314, 316, 323, 329, 330, 338, 344, 379, 395, 399, 400, 401. — App. 24, 25, 47, 48, 77, 84.
IV. 20, 27, 32, 48, 50, 53, 54, 83, 106, 108, 109, 111, 112, 191, 242, 247, 268, 269, 270, 296, 330, 331, 341, 343, 348, 350, 351, 360 à 365, 420, 421, 436.
V. 16, 18, 29, 33, 41, 43, 71, 182, 433, 439.
VI. 33, 34, 37, 38, 116, 398 à 401, 413.
Noaille, Noailhe, Noalye, La Nouaille, de Noailles.
I. 15, 23, 62, 63, 69, 76, 87, 90, 95, 138, 402.
II. 3, 66, 77.
VI. 262.
Nobis.
III. 344. — App. 14, 44.
Nonique.
V. 433, 435.
Nouailhe, Nouailles. Voir Chabrou, Poucet, Roussel.
Nougeat (de), Noujat. Voir Naugeat.
II. 139.
III. 264.
Nouhaud.
V. 434.
VI. 438.
Nourissard. Voir Naurissard.
IV. 376, 377.
V. 416.
Nouville, Nouvillard (de).
I. 33, 195, 471.
Noyter (de), Nouestre (de), Nouastre (de). Voir Biays.
Noz (de).
I. 63.
Nozerines (de).
II. 288, 296, 320, 339, 341, 344, 430.

Nycot. Voir Nicot,
II. 262, 295.
Nycolay.
I. 63.
Nyert (de), Deniers, s^r de Gambias.
IV. 43, 44, 45, 46, 271, 272, 273.
Nyot, Nyhot, Niot, Nouailler dit Nyo, Charles dit Nyo. Voir Nieauld.
I. 105, 286, 410.
II. 22, 200, 248, 354, 417.

O

Olivier.
II. 200.
Origuet, Origet.
III. 359.
IV. 203, 410, 413.
V. 18, 29, 33, 41, 71, 72, 433.
Orsay (Boucher d'), Dorcet. Voir Boucher d'Orsay.
IV. Av. VI. 232, 233, 239 à 242, 250, 254, 260, 329, 342, 343, 348, 349, 354, 362, 363, 381 à 383, 416.
V. Av. IX. 356.
VI. 95, 123.
Orthe (d') peut-être d'Orthès.
I. 423.
Ouville (duc d').
III. 361.

P

Pabo, Pabot, s^r de Lavaud, du Brueilh, de Chavaignac.
I. 64, 156, 344.
II. 83, 248, 354, 372, 426.
III. 116, 126, 200, 208, 223, 235, 251, 323, 359, 361. — App. 34, 48, 49, 84, 90.
IV. 31, 47, 48, 146, 150, 156, 157, 296, 301.
V. 89, 91, 196 à 199, 373, 374.
Pacaille (de la). Voir Devoyon.

Pagnac (de). Voir Blanchon, Muret.
  III. 407.
  IV. 6.
Pagnon, Paignon, Paniou, baron de Brie.
  III. 127, 163, 169, 172, 286, 308, 311, 321, 323, 331, 335, 341, 343, 344, 356, 360, 372, 376, 377, 378, 388 à 392, 400, 401, 404. — App. 81.
  IV. 8, 14, 16, 33, 39.
Pailhier, Pallier.
  III. 286.
  IV. 255 à 258, 264, 265, 279, 280, 291, 294, 295, 298, 302, 305, 308, 310, 324, 328, 331, 334, 350, 351, 361, 365, 374, 376, 377, 387, 391, 418, 422.
  V. 50, 51, 53.
Pajot de Marcheval.
  V. 102, 104, 105, 109, 112, 118, 120, 121, 124, 126, 127, 129 à 137, 139 à 141, 154, 243, 341.
Palais, Palays, du Breuilh-Lavergne.
  I. 62, 79, 83, 137, 168, 197, 334.
  III. 329. — App. 89.
  IV. 42, 74.
Palotte (de).
  VI. 439.
Pallue (de La).
  III. 361.
Paluau (de).
  III. 348.
Paneau.
  I. 63.
Papaud, Papault (Bardinet dit Papau).
  I. 328, 403.
  II. 165.
Papetaud, Pappetaud.
  II. 427, 428, 429.
  III. 77, 118, 126, 131, 157, 162, 169, 172, 193, 216, 223, 252, 281, 327, 344, 364, 366.
Papou.
  IV. 218, 282, 379, 380, 425, 427.
Paquette (Monteil dit Paquette). Voir Monteil.

Parabolas, de Las Coulx, dit Parabolas.
  I. 421.
Paradis (La Cousse, s^r de).
  III. App. 50.
Parant.
  V. 431, 433.
  VI. 230.
Paraud.
  VI. 263, 302, 363 à 369, 376, 377, 379, 382, 384, 386, 392, 395, 409, 413, 423, 425.
Parcet.
  I. 60, 83.
Pariset.
  V. 433.
Parot.
  V. 42, 69, 72, 76, 175, 303, 305.
  VI. 71, 116, 382, 413, 435.
Paroutignac (de).
  I. 128.
Parpayat. Voir Decordes, Maledent.
Parpey.
  I. 113.
Parrot. Voir Parot, Paraud.
  I. 13, 14, 20, 21, 82.
  III. 130, 197, 221, 282, 366.
Parve (Ytyer, Eytier dit Parve).
  II. 261, 358, 423.
Pascault. Voir Rogier, Rougier dit Pascault.
  I. 221, 402, 455.
Pasquette (du Monteil dit Pasquette).
  I. 328.
  II. 4, 198, 208, 393.
Passagane.
  I. 28.
Passi (de).
  I. 423.
Pastoureau.
  V. 269.
Patapi.
  VI. 436.
Paterne.
  IV. 265.
Patilhaud.
  I. 194.
  III. App. 42.

Paulte, Paute.
II. 237, 345.
VI. 436.
Pauly, Pauly dit Gadaud.
I. 47, 48, 53.
Pauson.
I. 402.
Payen.
II. 308, 339, 342.
Péconnet, s^r du Chastenet.
I. 411.
II. 99.
III. 48, 52, 220, 262, 295.
IV. 48, 73, 410, 413, 416.
V. 205, 224, 225, 228, 230, 232, 234, 236, 241, 251, 252, 256, 258, 259, 269, 275, 349.
VI. 302, 303, 381, 382, 383, 411, 435.
Peillot.
I. 283, 295.
Peinut (de) ou de Preinut.
III. 403.
Peiroche, Peyroche, s^r du Reynou, du Puy-Gaillard, du Puy-Guichard.
I. 164, 237.
II. 13, 17, 99, 165, 296.
III. 157, 162, 176, 181, 183, 199, 201, 207, 216, 223, 235, 237, 252, 346, 377, 378, 385, 389, 390, 392, 408.
IV. 5, 50, 60, 66, 91, 96, 103, 117, 184, 215, 222, 232 à 235, 238, 242, 243, 277, 278, 342, 345, 383, 399, 418, 436.
V. Av. VIII. — 6 à 9, 11 à 34, 38, 39, 41, 45 à 47, 166, 167, 170, 174, 181 à 184, 193, 196 à 199, 202, 225, 252, 256, 276, 284, 329, 342, 347, 348, 401, 433.
VI. 123, 168, 303, 326, 344, 372, 408.
Pelete, Pelette.
I. 15, 26, 63.
III. App. 72.
Pellot.
III. Av. XVI. — 377, 378, 381, 394, 399, 403, 404.

Pénègre.
VI. 436.
Penevayre. Voir Plenavayre.
Penicails, Penicaille, Penicals, Texier dit Penicaille. Voir Pénicau, Texier.
I. 22, 83, 172, 179, 184, 263, 266, 273, 275, 280, 320, 325, 333, 369, 399, 410, 416.
II. 19, 62, 83, 97, 98, 153, 154.
Penicau, Penicaud, Penycaud, Penicault, Colomb dit Penicault.
I. 29, 48, 63, 69, 96, 115, 119, 120, 138, 157, 172, 176, 198, 204, 237, 242, 265, 287, 302, 328, 332, 361, 412, 420.
II. 155, 165, 248, 269, 354, 373, 377, 380, 391, 431.
III. 265, 273, 298. — App. 4, 40, 41, 47, 85.
IV. Av. II.
V. 277.
VI. Av. VII. — 125.
Penigot.
II. 83, 261, 431.
Penot.
I. 2.
Peny.
VI. 93.
Perere, Perière (de), s^r de La Gardelle, du Vignaud. Voir Peyrière de Beaumont, de Chastreys, du Brueil.
III. 267.
IV. 9, 11, 12, 13, 14, 16, 62, 74, 210, 296, 301, 330 à 335.
V. 107 à 109, 137, 139, 439 à 441.
Peret, de Beaubreuil dit Peret.
I. 323, 395.
II. 210, 322.
VI. 303.
Pergaud.
VI. 231.
Péricaud.
V. 419.
VI. 87.

Périer.
  III. App. 85.
  V. 55, 58, 112.
  VI. 46, 166.
Périgord.
  VI. 302, 381.
Permangle (de). Voir Chouly (de).
Pernet.
  IV. 177, 178.
Perot, Perrot.
  III. 132.
  V. 84.
Perriere. Voir Peyriere.
  III. 236, 274, 329, 334, 335, 402.— App. 73, 80, 81.
Pérusse (de), des Cars. Voir Cars.
Pérusson, Peyrusson.
  V. 18, 251, 252.
  VI. 92, 124, 203, 258, 381, 435.
Petelli.
  I. 62.
Petiniaud, Petigniaud, s^r de Juriol, de Beanpeyrat, du Garraud, de Jourgnac, du Puinesge, de La Bourgade, d'Eyjeaux.
  I. 113.
  III. App. 77.
  IV. 25, 29, 48, 55. 180, 203, 208, 215, 216, 219, 227 à 238, 241, 261, 270, 271, 277, 278, 329, 345, 349, 351, 387, 413, 416, 418.
  V. 14, 19, 23, 26, 30, 33, 38, 41, 49, 50, 55, 56, 58, 60 à 68, 71, 74, 75, 77, 84, 85, 89, 93, 103, 164, 182, 202 à 205, 225, 227, 228, 230 à 232, 234, 236 à 242, 251, 253, 256, 258, 259, 268 à 270, 275, 284, 302 à 309, 357 à 359, 364, 365, 368, 370 à 375, 378, 380, 381, 382, 384, 389, 390, 393 à 401, 408 à 410, 413 à 417, 420, 422, 425 à 427, 430 à 441.
  VI. 6 à 18, 23 à 32, 35, 38, 39, 48 à 53, 56, 57, 61 à 65, 70 à 76, 81, 85 à 89, 92, 93, 96, 98 à 101, 104 à 109, 111 à 129, 133 à 136, 139, 143, 144, 150, 151, 155, 156, 157, 164, 171, 175, 192, 193, 207, 208, 213, 216 à 222, 227, 228, 231, 234, 236, 240, 241, 243, 247 à 253, 257 à 264, 267 à 274, 278 à 282, 289, 293. 297 à 304, 307, 311, 317, 321 à 337, 342 à 354, 356 à 372, 375 à 392, 395, 397 à 416, 419 à 426, 430 à 435, 441, 443, 444.
Petiot, Depetiot. s^r de Taillac. du Masbouchier, de Chavagnat, de Lamotte, de Gain. Voir Taillac.
  I. 5, 6, 21, 28, 29, 48, 60, 62. 63, 82, 88, 106, 115, 116, 117, 134, 163, 179, 186, 193, 234, 264, 265, 278, 320, 333, 364, 400.
  II. 97, 154, 230, 231, 340, 341, 429.
  III. 33, 34, 35, 39, 59, 60, 63, 72, 75, 76, 78, 82, 83, 113, 126, 127, 131, 132, 148, 150, 153, 157, 163, 168, 175, 176, 193, 194, 198, 200, 207, 208, 224, 225, 228, 230, 233, 251, 252, 256, 257, 268, 314, 315, 316, 319, 331, 333, 339, 343, 356, 384, 398.
  — App. 5, 10, 16 à 30, 36 à 42, 47, 54, 57, 89.
  IV. 8, 9, 12, 14, 29, 49, 80, 127, 128, 137, 138, 144.
  V. 51, 137, 335, 338, 340, 349.
Petit.
  I. 286, 323, 369, 402.
  II. 3, 261, 357, 417.
  III. 181, 183.
  IV. 80, 88, 197, 214, 318, 387, 438 à 440.
  V. 7, 430, 431.
  VI. 98, 99, 100, 150, 151, 155, 156, 157, 171, 178, 207, 208, 213, 217, 219, 240, 241, 243, 247, 264, 268 à 274, 287, 303, 327, 350, 366, 367, 376, 379, 381, 384 à 389.
Peuch (du).
  III. App. 92.
Peyfareu.
  III. App. 92.

T. VI.   38

Peyniaud.
  II. 479.
Peyrat, sr du Masjambost. Voir Dupeyrat, de Launette.
  I. 63, 70, 80, 87, 96, 115, 246, 266, 331, 335, 402, 412, 443, 456.
  II. 21, 83, 98, 139, 154, 164, 228, 247, 302, 307, 353, 427, 437. — App. 24, 30, 71, 78.
  V. 212.
  VI. 117.
Peyremorte.
  VI. 434.
Peyrière, Perierc, Perere. Voir Perriere, Lagardelle, Vignaud.
  III. 210, 224, 236, 267, 274. — App. 73, 80, 81.
Peyrinaud.
  V. 373, 374.
Peyrissac.
  I. 63.
Peyrnoulx.
  I. 209.
Peyroche. Voir Peiroche.
Peyron.
  III. 236.
Peyron, Lagorce dit Peyron. Voir Saleys.
  II. 99.
  III. 71, 83, 206, 252.
Peystoul.
  II. 20.
Peyteu, Peysteul, Peytan, Peyteau.
  I. 180, 230, 264, 328, 331, 408.
  II. 62, 98, 154.
  III. App. 47.
Pezaud.
  VI. 263, 382.
Phelypeaux du Fresnois.
  IV. 136.
Philippeau d'Herbault.
  V. 403.
Philipon.
  III. App. 94.
Pic (du). Voir Ardant.
  I. 70, 107.
Picat.
  VI. 438.

Picard.
  I. 159, 223, 241, 335, 421.
  II. 210.
Picaud.
  I. 63.
  II. 68.
Pichecay, Pichegay, Clament ou Calveu dit Pichecay.
  I. 223, 456.
  II. 269, 433.
  III. 204, 283, 297.
Pichon.
  IV. 25, 83.
  VI. 436.
Pichonos.
  VI. 382.
Pierrebuffière (de), baron de Chamberet.
  III. App. 5, 6, 51.
Pigeaud.
  III. App. 21, 39.
Pignet, Pigné, sr de Manderesse, de Montignac.
  III. 329, 330, 333, 337.
  IV. 47, 210, 219, 245, 249, 250, 251, 270, 275, 281. 345, 379, 383.
  V. 19, 22, 431, 439 à 441.
  VI. 345, 413, 431.
Pilat, Cibot dit Pilat ou Pelat.
  I. 435.
  II. 83, 228, 322.
Pillon.
  III. App. 33.
Pillet.
  VI. 90.
Pilloy, Pilloye (de).
  III. App. 65, 66, 69.
Pinart.
  I. 29.
Pinchault, Pinchaud.
  I. 301, 368, 434.
  II. 83, 164, 318, 351, 374, 423, 429.
  III. 188, 190, 214, 219, 250, 358. — App. 19, 21, 23, 24, 28, 37, 41, 47, 48, 64, 80, 81, 84.
  V. 124, 125, 129 à 136, 153, 225 à 229, 237, 254, 253, 407, 408.
  VI. 184, 413.

Pinchon.
 III. 222.
Pinet.
 III. 224, 235, 263.
 IV. 13.
 VI. 434.
Pinot, s^r de Magré, de Beaupeyrat, de la Grelière, de Montjovis.
 I. 64, 119, 172, 264, 266. 322.
 II. 139, 154, 268, 395, 448.
 III. 2, 40, 42, 71, 77, 82, 83, 114, 123, 128, 131, 148, 150, 156, 162, 163, 174, 175, 176, 181, 183, 215, 218, 233, 235, 252, 253, 256, 268, 302, 321, 330, 334, 335, 356, 359. — App. 11, 78, 80.
 IV. 15, 27, 42, 54, 56, 57, 62, 74, 96, 97, 98, 99, 103, 117, 203, 219, 220, 221, 397, 302, 366, 367, 372 à 374.
 V. 88, 111, 128, 164, 196 à 199, 202, 256, 268, 270, 275, 281, 358.
Piohet.
 I. 93.
Pipey.
 I. 76.
Pipeyr.
 I. 369.
 II. 4.
Pire.
 III. 298.
Piro, Pirot. Voir Daixe.
 I. 138, 179.
 II. 396.
 IV. 74.
Pistolet.
 III. App. 85.
Pitaud.
 I. 63.
Pitet.
 VI. 168.
Place (de La).
 VI. 439.
Places (des). Voir Barbou, Ruaud.
Plagne.
 VI. 434.

Plainemaison. Voir Pleinemaison.
Plaix.
 II. 426.
Planche (La). Voir Devoyon, s^r de.
Planchon.
 III. 221.
Plantadis. Voir Montégut.
Plazat.
 V. 397, 398.
Pleinemaison, Plenameijoux, Plaincmaison.
 I. 271, 366.
 II. 418.
 III. 21, 69, 72, 78, 84, 128, 132, 134, 157, 163, 170, 172, 174, 176, 191, 195, 197, 217, 221, 225, 255, 268, 298. — App. 47, 48, 71.
 IV. 42.
 V. 138, 431, 435.
 VI. 93, 125, 135, 160, 231, 302, 363 à 369, 376, 377, 379, 384, 386, 389 à 392, 413, 435.
Plenacort (de).
 II. 243.
Plenavayre (de). Voir Mauple, s^r de.
 III. 70, 82, 119, 131.
Plessis (du). Voir Argentré (d').
 III. App. 47.
Plezance.
 I. 10.
Plumant.
 IV. 415.
Pochard.
 I. 179.
Poilevé. Voir Poylevé.
Pomaret.
 I. 20.
Pomeranus.
 I. 280.
Pomier, Pommier, dit Le Soutier, Le Soulier.
 II. 323, 393, 432.
Pompadour (de).
 I. 186, 193, 448, 449, 471.
 II. 110, 344.
 III. 287, 305, 348, 353. — App. 12, 15, 43, 45, 49, 50, 51, 52,

63, 67, 68, 69, 80, 82, 84, 90, 91 à 95.
IV. 31, 51, 444.
Poncet, Ponset, Ponsset, sr de Larivière, des Nouailles.
I. 107, 159.
III. 338, 347. — App. 48.
IV. 54, 377, 378.
V. 38, 39, 42, 43, 48, 49, 90, 91, 175, 245, 433, 435, 439.
VI. 47, 231, 302, 345, 382, 410, 413, 434, 435, 439.
Porcherie (de la). Voir Saint-Aulaire.
Porte (La). Voir Laporte.
I. 21, 22.
II. 50.
Ponroy. Voir Pouroy.
III. 343.
Pons (de).
II. 408.
Ponset, Ponsset. Voir Poncet.
Pontac (de).
I. 209, 251.
III. 188.
Pontbriant (de). Voir Montréal (de).
I. 386.
II. 45, 46, 47, 50, 54, 55, 56, 57, 58, 59, 65, 70, 71, 87, 204, 238, 239, 240, 413.
IV. Av. v.
Ponville (Rochechouard de).
VI. 123, 134.
Portailler (de).
VI. 144.
Pothe.
I. 292, 296.
Pouget (du).
III. App. 12.
Poujaud de Nanclas.
V. 434, 435, 438.
Poulard.
V. 250 à 252.
Poulbrière.
VI. 298.
Poulouzat. Voir Faulte.
Poumaud, Poumeau.
V. 152, 345.

Pourret, Porret, Pouret.
I. 325.
V. 373, 374.
VI. 136, 363 à 370, 376, 377, 379, 384, 386, 389 à 392, 395, 397, 401, 403, 410, 413, 434, 435, 439.
Pouroy. Voir Ponroy.
I. 91.
Poussard.
III. App. 81.
Pouyade.
VI. 302, 382.
Pouyat, Poyat.
III. 45, 261, 263, 365, 401. — App. 40, 47, 54.
IV. 33, 191, 204, 208, 216, 288, 396.
V. 12, 14, 19, 75, 160, 176, 237, 239, 240, 281, 303 à 311, 314, 348, 371, 372, 375, 376, 381, 382, 389, 390, 399, 400, 433.
VI. 123, 125, 182, 263, 303, 435.
Pouzol.
I. 157.
Pouzon.
I. 76, 91.
Poyet.
IV. 8.
Poylevé, Poilevet. Voir Bondy.
I. 265, 267, 300, 334, 343, 352, 369, 420.
II. 66, 77, 80, 99, 210, 265, 267, 423.
III. 42, 70, 76, 114, 156, 171, 200, 215, 221, 223, 236, 251, 258, 295, 360, 367, 369. — App. 25, 34, 35, 40, 41, 44, 47, 48, 71, 76, 84, 85.
IV. 27, 84, 223.
Poyon.
I. 64.
Poyt.
I. 64.
Pozviex.
I. 104.

Pradeau, Pradeaud, Gautier Pradaud.
II. 479.
V. 176, 356, 417, 431, 435.
VI. 47, 152, 287, 302, 336, 345, 382, 413, 438, 439.
Prades. Voir Grelet.
Pradier.
III. App. 78.
VI. 153.
Prat Saint-Yrieix.
I. 323.
Pratz.
I. 111.
Pré (du). Voir Dupré.
III. 479.
Pré-Saint-Yrieix. Voir Garat.
Preinut (du) ou de Peinut.
III. 403.
Pressac (Giquet de). Voir Gicquet.
VI. 437, 442.
Pressat. Voir Constant.
Prestier.
VI. 72.
Prévot.
V. 204, 205.
Preyssat (Senemaud dit), Constant, sr de Preyssat.
III. App. 78.
Princay (du).
II. 441, 442, 443.
III. App. 7, 8, 17.
Pringy (de).
V. 348.
Proges (de) ou Progy. Voir Deproges
III. 31, 48, 56, 57. — App. 52, 81 à 84, 88, 91 à 98.
Progent, Progen.
I. 25.
III. 282.
Probet, Prouhet.
I. 209, 217, 232, 236, 262, 268.
III. App. 17, 20.
Proximard. Voir Deloménie.
IV. 34, 176.
Pugy.
III. App. 74.
Puichault.
I. 91.

Puisfort (Sauvot de).
V. 59, 65.
Puitison, Puytison (du). Voir Maledent, Hardit.
IV. 188.
Puybareau. Voir Martin.
VI. 430, 431.
Puy d'Autour. Voir Faulte.
Puydeau. Voir Léonard.
Puydenus. Voir Mandac.
Puy-de-Baneix. Voir Nicot.
Puydieu. Voir Molinier.
VI. 197, 198.
Puydutour (du). Voir Brisset.
Puy-Gaillard. Voir Peiroche.
Puy-Guichard. Voir Peiroche.
Puy-las-Rodas. Voir Jayac.
Puy-Mathieu. Voir Marcialot.
Puymaud (de). Voir Moulinier (sr de), du Breuil, Martin.
IV. 138, 139.
Puymauret. Voir Nicolas.
VI. 439.
Puymaury. Voir Lagrange.
Puymeyrat, Puymirat. Voir Marchandon.
I. 70.
Puymoreau. Voir Chouly.
Puymoullnier. Voir Douhet (sr du).
III. 125, 130, 137, 162, 171, 175, 233, 250, 262, 374, 379, 401. — App. 44, 49.
V. 74, 136.
Puynesge. Voir Pétiniaud.
V. 233, 234, 236.
VI. 345, 413, 429 à 431.
Puyraveau (de).
III. App. 51.
Puyréjaux. Voir Farne (sr du).
Puyrobins (de).
II. 443.
Puysillon (de).
III. 5.
Puytignon, Duboys, sr du Puytignon.
III. 75.
Puytison. Voir Hardy.
Puy Vincent. Voir Navières,
Pynot. Voir Pinot.

Q

Quars. Voir Cars.
  I. 79, 113, 366.
Quart (Le), Qart (Le). Voir Cars.
  I. 25, 29, 34, 47, 48, 89, 115, 135, 146, 369.
  III. 160, 338.
Quéraux (du). Voir Cognace.
Quesnel.
  V. 43.
Queyroix (du). Voir Baillot (s^r du), Lafont (s^r du).
  IV. 83.
Quinière (de La).
  VI. 327.
Quinque.
  VI. 437.
Quintaine (de La).
  III. 312.
Quozet.
  I. 26.

R

Raby, du Sirieix, du Masboyol.
  III. 329, 371. — App. 71.
  IV. 31, 42, 52, 74, 180, 185, 289, 421.
  V. 19, 314, 397. 398.
  VI. 168, 230, 303, 381.
Racaud.
  VI. 436.
Ragot.
  V. 119 à 121.
  VI. 438.
Ragou.
  VI. 440.
Raguenau (de).
  III. 403.
Raimond, Raimon. Voir Raymond.
Ramboz.
  VI. 168.
Ramon. Voir Raymond.
  I. 48, 164.
Ranciat (de).
  II. 315.
  VI. 302.
Rancon.
  III. 3.
Rannou.
  VI. 437.
Raoul.
  I 64.
Rasaix, de Razeix. Voir Roulhac.
  IV. 215.
  V. 29, 33, 41.
Rastignac, Chapt (de).
  III. App. 12, 13, 38, 43, 44, 50, 52, 53, 54.
Rataud, Ratcau.
  V. 387, 389.
Ratier.
  II. 17.
  VI. 264.
Ratineau.
  V. 122, 123.
Rayé.
  VI. 116.
Raymond, Raimon, Remon. Voir Ramon, Reymond.
  I. 107, 231, 237, 300, 328, 334, 409, 412, 433, 442.
  II. 3, 21, 83, 164, 172, 173, 208, 227, 250, 258, 261, 263, 279, 301, 310, 318, 319, 322, 347, 352, 359, 363, 364, 366, 375, 388, 430.
  III. 42, 69, 72, 76, 78, 80, 82, 84, 128, 132, 157, 163, 174, 176, 195, 200, 208, 213, 217, 225, 236, 253, 258, 259, 327. — App. 13, 26, 30, 37, 39, 50, 58, 81, 85.
  V. 100.
  VI. 28, 29, 173, 429, 430.
Raynaud. Voir Farne.
Raynier. Voir Reynier.
Razez (de). Voir Roulhac.
  II. 395.
  IV. 15, 48.
Rebeyrole, Rebeyrol.
  V. 387, 389.
  VI. 8.

Rebieras, Rebiere.
I. 51.
III. 343.
Recateau.
VI. 128.
Recorquillé.
VI. 125.
Recules(de), Derecules, Reculetz (de), Reculet, Recullet, de Chaumouly.
II. 479.
III. 45, 78, 83, 127, 131, 157, 159, 160, 194, 200, 235, 274, 278, 287, 294, 296, 313, 319, 322, 334, 537, 341, 356, 369, 374. — App. 33, 34, 35, 44, 71.
IV. 15, 19, 21, 52, 59, 60, 83, 131, 219 à 222, 231, 256, 257, 258, 260, 261, 264, 265, 268 à 271, 276, 277, 278, 288, 289, 436.
V. 18, 29, 48.
VI. 136, 303, 363 à 369, 376, 377, 384, 386, 389 à 392, 395, 401, 403, 409, 413, 423 à 425, 435.
Régis.
IV. 135.
Reglet.
II. 334.
Regnaudin (de), Renaudin. Voir Renoudin.
III. 202, 323, 338, 344, 401, 404. — App. 71, 76.
IV. 6, 40, 41, 42, 44.
V. 15, 93, 266, 281.
VI. 90, 91.
Regnefort, Reniefort. Voir Labiche.
III. 339, 348, 363, 369, 374.
IV. 53.
Regnier, s^r de Brueil. Voir Reynier.
IV. 275.
V. 114, 269.
VI. 435.
Reix, Reyx. Voir Reys.
IV. 131, 204, 214, 215, 216, 289.
V. 271, 282.
VI. 71, 135, 231, 298, 381, 437.
Rejaud.
VI. 438.

Renaudies (des). Voir David (des).
V. 348.
VI 321, 323, 335, 378, 388, 403 à 405, 415, 432.
Renon.
IV. 181.
Renoudin, Regnoudin. Voir Regnaudin.
III. 81, 114, 160, 209, 262, 263, 280, 338.
Repaire. Voir Baillot.
Resos (de).
II. 443.
Restoilh, Reytoil. Voir Raymond.
III. 131, 159.
Retor.
V. 326, 327.
Retouret, Ratouret.
VI. 49, 92, 257, 281, 282, 287, 434.
Reunier.
VI. 100, 105, 194.
Revelhard.
III. App. 28, 47.
Réveilhaud.
III. App. 26, 28.
Reymond, Rémond, Remon. Voir Raymond, Ramon.
I. 22, 75, 82, 112, 116, 120, 246, 286, 333, 417.
II. 335, 477.
III. 42, 69, 72, 76, 78, 80, 82, 84, 130, 327.
V. 242.
VI. 4, 28, 29.
Reynaud.
I. 83, 271.
V. 435.
VI. 8, 10, 23, 29, 38, 45.
Reynier. Voir Galand, Regnier, Lucas.
I. 63, 368.
II. 68, 180, 210, 227, 322, 392, 395, 477.
III. App. 78.
VI. 153, 435.
Reynou. Voir Martin, Descoutures, Peyroche (s^r du).
III. 56.

Reys. Voir Reix.
  I. 167.
Rhodde (de La), bénédictin.
  IV. 217.
Ribière.
  IV. 216.
  V. 151.
  VI. 436, 439.
Ribierubaud. Voir Labiche.
Ribouille, Riboulie, Riboulle.
  IV. 174, 175, 192.
  V. 373.
  VI. 382, 435.
Ricaud.
  VI. 443.
Richard. Voir La Nouaille dit Richard.
  I. 402.
  VI. 302.
Richebourg. Voir Douhet (sr de).
Richemont (Durand de). Voir Durand.
  VI. 413, 414, 423 à 425, 435.
Rieu (du, des). Voir Durieu, Cibot des Rieux.
  I. 412.
  II. 182, 183, 184, 187, 188.
  IV. 60.
Rigaudie.
  VI. 439.
Rignat.
  IV. 42, 57.
Rigoulène (de). Voir Dalesme.
Rilhat (de), Rilhac. Voir Labiche.
  IV. 62.
Ringaud, Ringaud dit Manent.
  II. 477.
  III. 163, 253. — App. 25, 32, 42.
Ringuet.
  V. 303 à 305, 308 à 309, 311, 314, 353, 355, 357 à 359, 364, 374.
Risse.
  V. 433.
Rivaud.
  III. 48.
Rivet.
  VI. 51, 262
Robert. Voir Baubaud.
  II. 192, 193, 194, 195, 196, 197, 296, 392.

III. 305. — App. 44, 46, 72, 94.
  VI. 381.
Roby.
  V. 157, 164.
  VI. 436.
Roche. Voir La Roche (de Tulle), Vouzelle, Chastaignat.
  I. 163, 395.
  II. 68, 98.
  III. 330. — App. 6.
  IV. 48, 63, 84, 180, 187, 233, 318, 397.
  V. 13, 83, 342, 419, 419, 433.
  VI. 23, 93, 136, 204, 241, 364, 381, 436.
Roche-Aymon (de La).
  IV. 343.
Rochebeaucour (de La).
  I. 120, 123.
Rochebrune (de).
  V. 392.
  VI. 316.
Rochechouart (de), de Rochechouart-Ponville.
  III. App. 64.
  VI. 123, 134.
Rochefort (de).
  I. 477, 478, 479.
  II. 165, 443.
  III. App. 50, 52.
Rochefoucaud (de La).
  III. App. 52.
Rocherolle (de).
  VI. 192.
Rogent.
  III. 174.
Roger ou Rogier. Voir Rogier, sr des Essarts, de Beaune.
  IV. 13, 49, 66, 115, 142 à 146, 155, 156, 160, 166 à 170, 189 à 198, 203, 204, 208, 349, 366 à 370, 375 à 377, 384 à 388, 391 à 395, 398, 399, 406 à 411, 414 à 423, 429 à 434, 437, 439 à 442.
  V. 14, 75, 76, 77, 81, 83 à 87, 89, 91 à 94, 162, 201, 225, 228, 237, 239, 240, 256, 268, 284, 302.

Rogerie. Voir Rougerie.
VI. 287.
Rogeron, Rogeyron. Voir Rougeront.
I. 245, 399.
II. 154, 160.
Rogier, s^r des Essarts, de Villette, de Moissagnet, de Genouillac, du Buisson, de Beaune. Voir Rougier, Roger, Pascault.
I. 6, 10, 16, 21, 23, 28, 29, 30, 47, 50, 51, 62, 78, 82, 83, 114, 119, 204, 237, 257, 292, 320, 323, 401, 403.
III. 6, 80, 81, 97, 154, 155, 199, 236, 238, 253, 270, 276, 278, 307, 308, 315, 352, 374, 379, 394. — App. 32, 34, 35, 36.
IV. 24, 30, 66, 115, 146, 150, 203, 209 à 214, 217, 220, 221, 222, 232, 233, 236 à 257, 262 à 265, 273, 274, 275, 279 à 282, 287, 288, 290 à 302, 305, 306, 311, 312, 315, 316, 319 à 327, 332 à 335, 339, 340, 344 à 347, 366 à 370, 375 à 377, 384 à 388, 391 à 395, 398, 399, 406 à 411, 414 à 423, 429 à 434, 437, 439 à 442.
V. 1, 2, 4 à 15, 19, 22 à 24, 26, 28, 30 à 35, 39, 40, 429 à 432, 435 à 439.
VI. 115.
Role (de). Voir Boyol.
Rolin.
IV. 60.
Rolland, Varachaud dit Rolland.
I. 334, 421.
II. 67, 209.
III. 338. App. 32, 35, 36, 44, 85.
VI. 16, 216.
Romanet, Roumanet, s^r de Saint-Priest, de La Coste, de la Briderie, du Caillaud, de Meyrignac. Voir Barny (de).
I. 2, 21, 22, 25, 26, 28, 47, 51, 62, 82, 91, 93, 95, 106, 111, 114, 119, 136, 139, 155, 158, 163, 172, 184, 197, 202, 220, 223, 230, 234, 266, 267, 285, 292, 300, 327, 344, 367, 370, 402, 433, 442, 454, 458, 464.
II. 82, 97, 98, 138, 148, 154, 199, 265, 266, 276, 295, 307, 308, 356, 358, 432, 477.
III. 33, 35, 71, 82, 116, 118, 131, 157, 159, 161, 171, 172, 173, 175, 176, 179, 180, 181, 188, 189, 193, 194, 199, 200, 207, 219, 235, 238, 252, 256, 264, 269, 271, 276, 278, 283, 284, 286, 289, 291, 295, 296, 298, 299, 300, 303, 307, 312, 313, 317, 327, 330, 331, 339, 340, 341, 342, 343, 344, 345, 355, 356, 361, 370, 398. — App. 32, 34, 35, 39, 40, 43, 44, 48, 49, 51, 65, 65, 78, 79, 81, 99.
IV. 13, 24, 84, 104, 185, 187, 189 à 192, 215, 219, 254 à 258, 261, 264, 273, 275, 288, 290, 291, 294, 297, 299, 301, 302, 305, 308, 311, 312, 315, 320, 323, 324, 328, 332, 333, 335, 336, 339 à 345, 348, 350, 351, 360 à 370, 375 à 377, 383 à 388, 391 à 395, 398, 406 à 410, 414 à 424, 429 à 441, 445.
V. 2, 3, 5 à 14, 16 à 18, 20, 21, 23 à 26, 29 à 35, 38, 39, 41, 43, 60, 89, 90, 103, 106, 116 à 118, 120, 121, 123, 125, 127 à 129, 133, 135 à 140, 142, 144, 146, 147, 150, 153, 156, 157, 162, 164, 191, 196, 196, 198 à 200, 224, 228, 230, 233, 234, 236, 248, 253, 256, 268, 275, 282, 302, 306 à 311, 314, 326, 328 à 330, 352 à 355, 358, 359, 364, 366, 370, 371, 375 à 382, 389, 390, 392 à 395, 398 à 402, 408, 409, 413 à 433.
VI. 6 à 31, 35, 38, 39, 43, 45, 48 à 50, 53, 61 à 65, 70 à 75, 83 à 89, 92, 93, 96 à 109, 114 à 119, 122, 125, 127, 128, 136, 144, 153, 174, 182, 183, 430, 431, 440.

Roque.
  II. 60.
Rouart, Roubard, sr du Masbouriane, de La Boissarde.
  II. 260, 358, 364, 368, 427, 428.
  III. 71, 131, 134, 162, 164, 172, 176, 194, 199, 299, 312, 374, 377, 379, 385, 389, 390, 393. — App. 16 à 34, 36, 38, 41, 47, 57.
  IV. 63, 88, 216, 223, 330 à 335, 387.
  V. 19, 23, 26, 29, 42, 89, 91, 99 à 106, 109, 111, 113, 121, 123, 225, 228, 230, 312, 433, 435.
  VI. 131.
Rouchaud.
  IV. 278.
  VI. 439.
Roudaud.
  VI. 439.
Rouffic.
  VI. 382.
Rougerie. Voir Rogerie.
  IV. 396.
Rougeront, Rougeyron. Voir Rogeron.
  I. 324.
  II. 198.
  III. 82, 116, 126, 162, 172.
Rougier, sr de Courières, Moissaguet. Voir Rogier.
  I. 75, 106, 107, 113, 158, 173, 220, 221, 402, 409, 420, 454, 455, 456.
  II. 1, 4, 23, 138, 148, 155, 265, 267, 294, 318, 394.
  III. 21, 70, 76, 181, 183, 216, 223, 255, 256, 263, 267, 269, 292, 295, 300, 310, 312, 325, 344, 355, 356, 358, 367, 369, 375. — App. 88, 95, 97, 99.
  IV. 8, 219.
  VI. 153.
Rouillé de Fontaine, Roulhès (de).
  IV. 161, 170, 171, 172, 177, 178, 182, 183, 193, 416.

Roulhat, Roulhac, Roulhatz, Rouillac, Rolliat, sr de Bachelerie, du Gondaud, de Traschaussade, de Courbiat, de Genouillac, du Rouveix, de Roulhac, du Razeix, du Cluzeaud, de Thizy. Voir Grégoire (de).
  II. 155, 265, 295, 364, 367, 447, 462, 477, 479.
  III. 20, 31, 43, 44, 56, 57, 70, 76, 82, 126, 131, 134, 156, 159, 168, 169, 171, 183, 193, 198, 206, 213, 215, 222, 236, 256, 267, 295, 298, 302, 310, 312, 318, 323, 330, 343, 344, 345, 346, 347, 356, 362, 375, 401. — App. 80.
  IV. 18, 20, 23, 29, 40, 48, 51, 84, 87, 91, 96, 141, 156, 157, 161, 162, 166, 167, 193, 194, 195, 198, 203, 204, 208 à 211, 215 à 221, 226, 227, 228, 261, 264, 265, 268 à 289, 296, 329, 334, 382, 387, 388, 391, 395 à 401, 416, 419, 423 à 425, 429 à 434, 439, 441.
  V. 8, 12, 32 à 36, 40, 41, 43, 49, 51 à 53, 55, 56, 58, 59, 64 à 66, 68, 75 à 77, 81, 83 à 95, 100 à 106, 109, 111, 113, 123, 138, 139, 142, 144 à 146, 155 à 158, 160 à 167, 170, 180 à 184, 196 à 199, 202, 225, 237, 239, 240, 241, 255, 256, 268, 275, 281, 284, 302 à 309, 311, 313, 314, 326, 328 à 332, 348, 351, 353, 355 à 359, 364 à 366, 370 à 403, 410, 413, 416, 429 à 432, 434 à 436, 439 à 441.
  VI. 132 à 136, 139, 141, 142, 150, 151, 154 à 157, 164, 194, 207, 208, 218 à 222, 227, 228, 231, 234, 236, 240 à 243, 247 à 253, 257 à 274, 277 à 283, 286 à 289, 293, 296, 297, 299, 304, 307, 315, 318, 322, 324, 336, 352, 357, 365 à 372, 375 à 380, 383 à 391, 395 à 410, 413 à 415, 419, 435.

Roulhès (de). Voir Rouillé de Fontaine.
  IV. 416.
Roullier.
  III. App. 65.
Roussac. Voir aussi Teil.
  I. 168.
Roussaud, Rousseau.
  II. 155.
  III. 265. App. 32, 34, 35, 36, 43, 44, 48, 78.
  IV. 219, 250.
Roussel, Rousselle, de Nouailles.
  III. App. 76, 85.
  IV. 83, 288.
  V. 14, 145.
  VI. 438.
Rousset, s^r de Meyrignat. Voir Julia.
  I. 182.
  III. 21, 193, 258, 285, 295, 300, 339, 346, 356, 401, 407.
  IV. 6, 16, 23, 25, 29, 39, 42, 48, 62, 200 à 207, 239, 240, 241, 277, 278, 416.
  V. 266, 431, 433.
Roux, Rous, s^r de Mazeyrolle, de Mazerolas, du Masgautier. Voir Boyol.
  III. 131, 134, 157, 172, 232, 263, 264, 284, 297, 300, 304, 313, 328, 334, 339, 355, 366, 371. — App. 47, 64, 65, 96, 99.
  IV. 18, 29, 55, 408.
  V. 145.
  VI. 183.
Rouveix. Voir Bargier, Bergier, Berger, Roulhac.
Royer.
  VI. 124.
Roys (des).
  VI. 315, 316, 325, 326.
Rozeau (Denaud du).
  VI. 438.
Rozier.
  VI. 263.
Ruade. Voir Ruhade.

Ruaud, Ruault, s^r des Places, de Laugerie, du Chalard, du Bournazaud, du Chazaud. Voir Delavau.
  I. 63, 72, 272.
  II. 13, 16, 17, 82, 98, 250, 349.
  III. 38, 232, 295, 309, 318, 337, 355, 358, 360, 365, 370, 372, 397, 399, 400, 401. — App. 34, 45, 64, 65, 81, 94, 99.
  IV. 33, 35, 44, 45, 72, 77, 186, 216, 257, 258, 346 à 348, 350, 361 à 365, 370, 371, 375 à 386.
  V. 225, 228, 433, 435.
  VI. 71, 135, 184, 303, 327, 345, 382, 435, 441.
Ruben, Ruben de Lombre, du Mas.
  III. Av. v à xi.
  IV. Av. 1.
  V. Av. vi. — 1, 419.
  VI. Av. v, viii. — 4, 8, 141, 149, 150, 151, 155, 157, 207, 208, 212, 303, 321 à 324, 327, 333, 335, 350, 352, 366, 382.
Rue (La). Voir Larue.
  I. 237.
Ruet.
  V. 154.
Ruhade.
  VI. 382, 435.
Rullon.
  VI. 439, 442.
Ruvigny, Reyvigny (de).
  III. App. 64, 66, 69.
Ruze.
  I. 320.

S

Sabhatery, jésuite.
  III. 151, 155.
Sables (des).
  III. 281.
Saderne.
  V. 113.
  VI. 121, 261.
Sage.
  I. 97.
  VI. 287.

Saige.
V. 206, 223, 224.
Saigne (La). Voir Durand.
Saignes (Les). Voir Brandy (sr des).
Saigne.
V. 322, 329.
Snigue, sr de Buxerolle, de Lavalette.
Voir Sègue.
IV. 346, 347, 348.
V. 55, 60, 64 à 66, 75, 322.
Sailban, Saillant (du).
I. 135.
II. 317.
IV. 46, 47.
Saint-Anne-Saint-Priest (de). Voir Romanet.
IV. 445.
V. 348.
VI. 377.
Saint-Aulaire (de), sr de La Grenerie, La Porcherie, Lavaud.
III. App. 20, 28.
IV. 67, 69, 70, 71, 74, 75, 79, 84, 155, 156, 159, 162, 163, 164, 165, 228 à 231, 234, 389.
V. 73.
Saint-Bazille (Madame de).
II. 478.
Saint-Bonnet. Voir Molinier (sr de).
Saint-Chatrice (de).
I. 168.
Saint-Contest (de), Barbery de Saint-Contest de La Chataigneraie.
IV. 59, 208.
V. 12, 14, 15, 21, 27, 28, 40, 341.
Sainte-Croix (de).
II. 361.
VI. 419.
Saint-Cyr. Voir Léonard.
Saint-Estienne (de). Voir Touzac.
IV. 164, 289.
V. 10.
VI. 224, 268, 351, 353.
Saint-Georges (de).
I. 134.
III. 151. — App. 59.
VI. 416, 420, 421, 434.

Saint-Germain (sr de).
III. 137, 261, 306. — App. 50, 53.
Saint-Jean-Ligoure (de), de Saint-Jean. Voir Coignat (seigneur de).
I. 477, 478, 479.
III. 329.
Saint-Laurent. Voir Léonard.
Saint-Léger (de). Voir Morel.
III. 70, 132.
IV. 189.
VI. 228.
Saint-Maigrin.
III. App. 91.
Saint-Martin. Voir Juge (de).
I. 163, 169.
Saint-Mathieu (de). Voir Guingand.
III. App. 54.
IV. 379.
Sainte-Maure (de).
III. App. 68, 69.
Saint-Pardoux (de).
III. App. 17.
Saint-Pol, cordelier.
III. App. 43.
Saint-Priest (de). Voir Dubois (sr de), Garat (sr de), Romanet.
VI. 432.
Saint-Privat.
I. 128.
Saint-Remy (de).
VI. 437.
Saint-Sorny.
I. 465, 467.
Saint-Traud. Voir Michel (sr de).
Sainte-Valérie (martyre de).
I. 252.
Salaignac (de).
III. 32. — App. 57, 59.
Salesse. Voir Durand.
Salet. Voir Saleys, sr du Peyroux.
III. 343.
Saleys, Saleis, Saleix. Voir Salet.
I. 2, 10, 16, 48, 52, 62, 89, 93, 97 109, 116, 117, 139, 173, 197, 285, 420.
II. 66, 99, 208, 302, 307, 308, 320, 336, 338, 339, 341, 391, 431.

III. 41, 42, 71, 72, 75, 77, 78, 80, 83, 113, 126, 131, 157, 160, 162, 163, 164, 165, 172, 173, 174, 179, 180, 181, 183, 193, 199, 200, 206, 210, 216, 223, 224, 226, 233, 237, 252, 256, 296, 313, 339, 356. — App. 28, 32, 37, 40, 47, 80.
Salles (Les). Voir Disnematin, Dutheil.
Salliere. Voir Sellière, Selier, Celliere, Cellier.
III. 250.
Salot, Sallot, Salot-Tourniol. Voir Tourniol.
II. 155, 432.
III. 71, 74, 77, 83, 131, 157, 158, 163, 323, 343.
IV. 216.
V. 59, 431.
VI. 135, 184, 384.
Saltarel.
V. 106.
Saly.
III. App. 83.
Samie.
V. 433.
VI. 116, 438.
Samson, Sansson. Voir Sanxon, Sanson.
I. 159, 223, 323, 456.
II, 13, 18.
III. 68, 71, 77, 83, 127, 130, 131, 132, 133, 137, 149, 150, 163, 172, 176, 191, 194, 199, 207, 219, 235.
Sannat (de).
III. App. 12, 17.
Sandelles (de), Sandelis.
I. 62, 74, 97, 114, 159.
II. 155.
III. 156, 162, 171, 175, 181, 183, 192. — App. 36, 48, 49.
Sansay.
II. 416.
Sanxon, Sauxon, Sanson. Voir Xanson, Sansson.
II. 13, 18, 140, 155, 226, 239, 348, 395, 476.

III. 68, 71, 77, 83, 127, 130, 131, 132, 133, 137, 149, 150, 163, 172, 176, 194, 199, 200, 207, 208, 215, 221. — App. 32, 34, 36, 43, 44, 48.
Sardine, Freyssinaud dit Sardine.
II. 200.
III. 337, 344, 401.
IV. 15, 27.
Sarlabast, Sarlaboust, Sarlabour.
II. 211, 214, 361.
Sarrazin, Sarracen, Sarrasi.
I. 62, 69, 95, 114, 141, 155, 163, 184.
III. 157, 354, 356, 401. App. 63, 67, 68, 72, 74, 75, 78, 83, 85, 86, 89, 90, 92, 96, 97.
IV. 59.
Sarrasy. Voir Mas (du).
Sarre.
I. 197.
Sarrien (de).
II. 473.
Satreste.
V. 421.
Saulis.
I. 264.
Sauvebeuf (de), Ferrières (de).
III. App. 90, 91.
IV. 45.
Sauviat.
V. 158, 161.
VI. 263.
Sauvot de Puisfort.
V. 59, 65.
Sauxon. Voir Sanxon.
Sauvage, Sauvaige.
I. 222.
III. App. 48.
Sauvanet, Souvanet.
I. 63.
Savarin.
VI. 286.
Savary.
V. 151.
Savoyaud.
VI. 438.

Savoys.
  I. 54.
Sazerat.
  IV. 74, 216, 275.
  V. 402.
Schomberg (duc d'Halluin).
  III. 119, 120, 122, 141, 142, 226 à 232, 247, 249, 250, 289.
Secondat, Secundat, Seconde.
  I. 391.
  II. 149, 152.
  VI 438.
Segond, Second, dit Dade. Voir Dade.
  II. 22, 66, 77, 208, 219, 223, 323, 349, 394.
  III. 42, 118, 127, 170, 172, 194, 199, 200, 207, 208, 215, 221, 234, 253, 258, 261, 297. — App. 81.
  IV. 223, 261, 286.
  V. 18, 29, 42, 431.
  VI. 168, 382.
Sègue, Saigue, s^r de Buxerolle, La Valette. Voir Lavalette.
  IV. 346 à 348, 366, 370, 371, 375, 376, 384, 437.
  V. 55, 60, 64 à 66, 75, 138, 140, 161, 437, 438.
Seguier.
  III. 306.
Seguit.
  IV. 422.
Ségur (de).
  IV. 140.
  V. 347.
Seignat, Seignant.
  VI. 302, 363 à 369, 376, 377, 379, 384, 386, 392, 395, 397, 409, 413, 422, 423, 434.
Selier, Selliere. Voir Cellier, Celiere, Sellier, Salière.
  I. 173.
  III. 44, 57, 118, 129, 130, 201, 204, 393.
  IV. 223, 271.
Sellier, dit le Courpouraud. Voir Selier.
  III. 118, 129.
  IV. 271.

Sendelles. Voir Sandelles.
  III. 68, 69, 75, 81, 113.
Senemaud, Senamaud, Cenomaud, s^r de Freyssat, de Beaufort, de Fustier, Laconque.
  I. 83, 156, 245, 301, 332, 395, 409.
  II. 99.
  III. 31, 42, 43, 76, 81, 183, 198, 202, 204, 208, 239, 251, 256, 259, 263, 268, 281, 290, 296, 304, 310, 314, 338, 344, 356, 401, 405, 406. — App. 78, 81.
  IV. 6, 7, 27, 29, 40, 50, 52, 55, 59, 63, 73, 84, 129, 138, 139, 141, 150, 214, 215, 288, 377, 413, 418, 436.
  V. 16 à 18, 29, 31, 33, 38 à 43, 48, 49, 51 à 53, 55, 56, 58 à 60, 64, 65, 68, 90, 92, 93, 110, 315, 336, 338, 340, 433 à 436, 439 à 441.
  VI. 71, 107, 110, 116, 168, 194, 203, 263, 287, 302, 327, 345, 354, 356, 358, 359, 361, 363, 365, 366, 380, 381, 383, 413, 438.
Senèque.
  VI. 23, 116, 125, 203.
Senon, de La Roche dit Senon.
  II. 3, 98.
Sepas.
  II. 427.
Serizay (de).
  I. 45.
Serrant.
  I 63.
Servieyres, Servière.
  I. 63, 69.
Sereilhac, Serilhat (de).
  II. 473, 487.
Servigny. Voir Varachau.
Sessaguet (Michel s^r de).
  III. 226.
Seyssac (de).
  II. 135.
Seynat.
  I. 63.
Sibot. Voir Cibot.
  I. 29, 165.
  III. 251.

Sicard,
  VI. 153, 287.
Sicot.
  IV. 180, 191.
Signet.
  III. 210.
Sillery (de).
  III. 397.
Sillouette (de).
  IV. 178.
Silvestre.
  VI. 436.
Simond, Simon.
  II. 97.
  V. 9, 179.
  VI. 436.
Sire.
  I. 64.
  V. 239.
Sireulh.
  I. 107.
Sirgant.
  I. 63.
Sirieix. Voir Raby.
Sivergniat. Voir Labiche, s^r de Sivergniat.
  III. App. 79.
Soduyraud. Voir Suduyraud.
Solignac.
  VI. 230.
Sollier, Soulier, jésuite.
  III. 144, 151, 155.
Sologuac.
  I. 69.
Sombreuil (Virau de).
  V. 250, 270, 413.
  VI. 123.
Sophas.
  I. 29.
Sotier (Le).
  II. 165.
Soudanas.
  IV. 414.
Souffrant.
  VI. 72.
Soulage.
  V. 85, 86, 486.

Soulier. Voir Soutier (Le).
  III. 53.
Soulignac.
  VI. 302, 351, 353, 434.
Soumier.
  I. 62.
Sourdault.
  III. App. 46.
Souru, Sousrue. Voir Baignol.
Soutier (Le), Soulier (Le). Voir Pommier dit Soutier.
  II. 323, 393, 431.
Souton.
  IV. 206, 207.
Stouf.
  VI. 114.
Strozzi, Stoffi.
  II. 347, 351.
Sudour.
  III. 77, 82, 114, 157, 162, 172, 174, 176, 193, 199, 206, 215, 223, 239, 256, 263, 356.
Sudrie.
  V. 113.
Suduyraud, Sudoyraud, Soudoyraud, Seduyraud.
  I. 10, 16, 33, 61, 64, 65, 139, 164, 366, 458.
  II. 324.
  III. 114, 125, 131, 171, 172, 173, 175, 176, 181, 183, 192, 207, 213, 216, 339, 355. — App. 64, 94.
Suisses.
  V. 281.
Susbielle.
  VI. 401, 436.

T

Tabaraud, Thabaraud.
  V. 303 à 309, 311, 314, 353, 355, 357 à 359, 364, 371, 372, 375, 376, 378, 380, 384, 389, 390, 399, 401, 414 à 417, 425, 427.
  VI. 17, 168, 390.
Tabard.
  I. 328, 412.

Tabory.
I. 240.
Tabouret.
III. 350.
Taillac, Tailhac (Petiot, s' de). Voir Petiot.
Tailhandier, Talandier, Taillandier, Thalandier.
II. 296, 433, 447, 462.
III. 130, 204, 283, 297, 328, 335, 359, 401.
IV. 27.
V. 303, 305, 330 à 332, 373, 374.
VI. 19, 20, 21, 71, 263, 363 à 370, 376, 377, 382 à 386, 389 à 392, 395, 397, 401, 419.
Talabot.
VI. 264, 302, 381 à 383, 398, 399.
Talandier. Voir Tailhandier.
Talon.
III. 306.
Tanchon, s' de Lage. Voir Delage.
IV. 289.
V. 138, 139, 142, 144, 146, 156, 157, 303 à 305, 308, 310, 314, 328, 329, 353, 355, 357, 359, 364 à 366, 370, 375, 376, 384, 386, 388 à 391, 394 à 402, 408 à 410, 413 à 427.
VI. 7 à 11, 149 à 153, 159 à 174, 178 à 200, 202, 204, 206, 207, 213, 216 à 222, 227, 228, 231, 234, 236, 240 à 243, 247 à 253, 262, 264, 267, 270 à 274, 277, 278, 280 à 283, 286 à 289, 293, 296 à 301, 304, 307, 311, 313, 314, 318, 321 à 328, 332, 335, 336, 345 à 354, 356, 358, 359, 361, 363, 365, 382, 411.
Tantpetit.
VI. 439.
Taraut, Tharaud. Voir Tharaud.
Tardieu, s' de Gigondas.
III. 257, 344, 396.
IV. 157, 184 à 190, 192.
V. 21, 125.
VI. 302.

Tardivet.
V. 348.
Tarneau, Tarnaud.
II. 83.
III. App. 87, 95, 97.
V. 342, 435, 437.
VI. 116, 262, 434.
Tarrade.
IV. Av. I.
VI. Av. VI.
Tastevin.
V. 326.
Tati. Voir Dagia.
Tayac. Voir Taillac.
VI. 382, 435.
Teil, dit Roussac.
I. 168, 170, 410, 416.
Teiller, Teillet.
I. 63, 96, 156.
III. 181, 183, 262.
Teilloux.
V. 423.
VI. 168, 382.
Tellet.
II. 228.
Temple. Voir Bastier.
Tennel.
V. 248, 249.
Teraxon, Terasson.
III. App. 72, 73, 76.
Termes (des).
II. 203, 204, 206, 211, 212, 215, 218.
Terrasse (de La).
II. 161, 162.
Terride.
I. 423, 448.
II. 201.
Terrier de Clairon.
V. 98.
Terrier, Teyrier, s' du Breuil.
III. App. 80, 81.
V. 441.
Testas.
III. 401. — App. 17, 36.
Testut.
I. 66.

Tétaud, Teytaud.
V. 303, 305.
VI. 110.
Teulet.
I. 63.
Teulier, Theulier, Teuillier.
I. 26, 63.
II. 355, 373, 430, 476.
III. 42, 72, 80, 84, 127, 131, 134, 157, 163, 172, 194, 199, 207, 221, 235, 253, 257, 337. — App. 71, 80, 81, 82, 85.
IV. 27, 57, 87, 96, 117, 179, 196, 215, 275, 288, 329, 345, 416, 418, 434, 435, 437, 439 à 442.
V. 2, 5, 10, 28, 29, 41, 48, 49, 52, 92, 329, 435.
VI. 47, 71.
Texandier, Tessandier, s^r de la Jourdanie, de Losmonerie. Voir Teyssandier.
I. 62, 91, 138.
III. 80, 131, 157, 161, 181, 199, 202, 204, 207, 237, 239, 259, 267, 304, 328, 362, 369, 372, 401. — App. 77.
IV. 8, 23, 83, 84, 88, 96, 109, 116, 135 à 141, 162, 180, 184 à 189, 191, 203, 208, 215, 222, 224, 225, 227, 228, 233 à 241, 270, 271, 342, 379, 400, 436.
V. 14, 16, 18, 29, 41, 61 à 63, 70, 71, 85, 89, 91, 104, 107, 225, 228, 241, 242, 251 à 259, 265, 268 à 271, 275, 276, 284, 336, 338, 340, 350, 351, 423, 429, 431, 434 à 441.
VI. 74, 110, 208, 213, 322, 323, 352, 355, 365, 370, 371.
Texeron.
I. 23, 64, 79.
III. 56, 343.
Texier, Teixier, Tescyer, Teyzier, Teyssier, Texier dit Penicaille.
I. 30, 47, 52, 115, 117, 122, 163, 172, 197, 263, 265, 273, 280, 299, 301, 333, 369, 394, 410.

III. 327.
IV. 282.
V. 303 à 305, 307, 308, 314, 353, 355 à 359, 364 à 366, 370, 375, 376, 388.
Texièras.
VI. 382.
Texonieras. Voir La Brousse.
IV. 25.
Texueil.
II. 140.
Teyrier. Voir Terrier.
Teyssandier. Voir Texandier.
I. 328, 395.
III. 127, 162, 172.
Teysseuil, Teyceulh. Voir Chaffort, Chapfort.
I. 221, 323, 396, 438.
Teysseraud.
I. 63, 139.
Tharaud, Taraud.
II. 66, 279.
V. 65, 277, 278.
VI. 83, 184, 382, 436.
Theillaud. Voir Dupré (s^r du).
Theulier. Voir Teulier.
Theveny, Thévenin, s^r du Genéty, du Mabatin.
III. 149, 150, 161, 203, 401. — App. 32, 33, 48, 49.
IV. 79, 87, 89, 92 à 99, 106, 108, 109, 117, 179, 186, 191, 204, 208, 213, 214, 216, 222, 230, 231, 264, 265, 268, 271, 275 à 287, 289, 341, 342, 345, 382, 383, 418, 436.
V. 14, 18, 26, 164, 410 à 413, 420, 421.
VI. 135, 177, 230, 244, 263, 287, 302, 436, 442, 443.
Thias. Voir Roulhac.
Thibaud, Tibaud.
V. 84.
VI. 435.
Thicais. Voir Ticay.
Thieude.
I. 292.

Thomas. Voir Thoumas, La Gorce dit Thomas.
  I. 15, 20, 91, 116, 134, 179, 264, 411.
  II. 210.
  III. Av. xii. — 257, 261, 269, 283, 297, 355. — App. 81.
  IV. 80.
  VI. Av. vii. — 125, 382, 438.
Thomault.
  II. 228.
Thoniaud.
  III. App. 33, 36, 43, 46.
Thouars, Touars (de). Voir Hugon.
  V. 106, 107, 111, 113, 117, 118, 120, 121, 123, 125, 130, 137, 138, 232, 374, 375.
Thoumas, de Bosmie. Voir Thomas.
  III. 302, 338, 371.
  V. 20, 84, 89, 91, 93, 104, 107, 118, 145, 148 à 153, 232 à 234, 236, 238 à 240, 243, 310, 410, 429, 431, 434 à 441.
  VI. 51, 69, 125, 150, 151, 164, 171, 175, 178, 207, 213, 219, 222, 227, 240 à 243, 247, 268, 270 à 274, 277 à 283, 286 à 289, 293, 297, 299, 301 à 304, 307, 311, 313, 314, 317, 321 à 324, 327, 328, 335, 345 à 354, 356, 358, 359, 361, 363.
Thounyaud, Thoniaud.
  I. 369, 437.
Thourier.
  II. 82, 227.
Thouron (de) Voir du Peyrat.
  II. 135.
  VI. 88.
Thouvenet.
  VI. 381.
Thumery (de), (de Boysse, s^r de). Voir Boysse.
  III. 21. — App. 58.
Thurin.
  V. 124, 125.
Tibaud. Voir Thibaud.
  V. 84.

Ticay. Voir Thicay, Tiquay, Piquet.
  I. 48, 80, 116, 173.
Tiendet.
  I. 239.
Tillier, Tilhier, Tilhet, dit Lamande Voir Teiller, Theillet.
  I. 91, 286, 323.
  II. 426.
  III. 220.
Tindareau.
  IV. 367.
Tino.
  III. 245, 248.
Tiquay. Voir Thicay, Ticay.
  I. 70, 75, 107.
Tirebas, Tirebast, Tyrebas, s^r de Chamboret.
  III. 233, 262, 312. — App. 71.
  V. 284 à 286, 302 à 305, 308, 309, 311, 314, 390.
Tisseilh dit Chaffort. — Voir Chaffort, Chapfort, Teysseuil.
  II. 323.
Tiveaud.
  VI. 116.
Tissier, Tixier. Voir Texier.
  IV. 282.
Tolhu.
  I. 115.
Tonnelier de Breteuil (Le). Voir Breteuil (Le Tonnelier de).
Toslhe. Voir Tousthe, Touslhe.
  I. 66.
Tornier.
  I. 149.
Toucaud.
  IV. 421, 422.
Touars (de). Voir Thouars.
Touiller.
  III. 264.
Tourangeaud.
  V. 279.
Tourniol. Voir Salot-Tourniol.
  V. 59, 348, 431.
  VI. 345 à 347, 363 à 370, 376, 377, 379, 382, 384, 386, 389 à 392, 395, 397 à 403, 409, 412, 413, 422 à 426.

Tourny (Aubert de).
  IV. Av. vi. — 368 à 373, 382 à 384, 403, 407, 408, 410 à 421, 433 à 436, 440.
  V. Av. viii. — 2, 27, 74, 108, 150, 254.
  VI. 54, 73, 209, 242.
Tours (Las).
  I. 155, 184, 218.
Touslhe.
  I. 96, 157.
Touzat, Touzac de Saint-Etienne.
  IV. 413.
  V. 15.
  VI. 224, 258, 351, 353, 354, 356, 358, 359, 361, 363, 365, 390, 392, 400 à 402.
Touze.
  VI. 436, 440.
Tralage (de), Traslaige. Voir Nicolas.
  III. 262.
Tranchant, Trenchant, sr de Lachèze.
  III. 374.
  IV. 66.
  V. 240, 241.
Tranchelion (de), Tranchillion, (Martin de Labastide de).
  I. 428, 471.
  V. 352.
Traschaussade. Voir Roulhac.
Traversier.
  III. 335, 337, 373.
Treignac.
  I. 107.
Trenchant. Voir Tranchant.
  V. 240, 241.
Treuil (du). Voir Juge, Navieres.
Trézaguet.
  V. 241, 301, 379, 384, 404, 406, 420, 427.
  VI. 13, 52, 57, 66, 67, 68, 134.
Trezière.
  VI. 93, 303.
Tricard.
  VI. 436, 440.
Trigniou.
  III. App. 67.

Trompillon.
  VI. 302.
Trompondon.
  II. 182, 185, 186, 187, 189, 190.
Tronchet.
  III. 306.
Trotandi.
  I. 18.
Trotaud.
  II. 78.
Trotier, Trouctier, Troutiers.
  I. 223, 323, 396.
  III. 280.
Treil (du).
  III. 286, 287.
Troulo.
  I. 64.
Troutaud.
  I. 62, 63, 66.
Trueil (du). Voir Dutrueil, Treil, Treuilh.
  II. 140, 476.
Truffy.
  IV. 289.
Tuillier, Thuillier.
  IV. 231.
  V. 18, 280.
  VI. 135, 194.
Tulle.
  IV. 48, 55, 63, 84, 187, 223.
Turenne (de).
  III. 368, 397, 398.
  V. 35.
Turgot.
  IV. Av. vi.
  V. Av. xi, xii. — 154, 157, 202, 225, 226, 230, 235 à 237, 238, 241, 243 à 246, 252, 261, 262, 273, 301, 312, 357, 377 à 379, 383, 385, 392, 396, 408, 409, 416 à 422, 427.
  VI. 123, 124, 131, 135, 156, 163, 176, 177, 191, 193, 244.
Turquant (de).
  III. App. 10, 11, 51, 52, 53.

U

Ulmo (de).
   I. 103, 104.
   II. 77.
Urfé (Lascaris d'). Voir Lascaris.
Usance.
   II. 16.

V

Vacherie.
   VI. 167.
Vachier.
   I. 29.
Vacquand.
   V. 433, 434.
   VI. 33, 125, 231, 303, 345, 382, 413.
Valadas.
   VI. 431.
Valade (de La Valade), Valadas.
   I. 26, 48, 89, 116, 157, 204, 302, 396, 438.
   II. 82, 227, 355.
   III. App. 50.
   IV. 174.
   V. 89, 91, 128, 138, 139, 144, 146, 166, 167, 170, 181 à 184, 201, 202, 230, 231, 256, 347.
   VI. 382, 431, 440.
Valadon. Valladon.
   III. 147, 149, 150, 155, 240, 242. — App. 78.
Valencienne.
   VI. 125.
Valerique, Vallerique.
   II. 107, 156, 261.
Valery.
   VI. 125, 435.
Vallettes (des). Voir Baignol.
   I. 477.
Valon (de).
   II. 443.
   V. 40.
Vaneu, Vaneau.
   I. 446, 456.

Vandosme.
   II. 16.
Varacheu, Varachau, Verachaud, Vasracheau, s^r de Servigny. Voir Rolland.
   I. 27, 183, 246, 334, 335, 350, 351, 421, 455.
   II. 66, 67, 68, 209, 219, 352.
   III. 42, 116, 126, 131, 156, 258.
   IV. 60, 83, 87, 96, 103, 114, 116, 117, 123, 124, 125, 128 à 132, 162, 179, 203, 208, 214, 222, 261, 270, 275, 335, 338, 340.
Vareilhe.
   III. 328.
Varenas, Varennes. Voir Noualhier.
   III. App. 26.
   IV. 50, 51.
Varinaud.
   VI. 287.
Vases. Voir Dauvergne.
Vassal.
   V. 417, 425.
Vate.
   VI. 406.
Vaubrune (de), Vaulbrune. Voir Chambinaud.
   I. 32, 48, 156, 164, 232, 262, 328, 403.
   II. 2, 4, 19, 226.
   III. 42, 45, 176, 212. — App. 68.
Vaudet.
   V. 326.
   VI. 303.
Vaulx (de). Voir Devaulx, Vidau.
   II. 98, 199, 296.
   III. App. 43, 44.
Vaureys.
   III. 176, 310.
   IV. 18.
Vauveix.
   IV. 287.
Vaux. (Vidaud, s^r de Vaux). Voir Vaulx, Vidaud.
   III. 330.
Vauzelle. Voir Vouzelle.
Vazeix (des). Voir Bourdeau.

Venault.
I. 63.
II. 108.
Vendosme (de).
III. 86.
Ventadour (de). Voir Lévi.
II. 203, 204, 243, 253, 254, 360, 362, 365, 390, 398, 411, 412.
III. 10, 11, 12, 287, 288. 301, 303, 348, 354. — App. 5, 6, 52, 62, 65, 67 à 76, 80, 82, 84, 86, 93.
Venteaux (de). Voir Benoist (de), Martin (de), Faulte (de), Labiche (de).
IV. 379, 398, 399, 409, 411, 414 à 419, 422.
Ventenat.
IV. 191.
V. 433.
Ventillat (de), Verteillac, Vertilhat.
II. 348, 350, 355.
Verbois.
V. 333. 334.
Verdier (du). Voir Duverdier, Darfeuille.
I. 63.
III. 72, 121, 143, 145, 281, 343, 367. — App. 40, 14.
IV. 42, 232 à 235, 238, 239, 244, 275, 279, 280, 281.
V. 25.
Verdillac (de).
IV. 333.
VI. 382,
Verdy.
I. 96.
Vergas, David dit Vergas.
I. 23, 328.
II. 210.
Vergeaud.
VI. 406.
Verges, Verger.
III. 77, 80, 127, 157, 159, 162, 172, 176, 194, 197, 199.
Vergier, Verger. Voir Verges, Cavarlin.
I. 69, 193.
II. 3, 395, 431.
III. 42, 71, 148, 194, 199, 267.

Vergnaud, Vergniaud.
III. 343. — App. 84.
V. 51, 57, 119, 120, 139, 141, 145, 206, 231, 243, 255, 266, 276, 277, 302, 354, 371, 373, 395, 406 à 408, 421, 433 à 435, 438.
VI. 92, 345, 413.
Vergne.
V. 98, 397, 398.
Vergnole.
IV. 387.
Vergonsannes.
III. App. 15.
Verinaud, dit Boudet. Voir Boudet.
II. 418.
Verigne. Voir Lavergne.
I. 237.
Vernage, Vernaige.
I. 29, 48, 54.
Vernajoux.
III. 68, 70, 343.
Verneilh (de).
VI. 110.
Vernejoul, Vernejoulx, Vernejoux.
III. 76, 82, 126, 129, 131, 149, 150, 156. — App. 34, 48.
Verneresse.
III. App. 11, 34, 35, 36, 48, 49.
Vernon. Voir Gay de Vernon.
Verrier. Voir Veyrier.
Versiere.
II. 169.
Vert. Voir Dubois, s^r de.
Verthamond, Vertamon, Vertemont, Verthamond dit Cautelle, s^{rs} des Monts, de Chez Tandeau, de Chalucet. Voir Chavagnac, Constant, Fournier, La Bastide.
I. 6, 10, 15, 16, 23, 38, 60, 65, 91, 159, 173, 177, 223, 230, 245, 251, 257, 266, 268, 271, 327, 332, 399, 402, 410, 411.
II. 19, 62, 74, 97, 161, 198, 276, 277, 278, 279, 302, 303, 305, 306, 307, 308, 309, 311, 313, 340, 356, 363, 364, 366, 391, 418, 419, 422, 424, 432, 435, 447, 448, 462.

III. 1, 5, 7, 35, 37, 43, 46, 47, 50, 55, 70, 71, 76, 77, 83, 127, 129, 131, 157, 162, 171, 172, 175, 176, 192, 193, 198, 205, 207, 225, 226, 236, 251, 255, 262, 274, 278, 285, 287, 296, 301, 309, 311, 315, 317, 319, 325, 346, 354, 355, 356, 358, 366, 368, 374, 400. — App. 13, 14, 15, 19, 23, 30, 37, 39, 45, 47, 48, 49, 63, 67, 68, 72, 73, 74, 76, 79, 82, 85, 86, 88, 90, 94, 96, 99.
IV. 20, 23, 24, 29, 66, 82, 83, 379.
V. 15, 70, 352.

Vernhaud.
I. 46, 48.

Vesciere, Veyxiere, Vexiere, Veyssière.
II. 374.
III. 401. — App. 35.
IV. 80, 191, 278.

Veyni, Veyny.
II. 51, 70, 100.

Veyriaud.
I. 451.
II. 5, 6.

Veyrier, Verrier, sr du Breuil, de Morcheval.
I. 6, 10, 13, 16, 46, 69, 77, 95, 111, 119, 138, 139, 141, 155, 163, 164, 184, 202, 220, 234, 266, 328, 334, 399, 402, 409, 410, 420, 425, 442.
II. 19, 62, 67, 68, 74, 82, 98, 154, 155, 197, 204, 210, 226, 260, 392, 448, 477.
III. 42, 47, 72, 74, 78, 80, 83, 115, 123, 128, 129, 130, 156, 157, 162, 163, 164, 172, 176, 181, 183, 184, 190, 191, 195, 199, 200, 205, 206, 213, 217, 225, 236, 255, 258, 274, 286, 303, 339, 343, 345, 348, 353, 362, 364, 366. — App. 47, 65, 71, 78, 79.
IV. 49, 77, 88, 180, 186, 191, 203, 208, 289.
V. 156, 157.
VI. 195.

Veyrinas (Barny de). Voir Barny.

Veyrinaud. Voir Baudet.
I. 410.

Veyronneau.
I. 28.

Veyssière. Voir Vesciere.

Vèze (de).
I. 388.

Vialebos (de). Voir Dufaure.
VI. 90.

Vialeix. Voir Guibert.
VI. 413, 434, 441, 442.

Vialette.
III. App. 33, 42.

Vic (de).
III. App. 11, 17, 19, 21, 30, 41, 46, 47.

Vicq. Voir Dutreix.

Vidal.
V. 145.

Vidau, Vidaud, Vidault, srs du Carrier, de Vaux, du Geneyti, d'Aubée, de Beauviger, de La Brugère, de Maumont, du Dognon, du Garaud, d'Esnaud.
I. 62, 80, 83, 156, 158, 203, 421, 433, 442.
II. 81, 97, 100, 199, 208, 248, 320, 334, 353, 370, 387, 391, 416, 430, 477.
III. 39, 40, 69, 70, 74, 76, 79, 80, 113, 125, 130, 144, 145, 146, 147, 148, 149, 150, 152, 153, 155, 156, 158, 162, 163, 168, 171, 175, 192, 198, 201, 205, 211, 212, 222, 234, 251, 254, 255, 262, 263, 265, 266, 274, 279, 280, 285, 286, 295, 296, 298, 299, 312, 313, 317, 319, 325, 330, 334, 340, 342, 344, 345, 346, 354, 355, 366, 408. — App. 64, 79, 87, 88, 89.
IV. 5, 9, 12, 13, 15, 16, 18, 22, 31, 50, 60, 80, 85, 88, 91, 126 à 138, 162, 215, 275, 277, 278, 281, 388 à 400, 418, 437.

V. 14, 16, 19, 21, 40, 41, 43, 47, 48, 51 à 53, 55, 56, 58, 59, 64, 65, 68, 103, 335, 338, 340, 373, 374, 387, 389, 440.

Vigenaud, Vignenaud. Voir Desmaisons.
I. 53, 62, 176.
III. 327, 370, 401. — App. 22, 24, 25, 77, 99.
IV. 13, 52, 60, 129.

Vigier.
I. 64, 159, 197, 438.
II. 228, 262, 396, 449.
III. 42, 72, 78, 134, 157, 217, 225, 258. — App. 21, 47, 85, 93.
VI. 436.

Vignaud (du). Voir Perière.
III. 398. — App. 94.
V. 107, 439 à 441.

Vigne (La), Desvignes.
I. 63, 64, 169, 416.

Vignelongue.
V. 70.

Vigneron.
III. 117.

Vigo, Cyre dit Vigo.
I. 328.

Vilatte. Voir Faure.
VI. 136.

Villareynier.
I. 173, 246, 264, 283, 335.

Villard (de).
III. App. 21. 29.

Villars (de). Voir Villard.
II. 365, 369, 390.

Villeneuve (de).
II. 465.

Villebost.
I. 1, 2, 48, 65, 66, 91, 116. 137, 141, 163, 165, 197, 242, 265, 267, 285.

Villefranche.
I. 195.

Villelume (de), sr de Barmontet.
III. App. 53.

Villenet (de).
III. App. 92.

Villeneuve.
VI. 438.

Villereal.
I. 109.

Villeroy (de).
II. 474.
III. 328, 329.

Villette. Voir Rogier.
I. 66.
IV. 376.
V. 63.

Villoutreix, Villoutreyx (de). Voir Devilloutreix.
III. 294, 370.
IV. Av. v. — 159.

Vincendon.
I. 181, 287.
II. 195, 196, 241, 324, 368.
III. 31.

Vincent, Vincens (de).
III. App. 48.
IV. 72, 73, 77, 88 à 97; 101 à 107, 110, 111, 116 à 124.

Virau de Sombreuil. Voir Sombreuil.

Viravaleys.
I. 63.

Virolle. Voir David.
I. 27.

Vironeau.
II. 150.

Vitard-Dessagnes.
VI. 439.

Vitrat, Vitrac, Victrat.
I. 229.
II. 268.
III. 82, 114, 126, 352.
VI. 25, 51, 110, 134, 173, 174, 182, 190, 280, 302, 350, 351, 354, 363 à 370, 376, 377, 379, 384, 386, 389 à 392, 395, 397, 401, 403, 409, 413, 419 à 426.

Vivant (de).
II. 443.

Vodault.
III. 130.

Voisin.
VI. 183.

Volondat, Voulondat, Vollonda.
  III. 48, 72, 81, 217, 221, 225, 236, 297, 314, 337, 379, 395, 399.
  IV. 289.
Voudrot.
  III. App. 24.
Voulreix, Voulreys.
  II. 140, 165, 198, 296.
Voulte (La). Voir Leyssene, Voulte (de La), de Leyssenne, dit La Voulte, dit Bignot.
  I. 409.
  II. 21, 168.
  III. App. 20, 23, 48, 52.
Vouneys (de).
  II. 467.
Voureil, Voureilh. Voir Voureys.
  I. 119, 246, 332, 344.
  III. 126, 235.
Voureys, Vouzeis. Voir Voureil, Voulreix.
  I. 6, 10, 13, 16, 48, 63, 69, 79, 95, 110, 111, 113, 116, 156, 173, 202, 265, 402, 421, 436, 412.
  II. 4, 358.
  III. 129, 206, 219, 263, 359. — App. 81.
Vouzelle, Vauzelle, de Laroche, dit Vouzelle.
  I. 6, 10, 13, 16, 63, 95, 156, 158, 197, 222, 246, 266, 345, 401, 438.

II. 68, 98, 106, 161, 364, 367, 424, 425, 427. — App. 6 à 47.
VI. 92.
Voyon. Voir Devoyon.
Vrilliere (de La).
  V. 413, 418.
Vuchenaud.
  I. 57.

X

Xanson. Voir Sanxon.
  II. 2, 4, 13, 18.
Xavier, religieux récollet.
  V. 409.

Y

Ysaac.
  III. 139.
Ytyer. Voir Ithier, Parve.
  II. 261, 358.
Ytrins (des).
  I. 330.
Yvernaud, dit Boudet, dit Goteau, dit Chardon.
  I. 454.
  II. 83, 138, 148, 228, 248, 260, 262, 418.
Yvert.
  II. 83.
  III. App. 48.

TABLE DES NOMS DE LIEUX

§ Ier. — LIMOGES ET SES ENVIRONS

A

Aigoulène, Aygolène (d'), fontaine, étang, place.
I. 277, 284, 287.
II. 17, 175, 294, 359, 445.
III. 108, 180, 342. — App. 21, 26.
IV. 328.
V. 27, 28, 112, 118 à 120, 265, 283, 354, 358, 374, 394, 395, 396.
VI. 124, 159, 226, 288 à 293, 338 à 341.

Aigueperse, Ayguesparce (d'), pont. Oratoire du Crucifix.
I. 277, 363.
VI. 350.

Aine (place d').
VI. 30, 162, 192, 327.

Aixe (route d').
III. App. 53.

Allois (Les), communauté.
V. 33, 345.

Ames (Les), chapelle.
IV. 414.

Amblard, tour. Voir Branlant.

Amphithéâtre (Arènes). Voir Creux des Arènes.

Anges (tour des). Voir Bresche (tour de la).
II. 347, 361.

Angoulême, faubourg, route.
VI. 325.

Arbre-Peint, rue.
I. 317, 364.
V. 277.
VI. 144.

Arbres (place des). Voir-Dessous-les Arbres.
V. 315, 345.

Arènes (Les). Larenne, rue, faubourg, place, fontaine, cimetière. Voir Creux des Arènes.
II. 407.
III. 272, 362. — App. 16, 18, 29, 31, 38, 39.
IV. 233, 424 à 429.
V. 27, 47, 90, 345, 396.
VI. 19, 20, 63, 83, 84, 125, 134, 162, 173, 183, 229, 318, 325.

Arènes (porte ou tour des).
I. 126, 130, 173, 213, 294, 297 418, 439, 443, 448.
II. 110, 137, 175, 181, 347, 405, 407.
III. 35, 101, 120, 230, 329, 396. — App. 13, 16, 17, 18, 22, 28, 38.
IV. 250, 364, 416, 424, 425, 426, 428, 446.
V. 27, 47, 173, 198, 235, 396, 422.
VI. 63, 83.

Auditoire royal, Présidial, Sénéchal.
III. App. 20.
VI. 332.

Augustins (couvent, église, abbaye des). Voir Bénédictins.
III. 329, 363.
IV. 21, 112.
V. 273, 406, 407.
VI. 124, 176, 318, 321, 325, 349, 350.

Aurance (L'), ruisseau.
I. 162.
III. App. 64.

T. VI. 41

B

Babouit (tour du). Voir Chaufferette.
Bancs (Les), deu Marchat, Royale, place, rue, fontaine.
    I. 187, 213, 225, 390.
    II. 173, 410, 444.
    III. 36, 53, 54, 108, 122, 232, 397, 407
    — App. 8, 13, 30, 31, 49, 64, 65.
    IV. 308, 310.
    V. 27, 28, 173, 315.
    VI. 144, 327, 336, 434.
Bancs charniers, marché.
    I. 380.
    III. App. 32.
Banléger, rue.
    I. 18.
Barils (jardin des).
    V. 262.
Barres (fontaine des).
    I. 9, 256.
    II. 294.
    III. 102, 179, 180, 181, 301.
    V. 27, 28.
Bastiment (Le) ou la Bayardère.
    III. 180, 181, 182.
Beaublanc.
    V. 203, 204.
Beaubreuil, village.
    I. 185, 388.
Beauçay, tour.
    I. 363.
Beauvais, Beuveyr, village.
    I. 329.
    II. 76, 77.
    III. 180. — App. 74.
Bénéditins. Voir Augustins.
Borie (La), localité.
    II. 17, 223.
Botin, Boutin (ruelle, charreyron de).
    I. 281.
    III. App. 53.
    IV. 157.
    VI. 144, 258.
Boucherie, porte, tour, rue, faubourg, fontaine.
    I. 6, 22, 128, 213, 295, 296, 318, 362, 363, 392, 404, 471.
    II. 175, 201, 225, 442, 444, 446.
    III. 33, 55, 67. — App. 7, 8, 11, 18, 25, 27, 29, 30, 31, 32, 34, 38, 39, 43, 44, 62, 64, 65, 68, 78, 92.
    IV. 216, 265, 266, 267, 364, 376, 424.
    V. 100, 160, 173, 235, 273, 345, 367, 378, 384, 385, 419.
    VI. 62, 70, 144, 193.
Branlant (dite Amblard), tour.
    II. 443.
    III. 273, 352. — App. 63, 64, 65, 67, 89, 90, 95 à 99.
    IV. 232.
    V. 85, 378.
    VI. 45, 95.
Brégefort (route de Poitiers), croix, terre, localité.
    I. 14, 229, 277.
    II. 17, 180, 366.
    III. 121.
Bregère (La), Brugere (route de Paris), localité, église.
    II. 137, 201.
    III. App. 75.
    IV. 136, 410.
Bresche (tour de la), ou des Anges.
    II. 446.
Breuil (Le), maison, château.
    I. 186, 187, 337, 339, 340, 359, 360.
    II. 103, 108, 121, 125, 346, 362, 364, 365, 366, 442.
    III. 35, 37, 91, 109, 110, 120, 121, 227, 228, 232, 279, 280, 289, 303. — App. 7, 17, 18, 20, 21, 29.
Bureau des finances, maison.
    VI. 105, 164, 165, 179, 230.

C

Canard (Le), tour, rue, quartier, égout. Voir Puy-Vieille-Monnaie.
    IV. 266, 267.
    V. 266, 277, 371, 372.

Carmes (Grands), couvent, église, quartier, place.
I. 81, 194, 213, 216, 225, 363.
II. 110, 180, 201.
III. 323. — App. 12, 53.
IV. 233.
V. 367.
VI. 318, 350, 434.
Carmélites.
IV. 51.
Carrier (Le), près Limoges.
III. 328.
Casseaux (Les), faubourg.
IV. 112.
Cathédrale. Voir Saint-Etienne.
Celier, localité.
II. 201.
Champsat (chapelle de).
III. App. 20, 22.
Chante-Miaule, tour. Voir Bresche.
I. 284, 294, 447.
Chapeau-Rouge (Le), auberge, bâtiment, jardin, cimetière, casernes projetées.
III. App. 38.
V. 273.
VI. 123, 134, 135, 176, 203, 244, 246.
Charité (maison des Sœurs de la).
VI. 114, 115, 193, 235, 236.
Charseix (Les), rue.
V. 345.
Chauchières (étang des). Voir Palvézy.
I. 317.
Chaufferette (tour de la) ou du Babouit.
III. 404, 405.
IV. 268, 417.
VI. 115.
Cheval-blanc, auberge.
III. App. 14, 16, 18, 26, 27, 29, 31.
VI. 51, 182.
Chevalet (fontaine du). Voir Constantine.
I. 9, 15, 107, 243, 256, 318, 361.
II. 137, 175, 294, 359.
III. 102, 103, 179, 180.
V. 27, 28.
VI. 193.

Cimetières :
Saint-Martial. — I. 111.
Saint-Gérald. — V. 262.
De l'Hôpital. — V. 262.
Des Arènes. — I. 360 ; — II. 225, 416 ; — IV. 233 ; — V. 90, 396.
Saint-Paul. — I. 14 ; — III. 272 ; — IV. 414.
Saint-Laurent. — IV. 414, 424.
Saint-Cessateur. — III. 270, 271.
Saint-Pierre. — III. 321 ; — VI. 134, 135.
Saint-Maurice. — VI. 134, 135, 304.
Saint-Michel-des-Lions. — III. App. 20 ; — IV. 427 ; — VI. 134, 135.
Du Puy-Lanneau. — IV. 440.
Du Chapeau-rouge. — VI. 123, 135.
Cité (La), ville, quartier, place.
I. 186, 343, 471.
II. 135.
III. 67, 186, 329, 361, 396. — App. 5, 6, 9, 32, 33, 34, 35, 36.
IV. 52, 67, 82, 83.
V. 33, 111, 235, 277, 403, 410.
VI. 45, 176, 281, 304, 327, 370, 436.
Claustre (fontaine de la), de Saint-Martial, du Cloistre Boursier. Voir Marché au blé.
I. 9, 11, 151, 159.
II. 129, 175, 359, 446.
III. 107, 179, 180, 181.
IV. 307.
VI. 12 à 19, 52 à 55, 100 à 105, 318.
Clocher (rue du).
I. 187.
III. 54. — App. 31, 37, 39, 40, 49.
V. 422.
VI. 88, 131, 304, 306, 325, 435.
Clos Chaudron, Chaudeyron.
I. 98.
II. 77.
Clos Sainte-Marie.
IV. 440.

Clos Saint-Martial, localité.
  I. 96.
  II. 77.
Collège, établissement, rue, boulevard.
  IV. 268, 444.
  V. 193, 224.
  VI. 315.
Combe Vineuse. Voir Encombe Vineuse.
Combes (rue, quartier des).
  I. 107, 167, 343.
  III. 101, 179, 180, 334, 355. — App. 65.
  IV. 14, 80.
  V. 345, 410.
Constantine, fontaine. Voir Chevalet.
Consulat (rue, quartier du). Voir Hôtel-de-Ville.
  III. App. 13, 18, 19, 23, 28, 29, 30, 31, 41, 42, 49, 54, 64, 65.
  IV. 104, 105, 106, 107.
  V. 315, 345.
  VI. 94, 105, 222, 258, 325, 434.
Cordeliers, Frères mineurs, couvent, porte, place.
  I. 276, 318, 362.
  III. 321, 329, 399.
  IV. 287, 414.
  V. 410 à 412.
Corgnac, Courgnac, localité.
  II. 17.
  III. App. 74.
  V. 396.
Courtine, chapelle.
  III. App. 44.
Cousteliers (rue des).
  II. 121.
Couture (La).
  II. 223.
Creux des Arènes. Voir Amphithéâtre (Arènes).
  I. 80, 193, 225.
  III. 362, 396.
  IV. 233, 428.
  V. 90.
  VI. 173.

Crochedor, Crouchadour, rue. Voir Cruchedor.
Croix (Sœurs de la), communauté.
  V. 101.
Croix-Neuve, près Saint-Michel, rue, fontaine.
  III. App. 22.
  V. 112, 572.
  VI. 229, 292.
Croix de l'Echalier, de l'Eycheliero.
  I. 295.
  II. 359.
Croix-Mandonnaud, rue, faubourg.
  II. 180.
  III. 364.
Croix de Malecare, localité.
  II. 180.
  III. 397.
  IV. 445.
  V. 111.
Cruche d'or, rue. Voir Crochedor.
  II. 410.
  III. 54, 108, 232, 398.
  V. 111, 258, 282.
  VI. 258.
Crucifix (Le), chapelle.
  VI. 193, 350.

D

Dauphine, place, fontaine.
  V. 345.
  VI. 30, 162, 163, 189 à 192, 200 à 202, 222 à 224, 326.
Dejets (tour des).
  II. 258.
  III. App. 15, 19.
Dessous-les-Arbres, place. Chapelle de N.-D.
  I. 108, 109, 111.
  III. 53, 54, 122, 333, 362, 396, 405.
  V. 315, 345.
Deyliade (La), village.
  II. 77, 78.

E

Encombe Vineuse, Combe Vineuse.
I. 237.
Entre-deux-Villes.
V. 169.
Ermitage de Montjovis. Voir Montjovis.
Etangs. Voir Aigoulène, Motte, Palvézy.
Evêché, palais épiscopal.
III. 396, 398, 399. — App. 32, 33, 34, 35, 43, 44, 46, 68.
V. 97, 98, 173, 224, 343, 345, 411 à 414
VI. 281.

F

Ferrerie, rue.
III. 108, 232, 323. — App. 21, 38, 49, 64, 65.
V. 345.
VI. 131, 290, 435.
Feuillants (Les).
IV. 287, 414.
VI. 328, 351.
Filles de Notre-Dame, communauté.
IV. 51.
V. 9.
Fitz-James, place, rue, allée.
III. 352.
VI. 95, 189, 225 à 227, 257, 258, 316.
Foirail (place du).
VI. 280.
Font Grouleu, rue. Voir Consulat.
I. 18, 229.
II. 77.
VI. 105, 258.
Fontjaudran.
II. 438.
Fossés (rue des).
III. App. 21.
VI. 92, 159.
Fourie, rue.
V. 111.
VI. 182.

G

Gaignolle, rue.
III. App. 20.
V. 345.
VI. 131.
Gorre (rue de).
VI. 88.
Gras (Le), marché aux poissons.
I. 276, 380.
III. 59.
V. 57.
VI. 159, 288 à 293, 338 à 341.

H

Halles. Voir Claustre (La), marché au blé ; Bancs (Les), marché à la viande ; Gras (Le), marché au poisson.
Hôpital, Hôtel-Dieu.
III. App. 74, 98.
V. 169, 224.
Hôtel-de-Ville. Voir Consulat.
I. 176, 177, 244, 337, 378.
VI. 94, 105, 158, 179, 222 à 228, 257 à 262, 304 à 307.

I

Intendance.
V. 104, 105, 112, 173, 224, 345, 360.
VI. 88, 229, 325, 326, 332.

J

Jacobins, Frères Prêcheurs, couvent, église.
I. 320.
III. App. 45, 73.
IV. 51, 54.
V. 418.
VI. 350.
Jeu d'Amour (chemin du).
V. 98.
Jeu-de-Paume.
III. App. 26.

Juges de bourse (Auditoire des), du commerce. Bourse.
IV. 105.
V. 15, 154, 155.
VI. 222 à 227, 258 à 262.

L

Lansecot, rue.
III. App. 25, 27, 29, 30, 31, 32, 39, 64, 65.
VI. 290, 435.

M

Mailhartre (au-dessous de la Mauvendière).
III. 273.
Maison de force.
V. 356.
Maison-Dieu (La), prieuré.
I. 249.
III. 272, 273, 278.
Manigne, porte, tour, rue, faubourg.
  I. 7, 58, 186, 187, 190, 225, 296, 338, 340, 360, 363, 369, 391, 392, 404, 418.
  II. 114, 123, 168, 174, 201, 225, 238, 239, 263, 264, 293, 364, 376, 442.
  III. 13, 15, 33, 54, 56, 67, 108, 232, 280, 301, 396, 398. — App. 6, 7, 11, 26, 30, 35, 45, 57, 58, 64, 65, 68, 76, 83, 87, 92, 96, 98.
  IV. 202, 215, 363, 364, 376, 380, 440.
  V. 86, 87, 100, 111, 169, 173, 235, 266, 345, 367, 369, 372, 378, 403.
  VI. 134, 176, 260, 434.
Marché dit Le Gras, marché aux légumes et poissons.
I. 276, 380.
V. 57.
VI 159, 288 à 293, 336, 338 à 341.
Marché au blé, Cloistre, Clautre. Voir Claustre.
I. 159, 201, 210, 211, 389.

II. 129, 256, 379.
V. 423, 426, 427.
VI. 12 à 19, 52 à 55, 100 à 105.
Masjambost.
II. 128.
Maupas (rue du).
III. 117.
VI. 304.
Mauvendière.
V. 396.
Mayrabou.
VI. 62.
Merdanson, ruisseau.
V. 277.
Mirebœuf, Mayrebuou, rue, porte, poterne, tour, éperon.
I. 228, 362, 363.
IV. 414.
V. 7.
Mission (La), chapelle, séminaire.
IV. 9, 39.
Monnaie (La), hôtel, jardin. Voir Vieille-Monnaie, Puy-Vieille-Monnaie.
III. App. 20.
VI. 316.
Montjovis, Montjauvy, faubourg.
  I. 27, 84, 190, 215, 224, 225, 274, 277, 326, 417.
  II. 170, 180, 223, 376.
  III. 92.
  IV. 129.
  V. 28, 14 à 154.
Montjovis (Ermitage de).
IV. 175.
V. 148 à 154.
Monte-à-Regret, rue.
VI. 134.
Montmailler, porte, faubourg, tour.
  I. 27, 107, 130, 173, 213, 225, 255, 277, 296, 302, 360, 369, 418, 439, 443.
  II. 137, 167, 175, 225, 226, 375, 376, 398, 444, 471.
  III. 35, 36, 92, 97, 120, 121, 180, 227, 230, 329, 352, 397, 398. — App. 5, 8, 53, 63, 64, 67, 74, 78, 79, 81, 87, 95, 98.

TABLE DES NOMS DE LIEUX

IV. 173, 216, 285, 287, 376, 378 à 380, 416, 446.
V. 27, 100, 157, 173, 235, 241, 255, 262, 395.
VI. 5, 22, 23, 63, 106, 124, 162, 163, 222.

Motte (La), place, étangs, quartier.
I. 299, 378.
II. 305.
III. 27. — App. 29, 38.
IV. 368, 369.
VI. 62, 158, 159, 226, 288 à 293, 338 à 341.

N

Naveix, Naveys (Le), quartier.
I. 471.
II. 135.
III, 396.
IV. 417.
V. 7, 379.
VI, 318, 327.

Neuve-de-l'Evêché, rue.
VI. 304.

Notre-Dame des Arènes, église.
IV. 247.

O

Official (porte de l').
III. App. 36.

Oratoire, congrégation.
III. 363.
IV. 26.
V. 224, 231, 377, 400, 419, 442.

Ordinands (Séminaire des).
IV. 14.
V. 9.

Orsay (place d').
IV. 233, 251, 348, 349, 362, 363.
V. Av. IX. — 87 à 91, 190, 255, 285, 286, 360, 402.
VI. 20, 21, 27, 43, 44, 45, 118, 170, 174, 182, 183, 192, 202, 278 à 280, 325, 326, 413.

P

Palvézy (étangs de).
VI. 62, 158, 159, 226.

Panet, porte, rue.
III. App. 33.

Pariage.
IV. 7.

Paris (route de).
IV. 446.
VI. 326.

Paute, ruisseau.
III. App. 20.

Pennevayre, Plainevaire, rue.
III. App. 23, 31.
V. 345.
VI. 291, 292.

Pépinière.
VI. 189, 190, 220, 235.

Petites-Maisons (rue des).
V. 100, 173, 345.

Pilori.
III. App. 8, 30.
V. 379.

Pissevache, tour.
I. 243, 255, 448.
II. 175, 361, 362.
V. 262.
VI. 39, 144, 332.

Planchette (rue de la)
VI. 335.

Poids-du-Roi (Le), rue, place.
VI. 144.

Poilevé (terres de).
IV. 287.

Poissonnerie. Voir le Gras, marché aux poissons.
III. App. 27, 89.

Pont-Saint-Etienne (faubourg du).
II. 135.

Pont-Hérisson, rue.
V. 345.

Poste, Poste-aux-Chevaux (boulevard de la).
V. 345, 422.
VI. 222.

Poulaillère, Poulalière (de la porte), porte, tour, place, carrefour.
II. 119, 124.
V. 275.
Pousses (rue des).
III. App. 26, 29, 30.
VI. 260.
Présidial (siège du). Voir Auditoire royal.
Préfecture (place de la).
V. 173.
Prisons (rue des).
VI. 134.
Providence (La), couvent, église.
III. 329.
V. 412, 413.
VI. 134.
Puy-Lannaud, chapelle.
IV. 440.
Puy-las-Rodas, localité.
I. 284, 287.
Puymoulinier.
III. App. 10, 16.
Puy-Vieille-Monnaie, rue, tour Voir Vieille-Monnaie.
III. 30.
V. 372.
Pyramide (La), boulevard, porte, auberge.
IV. 232.
V. 85, 420.
VI. 62, 315, 316.

R

Rafilhoux, rue.
III. App. 24.
Récollets.
VI. 193.
Refuge (Le), chapelle.
IV. 54, 396, 444, 445.
V. 237.
Règle (La), abbaye.
I. 249.
II. 375, 376.
III. 278, 336, 401. —App. 43, 44.
IV. 21, 26, 434, 435, 437.
V. 15, 137.

Roche-au-Gué. Roche-au-Gua.
I. 98.
II. 77.
Roulet ou Rollet, rue.
V. 120.
VI. 144.

S

Saint-André, église.
IV. 7, 8.
Saint-Aurélien, église.
I. 226.
III 354, 407.
V. 356.
VI. 321.
Saint-Benoist, chapelle.
IV. 194.
Sainte-Catherine, auberge.
VI. 131, 209, 229.
Sainte-Cessateur, église.
II. 223.
III. 354, 407.
IV. 6.
Saint-Christophe, église, faubourg.
IV. 112.
VI. 176, 370, 416.
Sainte-Claire, couvent, église.
III. 396.
Saint-Domnolet, église.
IV. 26.
V. 356, 379.
VI. 321.
Saint-Etienne, cathédrale.
I. 58, 186, 190, 214, 218, 339. 360, 390.
II. 126, 204, 370, 371, 410.
III. 55, 56, 396, 405, 407. — App. 5, 9, 32, 37, 43, 44, 45. 46, 77.
IV. 119, 401, 403.
V. 407.
Saint-Etienne, pont, moulin.
III. App. 87.
V. 50, 262, 379, 432.
VI. 112, 318, 321.
Saint-Esprit, rue, porte, tours.
I. 284, 424, 448, 449.
II. 362.
III. App. 30, 38.

Sainte-Félicité, église.
III. App. 43.
IV. 26.
VI, 380.
Saint-François (Cordeliers), chapelle, église, couvent.
III. 181, 182, 294, 321.
VI. 349, 350, 382, 430.
Saint-Gérald, Saint-Geraud, prieuré, couvent, église, hôpital, place, fontaine, faubourg, quartier.
I. 98, 219, 295, 363, 366.
II. 77, 110, 114, 168, 180, 201, 226, 376.
III. 268, 274, 285, 290, 302, 311, 316. — App. 53, 58, 73, 74, 76, 98.
IV. 189, 246, 416.
V. 137, 235, 262.
Saint-Jacques, chapelle.
IV. 112.
Saint-Jean, église.
V. 410.
Saint-Junien (route de).
III. App. 53.
Saint-Lazare, village, paroisse.
I. 276.
III. 280. — App. 54, 74.
Sainte-Marthe, chapelle.
I. 14.
IV. 414, 424.
Saint-Martial, église, abbaye, hôpital, fontaine (ou de La Claustre).
I. 9, 11, 25, 58, 97, 133, 136, 139, 151, 159, 181, 187, 188, 189, 190, 191, 207, 209, 215, 218, 223, 224, 225, 248, 250, 252, 274, 291, 295, 296, 302, 303, 335, 339, 340, 365, 372, 403, 442.
II. 72, 76, 119, 125, 151, 175, 211, 223, 249, 347, 348, 364, 409, 446.
III. 105, 106, 120, 121, 231, 303, 309, 395, 398. — App. 9, 17, 18, 29, 31, 57, 58.
IV. 21, 92, 98, 123, 150, 168, 173, 175, 179, 287, 190, 193, 194, 234.
V. 35, 36, 67, 97, 98, 101, 111,
315, 345, 355, 356, 379, 407, 409, 417, 423, 427.
VI. 6, 151, 229, 321, 425, 434.
Saint-Martial, fort.
II. 434, 449, 450, 471.
V. 157.
Saint-Martial, pont, faubourg, boulevard, moulin.
I. 135, 139, 216, 244, 343, 364, 389.
II. 135, 167, 200, 226, 293, 431, 434, 448, 449, 450, 471. 477.
III. 67, 186, 230, 322. — App. 42, 43, 45, 76, 87.
IV. 52, 82, 83, 140, 188, 215, 289, 311.
V. 50, 141, 198, 368, 429, 432.
VI. 176.
Saint-Martial-de-Montjovis, église.
IV. 191.
Saint-Martin, abbaye, église. Voir Feuillants.
I. 418.
VI. 315, 321, 434, 435.
Saint-Martin, fort, éperon.
I. 360, 362.
IV. 417.
V. 7.
Saint-Maurice (dans la Cité), porte, église, cimetière.
I. 186.
III. 321. — App. 45, 51.
IV. 31, 387, 414.
V. 169.
VI. 134, 135, 304.
Saint-Michel-de-Pistorie, église.
III. 294.
Saint-Michel-des-Lions, église, place, tour, cimetière, fontaine.
I. 80, 86, 105, 128, 214, 226, 284.
II. 202, 250, 364, 442.
III. 109, 180, 272, 273, 275, 280. — App. 8, 17 à 22, 27 à 42, 51, 66, 93.
IV. 7, 21, 30, 61, 175, 233, 247, 266, 267, 268.
V. 35, 69, 73, 90, 94, 114, 151, 226, 345, 356, 379, 403, 416, 427.
VI. 88, 113, 130, 131, 193, 282, 283, 303, 321, 332, 349, 397.

T. VI. 42

Saint-Nicolas, rue.
  VI. 105, 258.
Saint-Paul (Saint-Paul-Saint-Laurent),
  église. Voir Cimetières.
  IV. 287.
  V. 410.
  VI. 110.
Saint-Pierre-du-Queyroix, église,
  place, marché, cimetière, fort.
  I. 5, 25, 111, 112, 191, 214, 219,
    237, 243, 276, 277, 295, 361.
  II. 17, 175, 225, 250, 347, 348, 359.
  III. 272, 273, 275, 321, 329, 333,
    406. — App. 18, 27, 30, 31, 36,
    37, 38, 86, 93.
  IV. 9, 16, 43, 104, 119, 328, 329,
    330, 414.
  V. Av. x ; 5, 15, 27, 57, 72, 73, 94,
    112, 114, 117, 151, 157, 190,
    242, 356, 357, 419, 420, 427.
  VI. 62, 159, 200 à 202, 288 à 293,
    303, 321, 329 à 341, 343, 434.
Sainte-Radegonde, chapelle.
  IV. 30.
Saint Rustique, confrérie.
  III. 333.
  V. 356.
Sainte-Valerie, église, couvent, rue.
  I. 98.
  II. 77, 223, 224, 263.
  III. 32, 352.
  V. 114, 169, 269, 378, 420.
Sablard (Le).
  II. 363.
Séminaire.
  IV. 443, 445.
  V. 111.
  VI. 416, 428.
Sénéchal (siège du). Voir Auditoire royal
Sœurs-de-la-Rivière, rue.
  IV. 54.
Seycheres (Les), Sechères, quartier,
  prévoté.
  III. 272. App. 58.
Soubrevas, Ste-Claire, village, église.
  I. 329, 360.
  VI. 437.
Sous-les-Arbres, place. Voir Dessous-
  les-Arbres.

T

Taules (rue des).
  I. 159, 229.
  III. 108.
  V. 315, 345, 424, 426.
  VI. 131, 182, 332.
Temple (rue du).
  V. 427.
  VI. 260.
Terrasse (La), rue, promenade.
  III. 352.
  IV. 232.
  V. 255, 420.
  VI. 189, 190, 222 à 228, 230, 316.
Théâtre.
  VI. 51, 258, 349.
Torte, rue.
  III. App. 25, 30.
  VI. 292, 435.
Toulouse, route.
  V. 277, 422.
Tourny, porte, fontaine, place.
  IV. 414, 417, 424.
  V. 7, 9, 47, 48, 100, 173, 174, 235,
    255, 345, 367, 384, 385, 395,
    400 à 406, 410, 411, 417, 420.
  VI. 27, 28, 63, 83, 84, 86, 135, 177,
    200, 224, 228, 229, 244, 304,
    327, 332, 407, 411.
Trois-Treuils.
  I. 360.
  II. 201.

U

Ursulines, couvent.
  III. 368.
  IV. 26, 28, 31.
  V. 356.
  VI. 51.
Uzurat.
  VI. 370, 405, 406, 407.

V

Vénitiens (Les), rue, porte.
  IV. 417.
  VI. 244.
Vicomtaux, prés.
  I. 379.

Vieilh-Marchat (rue de), place du Poids-Public. Voir Vieux-Marché.
Vieillas-Claux, Viraclaud, rue, place.
  I. 111, 295.
Vieille-Monnaie, Puy-de-Vieille-Monnaie, rue, carrefour, porte, tour. Voir Monnaie (hôtel de la).
  I. 228, 241, 276, 277, 317, 364.
  II. 225.
  III. 30.
  V. 277.
  VI. 22.

Vieux-Marché.
  III. App. 30.
Vigne-de-Fer, rue.
  VI. 144.
Vimières (Les), quartier, portail.
  II. 168.
  III. App. 51.
Visitation, couvent
  III. 329.
  VI. 51, 349.

§ II. — AUTRES LOCALITÉS

A

Agen.
  IV. 46.
Aigueperse.
  I. 361.
  III. App. 91.
Aixe.
  I. 59, 277, 341, 359.
  II. 212, 213, 214, 218, 219, 347, 348, 473, 480.
  III. App. 79.
  IV. 421.
  VI. 118, 326, 437.
Aixette, rivière.
  III. App. 54.
Allois (Les).
  III. App. 6, 50.
Alvers.
  I. 473.
Ambazac.
  III. App. 9.
  IV. 414.
  VI. 439.
Angoulême.
  I. 472.
  II. 246.
  III. App. 91.
  V. 168.
  VI. 427.

Argentat.
  I. 467.
Argenton.
  III. 120.
Arnat.
  I. 387.
Artige (L').
  III. App. 9, 10.
Aultevaux, Altavaud, prieuré. Voir Tavaux.
Aureil, Aurel, prieuré.
  III. 145, 153, 154. — App. 73.
  VI. 439.

B

Bar (tour de).
  III. App. 54.
Beaulieu.
  I. 467.
Beaumont.
  III. App. 9.
Beaune.
  I. 30, 257.
  VI. 440.
Béchadie.
  III. App. 13.
Bellac.
  I. 468.
  II. 365.

III. 361. — App. 52, 53, 68, 74, 96.
IV. 445.
Bergerac.
I. 422, 473.
Beynac.
VI. 437.
Blaye.
I. 422.
Boisseuil.
II. 425.
VI. 118, 438.
Bonnat.
VI. 440.
Bonne-Done (La), chapelle, route de Saint-Léonard.
II. 363.
Bonneval.
II. 349.
Bordeaux.
I. 422, 423, 426, 427, 447.
II. 220, 221.
Bort, paroisse de Saint-Priech Las Olieyras.
I. 194.
Bosmie.
VI. 437.
Bourg.
I. 422.
Breuilhaufa.
III. App. 9.
Brie (chateau de), Poitou.
IV. 45.
Brive.
I. 361, 466, 467.
II. 62, 213, 217, 351.
III. App. 9, 72, 76, 87.
V. 224, 419.
VI. 156.
Bourganeuf.
IV. 76.
Burgnat.
VI. 438.

C

Cars (Les).
II. 106, 109, 166, 349, 350.
IV. 234.
V. 95, 96.

Chabanetas, gué, commune de Beaune
I. 30.
Chaise-Dieu (La).
IV. 8.
Chalard (Le).
III. App. 50.
Chalard-Peyroulier (Le), près St-Yrieix.
III. App. 54.
Chalucet.
II. 425.
III. 3, 4, 368. — App. 7.
Chalus.
I. 354.
II. 109, 166, 349, 350.
III. App. 7, 54, 68.
Chambaret, Chamboret.
III. 36. — App. 50.
Chamboursat, près Couzeix.
III. App. 77.
Champagnac.
I. 468.
Champnétery.
I. 329.
Champvert, commune de La Porcherie
III. App. 50.
Chapelle-Taillefer (La).
VI. 278.
Charonnat.
III. App. 91.
Charroux.
I. 128.
Chateauponsac.
III. App. 9.
Chaptelat.
I. 30.
III. 402.
Chervix.
III. App. 9.
Clermont.
III. App. 78, 85, 93.
V. 327, 434, 435, 438.
Cognac.
I. 473, 474.
Condat.
II. 18.
VI. 436.
Conore.
VI. 440.

Courbefy.
III. App. 53, 54, 84.
Couzeix.
I. 14, 227, 329.
II. 174, 346, 348.
III. 397. — App. 56, 58.
V. 410, 436.
Cromières.
III. App. 9.
Cros, près La Souterraine.
III. App. 50.

D

Dalon.
I. 361.
Donzenac.
I. 467.
Dorat (Le).
I. 465.
III. 305, 306, 402. — App. 53.

E

Eguzon.
III. App. 9.
Eymoutiers.
II. 362, 426.
III. App. 50, 69, 75.

F

Faux.
I. 14, 20.
Feytiat.
VI. 438.
Figeac.
III. 136.
Flavignat.
III. App. 94.
Fontenay.
I. 255.
Fraisse (Le), Fraixe.
II. 385.
Fresselines (Creuse).
III. 402.

G

Gimel, Gymel.
I. 223.
III. App. 56.
Gourdon.
IV. 76.

Grandmont.
I. 186.
V. 49, 415.
VI. 321.
Gris, Bas-Gris, commune d'Eyjeaux.
III. 266. — App. 50.
Grossereix, commune de Beaune.
VI. 118.
Guéret.
I. 370, 412.
III. 305, 311. — App. 50.
IV. 417.
VI. 278.

I

Isle.
I. 277, 329.
II. 109, 347, 348.
III. 24, 406. — App. 17, 43, 57.
VI. 437.

J

Janaillac.
III. App. 52.
Jourgnac.
VI. 438.

L

Ladignac.
III. App. 50.
La Rochelle.
I. 126, 255, 422, 472, 473, 477.
II. 201.
V. 417.
Laron.
IV. 73.
Lastours, Las Tours.
I. 187.
III. 364. — App. 13.
Laurière.
III. App. 50.
Lavauguyon.
II. 285.
Libourne.
I. 422, 427, 473.
Ligoure, rivière.
III. App. 54.
Linards.
I. 194.
Lingaine (La), commune de Panazol.
III. 361.
Lezes, Leszes.
II. 441.
III. App. 7.

M

Magnac-Laval.
  II. 385.
  III. 407. — App. 52.
Maison-Rouge (La), com. de Bonnac.
  II. 365.
  III. 91.
Malaseuve, localité, route d'Eymoutiers
  III. 266.
Marche (province).
  IV. 79.
Marennes.
  I. 255, 473.
Maringnes.
  III. 7, 9.
Masjambost.
  III. 36.
Masléon.
  IV. 72.
Masseret.
  III. App. 50, 51.
Meilhac.
  III. App. 50.
Meilhard.
  III. App. 50.
Mont-de-Marsan.
  I. 427.
Montferrand.
  II. 168, 174, 181, 434 à 437.
  III. 119.
Montmorillon.
  III. App. 53.
Moutier d'Ahun.
  III. App. 53.
Muraud (Le).
  III. App. 9.

N

Nanteil.
  III. 227.
Nantes.
  I. 478.
Neuvic.
  III. App. 51.
Nexon.
  II. 348, 350.
Nieul.
  I. 30, 216, 277.
  VI. 440.

Niort.
  I. 255.
Noalhat.
  III. 121.

O

Oléron.
  I. 473.
Orléans.
  II. 204, 220.
  III. App. 14.
Ourièras, commune de Beaune.
  I. 30.

P

Paignac.
  III. App. 18.
Palais (Le).
  I. 388.
Panazol.
  I. 220, 339.
  III. 361.
  VI. 436.
Paris.
  I. 77, 320, 474.
  II. 387, 401, 413, 452, 478.
  III. 135, 137, 288.
  V. 171.
  VI. 393 à 419, 432 à 443.
Pau.
  I. 428.
Périgueux.
  I. 422, 423, 473.
  V. 416.
Peyrillac.
  VI. 440.
Pierrebuffière.
  I. 355, 361, 391.
  III. App. 90, 91.
  IV. 26, 192.
  V. 115.
  VI. 439.
Poitiers.
  I. 279, 429, 430, 431.
  II. 223.
  III. 305, 306.
Pompadour.
  III. App. 12.
Porcherie (La).
  I. 478.
  III. App. 50.
Pousses (Les), près St-Priest-Ligoure.
  III. App. 56.

Q

Quintaine (La), commune de Panazol.
  III. App. 75.

R

Rancon, lieu, forêt.
  I. 468.
  III. App. 53.
Razès, Razez.
  II. 346.
Rilhac.
  I. 220, 388.
Rocamadour.
  III. App. 10.
Rochechouart.
  III. App. 63, 64, 67, 68, 69, 80, 82, 90, 94.
  IV. 76.
Roche-l'Abeille (La).
  II. 347, 348, 351.
  III. App. 10.
Roussac.
  I. 168.
Royère
  III. App. 9.

S

Saignac.
  I. 223.
Saint-Angel.
  VI. 326.
Sainte-Anne.
  III. App. 7.
Saint-Benoist-du-Sault.
  II. 350.
Sainte-Claire.
  VI. 437.
Saint-Gauthier.
  II. 350.
Saint-Gence.
  VI. 440.
Saint-Germain-en-Laye
  II. 362.
Saint-Germain-Beaupré.
  II. 464, 467, 472.
  III. App. 9, 50.
  V. 415.
Saint-Germain-les-Belles.
  III. App. 9.
  V. 415.
  VI. 253, 377, 379, 380.

Saint-Hilaire-Bonneval.
  VI. 439.
Saint-Jean-d'Angely.
  I. 472, 473, 474.
Saint-Jean-Ligoure.
  VI. 439.
Saint-Jouvent.
  VI. 440.
Saint-Junien.
  I. 354.
  II. 173, 206, 211, 347, 473.
  III. 321, 408. — App. 9, 75, 81, 82, 83.
  VI. 134, 321.
Saint-Just.
  I. 339.
  VI. 436.
Saint-Laurent-sur-Gorre.
  I. 415.
  III. App. 75.
Saint-Lazare.
  I. 276.
Saint-Léonard.
  I. 195, 339, 428.
  II. 350, 362, 363, 425, 472.
  III. 117, 301, 317. — App. 6, 10, 51, 68, 69, 86.
  IV. 15.
  VI. 403, 404.
Saint-Léonard (Croix de).
  II. 363.
Saint-Martin-le-Vieux.
  VI. 437.
Saint-Pardoux.
  II. 348.
Saint-Paul-d'Eyjeaux.
  III. App. 50.
  VI. 326.
Saint-Priest-Ligoure.
  III. App. 56.
Saint-Priest-Taurion.
  I. 194, 195, 456.
  II. 350.
  VI. 118, 439.
Saint-Priest-sous-Aixe.
  VI. 437.
Saint-Sadroc.
  III. App. 50.
Saint-Vic.
  II. 462.

Saint-Victurnien.
I. 183, 185.
III. App. 9, 10.
Saint-Vitte.
III. App. 9.
Saint-Yrieix.
I. 318, 428.
II. 135, 349.
III. App. 12, 36, 52.
VI. 315.
Saintes.
I. 473.
Sarlat.
I. 473.
Ségur.
I. 466.
Séreilhac.
IV. 260.
VI. 437.
Solignac, Solomniac, Solompuac, Souloignac, Souloniat, Sallagniac.
I. 389.
II. 426.
III. 4, 25, 243. — App. 75, 83, 91, 92.
IV. 421.
VI. 438.
Souterraine (La).
I. 354.
II. 350.

T

Taillebourg.
I. 255, 473, 474.
Tarbes.
I. 427.
Tarn.
I. 296.
VI. 437.
Tavaux, Altavaulx, Aultevaux, prieuré.
III. 151 à 154.
Thiviers, Tiviers.
III. App. 68.
Thouron.
III. 306. — App. 53.
Toulouse.
III. 398.
Tours (Las). Voir Lastours.

Traslage.
III. App. 81.
Treignac.
II. 351.
III. App. 51.
IV. 444.
Tulle.
I. 467, 423.
II. 62, 170.
III. 120. — App. 71, 72, 74, 75.
V. 409.
VI. 156, 377.
Turenne.
I. 467, 468.

U

Uzerche.
I. 467.
II. 62, 264, 305, 438.
III. 398.

V

Vallettes (Les), près la Porcherie.
I. 478.
Vaulry.
III. App. 84
Verneuil.
I. 227.
II. 473.
Verteuil.
I. 426.
Veyrac, Veyrat.
III. App. 15.
VI. 440.
Vicq.
V. 407.
Vigen (Le).
VI. 438.
Vigeois.
III. App. 50.
Villeneuve.
II. 464, 467.
III. App. 9.
Voury (Bas-Limousin).
III. App. 84.

Y

Yers.
I. 473.

TABLE DES NOMS DE CHOSES

A

Accouchements (cours d').
  VI. 281.
Adjudications.
  IV. 188, 200 à 208.
  V. 57, 92, 93, 112, 118 à 121, 150 à 153, 214.
  VI. 13 à 19, 32 à 37, 43 à 45, 84, 100 à 105, 123.
Administration municipale. Voir consuls, conseillers, échevins, juges, maires, offices, etc.
  VI. 57 à 61, 145 à 151, 207 à 213, 217 à 221, 237 à 240, 251, 264, 265, 268 à 274, 321 à 327, 347 à 371.
Allois (communauté des).
  VI. 33.
Amis de la constitution.
  VI. 433.
Andeix ou triangles, marchés. Voir Beauvais, Chevalet, Manigne, Vieux Marché.
Aqueducs, souterrains. Voir travaux publics, voirie.
  I. 317, 364.
  II. 471.
  IV. 208.
  V. 27, 276 à 282, 354, 360, 368, 369, 395, 396.
  VI. 88 à 91, 158, 459.
Arbres ou Croix. Voir Croix.
De Beauvais, de Beauveyr.
  I. 14.
  III. 180.
  IV. 14.
De Bouchaud (de Boschault).
  II. 361.

Arbres ou Croix :
Devant le cimetière Saint-Paul, devant la chapelle Sainte-Marthe.
  I. 14.
D'Andeix-Manigne.
  IV. 447.
Archéologie (découvertes).
  IV. 28.
  VI. 51.
Archers. Voir force armée.
  V. 176 à 180.
Archers de Bourges.
  V. 415.
Architectes de la ville.
  VI. 178.
Archives. Voir papiers.
Armes, arsenal. Voir Artillerie.
  II. 202.
  III. App. 8.
  IV. 157, 179, 292, 293, 296.
  VI. 318, 325, 350.
Armurier (maître) et canonnier. Voir Artillerie.
  IV. 209, 331, 332.
  V. 30.
Arrets. Voir lettres du roi, etc., privilèges, procès.
Arrière-ban. Voir Ban.
Artillerie, canons, canonniers.
  I. 58, 129, 186, 187, 218, 256, 282, 283, 284, 295, 303, 336, 338, 340, 360, 363, 372, 388, 391, 397.
  II. 18, 137, 173, 174, 202, 207, 238, 246, 364, 366, 376, 398, 410, 418, 420, 461, 464, 465.
  III. 15, 36, 54, 55, 101, 120, 230,

397. — App. 5, 9, 37, 40, 43, 46, 50, 51, 54.
IV. 209, 250, 251, 331, 332, 338, 343, 400, 401, 432.
V. 30, 40, 91, 111, 314, 343, 356, 413.
VI. 123, 151, 193, 229, 230, 325, 350, 414, 415, 423.

Artisans (communautés d'). Voir cabaretiers, tailleurs.

Assemblées, convocations, nominations, notes, assemblées nationales, provinciales. Voir districts.
I. 41, 45, 54, 457.
III. 4, 51, 158. — App. 62.
IV. 108, 111, 130, 133, 138, 139, 159, 184, 185, 222, 368, 369.
V. 128, 129, 137 à 140, 143 à 145, 156, 162, 163, 165, 208 à 210, 224 à 229, 232 à 239, 286 à 300, 303, 305, 308, 309, 353 à 409, 434, 435.
VI. 281, 297 à 303, 315, 324, 325, 378, 379, 415, 423.

Assesseurs, adjoints des consuls. Voir consuls, commissaires, échevins, notables.
IV. 81, 97, 117, 120, 166, 167, 169, 170, 172, 175, 189, 193, 210, 217, 232, 233, 235, 236, etc.
V. 200, 208, 209, 287, 290, 292 à 309, 314, 317.

Ateliers et bureaux de charité.
IV. 129.
V. 376, 379.
VI. 189, 190, 350.

Attaques de la ville, alertes, émeutes, expéditions de guerre, menaces d'attaques, pillards, mesures de précaution, troubles.
I. 119, 128, 129, 136, 153, 188, 189, 336, 386, 387, 417, 422, 430, 447.
II. 202, 203, 205, 206, 237, 240, 241, 242, 250, 344, 346, 358, 387, 397, 405, 413, 433, 441, 449, 450, 456, 475, 478.
III. 3, 4, 24, 59, 301, 320, 321, 322, 349, 364, 362, 402, 403, 405. — App. 1 à 60, 87.
IV. 71, 123, 146, 172.
V. 24, 25, 356.
VI. 5, 318, 324 à 327, 336, 350, 351, 377.

Augustins (religieux).
VI. 72, 112, 124, 144, 182.

Aumônes. Voir Disette, fondations, fréries, pauvres, rentes.
III. 244.
IV. 9, 39, 332.
V. 362.

Aumônes Sainte-Croix et pains de Noël.
I. 28, 130, 192, 212, 279.
III. 244.
IV. 9, 10, 11.

Aurances. Voir faubourgs.

Avocats. Voir juges, justice.
I. 5, 385.
V. 293, 294, 298, 309, 310.
VI. 130, 131.

B

Ban et arrière-ban.
I. 66, 68, 77, 127, 233, 234, 235, 243, 277, 364, 386.
II. 58, 65, 132, 245.
IV. 31.

Banquets, repas.
I. 256.
VI. 27, 45, 46, 166, 328, 332.

Bateleurs. Voir jeux.

Bénédictins, religieux (abbaye de Saint-Augustin).
III. 329. — App. 73.
IV. 21, 43, 45, 217, 234, 243, 250, 265, 429.
V. 4, 5, 111, 167, 284, 285, 406, 407.
VI. 416.

Bétail, gibier, poisson, etc. Voir marchés.
IV. 59, 148, 149, 172, 191, 306 à 312.

Beure. Voir comptes.
  VI. 283, 288 à 293, 338 à 341.
Bizouards, marchands du Dauphiné.
  III. 9, 297.
Blés, farines, grains, pain.
  I. 159, 200, 201, 210, 211, 263, 384, 389, 396.
  II. 128, 155, 296, 366, 370, 379, 383, 385, 387, 396, 433.
  III. 25, 273, 361. — App. 8, 66.
  IV. 76, 79, 88, 143, 190, 196, 232, 307, 421, 424, 433, 434.
  V. 185 à 187, 190 à 194, 355, 365, 366, 377, 378, 379, 423, 426, 427.
  VI. 12 à 19, 32 à 37, 52, 54, 55, 83 à 86, 100 à 105, 296, 314, 315, 317, 321, 326, 330 à 334, 390, 391.
Bouchers, boucherie.
  I. 165, 217, 228, 267, 272, 273, 346.
  III. 321. — App. 25, 31, 39.
  IV. 148, 149, 160, 172, 191, 306, 308.
  V. 69, 76, 175, 261.
Boulangers. Voir blé.
  I. 211, 299.
  II. 130, 256, 370, 385.
  IV. 307, 409, 410, 421.
  V. 261.
  VI. 124, 317 à 321, 336, 351.
Boulevards.
  I. 129, 132, 277, 283, 296, 337, 363.
  II. 225.
  V. 235.
Bourse. Voir commerce.
Brasserie.
  VI. 303.
Bureau des finances. Voir trésoriers de France.

C

Cabaretiers, hôteliers, cafés.
  IV. 306, 311, 312, 319.
  V. 95, 96, 260, 261, 262, 294.
  VI. 64, 302, 239.
Calamités publiques. Voir blés, disettes, peste, pluies.
  IV. 31.

  V. 163, 241, 242.
  VI. 45, 63, 87, 144, 202, 209, 229, 314, 315, 317 à 321, 326, 331 à 336, 365.
Calendrier, commencement de l'année.
  I. 40, 41, 292.
  II. 169, 273.
Calvinistes. Voir protestants.
Cannonier (maître). Voir armurier, artillerie.
Cantonniers, cantons. Voir districts.
  IV. 223.
Capitaines, lieutenants, officiers de la ville. Voir milice, force armée, garde nationale, gagiers.
  I. 119, 129.
  II. 111, 258, 318, 359, 563, 364, 366, 407, 414, 446.
  III. 4, 13, 35, 51, 91, 120, 122, 211, 228, 229, 232, 233, 237, 277, 286, 299, 303, 307, 310, 317, 322, 325, 330, 335, 340, 346, 353, 355, 358, 362, 365, 367, 370, 374, 378, 396, 397, 404, 405, 406, 407. — App. 6, 8, 51, 62, 64, 65, 68, 78, 80, 86, 88, 93 à 98.
  IV. 6, 13, 15, 18, 19, 22, 24, 27, 29, 31, 32, 34, 40, 42, 48, 50, 52, 55, 57, 59, 60, 62, 73, 79, 83, 87, 90, 92, 95, 96, 97, 111, 114, 179, 180, 181, 186, 197, 211, 212, 213, 219 à 226, 230, 231, 243, 297, 436, 437.
  V. 7, 13, 18 à 21, 29, 31, 33, 36 à 39, 41, 44, 45 à 48, 57, 60, 61, 68 à 72, 74 à 76, 83, 107, 110, 111, 161, 162, 174 à 176, 180 à 182, 244, 252, 276, 310, 312, 326, 329, 340, 346, 347, 418, 419.
  VI. 288, 332.
Capucins, religieux.
  III. 351, 352.
  VI. 96.
Carmélites, religieuses.
  III. 301.

IV. 25, 51.
Carmes, religieux.
  III. 333, 352.
  IV. 7, 8, 176, 227, 247.
  V. 112, 183.
  VI. 122, 192, 207, 228, 229, 257, 281, 416.
Casernement, casernes, corps de garde. Voir gens de guerre.
  IV. 276 à 280, 287, 324, 328, 329, 330, 337 à 342, 417.
  V. 224, 271, 272, 273, 301, 357, 382, 383, 395, 396, 442.
  VI. 74, 77, 78, 122, 123, 135, 144, 164, 165, 176, 177, 203, 243 à 247.
Cathédrale, chanoines, chapitre.
  I. 58, 186, 190, 214, 218, 339, 360, 390.
  II. 126, 204, 371, 410.
  III. 55, 56, 227, 317. — App. 9, 11, 28, 32, 33, 34, 35, 36.
  IV. 119, 404.
  V. 50, 51, 111, 167, 293, 294, 415, 432, 442.
  VI. 232, 253, 254.
Centenaux, électeurs. Voir prudhommes.
  I. 114.
Cérémonies religieuses. Voir chasses, ostensions, processions.
Cerfs dans les fossés de la ville.
  I. 155, 218.
Chanoines de Sainte-Geneviève, Saint-Gérald. Voir Saint-Gérald.
  III. 311, 404.
  VI. 182.
Chanoines de la cathédrale. Voir cathédrale.
Chanoines de Saint-Martial. Voir Saint-Martial.
Chapeliers.
  III. 322.
  IV. 52.
  V. 86, 429, 430.
Charité (sœurs, filles de la), religieuses.
  VI. 114, 115, 193, 235, 236.

Chasses des saints, reliques. Voir ostensions.
  I. 189, 190, 199, 215, 224, 226, 372, 452.
  II. 172, 249, 347.
  III. 50, 51, 53, 106, 271, 273, 322, 329, 333. — App. 77, 79, 80, 81, 94, 96.
  IV. 7, 8, 25, 26, 80, 342.
  V. Av. ix, x. — 97, 98, 315, 355, 356, 367.
  VI. 6, 151, 253, 321, 396, 397, 408.
Cierges, cire, ciriers, torches.
  IV. 86, 312, 377, 378.
  V. 48, 191, 329, 382.
  VI. 28, 332.
Cigogne.
  I. 297.
Cité (La).
  I. 343, 471.
  II. 135, 379, 406, 407, 410, 437, 439, 440.
  III. 67, 186, 373, 396, 397, 398, 399. — App. 1 à 60, 65, 68, 71, 76.
  IV. 143, 369.
  V. 96, 111, 128, 138, 144, 156, 157, 196, 197, 403.
Clergé. Voir chasses, cierges, églises, processions.
  V. 242, 293, 294, 377, 378, 415, 429, 438 à 440, 442.
  VI. 333, 341, 350, 416, 422 à 424, 428 à 431.
Clés de ville, clés du trésor. Voir coffre, trésor.
  III. 227, 231, 280.
Clés de la châsse de saint Martial.
  III. App. 77, 79, 80, 81, 94, 96.
  V. 97, 98.
Cloches.
  I. 15, 434, 447, 449.
  II. 201, 372, 421.
  III. 21, 31, 41, 158, 160.
  IV. 86, 202, 250, 309, 403.
  V. 15, 191, 315.
  VI. 332.

Coffre-fort, armoire, caisse.
V. 214, 225 à 227, 230, 238, 239, 361.
Collège.
I. 74, 230, 233, 236.
III. 142 à 155, 273, 333, 404. — App. 8.
IV. 56, 444.
V. 157, 159, 160, 162, 163, 165 à 167, 170, 184, 202, 203, 242, 269, 271, 273, 285, 357, 368, 401.
VI. 11, 25, 51, 110, 134, 141, 222, 262, 274, 281, 304, 315, 328, 343, 344.
Colonel. Voir force armée.
III. App. 77, 93.
IV. 111, 116, 117, 179.
V. 8, 16, 25, 38, 44 à 47, 174.
Comité patriotique.
VI. 326, 327, 350.
Commerce, industrie, juges, syndics du commerce. Voir blés, bouchers, boulangers, cabaretiers, cierges, maîtrises, manufactures, marchés, marque et contrôle, merciers, meuniers, pharmaciens, poids et mesures, police, toiles, vins, etc.
II. 270, 274, 275, 318.
III. 177, 179, 183 à 189, 311, 319, 322, 347, 363, 366, 369, 374, 275, 392, 401. — App. 83, 86.
IV. 8, 14, 15, 17, 21, 23, 25, 27, 29, 31, 52, 59, 105, 108, 109, 135, 136, 143, 172, 202, 444, 445.
V. 13 à 15, 61 à 63, 106, 112, 145 à 147, 154, 165, 166, 195, 196, 199 à 201, 232 à 234, 243, 244, 261, 285, 286, 294, 298, 310, 311, 312, 330, 332, 341, 319, 377.
VI. 87, 118, 124, 177, 200, 223, 224, 227, 261 à 263, 281, 303 à 307.
Commissaires de police. Voir offices, police.
IV. 386, 387.

Commissaires, collateurs, collecteurs, conseillers, contrôleurs, partisseurs de tailles, prudhommes. Voir deniers communs, finances, octrois, offices.
I. 23, 25, 29, 64, 66, 69, 76, 79, 83, 88, 91, 96, 107, 113, 118, 134, 137, 156, 158, 164, 172, 180, 197, 203, 222, 230, 245, 246, 264, 286, 300, 323, 328, 332, 334, 352, 368, 395, 402, 409, 411, 421, 434, 437, 455, 457.
II. 3, 21, 67, 81, 107, 139, 164, 167, 199, 209, 227, 247, 261, 266, 295, 322.
III. 41, 44, 47, 68, 74, 79, 114, 116, 117, 129, 133, 158, 160, 164, 169, 173, 190, 196, 201, 203, 209, 212, 218, 220, 239, 258, 260, 267, 280, 282, 285, 290, 292, 293, 301, 326, 353, 361.
IV. 344, 345, 350, 351, 360, 361, 405, 415, 418, 419, 421, 446.
V. 8, 12, 19, 22, 23, 26, 31, 50, 51, 58 à 60, 63 à 65, 90 à 93, 140 à 146, 282, 317, 353, 357, 359, 364, 365, 368 à 384, 385 à 394, 397 à 409.
Comptes (reddition de). Voir deniers communs, don gratuit, finances, octrois.
II. 132, 151.
III. 142 à 155, 328, 356, 360, 381, 382, 383, 387, 391, 392, 393. — App. 61 à 99.
IV. 86, 351 à 360.
V. 209, 210, 215 à 217, 253, 265 à 268, 273 à 275, 283, 302, 315 à 322, 413 à 416, 421, 422, 434 à 441.
VI. 12, 25 à 27, 48, 49, 60, 61, 62, 72, 73, 85, 86, 95, 96, 111, 118, 119, 122, 123, 126, 128, 129, 136 à 142, 153, 160, 161, 171, 172, 179, 180, 185, 188 à 195, 204, 205, 214 à 216, 232, 233,

254, 255, 264, 265, 274 à 277, 282 à 286, 293 à 296, 308 à 311, 328 à 331, 372 à 375.
Conflits. Voir différends.
Confréries. Voir fréries.
 De Saint-Martial. — III. 309 — V. 319 — VI. 397, 408.
 Du Saint-Sacrement. — IV, 21.
 Des Ames. — IV. 414.
 De Sainte-Croix. — III. App. 4.
Conseillers, députés.
 I. 163, 265, 399, 423.
 III. 137 à 141.
 V. 81.
Conseillers de ville, politiques. Voir assesseurs, commissaires.
 V. Av. vi. — 288 à 298, 308.
 VI. 143 à 151, 154, 155, 174, 175, 207 à 213, 217 à 221, 227 à 241, 368 à 374, 321 à 323.
Consulat. Voir hôtel de ville.
Consuls (élections, nominations, fonctions des). Voir conseillers de ville, commissaires, échevins, juges, ligue, maires, offices, prévôts, privilèges.
 I. 14, 22, 25, 28, 65, 69, 75, 78, 82, 87, 90, 93, 106, 112, 117, 133, 136, 155, 158, 164, 172, 178, 196, 202, 221, 256, 263, 285, 299, 320, 322, 327, 331, 323, 343, 367, 375, 378, 380, 394, 401, 408, 410, 419, 433, 436, 447, 454.
 II. 1, 19, 66, 81, 106, 138, 163, 197, 208, 226, 246, 259, 265, 266, 269, 294, 320.
 III. 1, 20, 21, 31, 31, 32, 34, 39, 40, 43, 46, 57, 59, 61, 63, 65, 69, 73, 75, 79, 113, 115, 117, 129, 133, 158, 160, 163, 168, 173, 190, 196, 203, 208, 210, 218, 220, 225, 238, 254, 260, 265, 266, 268, 269, 279, 283, 298, 302, 309, 315, 317, 320, 324, 329, 334, 339, 343, 345, 354, 358, 360, 364, 367, 369, 372 à 393, 400, 402, 408. — App. 1 à 60, 62.

 IV. Av. ii, iii, iv, v, vi. — 5, 7, 9, 12, 14, 17, 19, 22, 24, 26, 28, 30, 32, 33, 39, 41, 47, 49, 50, 51, 53, 54, 56, 58, 59, 62, 66, 77, 80, 81, 82, 85, 89, 92, 100, 110, 112, 113, 114, 115, 120, 121, 122, 124, 127, 128, 133, 134, 135, 138, 146, 155, 156, 160, 171, 176, 184, 185, 189, 193 à 196, 211, 216, 226, 232, 242, 245, 249, 252, 253, 254, 256, 264, 279, 281, 290, 291, 294, 298 à 307, 319, 320, 330, 332, 333, 335, 339, 346, 347, 366, 367, 372, 373, 384 à 387, 394, 398, 407, 410 à 413, 420, 422, 432, 433, 441.
 V. Av. vi à ix. — 6 à 8, 32, 34, 39, 40, 44, 45, 55, 56, 67, 75, 83, 93, 99, 105, 110, 113, 125 à 127, 154, 155, 166, 173, 183, 190 à 200, 202, 208 à 210, 241, 245 à 251, 254 à 262, 269, 284, 287 à 300, 303 à 310, 314, 315, 322 à 325, 349, 353, 357, 359, 363 à 409, 429, 438 à 442.
 VI. 123, 134, 144, 262.
Consuls (costume des), cérémonial, dévotions, insignes.
 I. 184, 185, 302, 385, 452.
 II. 112, 438.
 III. 51, 96, 110, 228, 229, 231, 273, 280, 289, 348, 378, 380, 396. — App. 57, 64, 81.
 IV. 47, 98, 99, 175, 195, 218.
 V. 8, 13, 173, 191, 314, 315, 344.
 VI. 130, 151, 251 à 253, 264, 366.
Contrebande.
 VI. 416, 417, 418.
Controleurs, inspecteurs, syndics. Voir commerce, commissaires deniers-communs, finances, octrois, partisseurs des tailles.
 V. 58, 59, 63, 64, 90.
Cordeliers, frères mineurs, religieux.
 III. 329, 351, 399. — App. 36, 47.
 IV. 257, 310, 331, 336, 385, 399.
 V. 12, 68, 127, 147, 157, 182, 367, 385, 386, 410 à 413.

VI. 14, 32, 62, 128, 162, 174, 411, 429 à 431.
Corps d'états et de métiers.
III. 321, 322.
IV. 52.
V. 288 à 300, 303, 305.
VI. 64, 87.
Cour d'appel, préliminaires d'organisation judiciaire.
VI. 377, 379, 387, 401 à 403, 419, 420, 425 à 427.
Couretage (droits de). Voir courtiers, deniers-communs, patrimoniaux, finances, octrois, offices, receveurs.
Courtiers-jurés, couretage.
III. 183, 189.
IV. 270, 271, 285, 286.
V. 364, 437 à 439.
VI. 5, 12.
Coutumes. Voir privilèges.
III. 182, 353.
Couvents.
VI. 412, 413, 416, 428.
Croisades.
I. 87.
Croix (Sœurs de la), religieuses.
IV. 59.
Croix-de-l'Eychalier.
I. 295.
II. 359.
Croix-des-Grands-Carmes.
II. 201.
Croix-des-Trois-Treuils.
II. 201.
Croix-Neuve.
VI. 134.
Croix-de-Manigne.
VI. 263.
Curés, cures.
III. App. 11, 33, 34, 35, 36, 73.
IV. 387, 410.
V. 72 à 74, 242, 294.
VI. 114, 115, 428.
Cuirs.
V. 230, 238, 239.

D

Dames de charité. Voir Charité (Sœurs de la).
III. 373.
Deniers-communs, octrois, offices, patrimoniaux, receveurs. Voir commissaires, comptes, finances, octrois, offices.
III. 240 à 250.
IV. 86, 93, 96, 99, 101 à 104, 107, 108, 111, 118, 130 à 133, 146 à 150, 174, 181, 227, 228, 270, 271, 285, 286, 350 à 361, 405, 415, 421.
V. 50, 51, 58, 59, 60, 63 à 65, 86, 87, 90 à 93, 112, 118 à 125, 129 à 139, 142, 154, 184 à 191, 201, 206 à 215, 213, 244, 253 à 255, 265, 268, 273 à 275, 283, 291, 301, 309, 310, 315 à 322, 358, 361 à 365, 370, 371, 394, 403.
VI. 26, 48, 49, 72, 73, 95, 111.
Département (formation du).
VI. 403 à 405.
Dépenses ordinaires. Voir comptes.
IV. 86.
V. 190, 191, 210 à 212, 215.
VI. 26, 45, 46, 54, 56, 231, 232.
Députés, députation. Voir conseillers.
V. 294, 295.
VI. 27, 28, 30, 297 à 303, 315, 375, 376, 378 à 403, 410, 419, 420, 425, 433, 441 à 443.
Différends, conflits, préséance.
II. 362, 364, 404, 409.
III. 35, 53.
IV. 21, 98, 257, 391 à 394, 396, 424 à 431, 444.
V. Av. IX. — 72, 73, 74, 88 à 90, 97, 98, 112, 129 à 142, 203, 204, 218, 296, 322 à 325, 344.
VI. 88 à 91, 230, 250 à 253, 268 à 274, 281 à 400.
Discours, harangues, oraisons funèbres. Voir prédicateurs.
III. 85, 228, 231. — App. 84, 86.
IV. 8, 45, 404.

Disettes. Voir calamités, pluies.
  I. 177, 198, 201, 210, 212, 213, 329, 419.
  II. 102, 128, 255, 296, 382, 396.
  III. 24, 25, 270 à 278, 285, 290, 301, 322, 329, 333, 395, 399, 402, 405. — App. 9.
  IV. 79, 88, 129, 136, 172, 180, 190, 191, 196, 232, 305, 424, 433, 434, 446.
  V. 67, 68, 69, 163, 164, 274, 275, 314, 317 à 321, 326, 331 à 336.
Districts.
  VI. 347 à 359, 404, 405, 415.
Doléances (cahier de).
  II. 398, 453, 456, 483.
Dominicains. Voir Jacobins.
Don gratuit. Voir comptes, finances.
  V. 128, 129, 143 à 146, 156, 195 à 199, 220 à 223, 228 à 230, 253 à 256, 268, 273 à 275, 283, 301, 358, 361 à 365, 370, 371, 394, 403, 414 à 416.
  VI. 28, 46, 49, 72, 73, 95, 111.

E

Echevins. Voir consuls.
  V. 208, 288 à 300, 305 à 308, 314, 322 à 325, 353, 357, 359, 361, 363 à 365, 368, 370 à 382, 384, 387, 389 à 393, 399 à 400.
  VI. 10, 64, 130, 145 à 150, 174, 175, 207, 213, 216 à 221, 237 à 240, 251, 268 à 274, 321 à 323.
Ecoles. Voir collège.
  I. 139, 157, 159, 164, 179, 203, 222, 231, 245, 279, 286, 300, 324, 329, 332.
  II. 5, 74, 233.
  IV. 56, 59.
  VI. 123.
Edits, ordonnances. Voir lettres du roi.
Egouts. Voir aqueducs, travaux publics.
Elections. Voir centenaux, commissaires, conseillers, consuls, échevins, juges, maire.

Election (cour de l').
  VI. 262, 304 à 307.
Emeutes. Voir attaques.
Emprunts.
  II. 360.
  VI. 245, 304 à 307, 311, 331 à 336, 390, 391.
Entrées et passages, receptions des rois, princes, gouverneurs, etc.
  I. 57, 133, 136, 155, 184, 185, 216, 218, 226, 302, 304, 339, 359, 449.
  II. 103, 108, 110, 122, 359, 360, 361, 362, 365, 375, 398, 408, 437.
  III. 13, 35, 36, 37, 85, 120, 121, 226, 227, 228, 229, 230, 231, 280, 288, 294, 397, 398, 399.
  IV. 46, 235, 392, 393, 396 à 401, 445.
  V. 40, 47, 111, 314.
  VI. 195, 202.
Ermite, ermitage.
  I. 84, 274, 325, 416, 446, 456.
  II. 169, 176, 200, 318.
  IV. 16, 86, 129, 130, 174, 191, 192, 275, 322, 323, 324.
  V. 11, 148 à 153, 190, 191, 362.
Espagnols. Voir prisonniers.
  III. App. 63, 65, 67, 71, 72, 74, 75, 78, 80 à 99.
Etangs. Voir gardes des étangs, comptes, fontaines, réparations, travaux publics.
  I. 213, 299, 317, 361, 385.
  II. 23, 222, 365, 366.
  IV. 310.
  V. 118, 119, 120, 190, 335, 354, 360, 365, 414, 415, 423.
  VI. 12, 62, 158, 159, 288 à 293, 338 à 341.
Etats généraux, Etats provinciaux.
  II. 204, 205, 220, 221.
  III. 363. — App. 73.
  VI. 297 à 303, 315.
Evêché, palais épiscopal.
  V. 97, 98, 294, 343, 345, 411 à 413, 422.

Evêques de Limoges.
 I. 204, 225, 226, 304.
 II. 314, 366, 404.
 III. 24, 36, 53, 55, 56, 106, 122, 227, 228, 230, 231, 280, 288, 294, 303, 317, 336, 343, 396, 397, 398, 399, 406. — App. 15, 16, 17, 18, 19, 32 à 37, 42 à 45, 49, 50, 51, 55, 56, 57, 64, 73, 77, 86.
 IV. 7, 31, 39, 43, 45, 52, 54, 56, 88, 176, 343, 347, 403, 404, 443, 444.
 V. 7, 94, 95, 97, 98, 111, 114, 151, 153, 160, 166, 167, 172, 240, 241, 294, 378, 384, 385, 410, 411.
 VI. 6, 253, 341, 350, 380.
Exemptions. Voir gens de guerre, privilèges.
 IV. 63, 64, 96.
 V. 164, 168, 169, 176 à 179, 203, 209.

F

Famines. Voir disettes.
Farines. Voir blés.
Faubourgs, Aurances, Orances, Montmailler, Manigne, Boucherie, Saint-Martial (pont). Voir Districts.
 I. 342, 343, 389.
 II. 135, 200, 431, 448, 477.
 III. 67, 186, 322. — App. 42, 43, 45, 74, 76, 78, 87.
 IV. 52, 82, 83, 140, 188, 215, 288, 289, 311.
 V. 9, 203, 204.
 VI. 167.
Feuillants, religieux.
 III. 272.
 IV. 173, 233, 287.
 V. 111.
 VI. 62, 63, 69, 70, 198, 261, 328.
Filles de Notre-Dame, religieuses.
 III. 301.
 IV. 51.

Finances. Voir gabelle.
 Rentes, assances, baux.
 I. 18, 28, 80, 97, 111, 143, 162, 176, 376.
 II. 76, 78.
Souchet.
 I. 72, 209.
Gabelle.
 I. 21, 422, 429, 431, 432, 447, 472, 474, 477.
 II. 23, 36.
Impôts divers : deniers communs, emprunts, octrois, péages, taille.
 I. 59, 60, 69, 70, 120, 122, 123, 124, 125, 178, 216, 232, 258, 260, 262, 276, 293, 305, 307, 309, 314, 336, 346, 348, 352, 353, 354, 355, 374, 381, 384, 385, 391, 423, 425, 432, 448, 449, 460, 466, 468, 472.
 II. 36, 41, 45, 61, 65, 69, 70, 84, 85, 86, 88, 92, 95, 97, 100, 131, 132, 135, 140, 151, 152, 161, 169, 176, 177, 179, 180, 182, 206, 214, 218, 219, 220, 228, 229, 230, 236, 245, 251, 255, 264, 283, 285, 287, 289, 298, 304, 309, 310, 314, 315, 319, 329, 339, 360, 361, 366, 369, 390, 397, 401, 413, 433, 434, 436, 438, 439, 449, 452, 472, 481, 484, 486.
 III. 26, 27, 37, 38, 59, 61, 66, 67, 240, 274, 275, 276, 285, 287, 288, 292, 293, 319, 320, 361, 373, 380, 398, 399, 402 à 405. — App. 9, 64 à 69, 71, 74, 75, 76, 80 à 98.
 IV. Av. II, III. — 9, 10, 11, 12, 40, 60, 63 à 67, 76, 79, 82, 86, 89, 92 à 109, 111, 118, 130 à 133, 152, 153, 160, 161, 162, 166 à 172, 174, 177 à 180, 202 à 208, 212, 213, 219, 220, 221, 227, 228, 231, 236 à 241, 258 à 263, 268, 271, 274, 277, 285, 286, 295, 296, 298, 315, 317, 319, 324, 325, 328 à 330, 338,

341, 342, 344, 350 à 361, 378 à 380, 396, 405, 410 à 421, 433, 434, 446.
V. Av. VII, VIII, IX. — 2, 3, 33, 50 à 54, 61 à 66, 91, 92, 101 à 104, 107 à 114, 118 à 125, 128 à 146, 156, 164, 168, 169, 176, 177, 183 à 239, 243, 244, 253 à 258, 265 à 268, 273 à 275, 282 à 302, 306 à 311, 315 à 322, 331, 332, 340, 341, 346, 349 à 371, 377 à 381, 392 à 394, 402 à 409, 413 à 416, 421, 422, 434 à 441.
VI. 12, 19 à 29, 32 à 39, 48, 49, 57 à 63, 72, 73, 85, 86, 93 à 95, 100 à 112, 118 à 113, 126, 129, 136 à 145, 148, 153 à 157, 160, 171, 172, 176 à 180, 185 à 188, 190, 191, 195, 204, 205, 210, 214 à 216, 223 à 227, 232, 233, 242 à 247, 248, 249, 253, 254, 258 à 265, 274 à 277, 281, 283 à 286, 289 à 296, 304 à 307, 308 à 314, 328 à 341, 372 à 375, 423, 424, 443.

Foires.
I. 366.
II. 270, 314, 379.
III. 304. — App. 77, 81.
V. 356, 367.
VI. 63, 134, 280.

Fondation de Limoges (Discours de S. Descoutures, à l'entrée du roi Henry IV à Limoges, 1605).
III. 85.

Fontaines, aqueducs.
I. 4, 9, 15, 76, 107, 111, 112, 219, 225, 236, 242, 256, 277, 284, 287, 295, 317, 318, 361, 385.
II. 17, 23, 137, 151, 168, 175, 180, 226, 291, 309, 320, 359, 446, 471.
III. 30, 102, 179, 180, 181, 342, 368.
IV. 86, 93, 94, 208, 308, 326, 329, 330, 369.
V. 27, 28, 98, 112, 118 à 121, 190 à 192, 235, 239, 240, 283, 354, 360, 363, 384, 385, 395, 396, 403 à 406, 410 à 413, 420, 421, 423.
VI. 27, 62, 63, 69, 70, 88, 89, 92, 112, 113, 124, 158, 159, 162, 163, 177, 189, 190 à 192, 200 à 202, 332.

Force armée de la ville. Voir capitaines, comptes, garde nationale, gens de guerre, milices, prisons.
I. 66, 119, 129, 131, 210, 217, 228, 243, 283, 384, 391, 404, 405, 406, 441, 445.
II. 111, 203, 205, 231, 234, 237, 240, 250, 258, 263, 345, 355, 358, 359, 360, 366, 390, 398, 401, 413, 451.
III. 13, 24, 25, 36, 52, 54, 92, 93, 122, 211, 229, 273, 275, 276, 277, 286, 352, 353, 378, 396, 405. — App. 5, 6, 8, 13, 19, 23, 24, 25, 27, 29, 30, 31, 37, 38, 41, 50, 51, 54, 56, 64, 80, 87, 92 à 95.
IV. 95, 111, 117, 140, 190, 224, 258, 260, 306, 312, 319, 333, 397, 402, 403.
V. 16, 21, 23 à 26, 29, 31, 33, 36 à 48, 57, 60, 61, 68 à 76, 83, 90 à 92, 161, 162, 174 à 183, 311 à 314, 329, 340, 343, 356, 362, 383, 407, 415, 418, 419, 422.
VI. 130, 136, 176, 243 à 247.

Fossés. Voir travaux publics, voirie.
I. 188, 193, 228, 256, 283, 317, 337, 362, 363.
II. 225, 238, 309.

Franciscains, religieux.
III. 351.

Francs-fiefs. Voir finances.
IV. 269, 270, 274, 283.
V. 349.

Francs-maçons.
VI. 144.

Frères mineurs. Voir Cordeliers.
Frères prêcheurs. Voir Jacobins.
Fréries. Frairies. Voir confréries.

Du corps précieux de Jésus-Christ.
— I. 80, 111.
Des trépassés. — III. App. 85.
Des pauvres à vêtir. — III. App. 86.
Froids. Voir calamites publiques.
I. 189, 198, 224.
III. 595.
IV. 56, 88, 196.
VI. 314.

G

Gabelle. Voir finances.
I. 422, 429, 431, 447, 470, 472, 477.
II. 23, 36, 122.
III. 301, 321, 361, 399. 403, 404, 405.
IV, 172.
VI. 428.
Gagiers, sergents de ville, valets de ville. Voir capitaines, comptes.
I. 58, 109, 185, 339, 372, 383, 385, 390, 453.
II. 113, 171, 207, 223.
III. 94, 96, 378, 396. — App. 68, 71.
IV. 86, 97, 98, 114, 183, 184, 197, 198, 218, 282, 316, 317, 321, 324, 325, 414, 437 à 440.
V. 8, 13, 157, 158, 161, 180, 181, 191, 252, 276, 292, 329, 346 à 349, 360, 362.
VI. 121, 288, 332.
Gardes-jurés. Voir pescurs-jurés.
IV. 108, 199, 135, 136.
Gardes des étangs.
I. 176, 385.
Gardes portes.
I. 1, 6, 126, 130, 173, 186, 213, 296, 336, 385, 392, 403, 418, 439, 443.
II. 160, 318, 446.
Gardes du gouverneur, de la connétablie.
IV. 347, 348.
V. 98, 99, 158, 176, 177.

Garde-Nationale.
VI. 318, 325 à 327, 341 à 345, 350, 372, 407 à 416, 420 à 422, 431 à 444.
Généralité des finances. Voir Trésoriers de France.
Gens de guerre, passages de troupes, logements, réquisitions. Voir privilèges, force armée.
I. 78, 135, 336, 422, 426, 427, 428, 448, 460, 471.
II. 6, 9, 10, 11, 12, 64, 135, 156, 165, 205, 206, 211, 214, 217, 218, 219, 241, 243, 244, 256, 263, 398, 401, 405, 413, 453, 461, 463, 466, 471, 472, 473, 482, 484, 487.
III. 9, 301, 328, 329, 333, 342, 348, 349, 350, 351, 352, 353, 359, 361, 362, 381, 397, 400, 402, 403. — App. 5. 9, 12, 63, 65 à 97.
IV. 33, 36, 63 à 67, 79, 95, 172, 180, 181, 222, 258, 276, 277, 280, 324, 328 à 330, 333, 370, 371, 381, 382, 446.
V. 66, 91, 224, 272, 273, 301, 311, 391, 415, 422.
VI. 26, 45, 136, 151, 176 à 178, 243 à 247, 350, 413.
Gibier. Voir marchés.
Gouverneurs.
III. 35, 49, 57, 90, 120, 122, 139, 141, 142, 226, 227, 287, 288, 303, 306, 343, 348. — App. 1 à 60. 62, 65, 89, 93.
IV. 35, 38, 43, 44, 86, 110, 112, 184, 187, 260, 271 à 274, 347.
V. 191, 364.
Grains. Voir blés.
Grandmont, abbaye.
V. 49, 50, 415.
Grands jours.
I. 337.
II. 338.
III. 305.
Gras (Le), marché au poisson. Voir marchés.

Greffiers-secrétaires du Consulat.
- IV. 255, 256, 311 à 314, 350, 351, 360, 361, 418, 419.
- V. 116 à 118, 191, 288 à 298, 306, 309, 310, 344.
- VI. 26, 31, 57, 58, 96, 97, 98, 145 à 151, 162, 237, 251, 274, 312, 313, 321 à 323, 367 à 369.

Greffier du rôle des tailles.
- IV 314, 315.

Guet. Voir force armée.
- I. 131, 132, 210, 228, 243, 298, 384, 411, 445.
- II. 203.
- VI. 55 à 57, 73 à 81, 106, 120, 121, 126, 129, 130, 136, 143, 144, 151, 154, 164, 165, 257, 296, 314, 337.

H

Halle aux blé. Voir blés.
Hermitte. Voir Ermite.
Hopitaux.
- Saint-Martial. — I. 248, 250, 251, 232, 335, 365, 403, 442. — III. 395. App. — 63
- Saint-François. — VI. 382.
- Saint-Gérald. — II. 452. — III. 268, 302, 346, 395. App. 98. — IV. 332.
- Général.
  - III. 375, 395, 404, 405.
  - IV. 9, 10, 11, 12, 38, 39, 64, 141, 142, 156, 181, 218, 269, 301, 311, 319, 324, 367, 370, 375, 381, 382, 409, 430, 431, 443, 444, 445.
  - V. 9 à 11, 24, 36, 37, 50, 77, 81, 111, 112, 137, 143, 164, 169, 176, 185, 196, 221, 240, 241, 262, 276, 328, 354, 362.
  - VI. 51, 130, 178, 263.

Hoqueton.
- IV. 316, 317.

Horloge.
- V. 101.

Hôtel de ville.
- I. 14, 18, 176, 177, 244, 280, 337, 378, 410.
- II. 305.
- III. 139, 343, 378, 383, 287, 391. App. 58, 70.
- IV. 104, 105, 106, 107, 157, 198 à 208, 236 à 241, 258, 259, 261.
- V. 13, 14, 15, 69, 100, 154, 155, 173, 275, 341, 345, 389, 395.
- VI. 94, 105, 158, 164, 165, 179, 222 à 228, 257 à 262, 281, 304 à 307, 311 à 313, 424.

Hôteliers. Voir cabaretiers.
Huguenots. Voir protestants.

I

Impôts. Voir conseillers répartiteurs.
Imprimeurs.
- IV. 425.

Incendies, inondations. Voir calamités, peste, pluies.
- IV. 368
- V. 254, 364, 436, 437.
- VI. 5 à 9, 22 à 24, 28, 29, 73, 80, 106 à 112, 209, 229, 242, 280, 281.

Industrie. Voir commerce.
Inscriptions, devises, vers.
- I. 226.
- III. 14, 98, 99, 100, 103, 104, 105, 109 à 112.
- VI. 191, 192.

Intendants, intendance.
- III. App. 59, 84.
- IV. Av. VI. — 14, 15, 21, 30, 31, 45, 46, 54, 59, 64, 65, 66, 79, 88, 99, 140, 178, 211, 232, 233, 258, 259, 270, 276, 277, 303, 304, 348, 349, 351, 365, 366, 369, 370, 381, 382, 416, 444, 446.
- V. 12, 40, 94, 112, 125, 126, 129 à 140, 154, 197 à 199, 202, 261, 262, 312, 341, 343, 346, 377, 378.
- VI. 30, 51, 134, 192, 202.

Inventaires, états.
I. 129.
II. 418, 466.
IV. 292.
V. 215, 271, 272, 310.

J

Jacobins, dominicains, frères prêcheurs.
IV. 151, 168, 179, 187, 190; 235, 245, 247, 280, 299, 320, 327, 340, 367, 395, 415, 423.
V. 1, 5 22, 23, 40, 84, 100, 101, 106, 242, 326, 357, 417, 442.
VI. 25, 127, 128, 140, 206, 226, 281, 282, 400, 401, 411, 416.
Jésuites. Voir collège.
III. App. 84.
IV. 101, 193, 328, 333, 347, 404, 415, 423, 444.
V. 27, 75, 157, 159, 160, 162, 163, 165 à 167, 357, 368, 442.
VI. 115.
Jeux de paume, billard, raquetiers, bateleurs.
IV. 76, 306, 312, 319.
V. 261.
Journal du consul Lafosse.
III. Av. xvii, xviii. — App. lxi à xcix.
Journaux.
VI. 50, 51, 124, 336, 351, 365, 421 à 423, 433.
Jubilé.
V. 37.
VI. 87.
Juges, justice, cour d'appel, grands jours, juridictions, avocats de la ville, juges civils, juges criminels, juges de commerce ou de bourse, justice épiscopale, prévôt, présidial sénéchal, procureurs, Voir commerce, juges des combes, juges de police, procès, privilèges.
I. 2, 4, 5, 26, 28, 29, 32, 36, 45, 56, 76, 109, 123, 124, 125, 178,
188, 220, 227, 320, 337, 341, 345, 350, 370, 375, 382, 385, 386, 397.
III. 94, 95, 122, 274, 325, 331, 332, 333. — App. 20, 41, 42, 47, 48, 49.
IV. Av. iv. — 28, 143, 212, 257, 274, 275, 278, 286, 396, 397.
V. 31, 34, 62, 287, 293 à 298, 309, 310, 347 à 349, 362, 410.
VI. 39, 40, 76, 110, 123, 169, 170, 237 à 240, 247 à 253, 257, 258, 336, 345 à 347.
Juges des Combes.
I. 167, 169, 170.
III. 355. — App. 64, 94, 97, 98.
Juges de police.
I. 188, 189, 382.
II. 325, 370, 386.
III. 45, 56, 132, 169, 274, 278, 284, 299, 304, 305, 308, 311, 315, 319, 324, 331, 334, 340, 345, 356, 360, 361, 366, 369, 371, 396, 408. — App. 62, 86.
IV. Av. iii, iv. 7, 8, 13, 14, 17, 19, 22, 24, 26, 28, 30, 32, 34, 39, 41, 42, 48, 49, 52, 54, 56, 58, 60, 62, 66, 73, 77, 82, 87, 90, 100, 115, 129, 208, 263, 264, 445.
Juratoire.
I. 406, 407.
Jury. Voir juges.
VI. 345 à 347.
Justice épiscopale, pariage.
III. 111, 370, 407.
IV. 7.

L

Lanternes, éclairage. Voir comptes.
VI. 52 à 55, 73, 75, 106, 110, 120, 126, 129, 143, 154, 207 à 213, 217 à 221.
Léproserie.
IV. 112.
Lettres du roi, lettres patentes, de cachet, déclarations, édits, ordonnances. Voir arrêts du con-

seil, du parlement, conflits, procès, privilèges.
I. 24, 66, 78, 89, 150, 153, 235, 258, 282, 305, 307, 309, 311, 314, 319, 346, 348, 349, 350, 356, 370, 413, 418, 451.
II. 23, 103, 147, 157, 170, 177, 240, 242, 244, 249, 265, 411, 450.
III. 10, 12, 15, 52, 119, 140, 141, 165, 353, 357, 379 à 394.
IV. 36, 38, 43, 44, 53, 64, 65, 66, 67, 69, 71, 74, 75, 78, 80, 81, 84, 118, 125, 142 à 147, 151, 152, 153, 158, 162 à 165, 187, 228 à 231, 241, 248, 251, 253, 254, 255, 271, 272, 295, 301 à 304, 313, 314, 326, 337 à 339, 343, 351 à 360, 365, 372, 373, 396, 397, 411, 412, 431.
V. 44, 45, 53, 54, 69, 81, 82, 88, 95, 100, 102, 126, 162, 171 à 173, 176 à 179, 184 à 193, 206 à 231, 245 à 251, 256 à 263, 286 à 300, 303 à 307, 315 à 325, 332 à 345, 382, 383.
VI. 10, 87, 133, 145 à 151, 174, 217 à 221, 237 à 240.
Levées de pioniers.
I. 465.
Lieutenants généraux du roi.
II. 348, 349, 350.
III. 119, 120, 137, 141, 227, 228, 229, 270, 305, 348, 354, 376, 381 à 385, 390 à 394, 402, 403, 405.
— App. 1 à 60, 72, 73, 81, 87, 88, 90, 95, 96, 97, 98.
IV. Av. IV. 5, 7, 19, 22, 24, 26, 28, 30, 32, 33, 35, 39, 47, 49, 50, 51, 53, 70, 72, 75, 76, 77, 82, 88 à 93, 101 à 104, 110, 111, 119 à 122, 127, 142, 159, 209, 210, 228, 229 à 235, 254, 256, 257, 262, 263, 279, 280, 281, 288, 326, 388 à 397.
V. Av. VIII, IX. 77 à 81, 91, 244, 252, 263, 264, 340.
Ligue (La). Voir protestants.
III. App. 1 à 60.

Lions de Saint-Michel.
III. App. 20.
Loteries.
IV. 142, 367.
V. 436.
Loups.
V. 357.

M

Maires, mairie, lieutenant du maire. Voir consuls, administration municipale.
IV. Av. IV, V, VI. 117, 156, 159, 166, 170, 172, 174, 175, 176, 185, 187, 218, 232, 233, 234, 253, 261, 412.
V. Av. VI, VII. 44, 60, 126, 162, 165, 202, 208, 209, 287 à 298, 305, 306, 313 à 318, 343, 353 à 398, 399, 409.
VI. 10, 45, 57 à 61, 130 à 133, 145 à 151, 174, 175, 207 à 213, 217 à 221, 237 à 240, 264, 265, 268 à 274, 321 à 323, 325 à 327, 351 à 372.
Maison de force.
V. 356.
Maisons de santé.
III. 272, 273, 278.
Maisons de tolérance.
I. 216.
Maîtrises. Voir corps d'états et de métiers.
IV. 325.
Manse épiscopale.
V. 415.
Manufactures. Voir *Commerce*.
III. 277, 279, 395.
V. Av. IX. 12, 30, 311, 312, 319, 429, 430.
Marchés au blé (Clautre), au poisson (Gras), à la viande (Bancs).
I. 4, 159, 201, 210, 211, 380, 389, 396.
II. 129, 256, 297, 379, 386, 387.
III. 25.
IV. 307, 308, 328, 386, 416.

V. 57, 58, 117, 121 à 125, 190, 423, 426, 427.
VI. 159, 288 à 293, 336, 338 à 341.
Maréchaussée. Voir force armée.
Marque et contrôle des matières d'or et d'argent.
V. 168, 169.
Médecins, chirurgiens.
II. 258.
III. 5, 273, 294, 336.
IV. 28.
V. 293, 298.
Mendiants. Voir pauvres
Merciers.
II. 336 à 338.
Messageries.
V. 114, 115, 116, 327.
Meuniers.
I. 211, 360.
III. 25.
IV. 307.
VI. 303.
Milice. Voir force armée.
VI. 45 à 48, 71, 92, 93, 116, 124, 130, 135, 136, 152, 163, 167, 183, 194, 202, 230, 262, 264, 281, 286, 287, 325, 326.
Mille diables.
I. 119.
Mission (prêtres de la).
III. 406.
Monnaie, monnayeurs.
I. 70, 72, 293, 379, 451, 457.
II. 13.
III. 7, 8, 9, 37, 38, 67, 321, 322.
V. 66, 114, 136, 140, 141.
Moules de boutons (fabrication de).
III. 322.
IV. 52.
Moulins.
III. 177, 179.
V. 429 à 433.
VI. 303.
Murailles. Voir portes, travaux publics.
I. 4, 6, 105, 129, 188, 213, 242, 244, 255, 276, 283, 284, 294, 295, 296, 362, 363, 384, 418, 424, 430, 448.

II. 137, 201, 225, 238, 309, 345, 360, 361, 362, 397, 434, 446, 449, 451, 452.
III. 30, 66, 67, 361, 382 à 392. — App. 8, 9, 43, 70.
IV. 86, 208, 265 à 268, 424 à 429, 446.
V. 157, 356.
Mystères, moralités, cantates, chants.
I. 25, 108, 187, 226, 385.
II. 114, 123.
III. 13, 14, 17, 18, 36.

N

Nobles.
V. 203, 204, 293 à 298, 350 à 352.
VI. 333, 350.
Notables. Voir assesseurs, prudhommes.
V. 209 à 220, 224, 228, 232 à 239, 241, 286 à 300, 317, 318.
VI. 264, 361.
Notaires.
V. 20, 293, 294, 298, 303, 310.

O

Octrois. Voir comptes, finances.
III. 240, 241, 242, 243.
IV. 86, 95, 99, 101 à 104, 118, 350 à 361, 405, 415.
V. 50 à 52, 58, 59, 63 à 65, 112, 124 à 125, 132, 137, 138, 139, 141, 142 à 146, 156, 184 à 209, 220, 221, 225 à 233, 238, 243, 244, 253, 254, 255, 265, 268, 273, 275, 282, 283, 291, 301, 315 à 322, 358, 361 à 365, 370, 371, 394, 403, 407, 413 à 416, 434 à 439.
VI. 11, 25, 26, 48, 49, 53 à 56, 60, 61, 72, 73, 75, 85, 86, 95, 106, 107, 111, 118, 122, 126, 128, 153, 155, 156, 159, 332, 417, 418.
Offices. Voir capitaines, contrôleurs, lieutenants, maires, octrois, receveurs.

De consuls.
   IV. 168 à 171, 177, 178.
De greffier-secrétaire.
   IV. 180, 181, 196, 197, 209, 210, 255, 256, 350, 351, 360, 361, 418, 419.
   V. 116, 117, 118, 290, 309, 310, 344.
   VI. 367 à 371.
D'inspecteur de boucherie.
   IV. 160.
Suppressions, remboursements.
   IV. 260, 261, 262, 263, 270, 271, 311 à 317, 329, 330, 344, 345, 350 à 361, 410 à 413.
   V. Av. vii, viii. — 2, 3, 41, 44, 45, 58, 59, 61 à 65, 168, 169, 201, 206 à 209, 332 à 340, 354, 355, 360, 361, 363, 383, 409.
   VI. 57 à 61, 145 à 151, 155, 156, 169, 170, 237, 248, 249, 347 à 371.
Orances. Voir faubourgs.
Oratoire, communauté.
   III. 363.
   IV. 26.
   V. 224, 231, 377, 400, 419, 442.
Ordinands (séminaire des).
   IV. 14.
   V. 9.
Ordonnances. Voir lettres du roi, privilèges, procès.
Ostensions.
   I. 59, 223, 225.
   II. 22, 222.
   III. 135, 136, 271, 273, 317, 364.
   IV. 7, 14, 30, 48, 59, 80, 88, 142, 342.
   V. 33, 97, 315, 356, 403.
   VI. 124, 229.

P

Pain. Voir blé.
Pains de Noël. Voir Aumône-Sainte-Croix.

Papiers (titres) de la maison de ville.
   V. 215, 224 à 227, 354, 359, 360, 361, 380, 403.
   VI. 130, 131.
Paroisses.
   V. 72, 73, 74.
Passeports.
   VI. 82.
Patrouilles.
   V. 24, 25.
Pavés. Voir voirie.
Pauvres.
   I. 177, 192, 200, 212, 214, 248.
   II. 18, 22, 102, 128, 160, 256, 258, 263, 382, 451.
   III. 24, 25, 272, 273, 276, 285, 290, 301, 302, 326, 395, 405. — App. 8.
   IV. 39, 76, 79, 88, 129, 136, 177, 196, 396, 424, 445, 356.
   V. 418.
   VI. 81, 130.
Péages. Voir octrois, poids et mesures.
Péage du pont Saint-Martial.
   II. 200.
Pénitents :
Pourpres.
   III. 407.
   V. 111.
Bleus.
   VI. 110, 229.
Noirs.
   VI. 87.
Peseurs-jurés. Voir gardes-jurés, offices, poids et mesures, privilèges.
   IV. 130, 131, 132.
   V. 332 à 340.
Peste. Voir pluies.
   I. 198, 201, 213, 384, 412, 413, 416, 430, 432, 449.
   II. 258, 262, 263, 478.
   III. 67, 270, 271, 272, 274, 275, 276, 277, 301. — App. 9.
Peur (journée de la).
   VI. 325.

Pharmaciens, apothicaires.
III. 294.
Plans de Limoges.
VI. 65 à 68, 134.
Pluies, inondations, incendies, sécheresse, tempêtes, tonnerre. Voir peste, disette.
I. 198, 329.
III. 301, 322, 329, 333, 395, 399, 402, 405. — App. 6, 44, 84.
IV. 73, 80, 172, 173, 216, 271, 285, 305, 309, 330, 368, 369, 396.
V. 67, 68, 69, 163, 164, 274, 275, 353, 367, 376, 377, 379, 419.
VI. 45, 63, 87, 144, 229.
Poids et mesures, poids du roi.
I. 383.
III. 326, 361.
IV. 307, 311, 312, 417.
V. 121, 122, 183, 190, 332 à 340, 354, 355, 366, 367.
VI. 32 à 37, 118, 140, 141.
Poisson, poissonnerie. Voir marché.
Police, ordonnances, règlements. Voir gagiers, juges de police.
I. Av. IV. — 382.
IV. 305 à 312, 319.
V. 24, 25, 88 à 90, 112, 157, 158, 237, 254, 255, 260, 261, 368, 369, 379, 393.
VI. 52, 54, 55, 79 à 83, 124, 169, 170, 182, 193, 202, 237 à 241, 247 à 253, 317 à 321, 338, 345, 416 à 418.
Pompes à incendie.
IV 368, 369.
V. 191, 254.
VI. 73, 209, 241 à 243, 307, 308.
Ponts, ponts-levis. Voir aussi portes.
I. 135, 216, 244, 363, 364, 369.
II. 18, 167, 200, 226, 293, 471.
III. 382 à 392. — App. 70.
IV. 86, 188.
V. 235, 262.
Population, recensement.
VI. 347, 348, 427.

Portes, ponts-levis, gardes, capitaines, chaînes, herses. Voir travaux publics.
I. 4, 6, 14, 105, 126, 129, 130, 155, 173, 186, 188, 213, 216, 218, 227, 242, 244, 255, 276, 284, 294, 296, 336, 362, 369, 385, 392, 403, 418, 424, 439, 443, 448.
II. 18, 23, 137, 160, 174, 175, 181, 201, 225, 226, 238, 293, 310, 318, 345, 359, 360, 361, 434, 446, 449, 450, 452, 471, 478.
III. 382, 386, 387, 388, 391, 392. — App. 8, 9, 43, 70, 78.
IV. 86, 308, 309, 342, 348, 349, 362 à 364, 376 à 378, 379, 380, 382, 383, 417, 424 à 429, 446,
V. Av. II. 241, 356, 363, 367, 402, 422.
VI. 30, 63, 83, 84, 115, 124, 193, 230.
Porteurs de corps.
I. 449, 450.
Poste.
III. 380, 381.
V. 115.
Potence.
V. 379.
Potiers d'étain.
III. 322.
Poudres et salpêtres. Voir artillerie.
I. 311, 356, 358.
II. 140, 418, 461, 466.
III. App. 9, 80, 92.
IV. 31, 309.
Prédications, prédicateurs. Voir protestants, discours.
I. 291.
II. 203.
III. App. 78, 84, 86.
IV. 21, 86, 92, 97, 101, 115, 139, 140, 150, 151, 168, 173, 176, 179, 187, 189, 190, 193, 217, 227, 233 à 236, 242, 247, 250, 252, 257, 265, 291, 295, 299, 310, 318, 320, 327, 328, 331, 333, 334, 336, 340, 347, 367,

T. VI. 45

385, 395, 399, 404, 407 à 409, 415, 421, 423, 429, 430, 434, 435, 437, 442.
V. 1, 4, 5, 8, 11, 13, 19 à 23, 27, 31, 33, 35, 40, 56, 68, 75, 84, 94, 100, 101, 106, 113, 127, 147, 157, 167, 184, 191, 203, 242, 269, 284, 285, 322, 326, 329, 408, 416, 417.
VI. 14, 15, 25, 28, 32, 49, 50, 72, 96, 120 à 122, 127, 128, 131, 140, 144, 161, 173, 174, 181, 182, 191, 192, 193, 197, 206, 207, 228, 257, 277, 278, 281, 282, 332, 336, 319, 380.

Préséance. Voir Différends.
V. 2, 296, 344.

Présidial. Voir juges, justice.
IV. 396, 397.
VI. 250, 251.

Prévôts-consuls. Voir juges pour prévôts juges.
I. 2, 30, 123, 125.
III. 122, 144, 146, 147, 159, 155, 179, 180, 183, 316, 333, 339, 346. — App. 65, 73, 79, 93, 96, 97
IV. 61, 72, 83, 97, etc., 276, 277, 443, etc.
V. 162, 163, 166, 170, 173, 202, 341.

Prévôt des maréchaux de France.
III. 322.

Prières publiques. Voir processions.

Prisons, prisonniers.
III. 301, 329, 336, 352. — App. 13, 14, 18, 24, 33, 34, 35, 37, 41, 44, 46, 48, 51, 63, 65, 67, 68, 71, 72, 74, 75, 78, 79, 80, 81, 82, 85, 87 à 90, 93 à 99.
V. 91.
VI. 39, 144.

Privilèges, coutumes, droits, exemptions, franchises.
I. 66, 68, 77, 78, 92, 120, 124, 127, 135, 184, 253, 234, 260, 277, 318, 324, 349, 350, 364, 375, 386, 413, 422, 432, 460, 463, 472, 479.
II. 6, 9, 10, 11, 12, 49, 53, 58, 64, 72, 134, 156, 165, 166, 182, 186, 187, 211, 229, 230, 241,
244, 251, 256, 270 à 281, 283, 289, 398, 401, 406.
III. 26, 27, 28, 33, 34, 38, 63, 64, 112, 165 à 168, 177, 179, 240 à 250, 301, 332, 333, 343, 349, 350, 352, 353, 378, 381, 385, 386, 387, 399, 400, 405. — App. 5, 6, 58, 59, 60, 65, 69, 91.
IV. Av. II à VI. 40, 63, 64, 82, 93, 96, 110, 112, 113, 120, 121, 151, 152, 153, 155, 166 à 170, 178, 179, 254, 255, 258, 264, 268 à 274, 283, 284, 285, 296, 300, 302 à 312, 319, 370 à 373, 381, 382.
V. 21, 44 à 46, 50 à 54, 61, 107 à 110, 115, 125, 126, 136, 140 à 146, 203, 204, 360, 361, 363, 383, 409, 439, 440.

Procès, arbitrages, arrêts, exécutions, jugements, procédures, sentences, transactions. Voir différends, grands-jours.
I. 9, 26, 28, 29, 30, 32, 36, 59, 60, 70, 72, 76, 92, 97, 107, 108, 127, 128, 139, 163, 167, 169, 170, 178, 181, 183, 188, 189, 193, 194, 204, 205, 208, 209, 220, 227, 237, 241, 243, 248, 250, 257, 265, 267, 272, 273, 277, 287, 320, 337, 341, 345, 349, 350, 366, 370, 375, 384, 386, 397, 428, 461, 463, 466, 472, 474, 477, 479.
II. 45, 47, 49, 50, 53, 54, 55, 56, 57, 65, 70, 76, 87, 132, 133, 157, 161, 171, 177, 179, 180, 181, 182, 186, 187, 189, 190, 192, 193, 195, 205, 206, 223, 236, 281, 283, 298, 300, 303, 314, 323, 379, 387, 433, 434, 436, 443, 480.
III. 7, 8, 30, 119, 122, 123, 142 à 147, 183 à 189, 240 à 250, 320, 336, 343, 354, 357, 378 à 394, 396, 397. — App. 15, 41, 42, 47, 48, 49, 57, 58, 72, 83, 88, 90, 91, 93 à 97.
IV. 188, 268, 270, 271, 378 à 380, 425.

V. 51, 53, 137 à 142, 245 à 251,
275, 283, 332 à 340, 361, 434 à 438.
VI. 88 à 91, 102, 103, 230.
Processions, cérémonies religieuses,
prières publiques, services funèbres.
I. 189, 190, 192, 193, 199, 213.
214, 215, 224, 225, 371, 383,
390, 452.
II. 172, 409.
III. 50, 53, 55, 56, 92, 271, 273,
322. — App. 82, 86, 93.
IV. 8, 33, 45, 69, 70, 73, 75, 76,
78, 80, 85, 97, 119, 136, 137,
154, 156, 158, 162 à 165, 175,
229, 230, 231, 248, 249, 265,
280, 326, 327, 342, 343, 365,
366, 401 à 405, 432, 437, 438,
443, 445.
V. 15, 37, 72, 73, 83, 94, 95, 151,
155, 163, 171, 172, 174, 191,
225, 226, 244, 261, 296, 306,
315, 316, 322 à 325, 344, 356,
360, 362, 367, 368, 277, 393,
419.
VI. 56, 57, 80, 87, 110, 112, 130,
131, 134, 144, 151, 229, 250 à
253, 281, 282, 303, 321, 325,
328, 341, 344, 345, 372, 408,
411, 431.
Procureurs, procureur-syndic. Voir
justice.
V. 293, 294, 298, 310, 330.
VI. 130, 131, 237, 247 à 253, 358,
359.
Profanations, bris d'objets religieux,
irrévérences, prohibitions, scandales.
II. 202, 206.
III. 406.
IV. 437 à 440.
V, 260, 261.
VI. 416.
Protestants, calvinistes, huguenots,
ligue.
II. 203, 223, 224, 236, 244, 264,
281, 282, 344, 361, 380, 388,
389, 390, 393, 399, 404, 425.
III. 9, 15, 17, 18, 19, 57, 364,
398. — App. 1 à 60.

IV. 71, 444.
V. 100, 101.
Providence, religieuses.
III. 329, 373, 405.
Prudhommes (électeurs), centenaux.
Voir notables, répartiteurs.
I. 114.
II, 285.
III. 63, 69, 75, 81, 115, 125, 130,
156, 162, 171, 175, 192, 197,
207, 214, 222, 233, 250, 253,
255, 258, 262, 265, 294, 311,
336, 343, 354, 391, 392, 400,
401. — App. 58, 59, 60, 62.
IV. 77, 120, 121, 122, 125, 133,
134, 139, 146, 147, 159, 171,
184, 185, 189, 193, 194, 214,
232, 253, 254, 255, 288, 289,
290, 407, 410 à 413.
V. 200, 202.
Publications solennelles.
V. 100, 172, 173, 192, 214, 343,
344.

R

Receveurs, conseillers, syndics. Voir
commissaires, deniers communs,
finances, octrois, offices.
Receveurs de l'hôtel-de-ville.
V. 50, 51, 52 à 60, 63, 84, 90 à 93,
101 à 104, 112, 121 à 125, 129 à
136, 153, 208, 216, 225 à 229,
238 à 239, 255, 290 à 292, 306 à
340, 317 à 320.
VI. 98, 99, 136, 137, 145 à 151,
237, 251, 274, 321 à 323, 367 à
369.
Recluse, reclusage.
I. 8, 22, 85, 104, 132, 135, 175,
298, 405, 440, 444.
II. 181, 257.
IV. 61, 62, 86, 233, 246, 247, 405,
406, 408.
V. 90, 191, 362.
Recollets, cordeliers réformés, de
Saint-François.
III. 32, 53, 181, 182, 187, 188,
273, 276, 294, 351.
IV. 26, 88, 92, 115, 140, 252, 385, 399.

V. 19, 20, 31, 33, 56, 94, 113, 182, 184, 329, 409.
VI. 121, 127, 134, 181, 193, 277, 382, 418, 430.

Registres du consulat. Voir papiers.
III. 356, 357. — App. 61, 99.
IV. Av. vii.
V. 353, 359.

Régiments provinciaux. Voir milice.
Règle (abbaye de la), abbesse.
I. 249.
II. 375, 376.
III. 278, 336, 404. — App. 43, 44.
IV. 21, 26, 434, 435, 437.
V. 15, 537.

Règlements d'administration, d'organisation. Voir lettres du roi.

Réjouissances, jeux.
I. 25, 57, 90, 108, 155, 187, 193, 226, 302, 304, 339, 359, 370, 372, 385, 390, 419, 451, 452.
II. 112, 114, 122, 170, 171, 409.
III. 16, 17, 49, 51, 53, 54, 55, 91, 92, 113, 120, 121, 122, 228 à 232, 280, 395, 396, 397, 398, 399, 405, 406, 407. — App. 55, 57, 77.
IV. 24, 69, 75, 77, 78, 85, 86, 151, 156, 158, 163, 164, 165, 229, 230, 231, 326, 327, 343, 365, 366, 431, 432.
V. 33, 91, 171, 174, 314, 343, 360, 362, 367, 379.
VI. 25, 27, 28, 51, 56, 57, 118, 124, 151, 193, 194, 202, 228, 229, 372, 416, 418.

Reliques des saints. Voir châsses, ostensions, processions.

Répartiteurs. Voir commissaires-partisseurs.

Repas. Voir banquets.

Rôles de tailles.
VI. 166, 167, 335.

S

Saint-Alexis (religieuses de).
III. 395.
V. 379.

Sainte-Claire, religieuses.
IV. 25.

Saint-Etienne, chanoine, chapitre. Voir cathédrale.

Saint-François (tiers-ordre). Voir Récollets.
III. 329.

Saint-Gérald, communauté, église, prieuré. Voir chanoines de Sainte-Geneviève.
IV. 246.
V. 137.

Saint-Martial, abbaye, abbés, chanoines, chapitre, confrérie, église.
I. 9, 25, 58, 97, 109, 133, 136, 139, 167, 169, 170, 181, 189, 190, 207, 215, 218, 223, 224, 248, 252, 274, 291, 295, 296, 303, 335, 340, 365, 372, 403, 442.
II. 72, 76, 119, 125, 151, 211, 223, 249, 347, 348, 364, 409.
III. 25, 33, 50, 51, 53, 105, 106, 120, 121, 227, 231, 274, 280, 281, 294, 309, 317, 333, 348, 354, 355, 378, 380, 395, 398. — App. 9, 17, 18, 29, 31, 73.
IV. 234, 347, 437.
V. 9, 12, 25, 33, 48, 67, 72, 73, 97, 98, 155, 156, 293, 294, 345, 355, 400, 419.
VI. 6, 144, 151, 229, 253, 254, 281, 304, 321, 325, 340, 366, 395 à 397, 408, 425.

Saint-Martin, couvent, religieux de.
I. 213.
V. 94.

Saint-Michel-des-Lions, prêtres communalistes.
IV. 233, 266, 267, 268, 428.
V. 134, 151.

Saint-Roch, fête, procession.
III. 273.

Sainte-Valérie.
II. 223, 224.
V. 269.

Sceaux de la ville. Voir trésor.
I. 22, 129, 221, 236, 336, 421.
III. App. 79, 80, 81.
IV. 201.
VI. 31, 51, 52, 342, 344.

Secrétaire-greffier de la ville. Voir greffier-secrétaire.
Sel, faux-saulniers. Voir gabelle.
  I. 21, 442, 429, 431, 432, 447, 472, 474, 477.
  II. 23, 36, 39, 41, 396.
  IV. 396.
Séminaire.
  IV. 443, 445.
  VI. 416, 428.
Sénéchaussées hors Limoges :
  De Saint-Léonard.
    III. 301, 317.
  De Guéret.
    III. 311.
Sergents de ville. Voir capitaine et officiers, gagiers, force armée.
  V. 306.
Serments.
  I. 55, 381, 406, 419, 433, 436, 454.
  II. 375.
  III. 60, 61, 378, 380. — App. 59.
  IV. 128, 143, 160, 172, 185, 195, 210 à 214, 218, 222, 225, 226, 227, 232, 238, 242, 256, 276, 309, 312, 313, 316, 317, 320, 324, 325, 390, 398, 399, 419, 420, 437.
  V. 3, 6, 7, 13, 32, 41, 42, 60, 66, 99, 117, 168, 179, 308, 313.
  VI. 151, 208, 274, 323, 327, 344, 408 à 413.
Serruriers.
  III. 221, 322.
  IV. 52, 367.
Société d'agriculture.
  V. 114, 155.
Souchet, souquet. Voir deniers communs, finances, vin.
Spectacles, concerts, bals.
  V. 15, 87, 88, 154, 155, 341, 379, 416, 417, 419.
  VI, 202, 258, 349, 416.
Substituts du procureur du roi.
  IV. 118, 243.
Syndics des consuls. Voir consuls.
  II. 49.
Syndics de la cité.
  V. 196 à 199.

Syndics du commerce. Voir commerce.
Syndics du clergé.
  V. 196 à 199.
Syndics receveurs. Voir receveurs.
  V. 288, 290 à 298, 363.
Syndics pour établir les listes de la milice. Voir milice.

T

Tabacs.
  VI. 416 à 418.
Taille. Voir finances, rôles de tailles.
Tailleurs.
  III. 322.
  IV. 52.
  V. 303 à 309, 311, 314.
  VI. 28.
Tambours, fifres, musique.
  III. 50, 51, 54, 55, 122, 229. — App. 66.
  IV. 86, 137, 181, 182, 222, 309.
  V. 92, 100, 112, 191, 314, 343, 360, 362, 417.
  VI. 120, 229, 325.
Toiles, blanchisserie.
  III. 177, 179.
Tombeaux.
  V. 35, 114.
Tours. Voir travaux publics.
  I. 105, 242, 243, 244, 255, 276, 284, 294, 362, 363.
  II. 175, 226, 238, 293, 361, 362, 446, 449, 450, 471.
  III. 30. — App. 8, 9, 43, 70, 78.
  IV. 208, 342, 349, 376 à 378, 382, 383.
  V. 356.
  VI. 39.
Travaux publics, balayage, pavés, voirie. Voir police, règlements.
  I. 4, 6, 14, 105, 129, 135, 188, 201, 213, 228, 229, 242, 243, 244, 255, 256, 277, 283, 294, 295, 317, 336, 337, 361, 362, 363, 384, 459, 474, 477.
  II. 4, 17, 18, 137, 151, 167, 168, 174, 175, 180, 181, 200, 201,

225, 238, 293, 309, 319, 359, 446, 449, 471.
III. 30, 293, 386, 387, 388, 391, 392. — App. 8, 9, 43, 49.
IV. Av. III, VI. 86, 104 à 107, 157, 188, 194, 198 à 208, 232, 233, 236 à 241, 348, 349, 362 à 365, 369, 378 à 383, 410, 414, 417, 424 à 429, 446.
V. Av. II. 14, 27, 28, 35, 36, 67, 69, 85 à 90, 97, 98, 152 à 154, 157, 169, 191, 192, 211, 224, 235, 241, 255, 262, 266, 267, 275 à 283, 285, 286, 341, 354 à 356, 361, 363, 367, 368, 371, 372, 378, 379, 384, 385, 395, 396, 403 à 406, 419, 422 à 425, 431 à 433.
VI. 27, 30, 39 à 43, 62 à 68, 83, 84, 88, 89, 94, 100, 101, 105, 112 à 115, 134, 158, 159, 182, 189 à 194, 222, 223, 227, 278 à 281, 283 à 293, 304 à 307, 332, 338 à 341.

Tremblement de terre.
III. 399.

Trésor, caisse. Voir coffre-fort, sceaux.
Masse.
I. 14, 130, 185, 218, 336, 406.
Clés.
I. 21, 22, 82, 106, 139, 171, 220, 221, 226.
III. 332. — App. 77, 79.
V. 214, 253, 270, 274, 310.
Archives. Voir papiers.
I. 183, 226.
III. 332.

Trésoriers de France, généralité des finances, bureau des finances.
II. 157, 162, 397, 438.
III. Av. XV. 35, 36, 67, 227, 274, 292, 382, 404. — App. 88.
IV. Av. III. 92, 93, 124 à 127, 300 à 303, 329, 330, 378, 379, 380, 391, 417, 424 à 427.
V. Av. IX. 53, 54, 88 à 91, 112, 173.
VI. 89, 105, 134, 164, 165, 179, 230.

Tribunaux.
VI. 377, 401.

Troubles, émeutes, tumulte. Voir attaques.

U

Ursulines, couvent.
III. 368.
IV. 26, 28, 31.
V. 356.
VI. 51,

Usure.
I. 213.

V

Vagabonds. Voir Pauvres.
Valets de ville. Voir gagiers.
V. 292, 306, 360, 362,
VI. 121.

Vendanges.
I. 228.

Vénitiens.
IV. 417.

Verrouillats.
III. App. 53, 54, 55, 58.

Vins, eau-de-vie, souquet, souchet.
II. 229, 230, 251, 319, 396.
III. 240, 241, 242, 243. — App. 66, 98.
IV. 79, 147, 148, 196, 232, 293, 311, 416.
V 110, 141, 190, 191, 195, 196, 220, 221, 364, 391, 436, 437.
VI. 134, 155, 156.

Vin d'honneur.
VI. 25.

Visitation, religieuses, église.
III. 329.
VI. 51, 349.

Voleurs.
V. 362, 364, 379, 407.

Votes. Voir assemblées.

Voyages.
V. 362.

ADDITIONS

Nous avons signalé les lacunes assez importantes que présentent nos registres et celles qui subsistent dans la liste de nos magistrats municipaux. Les recherches de nos confrères les combleront sans doute avec le temps. Déjà quelques notes nous ont été communiquées qui répondent à certains de ces *desiderata*.

Dans l'*Inventaire des meubles et immeubles délaissés par feu Jacques Barbou, maître imprimeur à Limoges,* et publié par MM. Louis Bourdery et Paul Ducourtieux au tome XLVII du *Bulletin de la Société archéologique et historique du Limousin,* on trouve, relatée à un contrat d'acquisition figurant sous la cote 46, une quittance de lods et ventes, donnée le 23 novembre 1586 par les consuls en charge et portant les noms suivants : « J. Coulin, consul prévost; Maledent, consul ; Jehan Vidaud, consul ; P[ierre] Mauple, consul ; J. David, consul ; Nantiac, consul ; Benoist, consul ; Leonard Gallichiers, consul ; Rouard, consul ; Poylevé, consul, et Jehan Pergot, consul. »

M. Bourdery veut bien nous signaler également la mention de la signature de « Descoustures, prevôt consul », à la date du 22 septembre 1592. Elle figure à l'article 325 du précieux inventaire des biens de Gaspard et Mathieu Benoist frères, dressé le 18 juillet 1613 et publié par notre excellent confrère.

Nous donnons enfin ci-après le texte d'un des comptes que soumettait chaque année à l'intendant le receveur municipal. Cette pièce nous est communiquée par M. Champeval, que nous avons eu plus d'une fois à remercier de ses libéralités :

Compte que rend par devant vous, Monseigneur l'Intendant en la generalité de Limoges, Hyacinthe Paillier, receveur des deniers patrimoniaux et d'octrois de la ville de Limoges, par deliberation de ladite ville, du 20° avril 1730, de la recepte et despence par luy faite des deniers patrimoniaux de ladite ville pendent l'année [qui] commence le premier octobre 1744 et finit a pareil jour l'année 1745, insin qu'il suit :

RECEPTES

A faict recepte le comptable de la somme de dix neuf cents quarante livres, a laquelle montent les deniers patrimoniaux de ladite ville, pendant le temps de ce compte, suivant le bail passé au sieur Muret l'ayné le quinse septembre 1740, de la somme cy-dessus, de dix neuf cent quarante livres, cy............ .... 1,940 l.

De celle de quatre vingt livres, a cause du plassage des bans pour les pains que les marchands forains y menent vendre : lequel droit est delaissé au nommé Martial Coutaud et Joseph Lebrat, son beau-père, pour une année qui a commencé a courrir depuis le premier feuvrier 1745 et finit le dernier janvier 1746, a raison de quatre vingt livres par an, cy............. .... 80 l.

Somme totalle de la recepte du present compte : deux mille vingt livres, cy..... .... 2,020 l.

DESPENCES

Premier chapitre

A cause des charges assignées sur les patrimoniaux par arrest du Conseil du trois decembre 1693,

A fait depense le comptable de la somme de quatorze cent quatre vingt livres par luy payée en ladite année 1745, suivant les mandemens de Mess*rs* les consuls et les quittances cy après dattées et detaillées :

Scavoir

A celluy qui sonne les cloches pour les sermons et garny la chaire du prédicateur pandant l'Advent et le Caresme, par mandement de Mess*rs* les consuls du 25 août 1745 et sa quittance du 20 dudit, de..... 10 l.

Pour les cierges qui brullent jour et nuit devant l'hostel (*sic*) de Saint-Martial, par deux mandements, le premier du 27 avril 1745 et le dernier du 24 novembre audit an, et les quittances du sieur Poncet, siergier, de deux cents cinquante livres, cy...... 250 l.

Au reverend Imbert, religieux cordellier de cette ville, la somme de trois cents soixante livres, pour avoir presché l'Advent et le Caresme de l'année 1745, suivant le mandement de Mess*rs* les consuls du 25 août 1745, et la quittence dud. Reverend pere, du 27 dudit, de trois cents soixante livres.................. 360 l.

Pour les torches que son porté aux processions et pour les cierges de Pasques et autres services, au sieur Poncet, sierger, par mandements de Mess*rs* les consuls du 8 septembre 1745 et la quittence dudit sieur Poncet, du 24 dudit mois et an, de... 174 l.

Pour les reparations des ponts, portes, murailles, fontaines de la ville, vin d'honneur, voyage des consuls et autres, la somme de six cents quatre vingt six livres, par mandement de Mess*rs* les consuls du 26 juillet 1745, veu par vostre Grandeur, Monseigneur, le 9 aoust audit an, et la quittence du sieur Peyroche, consul, du dix dudit mois, au dos d'icelluy, de six cents quatre vingt six livres, cy... 686 l.

Somme totale de ce chapitre :
Quatorze cents quatre-vingt livres. .... 1,480 l.

ADDITIONS

Deuxième chapitre

A cause des despenses extraordinaires payées par mandements de MM^{rs} les consuls, et autres ordonnences par vous rendues, Monseigneur,

A fait despence le comptable de la somme de cents cinquante livres, payée au sieur Nadaud, secretaire de l'hostel de ville, pour les causes contenues en sa requeste, communiquée à Messrs les consuls, l'ordonnence de vostre Grandeur y estant, datée du 29 mars 1745, et la quittence dudit sieur Nadaud du 28 avril audit an, de cents cinquante livres.   150 l.

De celle de cinquante livres, payée à Martial Pinot, portier de la place Royalle, pour ses gages de portier pour l'année 1745, suivant le mandement de messieurs les consuls, vostre veu y estant, Monseigneur, du 3e novembre 1745, et la quittence dudit Pinot, du 5 avril 1716, de cinquante livres..................   50 l.

De celle de trante livres, payée a mademoiselle la veufve Bonin, pour le louage d'un pressoir(?) qui feu pour placer les bans, tables des cazernes, et autres ustancilles, suivant le mandement de Messrs les consuls, du 29 decembre 1745, avec le veu de vostre Grandeur, Monseigneur, et la quittence de ladite veufve Bonin, du 4 feuvrier 1746, de trente livres..................   30 l.

De celle de vingt-six livres, que le comptable a payé au s^r Nadaud, secretaire de l'hostel de ville, proposée pour la levée du dixiesme pour l'année 1745, pour le dixiesme des gages du greffier de l'hostel de ville et de l'executeur de la haute justice, dont le comptable n'a pu faire la retenue, n'ayant point payé aucun gage sur lesdits deux articles, suivant le mandement de Messrs les consuls, vostre veu y estant au bas, Monseigneur, du 5e novembre 1716, et la quittence dudit sieur Nadaud, du 25 dudit mois et an, de vingt-six livres..................   26 l.

Celle de trois cents cinquante livres, payée à Messrs les consuls en charge, l'an mil sept cents quarante-cinq, pour excedent de leurs compte de la despense de ladite année, aresté par vostre Grandeur, Monseigneur, du quinze decembre 1746, vostre ordonnance estant au bas dudit compte, et la quittence du s^r Peyroche, consul, y estant, dattée du vingtiesme janvier 1747, de........   350 l.

Somme totale de ce chapitre :
Six cents six livres.............. ....   606 l.

Troisiesme chapitre

A cause des advances faites par le comptable dans son compte precedent de l'année 1744, aresté par vostre Grandeur, Monseigneur, le (1)...... a fait despence le comptable de la somme de (2)........ à quoy montent les advances par luy faites dans son compte precedent de l'année 1744, aresté par vostre Grandeur, Monseigneur, le (3)........ (4).

(1, 2, 3) En blanc.
(4) Aucune somme n'est tirée ici. Il est vraisemblable qu'au moment où le compte de 1745 a été présenté, celui de 1744 n'était pas encore arrêté.

T. VI.

Quatriesme chapitre

A fait despence le comptable de la somme de centz une livres qu'il a retenue par ses mains pour la remise de raison (?) d'un sol pour livre, de celle de deux mille vingt livres dont il s'est chargé en recepte en son compte, en conformité de l'article trois de l'esdict du mois de juin 1725 et a l'article 11 de la Declaration du Roy du 5 janvier 1730, de cent une livres, cy.. 101 l.

Récapitulation de la despense du present compte :

Premier chapitre...............................	1,480 l.
Deuxiesme chapitre.............................	606
Troisiesme chapitre............................	»
Quatriesme chapitre............................	101
	2,187 l.

Et la recette ne monte que deux mille unze livres........... 2,011
Partant la despense excede la recepte de la somme de (1).

Presenté et affirmé veritable par le comptable soussigné, aux peines de l'ordonnance. Fait à Limoges (2).

---

(1) Le reste est en blanc.
(2) Cette mention est en marge de la première page.

TABLE DES MATIÈRES

du sixième et dernier volume

Années		Pages
	Avant-propos..	1
1774	Remboursement, à Suzanne Joliet, femme Borderie, d'une rente sur l'hôtel de ville, dont le capital représente une portion de l'indemnité allouée aux incendiés du faubourg Montmailler...	5
—	Requête présentée à cet effet à l'Intendant..................	6
—	Avis de la municipalité.......................................	7
—	Acte de notoriété et quittance donnée à la ville, même affaire...	8
—	Brevet royal nommant M. Juge de La Borie à la Mairie, M. Romanet du Caillaud aux fonctions de lieutenant de maire ; MM. Estienne de la Rivière, Pétiniaud, Grellet et Fournier à celles d'échevins................................	10
—	Installation de la nouvelle municipalité.....................	11
—	Nomination de MM. Juge de La Borie et Estienne de La Rivière au Bureau du Collège............................	11
—	Reddition des comptes, du 1er septembre 1773 au 28 février 1774...	12
—	Résiliation de la vente de l'ancien Marché au blé, faite à M. Romanet du Caillaud, et remise de ce bâtiment en adjudication...	12
—	Nomination du P. Labonne, cordelier, pour prêcher l'Avent de 1774...	14
—	Nomination du P. Chastillon, cordelier, pour prêcher le Carême de 1775...	15
—	Adjudication définitive, à M. Romanet du Caillaud, de l'ancien Marché au blé..	15
—	Autorisation au sieur Talandier de reconstruire une maison confrontant à la place d'Orsay et à ses dépendances........	19

Années		Pages
1774	Actes relatifs au remboursement, à Pierre Guybert, d'une rente sur l'hôtel de ville, représentant une portion de l'indemnité due aux incendiés de Montmailler........................	22
—	Remplacement par le P. Descubes, jacobin, du P. Chastillon, cordelier, désigné pour prêcher le Carême de 1775.........	25
—	Reddition des comptes, du 1ᵉʳ mars au 3 septembre 1775....	25
—	Essai de reconstitution de l'état des dépenses de la ville pour l'année 1775 (note)..	26
—	Vote de réjouissances publiques à l'occasion de la nomination de Turgot au Contrôle général, et envoi d'une députation chargée de le féliciter au nom de la ville..................	27
—	Actes relatifs au remboursement, à Jeanne et Catherine Gabaud, d'une rente formant portion de l'indemnité due aux incendiés de Montmailler...	28
—	Rapport de la députation envoyée à Turgot..................	30
—	Révocation des provisions obtenues par le sieur Manent pour l'office de secrétaire de l'hôtel de ville. Lettre du chancelier du comte d'Artois. Remerciements à divers à ce sujet......	31
—	Remplacement, par le P. Arbonnaud, cordelier, du P. Labonne, désigné pour prêcher l'Avent de 1774...................	32
—	Adjudication des droits de mesurage des vins et eaux-de-vie pour six ans..	32
—	Lettre de Turgot, avisant l'Intendant d'une soumission présentée pour acquérir l'office de trésorier-receveur de la ville, et invitant le Corps municipal à l'acquérir, avec une réduction de prix. Demande, par le Corps municipal, d'une nouvelle réduction...	38
1773	Arrêt du Conseil mettant à la charge des villes les bâtiments dépendant de l'administration de la justice...............	39
1774	Envoi par l'Intendant de cet arrêt au Corps de ville........	42
—	Bail de la maison occupée par le portier de la place d'Orsay..	43
—	Repas du Corps municipal (note)...........................	45
1775	Lettre de l'Intendance relative à la formation des listes de la milice pour 1775...	46
—	Nomination de syndics à cet effet..........................	47
—	Reddition des comptes, du 3 septembre 1774 au 1ᵉʳ mars 1775	48
—	Désignation du P. Ratouret, carme, pour prêcher l'Avent de 1775..	49
—	Désignation de M. Lambert, chanoine régulier, pour prêcher le Carême de 1776...	50
—	Note sur la *Feuille hebdomadaire*.........................	50
—	Délibération décidant la création d'une compagnie du guet, l'établissement de lanternes pour l'éclairage des voies publiques, la nomination de commissaires chargés de surveiller la qualité et le poids du pain. Vote d'un octroi additionnel pour subvenir à ces dépenses..................................	51
—	Mémoire sur le service de la police (en note)...............	54

TABLE DES MATIÈRES

Années		Pages
1775	Construction d'une halle et affectation à cette dépense du prix d'adjudication de l'ancien Marché au blé.................	54
—	Arrêt du Conseil réunissant les offices municipaux à l'Hôtel de ville..	57
—	Mémoire adressé à l'intendant au sujet des fonctions municipales et du mode d'élection des magistrats (en note).......	59
—	Reddition des comptes, du 1ᵉʳ mars au 1ᵉʳ septembre 1775....	60
—	Etablissement de la fontaine de la porte Boucherie. Concession d'eau à la communauté des Feuillants...................	62
—	Brevet du Roi nommant M. Naurissart aux fonctions d'échevin. Installation de M. Naurissart.......................	64
—	Arrêt du Conseil relatif à l'adoption d'un plan général d'alignement pour la ville de Limoges......................	65
1776	Ordonnance conforme de l'Intendant et lettre d'envoi........	68
—	Révocation de la concession d'eau faite aux Feuillants........	69
—	Nomination de syndics pour la confection de la liste de la milice....	71
—	Désignation du P. Prestier, capucin, pour prêcher le Carême de 1777..	72
—	Désignation du P. Souffrant, augustin, pour l'Avent de 1776..	72
—	Reddition des comptes, du 1ᵉʳ septembre 1775 au 1ᵉʳ mars 1776...	72
—	Organisation du guet et installation des lanternes...........	73
—	Arrêt du Conseil autorisant l'octroi additionnel voté pour ces dépenses..	75
—	Lettre relative aux plaques indicatives du nom des rues.....	76
—	Ordonnance du Roi relative à l'organisation et au service du guet..	77
—	Armement et équipement du guet. Ordonnance de l'Intendant	81
—	Police : vagabonds, marchands forains, passeports. Lettre de l'intendant...	81
—	Demande en concession par la ville d'une portion des fossés..	83
—	Reddition des comptes, du 1ᵉʳ mars au 1ᵉʳ septembre 1776...	85
—	Etablissement provisoire, aux Jacobins, de la halle au blé....	86
—	Désignation du P. Germain, carme, pour prêcher l'Avent de 1777..	87
1777	Construction d'un aqueduc recevant le reflux de la fontaine de la place Saint-Michel..................................	88
—	Conflit à ce sujet entre la Ville et le Bureau des finances. Emprisonnement des ouvriers. Rapport des échevins délégués.	89
—	Listes de la milice ; nomination de syndics................	92
—	Abandon à la ville par le maréchal de Fitz-James, gouverneur de la province, des sommes à lui dues pour son indemnité de logement.............	93
—	Reddition des comptes, du 1ᵉʳ septembre 1776 au 1ᵉʳ mars 1777..	95
—	Désignation du P. Dissoire, capucin, pour prêcher le Carême de 1778...	96

Années		Pages
1777	Nomination du sieur Lingaud fils à l'emploi de secrétaire-greffier, en remplacement de son père.................	97
—	Nomination du sieur Lingaud père aux fonctions de syndic-receveur, en remplacement du sieur Nadaud............	98
—	Approbation de la vente de l'ancien Marché au blé. Requête et avis de l'Hôtel de ville..........................	100
—	Arrêt du Conseil d'État, même affaire..................	102
—	Paiement du prix de l'adjudication par M. Romanet du Caillaud..	104
—	Projet de vente de l'hôtel de ville et demande en concession du bâtiment du Bureau des finances pour y installer l'administration municipale.....................................	105
—	Remboursement de diverses créances se rapportant à l'incendie du faubourg Montmailler. Délibération et contrat......	107
—	Reddition des comptes du 1er mars au 1er septembre 1777....	111
—	Réclamations au sujet de l'état des fontaines et des pavés, et plainte contre les agissements du Bureau des finances. Le Corps municipal demande à faire réparer, sans recourir à ce Bureau, les pavés à sa charge...........................	112
—	Procès-verbal de l'état de la tour de la Chaufferette, al. du Babouit (note)..	115
1778	Désignation du P. Nicolas, récollet, pour prêcher le Carême de 1779...	115
—	Listes de la milice. Nomination de syndics...............	116
—	Adoption d'un projet pour l'entrée de la place d'Orsay......	117
—	Reddition des comptes, du 1er septembre 1777 au 1er mars 1778	118
—	Vote d'un supplément de solde pour le guet...............	120
—	Désignation du P. Bastier du Temple, récollet, pour prêcher l'Avent de 1778......................................	120
—	Le nombre des valets de ville est réduit de six à trois........	121
—	Désignation du P. Imbert, carme, pour prêcher l'Avent de 1778...	121
—	Redditon des comptes, du 1er mars au 1er septembre 1778....	122
1779	Listes de la milice : nomination de syndics................	124
—	Reddition des comptes, du 1er septembre 1778 au 1er mars 1779	126
—	Nomination du P. Bonhomme, dominicain, pour prêcher le Carême de 1780......................................	127
—	Nomination du P. Elie Jacquet, récollet, pour prêcher l'Avent de 1779...	127
—	Nomination du P. Récateau, cordelier, pour l'Avent de 1780..	128
—	Nomination du P. Gaudron, jacobin, pour le Carême de 1781..	128
—	Reddition des comptes, du 1er mars au 1er septembre 1779....	128
—	Lettre de l'intendant d'Aine au sujet de la mort de M. Juge de Laborie, maire, et de la nomination de M. de Roulhac à la mairie...	130
—	Brevet de la mairie pour M. de Roulhac..................	131
—	Nomination de M. Naurissart au Bureau du Collège.........	132

Années		Pages
1780	Listes de la milice; nomination des syndics	133
—	Ordonnance du Roi relative à la reddition des comptes arriérés des villes de Limoges et de Saint-Junien. Lettre de l'Intendant à ce sujet	134
—	Reddition des comptes, du 1er septembre 1779 au 1er mars 1780	138
—	Quittance de la finance payée par la ville pour la réunion des offices municipaux	139
—	Désignation du P. Castillon, jacobin, pour prêcher le Carême de 1781	140
—	Survivance de la place de vérificateur-étalonneur des poids et mesures, accordée au sieur Bardonnaud fils	140
—	Reddition des comptes du 1er mars au 1er septembre 1780	142
—	Réorganisation du Corps de ville de Limoges par suite de la réunion des offices municipaux. Arrêt du Conseil	145
—	Brevet du Roi désignant les membres du nouveau corps de ville, et ordonnance de l'Intendant	149
1781	Installation du nouveau corps municipal	151
—	Listes de tirage pour les régiments provinciaux. Nomination de syndics	152
—	Reddition des comptes, du 1er septembre 1780 au 1er mars 1781	153
—	Lettre de l'Intendant au sujet d'une incompatibilité invoquée par deux des conseillers politiques désignés par le Roi. Convocation des deux intéressés pour être installés	155
—	Demande du maintien de l'abonnement accordé par le Roi pour le paiement des droits réservés	155
—	Demande d'un secours au Roi, pour subvenir à divers travaux urgents	158
—	Provisions pour le comte des Cars, lieutenant général au gouvernement	159
—	Reddition des comptes, du 1er mars au 1er septembre 1781	160
—	Construction de la fontaine Dauphine et changement de nom de la place Montmailler	162
—	Autorisation à la ville de vendre l'ancienne maison du Consulat et d'acquérir l'immeuble du Bureau des finances. Projet de transformation de l'ancien hôtel de ville en caserne pour le guet	164
—	Allocation d'un supplément de solde à la compagnie du guet	165
—	Projet d'arpentement général et d'estimation des fonds de la banlieue: requête à l'Intendant	166
—	Menus de repas du Corps de ville (en note)	166
1782	Listes de tirage pour les régiments provinciaux. Nomination de syndics	167
—	Demande de la réunion à l'hôtel de ville des charges de police et de la remise des droits afférents à l'acquisition de ces charges par le corps municipal	169
—	Reddition des comptes, du 1er septembre 1781 au 1er mars 1782	171
—	Désignation de M. Laire, chanoine, pour prêcher le Carême de 1783	173

Années		Pages
1782	Autorisation à l'abbé Vitrac d'ouvrir une porte sur la place d'Orsay...	173
—	Désignation du P. Romanet, cordelier, pour prêcher l'Avent de 1782..	174
—	Ordonnance du Roi portant prorogation dans leurs charges, pour un an, des membres du corps de ville nommés par lui en 1780..	174
—	Lettre de l'intendant d'Aine à ce sujet.....................	175
—	Demande d'autorisation à l'effet de contracter un emprunt de 60,000 livres pour l'acquisition de l'emplacement des casernes projetées..	176
—	Mémoires et notes au sujet de la question des casernes (en note)...	176
—	Autorisation au sieur Jacquet de prendre le titre d'architecte du corps de ville...	178
—	Révocation de la délibération relative à l'acquisition par la ville du Bureau des finances....................................	179
—	Reddition des comptes du 1er mars au 1er septembre 1782....	17
—	Désignation du P. Constantin, récollet, pour prêcher l'Avent de 1782..	181
—	Désignation de M. Lambert, chanoine régulier, pour l'Avent de 1783..	182
1783	Désignation du P. Buscon, augustin, pour le Carême de 1783.	182
—	Autorisation à Mme Jayat d'ouvrir une porte sur la place d'Orsay...	182
—	Listes de tirage pour les régiments provinciaux ; nomination de syndics...	183
—	Reddition des comptes, du 1er septembre 1782 au 1er mars 1783	185
—	Demande en concession de la pépinière placée au dessous de la Terrasse, pour l'exécution des allées de Fitz-James.....	189
—	Lettre du corps municipal et notes relatives à la fontaine Dauphine (en note)...	190
—	Désignation de M. Pétiniaud, curé de Saint-Maurice, pour prêcher le Carême de 1784...	191
—	Désignation du P. Imbert, carme, pour prêcher l'Avent de 1783..	192
—	Désignation du P. Cacatte pour prêcher l'Avent de 1784......	193
—	Ordonnance du lieutenant général de police : réjouissances à l'occasion de la paix de Versailles..........................	194
1784	Listes de tirage pour les régiments provinciaux ; nomination de syndics...	194
—	Reddition des comptes, du 1er septembre 1783 au 1er mars 1784	195
—	Désignation de D. Puydieu, feuillant, pour prêcher le Carême de 1785..	197
—	Reddition des comptes, du 1er mars au 1er septembre 1784..	198
—	Concession à M. Nieaud du trop plein d'un abreuvoir alimenté par la fontaine Dauphine..	200

Années		Pages
1785	Listes de la milice ; nomination de syndics pour leur préparation...	202
—	Reddition des comptes, du 1er septembre 1784 au 1er mars 1785.	204
—	Désignation du P. Blanc, dominicain, pour prêcher l'Avent de 1785...	206
—	Désignation du P. Dumaine, carme, pour prêcher le Carême de 1786...	207
—	Désignation de trois candidats aux fonctions de maire ; élection de MM. Navières de Brégefort et Pétiniaud de Beaupeyrat aux fonctions d'échevins ; nomination de huit conseillers politiques..................................	207
—	Représentations au Roi, au sujet du choix fait par lui d'un maire en dehors de la liste de présentation qui lui a été soumise et de la désignation d'un échevin, dont la nomination appartient au Corps municipal.............	209
—	Lettre de l'Intendant, relative à l'organisation d'un service de secours contre l'incendie (en note).................	209
—	Reddition des comptes, du 1er mars au 1er septembre 1785...	214
—	Lettre du baron de Breteuil au sujet de la résistance opposée par le Corps municipal à l'exécution des ordres du Roi, relatifs à la nomination d'un maire et d'un échevin. Injonction aux officiers municipaux d'enregistrer l'ordonnance et de s'y conformer..	217
—.	Ordonnance du Roi, nommant, pour quatre ans, M. De Roulhac de La Borie à la mairie de Limoges et continuant M. Fournier jeune dans les fonctions d'échevin pendant deux ans..	218
—	Délibération relative à cet enregistrement.................	219
—	Prestation de serment de M. de Roulhac...................	220
—	Lettres de l'Intendant Meulan d'Ablois au sujet de l'installation de M. Fournier, échevin...............................	220
—	Nomination de M. Navières de Brégefort au Bureau du Collège	222
—	Délibération portant que l'ancien hôtel de ville sera vendu et qu'il en sera construit, sur la nouvelle place Fitz-James, un nouveau, où des locaux seront réservés à la juridiction du Commerce et à l'Election................................	222
1784	Lettres relatives à la construction d'un nouvel hôtel de ville (en note)..	222
1785	Désignation du P. Saint-Léger, carme, pour prêcher l'Avent de 1786...	228
—	Désignation du P. Blanc, dominicain, pour prêcher le Carême de 1785...	228
1786	Autorisation à l'effet de faire construire dans la pépinière un hangar pour y remiser les canons de la ville.............	229
—	Formation des listes pour la milice ; nomination de syndics..	230
—	Reddition des comptes, du 1er septembre 1785 au 1er mars 1786	232
—	Cession aux religieuses Filles de la Charité, d'un emplacement joignant leur maison.....................................	235

T. VI. 47

Années		Pages
1786	Règlement sur l'exercice de la police. Arrêt du Conseil......	236
—	Nomination de M. Tanchon de Lage aux fonctions de procureur syndic de la police...........................	240
—	Délibération relative à l'achat de pompes à incendie et à l'organisation du service de secours...................	241
—	Délibération relative à l'établissement de casernes. Le corps de ville demande que l'imposition destinée à y pourvoir, soit assise sur toute l'Election	243
—	Prestation de serment de M. Tanchon de Lage, procureur syndic de la police...........................	247
—	Désignation du s^r Lingaud fils, pour être pourvu, à titre d'« homme vivant et mourant », des charges de police réunies à la ville, à l'effet de l'acquittement des droits des revenus casuels : acte de dépôt de la délibération prise à ce sujet...................................	248
—	Délibération relative aux droits et préséances du procureur syndic de la police, dans les processions...............	250
—	Reddition des comptes, du 1er mars au 1er septembre 1786...	254
—	Désignation du P. Ratouret, carme, pour prêcher l'Avent de 1787 et le Carême de 1788......................	257
—	Vente, au s^r Farne, des bâtiments de l'hôtel de ville.........	257
—	Autorisation aux Officiers municipaux de louer des locaux pour l'installation provisoire des services de la ville et de traiter avec le Corps du Commerce et l'Election au sujet de la construction d'un nouvel hôtel de ville..................	260
1787	Formation des listes de tirage pour les régiments provinciaux ; nomination de syndics.....................	263
—	Reddition des comptes, du 1er septembre 1786 au 1er mars 1787.............................	264
—	Nomination aux fonctions de Lieutenant de maire, de M. Tanchon de Lage, et à celles d'échevins, de MM. David et Thoumas de Bosmie ; nomination de sept conseillers. Discussion et protestation................................	267
—	Nomination de M. David au Bureau du Collège............	274
—	Reddition des comptes, du 1er mars au 1er septembre 1787...	274
—	Désignation de M. Laire, chanoine, pour prêcher le Carême de 1789...................................	278
—	Délibération relative à la vente des arbres de la place d'Orsay...................................	278
1788	Désignation du P. Blanc, jacobin, pour prêcher, en remplacement du P. Retouret, le Carême de 1788................	279
—	Délibération portant qu'un service solennel sera célébré à Saint-Michel pour le repos de l'âme de la mère de l'Intendant Meulan d'Ablois............................	282
—	Reddition des comptes, du 1er septembre 1787 au 1er mars 1788	283
—	Formation des listes de tirage pour les régiments provinciaux ; désignation de syndics........................	286

Années		Pages
1788	Délibération relative au transfert de la Poissonnerie de la place Saint-Pierre sur l'emplacement du Petit Étang d'Aigoulène, à la réparation et à l'aménagement du Grand Étang, et au nivellement de la place de la Motte. Demande au Roi de la concession des droits du Domaine sur la vente du poisson et du beurre...	288
—	Reddition des comptes, du 1er mars au 1er septembre 1788...	293
—	Délibération allouant au guet un supplément de solde.......	296
—	Délibération portant qu'il sera adressé au Roi un mémoire pour revendiquer le droit de la ville d'envoyer un député particulier aux Etats Généraux........................	297
—	Lettre de convocation de M. de Roulhac à l'Assemblée des Notables (en note).................................	297
—	Délibération prise en assemblée générale, par le Corps municipal et les députés des Corps, Communautés et Corporations de la ville, demandant l'admission, aux Etats Généraux, d'un nombre de députés du Tiers Etat, égal à celui des députés du Clergé et de la Noblesse réunis.............	299
1789	Délibération tendant à obtenir l'autorisation de contracter un emprunt de 60,000 livres pour la construction de l'hôtel de ville, et à traiter avec le chapitre de Saint-Martial, pour l'ouverture d'une voie partant de la rue du Clocher et aboutissant à l'hôtel de ville.............................	304
—	Lettres et documents relatifs à l'organisation d'un service de secours contre l'incendie (en note)...................	307
—	Reddition des comptes, du 1er septembre au 1er mars 1789...	308
—	Supplique au Roi pour obtenir l'autorisation de souscrire un emprunt et la continuation du secours accordé à la ville sur le produit du Don gratuit..........................	311
—	Allocation au secrétaire-greffier d'une gratification pour travaux extraordinaires.................................	312
—	Délibération accordant au guet un supplément de solde......	314
—	Cession, au sieur Joulage, d'un terrain faisant partie de *La Terrasse*..	315
—	Délibération relative à l'achat de grains nécessaires pour l'approvisionnement de la ville, et à diverses mesures à prendre pour parer à la cherté des grains....................	317
—	Scrutin pour la formation de la liste des candidats à la charge de maire ; élection aux fonctions d'échevins de MM. Muret de Pagnac et Navières La Boissière ; nomination de onze conseillers ; continuation dans leur charge du syndic-receveur et du secrétaire-greffier........................	321
—	Vote d'une adresse à l'Assemblée nationale................	324
—	Brevet du Roi, nommant M. Pétiniaud de Beaupeyrat, maire de Limoges......................................	325
—	Installation de M. Pétiniaud de Beaupeyrat................	327
—	Nomination de M. Muret de Pagnac au Bureau du Collège....	328

Années		Pages
1789	Reddition des comptes, du 1er mars au 1er septembre 1789...	328
—	Relevé des dépenses de la ville en 1789 (en note)..........	331
—	Délibération relative à un projet d'emprunt de 200,000 livres pour achat de grains, afin d'assurer l'approvisionnement de la ville...	332
—	Désignation de M. Lambertie, prêtre de Saint-Michel-des-Lions, pour prêcher l'Avent de 1789.....................	336
—	Allocation d'un supplément de solde au guet...............	337
—	Arrêt du Conseil, portant concession aux Officiers municipaux des droits du Roi sur la vente du poisson et du beurre, des matériaux et de l'emplacement de l'ancienne Poissonnerie de la place Saint-Pierre et des étangs de la Motte..........	338
—	Délibération relative à la nomination de M. Faulte de Vanteaux en qualité de commandant général adjoint de la Garde nationale. Réception de M. de Vanteaux.................	342
—	Procès-verbal de l'élection, par l'Etat-Major de la Garde nationale, de M. Faulte de Vanteaux......................	343
—	Procès-verbal de prestation de serment de M. Faulte de Vanteaux...	344
—	Désignation des notables appelés à composer les jurys d'instruction criminelle...	345
—	Prestation de serment desdits notables....................	347
1790	Proclamation des Officiers municipaux divisant la ville en cinq districts pour l'élection des membres de la nouvelle municipalité et convoquant les citoyens actifs au scrutin....	349
—	Nomination de M. Lambertie, vicaire de Saint-Michel, pour prêcher le carême de 1790.	349
—	Nomination des commissaires chargés de présider les opérations électorales dans chaque district...................	350
—	Recensement du scrutin : M. Pétiniaud de Beaupeyrat est élu maire...	351
—	Renvoi, au district des Feuillants, d'un procès-verbal d'opérations électorales irrégulier................................	351
—	Recensement du scrutin : MM. Texandier aîné et Boyer seuls sont élus Officiers municipaux..........................	354
—	Recensement d'un deuxième scrutin pour l'élection de neuf Officiers municipaux n'ayant pas donné de résultat...........	356
—	Troisième scrutin pour l'élection des Officiers municipaux....	357
—	Recensement d'un scrutin sans résultat, pour les fonctions de procureur-syndic de la commune	358
—	Second scrutin sans résultat.............................	359
—	Troisième scrutin : élection de M. Muret de Pagnac.........	360
—	Premier scrutin sans résultat, pour l'élection d'un substitut du procureur-syndic	361
—	Second scrutin : élection de M. Fournier.................	362
—	Scrutin pour les fonctions de notables....................	363
—	Composition et installation du nouveau Corps municipal.....	365

TABLE DES MATIÈRES

Années		Pages
1790	Nomination de MM. Lingaud père et fils aux fonctions de trésorier-receveur et de secrétaire-greffier	367
—	Fixation de leurs appointements	368
—	Continuation de M. Plainemaison dans les fonctions de greffier de police et fixation de son traitement	370
—	Remplacement de M. Texandier, officier municipal, par M. Bardinet	370
—	Nomination de MM. Malevergne de Freissiniat, Roulhac du Cluzeau et David, pour former, avec le maire, le bureau d'administration. M. Cramaille est nommé suppléant	372
—	Vérification des comptes, du 1er septembre 1789 au 1er mars 1790	372
—	Choix de MM. Roulhac du Cluzeau et Petit, en qualité de députés auprès de l'Assemblée nationale, pour obtenir l'établissement d'un tribunal supérieur	375
—	Délibération rendant hommage à la conduite de la Garde nationale de Tulle	377
—	Convocation du Corps municipal pour choisir un successeur à M. Roulhac du Cluzeau, désigné pour solliciter l'établissement d'un tribunal supérieur. Nomination de M. Loysel de La Quinière	378
—	Avis d'une assemblée de citoyens au siège du district de Saint-François	380
—	Remise, à la municipalité, d'une protestation au sujet du mode de nomination des deux députés chargés de solliciter un tribunal supérieur	380
—	Démission des deux députés désignés par le Corps municipal. Dispositions arrêtées pour la nomination de leurs remplaçants	383
—	Convocation des citoyens dans leurs districts. Même affaire	386
—	Adresse du Conseil général de la commune aux citoyens des districts	387
—	Nomination de commissaires pour présider la réunion de chaque district	389
—	Vote d'un emprunt pour des achats de grains	390
—	Résultats du scrutin ouvert dans les districts au sujet du choix des députés chargés de solliciter l'établissement d'un tribunal supérieur	391
—	Le Conseil général décide qu'il maintiendra ses droits et enverra à Paris un officier municipal et un notable pour s'occuper de la question	393
—	MM. Boyer de Gris et Ardant du Masjambost sont choisis pour remplir cette mission	395
—	Délibération relative au transport d'un officier municipal dans chaque maison religieuse pour y faire les constatations ordonnées par l'Assemblée nationale	413
—	Invitation au Corps municipal d'assister à la cérémonie de la Confédération de la Garde nationale. Demande de deux canons	414

Années		Pages
1790	Proclamation au sujet de la formation des Assemblées primaires	415
—	Offre par le Corps municipal d'un drapeau aux Gardes nationaux confédérés	415
—	Ordonnance relative à la contrebande du tabac et au paiement des octrois et droits y réunis	416
—	Autorisation de rentrer à Limoges, donnée à MM. Boyer et Ardant, députés du Corps municipal	419
—	Remise au Corps municipal d'un factum de la Garde nationale et remise de la délibération à ce sujet	420
—	Délibération sur les demandes de la Garde nationale	421
—	Projet d'acquisition par la ville des biens ecclésiastiques, situés dans la commune de Limoges et dans les environs	423
—	Rapport de MM. Boyer et Ardant, députés du Corps municipal. Mémoire présenté par eux	425
—	Protestation du P. Puynesge contre la déclaration des revenus et effets de la Communauté des Cordeliers de Limoges, avec l'acte dressé à cet effet	429
—	Convocation des électeurs de la Garde nationale pour la désignation des députés à la fête de la Fédération	432
—	Envoi à l'Assemblée nationale d'une lettre du sr Martin	432
—	Election des députés de la Garde nationale du district à la fête de la Fédération et des suppléants	433
—	Désignation d'un suppléant pour remplacer le sr Thévenin, député, empêché	443

Tables générales alphabétiques des six volumes formant la publication, par M. Emile Hervy 445
Additions 579
Table des matières 583

Limoges. — Imprimerie Vᵉ H. Ducourtieux, 7, rue des Arènes.

www.ingramcontent.com/pod-product-compliance
Lightning Source LLC
Chambersburg PA
CBHW060306230426
43663CB00009B/1609